REPORT OF MUTUAL FUNDS IN CHINA 2023

TSINGHUA UNIVERSITY PBC SCHOOL OF FINANCE
清华大学五道口金融学院

Shenzhen Finance Institute
深圳高等金融研究院
Shenzhen Finance Institute

深圳市大数据研究院
Shenzhen Research Institute of Big Data

2023年中国公募基金研究报告

曹泉伟　陈卓　舒涛　等／著

中国财经出版传媒集团
经济科学出版社
Economic Science Press

编委会

主　　任：曹泉伟

副 主 任：陈　卓　舒　涛

编著人员：（按姓氏笔画为序）

门　垚　石　界　刘津宇　张　凯

周嘉慧　姜白杨　詹欣琪

前　言

2022 年，全球局势动荡，俄乌冲突、通胀高企、美联储紧缩超预期等因素为全球经济带来不确定性，各国经济增速放缓，风险挑战增多。国内资本市场跌宕起伏，万得全 A 指数全年跌幅达 18.7%。复杂的国际政治与经济形势以及反复震荡的资本市场给基金经理带来了严峻考验。虽然市场变化多端，但我国资本市场与资产管理行业规范化、市场化、完善化的脚步持续前进。

我国公募基金行业在经历了三十余年的规范化发展后，已经成为金融机构服务实体经济的重要主体。本书以中国公募基金为研究对象，从发展现状、业绩表现、选股择时能力和业绩持续性等角度进行了细致的分析。

第一章，我们回顾公募基金市场的发展历程，并从不同维度剖析我国公募基金的发展现状。2022 年，公募基金行业新的发展主线——高质量发展要求出台定调，与此同时，基金产品创新如火如荼，《关于加快推进公募基金行业高质量发展的意见》突出指数型产品、交易型开放式指数基金（ETF）产品、基金中基金（FOF）产品、管理人的管理人基金（MOM）产品、养老金产品、不动产投资信托基金（REITs）产品、管理人合理让利型产品、个人零售型债券产品创新发展。我国市场持续开放与完善，互联互通机制进一步扩展。截至 2022 年底，继续运营的公募基金数量为 17 499 只（包括不同收费类别的基金），资产管理规模达 26 万亿元，创历史新高。

第二章，我们以主动管理的股票型公募基金为研究对象，与覆盖市场上所有股票的万得全 A 指数的业绩表现进行综合比较。从收益的角度来看，2022 年，股票型公募基金的净值平均下跌 20.9%，同期万得全 A 指数下跌 18.7%，业绩略差于大盘。将样本区间拉长，近三年（2020~2022 年）股票型公募基金的平均年化收益率为 11.2%，近五年（2018~2022 年）平均年化收益率为 9.1%，在两个时间段内公募基金的业绩都跑赢了万得全 A 指数。在考虑风险因素后，近三年（2020~2022 年）和近五年（2018~2022 年）股票型公募基金的夏普比率和索丁诺比率也要优于万得全 A 指数，说明无论是从整体风险还是下行风险的角度出发，当股票型公募基金承担同样的风险时，皆能够取得高于万得全 A 指数的风险调整回报。

第三章，我们假设一只基金由一家基金管理公司的一支团队管理，并以基金数据为主线，分析这支团队的选股和择时能力，本章的"基金经理"指的是"一支管理团队"。我们的量化分析结果显示，在近五年（2018~2022 年）具有完整历史业绩的 718 只股票型基金中，有 317 只基金（占比 44%）表现出正确的选股能力，但是只有 6 只基金（占比 1%）表现出正确的择时能力，这一结果说明几乎没有公募基金有择时能力。经自助法检验后发现，有 244 只基金（占比 34%）的选股能力源于基金经理自身的投资能力，而非运气。

第四章，我们分别使用基金收益率的 Spearman 相关性检验、绩效二分法检验、描述统计检验和夏普比率的描述统计检验，研究公募基金过往业绩与未来业绩的关系。检验结果显示，过去半年（排序期）收益率较高的基金在未来半年（检验期）有较大概率继续获得较好的收益，过去半年收益偏低的基金在未来半年有很大概率仍然收益不佳。研究结果还显示，如果把排序期延长为一年（或三年），检验期延长为一年，公募基金的业绩在下一年不具有持续性。因此，仅依据过往一年（或三年）的收益选择基金，很难选出在未来一年收益高的基金。同时，当排序期为一年时，夏普比率属于靠前（靠后）位置的基金有很大概率在下一年的夏普比率排名依旧靠前（靠后），投资者可以重点关注（避免）这类基金。这些信息能够作为投资者选择基金的参考依据。

第五章，我们以 2022 年 12 月 31 日为界，将基金经理划分为在职基金经理和离职基金经理，并以基金经理管理所有产品的合并收益序列为主线，对其选股能力和择时能力进行研究。结果显示，在选股能力方面，分别有 44% 的在职基金经理和 24% 的离职基金经理具有显著的选股能力；在择时能力方面，分别有 8% 的在职基金经理和 12% 的离职基金经理具有显著的择时能力。相较选股能力，择时能力更难获得。值得关注的是，基金经理的选股和择时能力呈现出负相关关系，即基金经理的选股能力越强，其择时能力越弱；而择时能力越强的基金经理，其选股能力越弱。

第六章，我们新加入了对 ESG 基金的分析。ESG 投资理念是指投资人在资产配置过程中将环境、社会责任和公司治理因素纳入考虑，以获得长期、可持续的投资回报。ESG 投资理念在全球范围内快速兴起，我国 ESG 公募基金也呈现出快速增长的趋势。本章对 ESG 基金进行详细介绍和梳理，其中包括 ESG 投资生态情况、我国 ESG 基金的发展历程和发展现状。截至 2022 年底，我国 ESG 基金数量达到 464 只，资产管理规模达到 4 035 亿元。我们以主动管理型的股票型 ESG 基金为研究对象，将其与万得全 A 指数的业绩进行对比。结果表明，股票型 ESG 基金在近三年和近五年的平均年化收益率分别为 16.8% 和 11.3%，而万得全 A 指数在这两个时间段内的平均年化收益率仅为 3.7% 和 1.3%。总体来看，股票型 ESG 基金的长期收益率均优于大盘指数。在考虑风险因素的情况下，股票型 ESG 基金的夏普比率和索丁诺比率在最近三年和最近五年均领先大盘指数。我们还对股票型 ESG

基金的选股能力和择时能力进行了量化分析。在过去五年内有完整净值数据的45只样本基金中，有约60%的基金经理表现出了较强的选股能力，但仅有1只基金展示出了择时能力。最后，我们总结了我国ESG基金投资所面临的挑战现状与发展新趋势，为读者提供ESG投资的展望。

本书通过定性的归纳总结和大量的数据分析，力求以客观、独立、深入、科学的方法，对我国公募基金行业的一些基础性、规律性的问题作出深入分析，使读者对公募基金行业整体的发展脉络有一个全面而清晰的认识，加深对公募基金发展现状的理解。同时，也为关注公募基金行业发展的各界人士提供一份可以深入了解公募基金的参阅材料。

目 录 CONTENTS

第一章

中国公募基金行业发展概览

我国公募基金行业已历经三十余载的发展，在金融体制不断改革、各项法律法规持续完善、经济高速发展和居民财富快速积累的背景下，公募基金行业不断成长成熟，日趋走向规范、开放与市场化，并朝着高质量的发展方向迈进。

本章介绍我国公募基金行业的基础概况，内容分为四个部分。第一部分，对公募基金的概念、特征、分类进行介绍；第二部分，按时间顺序介绍我国公募基金行业的发展历程，分为萌芽、规范化发展、以法治业和市场化发展四个阶段；第三部分，从市场动向和监管政策等角度入手，对 2022 年我国公募基金行业发展的新动态进行分析；第四部分，从基金的数量、管理规模、分类、费率等维度对公募行业发展现状进行介绍。

一、公募基金简介

本书中，基金指证券投资基金，是以进行证券投资为目的而设立的投资工具。基金管理人通过发行基金份额向投资者募集资金，并作为专业的投资机构，管理由募得资金形成的独立基金财产，从事金融工具投资工作。基金投资人持有基金份额的凭证是基金券。基金券与股票、债券同属有价证券，投资者通过购买股票、债券成为公司的股权人、债权人，对公司进行直接投资，而基金是间接投资方式，投资者购买基金后，基金管理人作为机构投资者再进行股票、债券等证券投资。

《中华人民共和国证券投资基金法》（以下简称《基金法》）规定我国基金管理公司发起成立的基金为契约型基金，即基金根据投资者（基金份额持有人）、委托者（基金管理人）和受托者（基金托管人）间签署的基金合同设立，利用信托关系进行投资。基金管理人由依法设立的基金管理公司担任，负责设定、募集和管理基金产品，是基金运作的核心；他们依据基金合同约定，确定资金投向，对资金进行投资运用，确保投资者的资金安全和收益最大化。基金份额持有人是基金产品的投资者，按照《基金法》规定，他们享有分享基金财产收益、转让或赎回所持基金份额等权利。基金托管人由依法设立并取得基金托管资格的商业银行担任，它们负责基金资产保管、资金清算等业务，根据基金合同约定和基金管理人指令开展具体的资金运作，保证基金资产安全。

根据募集对象和方式不同，我国的基金可分为公开募集证券投资基金（以下简称"公募基金"）和私募证券投资基金（以下简称"私募基金"）。公募基金指公开面向社会不特定投资者发售的基金，最低投资额门槛较低，投资者为普通大众和机构投资者；私募基金指以非公开方式向少数特定投资者募集资金设立的基金，对投资者的风险承受能力有一定的要求，最低投资额门槛较高。本书研究范围为公募基金。

公募基金具有以下特点。（1）集合理财、专业管理。公募基金采用集合投资方式，向众多不特定投资者募资，将其分散小额的资金汇集成集中大额的基金资产，通过统一管理实现规模收益，并由基金管理人进行专业管理运作。（2）组合投资、分散风险。基金采取资产组合方式进行投资，相较于投资者分散的小额资金仅能够投资于有限资产种类与数量，基金管理人将汇集而成的大数额资金分散投资到多种资产中，构造有效的资产组合，降低组合的非系统性风险。（3）利益共享、风险共担。基金投资者以其所持有基金份额按比例享有基金回报，并共同承担基金投资风险。（4）监管严格、信息透明。公募基金行业由监管机构实行严格监管，须在基金发行、募集、销售、交易、投资运作等一系列环节中，依照规定向社会公众及时、准确、充分地披露信息。（5）独立托管、保障安全。基金资产的管理和保管须分开运作，基金资产由托管人根据基金合同独立保管、直接运作，保证资金安全。

公募基金可按照不同标准进行分类。（1）按照运作方式不同，分为开放式基金和封闭式基金。开放式基金在发起时，基金份额或股份总额、基金期限不固定，投资者可随时申赎基金单位；封闭式基金在设立时已规定好固定的发行总额和存续期，在存续期间，投资者无法向发行机构赎回基金份额，只能通过在证券交易所交易来变现基金份额。当前我国基金市场的主流运作类型是开放式基金。（2）按照投资理念不同，分为主动型基金和被动型基金。主动型基金的基金经理以主动管理进行选股择时，力争使基金收益超过业绩比较基准；被动型基金则在选取特定的指数作为跟踪对象后被动进行调仓管理，试图通过买入与指数成分相同比例的证券跟踪市场的表现，也被称为指数型基金。

本书根据万得（Wind）数据库的基金分类体系对公募基金的两级分类进行数据统计与分析。其中，一级分类按照投资标的将公募基金划分为八大类，二级分类共有 31 个小类别，详见表 1-1。

表 1-1

基金分类

分类	分类标准
股票型基金	以股票投资为主，股票等权益类资产占比下限≥80%，或在其基金合同和招募说明书中载明该基金类别为股票型
被动指数型基金	以追踪某一股票指数为投资目标，以完全复制方法进行指数管理和运作
增强指数型基金	以追踪某一股票指数为投资目标，实施优化策略或增强策略
普通股票型基金	在基金公司定义的基金名称或简称中包含"股票"等字样
债券型基金	以债券投资为主，债券资产+现金占比下限≥80%或在其基金合同和招募说明书中载明类别为债券型
被动指数债券型基金	被动追踪投资于债券型指数的基金
增强指数债券型基金	以追踪某一债券指数为投资目标，实施优化策略或增强策略
可转换债券型基金	不属于指数债券型基金，主要投资可转换债券，基金合同中明确可转换债券投资比例不低于固定收益类资产的80%，或基金名称明确为可转债基金
中长期纯债型基金	不属于指数债券型基金，可在一级市场申购可转债，但不在二级市场投资股票、可转债等权益资产或含有权益的资产，且不参与一级市场新股申购，一级市场申购的可转债转股获得的股票持有期不超过30个交易日；中长期为在招募说明书中明确其债券的期限配置为长期，期限配置或组合久期>3年
短期纯债型基金	属于纯债型基金；短期为在招募说明书中明确其债券的期限配置为短期，期限配置或组合久期≤3年
混合债券型一级基金	混合债券型基金不属于可转换债券型基金和指数债券型基金，可部分投资权益类资产的基金，可在二级市场投资可转债，及持有可转债转股所形成的股票等资产，或参与一级市场新股申购；但混合债券型一级基金不可在二级市场投资股票以及权证等其他金融工具
混合债券型二级基金	属于混合债券型基金；可在二级市场投资股票及权证等其他金融工具
混合型基金	股票资产与债券资产的配置比例可视市场情况灵活配置
灵活配置型基金	权益类资产的投资范围上下限之差≥50%，且上限>50%、下限<50%，或基金全称包含"灵活配置"

续表

分类	分类标准
偏股混合型基金	不属于灵活配置型基金，权益类资产投资上限≥75%，或下限≥50%
平衡混合型基金	不属于灵活配置型基金，权益类资产投资上限50%~75%、下限25%~50%
偏债混合型基金	不属于灵活配置型基金，权益类资产投资下限<25%，或上限≤50%
货币市场型基金	仅投资于货币市场工具
货币市场型基金	—
另类投资型基金	不属于传统的股票基金、混合基金、债券基金、货币基金
股票多空型基金	通过做空和做多投资于股票及股票衍生物获得收益，通常有至少50%的资金投资于股票
事件驱动型基金	通过持有公司股票并参与公司各种交易，包括但不限于：并购、重组、财务危机、收购报价、股票回购、债务调换、证券发行，或其他资本结构调整
宏观策略型基金	关注经济指标的变动方向，投资于大宗商品等资产，国内主要投资于黄金
相对价值型基金	利用相关投资品种间定价误差获利，常见策略包括股票市场中性、可转换套利和固定收益套利
类REITs	房地产信托基金，或主要投资于REITs
商品型基金	主要投资于大宗商品及挂钩的衍生金融工具
国际（QDII）基金	主要投资于非本国的股票、债券、基金、货币、商品或其他衍生品，二级分类细则同上面国内的分类
国际（QDII）股票型基金	以股票投资为主
国际（QDII）债券型基金	以债券投资为主
国际（QDII）混合型基金	股票与债券资产的配置比例可视市场情况灵活配置
国际（QDII）另类投资基金	不属于传统的股票基金、混合基金、债券基金
REITs	不动产投资信托基金，主要通过基础设施资产支持证券等特殊目的载体投资基础设施项目
REITs	—

分类	分类标准
FOF 基金	即基金中基金，主要投资于基金资产。ETF 联接基金不列入 FOF 基金分类
股票型 FOF 基金	以股票型基金份额投资为主，一般占比 80% 以上
债券型 FOF 基金	以债券型基金份额投资为主，一般占比 80% 以上
货币市场型 FOF 基金	以货币市场型基金份额投资为主，一般占比 80% 以上，且剩余基金资产的投资范围和要求与货币市场型基金一致
混合型 FOF 基金	投资于股票型、债券型、货币市场型及其他基金份额，且不符合以上 FOF 基金类型；包括偏股混合型基金、平衡混合型基金、偏债混合型基金、目标日期型基金
另类投资 FOF 基金	不符合以上 FOF 基金定义，即 80% 以上的基金资产投资于其他某一类型的基金

资料来源：万得数据库。

二、行业发展历程

我国基金业发展历程可依据管辖基金市场的主管机关转移和法规的出台分为以下四个阶段。

第一阶段：公募基金行业萌芽阶段（1991~1997 年）。该阶段，我国第一批投资基金经批准发起成立，基金行业由中国人民银行主管。1991 年，随着上海证券交易所（以下简称"上交所"）和深圳证券交易所（以下简称"深交所"）的成立，我国证券市场开始发展。我国最早的基金"珠信基金"经中国人民银行珠海分行批准设立，"武汉证券投资基金"经中国人民银行武汉分行批准成立，基金业开始萌芽，随后各地加速发行基金。1992 年 6 月，中国人民银行深圳经济特区分行颁布了当时唯一一部证券投资基金行业监管法规——《深圳市投资信托基金管理暂行规定》，开创性地规定了基金的开放式和封闭式两种运作方式、证券投资的双 10% 限制以及对关联交易的监管。这部法规一定程度上促进了行业的发展，但该法规是地方性法规，仅适用于在深圳注册或在深交所上市的基金。当时全国性证券投资基金法律与监管体系的缺失导致公募基金行业相对混乱：一是缺乏专门的监管部门，监管不到位，中国人民银行总行、省级分行及各地政府都可批准设立基金和基金管理公司，基金的设立、管理、托管等环节缺少明确的法规监督；二是运作不规范，无法保障投资者权益，基金在运作过程中维护各地部门或个别企业的利益，不规范行为普遍存在；三是基金投资范围大，资产流动性与质量差。

为整顿基金市场秩序，1993 年 5 月，中国人民银行下发《关于立即制止不规范发行投资基金和信托受益债券做法的紧急通知》，收拢基金审批权力，明确规定基金的发行和上市、基金管理公司的设立以及中国金融机构在境外设立基金和基金管理公司等业务，一律须由中国人民银行总行批准，任何部门不得越权审批，同时全面清理整顿此前未经总行批准成立的基金。1993 年 8 月，我国第一只上市交易的基金——淄博基金在上交所公开上市。1994 年，部分地方性证券交易中心和上交所、深交所联网，全国性的基金交易市场开始形成。但此阶段专业性基金管理公司数量少，基金规模小且运作不规范，此阶段发行的基金俗称"老基金"。

第二阶段：公募基金行业规范化发展阶段（1997~2004 年）。 1997 年 11 月，我国首部规范证券投资基金运作的行政法规《证券投资基金管理暂行办法》由国务院发布，该法规奠定了公募基金"强制托管、信息披露、组合投资"的基础，对基金设立、募集和交易，基金托管人、管理人和持有人的权利义务等作出详细规定。在该法规的指引下发行的基金俗称"新基金"。《证券投资基金管理暂行办法》公布后，基金业的主管机关由中国证券监督管理委员会（以下简称"证监会"）担任，同时证监会基金监管部筹建，开启了基金规范化发展的新阶段。1998 年 3 月，我国第一批规范的"新基金"——封闭式基金"基金金泰""基金开元"等相继面世，由此开启我国基金试点的篇章。1998~2000 年，新发行的基金拥有新股配售的特权；1999 年 10 月，保险资金被批准以购买公募基金的方式进入证券市场；2001 年 12 月，社保基金被允许投资上市流通的公募基金。这一系列新规的出台加速了公募基金行业的发展步伐，基金数量迅速增加、基金规模快速跃升，基金规范化监管也取得长足的进步。

2000 年 10 月，证监会发布《开放式证券投资基金试点办法》，开启了我国开放式基金试点工作。2001 年 9 月，首只开放式基金"华安创新"设立，随后开放式基金发行速度明显加快，基金市场规模不断扩张，基金产品品种也愈加丰富，公募基金的创新层出不穷。自 2002 年以来，封闭式基金发行逐渐减少，该年 9 月后发行停滞，此后我国基金类型主要为开放式基金，并且我国基金市场上推出了发达国家市场具有的绝大多数基金产品类型。2002 年 6 月，在我国加入世界贸易组织后，证监会发布了《外资参股基金管理公司设立规则》（已失效），外资基金管理公司开始步入我国公募基金市场。

第三阶段：公募基金行业以法治业发展阶段（2004~2012 年）。 2003 年 10 月，在中国基金业和资本市场发展史上具有里程碑意义的《中华人民共和国证券投资基金法》（以下简称《基金法》）经全国人大常委会通过，2004 年 6 月 1 日起正式实施，标志着我国基金业由此进入了以法治业的新阶段。《基金法》规定了基金市场主体的准入和约束机制、基金当事人的法律责任和义务，明确和加强了基金募集、运作与信息披露的管理以及基金份额交易、申购和赎回等规定，以法律的形式规范基金活动，确认了基金业的地位和作用，促进了基金和证券市场的健康发展。2005 年，证监会出台《证券投资基金运作管理办法》，明确了基金产品定位等细则。

第四阶段：公募基金行业市场化发展阶段（2012 年至今）。2012 年，《基金法》修订并获通过，定调基金业发展方向，大幅放开公募基金市场准入、投资范围、业务运作等方面规定，基金管理公司的管理能力得到强化，开启行业市场化发展新阶段。此阶段，我国金融监管和证券市场改革的方针为"放松管制、加强监管"，一系列法律法规相继出台。表 1-2 总结了 2012 年至今，我国监管部门在公募基金行业市场化发展阶段所发布的重要政策。

表 1-2　　　　　　　公募基金行业市场化发展阶段重要政策一览

正式施行日期	监管政策名称
2012 年 11 月 1 日	《基金管理公司特定客户资产管理业务试点办法》
2012 年 11 月 1 日	《证券投资基金管理公司子公司管理暂行规定》
2013 年 1 月 25 日	《黄金交易型开放式证券投资基金暂行规定》
2013 年 4 月 2 日	《证券投资基金托管业务管理办法》
2013 年 6 月 1 日	《中华人民共和国证券投资基金法》
2013 年 6 月 1 日	《资产管理机构开展公募证券投资基金管理业务暂行规定》
2013 年 6 月 1 日	《证券投资基金销售管理办法》
2013 年 9 月 3 日	《公开募集证券投资基金参与国债期货交易指引》
2014 年 8 月 8 日	《公开募集证券投资基金运作管理办法》
2015 年 3 月 27 日	《公开募集证券投资基金参与沪港通交易指引》
2016 年 2 月 1 日	《货币市场基金监督管理办法》
2016 年 9 月 11 日	《公开募集证券投资基金运作指引第 2 号——基金中基金指引》
2017 年 6 月 14 日	《通过港股通机制参与香港股票市场交易的公募基金注册审核指引》
2017 年 6 月 28 日	《基金募集机构投资者适当性管理实施指引（试行）》
2017 年 9 月 13 日	《证券投资基金管理公司合规管理规范》
2017 年 10 月 1 日	《公开募集开放式证券投资基金流动性风险管理规定》
2018 年 4 月 27 日	《关于规范金融机构资产管理业务的指导意见》
2018 年 6 月 13 日	《关于进一步规范货币市场基金互联网销售、赎回相关服务的指导意见》
2018 年 8 月 3 日	《公开募集证券投资基金信息披露管理办法》
2019 年 1 月 15 日	《公开募集证券投资基金投资信用衍生品指引》
2019 年 1 月 18 日	《证券投资基金投资信用衍生品估值指引（试行）》

正式施行日期	监管政策名称
2019 年 6 月 14 日	《公开募集证券投资基金参与转融通证券出借业务指引（试行）》
2019 年 8 月 16 日	《证券投资基金侧袋机制操作规范（征求意见稿）》
2019 年 9 月 1 日	《公开募集证券投资基金信息披露管理办法》
2020 年 3 月 12 日	《基金经营机构及其工作人员廉洁从业实施细则》
2020 年 3 月 20 日	《公开募集证券投资基金信息披露管理办法（2020 年修订）》
2020 年 4 月 17 日	《公开募集证券投资基金投资全国中小企业股份转让系统挂牌股票指引》
2020 年 5 月 1 日	《基金经理兼任私募资产管理计划投资经理工作指引（试行）》
2020 年 7 月 10 日	《证券投资基金托管业务管理办法》
2020 年 8 月 1 日	《公开募集证券投资基金侧袋机制指引（试行）》
2020 年 8 月 6 日	《公开募集基础设施证券投资基金指引（试行）》
2020 年 10 月 1 日	《公开募集证券投资基金销售机构监督管理办法》
2020 年 10 月 1 日	《公开募集证券投资基金宣传推介材料管理暂行规定》
2021 年 1 月 29 日	《公开募集基础设施证券投资基金网下投资者管理细则》
2021 年 2 月 1 日	《公开募集证券投资基金运作指引第 3 号——指数基金指引》
2021 年 2 月 8 日	《公开募集基础设施证券投资基金尽职调查工作指引（试行）》
2021 年 2 月 8 日	《公开募集基础设施证券投资基金运营操作指引（试行）》
2021 年 7 月 29 日	《关于深化"证照分离"改革进一步激发市场主体发展活力实施方案》
2021 年 8 月 11 日	《公开募集证券投资基金管理人及从业人员职业操守和道德规范指南》
2021 年 8 月 31 日	《公开募集证券投资基金投资顾问业务数据交换技术接口规范（试行）》
2021 年 12 月 30 日	《中国证券投资基金业协会投资基金纠纷调解规则》
2021 年 12 月 30 日	《中国证券投资基金业协会投诉处理办法》
2022 年 1 月 14 日	《重要货币市场基金监管暂行规定（征求意见稿）》
2022 年 4 月 1 日	《证券基金经营机构董事、监事、高级管理人员及从业人员监督管理办法》
2022 年 4 月 26 日	《关于加快推进公募基金行业高质量发展的意见》
2022 年 5 月 10 日	《基金从业人员管理规则》及配套规则
2022 年 6 月 10 日	《基金管理公司绩效考核与薪酬管理指引》
2022 年 6 月 20 日	《公开募集证券投资基金管理人监督管理办法》
2022 年 6 月 24 日	《关于交易型开放式基金纳入互联互通相关安排的公告》
2022 年 11 月 4 日	《个人养老金投资公开募集证券投资基金业务管理暂行规定》

资料来源：证监会、中国证券投资基金业协会、中国证券业协会、中国人民银行。

2012 年 11 月，证监会实施《证券投资基金管理公司管理办法》，降低了基金管理公司的准入门槛，加强了对其的监督管理，建立了相应风险控制指标的监控和监管综合评价体系。2013 年 6 月，修订后的《基金法》与《资产管理机构开展公募证券投资基金管理业务暂行规定》实施，立法机关对法律的调整范围、私募基金监管和公募基金规范等问题作了补充、修改和完善，允许、引导符合条件的证券公司、保险资管公司、私募证券基金管理机构、有资管经验并具备一定管理规模的机构和其他资管机构开展公募基金管理业务，为行业的规范发展和有效监管提供了强有力的法律保障。

在公募基金行业的市场化改革中，一系列变革为行业的发展构建了更健全更规范的制度，也带来了众多机构竞争者。在此期间，证监会还出台多项规定，允许基金管理公司的投资范围向除了股市、债市、商品等二级市场之外的股权、收益权等实体经济领域拓展。2015 年 4 月，《基金法》再次修正，进一步得到完善。2015 年以来，在内地与香港基金互认的背景下，公募基金逐步参与沪港通、深港通交易，且分级基金、保本基金和委外定制型基金等基金品种的发行和运作得到规范监管，行业进一步迈向全面市场化。2016 年，《公开募集证券投资基金运作指引第 2 号——基金中基金指引》正式实施，基金管理公司积极参与 FOF 工作，2017 年 9 月，首批公募 FOF 基金正式获批。

2017 年，我国公募基金资产管理规模突破 10 万亿元。这一年，"维护国家金融安全"被列为我国经济平稳发展的重要任务，监管部门相继出台多项政策法规，对新形势下金融风险的防控、金融行业的定位等方面提出了更具体的要求，在防范系统性金融风险的同时，推动多种类型基金产品的发展。为了统一产品标准、消除监管套利、规范业务发展，以防范系统性金融风险，中国人民银行发布《关于规范金融机构资产管理业务的指导意见（征求意见稿）》。

2018 年 2 月，证监会发布《养老目标证券投资基金指引（试行）》，养老型公募基金产品诞生。2018 年 4 月，中国人民银行、中国银行保险监督管理委员会（以下简称"银保监会"）、证监会、国家外汇管理局四部委联合发布《关于规范金融机构资产管理业务的指导意见》（即"资管新规"），标志着我国资管行业迈进了统一监管的新阶段。公募基金凭借其投资门槛低、专业程度高、风控措施较完善等优势在资管产品市场中立足。2018 年受市场行情低迷和监管改善的影响，以交易型开放式指数基金（ETF）为代表的指数基金迎来规模和份额大爆发。

2019 年，公募基金的高回报业绩令投资者振奋，"炒股不如买基金"的理念深入人心。这一年，公募基金投资信用衍生品、参与转融通证券出借业务等相关指引出台，进一步加强了公募基金行业各项业务的规范。2019 年 9 月，《公开募集证券投资基金信息披露管理办法》重新修订发布，再次完善了公募基金的信息披露要求，有利于保护投资者权益。2019 年 10 月，公募基金投资顾问业务试点正式开启。

2020 年 4 月，证监会出台了《公开募集证券投资基金投资全国中小企业股份转让系统挂牌股票指引》，公募基金获准参与投资新三板精选层。2020 年 8 月，证监会发布《公开募集证券投资基金销售机构监督管理办法》（以下简称《管理办法》）及配套规则，本次修订涉及几项重大变革，可使监管更好地适应市场环境的变化和基金行业的发展，修订后的《管理办法》将着力提升基金销售机构的专业服务能力和合规风控水平，积极培育基金行业形成良性发展生态。2020 年 9 月，证监会等三部门发布《合格境外机构投资者和人民币合格境外机构投资者境内证券期货投资管理办法》，降低了外资的准入门槛以及扩大其可投资的范围，极大便利了外资投资我国市场。

2021 年 2 月，证监会实施《公开募集证券投资基金运作指引第 3 号——指数基金指引》，以规范公开募集指数证券投资基金设立、运作等相关活动，保护投资者合法权益。2021 年 5 月，首批基础设施公募 REITs 产品获证监会准予注册并公开发售，国内公募 REITs 序幕正式拉开。2021 年 7 月，证监会制定《关于深化"证照分离"改革进一步激发市场主体发展活力实施方案》，要求包括公募基金在内的主体进行落实。2021 年 9 月，国内首只纯外资公募基金产品——贝莱德中国新视野混合型证券投资基金诞生。2021 年 11 月，首批 8 只北京证券交易所（以下简称"北交所"）基金获批。

2022 年，证监会在 1 月 14 日就《重要货币市场基金监管暂行规定》向社会公开征求意见，以完善重要货币市场基金的监管。2 月 18 日，证监会发布《证券基金经营机构董事、监事、高级管理人员及从业人员监督管理办法》，以规范基金从业人员任职和执业行为，促进经营机构合规稳健运行。4 月 26 日，证监会发布《关于加快推进公募基金行业高质量发展的意见》，对公募基金行业服务资本市场改革发展、居民财富管理需求、实体经济与国家战略的能力提出要求。6 月 20 日，证监会施行《公开募集证券投资基金管理人监督管理办法》，作为公募基金行业发展的政策性规范与指导新规，该办法完善了公募基金行业快速发展背景下对基金管理人的监管要求；为落实上述文件要求，同月，中国证券投资基金业协会（以下简称"中基协"）发布《基金管理公司绩效考核与薪酬管理指引》，健全了公募基金行业长效激励约束机制，基金业启动了有史以来最大的薪酬改革。6 月 24 日，证监会发布《关于交易型开放式基金纳入互联互通相关安排的公告》，两地交易所正式将符合条件的 ETF 纳入内地与香港股票市场交易互联互通机制，此举有利于吸引境外长期资金入市，完善市场结构与生态。9 月 15 日，国务院办公厅印发《关于进一步优化营商环境降低市场主体制度性交易成本的意见》，明确要着力规范金融服务收费，鼓励证券、基金等机构进一步降低服务收费，推动金融基础设施合理降低交易、托管、登记、清算等费用，旨在降低市场交易成本、减少市场摩擦、增强市场活力。11 月 4 日，证监会正式发布《个人养老金投资公开募集证券投资基金业务管理暂行规定》，明确了个人养老金投资公募基金业务等具体规定，业务正式落地施行。我国公募基金市场在监管导向和市场推动的双重作用下，正朝着更完善的方向发展。

三、2022 年行业发展动态

2022 年，全球局势动荡，俄乌冲突、通胀高企、美联储紧缩超预期等因素为全球经济带来不确定性，各国经济增速放缓，风险挑战增多。国内资本市场跌宕起伏，万得全 A 指数全年跌幅达 18.7%。复杂的国际政治与经济形势以及反复震荡的资本市场给基金经理带来了严峻考验。虽然市场变化多端，但我国资本市场与资产管理行业规范化、市场化、完善化的脚步持续前进。2022 年公募基金行业相关政策及新规持续出台，行业活力与规范性进一步加强，热点话题不断，公募基金行业新的发展主线——高质量发展要求出台定调。基金产品创新如火如荼，《关于加快推进公募基金行业高质量发展的意见》突出指数型产品、ETF、FOF、MOM、养老金产品、REITs 产品、管理人合理让利型产品、个人零售型债券产品创新发展；公募基金积极布局细分品类和主题 ETF，包括国证疫苗 ETF、中药 ETF、碳中和 ETF、政金债 ETF 等。我国市场持续开放与完善，互联互通机制进一步扩展。证监会正式批准中国金融期货交易所（以下简称"中金所"）开展中证 1 000 股指期货和期权交易，新的风险管理工具对提高股市内在稳定性具有重要作用。下面对公募基金行业 2022 年最新政策和动态进行重点解读。

（一）定调行业高质量发展路线

我国公募基金数量与规模持续增长，公募基金已成长为重要的机构投资者，对我国资本市场改革、发展与稳定起到重要作用。2022 年 4 月 26 日，证监会发布《关于加快推进公募基金行业高质量发展的意见》（以下简称《意见》），在积极培育专业资产管理机构、全面强化专业能力建设、着力打造行业良好发展生态、不断提升监管转型效能几方面提出要求，包含以下内容。

（1）支持公募基金主业突出的基金管理公司实现差异化发展，提升综合财富管理能力。差异化发展有利于基金管理公司提供匹配自身能力禀赋的产品，从而促进行业良性竞争与专业化能力建设，提高基金管理公司服务居民财富管理需求的能力。

（2）扩大市场优质参与主体，包括持续发展扩大公募基金管理人队伍及调整优化公募基金牌照制度。此举将带来有序的市场竞争，激活行业活力，推动公募基金公司持续提升核心竞争力，走上创新、发展、专业化之路。

（3）推进资本市场"引进来"和"走出去"双向高水平开放。支持提升优质境外金融机构在国内市场的参与度，鼓励借鉴境外先进资产管理经验和有益业务模式；支持基金管理公司依法设立境外子公司，继续推动扩大 QDII 额度，拓宽公募基金海外市场投资渠道；推动产品双向开放，推进内地与香港基金互认、ETF 互联互通、"跨境理财通"业务试点。进一步高水平开放有利于促进行业良性竞争，引入国外先进经验，提高基金全球配置能力，优化境内外投资者体验，连接国内与国际资本市场。

（4）提高长期因素的考核权重，支持基金管理公司探索实施多样化长期激励约束机制。此举有利于鼓励行业坚持立足长期的经营理念，促进行业稳定、长足发展。

（5）提升公募基金管理人投研核心能力，构建底层长期投资体系；引导基金公司开展专业化、平台化、体系化、全维度的投研体系建设，深耕长期投资、价值投资理念，发挥其作为资本市场"稳定器"和"压舱石"的作用。

（6）鼓励基金产品及业务守正创新，强化以客户需求为导向、适配各类资金需求的产品创新能力，有序拓展基金投资范围和投资策略，包含壮大成熟指数型产品等权益类基金，稳步推进创新产品发展。

（7）落实个人养老金投资公募基金政策业务，支持更多优秀公募基金管理人参与养老金管理，开发服务投资者生命周期的基金产品，提高中长期资金服务水平。

（8）强化行业基础设施建设，为投资者提供高质量数据信息查询、交互、分析、流转服务。

经过三十余年的发展，公募基金规模不断扩张，行业站在了新的发展阶段，监管亦不断完善，《意见》的发布为加快构建公募基金行业新发展格局、实现高质量发展指明了方向。

（二）个人养老金投资公募基金正式实施

2022 年 4 月，国务院办公厅发布《关于推动个人养老金发展的意见》，规定个人养老金实行个人账户制度，自愿参加，个人缴费，同时规范个人养老金投资，指出个人养老金参加人可自主选择将账户资金投资于合格的银行理财、储蓄存款、商业养老保险、公募基金等金融产品，以满足各自投资偏好。同月，《关于加快推进公募基金行业高质量发展的意见》提出，公募基金行业要开发适合个人养老金长期投资配置的基金产品，并要进一步提升服务养老金融的能力。

为规范个人养老金投资公募基金业务，证监会于 6 月 24 日发布《个人养老金投资公开募集证券投资基金业务管理暂行规定（征求意见稿）》。2022年底，相关政策正式落地，11月4日，五部门联合印发《个人养老金实施办法》，对个人养老金的业务管理、参加流程、信息披露等作出规定。同日，证监会正式发布《个人养老金投资公开募集证券投资基金业务管理暂行规定》（以下简称《暂行规定》），个人养老金投资公募基金的具体规定得以明确，并正式进入实施阶段。根据《暂行规定》，基金管理人应当根据投资人在不同生命周期阶段的养老投资需求和资金使用需求，开发满足不同养老投资偏好的基金产品，对个人养老金产品作出特别设计，如设置定期分红、定期支付等机制；并向投资者让利，个人养老金基金的单设份额在多类费用上可获得优惠或豁免；且应设立业务服务专区。个人养老金可以投资的基金产品应当具备运作安全、成熟稳定、标的规范、侧重长期保值等特征，产品名录将由证监会确定，每季度发布。11月18日，证监会发布了首批个人养老金基金名录及销售机构名单，有129只养老目标基金入围。根据《暂行规定》，基金公司为入选的个人养老金基金创设单独的Y类基金份额类别，仅供个人养老金资金购买，不从基金资产中计提销售服务费，可以豁免申购限制和获得一定的费率优惠。首批名单的获批明晰了个人养老金所投公募基金的具体产品，Y份额的确立有利于公募基金对个人养老金业务进行统筹管理。

个人养老金政策持续推进落实，使得养老目标基金、养老FOF等养老公募产品迎来新的发展机会，也将会有更多其他类型的基金产品纳入个人养老金投资范围，为投资者提供更适合和更丰富的产品矩阵。个人养老金有望为资本市场引入增量资金，且其作为长期稳定的资金，对公募基金乃至整个资本市场都具有稳定器的作用，有助于优化市场上投资者与资金结构，推动市场更加成熟、稳定发展。

（三）ETF纳入互联互通，两地互联互通机制不断升级

2022年6月24日，证监会发布《关于交易型开放式基金纳入互联互通相关安排的公告》（以下简称《公告》），交易型开放式基金（ETF）正式纳入内地与香港股票市场交易互联互通机制（以下简称"互联互通"）。内地和香港投资者可买卖规定范围内的两地交易所上市的股票和交易型开放式基金的基金份额。根据中国证监会、香港证监会5月27日发布的联合公告，投资者通过互联互通投资ETF，仅可在二级市场进行交易，不允许申购赎回。为落实《公告》，6月24日，沪深交易所分别发布并施行了《上海证券交易所沪港通业务实施办法（2022年修订）》和《深圳证券交易所深港通业务实施办法（2022年修订）》（以下简称《实施办法》），股票ETF首次纳入沪股通、深股通标的。

沪深交易所《实施办法》包括：（1）将满足条件的沪深交易所与香港联合交易所有限公司（以下简称"香港联交所"）股票ETF纳入深港通标的范围，不符

合要求的调出；（2）标的 ETF 首次纳入考察截止日为 2022 年 4 月 29 日，原则上每半年调整一次；（3）规范内地投资者参与沪深股通交易行为等。2022 年 6 月 28 日，两地交易所正式将符合条件的 ETF 纳入互联互通，首批 ETF 名单中包含沪股通 ETF 共 53 只、深股通 ETF 共 30 只、港股通 ETF 共 4 只。从长期看，香港及海外市场投资者可通过互联互通 ETF 配置内地资产，ETF 市场进一步扩容，ETF 成交活跃度将进一步提升，相关产品流动性有望改善。沪深市场投资者也可通过互联互通 ETF 配置海外资产，丰富资产配置品种，提高资产多元配置水平。

内地和香港互联互通机制不断升级、深化与发展。自"十三五"规划纲要提出"推进资本市场双向开放，提高股票、债券市场对外开放程度"要求以来，我国监管机构与交易所推出一连串新制度与举措。两地交易所的互联互通始于 2014 年沪港通、2016 年深港通的开通，自此，外资通过沪深股通活跃进行交易投资。2017 年与 2021 年，债券通"北向通"与"南向通"开通，在债券市场为国际与国内投资者提供了便利的双向投资渠道。2021 年《粤港澳大湾区"跨境理财通"业务试点实施细则》发布，进一步以金融市场开放为重点，推进跨境证券市场互联互通。2022 年 7 月 4 日，交易型开放式基金纳入互联互通机制正式启航，是互联互通机制升级的又一重要步伐。2022 年 12 月 19 日，两地证监会原则上同意两地交易所进一步双向扩大股票互联互通标的范围。

ETF 纳入互联互通，以及互联互通标的范围的双向扩大，拓展了内地投资者的跨境投资工具以及全球投资者投资境内资产的渠道，有助于推动内地与香港资本市场的深度融合，对于两地双向开放有积极影响。一系列开放举措体现了我国资本市场的市场化和国际化趋势，更多开放政策的推出将进一步推动我国金融体系与国际接轨，外资投资境内市场的渠道不断拓宽，为包括公募基金行业在内的我国资产管理行业发展注入了新活力。

（四）基础设施 REITs 建立多层次市场并持续扩容

基础设施 REITs 是公募基金的一种类型，其通过基础设施资产支持证券等特殊目的载体持有基础设施项目，并将产生的收益分配给投资者，具有流动性较高、收益相对稳定等特点。自 2020 年 4 月《关于推进基础设施领域不动产投资信托基金（REITs）试点相关工作的通知》及 2020 年 8 月《公开募集基础设施证券投资基金指引（试行）》发布后，基础设施 REITs 的试点工作正式开启。2021 年 6 月，首批基础设施 REITs 产品上市，我国公募 REITs 产品的空白被填补。

2022 年 5 月 25 日，国务院办公厅发布《关于进一步盘活存量资产扩大有效投资的意见》，提出建立健全扩募机制，探索建立多层次基础设施 REITs 市场，放宽了基础设施 REITs 项目发行上市的条件，强调可灵活合理确定项目运营年限及收益集中度要求。扩募机制有利于已上市的运营主体依托市场机制增发份额，扩大融资规模，收购资产，可使更多的优质存量资产进入资本市场。5月31日，证券交易所发布了《新购入基础设施项目（试行）》，支持上市REITs通过扩募等方式收购资产。7月13日，发展改革委发布《关于做好基础设施领域不动产投资信托基金（REITs）新购入项目申报推荐有关工作的通知》，提出要适当简化基础设施REITs新购入项目申报要求，引导回收资金用于新项目建设等，鼓励已上市的基础设施REITs通过扩募等方式筹集资金购入优质资产，为新购入项目的申报、推荐等各项工作的高效平稳推进提供保障，进一步推动REITs发展。

2022年，基础设施REITs试点范围拓宽，产品继续发展壮大，制度机制进一步完善，市场持续扩容，优质基础设施资产相继涌现，清洁能源、高速公路、保障性住房、产业园、物流仓储、污水处理等项目持续推出。基础设施REITs的健康发展，不仅对于增强资本市场服务实体经济能力等方面具有重要作用，也丰富了公募基金市场上的投资品种，为投资者提供新的资产配置路径，投资者可用较少的资金参与大型基建项目的投资，分享项目的基础收益和资产升值。

（五）完善重要货币市场基金监管

2022年1月14日证监会发布《重要货币市场基金监管暂行规定（征求意见稿）》（以下简称《暂行规定》），以完善重要货币市场基金的监管。货币市场基金是公募基金的主要品种，规模占比大，2022年底其管理规模约占全部公募基金资产管理规模的40%。重要货币市场基金是指在发生重大风险的情况下，由于基金资产规模较大或投资者人数较多，且与其他金融机构或产品具有较强的关联性，而可能对资本市场及金融体系造成重大不利影响的货币市场基金。《暂行规定》强化了对重要货币市场基金的附加监管要求，以进一步强化产品韧性，增强基金管理人的抗风险能力，确保基金投资的安全性和流动性。

为了规范货币市场基金发展、完善其交易规则、保障其平稳健康运行，及避免风险蔓延至整个金融体系，证监会与央行已在2015年底发布了《货币市场基金监督管理办法》。《暂行规定》在前述监管文件的基础上，对重要货币市场基金作出了更严格审慎的监管，对于重要货币市场基金在投资集中度、杠杆率等方面均加码监管要求，对风险的防范更加审慎；且在加强流动性管理和计提风险准备金方面较之前监管规定更为严格。《暂行规定》的目标是有效提升重要货币市场基金防范流动性风险的能力，确保不发生重要货币市场基金重大风险扩散至整个金融体系的事件。

对于基金公司而言，一方面，被列入重要货币市场基金的产品将受限于资产评级、组合久期及杠杆比例的监管压力，收益率将有所走低，对于投资者的吸引力也将随之降低；另一方面，非重要货币市场基金的产品收益率相对会更具优势，带动一部分低风险资金流向中小规模货币基金产品，货币基金市场各产品规模分布将会相对均衡，竞争格局将更加多元化，可有效解决一家独大、风险聚集的情况。监管完善有利于增强货币基金类业务经营的安全性，防止不规范产品无序增长和风险累积，将推动整体基金市场与金融市场稳健发展。

（六）北证 50 成份指数型证券投资基金启航

北交所于 2021 年 9 月注册成立，其设立目的是在我国多层次资本市场中发挥纽带作用，为机械设备、医药生物、电力设备、基础化工、汽车、电子等新兴领域的"专精特新"中小企业提供直接上市融资的渠道。2021 年 11 月，首批 8 只北交所基金获批，且符合投资范围和合同约定的存量公募基金、已发行的可投新三板的公募基金，也可直接参与北交所投资。公募基金积极参与北交所投资，丰富了投资者参与北交所的投资品种选择。

2022 年 9 月 2 日，北交所首只宽基指数——北证 50 成份指数的编制方案发布，该指数按照市值规模和流动性选取北交所排名前 50 只证券，以反映北交所市场最具代表性证券的整体表现。11 月 4 日，北交所和中证指数发布北证 50 成份指数样本股名单。11 月 21 日，北证 50 成份指数（899050）正式发布实时行情。同日，跟踪北证 50 的首批指数基金也由 8 家基金公司正式申报，首批北证 50 指数基金的发行代表着北交所驶入指数投资时代。截至 2022 年底，北交所共有上市股票 162 只，总市值约为 2 110 亿元，对于公募基金而言，参与北交所交易有助于丰富其产品组合，可选择更多高潜力的投资标的。

北证 50 指数基金的发行给基金投资者带来投资北交所优质企业的机会，也为市场引入增量资金。公募基金对北交所的配置比例持续提高，且投资者可借助指数产品工具，对北交所股票进行长期配置，有望为北交所市场带来长期增量资金，从而促进市场良性发展。

四、发展现状

本书的研究范围为 1998~2022 年间发行的所有公募证券投资基金，为了防止研究结果受到生存偏见（survivorship bias，即在筛选数据时只考虑目前还在运营的基金而忽略停止运营的基金）的影响，本书所使用的数据包括目前正在运营和已经停止运营的全部公募基金的数据，所用数据均来自万得数据库。接下来我们将通过数据分析，从公募基金的数量、资产管理规模、基金分类以及基金费率等维度对公募基金行业的总体发展情况及现状进行研究和展示。

（一）基金数量

图 1-1 和表 1-3 展示的是 1998～2022 年我国每年新成立、停止运营以及继续运营的公募基金数量。截至 2022 年底，我国累计成立的公募基金总数量为 20 340 只，其中，继续运营的基金为 17 499 只，停止运营的基金为 2 841 只。①

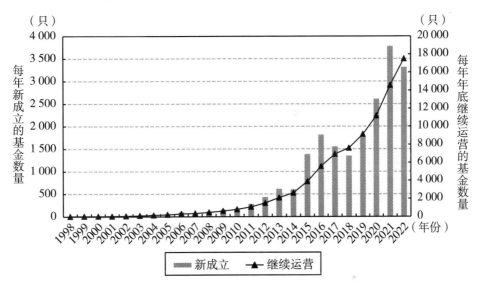

图 1-1　新成立及继续运营的公募基金数量：1998～2022 年

表 1-3　　新成立、停止运营以及继续运营的公募基金数量：1991～2022 年　　单位：只

年份	新成立	停止运营	继续运营	年份	新成立	停止运营	继续运营
1991	1	0	1	1997	0	0	22
1992	18	0	19	1998	5	0	27
1993	2	0	21	1999	16	0	43
1994	1	0	22	2000	2	0	45
1995	0	0	22	2001	8	0	53
1996	0	0	22	2002	18	0	71

① 假设基金名称相同、后缀不同，如基金的后缀为 A、B 和 C，意味着 A 类、B 类和 C 类基金采用不同的收费方式。在本章基金数量的相关统计中，我们将每种收费类型的基金视为 1 只基金。例如，"前海开源新经济混合 A"和"前海开源新经济混合 C"，在本章我们视其为 2 只基金。在后续分析基金业绩的章节中，由于这些带有后缀的基金采用相同的投资策略，我们仅选择其中一只基金进行分析研究。

续表

年份	新成立	停止运营	继续运营	年份	新成立	停止运营	继续运营
2003	39	0	110	2013	612	16	2 101
2004	51	0	161	2014	599	69	2 631
2005	63	1	223	2015	1 385	132	3 884
2006	100	1	322	2016	1 816	110	5 590
2007	67	22	367	2017	1 552	210	6 932
2008	117	6	478	2018	1 348	675	7 605
2009	154	2	630	2019	1 779	249	9 135
2010	179	1	808	2020	2 611	578	11 168
2011	278	3	1 083	2021	3 778	376	14 570
2012	431	9	1 505	2022	3 310	381	17 499

我国公募基金行业在萌芽阶段（1991~1997 年）缺乏全国性的法律规章指导，发展不规范。经央行 1993 年发布《关于立即制止不规范发行证券投资基金和信托受益债券做法的紧急通知》整顿后，此阶段后期新基金发行低迷。自首部规范证券投资基金运作的行政法规发布后，我国公募基金行业于 1998 年开始进入规范化发展阶段，该年有 5 只新基金发行。2004 年，《中华人民共和国证券投资基金法》开始正式施行，对规范基金运作、保护基金投资者合法权益以及促进基金业和证券市场的健康发展发挥了重要作用，这一年新成立的公募基金数量为 51 只，此后每年新成立的基金数量不断增加。自 2012 年行业进入市场化发展阶段后，基金发行数量稳步向上。到 2015 年，股市的上涨吸引投资者"借基入市"，新基金发行量实现倍增，达到 1 385 只。

随着我国资本市场制度的完善与居民资产配置意识的提高，近年新发行的公募基金数量一直维持在较高水平。2016 年，机构定制性基金发展迅速，全年新发行基金数量快速增长。2017 年和 2018 年，监管机构大力规范金融机构资产管理业务，整治金融行业乱象，防范系统性金融风险，加强了对公募基金的行业监管，进一步规范了基金品种，股市走势低迷，这两年新发行基金数量持续回落。2019 年，随着股市行情的好转，新发行的基金数量有所回升。2020 年和 2021 年，股市表现优异，基金收益上涨，更多基金投资者通过基金入市投资，新发行的基金数量分别为 2 611 只和 3 778 只，数量持续创新高。2022 年新成立的公募基金数量为 3 310 只，受市场情绪低迷影响，新成立基金数量较上一年略有回落，但仍维持在高位。截至 2022 年底，继续运营的公募基金总数为 17 499 只，较 2021 年底继续运营的基金增加了 2 929 只。整体而言，随着我国资本市场的发展，公募基金行业市场化程度不断深化，基金品种日益丰富，并且投资者利用基金参与股票市场的观念持续加深，这些因素将继续助推公募基金数量不断增长，行业呈现良好发展趋势。

（二）基金资产管理规模

图 1-2 展示了 1998~2022 年我国公募基金行业历年的资产管理规模及其增长率。表 1-4 则具体展示了每年年底公募基金资产管理规模的数值及其对应的变化比例。在这 25 年的时间里，公募基金资产管理规模实现了飞跃式发展。在 1998~2002 年，公募基金完成资产管理规模由百亿元到千亿元的跨越；在 2002~2007 年，则实现由千亿元到万亿元的跨越；在 2007~2017 年，实现了由万亿元到十万亿元的跨越。近十年来，每年资产管理规模均创新高，2017 年底，资产管理规模首次突破 10 万亿元，仅三年后，2020 年底的资产管理规模高速增长，突破了 20 万亿元大关。2021 年底规模再创新高，达 25.7 万亿元，较 2020 年底再增长 27.0%。2022 年，受全球宏观经济负面影响，一方面新发基金数量与发行规模较小；另一方面基金净值受市场波动影响有所下跌，年底基金资产管理规模与 2021 年底相比仅略增长了 1.3%，为 26.0 万亿元。

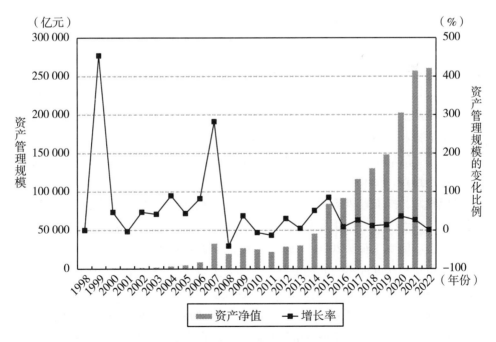

图 1-2　公募基金资产管理规模：1998~2022 年

注：图中资产规模为每年最后一个交易日的资产净值。

表 1-4   每年年底公募基金资产管理规模及变化比例：1998~2022 年

年份	资产管理规模（亿元）	变化比例（%）	年份	资产管理规模（亿元）	变化比例（%）
1998	104	—	2011	21 918	-13.00
1999	574	454.05	2012	28 667	30.79
2000	846	47.26	2013	30 026	4.74
2001	818	-3.26	2014	45 400	51.20
2002	1 207	47.52	2015	84 080	85.20
2003	1 716	42.17	2016	91 741	9.11
2004	3 258	89.91	2017	116 155	26.61
2005	4 691	43.98	2018	130 047	11.96
2006	8 565	82.57	2019	148 393	14.11
2007	32 756	282.46	2020	202 589	36.52
2008	19 389	-40.81	2021	257 220	26.97
2009	26 761	38.02	2022	260 485	1.27
2010	25 194	-5.85			

    图 1-3 展示了 2003~2022 年货币市场型基金和非货币市场型基金资产管理规模变化情况，其中非货币市场型基金为除货币市场型基金外的七类基金的加总。2013 年，互联网金融快速发展，随着"宝宝类"理财产品的出现和投资者理财观念的进步，货币市场型基金开始爆发，自 2014 年开始成为公募基金资产管理规模最大的一类基金，占据公募基金资产管理规模的半壁江山，货币市场型基金的发展对公募基金行业整体规模的增长起了重大的推动作用。2017 年底和 2018 年底，货币市场型基金的规模分别为 7.1 万亿元和 8.2 万亿元，在公募基金资产管理规模中占比分别达到 61.4% 和 62.8%，遥遥领先于各类基金。2019 年底，由于该年股票市场表现较好，投资者风险偏好上升，货币市场型基金规模略有回缩，约为 7.4 万亿元，占比为 49.9%，同上年相比下降了约 13 个百分点，非货币市场型基金的规模反超货币市场型基金。2020 年底，货币市场型基金规模逐渐恢复，规模超过 8 万亿元，但增长速度远不及其他类基金。随着大资管行业的发展，投资者越来越渴望参与权益市场，重视基金管理人的主动管理能力，这助推了非货币市场型基金规模快速提升。如图 1-3 所示，非货币市场型基金的管理规模在 2016~2018 年三年内比较稳定，维持在 4.5 万亿~4.9 万亿元，但在 2019~2021 年有了较大的跃升。非货币市场型基金的管理规模在 2020~2022 年已大幅高于货币市场型基金规模。2020 年和 2021 年，非货币市场型基金继续保持高速增长，规模分别达 12.2 万亿

元和 16.2 万亿元，占比分别约为 60.2% 和 63.3%。2022 年，由于投资者担忧经济下行对市场的负面影响，对低风险资产的偏好回升，年底货币市场型基金资产管理规模突破 10 万亿元，占比略有回升，达 40.1%，较上年底提高 3.4 个百分点。

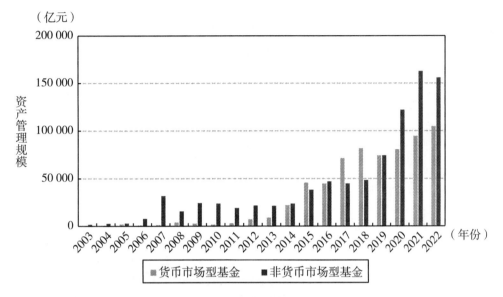

图 1-3　货币市场型基金和非货币市场型基金资产管理规模：2003~2022 年
注：图中资产规模为每年最后一个交易日的资产净值。

　　图 1-4 展示了 2003~2022 年股票型、混合型、债券型三类公募基金资产管理规模变化情况。2014 年以前，股票型基金的占比在三类中最高，而 2015 年混合型基金的资产管理规模迅速增长，可能是由于 2015 年股市波动后，投资者更青睐持仓限制较小，可以在市场行情较差时采取持有较低股票仓位防御策略，从而表现占优的混合型基金，2015~2017 年混合型基金占比在三类中最高。2020 年和 2021年，受益于宽松的流动性环境，权益类资产价格大幅走高，股票型基金和混合型基金的资产管理规模均大幅走高。债券型基金规模则持续稳定上升，2018 年之后，其规模超过了混合型基金，在三者中规模最高。2022 年，鉴于市场环境不确定性较高，低风险资产更受投资者青睐，债券型基金规模增长势头不减，而股票型基金和混合型基金的规模则有所下降。

　　图 1-5 展示了 2003~2022 年按照万得数据库对公募基金一级分类标准划分的不同类型的公募基金的资产管理规模。2022 年底，各类型基金按资产管理规模从大到小排序依次是货币市场型、债券型、混合型、股票型、QDII、FOF、REITs、另类投资型。货币市场型基金自 2014 年开始在所有类别中占比最高，其中 2017 年和 2018 年占比均超过 60%，此后占比有所回落，2020 年和 2021 年占比均降到了40% 以下，这一结果说明我国相当大一部分基金投资者的风险偏好在这一时期有所

上升。债券型基金 2022 年底的规模占比为 29.4%，仅次于货币型基金，近三年规模占比逐步上升。混合型基金的规模占比波动较大，2018~2021 年占比持续上升，但 2022 年占比回落至 18.4%。股票型基金的规模占比自 2015 年开始均徘徊在 10% 上下，2022 年底占比为 9.6%。QDII 基金、另类投资型基金、FOF 基金、REITs 的规模相比上述四类基金均较小，占比较低，随着全球资产配置、个人养老型 FOF 产品配置的观念深入投资者心中，QDII 基金和 FOF 基金近几年规模均增长较快。REITs 产品自 2021 年发展以来亦受到投资者青睐，2022 年 REITs 扩募后规模较 2021 年有较大提升。

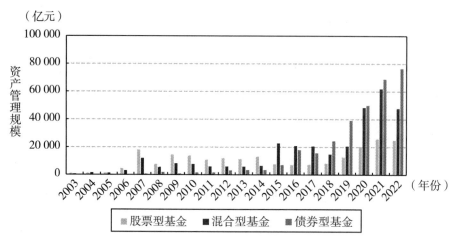

图 1-4　三类公募基金的资产管理规模：2003~2022 年
注：图中资产规模为每年最后一个交易日的资产净值。

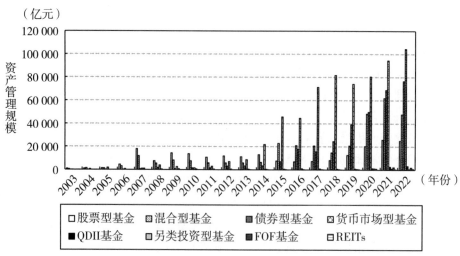

图 1-5　不同类型公募基金的资产管理规模：2003~2022 年
注：图中资产规模为每年最后一个交易日的资产净值。

（三）基金分类

我国公募基金行业产生之初，市场上发行的公募基金主要为契约型封闭式基金。2000 年，证监会发布《开放式证券投资基金试点办法》，2001 年首只契约型开放式基金出现，此后开放式基金逐渐占据了公募基金行业的主导地位。截至 2022 年底，我国共累计成立了 455 只契约型封闭式基金和 19 885 只契约型开放式基金，分别约占公募基金市场的 2.2% 和 97.8%。

在公募基金行业的发展过程中，市场上开始推出侧重于各类投资标的和不同投资风格的基金产品，公募基金的品种日益丰富。根据万得数据库对公募基金的两级分类体系，表 1-5 列示出了截至 2022 年底，公募基金一级分类和二级分类下各类基金的发行总量和百分比。从一级分类的角度看，混合型基金累计发行数量最多，达到 8 161 只，占比为 40.1%；其次是债券型基金，有 6 166 只，占比为 30.3%，股票型基金为 3 737 只，占比约 18.4%；再次是货币市场型基金，为 976 只，占比约 4.8%。以上四种类型的基金数量占市场比例为 93.6%，是公募基金市场的主要类型。QDII 基金、FOF 基金、另类投资型基金与 REITs 分别为 507 只、672 只、97 只和 24 只，这四类基金的数量占市场比例为 6.4%。相较 2021 年底，2022 年底股票型基金、债券型基金、QDII 基金、另类投资型基金和 REITs 的数量占比维持稳定，混合型基金和货币市场型基金的占比略有下降，FOF 基金的数量占比则从 2021 年底的 1.8% 升至 2022 年底的 3.3%，其发行数量在 2022 年快速增长。

表 1-5　　　　公募基金一级和二级分类累计发行总数量及百分比：截至 2022 年底

基金分类	一级分类基金数（只）	一级分类百分比（%）	二级分类基金数（只）	二级分类占一级分类的百分比（%）
股票型基金	3 737	18.4		
被动指数型基金			2 339	62.6
普通股票型基金			979	26.2
增强指数型基金			419	11.2
债券型基金	6 166	30.3		
中长期纯债型基金			2 953	47.9
短期纯债型基金			731	11.9
混合债券型一级基金			832	13.5
混合债券型二级基金			1 105	17.9

续表

基金分类	一级分类 基金数 （只）	一级分类 百分比 （%）	二级分类 基金数 （只）	二级分类占一级 分类的百分比 （%）
可转换债券型基金			71	1.2
被动指数型债券基金			468	7.6
增强指数型债券基金			6	0.1
混合型基金	8 161	40.1		
灵活配置型基金			2 838	34.8
偏股混合型基金			3 664	44.9
偏债混合型基金			1 608	19.7
平衡混合型基金			51	0.6
货币市场型基金	976	4.8		
货币市场型基金			976	100.0
国际（QDII）基金	507	2.5		
国际（QDII）股票型基金			266	52.5
国际（QDII）混合型基金			98	19.3
国际（QDII）债券型基金			97	19.1
国际（QDII）另类投资基金			46	9.1
FOF 基金	672	3.3		
股票型 FOF 基金			15	2.2
混合型 FOF 基金			637	94.8
债券型 FOF 基金			20	3.0
另类投资型基金	97	0.5		
股票多空型基金			45	46.4
商品型基金			51	52.6
类 REITs			1	1.0
REITs	24	0.1		
REITs			24	100.0
总计	20 340	100.0	—	—

从二级分类的角度来看，如表 1-5 所示，股票型基金中数量最多的是被动指数型基金，达到 2 339 只，占比为 62.6%；主动管理的普通股票型基金达 979 只，

占比为 26.2%；而数量最少的是增强指数型基金，仅为 419 只，占比为 11.2%。普通股票型基金是我国基金市场中最早产生的基金类型；而指数型基金在 2004 年末才开始出现，由于其具有交易费用低廉、不过度依赖基金经理、能够有效分散和防范风险等特点，基金数量增长迅速。在混合型基金中，偏股混合型基金数量最多，为 3 664 只，占比为 44.9%；灵活配置型基金次之，数量为 2 838 只，占比为 34.8%。在债券型基金中，中长期纯债型基金数量最多，为 2 953 只，占比为 47.9%；其次为混合债券型二级基金和混合债券型一级基金，占比分别为 17.9% 和 13.5%。在 QDII 基金中，QDII 股票型基金总发行数量为 266 只，占比为 52.5%。

表 1-6 展示的是截至 2022 年底公募基金一级和二级分类下各类基金资产管理规模的统计分析结果。从一级分类的角度来看，货币市场型基金的资产管理规模最大，超 10.4 万亿元，占比 40.1%。其次是债券型基金和混合型基金，债券型基金规模近 7.7 万亿元，占比 29.4%；混合型基金的资产规模约为 4.8 万亿元，较上年下跌 1.3 万亿元，占比 18.4%，较上年下降 6 个百分点。而股票型基金的资产管理规模约 2.5 万亿元，与 2021 年底相比仅增加了 300 多亿元。

表 1-6　　　　公募基金一级和二级分类资产管理规模及百分比：截至 2022 年底

基金分类	一级分类基金资产管理规模（亿元）	一级分类百分比（%）	二级分类基金资产管理规模（亿元）	二级分类占一级分类的百分比（%）
股票型基金	24 966	9.6		
普通股票型基金			6 693	26.8
被动指数型基金			16 537	66.2
增强指数型基金			1 736	7.0
债券型基金	76 606	29.4		
中长期纯债型基金			48 357	63.1
短期纯债型基金			6 345	8.3
混合债券型一级基金			6 190	8.1
混合债券型二级基金			9 397	12.3
可转换债券型基金			374	0.5
被动指数型债券基金			5 928	7.7
增强指数型债券基金			15	0.0
混合型基金	47 835	18.4		
偏股混合型基金			28 382	59.3
平衡混合型基金			438	0.9

续表

基金分类	一级分类基金资产管理规模（亿元）	一级分类百分比（%）	二级分类基金资产管理规模（亿元）	二级分类占一级分类的百分比（%）
偏债混合型基金			5 609	11.7
灵活配置型基金			13 406	28.0
货币市场型基金	104 549	40.1		
货币市场型基金			104 549	100.0
国际（QDII）基金	3 287	1.3		
国际（QDII）股票型基金			2 699	82.1
国际（QDII）混合型基金			467	14.2
国际（QDII）债券型基金			90	2.7
国际（QDII）另类投资基金			32	1.0
FOF 基金	1 927	0.7		
股票型 FOF 基金			15	0.8
混合型 FOF 基金			1 871	97.1
债券型 FOF 基金			41	2.1
另类投资基金	544	0.2		
股票多空型基金			125	22.9
商品型基金			389	71.5
类 REITs			30	5.6
REITs	771	0.3		
REITs			771	100.0
总计	260 485	100.0	—	—

在股票型基金中，被动指数型基金的资产管理规模最大，为 16 537 亿元，占比为 66.2%，较上年提高了 5.8 个百分点，普通股票型基金次之，为 6 693 亿元，占比为 26.8%，较上年下降了 6.0 个百分点，增强指数型基金占比为 7.0%。相较 2021 年底而言，2022 年底在股票型基金的整体资产管理规模相近的情况下，主动管理型基金的规模和占比下降，而指数型基金的规模和占比相应上升。这一方面是由于我国权益市场日趋成熟，指数化产品大力发展；另一方面是由于 2022 年市场环境悲观，在指数波动和下挫的情况下，主动管理型基金表现不佳，净值下跌较多，投资者转向指数型产品。这一结果也说明，越来越多的基金投资者认为被动管

理的投资策略可以战胜众多主动管理的投资策略。

在债券型基金中，中长期纯债型基金的累计发行数量和年末管理规模均最大，其资产管理规模超过4.8万亿元，占比为63.1%，远远大于规模次之的混合债券型二级基金。在混合型基金中，规模最大的是偏股混合型基金，约为2.8万亿元，占比为59.3%；其次为灵活配置型基金，规模约为1.3万亿元，占比为28.0%。国际（QDII）基金中国际（QDII）股票型基金规模最大，为2 699亿元，占比为82.1%，规模和占比较上年年底均有大幅提升，主要是由于美联储加息后美元资产更加强势，且投资者全球配置观念加深。

本书在接下来章节进行的主动管理股票型公募基金的研究和讨论中，将万得数据库中公募基金二级分类的普通股票型基金和偏股混合型基金定义为"股票型基金"。原因如下：表1-7展示了万得数据库进行基金分类时，对股票型基金和混合型基金投资股票资产时定义的上下限比例，其中股票型基金持有股票的比例不得低于80%；而混合型基金中每一类基金的投资比例要求各不相同，灵活配置型、偏债混合型和平衡混合型基金持有股票的下限均小于50%，只有偏股混合型基金对持有股票的下限要求大于等于50%，股票资产占比较大，因此本书接下来讨论主动管理的股票型基金时，采用二级分类为普通股票型和偏股混合型的基金，以提高结论的针对性。表1-7中对于各类基金持股比例的规定仅为一般情况，供读者参考，实际中各类资产比例可能视具体情况调整，并不一定严格遵守这一规定。

表1-7　　　　　　**股票型基金与混合型基金投资股票资产的比例限制**　　　　单位：%

基金分类	持有股票的限制		
	下限	上限	备注
股票型基金	80	100	—
普通股票型基金	80	100	—
混合型基金	—	—	—
灵活配置型基金	0~50	50~100	上下限之差≥50
偏股混合型基金	≥50	≥75	—
偏债混合型基金	<25	≤50	—
平衡混合型基金	25~50	50~75	—

（四）基金费率

公募基金管理过程中产生的主要费用为基金管理费和基金托管费，这两项费用依照基金净值按比例提取。另外还须承担基金销售服务费。销售服务费是从基金资产中扣除的第三方销售机构的佣金、基金的营销广告费等方面的费用，一般只有不存在申赎费用的货币市场型基金在收取，故在此不作深入讨论。一般来说，基金管理费与基金的类型和规模密切相关：公募基金主动管理的难度越高、承担的风险越高，其管理费率越高。表 1-8 展示了截至 2022 年底股票型、债券型、混合型和货币市场型基金管理费率的整体情况，其中，混合型基金的管理费率最高，平均费率为 1.20%；而费率最低的是货币市场型基金，平均费率仅为 0.26%。这两个基金类型的管理费率较 2021 年底略有升高。股票型基金和债券型基金的管理费率介于前述的二者之间，均值分别为 0.86% 和 0.39%，均较 2021 年底下降 1 个百分点。

表 1-8 公募基金的管理费率：截至 2022 年底 单位：%

项目	股票型基金	债券型基金	混合型基金	货币市场型基金
平均值	0.86	0.39	1.20	0.26
最大值	2.00	2.75	3.00	0.90
75%分位数	1.20	0.60	1.50	0.30
50%分位数	0.80	0.30	1.50	0.27
25%分位数	0.50	0.30	0.80	0.15
最小值	0.15	0.10	0.30	0.14

表 1-9 具体分析了截至 2022 年底股票型基金的二级分类基金的管理费率。从中可以看出，普通股票型基金管理费率的平均值最高，为 1.46%，该类基金的管理费率分布在 0.70%~2.00%；被动指数型基金收取的费率分布在 0.15%~1.20%，其平均管理费率是三者中最低的，为 0.59%；增强指数型基金收取的费率居中，收取的费率分布在 0.50%~1.50%，平均收取 0.94%。

表 1-9 股票型公募基金的管理费率：截至 2022 年底 单位：%

项目	被动指数型基金	增强指数型基金	普通股票型基金
平均值	0.59	0.94	1.46
最大值	1.20	1.50	2.00
75%分位数	0.75	1.00	1.50
50%分位数	0.50	1.00	1.50
25%分位数	0.50	0.80	1.50
最小值	0.15	0.50	0.70

基金的托管费率和基金的管理费率一样，与基金的类型和规模有一定关系。表1-10主要统计了截至2022年底股票型、债券型、混合型和货币市场型基金这四种不同类型公募基金的托管费率，其中混合型基金托管费率最高，平均费率达到0.21%，分布在0.03%~0.35%；货币市场型基金的费率最低，平均费率仅为0.07%，分布在0.04%~0.10%；股票型基金和债券型基金介于前述二者之间，其托管费率的均值分别为0.16%和0.11%。股票型基金、混合型基金和货币市场型基金的平均托管费率与2021年底持平，债券型基金的平均托管费率较2021年底下降1个百分点。

表1-10　　　　　　公募基金的托管费率：截至2022年底　　　　单位：%

项目	股票型基金	债券型基金	混合型基金	货币市场型基金
平均值	0.16	0.11	0.21	0.07
最大值	0.30	0.25	0.35	0.10
75%分位数	0.22	0.10	0.25	0.08
50%分位数	0.13	0.10	0.25	0.05
25%分位数	0.10	0.08	0.15	0.05
最小值	0.05	0.03	0.03	0.04

五、小结

我国公募基金行业三十余年的发展历程并非一帆风顺。1991年，公募基金行业伴随着我国资本市场的发展开始萌芽；1997年，我国发布首部规范证券投资基金运作的行政法规，公募基金行业开始受到国家层面的规范；2004年，《基金法》正式实施，标志着我国基金行业由此进入了以法治业的新阶段；2013年，新《基金法》开始施行，配套措施相继颁布，极大地推进了我国公募基金行业的市场化发展。目前，我国公募基金行业已经跨入了全面市场化的发展阶段，并向高质量发展方向迈进。

本章介绍了公募基金的基本概念，从公募基金的定义、特点、分类和发展历程介绍了行业概况。同时，我们研究分析了2022年我国公募基金行业的新动态，公募基金行业的高质量发展方向、个人养老金作为长期资金进入公募基金行业、两地互联互通机制发展扩大、公募REITs继续扩容、重要货币市场基金监管进一步完善，以及北证50基金的推出，为行业带来了新气象。我国公募基金行业在监管导向和市场推动的双重作用下，投资范围日益拓宽，市场发展日趋完善。

　　另外，本章从基金数量、资产管理规模、基金分类和费率四个方面对我国公募基金行业发展的总体情况进行了分析。从整体上看，我国公募基金行业的发展规模和成熟度与发达经济体相比仍有差距，但是公募基金行业伴随我国资本市场一路走来，无论从基金数量，还是从管理规模等多个维度，都已然成为我国资产管理行业不可忽视的专业化投资管理组成部分。2022 年，在金融市场跌宕起伏的背景下，我国公募基金行业整体规模依然再创新高，体现了我国资管行业的逐渐成熟与公募基金行业在资产管理中的重要作用。

　　本书接下来的几章将深入探讨我国公募基金行业的一些重要问题，如公募基金能否战胜大盘指数、基金经理是否具有选股能力和择时能力，以及公募基金的业绩是否具有持续性等。我们认为，将这些如行业基石般的问题探讨清楚，有利于投资者对我国公募基金的全貌进行系统化的了解。

股票型基金能否跑赢大盘指数

　　基金的历史业绩表现是投资者作出基金投资决策的关键因素，投资者往往会在对基金业绩进行比较分析后进行投资选择。而不同类型基金投资的资产类型不同，其承担的风险与投资者的预期收益亦不同。股票型基金的股票仓位不能低于80%，相较于债券型、货币市场型等主要投资于债券与货币市场工具的基金，股票型基金的投资者需承担更高的风险，相应地期望得到更高回报。因此，直接对投资于不同标的类型的基金进行比较并不合理，为客观比较和评价基金的业绩，本章将剔除其他类型基金（如债券型、货币市场型基金），仅研究股票型基金。根据投资理念的不同，股票型基金分为主动型基金与被动型基金。被动管理的指数型基金投资非常分散，按照其跟踪指数的成分股及相应权重进行投资与持仓调整，而主动管理的股票型基金是为了满足投资者对专业资产管理的需求而诞生的，与被动管理的指数型基金相反，主动管理的基金是由基金经理基于其深度研究、信息优势与专业判断来对投资组合进行积极操作，并收取更高的管理费用，其价值在于为投资者带来长期稳定的超额收益。那么主动管理的股票型基金是否真的能战胜大盘指数？对于通过公募基金投资股票市场的投资者而言，应该选择主动管理的股票型基金，还是被动管理的指数型基金？

　　在美国市场中，绝大多数主动管理的股票型公募基金跑不赢大盘指数。Jensen（1968）对美国资本市场1945~1964年的115只基金进行检验，发现美国市场中公募基金的收益平均而言并不能战胜市场的收益。Bodie等撰写的《投资学》中的研究成果亦表明，1971~2009年，美国市场上的威尔希尔5000指数（Wilshire 5000 index）的年化收益率比同期主动管理的股票型基金的年化收益率高出1个百分点，并且在23个年份里，指数的收益都要好于股票型基金的收益。美国股票市场有效程度比较高，股票价格基本上反映了所有可以获得的信息，很难发现长期被低估或被高估的股票，所以整体而言，美国基金经理只能赚取市场平均回报。在美国这样一个成熟的资本市场中，基金经理要战胜大盘指数十分困难；而在中国市场中，主动管理的基金跑赢大盘指数的机会是存在的。我国作为新兴市场，股票市场有效程度不高，股价对市场信息的消化能力及反应速度不足、反应程度过度或过低，因此我国基金经理有可能通过调研以及对公开信息的解读与分析来获取超额回报。我们将通过对比主动管理的股票型基金的业绩与大盘指数的表现来初步评估主动管理的股票型基金能否战胜大盘指数。

在选取作为比较基准的大盘指数方面，我们选取万得全 A 综合指数（以下简称"万得全 A 指数"）作为股票市场大盘指数，它覆盖了在京沪深三地交易所上市的全部 A 股股票，体现的是个股股票自由流通的股本，所以能较好地反映 A 股市场整体的收益及风险情况。

本章内容主要分为三个部分。第一部分，从年度收益率和累计收益率两个角度分别对比主动管理的股票型基金与万得全 A 指数二者之间的差异；第二部分，将风险因素加入业绩比较的考量中，选用不同的风险调整后收益指标，对主动管理的股票型基金与万得全 A 指数的收益进行分析；第三部分，对主动管理的股票型基金的收益率、夏普比率（Sharpe ratio）和索丁诺比率（Sortino ratio）这三个指标进行相关性分析，选择评估基金业绩的恰当指标。我们的研究发现，在绝对收益指标方面，我国主动管理的股票型基金在 2003~2022 年的多数年份里平均收益率都高于万得全 A 指数的收益率，且这期间主动管理的股票型基金的累计收益率也远高于万得全 A 指数的累计收益率；在风险调整后的收益指标方面，近三年和近五年主动管理的股票型公募基金的夏普比率和索丁诺比率均要优于万得全 A 指数的相关比率。通过分析上述研究结果，可以发现我国主动管理的股票型基金的业绩普遍优于大盘指数。

一、绝对收益分析

在分析、评估主动管理的股票型公募基金时，我们将万得数据库中公募基金二级分类的普通股票型和偏股混合型基金定义为"股票型基金"。基金中存在许多名称相同但带有不同的后缀字母（如 A、B、C 等）的基金，我们分析发现，这些基金的净值走势几乎相同，只是费率结构上存在差异。关于基金的字母后缀大体可分为两种情况。第一类为货币型公募基金 A 类和 B 类。二者区别在于：（1）申购起始门槛不同。A 类的起购门槛较低，有些平台申购门槛低至 1 元，大部分投资者购买的就是此类货币基金；B 类的起购门槛通常在百万元级别，专为机构或高净值客户打造，但也有些基金公司为了吸引投资者购买而降低 B 类的购入门槛，如"南方天天利货币 B"的最低买入金额仅为 10 元。（2）销售服务费不同。投资门槛高的 B 类货币型基金的销售服务费较低，一般为年化 0.01%。由于 B 类货币型基金的销售服务费低于 A 类，B 类货币型基金年化收益率会略微高于 A 类货币基金。

第二类为其他开放式基金 A 类、B 类和 C 类。尽管后缀不同，但它们实际上是同一只基金，运作模式完全一样，在计算基金规模时合并计算，其主要区别在于收费方式。后缀 A 代表前端收费，买入基金份额时收取"申购费"；B 类代表后端收费，买入基金份额时不收取"申购费"，这笔费用可以延迟至赎回时再收，并且与赎回费一样持有时间越长费用越低；[①] C 类一般不收申购费，但根据持有基金的时间收取"销售服务费"。其他基金份额后缀如 D、E、F 等一般为新增份额，面向特定渠道发售，在此不再赘述。因此，对于这些带有后缀的基金，我们仅选择相似产品中的一只基金进行分析研究。

（一）股票型基金与大盘指数年度收益率比较

在本节中，我们计算股票型基金每一年的收益指标时，首先计算该年有 12 个月完整净值的基金当年的累计收益率，然后对这些基金的收益率进行等权平均，计算结果作为该年股票型基金的整体收益率。在计算股票型基金每一年的波动率等风险指标时，首先利用每只基金在该年 12 个月度的收益率计算月度标准差，再进行年化处理，得到该基金在当年的年化波动率；其次对该年所有基金的年化波动率进行等权平均，获得股票型公募基金在该年的整体年化波动率。我们将 2003～2022 年每个年度的股票型基金收益率与大盘指数收益率进行对比，比较结果如图 2-1 所示。[②]

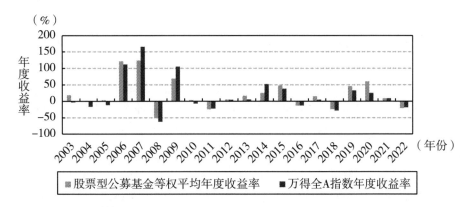

图 2-1　股票型基金和万得全 A 指数年度收益率的比较：2003～2022 年

① B 类收费模式已逐渐边缘化，近年来新发产品几乎不再设计此种模式。

② 我们也使用基金的加权平均业绩进行分析。在计算加权平均年度收益率时，我们采用每只基金的年初资产管理规模作为权重进行加权平均，以年度收益率作为评判业绩的标准。分析的结论与使用等权平均业绩得出的结论相差不大。考虑到后续章节要对比公募基金和私募基金的整体业绩，而许多私募基金不披露基金规模，我们汇报的结果以基金的等权平均业绩为主。

在此期间的 20 个年份里，股票型基金在 13 个年份中超越了大盘指数，且有 9 个年份超额收益率大于 10%。而在股票型基金跑输大盘指数的 7 个年份中，有 3 个年份（2011 年、2016 年、2022 年）是大盘指数下跌的年份，股票型基金也仅分别跑输 2.0%、0.3% 和 2.2%；有 4 个年份是大盘指数上涨的年份，其中有 1 个年份（2021 年）股票型指数仅跑输大盘指数 0.1%，剩余 3 个年份是大盘指数大幅上涨的年份，大盘在 2007 年、2009 年、2014 年分别上涨 166%、105%、52%，而股票型基金分别跑输了 42%、37%、27%，但也依然获得了高收益。大盘指数如此大幅上涨的机会并不多，在我国金融市场逐渐成熟的过程中，这种现象逐渐减少。我们还发现，股票型基金的抗跌能力要强于大盘指数，在 9 个万得全 A 指数下跌的年份（2003～2005 年、2008 年、2010 年、2011 年、2016 年、2018 年、2022 年）中，股票型基金有 6 个年份的收益率高于指数，有 4 个年份取得了正收益。由此可见，除非是在极端的牛市环境下，大盘因取得了惊人的收益率而难以战胜外，股票型基金的收益率整体而言较大盘指数要高。

根据上述对年度收益率的直观分析，我们发现股票型基金的平均收益能力优于大盘指数，而由于大盘指数暴涨时较股票型基金上涨更多，下跌时也跌幅更大，大盘指数的波动率或许较股票型基金剧烈，而波动意味着风险，波动率是我们投资时需要考虑的重要指标之一，需同步分析。我们使用基金和指数的月度收益率计算它们的年化波动率，以进一步分析股票型基金和大盘指数的收益率波动情况。年化波动率越大，说明每个年度中收益率的平均波动幅度越大，相应的风险也越高。

图 2-2 提供了 2003～2022 年股票型基金与大盘指数年化波动率的比较结果。整体而言，股票型基金的风险略低于大盘指数的风险。在这 20 个年份中，有 11 个年份大盘指数波动率高于股票型基金，具体年份为 2003～2005 年、2007～2010 年、2012～2013 年、2016 年及 2019 年，其中有 2 个年份高出 10 个百分点。同时，在股票型基金波动率相对较高的多个年份中，股票型基金的波动率也仅略高于指数的波动率，在 2006 年、2011 年、2014 年、2015 年、2018 年，股票型基金的波动率仅高于指数 0～1.5 个百分点。整体而言，2003～2022 年股票型基金的整体风险要小于大盘指数。但值得注意的是，近五年（2018～2022 年）中仅 2019 年股票型基金的波动率小于大盘指数的波动率，其余年份股票型基金波动率相对更高。可能的原因有：一方面，由于多数主动管理的基金以某个主题或风格进行选股，而非在全市场选股，其波动较全市场波动更大；另一方面，主动管理的基金会暴露更大的风险去追求超额收益，而近几年市场大幅波动、宏观环境复杂以及投资风格快速轮换，对主动管理的股票型基金的波动率有更大的负面影响。

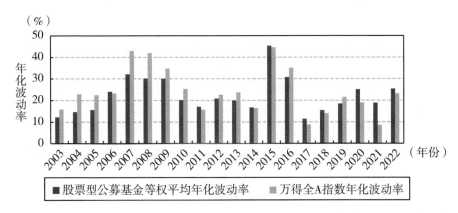

图 2-2　股票型基金和万得全 A 指数收益率的年化波动率比较：2003~2022 年

（二）跑赢大盘指数的股票型基金数量占比

从单个股票型基金的角度而言，各个年份中收益率可以战胜大盘指数的股票型基金的占比如图 2-3 所示。图 2-3 统计了 2003~2022 年股票型基金收益率超过万得全 A 指数收益率的基金数量占比。整体来看，在 2003~2022 年的大多数年份里，我国大部分主动管理的股票型基金都能够获得优于大盘指数的回报。在这 20 个年份中，有 12 个年份跑赢大盘指数的股票型基金数量占比超过 60%，其中 10 个年份占比超过 70%。在指数下跌的 9 个年份中，有 6 个年份股票型基金战胜市场的数量比例在 70% 以上。我们也发现，在牛市年份里股票型基金业绩难以超越大盘指数，2007 年、2009 年、2014 年是大盘指数大幅上涨的年份，万得全 A 指数上涨的幅度分别为 166%、105%、52%，在这三年，股票型基金战胜大盘的数量占比仅为 4.8%、2.6%、6.0%，在这些大盘指数大幅上涨的年份，只有少数基金能够领先市场。

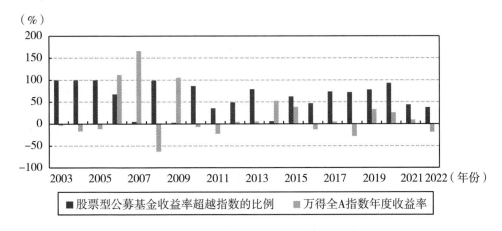

图 2-3　股票型基金收益率超越万得全 A 指数的比例：2003~2022 年

（三）股票型基金与大盘指数累计收益率比较

　　除了比较基金在各个年度的收益率之外，比较更长时间段内股票型基金和大盘指数的累计收益情况更能对比股票型基金和大盘指数的长期业绩。股票型基金的累计收益是否也能超越指数的累计收益？如果能够超越，其差距有多大？我们对过去三年和过去五年股票型基金和万得全 A 指数的年化收益率作出比较。在选取样本时，我们要求基金在 2020~2022 年或 2018~2022 年间具有完整的三年或五年基金复权净值数据，其中近三年基金的样本量为 1 057 只，近五年基金的样本量为 718 只。

　　图 2-4 给出过去三年（2020~2022 年）和过去五年（2018~2022 年）股票型基金与大盘指数的年化收益率。从中可以看出，近三年股票型基金的年化收益率为 11.19%，高于万得全 A 指数的年化收益率（3.71%）；近五年股票型基金的年化收益率为 9.11%，同样高于指数的年化收益率（1.26%）。整体而言，股票型基金的三年期和五年期总收益率优于大盘指数的表现。[①]

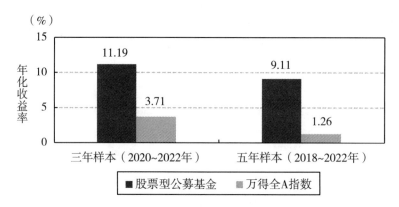

图 2-4　近三年（2020~2022 年）和近五年（2018~2022 年）股票型基金
与万得全 A 指数的年化收益率比较

　　图 2-5 展示了 2003~2022 年股票型基金与万得全 A 指数的累计收益率比较，我们将 2002 年 12 月 31 日的股票型基金和万得全 A 指数的初始净值设为 100 元，以方便读者观察二者之间的走势差别。[②] 截至 2022 年底，万得全 A 指数的净值达到 501，即在过去的 20 年中，其累计收益率为 401%（年化收益率为 8.39%），而股票型基金截至 2022 年底的净值达到了 1 429，即过去 20 年的累计收益率高达

---

　　① 附录一中总结汇报了近五年每一只股票型基金的年化收益率。
　　② 在此我们只讨论等权平均累计收益的结果。

1 329%（年化收益率为 14.22%）。因此，在不考虑风险因素的情况下，若在 2002 年 12 月 31 日开始同时投资，2003~2022 年投资于主动管理的股票型基金可以获取比投资于指数型基金更高的回报。

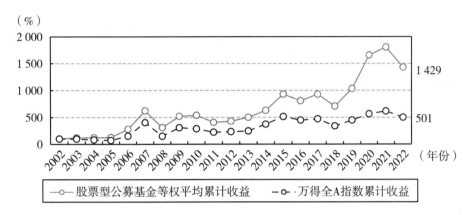

图 2-5　股票型基金与万得全 A 指数的累计收益率比较：2003~2022 年

二、风险调整后收益分析

现代投资组合的理论研究表明，风险的大小在决定投资组合的表现上具有重要作用。投资标的的预期收益与投资者所承担的风险成正比。理性的投资者进行投资组合配置时，会选择在相同的风险下追求最大收益，或在相同的预期收益下追求最低风险。投资者若只关注基金的绝对收益而忽视其风险，可能会遭受巨大损失。例如，一些基金可能在大盘行情较好时净值增长较快，而在大盘下跌时，该类基金的跌幅可能也更高。若在该类基金净值较高时盲目根据历史绝对收益判断买入，投资者可能面临大幅回撤，投资收益率可能不及预期。收益和风险如同一枚硬币的两面，二者在投资活动中同时存在，必须同时考虑。因此，我们在评估基金业绩时，还应考虑为了获取收益所承担的风险大小。风险调整后的收益率可以同时对收益和风险进行综合考虑。由于不同的基金承担的风险不同，在考虑了风险调整后的收益指标后，我们可以对比在承担相同风险的情况下，基金的收益之间的差别。我们选取夏普比率和索丁诺比率两个指标来对比基金和指数的风险调整后收益，以近三年（2020~2022 年）和近五年（2018~2022 年）作为样本期间，在选取基金样本时，同样要求基金具有完整三年和五年的基金复权净值，其中近三年基金的样本量为 1 057 只，近五年基金的样本量为 718 只。

（一）夏普比率

夏普比率是常用的基金绩效评价标准化指标，它使用某一时期内基金的平均超额收益率除以该时期超额收益率的标准差来衡量基金风险调整后的回报，代表每承担一个单位的风险可以换取的收益，因此夏普比率越高，表明基金在同等风险情况下所能获得的超额收益越高。其公式如下：

$$Sharpe_M = \frac{MAEX}{\sigma_{ex}} \qquad (2.1)$$

$$Sharpe_A = Sharpe_M \times \sqrt{12} \qquad (2.2)$$

其中，$Sharpe_M$ 为月度夏普比率，$Sharpe_A$ 为年化夏普比率，$MAEX$ 为月度超额收益率的平均值（monthly average excess return），σ_{ex} 为月度超额收益率的标准差（standard deviation）。基金的月度超额收益率为基金的月度收益率减去市场月度无风险收益率，市场无风险收益率采用整存整取的一年期基准定期存款利率。

图 2-6 展示了过去三年（2020~2022 年）和过去五年（2018~2022 年）万得全 A 指数与股票型基金夏普比率的比较结果。[①] 近三年和近五年股票型基金的年化夏普比率分别为 0.47 和 0.42，相比较而言，大盘指数的年化夏普比率仅分别为 0.21 和 0.08。以夏普比率衡量，股票型基金风险调整后收益在这两个时间段都超越了万得全 A 指数，说明从中长期来看，在承担相同风险的情况下，股票型基金能取得比大盘指数更高的收益。

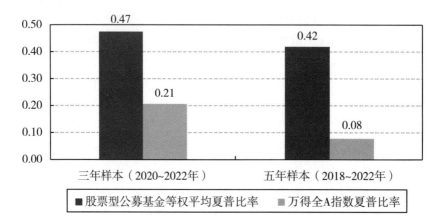

图 2-6 近三年（2020~2022 年）和近五年（2018~2022 年）股票型基金与万得全 A 指数的年化夏普比率

---

① 股票型基金夏普比率是所有股票型公募基金夏普比率的平均值。

我们继续从单个股票型基金的角度对股票型基金和大盘指数的夏普比率进行更加深入和详细的对比。图2-7为股票型基金近五年（2018~2022年）年化夏普比率的分布直方图。从中可以看出，股票型基金夏普比率较为集中的区间为［0.45，0.63）和［0.27，0.45），频数占比分别为30%和27%，合计达57%。在718只基金中，近五年年化夏普比率的最大值为1.21，最小值为-0.63，而中位数为0.44。万得全A指数近五年年化夏普比率为0.08，有92%的股票型基金夏普比率超越了万得全A指数。

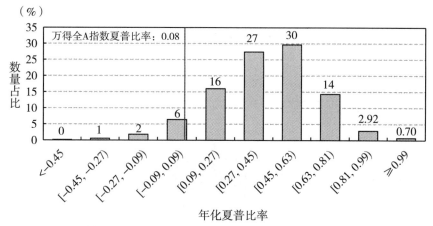

图2-7　股票型基金近五年年化夏普比率分布直方图：2018~2022年

图2-8是股票型基金近五年（2018~2022年）年化夏普比率由高到低的排列图。我们以万得全A指数的夏普比率（0.08）作为比较基准，图中以横线表示。根据夏普比率的定义，万得全A指数在承担单位百分比的风险时所对应的年化超额收益为0.08%。夏普比率高于万得全A指数的基金有660只（总数718只），即92%的股票型基金在近五年的风险调整后收益超越了万得全A指数。有5%的股票型基金（35只）的夏普比率小于0，也就是说这些基金的超额收益为负，它们的年化收益率要低于无风险的银行存款利率。

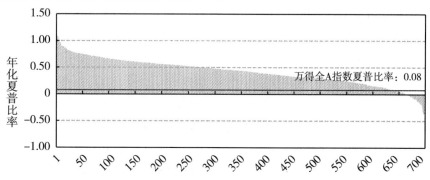

图2-8　股票型基金近五年年化夏普比率排列：2018~2022年

图 2-9（a）展示了 718 只股票型基金近五年（2018~2022 年）年化夏普比率的散点分布情况，横轴为基金超额收益的年化标准差（风险），纵轴为基金的年化超额收益率（超额收益），夏普比率为从原点到每一只基金所对应的由年化超额收益率和年化标准差（风险）所确定的点的斜率。近五年所有股票型基金的年化夏普比率均分布在斜率为 -0.63 和 1.21（即股票型基金中的最小和最大夏普比率）这两条射线所夹的扇形区间内，大多数基金的年化夏普比率分布在中间偏右部分，基金的超额收益多位于 0~20%，风险水平主要分布在 15%~30%。如果将基金的超额收益与风险因素综合考虑，年化超额收益率最高的基金的夏普比率不一定是最高的。因此，单独考虑基金的超额收益或风险都不足以判断基金的优劣，只有综合考量这两个因素，才能对基金业绩有更深入全面的了解。

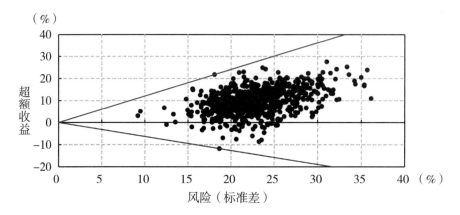

图 2-9（a） 股票型基金近五年年化夏普比率散点图：2018~2022 年

图 2-9（b）展示了近五年（2018~2022 年）股票型基金年化夏普比率排名在前 5% 的基金名称及其年化夏普比率。观察前 10 名基金的超额收益和风险，可以发现，不同基金产生较高夏普比率的原因各有不同，有些是因为基金经理能将风险控制在相对较低的水平，如"诺安策略精选"基金和"嘉实物流产业 A"基金，其超额收益率分别为 15.4% 和 15.0%，风险水平分别为 15.5% 和 15.6%，对应的夏普比率分别为 0.99 和 0.96；有些则是凭借优越的超额收益在这前 10 位中占有一席之地，如"大成新锐产业"基金，其超额收益率为 24.9%，风险水平为 23.7%，对应的夏普比率为 1.05，该基金在适度控制风险的同时，通过积极主动的选股获得了长期稳定的回报，主要投资于在中国经济进行结构性转型过程中产业升级和战略性发展的新兴产业。其他诸如"交银趋势优先 A""工银瑞信战略转型主题 A""华安安信消费服务 A"等基金，均是在较高的收益水平下，搭配不太高的风险水平。优秀的基金应该在更低的波动率基础上获得更高的超额收益，综合考虑风险与收益能更好地评估基金业绩。

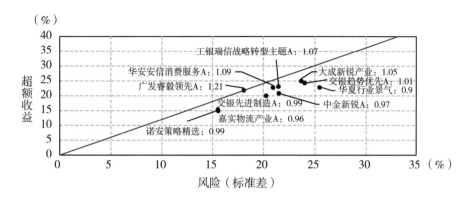

图 2-9（b） 股票型基金近五年年化夏普比率散点图（前 10 名）：2018~2022 年

图 2-9（c）展示了近五年（2018~2022 年）股票型基金年化夏普比率排名在后 5% 的基金名称及其年化夏普比率。"民生加银精选"基金的夏普比率为 -0.63，其超额收益率为 -11.8%，风险水平为 18.7%；"光大优势"基金的夏普比率为 -0.37，其超额收益率为 -8.6%，风险水平为 23.3%。夏普比率排名在后 5% 的基金的超额收益率几乎均为负，说明基金经理所贡献的收益低于银行无风险存款利息，中长期水平上看基金处于亏损，投资者应该避免投资夏普比率小于 0 的基金。

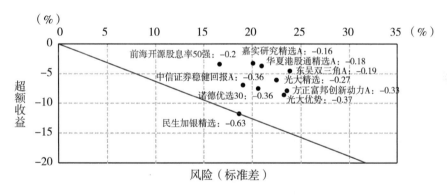

图 2-9（c） 股票型基金近五年年化夏普比率散点图（后 10 名）：2018~2022 年

下面，我们将近五年按照夏普比率排名在前 5% 和排名在后 5% 的基金分别在表 2-1 和表 2-2 中列示。表 2-1 列示了 2018~2022 年按照年化夏普比率排名在前 5% 的基金。前 5% 股票型基金的平均年化超额收益率标准差为 21.2%。如果用万得全 A 指数作为比较基准，万得全 A 指数近五年的夏普比率为 0.08，假设指数的风险为这些优秀基金的平均年化超额收益的标准差，即 21.2%，那么此情况下指数的年化超额收益为 1.70%（21.2%×0.08）。对比前 5% 的基金与指数的业绩，可以发现，前 5% 股票型基金的平均夏普比率（0.88）和平均年化超额收益率（18.67%）远高于指数的夏普比率（0.08）和承担同等风险条件下的年化超额收益率（1.70%）。

表 2-1　　　　　近五年年化夏普比率排名在前 5%的股票型基金：2018~2022 年

编号	基金名称	年化超额收益率（%）	年化超额收益率标准差（%）	年化夏普比率
1	广发睿毅领先 A	21.81	18.08	1.21
2	华安安信消费服务 A	22.74	20.94	1.09
3	工银瑞信战略转型主题 A	23.06	21.48	1.07
4	大成新锐产业	24.94	23.67	1.05
5	交银趋势优先 A	24.29	24.01	1.01
6	诺安策略精选	15.37	15.53	0.99
7	交银先进制造 A	19.99	20.28	0.99
8	中金新锐 A	20.79	21.50	0.97
9	嘉实物流产业 A	14.92	15.57	0.96
10	华夏行业景气	22.79	25.46	0.90
11	工银瑞信新金融 A	19.35	21.71	0.89
12	工银瑞信信息产业 A	20.32	22.87	0.89
13	金鹰信息产业 A	27.58	31.05	0.89
14	工银瑞信物流产业 A	17.70	20.02	0.88
15	建信健康民生 A	19.28	21.87	0.88
16	中信保诚至远动力 A	17.85	20.31	0.88
17	诺安低碳经济 A	14.40	16.53	0.87
18	交银阿尔法 A	16.20	18.83	0.86
19	中欧养老产业 A	18.38	21.61	0.85
20	融通内需驱动 AB	16.92	20.01	0.85
21	景顺长城成长之星	17.00	20.50	0.83
22	工银瑞信美丽城镇主题 A	15.95	19.42	0.82
23	工银瑞信文体产业 A	16.61	20.25	0.82
24	富国价值优势	18.33	22.38	0.82
25	南方中小盘成长	14.41	17.70	0.81
26	兴全商业模式优选	16.11	19.83	0.81

编号	基金名称	年化超额收益率（%）	年化超额收益率标准差（%）	年化夏普比率
27	长城优化升级 A	19.79	24.54	0.81
28	南方国策动力	17.12	21.45	0.80
29	信诚周期轮动 A	20.39	25.65	0.79
30	华夏经典配置	17.03	21.54	0.79
31	华安逆向策略 A	16.84	21.32	0.79
32	长信金利趋势 A	14.22	18.01	0.79
33	大成高新技术产业 A	14.18	17.98	0.79
34	建信中小盘 A	20.07	25.62	0.78
35	万家臻选	20.54	26.46	0.78
36	国富深化价值	15.00	19.36	0.77
	指标平均值	18.67	21.20	0.88

表 2-1 中的基金产生较高夏普比率的原因各不相同。由于较强的风险控制能力产生高夏普比率的基金有"诺安策略精选""嘉实物流产业 A""诺安低碳经济 A"，它们的风险水平都仅为 15%~17%，但超额收益率并不高，仅为 14%~16%。而由于超强的管理能力产生高夏普比率的有"金鹰信息产业 A"基金，其取得了超过 27% 的超额收益，超额收益排名第 1 位，但同时其风险超过了 31%，因此夏普比率仅排名第 13 位。

在分析了年化夏普比率表现最好（前 5%）的基金数据后，我们再来分析夏普比率排名在后 5% 的基金表现。表 2-2 列出了 2018~2022 年按照年化夏普比率排名在后 5% 的基金。从中可以看出，后 5% 股票型基金的平均年化超额收益率标准差为 21.10%，与排名前 5% 的基金相近。我们将其假设为万得全 A 指数的风险水平，可计算出万得全 A 指数在此风险水平下的年化超额收益率应为 1.70%（21.20%×0.08）。在后 5% 的股票型基金中，"泰达宏利效率优选"基金的超额收益率最高（0.12%），但仍然低于万得全 A 指数的年化超额收益（1.70%）。与此同时，我们还发现，夏普比率较差的这 36 只基金中，有 35 只基金的年化夏普比率和年化超额收益为负数，它们的表现不如指数的原因正如前文中提到的：超额收益率太低，基金经理所贡献的收益低于银行无风险存款利率。例如，夏普比率最小的"民生加银精选"基金，它的风险（18.65%）在表 2-2 中并不是最高的，但是其较低的年化超额收益率（-11.76%）使其夏普比率处于低位。

表 2-2　　　　　　近五年年化夏普比率排名在后 5%的股票型基金：2018~2022 年

编号	基金名称	年化超额收益（%）	年化超额收益标准差（%）	年化夏普比率
1	民生加银精选	-11.76	18.65	-0.63
2	光大优势	-8.58	23.25	-0.37
3	诺德优选 30	-7.49	20.62	-0.36
4	中信证券稳健回报 A	-6.91	19.06	-0.36
5	方正富邦创新动力 A	-7.87	23.55	-0.33
6	光大精选	-6.07	22.48	-0.27
7	前海开源股息率 50 强	-3.39	16.64	-0.20
8	东吴双三角 A	-4.54	23.85	-0.19
9	华夏港股通精选 A	-3.70	20.96	-0.18
10	嘉实研究精选 A	-3.25	20.08	-0.16
11	国泰君安君得诚	-2.56	16.81	-0.15
12	博时国企改革主题 A	-2.71	17.92	-0.15
13	华富量子生命力	-3.03	20.57	-0.15
14	富国低碳环保	-2.00	15.44	-0.13
15	工银瑞信沪港深 A	-2.92	22.57	-0.13
16	大摩华鑫量化配置 A	-2.16	18.74	-0.12
17	安信消费医药主题	-1.98	20.41	-0.10
18	国泰金鑫 A	-2.29	23.89	-0.10
19	国联安红利	-1.85	21.24	-0.09
20	汇添富港股通专注成长	-1.99	23.62	-0.08
21	国泰成长优选	-1.78	21.32	-0.08
22	博时第三产业成长	-1.52	19.53	-0.08
23	诺德中小盘	-1.73	22.80	-0.08
24	诺德量化蓝筹增强 A	-0.93	12.54	-0.07
25	长安宏观策略 A	-1.24	25.22	-0.05
26	景顺长城研究精选	-0.90	19.35	-0.05
27	泰达宏利领先中小盘	-1.17	25.40	-0.05
28	中邮核心优选	-0.86	20.91	-0.04

续表

编号	基金名称	年化超额收益（%）	年化超额收益标准差（%）	年化夏普比率
29	华商新动力	-0.98	24.27	-0.04
30	前海开源价值策略	-0.61	24.21	-0.03
31	银华核心价值优选	-0.53	21.38	-0.02
32	广发沪港深新起点 A	-0.46	22.06	-0.02
33	汇添富沪港深新价值	-0.47	24.48	-0.02
34	华商消费行业	-0.43	24.73	-0.02
35	创金合信金融地产 A	-0.18	23.43	-0.01
36	泰达宏利效率优选	0.12	17.79	0.01
指标平均值		-2.80	21.10	-0.14

从上述夏普比率较优及较差基金与指数表现的对比分析可知，年化夏普比率排名在前5%的优秀基金（36只）和排名在后5%的较差基金（36只）的年化超额收益率的标准差（风险）的平均值仅相差0.10%，然而它们的年化超额收益率均值的差距却达到约21.5%，这说明排名在后5%的基金经理的选股择时能力较差。在承担同样风险的情况下，排名在前的基金经理比排名在后的基金经理获得的收益高出很多。此外，排名在前5%的基金皆取得了超越万得全A指数的超额收益率，而排名在后5%的基金的收益率均低于万得全A指数的业绩。这一结果表明，在相同的风险水平下，优秀的基金不仅可以取得超越同行的超额收益，还可能战胜大盘指数，而夏普比率较差的基金的表现则相反。有些读者比较关心基金在更短时间段内的夏普比率表现。在进一步的研究中，我们将样本时间缩短至近三年（2020~2022年），用同样的方法比较股票型基金与万得全A指数的夏普比率后发现，结论与近五年的比较结果基本保持一致，因此不再赘述。

（二）索丁诺比率

索丁诺比率是经常被采用的另一个风险调整后的收益指标，它与夏普比率类似，不同的是它区分了收益波动的好坏，在计算风险时不以整体偏移为标准，而是以下跌偏移为标准。索丁诺比率考虑的是下行风险（以下行标准差衡量），即将大于0的超额收益设为0，将小于0的超额收益保持原值，来计算调整后的超额收益的标准差。使用索丁诺比率作为风险调整后收益指标的考量是，投资组合获得正回报是符合投资人需求的，因而在考虑风险时不应计入调整范围内，只需考虑下行风险。索丁诺比率越高，表明基金在承担相同单位下行风险下的超额收益率越高。其计算公式如下：

$$Sortino_M = \frac{MAEX}{D\sigma_{ex}} \qquad (2.3)$$

$$Sortino_A = Sortino_M \times \sqrt{12} \qquad (2.4)$$

其中，$Sortino_M$ 为月度索丁诺比率，$Sortino_A$ 为年化索丁诺比率，$MAEX$ 为月度超额收益率的平均值，$D\sigma_{ex}$ 为月度超额收益率的下行风险标准差（downside standard deviation）。基金的月度超额收益率为基金的月度收益率减去市场月度无风险收益率，市场无风险收益率采用整存整取的一年期基准定期存款利率。

图 2-10 展示了过去三年（2020~2022 年）和过去五年（2018~2022 年）股票型基金与万得全 A 指数索丁诺比率的比较结果。[①] 近三年和近五年股票型基金的年化索丁诺比率分别为 0.98 和 0.85，高于大盘指数的 0.36 和 0.14。从索丁诺比率的比较来看，这两个时间段股票型基金风险调整后收益均战胜了万得全 A 指数。

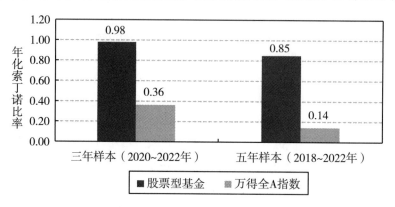

图 2-10　近三年（2020~2022 年）和近五年（2018~2022 年）股票型基金与万得全 A 指数的年化索丁诺比率

我们继续从单个股票型基金的角度对股票型基金和大盘指数的索丁诺比率进行更加深入和详细的对比。图 2-11 是近五年（2018~2022 年）股票型基金年化索丁诺比率的分布直方图，我们按照索丁诺比率的大小划分 10 个区间。可以看出，股票型基金索丁诺比率的峰值出现在 [0.58，0.97）这一区间，基金占比为 29%，其次索丁诺比率较为集中的区间是 [0.97，1.36），基金占比为 26%，索丁诺比率分布在这两个区间的基金合计占比为 55%。在五年样本中基金业绩较为优秀（索丁诺比率大于 1）的基金占比为 38.4%（276 只）。此外，万得全 A 指数年化索丁诺比率（0.14）出现在 [-0.2，0.19）区间内。在 718 只基金中，近五年基金年

---

① 股票型基金索丁诺比率是所有股票型公募基金索丁诺比率的平均值。

化索丁诺比率的最大值为 2.93，最小值为-0.98，而中位数值为 0.85，远高于万得全 A 指数的索丁诺比率（0.14）。

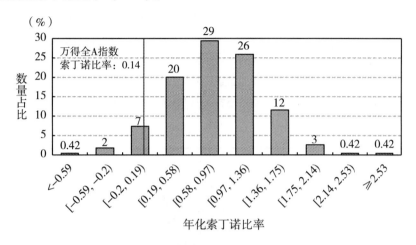

图 2-11　股票型基金近五年年化索丁诺比率分布：2018~2022 年

图 2-12 展示了近五年（2018~2022 年）股票型基金索丁诺比率由高到低的排列。我们选取万得全 A 指数的索丁诺比率（0.14）作为比较基准，以横线表示。具体含义为，在承担单位下行风险（由负收益的标准差计算）时，股指可以获得 0.14% 的超额收益。在这 718 只基金中，有 92%（660 只）的股票型基金的年化索丁诺比率高于万得全 A 指数的年化索丁诺比率（0.14），表明这 660 只基金在承担相同年化下行风险的同时，可以获得高于万得全 A 指数的年化超额收益。可见，如果用索丁诺比率来衡量基金的业绩，大多数股票型基金的业绩超过万得全 A 指数的业绩，仅有 8% 的股票型基金的业绩不如大盘指数。同时，与夏普比率的情况类似，有 35 只（5%）基金近五年年化索丁诺比率小于 0。

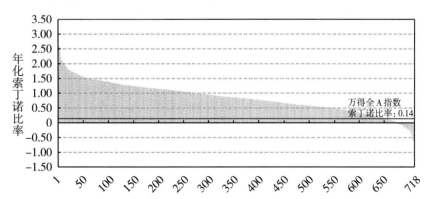

图 2-12　股票型基金近五年年化索丁诺比率分布：2018~2022 年

图 2-13（a）显示了近五年（2018~2022 年）股票型基金年化索丁诺比率的散点分布情况，横轴代表基金超额收益的年化下行标准差（风险），纵轴代表基金的年化超额收益率（超额收益），索丁诺比率即为从原点到每一只基金对应的由超额收益和下行风险所确定的点的斜率。近五年股票型基金的年化索丁诺比率均分布在斜率为-0.98 和 2.93（即股票型基金的最小和最大索丁诺比率）这两条射线所夹的扇形区间内。大多数基金的年化索丁诺比率分布在图 2-13（a）中间偏右部分，基金的超额收益率多位于-5%~25%，风险水平聚集在 8%~16%。

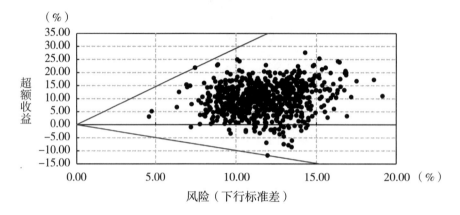

图 2-13（a）　股票型基金近五年年化索丁诺比率散点图：2018~2022 年

图 2-13（b）展示了近五年（2018~2022 年）年化索丁诺比率排名前 5% 的基金名称和对应的索丁诺比率。索丁诺比率综合了基金的年化超额收益率和年化下行标准差来对基金的业绩进行考量，年化索丁诺比率高的基金，可能是由于有更高的年化超额收益率或更小的年化下行标准差，每个基金产生高年化索丁诺比率的原因不尽相同。索丁诺比率排名前 5% 的基金中，"广发睿毅领先 A"基金拥有较低的下行风险把控能力和较高的超额收益率，而"诺安策略精选"、"诺安低碳经济 A"和"嘉实物流产业 A"基金皆是因为把控下行风险能力较强而获得了较高的索丁诺比率，它们的年化下行风险均在 8% 以下，即使它们的年化超额收益仅为 14%~16%；而"大成新锐产业"、"交银趋势优先 A"和"工银瑞信战略转型主题 A"基金则是凭借着较强的盈利能力获得了较高的年化索丁诺比率，它们的年化超额收益均在 23% 以上，相较而言它们的年化下行风险略大，均在 8% 以上。

图 2-13（c）展示了索丁诺比率排名后 5% 的基金名称和对应的索丁诺比率。这些基金的年化超额收益几乎均为负值，其年化索丁诺比率也为负值，其中"民生加银精选"基金的索丁诺比率最小（-0.98），同时它的超额收益率也最小（-11.76%）。中长期时间段内超额收益率为负值的基金，其收益率低于无风险收益率，承担风险也并不能为其带来更高收益，此类基金的投资性价比小。

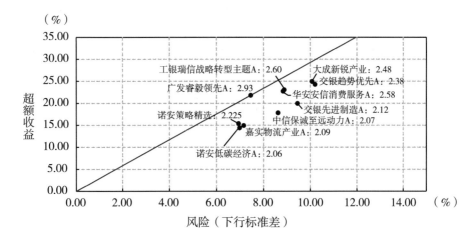

图 2-13（b）　股票型基金近五年年化索丁诺比率的散点图（前 10 名）：2018~2022 年

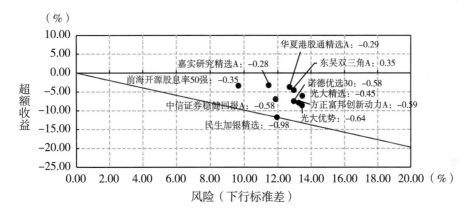

图 2-13（c）　股票型基金近五年年化索丁诺比率的散点图（后 10 名）：2018~2022 年

　　我们将近五年基金年化索丁诺比率排名位于前 5% 和后 5% 的基金单独挑出，分别与万得全 A 指数进行比较分析，进一步观察较优秀及较差的股票型基金与大盘指数在超额收益和下行风险综合作用下索丁诺业绩表现的显著差异，并在表 2-3 和表 2-4 中列示。表 2-3 展示了近五年（2018~2022 年）年化索丁诺比率排名前 5% 的基金，可以看出，前 5% 基金的年化下行标准差均值为 9.55%，如果用万得全 A 指数作为比较基准，取其近五年的年化索丁诺比率（0.14），假设指数的下行风险（年化下行标准差）与排名前 5% 基金的平均下行风险相同，为 9.55%，那么可以得到它的年化超额收益率应为 1.34%（9.55%×0.14）。前 5% 基金的年化超额收益率均值为 18.57%，高于以万得全 A 指数的索丁诺比率（0.14）和这前 5% 基金的平均年化下行标准差（9.55%）计算而得的年化超额收益率（1.34%）。

表 2-3　　　近五年年化索丁诺比率排名在前 5%的股票型基金：2018~2022 年

编号	基金名称	年化超额收益（%）	年化下行标准差（%）	年化索丁诺比率
1	广发睿毅领先 A	21.81	7.46	2.93
2	工银瑞信战略转型主题 A	23.06	8.88	2.60
3	华安安信消费服务 A	22.74	8.83	2.58
4	大成新锐产业	24.94	10.08	2.48
5	交银趋势优先 A	24.29	10.21	2.38
6	诺安策略精选	15.37	6.94	2.22
7	交银先进制造 A	19.99	9.45	2.12
8	嘉实物流产业 A	14.92	7.16	2.09
9	中信保诚至远动力 A	17.85	8.62	2.07
10	诺安低碳经济 A	14.40	6.98	2.06
11	中金新锐 A	20.79	10.20	2.04
12	工银瑞信新金融 A	19.35	9.65	2.00
13	工银瑞信美丽城镇主题 A	15.95	8.01	1.99
14	工银瑞信信息产业 A	20.32	10.37	1.96
15	长盛量化红利策略	12.54	6.48	1.94
16	金鹰信息产业 A	27.58	14.30	1.93
17	华夏行业景气	22.79	11.84	1.93
18	华宝资源优选 A	16.54	8.71	1.90
19	富国价值优势	18.33	10.08	1.82
20	景顺长城成长之星	17.00	9.34	1.82
21	华商上游产业	16.46	9.09	1.81
22	交银阿尔法 A	16.20	9.01	1.80
23	长城优化升级 A	19.79	11.02	1.80
24	建信健康民生 A	19.28	10.78	1.79
25	华安逆向策略 A	16.84	9.59	1.76
26	信诚周期轮动 A	20.39	11.72	1.74
27	融通内需驱动 AB	16.92	9.76	1.73
28	华夏创新前沿	17.98	10.38	1.73

编号	基金名称	年化超额收益 （%）	年化下行标准差 （%）	年化索丁诺比率
29	长信金利趋势 A	14.22	8.22	1.73
30	工银瑞信文体产业 A	16.61	9.66	1.72
31	南方国策动力	17.12	10.00	1.71
32	南方中小盘成长	14.41	8.43	1.71
33	中欧养老产业 A	18.38	10.85	1.69
34	工银瑞信物流产业 A	17.70	10.57	1.68
35	国富研究精选	15.66	9.35	1.67
36	鹏华环保产业	19.98	11.96	1.67
	指标平均值	18.57	9.55	1.96

这些基金获得较高年化索丁诺比率的原因各不相同。由于出色的下行风险控制能力而得到较高索丁诺比率的基金有"长盛量化红利策略"（下行风险：6.48%）、"诺安策略精选"（下行风险：6.94%）和"诺安低碳经济 A"（下行风险：6.98%）等，它们的年化超额收益率仅为12%~16%。从风险控制角度看，这些基金中长期风险较小，"长盛量化红利策略"通过对宏观经济、政策导向和市场环境的研究分析，动态调整股票资产、债券资产和货币市场工具的比例，以规避或控制市场风险；"诺安策略精选"灵活运用多种投资策略，通过基本面分析，在有效控制组合风险的基础上，挖掘具有长期发展潜力和估值优势的股票，进而实现基金资产较稳健的增长，取得了较高的索丁诺比率。得益于高超的超额收益能力从而产生很高的索丁诺比率的基金有"金鹰信息产业 A"基金（超额收益率：27.58%）、"大成新锐产业"基金（超额收益率：24.94%）等，同时它们的年化下行标准差控制在了相对较低的水平。

表2-4列出了近五年（2018~2022 年）年化索丁诺比率排名后5%的基金。后5%基金的超额收益率的年化下行标准差的平均值为12.20%。如果用万得全 A 指数作为比较基准，取其近五年的年化索丁诺比率（0.14），假设指数的下行风险（年化下行标准差）为后5%基金的平均年化下行标准差（12.20%），那么它的年化超额收益率应为1.71%（12.20%×0.14）。在年化索丁诺比率排名后5%的基金中，年化超额收益率最大的基金为"泰达宏利效率优选"基金，其超额收益率仅为0.12%，是后5%基金里唯一收益率高于0的基金。此外，后5%基金的年化超额收益率的平均值为-2.80%。总体来看，后5%的基金在承担更大的下行风险的同时，年化超额收益率普遍过低，它们的年化索丁诺比率也更低。

表 2-4　　　　近五年年化索丁诺比率排名在后 5%的股票型基金：2018~2022 年

编号	基金名称	年化超额收益（%）	年化下行标准差（%）	年化索丁诺比率
1	民生加银精选	-11.76	11.94	-0.98
2	光大优势	-8.58	13.46	-0.64
3	方正富邦创新动力 A	-7.87	13.25	-0.59
4	中信证券稳健回报 A	-6.91	11.87	-0.58
5	诺德优选 30	-7.49	12.96	-0.58
6	光大精选	-6.07	13.47	-0.45
7	前海开源股息率 50 强	-3.39	9.67	-0.35
8	东吴双三角 A	-4.54	12.96	-0.35
9	华夏港股通精选 A	-3.70	12.70	-0.29
10	嘉实研究精选 A	-3.25	11.46	-0.28
11	博时国企改革主题 A	-2.71	10.61	-0.26
12	华富量子生命力	-3.03	12.37	-0.24
13	国泰君安君得诚	-2.56	11.15	-0.23
14	工银瑞信沪港深 A	-2.92	12.93	-0.23
15	富国低碳环保	-2.00	9.58	-0.21
16	大摩华鑫量化配置 A	-2.16	10.60	-0.20
17	安信消费医药主题	-1.98	12.14	-0.16
18	国泰金鑫 A	-2.29	14.06	-0.16
19	汇添富港股通专注成长	-1.99	12.20	-0.16
20	国联安红利	-1.85	11.70	-0.16
21	国泰成长优选	-1.78	12.67	-0.14
22	诺德中小盘	-1.73	12.41	-0.14
23	博时第三产业成长	-1.52	11.12	-0.14
24	诺德量化蓝筹增强 A	-0.93	7.21	-0.13
25	泰达宏利领先中小盘	-1.17	13.29	-0.09
26	长安宏观策略 A	-1.24	14.36	-0.09
27	中邮核心优选	-0.86	11.21	-0.08
28	景顺长城研究精选	-0.90	11.80	-0.08

续表

编号	基金名称	年化超额收益（%）	年化下行标准差（%）	年化索丁诺比率
29	华商新动力	−0.98	12.96	−0.08
30	银华核心价值优选	−0.53	11.83	−0.05
31	前海开源价值策略	−0.61	14.01	−0.04
32	广发沪港深新起点 A	−0.46	12.80	−0.04
33	汇添富沪港深新价值	−0.47	13.24	−0.04
34	华商消费行业	−0.43	13.64	−0.03
35	创金合信金融地产 A	−0.18	14.45	−0.01
36	泰达宏利效率优选	0.12	11.12	0.01
	指标平均值	−2.80	12.20	−0.23

　　从上述索丁诺比率较优及较差基金与指数表现的对比分析可知，年化索丁诺比率排名在前5%的优秀基金（36只）和排名在后5%的较差基金（36只）的年化超额收益率的下行标准差（下行风险）均值相差2.7%左右，然而排名在前5%和排名在后5%基金的年化超额收益率均值的差距却达到约21.4%。这说明排名在后5%的基金经理的选股择时能力较差，在每承担一份下行风险的同时，他们获得的收益比排名前5%的基金经理少更多。排名在前5%的基金皆取得了超越万得全 A 指数的超额收益率，而排名在后5%的基金的收益率均低于万得全 A 指数的业绩。这一结果表明，在相同的风险水平下，优秀的基金不仅可以取得超越同行的超额收益，还可能战胜大盘指数，而业绩较差的基金表现则相反。有些读者比较关心基金在更短时间段内的索丁诺比率表现。在进一步的研究中，我们将样本时间缩短至近三年（2020~2022 年），用同样的方法比较股票型基金与万得全 A 指数的索丁诺比率，结论与近五年的比较结果基本保持一致，因此不再赘述。

三、评估基金业绩的指标选择

　　进行了股票型基金和万得全 A 指数的绝对收益和风险调整后收益的分析对比后，我们将在基金的夏普比率和索丁诺比率两个收益指标中，选择更为合适的指标评估基金业绩。我们通过分析股票型基金的收益率、夏普比率和索丁诺比率三者的相关性，选出一个恰当的指标评估基金业绩。首先我们计算 2007~2022 年间，每五年时间基金的三个收益指标的相关性系数，接着将考察的时期缩短至每三年，再次分析三者的相关性。所选样本需要满足在每三年或五年中都有完整的基金净值数据。表 2-5 展示了 2007~2022 年间每五年三个指标间的相关性结果。可以看出，三个指标的相关性较高，而且收益率与夏普比率的相关性和收益率与索丁诺比率的相关性十分接近。除了在 2013~2017 年、2014~2018 年、2017~2021 年之外，三个指标间的相关性均在 90% 以上。在 2013~2022 年的十年间，三个指标的相关性较高，均在 94% 以上。整体而言，夏普比率与索丁诺比率的相关性明显高于同期二者分别与收益率的相关性，说明基金收益的波动性主要是由下行风险主导。2007~2022 年间每三年三个指标间的相关性对比结果与表 2-5 中的结果非常接近，不再进行讨论。

表 2-5　　　　每五年中股票型基金的三个指标的相关性：2007~2022 年　　　单位：%

年份	收益率—夏普比率	收益率—索丁诺比率	夏普比率—索丁诺比率
2007~2011	100	99	100
2008~2012	93	93	100
2009~2013	99	98	99
2010~2014	99	99	99
2011~2015	98	96	99
2012~2016	96	92	98
2013~2017	92	85	97
2014~2018	94	89	98
2015~2019	96	92	98
2016~2020	97	90	96
2017~2021	91	89	97
2018~2022	97	96	99
2013~2022	96	94	99

综上所述，因为收益率与风险调整后收益指标间的相关性很高，所以三者中的任一收益指标都能在一定程度上展现另外两个指标的变化。由于风险与收益在投资中相因相生的关系，我们认为风险调整后的收益指标能更好地反映基金的真实业绩，夏普比率和索丁诺比率之间的相关系数较高，任选其中一个作为基金业绩的评估指标均可。考虑到夏普比率在业界使用更加广泛，投资者可以方便获取和比较，而且夏普比率的分母是整体风险，它能间接地把下行风险也考虑在内，综合而言，选择夏普比率作为风险调整后收益的代表指标更为恰当。

四、小结

通过公募基金投资股票市场的投资者常有的疑问是，应该如何评估基金的历史业绩？应该如何选择基金？应该选择主动管理的股票型基金，还是被动管理的指数型基金？本章站在基金投资者的角度，从绝对收益及风险调整后收益的角度，对主动管理的股票型基金和代表大盘指数的万得全 A 指数进行了中长期收益对比分析，回答了孰优孰劣的问题。

在进行绝对收益比较时，以 2003~2022 年为研究期间，分别对股票型基金和万得全 A 指数就各年度收益率比较、各年业绩超越指数的股票型基金数量比例和累计收益率这三个方面作了相应分析。研究发现，在 2003~2022 年的多数年份里，股票型基金的年度收益率高于万得全 A 指数的年度收益率，且大部分基金可以跑赢指数；这一期间内股票型基金的长期累计收益率也远高于万得全 A 指数的累计收益率，股票型基金累计收益率约是万得全 A 指数累计收益率的 3 倍。

在考虑风险因素的情况下，选取夏普比率、索丁诺比率两个风险调整后收益指标，将股票型基金和万得全 A 指数 2020~2022 年（近三年）和 2018~2022 年（近五年）的夏普比率和索丁诺比率进行了对比。研究发现，无论是从整体风险还是从下行风险的角度出发，在近三年和近五年，当承担同样的风险时，股票型公募基金皆能够取得高于万得全 A 指数的风险调整回报。同时，我们就近五年夏普比率和索丁诺比率从高到低排名，对排在前 5% 的基金和排在后 5% 的基金分别进行分析，并对影响夏普比率和索丁诺比率的因素进行讨论。我们同时研究了近三年的数据，结论与近五年的分析基本一致。以上分析表明，从长期数据来看，主动管理的股票型基金的业绩总体上看优于大盘指数。

在本章的最后，我们通过分析股票型基金的绝对收益率、夏普比率和索丁诺比率三个指标的相关性，研究各个指标之间的关系，以选取一个最适当的评价基金业绩的指标，最终选取夏普比率。夏普比率能够综合反映基金的收益与风险的关系，并和其他的指标保持较好的相关性，且在业界通用，投资者可以方便地获取。

股票型基金的优秀业绩从何而来

我国证券基金市场规模的持续扩增、法律法规和制度创新的稳步推进以及产品种类的丰富化，带动了市场上投资者投资偏好的不断演变，也推动了投资导向由"影子银行"系列理财产品向传统资本市场金融工具（股票、基金等）的逐步回归。尽管 2020~2022 年新冠疫情伴随世界经济金融格局的重构引发了一系列不确定性和风险，中国经济大盘在"稳增长、保就业、保民生"的一系列政策措施下保持平稳，经济和金融体系严守不发生系统性风险的底线原则，产业升级持续推进，资本市场在"求量"走向"求质"的转型过程中不断取得新的突破。根据中国证券投资基金业协会发布的 2022 年 12 月的公募基金市场数据，截至 2022 年 12 月，我国境内基金管理公司共有 142 家，取得公募基金管理资格的证券公司或证券公司资产管理子公司 12 家，保险资产管理公司 2 家。其管理的公募基金资产净值超过 26 万亿元，持续经营的基金数量超过 17 000 只（基金名称相同、后缀不同的，按不同基金计算），公募基金在 A 股市场的"话语权"不断提升，在居民家庭资产配置中的比重持续上升。公募基金业的成长和成熟，有力推动了 A 股市场的理性投资和资本市场直接融资的发展，在我国经济发展和转型过程中扮演着引导资源优化配置、挖掘和引领价值发现、创造增量价值等愈发重要的角色。

随着基金品种的不断丰富、与投资者风险和收益偏好匹配度的优化，基金经理资产管理能力的截面差异性成为了一个重要话题。投资者在基金产品的选择中不再是盲目地跟风、"抄作业"，而是更加重视理性分析，关注公募基金经理的选股能力和择时能力。尤其是在新冠疫情叠加国际金融风险积聚的重重考验下，许多基金的业绩表现缺乏持续性，在市场低迷期铩羽而归，真正能够完成穿越牛熊的基金经理少之又少。因此，对于以主动管理的股票型公募基金为投资标的、追求超额收益的投资者而言，一个重要的命题是：如何基于基金产品的历史业绩分析和推断基金经理的资产管理能力，对其未来业绩走势进行预判？

事实上，我国投资者可以借助的分析、判断工具依然是相对稀缺的。许多基金交易软件和订阅的基金评价报告会基于不同时间区间对基金产品的历史业绩进行排名，然而，这些排名的真正指示作用并不高：排名往往基于绝对收益率或夏普比率等单一指标，投资者能从中提取的有用信息较少，与投资者的投资偏好"适配度"不足，难以真正起到投资决策的辅助作用。在市场动荡中，各种公募基金排行榜常常出现"冠军魔咒"——上一年的投资冠军，下一年往往会跌到后1/4去。因此，一个关键性的问题是：如何对公募基金的业绩进行解读？如何通过历史业绩评价基金管理者的投资能力？如何判断基金经理的优秀业绩是来源于能力还是运气？进一步讲，如果是来源于能力，是来源于基金经理对潜力个股的选择（选股能力）还是对仓位调整时机的把控（择时能力）？这些都是本章将要回答的问题。同一只基金可能由一位或多位基金经理在不同的时间段管理，本章假设一只基金由一家基金管理公司的一支团队管理，因此，本章中的"基金经理"指的是"一支管理团队"。针对基金经理个体行为差异的分析，在本书的第五章，我们将会以基金经理为研究对象，针对其在职、离职和职务变更期间的基金业绩进行评估。

在本书中，我们将主动管理的股票型基金的收益来源分为两部分：一部分来源于已知风险因子的溢价，包括市场系统性风险因子、股票规模因子、价值因子和动量因子；另一部分来源于基金经理的能力，包括选股能力和择时能力两个主要方面。其中，基金经理的选股能力体现在基金经理是否可以发掘出被市场低估的股票上，而择时能力则体现在基金经理对市场走势的预判上。如果基金经理具有择时能力，那么在市场上涨之前，他会将更多的资金投资于高风险资产（如股票），最大化市场的上涨收益；在市场下跌前，他会提前降低高风险资产的比例，将更多的资金投资于低风险资产（如债券），回避市场的下跌风险。因此，如果基金经理能够有效地主动改变投资组合的风险暴露以适应市场的变化，并获得超额收益，则可以认为其具有优秀的择时能力。

为了定量评估主动管理的股票型公募基金经理的选股能力和择时能力，在方法论上，我们选用基于 Carhart 四因子模型改进后的 Treynor-Mazuy 四因子模型进行量化判断，并使用自助法（bootstrap）对基金业绩是源于基金经理的投资能力还是运气作出判断和验证。因为上述统计分析要求每只基金有足够长的历史业绩，我们的样本期选为过去五年（2018~2022年）。另外，为考察结果的稳健性，排除干扰因素的影响，我们也会对过去三年（2020~2022年）和过去七年（2016~2022年）样本的选股能力和择时能力进行分析和研判。

我们的研究结果显示，在 2018~2022 年的五年样本期内，在 718 只主动管理的股票型公募基金样本中，有 317 只基金（占比为 44%）的经理具有显著的选股能力，这一数值低于在 2017~2021 年的五年样本期中的该比例（55%），同时我们还看到，有 2 只基金体现为负显著的 α 值，这意味着这 2 只基金的基金经理具有明显错误的选股能力。经自助法检验，我们发现，一方面，这 317 只基金中有 244 只基金（占 718 只基金的 34%）的基金经理是靠自身能力（而非运气）展示了选股能力，其他基金经理所表现出来的选股能力是运气因素或者统计误差造成的；另一方面，几乎没有基金经理表现出显著的择时能力。总体来看，2018~2022 年，在我国主动管理的股票型公募基金经理中，有 40%左右的基金经理表现出选股能力，但是几乎没有基金经理展示出显著的择时能力。

本章内容主要分为五个部分。第一部分，我们使用 Treynor-Mazuy 四因子模型对基金的选股能力进行考察；第二部分，使用 Treynor-Mazuy 四因子模型对基金经理的择时能力进行考察；第三部分，我们将分析的样本从五年扩展到三年和七年，对基金经理的选股能力和择时能力进行稳健性检验；第四部分，在上述回归结果的基础上，运用自助法验证那些显示出显著选股能力或择时能力的基金经理；第五部分，区分这些表现优秀的基金产品的五年期业绩是来自基金经理的投资才能还是运气。

一、回归模型及样本

Carhart（1997）在 Fama-French 三因子模型基础上，在模型中加入一年期收益的动量因子，构建出四因子模型。Carhart 四因子模型综合考虑了系统风险、账面市值比、市值规模以及动量因素对投资组合业绩的影响，并因其强大的解释力而得到国内外基金业界的广泛认可。例如，Cao、Simin 和 Wang（2013）等在分析相关问题时就使用了该模型。Carhart 四因子模型如下：

$$R_{it} - R_{ft} = \alpha_i + \beta_{im} \times (R_{mt} - R_{ft}) + \beta_{ismb} \times SMB_t + \beta_{ihml} \times HML_t + \beta_{imom} \times MOM_t + \varepsilon_{it} \quad (3.1)$$

其中，$R_{it} - R_{ft}$ 为 t 月基金 i 的超额收益率；$R_{mt} - R_{ft}$ 为 t 月大盘指数（万得全 A 指数）的超额收益率；R_{ft} 为 t 月无风险收益率；SMB_t 为规模因子，代表小盘股与大盘股之间的溢价，为 t 月小盘股的收益率与大盘股的收益率之差；HML_t 为价值因子，代表价值股与成长股之间的溢价，为 t 月价值股（高账面市值比公司）与成长股（低账面市值比公司）收益率之差；MOM_t 为动量因子，代表过去一年内收益率最高的股票与收益率最低的股票之间的溢价，为过去一年（$t-1$ 月到 $t-11$ 月）收益率最高的 30%的股票与收益率最低的 30%的股票在 t 月的收益率之差。我们用 A 股所有上市公司的数据自行计算规模因子、价值因子和动量因子。α_i 代表基金经理因具有选股能力而给投资者带来的超额收益，它可以表示为：

$$\alpha_i \approx (\overline{R}_{it} - \overline{R}_{ft}) - \widehat{\beta}_{im} \times (\overline{R}_{mt} - \overline{R}_{ft}) - \widehat{\beta}_{ismb} \times \overline{SMB}_t - \widehat{\beta}_{ihml} \times \overline{HML}_t - \widehat{\beta}_{imom} \times \overline{MOM}_t \quad (3.2)$$

当 α_i 显著大于零时，说明基金经理 i 为投资者带来了统计上显著的超额收益，表明该基金经理具有正向的选股能力；当 α_i 显著小于零时，说明基金经理 i 为投资者带来的是负的超额收益，表明该基金经理具有错误的选股能力；当 α_i 接近于零时，表明基金经理 i 没有选股能力。

择时能力也可以给投资者带来超额收益。择时能力是指基金经理根据对市场的预测，主动调整基金对市场因子的风险暴露以谋求更高收益的能力。如果基金经理预测未来市场会上涨，那么他会加大对高风险资产的投资比例；相反，如果他预测未来市场会下跌，则会降低对高风险资产投资的比例。有关基金经理择时能力的研究，请参考 Henriksson（1984）、Bollen 和 Busse（2001）等的研究。

Treynor 和 Mazuy（1966）提出在传统的单因子 CAPM 模型中引入一个大盘指数超额收益的平方项，用来检验基金经理的择时能力。我们将 Treynor-Mazuy 模型里的平方项加入 Carhart 四因子模型中，构建出一个基于四因子模型的 Treynor-Mazuy 模型：

$$R_{it}-R_{ft}=\alpha_i+\beta_{im}\times(R_{mt}-R_{ft})+\gamma_i\times(R_{mt}-R_{ft})^2+\beta_{ismb}\times SMB_t+\beta_{ihml}\times HML_t$$
$$+\beta_{imom}\times MOM_t+\varepsilon_{it} \tag{3.3}$$

其中，γ_i 代表基金经理 i 的择时能力，其他变量和式（3.1）中的定义一样。如果 γ_i 显著大于 0，说明基金经理 i 具有择时能力，具备择时能力的基金经理应当能随着市场的上涨（下跌）而提升（降低）其投资组合的系统风险。

我们使用基于 Carhart 四因子模型的 Treynor-Mazuy 四因子模型来评估基金经理的选股能力和择时能力。当前国内的开放式基金大致可以分为普通股票型、混合型、债券型和货币市场型四类，我们定义万得数据库公募基金二级分类中的普通股票型公募基金和偏股混合型公募基金为主动管理的股票型公募基金（以下简称"股票型基金"），利用这些基金在过去五年（2018~2022 年）的月度数据进行分析。由于灵活配置型基金对于持有股票的下限没有固定标准，这类基金在股市行情不好的时候会大量持有债券，正是出于这个原因，我们在分析选股、择时能力时，使用的股票型基金样本中不包括灵活配置型基金。

出于统计意义显著性对样本量的需求，我们要求每只基金都有完整的复权净值数据。在本章，我们将一只基金与该只基金的经理等同对待，不考虑基金经理的更迭。我们用最小二乘法（OLS）估计基金经理的选股能力，模型中的 α 以月为单位。为方便讨论，以下汇报的 α 均为年化 α。我们以股票型基金的复权单位净值月度数据来计算基金的月度收益率。我们将全区间（2016~2022 年）划分为三个样本区间，分别为过去三年（2020~2022 年）、过去五年（2018~2022 年）和过去七年（2016~2022 年）。表 3-1 展示了各样本区间内的基金数量。

表 3-1	样本区间内的基金数量	单位：只

样本区间	基金数量
过去三年（2020~2022 年）	1 057
过去五年（2018~2022 年）	718
过去七年（2016~2022 年）	564

二、选股能力分析

表 3-2 展示了过去五年（2018～2022 年）股票型基金选股能力 α 的显著性的估计结果。图 3-1 展示了 718 只股票型基金 α 的 t 值（显著性）的由大到小排列。我们主要关心基金经理是否具有正向的选股能力，因此我们使用单边假设检验。据表 3-2 可知，在 5% 的显著性水平下，有 317 只基金的 α 呈正显著性，其 t 值大于 1.64，说明这 317 只基金（在基金总数中占比为 44%）的基金经理表现出了显著的选股能力；有 399 只基金（在基金总数中占比为 56%）α 的 t 值是不显著的；同时我们还看到，有 2 只基金（在基金总数中占比不足 1%）的 α 为负显著，其 t 值小于-1.64，说明这 2 只基金的基金经理具有明显错误的选股能力。总体来看，在过去五年内，有不足五成（44%）主动管理的股票型基金的基金经理具备正确的选股能力。

表 3-2　　　　股票型基金的选股能力 α 显著性的估计结果：2018～2022 年

显著性	样本数量（只）	数量占比（%）
正显著	317	44
不显著	399	56
负显著	2	0
总计	718	100

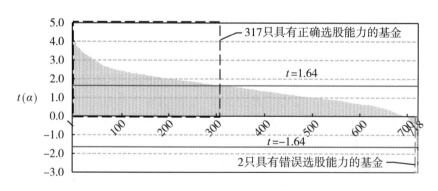

图 3-1　股票型基金的选股能力 α 的 t 值（显著性）排列：2018～2022 年

注：正确选股能力代表 t(α)>1.64，错误选股能力代表 t(α)<-1.64，未表现出选股能力代表 -1.64≤t(α)≤1.64。基金具有选股能力是指基金表现出正确的选股能力，基金不具有选股能力代表基金表现出错误的或未表现出选股能力。

在分析选股能力时，我们除了关注选股能力 α 的显著性，还需要观察 α 的估计值。我们采用 Treynor-Mazuy 四因子模型对拥有五年历史业绩的 718 只股票型基金的选股能力进行讨论。图 3-2 和表 3-3 展现的是 Treynor-Mazuy 四因子模型的回归结果。我们按照选股能力 α 把基金等分为 10 组。第 1 组为 α 最高的组，第 10 组为 α 最低的组。表 3-3 汇报的是每组基金所对应的选股能力（α）、择时能力（γ）、市场因子（β_{mkt}）、规模因子（β_{smb}）、价值因子（β_{hml}）、动量因子（β_{mom}）以及反映模型拟合好坏的调整后 R^2 的平均值。

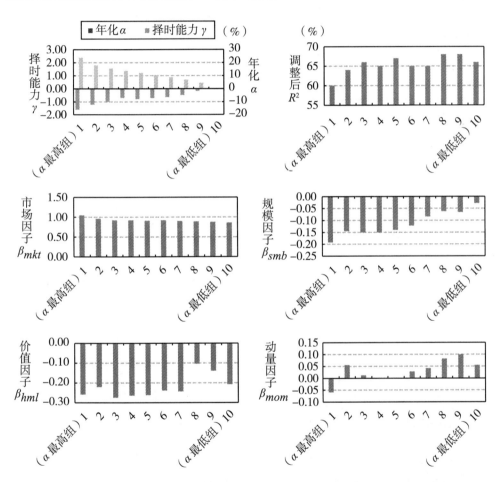

图 3-2　Treynor-Mazuy 四因子模型的回归结果（按选股能力 α 分组）：2018~2022 年

从表 3-3 可以看出，Treynor-Mazuy 四因子模型的年化 α 为-1%~24%，其中最后一组基金的平均选股能力为负数。无论年化 α 是高还是低，β_{mkt} 都在 0.92 上下浮动，这意味着股票型基金对大盘指数的风险暴露水平都比较高。各组基金的规模因子对应的敏感系数 β_{smb} 为-0.19~-0.03，并且随着每组基金经理选股能力的降低，规模因子风险暴露 β_{smb} 有小幅提高，这说明基金经理所持小盘股或大盘股股票的仓位与其选股能力大致呈反比例关系，那些具有较高年化 α 的基金，往往重仓大盘股，而那些不具有选股能力、年化 α 较低的基金倾向于重仓小盘股。各组基金的价值因子对应的敏感系数 β_{hml} 的变化范围为 $-0.27 \sim -0.10$，并且各组基金经理选股能力的高低与价值因子风险暴露 β_{hml} 并没有明显的规律，但都是负向的暴露，即基金经理的投资风格基本上是重仓成长股、轻仓价值股。不同组别的基金对动量因子 β_{mom} 的风险暴露与选股能力间并没有明显规律。最后，可以看到不同组别的基金用四因子模型的拟合优度都在 60% 以上浮动，说明该模型可以较好地解释基金超额收益的方差。

表 3-3　　　　　　　　Treynor-Mazuy 四因子模型的回归结果
（按选股能力 α 分组）：2018~2022 年

组别	年化 α（%）	γ	β_{mkt}	β_{smb}	β_{hml}	β_{mom}	调整后 R^2（%）
1（α 最高组）	23.75	-1.61	1.05	-0.19	-0.26	-0.06	60
2	17.92	-1.22	0.96	-0.15	-0.22	0.06	64
3	15.49	-1.00	0.92	-0.15	-0.27	0.01	66
4	13.75	-0.70	0.92	-0.15	-0.26	0.00	65
5	12.06	-0.79	0.91	-0.14	-0.26	0.00	67
6	10.42	-0.71	0.92	-0.12	-0.24	0.03	65
7	8.75	-0.64	0.90	-0.08	-0.24	0.04	65
8	6.87	-0.49	0.89	-0.06	-0.10	0.08	68
9	4.38	-0.17	0.88	-0.07	-0.14	0.10	68
10（α 最低组）	-0.54	0.01	0.86	-0.03	-0.21	0.06	66

注：此表汇报每一组基金对应的 α、γ、β_{mkt}、β_{smb}、β_{hml}、β_{mom}，以及调整后 R^2 的平均值。

下面我们具体分析在过去五年中呈正显著选股能力的 317 只基金。表 3-4 展示了过去五年（2018~2022 年）在 Treynor-Mazuy 四因子模型中 α 为正显著的股票型基金的检验结果，同时我们也给出了这些基金在过去三年（2020~2022 年）选股能力的估计结果。通过观察表 3-4 中数据可以看出，这些基金对应的年化 α 在 6%~34%，其中有 140 只基金在过去三年和过去五年中都表现出显著的选股能力，占 317 只基金数的 45%。在附录二中，我们给出过去五年（2018~2022 年）每只基金的选股能力、择时能力及各 β 的风险暴露程度，供读者参考。

表 3-4　　　　过去五年具有选股能力的股票型基金（按五年选股能力 α 排序）

编号	基金名称	过去五年（2018~2022 年）		过去三年（2020~2022 年）		过去三年、五年都具有选股能力
		年化 α（%）	t(α)	年化 α（%）	t(α)	
1	汇丰晋信智造先锋 A	33.74	2.87	44.83	2.38	√
2	华夏能源革新 A	33.28	2.30	52.20	2.14	√
3	东方新能源汽车主题	31.11	2.21	45.19	1.98	√
4	交银股息优化	30.45	3.00	27.87	1.84	√
5	银华食品饮料 A	29.42	2.24	25.23	1.29	
6	大成新锐产业	29.16	3.61	32.68	2.64	√
7	国泰智能汽车 A	28.42	2.30	44.12	2.44	√
8	泰达宏利转型机遇 A	27.97	2.04	47.41	2.00	√
9	交银消费新驱动	27.92	2.91	28.27	1.84	√
10	工银瑞信生态环境 A	27.75	2.25	38.77	1.82	√
11	汇丰晋信低碳先锋 A	27.50	2.05	51.42	2.58	√
12	信诚新兴产业 A	27.10	1.86	50.68	2.05	√
13	信诚中小盘 A	26.91	2.23	44.10	2.16	√
14	万家行业优选	26.84	2.30	38.26	1.96	√
15	广发高端制造 A	25.95	2.66	35.44	2.23	√
16	嘉实智能汽车	25.94	2.61	28.05	1.80	√
17	金鹰信息产业 A	25.87	2.17	37.53	1.99	√
18	金鹰策略配置	25.85	1.86	53.39	2.34	√
19	易方达国企改革	25.57	2.38	12.69	0.81	
20	嘉实新能源新材料 A	25.56	2.74	28.50	2.01	√
21	新华优选消费	24.87	2.71	30.67	2.06	√
22	工银瑞信新金融 A	24.80	4.29	29.59	3.27	√
23	易方达消费行业	24.78	2.16	12.52	0.78	
24	中欧明睿新常态 A	24.39	3.12	29.71	2.16	√
25	华夏节能环保 A	24.25	2.31	28.12	1.69	
26	鹏扬景泰成长 A	23.96	2.44	29.78	1.76	√
27	大成消费主题	23.96	3.44	27.46	2.59	√
28	景顺长城新兴成长	23.74	1.91	9.90	0.55	
29	万家臻选	23.68	2.03	34.81	2.03	√
30	景顺长城鼎益	23.62	1.85	10.68	0.57	

续表

编号	基金名称	过去五年（2018~2022 年）		过去三年（2020~2022 年）		过去三年、五年都具有选股能力
		年化 α（%）	$t(\alpha)$	年化 α（%）	$t(\alpha)$	
31	中欧养老产业 A	23.49	3.62	24.54	2.43	√
32	广发睿毅领先 A	23.44	3.30	19.48	1.82	√
33	华夏行业景气	23.28	2.49	32.04	2.02	√
34	工银瑞信研究精选	23.07	3.00	27.38	2.16	√
35	泰信中小盘精选	22.79	1.91	33.14	1.58	
36	景顺长城优势企业	22.78	2.36	18.33	1.22	
37	国泰智能装备 A	22.56	2.10	31.87	1.84	√
38	银华富裕主题	22.34	1.77	16.02	0.79	
39	嘉实价值精选	22.32	3.26	15.96	1.76	√
40	创金合信消费主题 A	22.31	1.96	19.85	1.20	
41	鹏华环保产业	22.16	2.13	35.98	2.04	√
42	工银瑞信信息产业 A	22.13	3.43	28.59	2.71	√
43	交银趋势优先 A	22.08	2.76	15.63	1.28	
44	工银瑞信物流产业 A	22.00	3.26	29.66	2.58	√
45	中信保诚至远动力 A	21.86	2.60	27.42	2.07	√
46	中银智能制造 A	21.64	2.09	35.01	2.10	√
47	汇添富消费行业	21.61	1.93	9.56	0.56	
48	兴全商业模式优选	21.51	4.32	18.39	2.67	√
49	大成高新技术产业 A	21.49	4.04	18.81	2.28	√
50	建信健康民生 A	21.46	3.09	31.59	2.94	√
51	华安安信消费服务 A	21.41	3.63	19.90	2.15	√
52	工银瑞信文体产业 A	21.35	4.04	18.66	2.14	√
53	中金新锐 A	21.32	2.89	35.51	3.14	√
54	光大行业轮动	21.27	2.39	19.05	1.30	
55	易方达改革红利	21.25	2.17	14.28	0.98	
56	招商稳健优选	21.15	2.02	34.91	1.99	√
57	易方达行业领先	21.15	3.31	19.28	2.06	√
58	诺德周期策略	21.11	2.40	26.62	1.89	√
59	天弘文化新兴产业 A	21.02	2.02	12.92	0.85	
60	建信创新中国	20.64	2.47	33.86	2.44	√

续表

编号	基金名称	过去五年(2018~2022年)		过去三年(2020~2022年)		过去三年、五年都具有选股能力
		年化 α(%)	$t(\alpha)$	年化 α(%)	$t(\alpha)$	
61	嘉实环保低碳	20.44	2.24	24.37	1.78	√
62	泓德战略转型	20.41	3.33	23.75	2.40	√
63	中欧时代先锋 A	20.25	3.74	22.12	2.50	√
64	鹏华养老产业	20.24	1.99	11.01	0.77	
65	信澳新能源产业	20.00	1.93	23.48	1.46	
66	工银瑞信国企改革主题	19.69	3.18	19.47	2.08	√
67	长信低碳环保行业量化 A	19.69	1.68	33.04	1.63	
68	景顺长城环保优势	19.68	2.64	26.64	2.29	√
69	工银瑞信中小盘成长	19.67	1.79	32.85	1.80	√
70	交银医药创新 A	19.66	1.67	14.80	0.76	
71	华商盛世成长	19.64	2.65	24.66	2.17	√
72	浙商全景消费 A	19.51	2.09	14.73	1.00	
73	嘉实物流产业 A	19.47	3.74	16.74	2.19	√
74	广发聚瑞 A	19.46	2.33	28.50	2.27	√
75	兴全合润	19.34	3.93	20.89	2.92	√
76	诺德价值优势	19.21	2.03	26.52	1.83	√
77	富国美丽中国 A	19.16	4.04	14.53	2.00	√
78	国富研究精选	18.95	3.52	15.12	1.74	√
79	博时行业轮动	18.93	1.71	28.50	1.52	
80	华宝品质生活	18.85	2.26	18.12	1.49	
81	中银战略新兴产业 A	18.79	2.18	19.40	1.34	
82	富国价值优势	18.63	3.37	20.42	3.02	√
83	银华新能源新材料量化 A	18.52	1.68	30.56	1.72	√
84	嘉实新兴产业	18.36	2.30	16.15	1.21	
85	工银瑞信新材料新能源行业	18.36	2.55	28.47	2.53	√

续表

编号	基金名称	过去五年(2018~2022 年)		过去三年(2020~2022 年)		过去三年、五年都具有选股能力
		年化 α(%)	t(α)	年化 α(%)	t(α)	
86	华泰保兴吉年丰 A	18.35	1.69	17.69	1.03	
87	交银先进制造 A	18.26	3.18	20.58	2.37	√
88	广发制造业精选 A	18.18	1.87	25.28	1.62	
89	长信内需成长 A	18.13	1.76	18.36	1.06	
90	嘉实优化红利 A	18.11	2.08	13.74	1.01	
91	华夏经典配置	18.08	2.43	15.12	1.49	
92	光大阳光启明星创新驱动 A	18.06	2.41	22.83	1.88	√
93	兴全绿色投资	18.03	3.92	23.12	3.55	√
94	圆信永丰优加生活	17.92	4.03	24.61	3.38	√
95	国富深化价值	17.90	3.54	15.93	2.11	√
96	嘉实先进制造	17.86	2.60	23.28	2.03	√
97	银华沪港深增长 A	17.84	2.40	9.26	0.82	
98	大成积极成长	17.84	2.91	16.22	1.67	√
99	大摩进取优选	17.81	2.29	22.56	2.03	√
100	长城优化升级 A	17.80	1.98	25.26	1.62	
101	信诚周期轮动 A	17.69	1.75	25.01	1.41	
102	建信中小盘 A	17.66	2.27	38.11	3.30	√
103	富国高新技术产业	17.66	2.01	21.31	1.61	
104	国富中小盘	17.60	3.49	14.02	1.74	√
105	泰达宏利行业精选 A	17.57	2.52	21.72	1.99	√
106	融通内需驱动 AB	17.55	2.39	18.55	1.82	√
107	万家消费成长	17.49	3.19	10.53	1.28	
108	万家瑞隆 A	17.48	1.89	31.27	2.40	√
109	国富沪港深成长精选	17.47	3.18	9.12	1.28	
110	嘉实价值优势 A	17.45	3.28	11.44	1.71	√
111	银河美丽优萃 A	17.45	1.68	11.03	0.69	
112	易方达价值精选	17.39	2.82	19.41	2.21	√

续表

编号	基金名称	过去五年（2018~2022 年）		过去三年（2020~2022 年）		过去三年、五年都具有选股能力
		年化 α（%）	$t(\alpha)$	年化 α（%）	$t(\alpha)$	
113	景顺长城成长之星	17.36	2.44	21.83	1.94	√
114	工银瑞信核心价值 A	17.36	2.56	16.91	1.69	√
115	浦银安盛红利精选 A	17.36	2.01	30.49	2.24	√
116	华富成长趋势	17.28	2.08	32.11	2.62	√
117	建信信息产业 A	17.23	2.02	26.99	1.89	√
118	易方达科翔	17.22	2.70	24.70	2.60	√
119	银河蓝筹精选 A	17.19	2.05	17.63	1.24	
120	富国消费主题 A	17.12	1.79	9.46	0.72	
121	大成行业轮动	17.06	2.93	17.09	1.92	√
122	工银瑞信聚焦 30	17.05	2.52	20.81	1.89	√
123	嘉实增长	17.04	2.51	16.21	1.46	
124	新华优选成长	17.03	1.92	24.35	1.58	
125	南方中小盘成长	16.98	3.21	13.46	2.68	√
126	中银中小盘成长	16.98	2.38	25.44	2.13	√
127	兴全轻资产	16.96	3.62	16.98	2.28	√
128	工银瑞信国家战略主题	16.93	1.66	10.52	0.62	
129	中信保诚精萃成长 A	16.83	2.85	26.57	2.81	√
130	建信改革红利 A	16.69	1.89	26.15	1.78	√
131	广发多元新兴	16.68	1.72	14.70	1.01	
132	银华明择多策略	16.67	1.82	10.42	0.74	
133	景顺长城中小创	16.58	1.96	22.09	1.87	√
134	富国天合稳健优选	16.56	3.77	16.47	2.38	√
135	中信证券卓越成长两年持有 A	16.49	2.41	18.50	1.58	
136	富国通胀通缩主题 A	16.37	2.04	11.74	0.91	
137	国联安锐意成长	16.29	1.90	11.15	0.79	
138	华安逆向策略 A	16.26	2.28	15.05	1.29	
139	嘉实优质企业	16.25	1.76	16.16	1.08	

编号	基金名称	过去五年（2018~2022 年）		过去三年（2020~2022 年）		过去三年、五年都具有选股能力
		年化 α（%）	$t(\alpha)$	年化 α（%）	$t(\alpha)$	
140	诺安低碳经济 A	16.23	3.39	13.83	1.86	√
141	南方国策动力	16.18	2.55	17.58	1.80	√
142	汇添富新兴消费 A	16.13	1.89	17.67	1.31	
143	工银瑞信量化策略 A	16.13	2.71	15.95	1.68	√
144	农银汇理行业轮动 A	16.12	2.27	27.20	2.37	√
145	诺安行业轮动	16.02	3.36	12.95	1.81	√
146	工银瑞信红利	15.96	1.94	18.66	1.28	
147	建信中国制造 2025A	15.92	2.16	19.83	1.79	√
148	建信大安全	15.87	2.17	8.01	0.83	
149	中欧行业成长 A	15.85	2.44	16.73	1.57	
150	华宝资源优选 A	15.84	1.68	18.86	1.19	
151	富国高端制造行业 A	15.76	2.64	13.23	1.40	
152	鹏华先进制造	15.75	2.30	12.07	1.18	
153	景顺长城优选	15.69	2.47	22.29	2.25	√
154	景顺长城精选蓝筹	15.66	1.96	11.79	0.94	
155	国联安主题驱动	15.61	2.92	16.30	1.95	√
156	华泰柏瑞盛世中国	15.55	1.65	21.45	1.29	
157	大成中小盘 A	15.51	2.27	17.32	1.52	
158	嘉实企业变革	15.49	2.56	21.53	2.12	√
159	华夏创新前沿	15.46	1.79	22.75	1.72	√
160	工银瑞信智能制造	15.38	1.83	19.15	1.43	
161	招商中小盘精选	15.36	1.89	18.84	1.42	
162	工银瑞信消费服务 A	15.33	2.26	8.22	0.87	
163	大摩品质生活精选	15.31	2.73	16.85	1.90	√
164	建信核心精选	15.31	2.13	8.56	0.86	
165	交银阿尔法 A	15.30	3.09	12.01	1.83	√
166	信诚优胜精选 A	15.30	3.02	23.31	2.97	√
167	华宝服务优选	15.29	1.66	21.25	1.41	

续表

编号	基金名称	过去五年(2018~2022年)		过去三年(2020~2022年)		过去三年、五年都具有选股能力
		年化 α(%)	t(α)	年化 α(%)	t(α)	
168	诺安先进制造	15.27	2.93	12.78	1.70	√
169	景顺长城沪港深领先科技	15.27	2.44	12.95	1.31	
170	鹏华精选成长 A	15.25	2.24	14.89	1.38	
171	交银新成长	15.23	3.02	13.55	1.78	√
172	鹏华沪深港互联网	15.19	1.92	20.19	1.54	
173	兴全精选	15.13	2.23	12.57	1.08	
174	国富潜力组合 A 人民币	15.12	2.92	11.24	1.37	
175	嘉实新消费	15.04	2.23	9.30	1.04	
176	交银精选	15.04	3.00	13.49	1.81	√
177	东方红启阳三年持有 A	15.04	2.28	17.96	1.94	√
178	华安核心优选 A	14.99	2.15	12.96	1.31	
179	泓德优选成长	14.95	3.73	18.06	2.84	√
180	华安幸福生活 A	14.93	1.74	10.19	0.70	
181	民生加银稳健成长	14.92	2.05	19.62	1.68	√
182	富国文体健康 A	14.89	2.45	11.54	1.27	
183	方正富邦红利精选 A	14.83	1.91	13.84	1.18	
184	工银瑞信美丽城镇主题 A	14.82	2.36	13.70	1.33	
185	新华策略精选	14.75	1.85	11.64	0.91	
186	嘉实低价策略	14.69	2.37	12.16	1.39	
187	工银瑞信互联网加	14.67	2.10	23.93	2.20	√
188	工银瑞信战略转型主题 A	14.65	1.84	10.98	0.97	
189	景顺长城公司治理	14.56	2.08	19.97	1.75	√
190	农银汇理策略价值	14.54	2.48	22.02	2.34	√
191	富国低碳新经济 A	14.48	2.04	16.95	1.47	
192	光大银发商机主题	14.45	2.49	16.17	1.90	√

编号	基金名称	过去五年（2018~2022 年）		过去三年（2020~2022 年）		过去三年、五年都具有选股能力
		年化 α(%)	$t(\alpha)$	年化 α(%)	$t(\alpha)$	
193	光大新增长	14.34	1.89	20.29	1.54	
194	博时丝路主题 A	14.28	2.24	14.14	1.45	
195	工银瑞信新蓝筹 A	14.28	2.49	6.85	0.87	
196	景顺长城品质投资	14.26	2.56	12.55	1.46	
197	长盛量化红利策略	14.19	2.58	8.46	1.03	
198	富国天博创新主题	14.16	2.32	10.40	1.08	
199	中信证券成长动力 A	14.15	2.83	13.20	1.73	√
200	银河康乐 A	14.11	1.96	12.55	1.00	
201	华宝生态中国 A	14.10	2.24	18.77	1.97	√
202	诺安价值增长	14.09	1.99	19.40	1.83	√
203	中银主题策略 A	14.05	1.81	22.73	2.04	√
204	泓德泓益	14.02	2.93	14.32	1.74	√
205	银河稳健	13.93	1.99	15.15	1.25	
206	金元顺安消费主题	13.90	1.88	7.54	0.67	
207	国泰大农业 A	13.88	1.96	−1.85	−0.18	
208	汇添富创新活力 A	13.88	1.68	14.72	1.09	
209	建信优势动力	13.79	2.29	16.04	1.70	√
210	易方达科讯	13.72	2.14	19.27	1.98	√
211	汇添富国企创新增长 A	13.71	1.96	13.19	1.25	
212	诺安鸿鑫 A	13.70	2.64	15.13	2.01	√
213	国泰金鹿	13.70	1.77	8.12	0.63	
214	华宝高端制造	13.67	2.12	20.73	2.12	√
215	景顺长城核心竞争力 A	13.67	2.57	13.39	1.73	√
216	浙商聚潮产业成长 A	13.50	1.88	9.32	0.89	
217	华安行业轮动	13.49	2.01	5.46	0.60	
218	南方盛元红利	13.41	2.38	11.18	1.32	
219	国投瑞银核心企业	13.38	1.90	8.21	0.88	
220	信诚量化阿尔法 A	13.32	3.16	5.57	1.07	

编号	基金名称	过去五年（2018~2022年）		过去三年（2020~2022年）		过去三年、五年都具有选股能力
		年化 α（%）	$t(\alpha)$	年化 α（%）	$t(\alpha)$	
221	长信双利优选 A	13.29	1.85	15.23	1.35	
222	国富弹性市值	13.23	2.25	5.13	0.55	
223	农银汇理策略精选	13.21	1.91	20.48	1.95	√
224	泰达宏利首选企业	13.20	1.75	18.80	1.52	
225	国投瑞银成长优选	13.16	2.39	13.70	1.59	
226	诺安策略精选	13.12	2.29	7.91	0.90	
227	东吴新产业精选 A	13.11	2.02	8.87	1.11	
228	汇添富中国高端制造 A	13.03	1.68	9.46	0.75	
229	国泰君安君得明	12.97	2.48	4.43	0.66	
230	国联安优势	12.95	1.72	9.56	0.82	
231	大摩主题优选	12.91	2.15	14.16	1.53	
232	华宝先进成长	12.91	2.36	14.76	1.59	
233	中欧新趋势 A	12.89	2.83	15.73	2.77	√
234	工银瑞信大盘蓝筹	12.85	2.32	6.93	0.93	
235	华夏研究精选	12.82	3.32	6.55	1.13	
236	农银汇理行业领先	12.81	1.86	19.62	1.90	√
237	嘉实沪港深回报	12.76	1.93	8.71	0.87	
238	建信潜力新蓝筹 A	12.73	1.93	26.31	2.43	√
239	银河研究精选	12.67	2.11	8.83	0.96	
240	嘉实周期优选	12.64	2.09	16.52	1.94	√
241	光大阳光价值 30 个月持有 A	12.62	1.65	4.32	0.37	
242	长信金利趋势 A	12.58	2.66	13.57	1.74	√
243	圆信永丰多策略精选	12.55	1.76	10.98	0.90	
244	汇添富民营活力 A	12.55	2.23	13.46	1.48	
245	华安策略优选 A	12.54	2.44	6.33	0.92	
246	大摩卓越成长	12.51	1.83	2.16	0.19	
247	国投瑞银研究精选	12.44	2.19	12.98	1.44	

续表

编号	基金名称	过去五年（2018~2022 年）		过去三年（2020~2022 年）		过去三年、五年都具有选股能力
		年化 α（%）	$t(\alpha)$	年化 α（%）	$t(\alpha)$	
248	鹏华盛世创新	12.39	2.42	6.62	0.83	
249	嘉实沪港深精选	12.34	2.17	7.14	0.87	
250	圆信永丰汇利	12.32	2.11	8.56	1.03	
251	景顺长城沪港深精选	12.21	2.66	12.56	1.78	√
252	富国产业升级 A	12.21	1.99	13.61	1.56	
253	嘉实研究阿尔法	12.19	3.57	8.78	1.90	√
254	申万菱信新动力	12.07	1.96	11.93	1.20	
255	招商大盘蓝筹	12.06	2.20	9.16	1.04	
256	诺安研究精选	11.99	2.11	9.49	1.43	
257	博时工业 4.0	11.95	1.82	12.19	1.09	
258	上投摩根成长先锋 A	11.92	1.91	9.63	0.93	
259	中银美丽中国	11.76	1.68	16.87	1.47	
260	长城中小盘成长 A	11.72	1.71	11.64	0.98	
261	华宝宝康消费品	11.65	1.67	4.06	0.35	
262	中金精选 A	11.51	2.06	6.66	0.86	
263	国寿安保智慧生活	11.50	1.68	15.63	1.42	
264	工银瑞信精选平衡	11.50	1.76	15.34	1.59	
265	安信企业价值优选	11.43	1.76	-1.05	-0.11	
266	海通品质升级一年持有 A	11.43	1.70	14.45	1.39	
267	银河竞争优势成长	11.39	1.75	11.85	1.22	
268	博时新兴消费主题 A	11.36	1.82	8.76	0.85	
269	南方潜力新蓝筹 A	11.27	1.67	10.42	1.00	
270	诺安平衡	11.27	2.48	9.46	1.20	
271	兴全全球视野	11.27	2.30	15.91	2.25	√
272	大成优选	11.21	2.02	9.74	1.11	
273	富国研究量化精选	11.19	1.73	16.27	1.48	
274	安信价值精选	11.17	1.69	-0.28	-0.03	

续表

编号	基金名称	过去五年（2018~2022年）		过去三年（2020~2022年）		过去三年、五年都具有选股能力
		年化 α(%)	t(α)	年化 α(%)	t(α)	
275	光大阳光 A	11.17	2.16	15.23	2.01	√
276	华宝大盘精选	11.16	1.69	9.92	0.91	
277	创金合信量化核心 A	11.14	2.70	2.44	0.46	
278	信诚新机遇	11.03	2.68	3.80	0.77	
279	南方天元新产业	10.99	2.05	7.51	0.88	
280	中金金泽 A	10.98	1.67	6.81	0.64	
281	汇添富策略回报	10.88	1.72	5.23	0.54	
282	中欧新动力 A	10.85	2.34	9.10	1.48	
283	华安大国新经济 A	10.78	1.91	15.11	1.81	√
284	景顺长城支柱产业	10.59	2.05	4.90	0.58	
285	鹏华价值优势	10.57	1.84	6.65	0.78	
286	诺安中小盘精选	10.53	2.43	8.73	1.33	
287	汇添富价值精选 A	10.49	2.01	0.40	0.05	
288	汇添富逆向投资 A	10.41	1.72	11.76	1.33	
289	中信证券臻选价值成长 A	10.35	1.89	8.80	1.01	
290	国泰君安君得鑫两年持有 A	10.26	1.83	1.07	0.14	
291	海富通风格优势	10.16	1.68	13.21	1.55	
292	建信互联网+产业升级	9.90	1.81	9.48	1.14	
293	景顺长城优质成长	9.82	1.72	2.66	0.31	
294	中航混改精选 A	9.81	2.36	13.02	2.41	√
295	申万菱信价值优先	9.77	2.53	3.00	0.59	
296	银河量化价值 A	9.66	2.42	7.50	1.25	
297	博时逆向投资 A	9.61	1.65	10.94	1.31	
298	南方成份精选 A	9.48	2.10	10.43	1.64	√
299	南方绩优成长 A	9.39	1.71	9.52	1.10	
300	华宝国策导向	9.18	1.93	14.73	2.16	√

续表

编号	基金名称	过去五年(2018~2022 年)		过去三年(2020~2022 年)		过去三年、五年都具有选股能力
		年化 α(%)	$t(\alpha)$	年化 α(%)	$t(\alpha)$	
301	南方产业活力	8.90	1.67	5.02	0.63	
302	长盛成长价值 A	8.67	1.81	10.34	1.32	
303	前海开源强势共识100 强	8.64	2.20	2.00	0.37	
304	富国天惠精选成长 A	8.55	1.72	3.15	0.47	
305	建信量化事件驱动	8.41	2.21	6.81	1.26	
306	诺德成长优势	8.06	1.81	3.74	0.55	
307	南方隆元产业主题	7.99	1.65	5.45	0.72	
308	汇丰晋信大盘 A	7.93	1.96	5.51	0.89	
309	中信保诚盛世蓝筹	7.81	2.10	2.81	0.58	
310	光大阳光优选一年持有 A	7.77	2.00	2.59	0.47	
311	东方核心动力 A	7.75	1.80	2.20	0.39	
312	景顺长城量化新动力	7.69	1.78	−1.17	−0.20	
313	汇添富成长多因子量化策略	7.62	2.25	6.53	1.16	
314	银河量化优选	7.22	1.65	6.33	0.85	
315	大成核心双动力	7.11	2.03	1.76	0.33	
316	景顺长城能源基建	6.95	1.86	9.74	1.77	√
317	嘉实量化精选	6.28	1.88	7.16	1.34	

注：表中√代表在过去三年和过去五年都具有选股能力的股票型基金。

我们选取其中选股能力年化 α 为 33.74% 的"汇丰晋信智造先锋 A"基金作为研究对象，分析其基金经理在近五年中的选股能力（见表 3-5 和图 3-3）。在分析比较时，除了将万得全 A 指数作为比较标的以外，我们还将该基金的业绩比较基准［中证装备产业指数×90%+同业存款利率（税后）×10%］与该基金进行比较。该基金由汇丰晋信基金管理有限公司管理，成立于 2015 年 9 月 30日，是一只定位明确、特色鲜明的主题型投资工具，专注于将股票资产聚焦于以高端装备为代表的"智造先锋"主题，通过筛选优质上市公司，纳入基金管理人员对于宏观经济、国家政策等可能影响证券市场的重要因素的研究和预测，根据精选的各类证券的风险收益特征的相对变化，适度调整基金资产在股票、债券及现金等类别资产间的分配比例，重视信用研究和流动性管理，综合运用久期管理、收益率曲线变动分析、收益率利差分析和公司基本面分析等积极策略，争取中长期投资收益超越比较基准。

表3-5   "汇丰晋信智造先锋A"基金净值年度涨幅与阶段涨幅   单位：%

名称	2018年度	2019年度	2020年度	2021年度	2022年度	近五年 （2018~2022年）
汇丰晋信智造先锋A	−27	74	129	43	−33	179
万得全A指数	−28	33	26	9	−19	6
汇丰晋信智造先锋A 基金基准	−27	26	62	18	−25	32

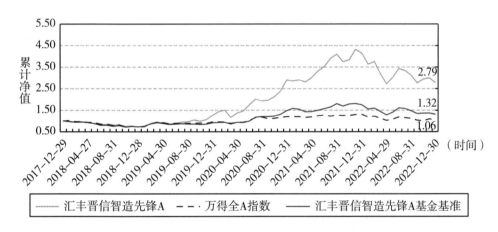

图3-3   "汇丰晋信智造先锋A"基金的累计净值：2018~2022年

"汇丰晋信智造先锋A"前后经历了三位基金经理的变更，分别为曹庆、吴培文和陆彬。从历史业绩来看，基金成立之初业绩相对平缓，从2018年第四季度开始发力，取代"易方达消费行业"成为近五年选股能力最强的基金。该基金近五年涨幅为179%，同期万得全A指数上涨6%，而与该基金对标的基准上涨32%，相比较而言，这只主动管理型公募基金的业绩远远超过了大盘及其基金基准。在2018年的熊市，该基金收益率表现超过万得全A指数1个百分点，但与基金基准保持一致，该基金优异的业绩表现主要出现在2019~2021年，其中涨势最好的是2019年和2020年。2019年该基金涨幅达到74%，超过同期万得全A指数和基金基准涨幅（分别为33%和26%）两倍以上；2020年涨势跃至129%，依然远超同期万得全A指数和基金基准涨幅（分别为26%和62%）。2021年，尽管该基金的表现有所回落，但涨幅依然高达 43%，超过同期万得全 A 指数和基金基准涨幅（分别为 9% 和 18%）两倍以上。而进入 2022 年，在整个市场表现走弱的情况下，该基金也未能幸免于"滑铁卢"的困境，收益率跌至 -33%，落后于同期万得全 A 指数和基金基准收益率（分别为 -19% 和 -25%）。

从持仓分布来看，随着我国的经济发展和技术进步，该基金自 2016 年持续布局制造业，信息传输、软件和信息技术服务业，采矿业，水利、环境和公共设施管理业的深度价值股和优质成长股，包括迈为股份、安恒信息、天齐锂业、雅化集团等个股。该基金换手率较高，重仓股前 5 名随着市场的变化也会作出调整。例如，2016 年、2017 年、2018 年和 2019 年该基金换手率一直处于较高水平，分别为 333%、492%、353% 和 400% 左右，而从 2021 年开始有所下降，换手率为 106.08%。2020 年该基金重仓股表现依然比较突出，其中迈为股份涨幅高达 394%、赣锋锂业上涨 196%、雅化集团涨幅为 184%、东方日升涨幅为 112%，考虑持股仓位后，迈为股份对该基金所贡献的收益比重最大。此外，2021 年个股鲁西化工在经历 2018 年、2019 年的低谷和 2020 年的估值修复后，在 2021 年第一季度和第二季度均实现了 50.8% 的上涨，而该基金正是在 2021 年初开始重仓鲁西化工，并在 2021 年第三季度卖出，而鲁西化工在 2021 年第四季度大幅下跌，该基金很好地规避了这次下跌风险，同时该基金在 2021 年调低了市场表现较为跌宕起伏的东方日升的仓位。值得注意的是，该基金相对活跃的交易和调仓，在个别年份也体现出收益率波动较大、回撤幅度大的问题，故投资者如果在净值高点买入，也可能产生较高的投资损失。

2022 年，全球新冠疫情反复叠加俄乌冲突持续，导致全球经济下行压力不断增大，需求减弱，全球经济和制造业整体出现衰退和收缩的态势；而在国内，在全国疫情大规模反弹导致管控措施升级的影响下，国内制造业 PMI 指数下滑到荣枯线附近。制造业股票大幅下跌，而该基金的主要配置正是制造业，导致基金整体受到严重影响。总体而言，该基金近五年的投资收益表现卓越，其基金经理在板块挑选、个股选择、个股仓位调整方面的能力较为突出，说明其具有相对良好的选股能力。

三、择时能力分析

表 3-6 展示了具有五年历史业绩的基金择时能力的统计分析结果。图 3-4 是采用 Treynor-Mazuy 四因子模型估计出来的股票型基金择时能力 γ 的 t 值，我们主要关心基金经理是否具有正的择时能力，因此我们使用单边假设检验。在 5% 的显著性水平上，仅有 6 只基金（占比 1%）的 γ 呈正显著性，其 t 值大于 1.64，说明

这 6 只基金的基金经理表现出了显著的择时能力。有 630 只基金（占比为 88%）γ 的 t 值是不显著的。我们还看到，有 82 只基金（占比为 11%）的 γ 为负显著，其 t 值小于 -1.64，说明这些基金的基金经理具有明显错误的择时能力。总体来看，在过去五年（2018~2022 年）内，绝大部分（99%）股票型基金的基金经理不具备择时能力。

表 3-6　　　　　股票型基金的择时能力 γ 显著性的估计结果：2018~2022 年

显著性	样本数量（只）	数量占比（%）
正显著	6	1
不显著	630	88
负显著	82	11
总计	718	100

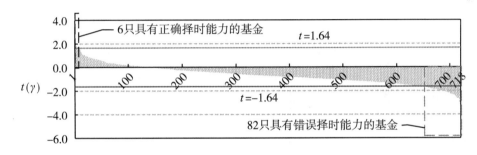

图 3-4　股票型基金的择时能力 γ 的 t 值（显著性）排列：2018~2022 年

注：正确择时能力代表 $t(\gamma) > 1.64$，错误择时能力代表 $t(\gamma) < -1.64$，未表现出择时能力代表 $-1.64 \leq t(\gamma) \leq 1.64$。基金具有择时能力是指基金表现出正确的择时能力，基金不具有择时能力代表基金表现出错误的或未表现出择时能力。

表 3-7 给出了在过去五年（2018~2022 年）Treynor-Mazuy 四因子模型中 γ 为正显著的基金，即具有择时能力的基金，同时我们也给出了这些基金在过去三年（2020~2022 年）择时能力的估计结果，这里我们主要关心反映择时能力的系数 γ 的显著性。从表 3-7 可以看出，"建信社会责任"等 5 只基金在过去三年（2020~2022 年）和过去五年（2018~2022 年）都表现出正确的择时能力，与《2022 年中国公募基金研究报告》中记录的五年、三年均有显著择时能力的基金（数量仅有 1 只）相比，有一定的改善。然而，值得注意的是，相比于选股能力，总体来说公募基金经理在择时能力上依然是缺失的。

择时能力的缺乏是中国以及全球资管行业长期存在的现象。我国公募基金不尽如人意的择时能力，与宏观经济调控政策的变化、金融市场系统性风险积聚以及资管行业监管标准走向规范化、统一化的政策变革有关，同时叠加重大变化下"冲击—恢复"不断切换所引致的政策逻辑不确定性，对于基金经理拥抱变化、"因时而变"的能力构成了极大的考验。尤其是 2022 年地缘政治局势险峻、美联储货币政策调整节奏和经济衰退担忧对经济、贸易和金融市场的持续影响，以及我国历经 3 年过渡期的"资管新规"的正式实施，造成基金经理的仓位调整滞后，与市场风格容易出现脱节，从而在变化的市场氛围中"乘势追击"的机会被明显削弱。如何在保持选股能力的同时培育良好的择时能力，是中国公募基金行业未来十年面对的一个重要考验。

表 3-7   过去五年具有择时能力的股票型基金

编号	基金名称	过去五年（2018~2022 年）		过去三年（2020~2022 年）		过去三年、五年都具有择时能力
		γ	$t(\gamma)$	γ	$t(\gamma)$	
1	建信社会责任	2.55	2.73	4.23	2.28	√
2	国联安红利	2.30	2.10	5.90	4.02	√
3	前海开源再融资主题精选	1.83	1.80	1.14	0.70	
4	招商优质成长	2.33	1.78	5.69	2.48	√
5	工银瑞信战略转型主题 A	1.99	1.71	5.74	2.98	√
6	招商行业精选	2.29	1.70	5.90	2.52	√

注：表中√代表在过去三年和过去五年都具有择时能力的股票型基金。

四、选股能力与择时能力的稳健性检验

在本节中，我们针对前述基金经理的选股与择时能力展开稳健性检验。前面我们所用的样本为 2018~2022 年的五年期样本，在这里我们进一步改变样本区间段的长度，考察结论是否一致，探讨其背后的主因在于市场本身还是基金经理的个体特质。在稳健性检验中，我们使用三年样本（2020~2022 年）和七年样本（2016~2022 年）来对基金经理的选股能力和择时能力进行稳健性检验，并将分析结果与之前的五年样本（2018~2022 年）的结果进行对比，从而判断样本时间选取的不同是否会影响基金经理的选股和择时能力。本部分的检验同样要求每只基金有完整的净值数据。各样本区间内包含的样本数量具体见表 3-1。时间跨度较长的样本区间内的基金与时间跨度较短的样本区间内的基金是部分重合的。例如，三年样本中的基金个数为 1 057 只，五年样本中的基金个数为 718 只，七年样本中的基金个数为 564 只。七年样本中的 564 只基金都在三年和五年样本中，五年样本的 718 只基金也都在三年样本中。

　　图 3-5 为在不同时间长度的样本区间内具有选股能力的股票型基金的数量占比，我们仍以 5% 的显著性水平进行分析。在三年样本（2020~2022 年）中，有 20% 的基金的基金经理具有显著的选股能力，在五年样本（2018~2022 年）中该比例已大幅上升至 44%，而在七年样本（2016~2022 年）中该比例依然维持较高水平，达到 45%。可见，在不同的样本区间内，具有显著选股能力的基金经理的比例还是有差异的，在新冠疫情笼罩下的三年（2020~2022 年）区间内，基金经理的选股能力也出现了滑坡，但以较长的时间区间来看，有近乎半数的股票型基金的基金经理具备一定的选股能力。

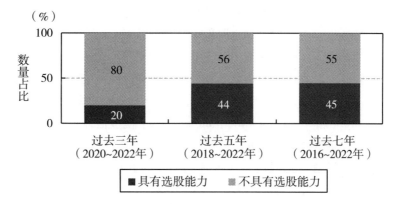

图 3-5　样本区间内具有选股能力的基金数量占比

　　表 3-8 给出了不同样本区间中选股能力 α 显著性估计的详细结果，还给出不同样本区间中具有选股能力的基金经理的比例，以及选股能力分别为不显著、负显著的基金经理的比例，同时给出了同期万得全 A 指数的累积涨幅作为基准。

表 3-8　　　　　　样本区间内股票型公募基金的选股能力 α 显著性的估计结果

样本区间	正显著	不显著	负显著	基金数量（只）	万得全 A 涨幅（%）
过去三年（2020~2022 年）	212（20.06%）	842（79.66%）	3（0.28%）	1 057	12
过去五年（2018~2022 年）	317（44.15%）	399（55.57%）	2（0.28%）	718	6
过去七年（2016~2022 年）	253（44.86%）	309（54.79%）	2（0.35%）	564	-3

　　注：括号中的数字为相应的基金数量占比，显著性水平为 5%。

以万得全 A 指数来看，较长区间段的涨幅较差（万得全 A 指数七年总体下跌幅度为 3%），主要源于 2015 年和 2018 年股票市场较为低迷的市场环境，造成指数的起点较低。而相比之下，大盘涨幅在较短期内表现较好：随着市场的回暖，在过去五年（2018~2022 年）中，万得全 A 指数上涨了 6%，而过去三年（2020~2022年）万得全 A 指数涨幅达到 12%。有趣的是，在此时间区间（三年、五年和七年样本）中，具有显著的选股能力的基金经理数量占比与股票市场涨幅呈反向变动的关系——三年内市场总体涨幅良好，而具有显著优越的选股能力的基金经理占比仅约为 20%，意味着接近 80% 的基金经理不具备选股能力；而以七年的时间区间来看，尽管大盘表现为弱跌 3%，但具有显著选股能力的基金经理的比例相对较高，达到约 45%。这些差异可能产生于两个维度：一方面，不同分析期的市场总体环境存在不同；另一方面，由于基金的新成立和停止运营，不同样本区间所涵盖的基金总数、特征也存在差异，这也降低了其可比性。

为了更好地调整不同样本区间内基金品种、数量不同造成的样本差异性，我们重新对比在不同样本区间内都具有数据的基金的选股能力。表 3-9 展现的是在七年样本（2016~2022 年）中的 564 只基金，在三年样本（2020~2022 年）和五年样本（2018~2022 年）中通过 Treynor-Mazuy 四因子模型估计出来的选股能力的表现。如果我们考察这 564 只基金的三年期业绩，那么有 119 只（占比约 21%）基金的基金经理具有显著的选股能力，当考察期变为五年和七年后，分别有 244 只（占比约 43%）和 253 只（占比约 45%）基金的基金经理具有显著的选股能力。在这 564 只基金中，无论考察三年、五年还是七年的样本，每类样本中都有 55% 以上的基金经理不具有选股能力。

表 3-9　　　　　　　具有七年样本的股票型公募基金在三年、五年样本中
选股能力 α 显著性的估计结果

样本区间	正显著	不显著	负显著	基金数量（只）	万得全 A 涨幅（%）
过去三年 （2020~2022 年）	119 （21.10%）	442 （78.37%）	3 （0.53%）	564	12
过去五年 （2018~2022 年）	244 （43.26%）	318 （56.38%）	2 （0.35%）	564	6
过去七年 （2016~2022 年）	253 （44.86%）	309 （54.79%）	2 （0.35%）	564	-3

注：括号中数字为相应的基金数量占比，显著性水平为 5%。

在此基础上，我们将样本限定为在三年样本和五年样本中都有数据的 718 只基金，考察基金经理的选股能力差异（见表 3-10）。在三年样本中，有 152 只基金

（占比21%）的基金经理具有显著的选股能力。在五年样本中，具有显著选股能力的基金为317只（占比44.15%）。这一结果体现了与表3-8类似的特征，即较长时间区间的样本中，具有良好选股能力的基金经理比例相对较高。

表3-10　　　　具有五年样本的股票型公募基金在三年、五年样本中选股能力 α 显著性的估计结果

样本区间	正显著	不显著	负显著	基金数量（只）	万得全A涨幅（%）
过去三年（2020~2022年）	152（21%）	563（78%）	3（0.42%）	718	12
过去五年（2018~2022年）	317（44.15%）	399（55.57%）	2（0.28%）	718	6

注：括号中数字为相应的基金数量占比，显著性水平为5%。

上述分析的结论同样和之前分别使用三年或五年全部样本的结论近似（见表3-8）。可见，并不是由于基金个体之间的不同导致在三年、五年、七年样本区间内具有选股能力的基金经理比例的差异。因为我们在选取相同的基金时，这个差异在三年、五年、七年样本区间内也是同样存在的。故而我们认为，是由于不同分析时间内我国股票市场环境的不同，导致使用最近三年、五年和七年样本的分析结果产生差异。

接下来，我们利用同样的方法来分析基金经理的择时能力。图3-6展示了在不同样本区间中具有显著择时能力的基金的比例，还是以5%的显著性水平进行讨论。在三年样本（2020~2022年）中，7%的基金经理具有显著的择时能力；在五年样本（2018~2022年）中，该比例为1%；在七年样本（2016~2022年）中，该比例为3%。可见，在不同的样本区间内，具有显著择时能力的基金经理的比例都非常低。

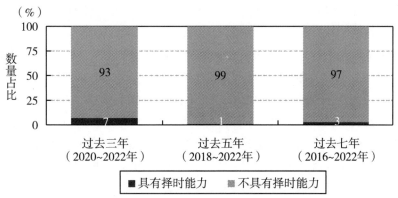

图3-6　样本区间内具有正确择时能力的股票型基金的数量占比

我们给出不同样本区间中择时能力 γ 显著性估计的详细结果（见表 3-11）。我们发现，无论是在三年、五年还是七年样本中，都至少有 92% 以上的基金经理不具备择时能力。这一结果也再次表明，整体上而言，当前中国基金行业基金经理的择时能力较差，在波动的市场趋势和宏观不确定性环境下，对股票未来涨跌进行精准的预判是比较困难的。

表 3-11　　　　三年、五年、七年样本的择时能力显著性的估计结果

样本区间	正显著	不显著	负显著	基金数量（只）	万得全 A 涨幅（%）
过去三年（2020~2022 年）	76 (7.19%)	941 (89.03%)	40 (3.78%)	1 057	12
过去五年（2018~2022 年）	6 (0.84%)	630 (87.74%)	82 (11.42%)	718	6
过去七年（2016~2022 年）	16 (2.84%)	483 (85.64%)	65 (11.52%)	564	-3

注：括号中数字为相应的基金数量占比，显著性水平为 5%。

五、基金经理的业绩表现来自能力还是运气

前述结果表明，有接近半数的基金经理具有选股能力，极少部分基金经理具有择时能力。那么，基金经理的业绩表现究竟是来自其真实能力，还是运气所致呢？具体而言，基金的收益率并不是严格服从正态分布的，显著的回归结果尽管指向了基金经理的选股或择时能力，但依然可能来源于样本选择的影响，即运气的因素。那么，如何在这些统计上具有显著能力的基金经理中筛选出真正具有自身投资能力的个体呢？在这一部分中，我们运用 Efron（1979）提出的自助法，在一定程度上解决了这个问题。

自助法是对原始样本进行重复抽样以产生一系列"新"的样本的统计方法。图 3-7 展示了自助法的抽样原理。如图 3-7 所示，我们观察到的样本只有一个，如某只基金的历史收益数据，因此只能产生一个统计量（如基金经理的选股能力）。自助法的基本思想是对已有样本进行多次抽样，即把现有样本的观测值看成一个新的总体再进行有放回的随机抽样，这样在不需要增加额外的新样本的情况下，会获得多个统计量，即获得基金经理选股能力的多个估计值，通过对比这多个统计量所生成的统计分布和实际样本产生的统计量，就可以判断基金经理的能力是否来源于运气。在以下的检验中，我们对每只基金的样本进行 1 000 次抽样。我们

也使用 5 000 次抽样来区分基金经理的能力和运气，因为这些结果与使用 1 000 次抽样的结果十分类似，这里不再赘述。

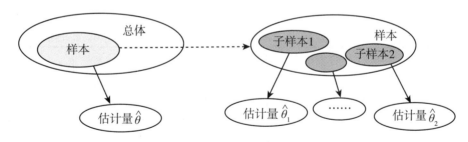

图 3-7　自助法抽样示意

我们以基金 i 的选股能力 α 进行自助法检验为例。通过 Treynor-Mazuy 四因子模型对基金 i 的月度净收益的时间序列进行普通最小二乘法（OLS）回归，估计模型的 $\hat{\alpha}$、风险系数（$\hat{\beta}_{mkt}$、$\hat{\beta}_{smb}$、$\hat{\beta}_{hml}$、$\hat{\beta}_{mom}$）、残差序列，具体模型见式（3.3）。我们通过自助法过程对获得的残差序列进行 1 000 次抽样，根据每次抽样后的残差和之前估计出来的风险系数（$\hat{\beta}_{mkt}$、$\hat{\beta}_{smb}$、$\hat{\beta}_{hml}$、$\hat{\beta}_{mom}$）构造出 1 000 组不具备选股能力（$\hat{\alpha}=0$）的基金的超额收益率，获得 1 000 个没有选股能力的基金的样本，每一个新生成的基金样本与基金 i 有同样的风险暴露。然后，我们对这 1 000 个样本再次进行 Treynor-Mazuy 四因子模型回归，就获得了 1 000 个选股能力 α 的估计值。由于这 1 000 个 α 是出自我们构造的没有选股能力的基金的收益率，在 5% 的显著性水平下，如果这 1 000 个 α 中有多于 5% 比例的（该比例为自助法的 P 值）α 大于通过 Treynor-Mazuy 四因子模型回归所得到的基金 i 的 $\hat{\alpha}$（真实 α），则表明基金 i 的选股能力 α 并不是来自基金经理自身的能力，而是来自运气因素和统计误差。反之，如果这 1 000 个 α 中只有少于 5% 的 α 大于基金 i 的 $\hat{\alpha}$，则表明基金 i 的选股能力 α 并不是来自运气因素，而是来自基金经理的真实能力。Kosowski、Timmermann、White 和 Wermers（2006），Fama 和 French（2010），Cao、Simin 和 Wang（2013），Cao、Chen、Liang 和 Lo（2013）等利用该方法来研究美国基金经理所取得的业绩是来自他（她）们的能力还是运气。

之前的分析中得到，在五年样本（2018～2022 年）的 718 只样本基金中，有 317 只基金（占比为 44%）表现出正确的选股能力，我们进一步对这些基金的选股能力进行自助法检验。图 3-8 展示了部分基金经理（10 位）通过自助法估计出来的 1 000 个选股能力 α 的分布和实际 α 的对比。图 3-8 中的曲线为通过自助法获得的选股能力 α 的分布，垂直线为运用 Treynor-Mazuy 四因子模型估计出来的实际选股能力 α 的结果。例如，对于"汇丰晋信智造先锋 A"这只基金而言，通过自助法估计的选股能力 α 有 99.75% 的比例小于通过 Treynor-Mazuy 四因子模型估计的

真实 α（33.74%），即自助法的 P 值为 0.0025，从统计检验的角度讲，在 5% 的显著性水平上，我们有 95% 的信心确信该基金经理的选股能力来自其自身的投资才能。

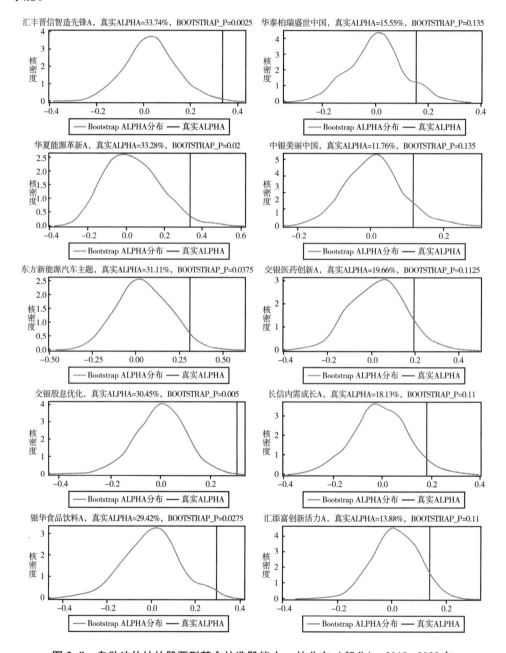

图 3-8 自助法估计的股票型基金的选股能力 α 的分布（部分）：2018~2022 年

注：曲线表示通过自助法获得的选股能力 α 的分布，垂直线表示运用 Treynor-Mazuy 四因子模型估计出来的实际选股能力 α。

表 3-12 为通过 Treynor-Mazuy 四因子模型估计出来的具有显著选股能力的 317 只股票型基金的自助法结果。在这 317 只基金中，有 244 只基金自助法的 P 值小于或等于 5%，如"汇丰晋信智造先锋 A"基金、"交银股息优化"基金、"大成新锐产业"基金等，这些基金在表中用"＊"标出；有 73 只基金自助法的 P 值大于 5%，如"金鹰策略配置"基金、"景顺长城鼎益"基金、"银华富裕主题"基金等。从统计学假设检验的角度讲，我们有 95% 的信心得出以下结论：这 244 只基金（占 718 只基金的 34%）的基金经理的选股能力并不是来自运气，而是来自他们的选股能力；另外 73 只基金（占 718 只基金的 10%）的基金经理的选股能力并不是来自其自身的能力，而是来自运气和统计误差。

表 3-12　　　　具有选股能力的股票型基金的自助法检验结果：2018~2022 年

编号	基金名称	年化 α（%）	t（α）	自助法 P 值	编号	基金名称	年化 α（%）	t（α）	自助法 P 值
1	汇丰晋信智造先锋 A	0.34	2.87	0.003*	24	中欧明睿新常态 A	0.24	3.12	0.003*
2	华夏能源革新 A	0.33	2.30	0.020*	25	华夏节能环保 A	0.24	2.31	0.023*
3	东方新能源汽车主题	0.31	2.21	0.038*	26	大成消费主题	0.24	3.44	0.000*
4	交银股息优化	0.30	3.00	0.005*	27	鹏扬景泰成长 A	0.24	2.44	0.018*
5	银华食品饮料 A	0.29	2.24	0.028*	28	景顺长城新兴成长	0.24	1.91	0.053
6	大成新锐产业	0.29	3.61	0.000*	29	万家臻选	0.24	2.03	0.035*
7	国泰智能汽车 A	0.28	2.30	0.025*	30	景顺长城鼎益	0.24	1.85	0.065
8	泰达宏利转型机遇 A	0.28	2.04	0.050*	31	中欧养老产业 A	0.23	3.62	0.003*
9	交银消费新驱动	0.28	2.91	0.003*	32	广发睿毅领先 A	0.23	3.30	0.000*
10	工银瑞信生态环境 A	0.28	2.25	0.015*	33	华夏行业景气	0.23	2.49	0.020*
11	汇丰晋信低碳先锋 A	0.28	2.05	0.045*	34	工银瑞信研究精选	0.23	3.00	0.005*
12	信诚新兴产业 A	0.27	1.86	0.083	35	泰信中小盘精选	0.23	1.91	0.043*
13	信诚中小盘 A	0.27	2.23	0.018*	36	景顺长城优势企业	0.23	2.36	0.013*
14	万家行业优选	0.27	2.30	0.023*	37	国泰智能装备 A	0.23	2.10	0.035*
15	广发高端制造 A	0.26	2.66	0.013*	38	银华富裕主题	0.22	1.77	0.055
16	嘉实智能汽车	0.26	2.61	0.013*	39	嘉实价值精选	0.22	3.26	0.000*
17	金鹰信息产业 A	0.26	2.17	0.025*	40	创金合信消费主题 A	0.22	1.96	0.043*
18	金鹰策略配置	0.26	1.86	0.060	41	鹏华环保产业	0.22	2.13	0.020*
19	易方达国企改革	0.26	2.38	0.010*	42	工银瑞信信息产业 A	0.22	3.43	0.000*
20	嘉实新能源新材料 A	0.26	2.74	0.003*	43	交银趋势优先 A	0.22	2.76	0.010*
21	新华优选消费	0.25	2.71	0.005*	44	工银瑞信物流产业 A	0.22	3.26	0.000*
22	工银瑞信新金融 A	0.25	4.29	0.000*	45	中信保诚至远动力 A	0.22	2.60	0.010*
23	易方达消费行业	0.25	2.16	0.013*	46	中银智能制造 A	0.22	2.09	0.035*

编号	基金名称	年化 α（%）	$t(\alpha)$	自助法 P 值	编号	基金名称	年化 α（%）	$t(\alpha)$	自助法 P 值
47	汇添富消费行业	0.22	1.93	0.040*	82	富国价值优势	0.19	3.37	0.000*
48	兴全商业模式优选	0.22	4.32	0.000*	83	银华新能源新材料量化 A	0.19	1.68	0.108
49	大成高新技术产业 A	0.21	4.04	0.000*	84	工银瑞信新材料新能源行业	0.18	2.55	0.018*
50	建信健康民生 A	0.21	3.09	0.000*					
51	华安安信消费服务 A	0.21	3.63	0.000*	85	嘉实新兴产业	0.18	2.30	0.023*
52	工银瑞信文体产业 A	0.21	4.04	0.000*	86	华泰保兴吉年丰 A	0.18	1.69	0.098
53	中金新锐 A	0.21	2.89	0.003*	87	交银先进制造 A	0.18	3.18	0.003*
54	光大行业轮动	0.21	2.39	0.003*	88	广发制造业精选 A	0.18	1.87	0.053
55	易方达改革红利	0.21	2.17	0.030*	89	长信内需成长 A	0.18	1.76	0.110
56	招商稳健优选	0.21	2.02	0.030*	90	嘉实优化红利 A	0.18	2.08	0.020*
57	易方达行业领先	0.21	3.31	0.003*	91	华夏经典配置	0.18	2.43	0.013*
58	诺德周期策略	0.21	2.40	0.013*	92	光大阳光启明星创新驱动 A	0.18	2.41	0.018*
59	天弘文化新兴产业 A	0.21	2.02	0.023*					
60	建信创新中国	0.21	2.47	0.008*	93	兴全绿色投资	0.18	3.92	0.000*
61	嘉实环保低碳	0.20	2.24	0.028*	94	圆信永丰优加生活	0.18	4.03	0.000*
62	泓德战略转型	0.20	3.33	0.005*	95	国富深化价值	0.18	3.54	0.000*
63	中欧时代先锋 A	0.20	3.74	0.003*	96	嘉实先进制造	0.18	2.60	0.005*
64	鹏华养老产业	0.20	1.99	0.040*	97	大成积极成长	0.18	2.91	0.008*
65	信澳新能源产业	0.20	1.93	0.038*	98	银华沪港深增长 A	0.18	2.40	0.028*
66	工银瑞信国企改革主题	0.20	3.18	0.008*	99	大摩进取优选	0.18	2.29	0.040*
67	长信低碳环保行业量化 A	0.20	1.68	0.100	100	长城优化升级 A	0.18	1.98	0.038*
68	景顺长城环保优势	0.20	2.64	0.020*	101	信诚周期轮动 A	0.18	1.75	0.053
69	工银瑞信中小盘成长	0.20	1.79	0.058	102	富国高新技术产业	0.18	2.01	0.038*
70	交银医药创新 A	0.20	1.67	0.113	103	建信中小盘 A	0.18	2.27	0.033*
71	华商盛世成长	0.20	2.65	0.003*	104	国富中小盘	0.18	3.49	0.003*
72	浙商全景消费 A	0.20	2.09	0.033*	105	泰达宏利行业精选 A	0.18	2.52	0.010*
73	嘉实物流产业 A	0.19	3.74	0.003*	106	融通内需驱动 AB	0.18	2.39	0.020*
74	广发聚瑞 A	0.19	2.33	0.013*	107	万家消费成长	0.17	3.19	0.000*
75	兴全合润	0.19	3.93	0.000*	108	万家瑞隆 A	0.17	1.89	0.030*
76	诺德价值优势	0.19	2.03	0.025*	109	国富沪港深成长精选	0.17	3.18	0.003*
77	富国美丽中国 A	0.19	4.04	0.000*	110	嘉实价值优势 A	0.17	3.28	0.000*
78	国富研究精选	0.19	3.52	0.000*	111	银河美丽优萃 A	0.17	1.68	0.098
79	博时行业轮动	0.19	1.71	0.095	112	易方达价值精选	0.17	2.82	0.000*
80	华宝品质生活	0.19	2.26	0.013*	113	景顺长城成长之星	0.17	2.44	0.005*
81	中银战略新兴产业 A	0.19	2.18	0.030*					

编号	基金名称	年化α（%）	t（α）	自助法P值	编号	基金名称	年化α（%）	t（α）	自助法P值
114	工银瑞信核心价值 A	0.17	2.56	0.038*	148	建信大安全	0.16	2.17	0.013*
115	浦银安盛红利精选 A	0.17	2.01	0.048*	149	中欧行业成长 A	0.16	2.44	0.018*
116	华富成长趋势	0.17	2.08	0.023*	150	华宝资源优选 A	0.16	1.68	0.083
117	建信信息产业 A	0.17	2.02	0.058	151	富国高端制造行业 A	0.16	2.64	0.010*
118	易方达科翔	0.17	2.70	0.008*	152	鹏华先进制造	0.16	2.30	0.015*
119	银河蓝筹精选 A	0.17	2.05	0.020*	153	景顺长城优选	0.16	2.47	0.028*
120	富国消费主题 A	0.17	1.79	0.050*	154	景顺长城精选蓝筹	0.16	1.96	0.038*
121	大成行业轮动	0.17	2.93	0.008*	155	国联安主题驱动	0.16	2.92	0.003*
122	工银瑞信聚焦30	0.17	2.52	0.020*	156	华泰柏瑞盛世中国	0.16	1.65	0.135
123	嘉实增长	0.17	2.51	0.015*	157	大成中小盘 A	0.16	2.27	0.008*
124	新华优选成长	0.17	1.92	0.030*	158	嘉实企业变革	0.16	2.56	0.015*
125	中银中小盘成长	0.17	2.38	0.013*	159	华夏创新前沿	0.15	1.79	0.068
126	南方中小盘成长	0.17	3.21	0.000*	160	工银瑞信智能制造	0.15	1.83	0.045*
127	兴全轻资产	0.17	3.62	0.000*	161	招商中小盘精选	0.15	1.89	0.070
128	工银瑞信国家战略主题	0.17	1.66	0.065	162	工银瑞信消费服务 A	0.15	2.26	0.018*
129	中信保诚精萃成长 A	0.17	2.85	0.005*	163	大摩品质生活精选	0.15	2.73	0.005*
130	建信改革红利 A	0.17	1.89	0.058	164	建信核心精选	0.15	2.13	0.025*
131	广发多元新兴	0.17	1.72	0.055	165	交银阿尔法 A	0.15	3.09	0.000*
132	银华明择多策略	0.17	1.82	0.043*	166	信诚优胜精选 A	0.15	3.02	0.003*
133	景顺长城中小创	0.17	1.96	0.038*	167	华宝服务优选	0.15	1.66	0.080
134	富国天合稳健优选	0.17	3.77	0.000*	168	景顺长城沪港深领先科技	0.15	2.44	0.015*
135	中信证券卓越成长两年持有 A	0.16	2.41	0.010*	169	诺安先进制造	0.15	2.93	0.000*
136	富国通胀通缩主题 A	0.16	2.04	0.028*	170	鹏华精选成长 A	0.15	2.24	0.010*
137	国联安锐意成长	0.16	1.90	0.065	171	交银新成长	0.15	3.02	0.003*
138	华安逆向策略 A	0.16	2.28	0.013*	172	鹏华沪深港互联网	0.15	1.92	0.073
139	嘉实优质企业	0.16	1.76	0.100	173	兴全精选	0.15	2.23	0.028*
140	诺安低碳经济 A	0.16	3.39	0.003*	174	国富潜力组合 A 人民币	0.15	2.92	0.000*
141	南方国策动力	0.16	2.55	0.018*	175	东方红启阳三年持有 A	0.15	2.28	0.015*
142	汇添富新兴消费 A	0.16	1.89	0.075	176	嘉实新消费	0.15	2.23	0.035*
143	工银瑞信量化策略 A	0.16	2.71	0.005*	177	交银精选	0.15	3.00	0.000*
144	农银汇理行业轮动 A	0.16	2.27	0.020*	178	华安核心优选 A	0.15	2.15	0.018*
145	诺安行业轮动	0.16	3.36	0.003*	179	泓德优选成长	0.15	3.73	0.000*
146	工银瑞信红利	0.16	1.94	0.053	180	华安幸福生活 A	0.15	1.74	0.070
147	建信中国制造 2025A	0.16	2.16	0.003*	181	民生加银稳健成长	0.15	2.05	0.028*

编号	基金名称	年化 α（%）	t（α）	自助法 P 值	编号	基金名称	年化 α（%）	t（α）	自助法 P 值
182	富国文体健康 A	0.15	2.45	0.013*	217	华安行业轮动	0.13	2.01	0.048*
183	方正富邦红利精选 A	0.15	1.91	0.060	218	南方盛元红利	0.13	2.38	0.023*
184	工银瑞信美丽城镇主题 A	0.15	2.36	0.010*	219	国投瑞银核心企业	0.13	1.90	0.030*
185	新华策略精选	0.15	1.85	0.083	220	信诚量化阿尔法 A	0.13	3.16	0.008*
186	嘉实低价策略	0.15	2.37	0.008*	221	长信双利优选 A	0.13	1.85	0.043*
187	工银瑞信互联网加	0.15	2.10	0.035*	222	国富弹性市值	0.13	2.25	0.010*
188	工银瑞信战略转型主题 A	0.15	1.84	0.033*	223	农银汇理策略精选	0.13	1.91	0.028*
189	景顺长城公司治理	0.15	2.08	0.035*	224	泰达宏利首选企业	0.13	1.75	0.065
190	农银汇理策略价值	0.15	2.48	0.003*	225	国投瑞银成长优选	0.13	2.39	0.010*
191	富国低碳新经济 A	0.14	2.04	0.023*	226	诺安策略精选	0.13	2.29	0.025*
192	光大银发商机主题	0.14	2.49	0.010*	227	东吴新产业精选 A	0.13	2.02	0.053
193	光大新增长	0.14	1.89	0.053	228	汇添富中国高端制造 A	0.13	1.68	0.098
194	工银瑞信新蓝筹 A	0.14	2.49	0.010*	229	国泰君安君得明	0.13	2.48	0.010*
195	博时丝路主题 A	0.14	2.24	0.030*	230	国联安优势	0.13	1.72	0.050*
196	景顺长城品质投资	0.14	2.56	0.008*	231	大摩主题优选	0.13	2.15	0.028*
197	长盛量化红利策略	0.14	2.58	0.013*	232	华宝先进成长	0.13	2.36	0.005*
198	富国天博创新主题	0.14	2.32	0.013*	233	中欧新趋势 A	0.13	2.83	0.005*
199	中信证券成长动力 A	0.14	2.83	0.003*	234	工银瑞信大盘蓝筹	0.13	2.32	0.013*
200	银河康乐 A	0.14	1.96	0.038*	235	华夏研究精选	0.13	3.32	0.005*
201	华宝生态中国 A	0.14	2.24	0.028*	236	农银汇理行业领先	0.13	1.86	0.028*
202	诺安价值增长	0.14	1.99	0.048*	237	嘉实沪港深回报	0.13	1.93	0.080
203	中银主题策略 A	0.14	1.81	0.055	238	建信潜力新蓝筹 A	0.13	1.93	0.043*
204	泓德泓益	0.14	2.93	0.003*	239	银河研究精选	0.13	2.11	0.023*
205	银河稳健	0.14	1.99	0.028*	240	嘉实周期优选	0.13	2.09	0.033*
206	金元顺安消费主题	0.14	1.88	0.018*	241	光大阳光价值 30 个月持有 A	0.13	1.65	0.070
207	国泰大农业 A	0.14	1.96	0.055					
208	汇添富创新活力 A	0.14	1.68	0.110	242	长信金利趋势 A	0.13	2.66	0.005*
209	建信优势动力	0.14	2.29	0.035*	243	汇添富民营活力 A	0.13	2.23	0.018*
210	易方达科讯	0.14	2.14	0.028*	244	圆信永丰多策略精选	0.13	1.76	0.085
211	汇添富国企创新增长 A	0.14	1.96	0.040*	245	华安策略优选 A	0.13	2.44	0.010*
212	诺安鸿鑫 A	0.14	2.64	0.000*	246	大摩卓越成长	0.13	1.83	0.060
213	国泰金鹿	0.14	1.77	0.065	247	国投瑞银研究精选	0.12	2.19	0.008*
214	景顺长城核心竞争力 A	0.14	2.57	0.018*	248	鹏华盛世创新	0.12	2.42	0.020*
215	华宝高端制造	0.14	2.12	0.033*	249	嘉实沪港深精选	0.12	2.17	0.015*
216	浙商聚潮产业成长 A	0.14	1.88	0.040*	250	圆信永丰汇利	0.12	2.11	0.033*

编号	基金名称	年化α（%）	t（α）	自助法P值	编号	基金名称	年化α（%）	t（α）	自助法P值
251	富国产业升级A	0.12	1.99	0.033*	286	诺安中小盘精选	0.11	2.43	0.010*
252	景顺长城沪港深精选	0.12	2.66	0.005*	287	汇添富价值精选A	0.10	2.01	0.035*
253	嘉实研究阿尔法	0.12	3.57	0.000*	288	汇添富逆向投资A	0.10	1.72	0.058
254	申万菱信新动力	0.12	1.96	0.053	289	中信证券臻选价值成长A	0.10	1.89	0.065
255	招商大盘蓝筹	0.12	2.20	0.033*	290	国泰君安君得鑫两年持有A	0.10	1.83	0.105
256	诺安研究精选	0.12	2.11	0.020*	291	海富通风格优势	0.10	1.68	0.053
257	博时工业4.0	0.12	1.82	0.048*	292	建信互联网+产业升级	0.10	1.81	0.053
258	上投摩根成长先锋A	0.12	1.91	0.030*	293	景顺长城优势成长	0.10	1.72	0.058
259	中银美丽中国	0.12	1.68	0.135	294	中航混改精选A	0.10	2.36	0.033*
260	长城中小盘成长A	0.12	1.71	0.073	295	申万菱信价值优先	0.10	2.53	0.015*
261	华宝宝康消费品	0.12	1.67	0.068	296	银河量化价值A	0.10	2.42	0.015*
262	中金精选A	0.12	2.06	0.018*	297	博时逆向投资A	0.09	1.65	0.060
263	国寿安保智慧生活	0.12	1.68	0.065	298	南方成份精选A	0.09	2.10	0.023*
264	工银瑞信精选平衡	0.12	1.76	0.045*	299	南方绩优成长A	0.09	1.71	0.108
265	安信企业价值优选	0.11	1.76	0.038*	300	华宝国策导向	0.09	1.93	0.050*
266	海通品质升级一年持有A	0.11	1.70	0.090	301	南方产业活力	0.09	1.67	0.073
267	银河竞争优势成长	0.11	1.75	0.063	302	长盛成长价值A	0.09	1.81	0.065
268	博时新兴消费主题A	0.11	1.82	0.045*	303	前海开源强势共识100强	0.09	2.20	0.038*
269	兴全全球视野	0.11	2.30	0.010*	304	富国天惠精选成长A	0.09	1.72	0.085
270	诺安平衡	0.11	2.48	0.008*	305	建信量化事件驱动	0.08	2.21	0.010*
271	南方潜力新蓝筹A	0.11	1.67	0.033*	306	诺德成长优势	0.08	1.81	0.053
272	大成优选	0.11	2.02	0.023*	307	南方隆元产业主题	0.08	1.65	0.085
273	富国研究量化精选	0.11	1.73	0.063	308	汇丰晋信大盘A	0.08	1.96	0.023*
274	安信价值精选	0.11	1.69	0.050*	309	中信保诚盛世蓝筹	0.08	2.10	0.033*
275	光大阳光A	0.11	2.16	0.018*	310	光大阳光优选一年持有A	0.08	2.00	0.015*
276	华宝大盘精选	0.11	1.69	0.070	311	东方核心动力A	0.08	1.80	0.063
277	创金合信量化核心A	0.11	2.70	0.000*	312	景顺长城量化新动力	0.08	1.78	0.050*
278	信诚新机遇	0.11	2.68	0.010*	313	汇添富成长多因子量化策略	0.08	2.25	0.038*
279	南方天元新产业	0.11	2.05	0.038*	314	银河量化优选	0.07	1.65	0.080
280	中金金泽A	0.11	1.67	0.088	315	大成核心双动力	0.07	2.03	0.018*
281	汇添富策略回报	0.11	1.72	0.060	316	景顺长城能源基建	0.07	1.86	0.068
282	中欧新动力A	0.11	2.34	0.013*	317	嘉实量化精选	0.06	1.88	0.060
283	华安大国新经济A	0.11	1.91	0.058					
284	景顺长城支柱产业	0.11	2.05	0.033*					
285	鹏华价值优势	0.11	1.84	0.048*					

注：*表示自助法P值小于5%，即基金经理的选股能力不是源于运气和统计误差。

我们也对基金经理的择时能力进行自助法检验,仍选取 5% 的显著性水平。我们要回答的问题是:在那些择时能力系数 γ 具有正显著性的基金中,哪些基金经理是因为运气好而显示出择时能力?哪些基金经理是真正具有择时能力,而不是依靠运气?根据之前的 Treynor-Mazuy 四因子模型的估计结果,在 718 只基金中,有 6 只基金的基金经理具有显著的择时能力。表 3-13 为通过 Treynor-Mazuy 四因子模型估计出来的具有显著择时能力的 6 只股票型基金的自助法结果。据表 3-13 可知,这 6 只基金的自助法 P 值均小于 5%,占五年样本总数(718 只)的 1%,说明这 6 位基金经理的择时能力源于自身的投资才能。从统计学假设检验的角度而言,我们有 95% 的信心得出以下结论:这 6 位基金经理的优秀业绩来自他们真实的投资能力,由于数量极少,不再展开分析。这一结果再次印证了我国最近五年(2018~2022 年)的绝大部分主动管理的股票型公募基金经理不具备显著的择时能力。

表 3-13   具有择时能力的股票型基金的自助法检验结果:2018~2022 年

编号	基金名称	γ	$t(\gamma)$	自助法 P 值	编号	基金名称	γ	$t(\gamma)$	自助法 P 值
1	建信社会责任	2.55	2.73	0.005*	4	招商行业精选	2.29	1.70	0.043*
2	招商优质成长	2.33	1.78	0.025*	5	工银瑞信战略转型主题 A	1.99	1.71	0.045*
3	国联安红利	2.30	2.10	0.023*	6	前海开源再融资主题精选	1.83	1.80	0.018*

注:*表示自助法 P 值小于 5%,即基金经理的择时能力不是源于运气和统计误差。

综上所述,通过自助法检验后我们得到,在过去五年(2018~2022 年)中,我国股票型公募基金市场中,有 34% 的基金经理具备选股能力,几乎没有基金经理具备择时能力。

在以上研究中,我们使用 Treynor-Mazyur 四因子模型评估基金经理的选股和择时能力。在估计模型时,我们使用万得全 A 指数作为大盘指数,但是这样做未必完美。因为每一只股票型基金不一定以万得全 A 指数作为业绩基准。通过对比公募基金的基金合同可以发现,每只基金的投资范围各有不同,并且每只基金根据自身投资策略设定了符合各自投资理念的业绩比较基准。

为解决这一问题,在进一步的稳健性测试中,我们用基金自身业绩基准替代原 Treynor-Mazyur 四因子模型中的市场指数部分,分别评估三年样本(2020~2022 年)和五年样本(2018~2022 年)中基金经理的选股能力和择时能力。研究结果显示,在四因子模型中,无论是使用万得全 A 指数,还是使用每只基金自身业绩基准代表大盘指数,我们得出的有关基金经理的选股能力和择时能力的结论大致相同。

六、小结

　　本章考察股票型基金的优秀业绩从何而来，从选股能力、择时能力这两个层面进行探索，并排除其运气的成分。我们使用基于 Carhart 模型改进后的 Treynor-Mazuy 四因子模型，分别考察基金在三年样本（2020~2022 年）、五年样本（2018~2022 年）、七年样本（2016~2022 年）期间内的选股和择时能力。在讨论中，我们重点针对五年样本（2018~2022 年）中基金经理的投资能力进行分析。结果显示，在这 718 只基金中，有 317 只基金（占比 44%）表现出正确的选股能力，有 6 只基金（占比 1%）表现出正确的择时能力。经自助法检验后发现，在 317 只基金中，有 244 只基金的选股能力源于基金经理自身的投资能力，在 718 只基金中占比 34%；有 6 只基金（占比 1%）的择时能力源于基金经理自身的投资能力，而非运气。可见，在 2018~2022 年的主动管理股票型公募基金中，有 34% 的股票型公募基金经理具有选股能力，仅有 1% 的股票型公募基金经理具有择时能力。我们采用同样的方法对三年样本（2020~2022 年）和七年样本（2016~2022 年）期间内的基金进行检验后得到类似的结论，不再赘述。总体而言，我国基金经理的选股能力较强，但几乎没有基金经理具有择时能力。

公募基金业绩的持续性

投资者在选择基金时往往关注基金或者基金经理过往的业绩，倾向选择那些业绩长期稳定的基金，因为他们在一定程度上相信这些基金能够在未来持续性地取得良好的投资收益。每年年底，财经媒体、第三方财富管理公司等机构会通过公募基金业绩的评选对过去一段时期内表现优异的基金进行表彰，"中国基金业金牛奖""中国基金业英华奖"等基金评选榜单及奖项都已持续了数年，吸引了众多投资者的注意。在这些评选中，基金的收益率是最为常见的评价指标，这主要是因为相较具体的投资策略、股票持仓等信息，收益率是最直观也是最容易获取的业绩指标。但是，公募基金的业绩表现是否呈现"强者恒强，弱者恒弱"的现象？优秀的基金是否只是昙花一现？换言之，公募基金的业绩是否具有持续性，过去表现优异的公募基金，未来是否能够持续获得较好的业绩？

公募基金通常存续期较长，基金经理管理基金就像是一场马拉松，要持续跑在前列实属不易。在美国业界和学术界有影响力的几位学者的研究表明，相比于业绩优秀的基金，业绩欠佳基金的表现更有可能持续下去（Brown and Getzmann，1995；Carhart，1997）。也就是说，上年业绩好的基金，下一年并不一定业绩好，但是上年业绩差的基金下一年业绩还是很差的可能性极高。出现这种现象的原因在于，找出导致基金业绩较差的原因相对容易，如高费率和高换手率所带来的更高的交易成本，或者是较频繁的换仓操作等，但是，要解开基金经理成功识别上涨的股票或是恰当把握股票买卖时机的秘密就很难了。王向阳和袁定（2006）通过研究我国基金市场发现，基金的整体业绩在较长的时间里未表现出持续性，市场上涨时基金业绩的持续性较强，市场下跌时基金业绩的持续性较弱，甚至出现反转。但是，事先预判出来基金在未来是上涨还是下跌是一件非常难的事情。同时，相比绝对收益，基金风险调整后的收益指标更具有持续性。李悦和黄温柔（2011）对 2004 年 1 月至 2009 年 12 月具有 24 个月完整历史业绩的股票型基金的业绩持续性进行检验，发现以 6 个月为排序期和检验期时，我国股票型基金具有显著的持续性，当排序期和检验期延长为 12 个月时，检验结果则不显著。张永冀（2022）等基于 2005 ~

2020 年我国权益类公募基金数据，研究"业绩—资金流量关系"对基金业绩持续性的影响，发现基金过去一年业绩越高，当季资金净流入越多，进而使得未来半年业绩下降；同时，在牛市期间，乐观的市场环境弱化了投资者对基金业绩的关注，在此期间"业绩—资金流量关系"对基金业绩持续性没有影响。这些检验结果在一定程度上能够帮助投资者选择具有价值的参考指标，并确定过去多久的业绩表现对未来是有意义的。

　　本章中，我们围绕基金的业绩是否具有持续性这一论题，通过不同的检验方法研究主动管理的股票型公募基金业绩排名的稳定性，分析基金的业绩能否持续，从而判断基金历史业绩可否作为投资者决策时的参考依据。本章同样以主动管理的股票型公募基金为研究对象，具体包括万得数据库基金二级分类中的普通股票型基金、偏股混合型基金和灵活配置型基金，并要求样本基金在排序期和检验期都有完整的复权净值数据。在分析过程中，基金业绩被分为两个时间段：排序期（formation period）和检验期（holding period）。我们通过跟踪基金在排序期和检验期的排名变化，检验基金的业绩是否具有持续性。其中，排序期分别选择一年、三年或半年三个时间段，检验期设置为一年或半年。具体来说，当排序期为一年时，我们检验过去一年基金业绩的排名和次年排名的相关性；当排序期为三年时，我们检验过去三年基金业绩的排名和次年排名的相关性；当排序期为半年时，我们检验过去半年基金业绩的排名和未来半年排名的相关性。以上检验是一种每年都会进行的滚动检验。

　　本章内容主要分为四个部分。第一部分，采用 Spearman 相关性检验法对股票型公募基金收益率在排序期和检验期的排名相关性作出分析；第二部分，采用绩效二分法对股票型公募基金收益率的持续性进行检验；第三部分，将基金按收益率高低分为四组，通过描述性统计的方法对股票型公募基金收益率的持续性进行检验，观察排序期和检验期基金组别的变化情况；第四部分，以风险调整后的夏普比率作为业绩衡量指标，同样采用描述统计检验的方式对基金业绩持续性进行分析。

一、收益率持续性的 Spearman 相关性检验

　　Spearman 相关性检验是最早用于检验基金业绩表现持续性的方法之一。在检验中，Spearman 相关系数对原始变量的分布不做要求，是衡量两个变量的相互关联性的非参数指标，它利用单调方程评价两个统计变量的相关性。当样本的分布不服从正态分布、总体分布类型未知时，使用 Spearman 相关性检验较为有效。Spearman 相关系数取值范围为-1~1，符号表示相关性的方向，绝对值越大表示相关性越强，如果 Spearman 相关系数为 1 或-1，表明两个变量完全正相关或完全负

相关。具体的检验方法如下。

我们选择股票型公募基金的历史收益率（过去一年、三年或半年的收益率）这一投资者能够较为方便地在公开渠道获取的数据作为基金业绩排名的指标，首先对过去 F 年的样本基金排名（即排序期为 F 年）进行记录，再追踪这些基金在未来 H 年的排名（即检验期为 H 年），之后计算基金排序期排名与检验期排名之间的 Spearman 相关系数。以排序期和检验期都为一年为例，Spearman 相关性检验统计量为：

$$\rho_t = 1 - \frac{6\sum_{i=1}^{n_t} d_{i,t}^2}{n_t(n_t^2 - 1)} \tag{4.1}$$

其中，$d_{i,t} = r_{i,t-1} - r_{i,t}$，$r_{i,t-1}$ 和 $r_{i,t}$ 分别为基金 i 在第 $t-1$ 年和第 t 年的收益率，n_t 为第 t 年中基金的数量。如果 Spearman 相关系数显著大于 0，表明基金的排名具有持续性；反之，表明基金的排名具有反转性；如果相关系数接近于 0，则表明基金收益率的排名在排序期和检验期并没有显著的相关性。

由于投资者关心的是过去一段时期内收益率高的基金是否可以在下一年继续获取较高的收益率，在 Spearman 相关性检验中，我们重点关注基金在排序期的排名与检验期的排名是否具有正相关性。当排序期和检验期都为一年时，2007~2022 年股票型公募基金业绩持续性的 Spearman 相关系数检验结果如表 4-1 所示。我们发现，在 5% 的显著性水平下，在 15 次检验中只有 3 次检验的 Spearman 相关系数为正且显著，6 次检验为负显著，6 次检验为不显著，这表明基金收益率排名在绝大多数年份都没有展现出持续性。具体来看，（2007）~2008 年、（2008）~2009 年、（2013）~2014 年、（2014）~2015 年、（2015）~2016 年、（2018）~2019 年和（2021）~2022 年基金排名的 Spearman 相关系数均呈现负显著，基金的收益率排名出现了明显的反转，即前一年收益率排名靠前的基金在下一年的收益率排名靠后。2008 年，受全球金融危机影响，我国股票市场全线下跌，沪深 300 指数由年初的 5 338 点一度跌落至 1 607 点，跌幅达 70%。直至 2008 年的 11 月，四万亿经济刺激计划的推出才使得股票市场有所回暖。2009 年，沪深 300 指数在小幅震荡中持续上涨，回归至 3 576 点，全年涨幅为 97%。在这样的市场行情下，2008 年股票仓位较高的基金往往损失惨重，而这些基金也能够在 2009 年上涨的行情下把握住机会，赚取收益，因此 2008 年收益率排名靠后的基金能够在 2009 年排名靠前。2014 年下半年，在资本市场改革不断深化的推动下，A 股市场牛市行情启动，至年末涨幅已领跑全球，沪深 300 指数全年涨幅达 53%。进入 2015 年，股票市场在经历千股涨停后又转入千股跌停的大幅震荡局面，沪深 300 指数全年小幅上涨，涨幅为 6%。在市场剧烈变化的这段时间里，公募基金的收益排名出现较大变化。

此外，股票型公募基金业绩在部分年间表现出持续性，如（2019）~2020 年，基金排名的 Spearman 相关系数为 41.9% 且正显著，意味着在 2019 年收益率排名靠前的基金在 2020 年的排名也较为靠前。2019 年，股票市场结构性行情明显，消费、科技板块涨幅靠前，核心蓝筹股受到投资者欢迎，周期板块整体较弱。2020 年，大量白酒股、啤酒股涨幅接近翻倍，消费、医药、科技板块也大幅上涨。在这样的市场行情下，以食品饮料、消费、医药、科技股为核心投资标的的基金能够在 2019~2020 年延续其优秀的业绩表现。从总体上看，股票型公募基金的一年收益率排名并不具有持续性。

表 4-1　　　　　　股票型基金业绩持续性的 Spearman 相关性检验
（排序期为一年、检验期为一年）：2007~2022 年

（排序期）~检验期	Spearman 相关系数	T 检验 P 值
（2007）~2008	−0.288	0.008
（2008）~2009	−0.338	0.000
（2009）~2010	0.011	0.894
（2010）~2011	−0.117	0.099
（2011）~2012	0.288*	0.001
（2012）~2013	0.015	0.793
（2013）~2014	−0.103	0.050
（2014）~2015	−0.135	0.007
（2015）~2016	−0.027	0.558
（2016）~2017	0.118*	0.005
（2017）~2018	0.050	0.209
（2018）~2019	−0.100	0.007
（2019）~2020	0.419*	0.001
（2020）~2021	0.048	0.113
（2021）~2022	−0.062	0.016

注：* 表示在排序期和检验期，基金的业绩在 5% 的显著性水平下具有持续性。

由于以一年为排序期时间相对较短，且基金一年的业绩波动性相对较高，我们又以三年作为排序期、一年作为检验期，考察股票型公募基金在前三年的总收益率排名是否与下一年的收益率排名显著相关。表 4-2 显示，在 13 次检验中，有 10 次检验显示，基金前三年的收益与下一年的收益没有显著的正相关关系，即基金业绩不具有持续性。在 5% 的显著性水平下，只有（2010~2012）~2013 年、（2012~

2014)~2015 年和(2017~2019)~2020 年 3 个时期，基金收益率排名为正相关且显著，表现出一定的持续性，相关系数分别为 15.1%、11.3%和 25.8%。最新一个样本期(2019~2021)~2022 年，T 检验 P 值小于 0.05，Spearman 相关系数为 -23.8%，说明在 2019~2021 年收益排名靠前的基金到了 2022 年后反而排名靠后。我们发现，大多数样本期内基金排序期和检验期的收益率并不是显著正相关的，由此我们得出结论：以三年为排序期、一年为检验期，我国股票型公募基金的收益不具有持续性。

表 4-2　　　　　　　股票型基金业绩持续性的 Spearman 相关性检验
（排序期为三年、检验期为一年）：2007~2022 年

（排序期）~检验期	Spearman 相关系数	T 检验 P 值
(2007~2009)~2010	-0.046	0.680
(2008~2010)~2011	0.143	0.117
(2009~2011)~2012	0.129	0.112
(2010~2012)~2013	0.151*	0.032
(2011~2013)~2014	-0.107	0.086
(2012~2014)~2015	0.113*	0.044
(2013~2015)~2016	-0.028	0.588
(2014~2016)~2017	-0.053	0.289
(2015~2017)~2018	0.042	0.376
(2016~2018)~2019	-0.093	0.026
(2017~2019)~2020	0.258*	0.001
(2018~2020)~2021	-0.004	0.917
(2019~2021)~2022	-0.238	0.001

注：＊表示在排序期和检验期，基金的业绩在 5%的显著性水平下具有持续性。

　　许多投资者也会关注基金短期的业绩，本章同样对排序期和检验期为半年时收益率的持续性进行了检验。我们将时间缩短，检验当排序期和检验期较短时，公募基金的业绩持续性表现是否和排序期为一年和三年时保持一致。基金在过去 6 个月的收益排名与其未来 6 个月的收益排名的 Spearman 相关系数检验结果展示在表 4-3 中。由于该检验是以半年为周期进行的滚动检验，在排序期和检验期中特别对各时间节点的月份进行了标注，如(2007/06)~(2007/12)代表的是排序期为 2007 年 1~6 月、检验期为 2007 年 7~12 月的样本期。

表 4-3 　　　　　　　　股票型基金业绩持续性的 **Spearman** 相关性检验

（排序期为半年、检验期为半年）：2007~2022 年

（排序期）~检验期	Spearman 相关系数	T 检验 P 值
（2007/06）~（2007/12）	0.341*	0.002
（2007/12）~（2008/06）	−0.237	0.014
（2008/06）~（2008/12）	0.445*	0.001
（2008/12）~（2009/06）	−0.373	0.001
（2009/06）~（2009/12）	0.220*	0.006
（2009/12）~（2010/06）	0.114	0.132
（2010/06）~（2010/12）	0.201*	0.004
（2010/12）~（2011/06）	−0.171	0.009
（2011/06）~（2011/12）	0.017	0.789
（2011/12）~（2012/06）	0.107	0.073
（2012/06）~（2012/12）	0.204*	0.000
（2012/12）~（2013/06）	0.010	0.853
（2013/06）~（2013/12）	0.219*	0.001
（2013/12）~（2014/06）	0.261*	0.001
（2014/06）~（2014/12）	−0.099	0.046
（2014/12）~（2015/06）	−0.376	0.001
（2015/06）~（2015/12）	0.022	0.644
（2015/12）~（2016/06）	0.240*	0.001
（2016/06）~（2016/12）	0.449*	0.001
（2016/12）~（2017/06）	0.118*	0.004
（2017/06）~（2017/12）	0.556*	0.001
（2017/12）~（2018/06）	0.105*	0.006
（2018/06）~（2018/12）	−0.037	0.309
（2018/12）~（2019/06）	−0.261	0.001
（2019/06）~（2019/12）	0.151*	0.001
（2019/12）~（2020/06）	0.480*	0.001
（2020/06）~（2020/12）	−0.101	0.0009
（2020/12）~（2021/06）	0.014	0.6183
（2021/06）~（2021/12）	0.130*	0.001
（2021/12）~（2022/06）	0.030	0.2032
（2022/06）~（2022/12）	0.061*	0.0046

注：*表示在排序期和检验期，基金的业绩在 5% 的显著性水平下具有持续性。

结果显示，在 31 次滚动检验中，有 16 次检验的 Spearman 相关系数是显著大于 0 的，超过检验次数的一半，展示出业绩的持续性。具体来看，（2017/06）~（2017/12）期间业绩表现出持续性是因为蓝筹股上涨行情延续，以蓝筹股为重仓股的基金能够继续保持靠前的排名。（2019/06）~（2019/12）期间股票型基金业绩有所持续是由于 A 股市场迎来结构性牛市，科技、消费等行业股票涨幅靠前，在整体上涨的行情下，风格持续统一的股票型基金的业绩在 2019 年上下半年得以持续。（2021/06）~（2021/12）期间，受"双碳"目标影响，与此相关的新能源产业链表现突出，而家用电器、非银金融、食品饮料等行业跌幅较大，基金持仓在全年没有较大变化的前提下，业绩在上下半年表现出持续性。在最新两个样本期，（2021/12）~（2022/06）期间，Spearman 相关系数不显著。（2022/06）~（2022/12）期间，Spearman 相关系数呈正显著，相关系数为 6.1%。2022 年，受新冠疫情、地缘政治等因素影响，股票市场整体有所回落，大多数基金全面表现欠佳。基于多个样本期的检验结果，我们判断：排序期和检验期缩短至半年时，股票型公募基金的业绩在超过半数的时间段内表现出持续性，持续性有所增强。

上述检验显示，当排序期和检验期时间较长（排序期为一年和三年、检验期为一年）时，主动管理的股票型公募基金的业绩基本上没有持续性。换言之，在过去一年或过去三年里投资收益率排名靠前的基金，在下一年里的收益率排名并不一定靠前。但是，当排序期和检验期时间较短（排序期和检验期均为半年）时，主动管理的股票型公募基金收益的持续性有所增强，也就是说，公募基金在过去半年的收益排名对投资者在未来半年选择基金时是具有参考价值的。但是，考虑到基金买入、卖出的前端和后端费用后，短期持有基金（6 个月）并频繁调整是否是可行的投资策略，值得进一步研究。

二、收益率持续性的绩效二分法检验

美国著名学者，来自纽约大学和耶鲁大学的 Brown 和 Goetzmann 教授（1995）使用绩效二分法检验了基金业绩的持续性，其原理是通过考察基金业绩在排序期和检验期的排名变动情况来检验基金整体业绩的持续性。肖奎喜和杨义群（2005）通过绩效二分法对截至 2003 年底市场上 55 只开放型基金的业绩持续性进行了检验，结果显示，基金业绩仅在 1~3 个月的短期内出现了持续现象，长期来看，基金很难持续取得好的投资收益。在本节，我们将绩效二分法应用于我国的基金市场，分析股票型公募基金收益率的排名能否持续。根据绩效二分法，我们在排序期和检验期将样本基金按照收益率从高到低排序，排名前 50% 的基金定义为赢组（Winner），排名后 50% 的基金定义为输组（Loser）。若基金在排序期和检验期均位于赢组，记为赢赢组（WW）。以此类推，根据基金在排序期和检验期的排名表现，可以把基金分成赢赢组（WW）、赢输组（WL）、输赢组（LW）和输输组（LL）四个组，具体如表4-4所示。

表4-4　　　　　　　　　　　　绩效二分法检验中的基金分组

排序期	检验期	
	赢组（Winner）	输组（Loser）
赢组（Winner）	WW	WL
输组（Loser）	LW	LL

在对基金进行分组后，我们采用交叉积比率指标（cross-product ratio，CPR）来检验股票型公募基金收益率的持续性。若基金收益率存在持续性，则基金在排序期和检验期的排名是相对稳定的，此时四组基金在样本中的占比应该是不均匀的。具体来说，排序期属于赢组的基金，在检验期有很大概率仍然属于赢组；排序期属于输组的基金，在检验期继续留在输组的概率也较高。反之，若基金收益率不存在持续性，在检验期的排序是随机的，那么排序期属于赢组和输组的基金在下一年位于赢组和输组的概率是均等的，即上述四种情况在全部样本基金中的比例应为25%。由此，我们可以通过 CPR 这一综合了四个分组基金占比的指标，来检验基金业绩的持续性。CPR 指标的计算方法如下：

$$\widetilde{CPR} = \frac{N_{WW} \times N_{LL}}{N_{WL} \times N_{LW}} \tag{4.2}$$

其中，N_{WW}、N_{LL}、N_{WL}、N_{LW} 分别代表属于每组基金的样本数量。如果基金的业绩不存在持续性，则 CPR 的值应该为1，即 $\ln(\widetilde{CPR}) = 0$。$\ln(\widetilde{CPR})$ 服从正态分布，其标准差为：

$$\sigma_{\ln(\widetilde{CPR})} = \sqrt{1/N_{WW} + 1/N_{WL} + 1/N_{LW} + 1/N_{LL}} \tag{4.3}$$

我们使用 Z 统计量来检验 $\ln(\widetilde{CPR})$ 是否等于0。在观测值相互独立时，Z 统计量服从标准正态分布，即：

$$\tilde{Z} = \frac{\ln(\widetilde{CPR})}{\sigma_{\ln(\widetilde{CPR})}} \rightarrow \text{Norm}(0,1) \tag{4.4}$$

如果 Z 统计量显著大于0，则对应的 CPR 指标显著大于1，表明基金的收益率具有持续性；反之，如果 Z 统计量显著小于0，则对应的 CPR 指标显著小于1，表明基金的收益排名在检验期出现了反转；若 Z 统计量和0相差不大，那么对应的 CPR 指标接近于1，此时可以推断，检验期中四组基金数量大致相等，也就是说基金收益率排名是随机的。通过上述方法，我们能够对公募基金的业绩持续性作出判断。

在这里，我们关心的问题是：过去一年收益率排名在前 50% 的基金，下一年能否继续获得较高的收益？过去一年收益率排名在后 50% 的基金，下一年的收益率是否仍旧较低？如果这两个问题的答案是肯定的，那么我们认为基金在过去一年的业绩对于投资者来说具有参考价值；如果答案是否定的，则意味着公募基金的收益率没有持续性。由于本章讨论的重点是基金的业绩是否具有持续性，我们关注基金在排序期和检验期组别的延续性，即属于赢赢组（WW）和输输组（LL）基金的比例是否明显高于 25%，并以此为依据进行判断。如果一只基金在检验期的业绩没有规律，那么它属于四个组别任意一组的概率为 25%。

图 4-1 展示了每组检验中属于赢赢组（WW）、赢输组（WL）、输赢组（LW）和输输组（LL）四组基金的比例分布。在 15 组结果中，有基金占比明显低于 25% 的时间段，如（2008）~2009 年期间只有 20.7% 的基金属于 WW 组，也有基金占比明显高于 25% 的时期，如（2019）~2020 年期间有 33.1% 的基金属于 WW 组，同时，部分时期各组基金占比与 25% 区别不大。整体来看，基金在检验期的组别分布较为随机。为了检验这些比例是否显著高于或低于随机分布下对应的概率 25%，我们对不同时间区间内公募基金所属组别分布的显著性进行了检验。

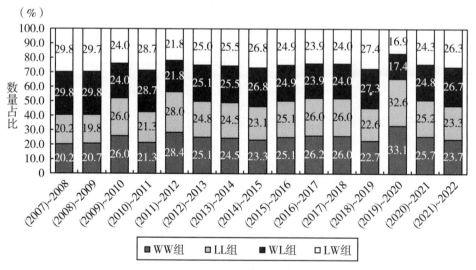

图 4-1 股票型基金业绩持续性绩效二分法检验各组比例
（排序期为一年、检验期为一年）：2007~2022 年

表 4-5 展示了公募基金在排序期和检验期的组别分布，以及 CPR 等统计指标的具体信息。我们发现，15 次检验中，在 5% 的显著性水平下，只有（2011）~2012 年和（2019）~2020 年期间 CPR 值大于 1 且 P 值小于 0.05，基金的业绩显示出持续

性；而在其他 13 个样本期，*CPR* 指标不显著或显著小于 1。例如，在（2008）~
2009 年、（2010）~2011 年、（2018）~2019 年和（2021）~2022 年期间，*CPR* 指标均
显著小于 1，说明基金的业绩在后一年出现了反转。综合 15 个样本期的检验结果，
我们认为检验期为一年时，公募基金的收益率不具有持续性。

表 4-5　　　　　　　　股票型基金业绩持续性的绩效二分法检验
（排序期为一年、检验期为一年）：2007~2022 年

（排序期）~检验期	*CPR*	Z 统计量	P 值	WW 组比例（%）	LL 组比例（%）	WL 组比例（%）	LW 组比例（%）
（2007）~2008	0.46	−1.73	0.083	20.2	20.2	29.8	29.8
（2008）~2009	0.46	−2.08	0.038	20.7	19.8	29.8	29.7
（2009）~2010	1.17	0.48	0.629	26.0	26.0	24.0	24.0
（2010）~2011	0.55	−2.10	0.036	21.3	21.3	28.7	28.7
（2011）~2012	1.68*	2.05	0.040	28.4	28.0	21.8	21.8
（2012）~2013	0.99	−0.06	0.955	25.1	24.8	25.1	25.0
（2013）~2014	0.92	−0.42	0.675	24.5	24.5	25.5	25.5
（2014）~2015	0.75	−1.44	0.149	23.3	23.1	26.8	26.8
（2015）~2016	1.02	0.09	0.926	25.1	25.1	24.9	24.9
（2016）~2017	1.19	1.05	0.295	26.2	26.0	23.9	23.9
（2017）~2018	1.17	0.96	0.339	26.0	26.0	24.0	24.0
（2018）~2019	0.69	−2.54	0.011	22.7	22.6	27.3	27.4
（2019）~2020	3.67*	9.13	0.001	33.1	32.6	17.4	16.9
（2020）~2021	1.07	0.55	0.583	25.7	25.2	24.8	24.3
（2021）~2022	0.79	−2.36	0.019	23.7	23.3	26.7	26.3

注：＊表示在排序期和检验期，基金的业绩在 5% 的显著性水平下具有持续性。

接下来，我们以三年作为排序期、一年作为检验期，重新对股票型公募基金的
收益持续性进行绩效二分法检验。图 4-2 显示，在大多数样本期内，属于 WW 组
和 LL 组基金数量占比接近随机分布下的 25%，与基金业绩随机变化的结果相似。
结合表 4-6 中 *CPR* 的具体指标可以发现，在 13 次检验中，只有 2 次检验的 *CPR* 指
标是显著大于 1 的，基金的业绩显示出持续性，分别是（2010~2012）~2013 年和
（2017~2019）~2020 年。这个结果表明，大多数情况下，过去三年业绩较好的基金
在下一年的业绩排名随机性较强。在最新的检验区间（2019~2021）~2022 年，P 值
小于 0.05，*CPR* 指标显著小于 1，说明在 2019~2021 年属于赢组的基金，在 2022

年有较大概率不再属于赢组。总体而言，以三年为排序期所得出的结果与排序期为一年时一致，2007～2022 年期间主动管理的股票型公募基金的业绩不具有持续性。

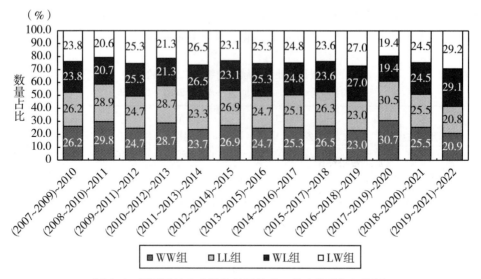

图 4-2 　股票型基金业绩持续性绩效二分法检验各组比例
（排序期为三年、检验期为一年）：2007～2022 年

表 4-6 　　　　　　　股票型基金业绩持续性的绩效二分法检验
（排序期为三年、检验期为一年）：2007～2022 年

（排序期）～检验期	CPR	Z 统计量	P 值	WW 组比例（%）	LL 组比例（%）	WL 组比例（%）	LW 组比例（%）
（2007～2009）～2010	1.21	0.44	0.663	26.2	26.2	23.8	23.8
（2008～2010）～2011	2.02	1.90	0.058	29.8	28.9	20.7	20.6
（2009～2011）～2012	0.95	−0.16	0.872	24.7	24.7	25.3	25.3
（2010～2012）～2013	1.82*	2.10	0.036	28.7	28.7	21.3	21.3
（2011～2013）～2014	0.79	−0.94	0.350	23.7	23.3	26.5	26.5
（2012～2014）～2015	1.36	1.35	0.177	26.9	26.9	23.1	23.1
（2013～2015）～2016	0.96	−0.21	0.834	24.7	24.7	25.3	25.3
（2014～2016）～2017	1.03	0.15	0.881	25.3	25.1	24.8	24.8
（2015～2017）～2018	1.24	1.17	0.243	26.5	26.3	23.6	23.6
（2016～2018）～2019	0.72	−1.93	0.053	23.0	23.0	27.0	27.0
（2017～2019）～2020	2.48*	5.52	0.001	30.7	30.5	19.4	19.4
（2018～2020）～2021	1.08	0.52	0.603	25.5	25.5	24.5	24.5
（2019～2021）～2022	0.51	−4.80	0.001	20.9	20.8	29.1	29.2

注：＊表示在排序期和检验期，基金的业绩在 5% 的显著性水平下具有持续性。

在上述检验中，我们分别以一年和三年作为排序期、一年作为检验期，发现股票型公募基金的业绩不能持续。那么，当排序期和检验期较短时，如选为半年，以上结果是否仍然成立？绩效二分法的检验结果展示在图4-3和表4-7中。我们发现，31次检验中有14次检验结果的P值小于0.05，且*CPR*指标大于1，显著区别于25%。换言之，在这14个样本期内，在过去半年属于赢组的基金，在未来半年有很大比例也属于赢组，而在过去半年属于输组的基金，在未来半年也有很大比例仍属于输组，持续性较排序期为一年和三年时有明显提升。举例来看，（2019/12）~

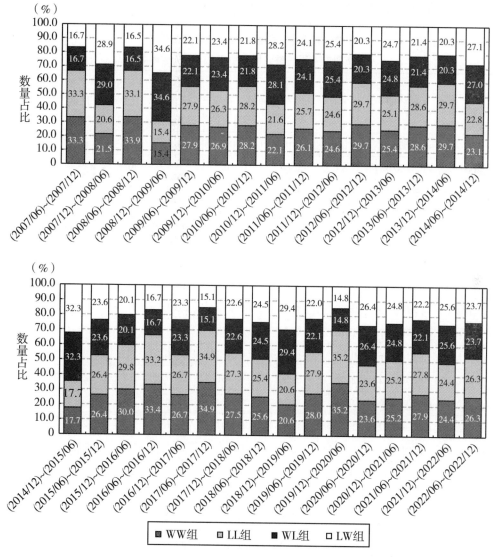

图4-3　股票型基金业绩持续性绩效二分法检验各组比例
（排序期为半年、检验期为半年）：2007~2022 年

（2020/06）期间，*CPR* 指标为 5.61，显著大于 1，属于赢赢组和输输组的基金占比均为 35.2%，明显高于随机分布下对应的 25%。此外，我们发现部分年间排序期和检验期都属于赢组和输组的基金数量占比显著小于 25%，如（2018/12）~（2019/06）期间，基金在排序期和检验期都属于赢组和输组的基金占比均只有 20.6%。2018 年下半年，我国股票市场持续走低，沪深 300 指数创十年来最高年度跌幅。进入 2019 年上半年，股票市场总体呈现上涨态势，但市场分化显著，蓝筹股上涨幅度整体高于市场平均水平，而绩差股则明显下跌。因此，采用不同选股策略的基金在 2018 年下半年和 2019 年上半年的业绩表现出反转。

表 4-7　　　　　　　股票型基金业绩持续性的绩效二分法检验
（排序期为半年、检验期为半年）：2007~2022 年

（排序期）~检验期	*CPR*	Z 统计量	P 值	WW 组比例（%）	LL 组比例（%）	WL 组比例（%）	LW 组比例（%）
（2007/06）~（2007/12）	4.00*	2.99	0.003	33.3	33.3	16.7	16.7
（2007/12）~（2008/06）	0.53	−1.64	0.102	21.5	20.6	29.0	28.9
（2008/06）~（2008/12）	4.10*	3.65	0.000	33.9	33.1	16.5	16.5
（2008/12）~（2009/06）	0.20*	−4.34	0.001	15.4	15.4	34.6	34.6
（2009/06）~（2009/12）	1.60	1.45	0.148	27.9	27.9	22.1	22.1
（2009/12）~（2010/06）	1.29	0.83	0.406	26.9	26.3	23.4	23.4
（2010/06）~（2010/12）	1.68	1.82	0.068	28.2	28.2	21.8	21.8
（2010/12）~（2011/06）	0.60	−1.90	0.057	22.1	21.6	28.1	28.2
（2011/06）~（2011/12）	1.15	0.56	0.575	26.1	25.7	24.1	24.1
（2011/12）~（2012/06）	0.95	−0.24	0.812	24.6	24.6	25.4	25.4
（2012/06）~（2012/12）	2.16*	3.35	0.001	29.7	29.7	20.3	20.3
（2012/12）~（2013/06）	1.04	0.16	0.872	25.4	25.1	24.8	24.7
（2013/06）~（2013/12）	1.78*	2.72	0.007	28.6	28.6	21.4	21.4
（2013/12）~（2014/06）	2.16*	3.72	0.000	29.7	29.7	20.3	20.3
（2014/06）~（2014/12）	0.72	−1.64	0.101	23.1	22.8	27.0	27.1
（2014/12）~（2015/06）	0.30	−5.98	0.001	17.7	17.7	32.3	32.3
（2015/06）~（2015/12）	1.25	1.21	0.225	26.4	26.4	23.6	23.6
（2015/12）~（2016/06）	2.21*	4.50	0.001	30.0	29.8	20.1	20.1
（2016/06）~（2016/12）	3.98*	7.77	0.001	33.4	33.2	16.7	16.7
（2016/12）~（2017/06）	1.31	1.63	0.103	26.7	26.7	23.3	23.3

续表

（排序期)~检验期	CPR	Z 统计量	P 值	WW 组比例（%）	LL 组比例（%）	WL 组比例（%）	LW 组比例（%）
（2017/06）~（2017/12）	5.36*	9.67	0.001	34.9	34.9	15.1	15.1
（2017/12）~（2018/06）	1.47*	2.49	0.013	27.5	27.3	22.6	22.6
（2018/06）~（2018/12）	1.08	0.55	0.582	25.6	25.4	24.5	24.5
（2018/12）~（2019/06）	0.49	-4.96	0.001	20.6	20.6	29.4	29.4
（2019/06）~（2019/12）	1.60*	3.46	0.001	28.0	27.9	22.1	22.0
（2019/12）~（2020/06）	5.61*	12.49	0.001	35.2	35.2	14.8	14.8
（2020/06）~（2020/12）	0.80	-1.85	0.065	23.6	23.6	26.4	26.4
（2020/12）~（2021/06）	1.03	0.28	0.778	25.2	25.2	24.8	24.8
（2021/06）~（2021/12）	1.58*	4.49	0.001	27.9	27.8	22.1	22.2
（2021/12）~（2022/06）	0.91	-1.00	0.319	24.4	24.4	25.6	25.6
（2022/06）~（2022/12）	1.23*	2.44	0.015	26.3	26.3	23.7	23.7

注：*表示在排序期和检验期，基金的业绩在5%的显著性水平下具有持续性。

在最新两个检验区间，（2021/12）~（2022/06）期间，CPR 指标不显著，表明在此期间基金的收益率不具有持续性；（2022/06）~（2022/12）期间，T 检验 P 值小于 0.05，CPR 值为 1.23，显著大于 1，在排序期和检验期均属于 WW 组和 LL 组的基金比例均为 26.3%，表明排序期属于赢组（输组）的基金在检验期仍有 26.3% 的基金属于赢组（输组）。

总体而言，绩效二分法检验与 Spearman 相关性检验所得出的结论基本一致，与排序期为一年和三年、检验期为一年的绩效二分法检验结果相比，排序期和检验期都为半年时，基金收益率的持续性有所增强。

三、收益率持续性的描述统计检验

从上述研究可知，Spearman 相关性检验和绩效二分法检验都是通过构造相应的统计量，来对基金收益率的持续性进行检验。在下面的内容中，我们采用更加直观的描述统计方法来进一步探究股票型公募基金的收益率是否具有持续性。

在本节，我们选取的检验期和排序期的时间区间与前两节一样。首先，在排序期根据收益率进行排序，从高至低将基金分为 4 组，将第 1 组定义为收益率最高的组（收益率排名在前 25%），以此类推，第 4 组定义为收益率最低的组（收益率排名在后 25%）。然后，我们观察每组基金在检验期的分组情况。如果基金的收益率具有持续性，那么在排序期属于第 1 组的基金，在检验期应该也有很高的比例属于第 1 组；反之，如果基金的收益率不具有持续性，则无论基金在排序期中处于什么组别，在检验期中的排名应该是随机分布的，也就是说排序期处于第 1 组的基金，检验期处于各组的比例应为 25%。由于本章讨论的重点是公募基金的收益率是否具有持续性，在这里我们主要关注基金在排序期和检验期所属组别的延续情况。

在 2007~2022 年期间，通过计算，我们得出 15 个在排序期收益率属于第 1 组的基金在检验期也属于第 1 组的比例，再计算这 15 个比例的平均值，可以获得 2007~2022 年收益率在排序期和检验期均属于第 1 组比例的均值。图 4-4 为一年排序期内属于第 1 组、第 2 组、第 3 组和第 4 组的基金在下一年检验期所属各组的比例。从中可见，排序期位于第 1 组的基金，在检验期有 25.4% 的比例仍处于第 1 组，与随机分布情况下对应的 25% 区别不大；排序期位于第 4 组的基金，在检验期有 26.8% 的比例仍处于第 4 组，略高于随机分布情况下的 25%。接下来，我们采用 T 检验，进一步检查这两个比例是否在统计上显著区别于 25%。

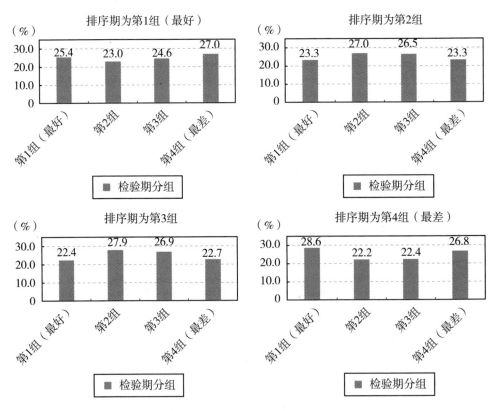

图 4-4　股票型基金收益率在检验期组别变化的分布
（排序期为一年、检验期为一年）：2007~2022 年

表 4-8 展示了排序期为一年、检验期为一年时，股票型公募基金收益率在检验期组别变化的 T 检验结果。我们发现，排序期和检验期均属于第 1 组、第 2 组、第 3 组和第 4 组的基金 T 检验的 P 值都要大于 0.05。也就是说，在 95% 的置信条件下，上一年业绩好的基金在下一年也是业绩好的基金的概率和随机分布下对应的 25% 没有区别；上一年业绩差的基金在下一年仍然是业绩差的基金的概率也接近随机分布下的 25%。

表 4-8　　　　　　　**股票型基金收益率在检验期组别变化的 T 检验**
　　　　　　　　　　（排序期为一年、检验期为一年）：2007~2022 年

排序期组别	检验期组别	平均百分比（%）	t 值	T 检验 P 值
1 （最好的基金组）	1	25.4	0.15	0.885
	2	23.0	−1.31	0.210
	3	24.6	−0.25	0.806
	4	27.0	0.86	0.407
2	1	23.3	−1.93	0.074
	2	27.0	1.46	0.168
	3	26.5	1.69	0.114
	4	23.3	−1.81	0.092
3	1	22.4	−2.16	0.049
	2	27.9	2.30	0.037
	3	26.9	1.01	0.332
	4	22.7	−1.34	0.201
4 （最差的基金组）	1	28.6	1.49	0.158
	2	22.2	−2.43	0.029
	3	22.4	−2.12	0.052
	4	26.8	0.99	0.338

注：＊表示在排序期和检验期，基金的业绩在 5% 的显著性水平下具有持续性。

为了更加直观地观察基金在排序期与检验期夏普比率排名的实际变动情况，我们分别选出 2007~2022 年排序期收益率位于前 5% 和后 5% 的基金与它们在检验期的排名进行对比，进一步分析业绩突出的基金和业绩垫底的基金的业绩能否持续。表 4-9 展示了排序期为一年时，收益率排名位于前 5% 的基金在下一年仍然处于前 5% 的基金数量和占比，平均有 6.7% 的基金能够在检验期继续排到前 5% 的位置，换言之，在过去一年收益率最高的基金，在下一年有 93.3% 的概率不再是最优秀的基金。在(2007)~2008 年、（2010)~2011 年、（2015)~2016 年、（2017)~2018 年和(2019)~2020 年这五个样本期内，排序期位于前 5% 的基金没有一只仍在检验期排名前 5%，占比为 0%。最新一个样本期（2021）~2022 年，有 5.3% 的公募基金继续在检验期排名前 5%。综合多个样本期的结果，我们认为当检验范围缩小至 5% 时，基金业绩持续性表现没有显著改变，每年最优秀的公募基金在检验期的收益和排名变动都很大，对投资者而言没有参考价值。

表4-9 收益率前 5% 的股票型基金在检验期仍处于前 5% 的比例
（排序期为一年、检验期为一年）：2007~2022 年

排序期	检验期	排序期中前 5% 的基金数量（只）	检验期中仍处于前 5% 的基金数量（只）	检验期中仍处于前 5% 的基金比例（%）
2007	2008	4	0	0.0
2008	2009	6	1	16.7
2009	2010	7	1	14.3
2010	2011	10	0	0.0
2011	2012	12	1	8.3
2012	2013	15	2	13.3
2013	2014	18	1	5.6
2014	2015	20	1	5.0
2015	2016	22	0	0.0
2016	2017	28	3	10.7
2017	2018	31	0	0.0
2018	2019	36	1	2.8
2019	2020	43	0	0.0
2020	2021	53	10	18.9
2021	2022	76	4	5.3
平均值		—	—	6.7

在附录三中，我们具体展示了排序期和检验期都为一年时，2019~2022 年在排序期排名前 30 位的基金在检验期的排名及对应的收益率指标，并用★标记出检验期中仍排名 30 位的基金。此外，在附录四中我们展示了当排序期为一年时，在排序期和检验期分别排名前 30 位的基金名单及收益率，同样用★标注出排序期和检验期都排名前 30 位的基金，以便读者参考。

表 4-10 展示了排序期为一年时，收益率排名位于后 5% 的基金在检验期中仍处于后 5% 的基金比例。据表 4-10 可知，15 次检验中，平均有 7.5% 的基金在排序期和检验期都排名后 5%，这一比例并不高，所以收益率垫底的基金业绩并没有显示出持续性。最新一个样本期（2021）~2022 年，有 2.6% 的基金的收益率继续在检验期排名垫底。总体而言，2007~2022 年，基金业绩持续排名最差（后 5%）的基金中，能够在检验期延续其业绩的基金占比仍旧较低，因此收益率排名处于末位的股票型公募基金的业绩同样不具有持续性。

表 4-10 　　收益率后 5% 的股票型基金在检验期仍处于后 5% 的比例
（排序期为一年、检验期为一年）：2007~2022 年

排序期	检验期	排序期中后 5% 的基金数量（只）	检验期中仍处于后 5% 的基金数量（只）	检验期中仍处于后 5% 的基金比例（%）
2007	2008	4	0	0.0
2008	2009	6	0	0.0
2009	2010	7	1	14.3
2010	2011	10	0	0.0
2011	2012	12	2	16.7
2012	2013	15	0	0.0
2013	2014	18	0	0.0
2014	2015	20	0	0.0
2015	2016	22	3	13.6
2016	2017	28	3	10.7
2017	2018	31	5	16.1
2018	2019	36	2	5.6
2019	2020	43	10	23.3
2020	2021	53	5	9.4
2021	2022	76	2	2.6
平均值		—	—	7.5

我们将排序期延长至三年，继续检验股票型公募基金业绩的持续性。通过滚动计算，我们能够得出 13 个排序期属于第 1 组的基金在检验期也属于第 1 组的比例，再计算这 13 个比例的平均值，可以获得 2007~2022 年排序期和检验期内基金收益率都属于第 1 组比例的均值。图 4-5 显示，当排序期为三年时，在排序期收益最

高的属于第 1 组的基金有 25.8% 在检验期中仍然属于收益最高的第 1 组，在排序期收益最低的属于第 4 组的基金有 25.5% 在检验期中仍然属于收益最低的第 4 组，均略高于随机分布下对应的 25%。

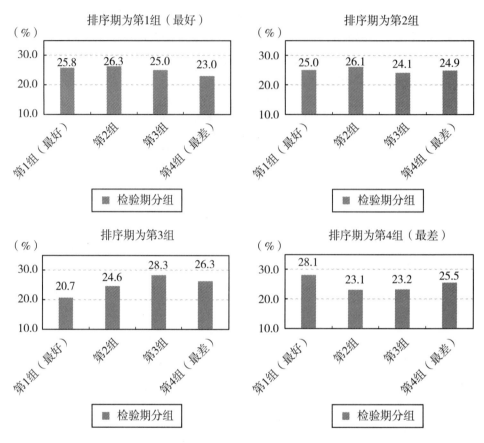

图 4-5　股票型基金收益率在检验期组别变化的分布
（排序期为三年、检验期为一年）：2007~2022 年

为了检验基金分布的占比是否在统计意义上显著不等于 25%，我们同样对 2007~2022 年间公募基金收益率在检验期组别的变化情况进行了 T 检验，结果在表 4-11 中给出。结果显示，排序期和检验期都属于第 1 组、第 2 组和第 4 组的基金占比的 T 检验 P 值均大于 0.05，在 5% 的显著性水平下，这几个比例并不显著区别于 25%；排序期和检验期都属于第 3 组的基金占比的 T 检验 P 值小于 0.05，有 28.3% 的基金继续在检验期位于第 3 组。大多数情况下，无论基金在排序期属于什么组别，其在检验期组别的分布都是随机的。因此，我们可以得出结论：排序期为三年时，公募基金的收益仍然没有显著的持续性，表明投资者无法根据基金在过去三年的收益排名来判断其在未来一年收益的高低。

表 4-11　　　　　**股票型基金收益率在检验期组别变化的 T 检验**
（排序期为三年、检验期为一年）：2007~2022 年

排序期组别	检验期组别	平均百分比（%）	t 值	T 检验 P 值
1 （最好的基金组）	1	25.8	0.43	0.676
	2	26.3	0.69	0.505
	3	25.0	−0.01	0.994
	4	23.0	−1.06	0.310
2	1	25.0	−0.02	0.982
	2	26.1	0.85	0.411
	3	24.1	−0.70	0.499
	4	24.9	−0.09	0.927
3	1	20.7	−2.61	0.023
	2	24.6	−0.21	0.840
	3	28.3*	3.20	0.008
	4	26.3	1.25	0.234
4 （最差的基金组）	1	28.1	1.51	0.158
	2	23.1	−1.23	0.243
	3	23.2	−1.28	0.226
	4	25.5	0.23	0.820

注：*表示在排序期和检验期，基金的业绩在5%的显著性水平下具有持续性。

表 4-12 展示了在排序期收益率非常靠前的属于前5%的基金在检验期仍排名前5%的基金数量及占比。13 个样本期的检验结果显示，平均只有 3.5%的基金在排序期和检验期的收益率均排名前5%，占比不高，且在（2007~2009）~2010 年、（2008~2010）~2011 年、（2009~2011）~2012 年、（2011~2013）~2014 年、（2014~2016）~2017 年、（2015~2017）~2018 年、（2016~2018）~2019 年和（2017~2019）~2020 年，没有一只过去三年排名靠前的基金在下一年延续了其优秀的业绩。其他的样本期中，检验期仍排名前5%的基金占比的随机性也较强。在最新一个样本期（2019~2021）~2022 年，有 4.8%的基金在检验期仍排名前5%。因此，大多数前三年收益排名非常靠前的基金在检验期很难继续维持其之前的收益水平。

表 4-12   收益率前 5% 的股票型基金在检验期仍处于前 5% 的比例

（排序期为三年、检验期为一年）：2007~2022 年

排序期	检验期	排序期中前 5% 的基金数量（只）	检验期中仍处于前 5% 的基金数量（只）	检验期中仍处于前 5% 的基金比例（%）
2007~2009	2010	4	0	0.0
2008~2010	2011	6	0	0.0
2009~2011	2012	7	0	0.0
2010~2012	2013	10	2	20.0
2011~2013	2014	12	0	0.0
2012~2014	2015	15	1	6.7
2013~2015	2016	18	1	5.6
2014~2016	2017	20	0	0.0
2015~2017	2018	22	0	0.0
2016~2018	2019	28	0	0.0
2017~2019	2020	31	0	0.0
2018~2020	2021	36	3	8.3
2019~2021	2022	42	2	4.8
平均值		—	—	3.5

表 4-13 展示了排序期为三年时收益率排名后 5% 的公募基金在检验期仍排名后 5% 的基金数量和占比。从中可见，与收益率排名前 5% 的基金相比，每年收益率保持排名后 5% 的基金的比例有所提高，平均在 12.9% 左右，但整体占比仍不高。其中，有 6 个样本期内检验期仍属于后 5% 的基金占比小于 10%，同时，有 3 个样本期内基金仍排在后 5% 的基金占比超过了 20%，相对较高。在最新一个样本期（2019~2021）~2022 年，42 只在排序期排名后 5% 的基金中有 4 只基金在检验期依旧排名后 5%，占比 9.5%。综合多个样本期的检验结果来看，排序期和检验期均位于后 5% 的基金占比仍然不高，投资者无法根据过去一年收益率排名后 5% 的基金判断其在下一年的排名。

表 4-13   收益率后 5% 的股票型基金在检验期仍处于后 5% 的比例

（排序期为三年、检验期为一年）：2007~2022 年

排序期	检验期	排序期中后 5% 的基金数量（只）	检验期中仍处于后 5% 的基金数量（只）	检验期中仍处于后 5% 的基金比例（%）
2007~2009	2010	4	1	25.0
2008~2010	2011	6	1	16.7
2009~2011	2012	7	2	28.6
2010~2012	2013	10	0	0.0
2011~2013	2014	12	1	8.3
2012~2014	2015	15	3	20.0

续表

排序期	检验期	排序期中后5%的基金数量（只）	检验期中仍处于后5%的基金数量（只）	检验期中仍处于后5%的基金比例（%）
2013~2015	2016	18	3	16.7
2014~2016	2017	20	1	5.0
2015~2017	2018	22	5	22.7
2016~2018	2019	28	0	0.0
2017~2019	2020	31	4	12.9
2018~2020	2021	36	1	2.8
2019~2021	2022	42	4	9.5
平均值		—	—	12.9

　　Spearman 相关性检验和绩效二分法检验的结果显示，以半年为排序期和检验期时，基金的收益在部分时期表现出持续性，对投资者具有参考意义。那么，收益率持续性的描述统计检验是否能得出同样的结果？接下来，我们将排序期和检验期都缩短为半年，检验较短时期内公募基金收益率在排序期和检验期的变化情况。图4-6 显示，过去半年属于收益最高的第 1 组的基金在下半年有 30.6%的比例仍

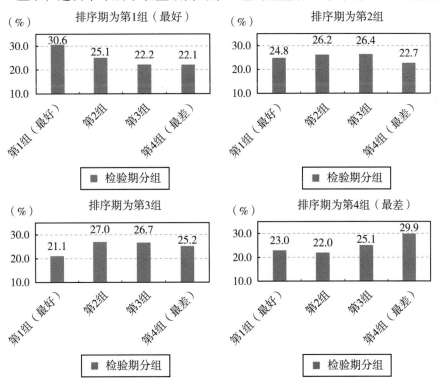

图 4-6　股票型基金收益率在检验期组别变化的分布
（排序期为半年、检验期为半年）：2007~2022 年

属于第 1 组，过去半年属于收益最低的第 4 组的基金在下半年有 29.9% 的比例仍属于第 4 组，均高于随机分布下对应的 25%。我们在表 4-14 中对这两个比例是否显著大于 25% 进行了验证，结果显示，排序期和检验期都属于收益最高的第 1 组的基金的 T 检验 P 值为 0.004，排序期和检验期都属于收益最低的第 4 组的基金的 T 检验 P 值为 0.009，均小于 0.05，说明这两个比例显著大于 25%。因此，当排序期和检验期为半年时，收益率排名靠前和靠后的基金业绩具有持续性，投资者在筛选基金时可以以此作为参考依据。

表 4-14　　股票型基金收益率在检验期组别变化的 T 检验
（排序期为半年、检验期为半年）：2007~2022 年

排序期组别	检验期组别	平均百分比（%）	t 值	T 检验 P 值
1 （最好的基金组）	1	30.6*	3.13	0.004
	2	25.1	0.07	0.947
	3	22.2	−3.25	0.003
	4	22.1	−1.39	0.176
2	1	24.8	−0.16	0.877
	2	26.2	1.10	0.281
	3	26.4	1.32	0.198
	4	22.7	−2.71	0.011
3	1	21.1	−3.97	0.000
	2	27.0	2.11	0.044
	3	26.7	2.42	0.022
	4	25.2	0.16	0.874
4 （最差的基金组）	1	23.0	−1.01	0.322
	2	22.0	−2.58	0.015
	3	25.1	0.09	0.928
	4	29.9*	2.78	0.009

注：*表示在排序期和检验期，基金的业绩在 5% 的显著性水平下具有持续性。

由于收益率是反映基金历史业绩最为直观的指标，在前文中，我们分别采用了绩效二分法、Spearman 相关性检验以及描述统计检验的方法，对股票型公募基金的收益率是否具有持续性进行了检验。结果显示，当排序期是一年或三年、检验期为一年时，股票型基金的业绩基本没有展示出持续性；但是，当排序期和检验期缩短为半年后，基金收益率的持续性有所增强，能够为投资者提供有效参考。需要注意的是，投资者应考虑到在不同基金之间频繁转换所产生的交易费用对投资业绩可

能造成的影响。

四、夏普比率持续性的描述统计检验

投资者在进行基金投资时，除关注基金能够赚取的收益外，投资基金所承担的风险也十分重要。接下来，我们选取基金的夏普比率这一反映基金风险调整后收益的指标作为衡量基金业绩持续性的指标，对其是否具有持续性进行检验。我们同样选取一年和三年为排序期、一年为检验期。在 2007～2022 年，当排序期为一年时，通过滚动计算，可以得出 15 个在排序期夏普比率属于第 1 组的基金在检验期也属于第 1 组的比例，再计算这 15 个比例的平均值，可以获得排序期和检验期夏普比率均属于第 1 组比例的均值。这里，我们重点关注的是基金在检验期是否能够延续其在排序期的组别。

表 4-15 展示了夏普比率在排序期属于第 1 组、第 2 组、第 3 组和第 4 组的基金在检验期所属各组的基金比例。结果显示，排序期夏普比率属于第 1 组的基金在检验期有 29.8% 的基金继续留在第一组，且 T 检验 P 值为 0.038，显著大于随机分布下对应的 25%，表明过去一年夏普比率排名前 25% 的基金在未来一年有 29.8% 的概率依旧排名靠前；同时，排序期夏普比率属于第 4 组的基金在检验期有 31.0% 的基金继续留在了第 4 组，其 T 检验 P 值为 0.006，该比例显著大于 25%，说明过去一年夏普比率排在后 25% 的基金在未来一年有 31.0% 的概率仍然排名靠后。因此，我们可以得出结论：过去一年夏普比率较高或较低的基金，在未来一年也有很大概率延续其过往优秀或不佳的业绩，投资者在筛选基金时能够以此为依据。

表 4-15　　　　　股票型基金夏普比率在检验期组别变化的 T 检验
（排序期为一年、检验期为一年）：2007～2022 年

排序期组别	检验期组别	平均百分比（%）	t 值	T 检验 P 值
1 （最好的基金组）	1	29.8*	2.29	0.038
	2	26.8	1.47	0.163
	3	22.5	-2.18	0.047
	4	20.9	-2.52	0.025
2	1	27.3	2.14	0.050
	2	27.9*	2.87	0.012
	3	23.3	-1.45	0.169
	4	21.6	-4.69	0.000

续表

排序期组别	检验期组别	平均百分比（%）	t 值	T检验 P 值
3	1	22.7	−1.47	0.162
	2	24.6	−0.29	0.773
	3	26.4	1.29	0.216
	4	26.3	1.15	0.269
4 （最差的基金组）	1	19.9	−2.08	0.057
	2	20.7	−2.22	0.043
	3	28.3	2.02	0.063
	4	31.0*	3.20	0.006

注：*表示在排序期和检验期，基金的业绩在 5% 的显著性水平下具有持续性。

上述检验显示，夏普比率排名在前 25% 与后 25% 的股票型基金业绩具有持续性，那么，当这两个比例缩小至 5% 时，这个结论是否仍旧成立？表 4-16 展示了 2007~2022 年排序期为一年时，夏普比率排名前 5% 的基金在下一年仍然排名前 5% 的基金数量和占比。整体来看，有 7.7% 在排序期夏普比率排名前 5% 的基金在检验期仍然排名前 5%，占比不高。（2021）~2022 年，76 只排序期排名前 5% 的基金中，有 12 只在检验期继续排名前 5%，整体随机性强。所以，我们认为夏普比率排名非常靠前的基金不能在下一年持续稳定地获得高夏普比率。

表 4-16　　　　夏普比率前 5% 的股票型基金在检验期仍处于前 5% 的比例
（排序期为一年、检验期为一年）：2007~2022 年

排序期	检验期	排序期中前 5% 的基金数量（只）	检验期中仍处于前 5% 的基金数量（只）	检验期中仍处于前 5% 的基金比例（%）
2007	2008	4	0	0.0
2008	2009	6	1	16.7
2009	2010	7	0	0.0
2010	2011	10	0	0.0
2011	2012	12	2	16.7
2012	2013	15	1	6.7
2013	2014	18	0	0.0
2014	2015	20	4	20.0
2015	2016	22	1	4.5

排序期	检验期	排序期中前5%的基金数量（只）	检验期中仍处于前5%的基金数量（只）	检验期中仍处于前5%的基金比例（%）
2016	2017	28	3	10.7
2017	2018	31	0	0.0
2018	2019	36	4	11.1
2019	2020	43	2	4.7
2020	2021	53	5	9.4
2021	2022	76	12	15.8
平均值		—	—	7.7

附录五具体展示了 2019~2022 年，以一年为排序期时股票型公募基金夏普比率排名前 30 位的基金在检验期的排名及其对应的夏普比率，并用★标记出检验期中仍排名前 30 位的基金，供读者对比参考。

类似地，我们对 2007~2022 年夏普比率排在最后 5% 的基金的业绩持续性进行了检验，结果展示在表 4-17 中。通过检验发现，15 次检验中，平均有 7.4% 的基金在检验期继续留在后 5% 的位置，这一比例并不高。不同的样本区间内，夏普比率持续处于后 5% 的占比各不相同，只有 1 个样本期的基金占比超过了 20%，且在（2007）~2008 年、（2008）~2009 年、（2010）~2011 年、（2012）~2013 年和（2013）~2014 年，没有一只基金的夏普比率持续排名垫底。由此我们认为，当排序期为一年时，夏普比率排名后 25% 的基金业绩展现出了持续性，当排名缩小至后 5% 的范围时，这种持续的现象就没有显现了。

表 4-17　　夏普比率后 5% 的股票型基金在检验期仍处于后 5% 的比例
（排序期为一年、检验期为一年）：2007~2022 年

排序期	检验期	排序期中后5%的基金数量（只）	检验期中仍处于后5%的基金数量（只）	检验期中仍处于后5%的基金比例（%）
2007	2008	4	0	0.0
2008	2009	6	0	0.0
2009	2010	7	1	14.3
2010	2011	10	0	0.0
2011	2012	12	1	8.3
2012	2013	15	0	0.0

续表

排序期	检验期	排序期中后 5%的基金数量（只）	检验期中仍处于后 5%的基金数量（只）	检验期中仍处于后 5%的基金比例（%）
2013	2014	18	0	0.0
2014	2015	20	1	5.0
2015	2016	22	4	18.2
2016	2017	28	2	7.1
2017	2018	31	4	12.9
2018	2019	36	1	2.8
2019	2020	43	10	23.3
2020	2021	53	7	13.2
2021	2022	76	5	6.6
平均值		—	—	7.4

接下来，我们将排序期延长为三年，检验期仍为排序期之后的一年，继续对股票型公募基金夏普比率的持续性进行考察，在这里，我们同样重点关注基金排序期组别在检验期的延续情况。表 4-18 展示了 2007～2022 年分别属于第 1 组、第 2 组、第 3 组和第 4 组的基金在下一年检验期所属各组的比例和 T 检验结果，可以发现，在 5%的显著性水平下，过去三年夏普比率属于业绩最好的第 1 组的基金和属于业绩最差的第 4 组的基金占比并不显著高于 25%。因此，过去三年的夏普比率在未来一年并不能够持续，对投资者而言，没有太多的参考价值。

表 4-18　　　　　　股票型基金夏普比率在检验期组别变化的 T 检验
　　　　　　　　　　（排序期为三年、检验期为一年）：2007～2022 年

排序期组别	检验期组别	平均百分比（%）	t 值	T 检验 P 值
1 （最好的基金组）	1	29.0	1.81	0.096
	2	26.6	1.21	0.251
	3	23.3	−0.83	0.422
	4	21.1	−2.45	0.031
2	1	25.1	0.07	0.949
	2	27.2	1.29	0.223
	3	24.9	−0.07	0.945
	4	22.9	−1.15	0.271

续表

排序期组别	检验期组别	平均百分比（%）	t 值	T 检验 P 值
3	1	22.2	-2.69	0.020
	2	25.3	0.27	0.789
	3	26.4	1.25	0.235
	4	26.1	0.64	0.537
4 （最差的基金组）	1	23.4	-0.62	0.546
	2	21.1	-2.54	0.026
	3	25.9	0.52	0.610
	4	29.7	1.95	0.075

注：＊表示在排序期和检验期，基金的业绩在5%的显著性水平下具有持续性。

从表4-19可以发现，排序期为三年时，夏普比率在排序期排名前5%的基金平均有6.1%的基金在检验期仍排名前5%，整体偏低。不同的样本区间内，夏普比率持续处于前5%的比率各不相同，4个样本期内，没有一只基金能够在检验期延续其优异的夏普比率业绩。在（2019～2021）～2022年，夏普比率排在前5%的42只基金中，只有3只继续在检验期表现优异。综合多个样本期中的基金占比，我们发现，仅有很少一部分基金能够在检验期仍然排名前5%，夏普比率排名非常靠前的公募基金业绩并没有展现出持续性。

表 4-19　　夏普比率前5%的股票型基金在检验期仍处于前5%的比例
（排序期为三年、检验期为一年）：2007～2022 年

排序期	检验期	排序期中前5%的 基金数量（只）	检验期中仍处于前 5%的基金数量（只）	检验期中仍处于前 5%的基金比例（%）
2007～2009	2010	4	0	0.0
2008～2010	2011	6	0	0.0
2009～2011	2012	7	0	0.0
2010～2012	2013	10	1	10.0
2011～2013	2014	12	1	8.3
2012～2014	2015	15	0	0.0
2013～2015	2016	18	2	11.1
2014～2016	2017	20	4	20.0
2015～2017	2018	22	2	9.1

续表

排序期	检验期	排序期中前 5%的 基金数量（只）	检验期中仍处于前 5%的基金数量（只）	检验期中仍处于前 5%的基金比例（%）
2016~2018	2019	28	1	3.6
2017~2019	2020	31	1	3.2
2018~2020	2021	36	2	5.6
2019~2021	2022	42	3	7.1
平均值		—	—	6.1

表 4-20 展示了排序期为三年时，基金夏普比率排名后 5%的基金在下一年仍然排名后 5%的基金数量和占比，在 13 次检验中，平均有 9.5%的基金在检验期仍只能获得很低的夏普比率，排名后 5%，其中 9 次检验期内的基金占比不超过 10%。在最新一个样本区间（2019~2021）~2022 年，有 9.5%的基金的夏普比率继续在检验期排名垫底，占比偏低。由此可知，基金夏普比率排名最差（后 5%）的基金中，能够在检验期延续其夏普比率的基金占比仍旧较低，不具有持续性。

表 4-20   夏普比率后 5%的股票型基金在检验期仍处于后 5%的比例
（排序期为三年、检验期为一年）：2007~2022 年

排序期	检验期	排序期中后 5%的 基金数量（只）	检验期中仍处于后 5%的基金数量（只）	检验期中仍处于后 5%的基金比例（%）
2007~2009	2010	4	1	25.0
2008~2010	2011	6	0	0.0
2009~2011	2012	7	2	28.6
2010~2012	2013	10	0	0.0
2011~2013	2014	12	1	8.3
2012~2014	2015	15	2	13.3
2013~2015	2016	18	1	5.6
2014~2016	2017	20	0	0.0
2015~2017	2018	22	1	4.5
2016~2018	2019	28	1	3.6
2017~2019	2020	31	6	19.4
2018~2020	2021	36	2	5.6
2019~2021	2022	42	4	9.5
平均值		—	—	9.5

五、小结

投资者常常会关注各大媒体、金融机构定期发布的公募基金排名和评选榜单，来选择那些当年有"耀眼"业绩的产品进行投资。本章从这个问题出发，就投资者凭借业绩排名选择当年较好的股票型公募基金、排除当年较差的公募基金，以期在下一年获得较高回报的投资逻辑的有效性进行了分析，即检验公募基金业绩的持续性。在检验过程中，我们分别以一年、三年和半年作为排序期、一年和半年作为检验期，采用基金收益率的 Spearman 相关性检验、绩效二分法检验、描述统计检验和夏普比率的描述统计检验的方法，研究主动管理的股票型公募基金过往业绩与未来业绩的关系。

基金收益率持续性的检验结果显示，在 2007～2022 年，当排序期为一年和三年时，只有在少部分年份的样本期中，股票型公募基金的收益率表现出持续性，同时，在部分期间内，基金的收益率排名存在反转的现象。但是，当排序期和检验期缩短为半年时，具有持续性的检验区间明显增多，且基金收益率位于前 25% 和后 25% 位置的基金均表现出持续性，过去半年收益率较高的基金在未来半年有较大概率继续获得较好的收益，过去半年收益偏低的基金在未来半年有很大概率仍然收益不佳，这意味着基金的短期收益能够给投资者提供参考依据。

除此之外，通过对考虑基金风险因素的夏普比率的持续性进行检验后我们发现，当排序期为一年时，夏普比率属于靠前（靠后）位置的基金有很大概率在下一年的夏普比率排名依旧靠前（靠后），投资者可以重点关注和避免这类基金。而当排序期延长为三年时，夏普比率并没有在未来一年表现出持续性。

第五章

股票型基金经理的选股与择时能力

　　在公募基金的发展过程中，"人"的作用变得愈发重要。尤其是对主动管理的公募基金而言，基金经理作为管理团队的核心和灵魂，其组合设置和配置策略选择是决定性的。近年来，随着基金中基金（FOF）的兴起，基金经理自身的特质受到了市场越来越多的关注，FOF投资的重要一环就是遴选一个优秀的基金经理。前述章节中，我们以"基金管理团队"为主线，在公募基金的维度上对其选股和择时能力进行了分析判断。但是，在我国公募基金市场，一位基金经理管理多只基金或是一只基金由多位基金经理共同管理的现象十分普遍，投资者在选择基金时，常常会追随优秀的基金经理。根据中国证券投资基金业协会2021年11月发布的《全国公募基金市场投资者状况调查报告（2020年度）》，32%的投资者会因为基金经理发生变动而赎回基金。然而，明星基金经理是否具有独立于平台的获取超额收益的能力？这就需要我们在对单只基金进行评估的基础上，进一步从基金经理个体的层面上，对其管理能力和业绩持续性进行综合评估。本章以主动管理的股票型公募基金经理为研究对象，基于基金经理在任职期间所管理的所有基金的合并数据，分别对在职基金经理与离职基金经理的业绩进行研究。

　　我们将股票型公募基金经理分为在职和离职基金经理分别进行评估的原因主要有以下几点：首先，私募基金公司是公募基金经理离职后的一大去向，相对于公募基金，很多私募基金运营时间较短且信息披露较少，投资者很难利用基金经理管理私募基金时的短期业绩来评价基金经理的能力，而利用基金经理在公募基金任职期间的业绩评价其能力在一定程度上弥补了上述缺陷；其次，研究目前在职基金经理的主动管理能力能够为投资者在挑选基金和评估当前所持有的基金时提供有效的参考依据；最后，有些基金优秀的历史业绩是由已离职的基金经理取得的（如华夏大盘精选在2005～2012年给投资者带来了超过10倍的回报，但是明星基金经理王亚伟于2012年离职），如果投资者只关注某只基金的历史业绩，而不关注历史业绩是由已离职的还是在职的基金经理取得的，那么投资者也会蒙受损失。

　　在我国公募基金市场，基金经理离职现象较为普遍，且离职基金经理可能选择内部转岗、其他公募基金或是私募基金等多种职业道路，因此我们有必要对在职和离职的基金经理进行区分。由于评估基金经理的选股与择时能力需要较长的时间序列数据，我们使用的样本为在公募基金行业任职三年以上的在职基金经理以及在公募基金行业任职三年以上但已经离职的基金经理。需要注意的是，尽管有些基金经理不再管理公募基金产品，但仍会在公募基金公司任职，为特定客户管理专户型产品，这类产品的净值不对外公布，对于这种情形，我们同样将基金经理视为离职基金经理。

本章内容主要分为三个部分。第一部分，我们介绍基金经理的样本空间并具体说明基金经理合并收益序列的构造方法；第二部分，基于基金经理的合并收益序列，采用 Treynor-Mazuy 四因子模型评估在职和离职的基金经理的选股能力；第三部分，采用 Treynor-Mazuy 四因子模型评估在职和离职的基金经理的择时能力。在本书附录六至附录九中，我们具体展示了样本中每位基金经理合并收益序列后的业绩表现，以及选股能力和择时能力的分析结果，供读者参考。

一、样本空间

本章依据 Wind 数据库中基金的二级分类标准，将管理过股票多空型基金、偏股混合型基金、灵活配置型基金、平衡混合型基金（股票基准比例≥50%）、普通股票型基金和增强指数型基金的基金经理定义为股票型基金经理，并采用合并后的基金经理收益对其任职期间的业绩进行研究，进而分析基金经理的选股和择时能力。本节从公募基金经理人员数量、任职期限等角度介绍了我国股票型公募基金经理群体的整体发展情况，并详细说明了构造股票型公募基金经理的合并收益序列的方法。我们使用的基金经理的数据所对应的时间为 1998 年 1 月至 2022 年 12 月，数据来源于万得、Resset 和天天基金网等数据库。

（一）在职与离职基金经理数量

表 5-1 展示了 1998~2022 年新任和离职的股票型公募基金经理数量。1997 年，国务院颁布《证券投资基金管理暂行办法》，奠定了公募基金行业规范发展的基础。此后一年，我国首批基金管理公司国泰基金、南方基金、华夏基金、博时基金和鹏华基金相继成立，首批股票型公募基金经理登上历史舞台，初始数量仅为 6 人。随着我国公募基金市场的不断发展和股票市场的牛熊起伏，1998~2015 年新任基金经理数量逐年上升，在 2015 年更是达到 431 人。2015 年上半年，股票市场持续上涨，公募基金市场规模和新发行的基金数量一路攀升，对基金经理的需求大幅增加。而从 2016 年开始，新任基金经理数量增幅有所放缓，2018 年"资管新规"

颁布后，我国资产管理市场向着更加规范的方向发展，公募基金行业也迎来内部的整合升级。离职基金经理层面，过去 25 年历年离职基金经理数量在波动中有所攀升，2014 年以前每年离职人数在 100 人以内，2022 年离职人数最多，达到 223 人，业绩不佳被迫离职、加入其他资管机构和转投私募基金是公募基金经理离职的主要原因。截至 2022 年底，在职和离职的股票型基金经理总人数分别为 1 881 人和 1 831 人，基金经理总数达 3 712 人。

表 5-1　　　　　股票型基金经理新任、离职以及累计数量：1998~2022 年　　单位：人

年份	新任数量	离职数量	在职总人数	离职总人数	基金经理总数
1998	6	0	6	0	6
1999	15	0	21	0	21
2000	16	7	30	7	37
2001	25	7	48	14	62
2002	37	7	78	21	99
2003	40	17	101	38	139
2004	59	12	148	50	198
2005	66	27	187	77	264
2006	78	27	238	104	342
2007	104	52	290	156	446
2008	84	38	336	194	530
2009	93	49	380	243	623
2010	100	60	420	303	723
2011	105	59	466	362	828
2012	115	56	525	418	943
2013	128	87	566	505	1 071
2014	176	104	638	609	1 247
2015	431	142	927	751	1 678
2016	281	82	1 126	833	1 959
2017	268	92	1 302	925	2 227
2018	291	147	1 446	1 072	2 518
2019	255	176	1 525	1 248	2 773
2020	276	168	1 633	1 416	3 049
2021	358	192	1 799	1 608	3 407
2022	305	223	1 881	1 831	3 712

（二）基金经理的任职期限

以 2022 年 12 月 31 日为界限，我们将所有股票型基金经理划分为两组：截至 2022 年底仍然在管理公募基金产品的基金经理为在职基金经理；截至 2022 年底已经离职的基金经理为离职基金经理。

我国公募基金市场基金经理平均任职期较短，基金经理在同一时期管理多只基金产品与任职经历不连续等现象经常出现，为了更好地分析基金经理在管理公募基金期间的业绩，我们首先对公募基金经理的任职年限进行界定，并采用月度数据进行度量。以华夏基金管理有限公司明星基金经理王亚伟的任职履历为例，王亚伟在公募基金任职期间，共管理过 4 只股票型基金产品，分别为"基金兴华""华夏成长""华夏大盘精选""华夏策略精选"。从表 5-2 展示的王亚伟管理 4 只基金的起始和终止时间可以发现，在同一时间点，他曾管理着两只以上的基金产品。考虑到时间重叠因素，王亚伟任职期间管理股票型公募基金的时间为 1998 年 4 月 28 日到 2005 年 4 月 12 日以及 2005 年 12 月 31 日到 2012 年 5 月 4 日。我们将两段时间区间跨越的月份数目视为其管理公募基金产品的时间总长度，即公募基金经理的任职总期限。按照公募基金经理任职总期限的界定原则，王亚伟管理公募基金产品的时间长度为 163 个月。对于其他公募基金经理的任职期限，我们采取同样的处理方式。

表 5-2　　　　　　　基金经理王亚伟在公募基金的任职履历

基金产品	基金类型	万得二级分类	起始时间	终止时间	任职时长（月）
基金兴华	股票型基金	普通股票型基金	1998/04/28	2002/01/08	44
华夏成长	股票型基金	偏股混合型基金	2001/12/18	2005/04/12	39
华夏大盘精选	股票型基金	偏股混合型基金	2005/12/31	2012/05/04	76
华夏策略精选	股票型基金	灵活配置型基金	2008/10/23	2012/05/04	42

基于上述界定方法，我们对股票型公募基金经理的任职时间进行统计，具体如表 5-3 所示。结果显示，在职基金经理平均任职时间为 50 个月，说明目前在职的大部分基金经理已经有了一定的任职经验。在所有在职的基金经理中，基金经理魏东任职期限最长，魏东目前就职于国联安基金管理有限公司，截至 2021 年底，他在公募基金行业已经工作 209 个月，累计管理 7 只基金产品。此外，离职基金经理平均任职时间为 46 个月。在所有已离职的基金经理中，管理公募基金时间最长的基金经理为易阳方，他作为基金经理在公募基金行业工作了 195 个月，累计管理 10 只公募基金，离职前一直就职于广发基金管理有限公司。由于公募基金的业绩在很大程度上依赖于基金经理的主动管理能力，基金经理的离职会导致其管理的基金产品的业绩出现波动，因此，研究基金经理的主动管理能力具有十分重要的意

义。同时，站在基金管理公司的视角，选聘、考核基金经理时，如何有效地评估其历史投资表现，客观认识、评价基金经理的管理能力也极为重要。

表 5-3 股票型基金经理任职时间描述性统计量 单位：月

基金经理	均值	标准差	最小值	25%分位数	中位数	75%分位数	最大值
在职	50	41	1	17	39	77	224
离职	46	32	1	22	38	63	222

（三）基金经理合并收益序列

在确定了基金经理的任职期限后，我们计算基金经理在任职期间管理的所有基金产品的加权平均收益，根据每只基金的资产规模确定其权重大小，将由此得到的该基金经理的收益时间序列定义为"合并收益序列"，并基于该收益序列数据对基金经理的主动管理能力进行评价。合并后的数据全面展示了基金经理任职期间管理的所有产品的业绩表现，因此，基于该数据的评估结果是对基金经理投资能力的综合评估。

基金经理合并收益序列的构造方法如下。假设某一位基金经理在 t 月共管理 N 只基金，第 i 只基金当月收益率为 r_{it}，规模为 AUM_{it}[①]，则该基金经理当月以资产管理规模为权重的加权平均收益为：

$$R_{it} = \sum_{i=1}^{N} \omega_{it} r_{it}, \text{ 其中 } \omega_{it} = \frac{AUM_{it-1}}{\sum_{i=1}^{N} AUM_{it-1}}$$

在合并收益序列的过程中我们发现，基金经理管理产品的履历类型主要包括以下四种（见表 5-4）。

表 5-4 基金经理任职履历类型

类别	管理产品数量	履历类型	合并收益
情形 1	1 只	▬▬▬▬▬	合并收益为管理的产品收益
情形 2	2 只（或多只）	▬▬▬ ▬▬▬	合并收益为管理的产品收益，中间未管理产品，收益设置为零
情形 3	2 只（或多只）	▬▬▬▬▬	管理一只产品时，合并收益为单只产品收益；重合区间为规模加权收益
情形 4	2 只（或多只）	▬▬▬▬▬	管理一只产品时，合并收益为单只产品收益；重合区间为规模加权收益

---

① 本部分我们采用的月度基金规模数据为基金净值乘以最近报告期的基金份额数据。

那么，在不同情形下，应如何合并基金经理的收益序列？我们以曾任职于华夏基金管理有限公司的基金经理王亚伟为例，介绍合并收益序列的计算方法。图 5-1 展示了王亚伟任职期间管理的 4 只产品所对应的时间段。表 5-5 具体展示了不同时间段合并收益序列的构成。从图 5-1 和表 5-5 可知，王亚伟在公募基金行业任职期间，在部分时间管理 1 只基金产品，如 2005 年 12 月至 2008 年 10 月，王亚伟仅管理"华夏大盘精选" 1 只基金。按照基金经理合并收益序列计算方法，在该时间段基金经理的合并收益就应等于其管理的基金产品的收益。而在某些时间点，王亚伟同时管理两只基金产品。例如，在 2001 年 12 月至 2002 年 1 月，王亚伟同时管理"基金兴华"与"华夏成长"两只基金；在 2008 年 10 月到 2012 年 5 月，同时管理"华夏大盘精选"与"华夏策略精选"两只基金产品。在上述两个区间内，基金经理的合并收益序列等于两只产品收益按照上期规模的加权平均值。如果基金经理在同一时间段管理两只以上的基金产品，我们也采取同样的处理方法。由于基金经理任职初始月份与离职月份的当月工作时间不满 1 个月，在计算合并收益序列时剔除这两个月的收益。

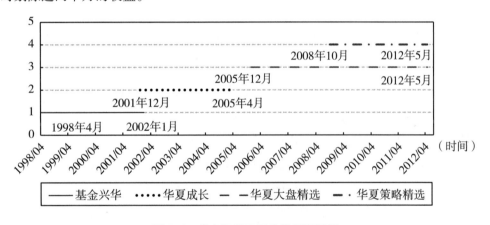

图 5-1 基金经理王亚伟的任职履历

表 5-5 基金经理王亚伟的合并收益序列

时间	基金兴华	华夏成长	华夏大盘精选	华夏策略精选	合并收益序列	备注
1998/04	$Ret_{基金兴华}$				0	初始管理基金兴华，管理不足 1 个月
1998/05~2001/11	$Ret_{基金兴华}$				$Ret_{基金兴华}$	
2001/12	$Ret_{基金兴华}$	$Ret_{华夏成长}$			$Ret_{基金兴华}$	初始管理华夏成长，管理不足 1 个月

时间	基金兴华	华夏成长	华夏大盘精选	华夏策略精选	合并收益序列	备注
2002/01	$Ret_{基金兴华}$	$Ret_{华夏成长}$			$Ret_{华夏成长}$	退出基金兴华，管理不足 1 个月
2002/02～2005/03		$Ret_{华夏成长}$			$Ret_{华夏成长}$	
2005/04～2005/12					0	
2006/01～2008/10			$Ret_{华夏大盘精选}$		$Ret_{华夏大盘精选}$	
2008/11～2012/04			$Ret_{华夏大盘精选}$	$Ret_{华夏策略精选}$	$W_1 \times Ret_{华夏大盘精选} + W_2 \times Ret_{华夏策略精选}$	W_1、W_2 为两只基金上一期规模权重
2012/05			$Ret_{华夏大盘精选}$	$Ret_{华夏策略精选}$	0	退出华夏大盘精选与华夏策略精选，管理均不足 1 个月

在得到基金经理合并收益序列后，我们计算基金经理任职期间业绩的历史净值。图 5-2 为王亚伟管理的不同产品的净值曲线以及其任职期间整体业绩的净值曲线图。基于基金经理合并收益序列以及任职期间的净值，我们可以得到每位基金经理任职期间的收益与风险指标。需要特别指出的是，因为任意两位基金经理的任

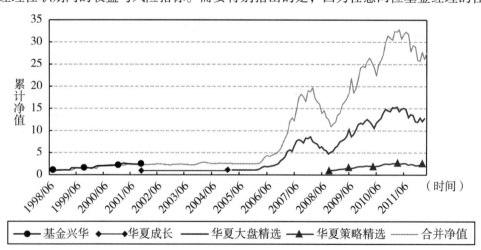

图 5-2　王亚伟管理的产品净值以及合并收益历史净值
（第一天的净值设为 1 元）

职时间不是完全重叠的，所以比较两位基金经理的业绩（如收益、风险指标）是没有意义的，但是比较每位基金经理的业绩与同期万得全 A 指数的业绩是有意义的。本书附录六和附录七分别展示了在职和离职基金经理任职期间所管理的所有基金产品合并收益后的收益与风险指标以及同期万得全 A 指数的收益与风险指标，供读者对比。

二、基金经理的选股能力

在本章，我们继续采用 Treynor–Mazuy 四因子模型（模型构造方法请参考第三章）来研究基金经理的选股和择时能力，市场收益率采用万得全 A 综合指数的收益率。由于评估选股和择时能力需要较长的时间序列数据，我们要求基金经理具有三年以上的任职时间，对其合并月度收益数据进行研究。表 5-6 展示了在职以及离职的基金经理数量，截至 2022 年 12 月底，任职时间在三年以上的股票型基金经理共有 1 808 位，其中在职的基金经理数量为 1 043 位，已经离职的基金经理数量为 765 位。

表 5-6　　　　　　　　　　在职与离职股票型基金经理样本数量　　　　　　　单位：位

时间	在职基金经理	离职基金经理	合计
1998~2022 年	1 043	765	1 808

（一）　在职基金经理选股能力

表 5-7 展示了截至 2022 年 12 月底在职的股票型基金经理选股能力 α 的显著性估计结果。图 5-3 展示了 1 043 位基金经理所对应的 α 的 t 值（从高到低排列）。我们使用单边假设检验，研究基金经理是否具有正确的选股能力。在 5% 的显著性水平下，1 043 位在职的基金经理中，有 460 位（占比 44%）基金经理的 α 呈正显著性，其 t 值高于 1.64，说明他们具有正确的选股能力；有 577 位（占比 55%）基金经理所对应的 α 的 t 值是不显著的，说明他们不具有选股能力；此外，还有 6 位（占比 1%）基金经理的 α 呈负显著性，其 t 值低于 −1.64，说明他们具有错误的选股能力。整体来看，四成左右的基金经理具备正确的选股能力，而近半数在职基金经理不具备选股能力。

表 5-7 在职基金经理的选股能力

项目	显著性	基金经理数量（位）	占比（%）
选股能力	正显著	460	44
	不显著	577	55
	负显著	6	1
总计		1 043	100

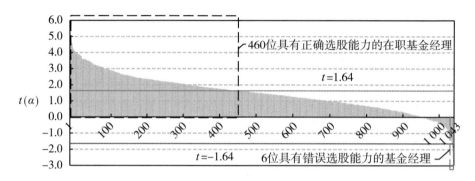

图 5-3 在职股票型基金经理 α 的 t 值（显著性）排列

注：正确选股能力代表 $t(\alpha) > 1.64$，错误选股能力代表 $t(\alpha) < -1.64$，未表现出选股能力代表 $-1.64 \leqslant t(\alpha) \leqslant 1.64$。基金经理具有选股能力是指基金经理表现出正确的选股能力，基金经理不具有选股能力代表基金经理表现出错误的或未表现出选股能力。

表 5-8 和图 5-4 展示了在职基金经理 Treynor-Mazuy 四因子模型的回归结果。我们按照基金经理的选股能力年化 α 把基金等分为 10 组。第 1 组为 α 最高的组，第 10 组为 α 最低的组。表 5-8 和图 5-4 具体展示了每组基金经理所对应的 α、γ、β_{mkt}、β_{smb}、β_{hml}、β_{mom}，以及反映模型拟合好坏的调整后 R^2 的平均值，其中 α 为反映基金经理选股能力的系数，γ 为反映择时能力的系数。

表 5-8 在职基金经理 Treynor-Mazuy 模型回归结果（选股能力）

组别	年化 α（%）	γ	β_{mkt}	β_{smb}	β_{hml}	β_{mom}	调整后 R^2（%）
1（α 最高组）	22.78	-1.68	0.94	-0.16	-0.32	0.03	61
2	15.05	-0.85	0.86	-0.18	-0.24	-0.03	67
3	11.68	-0.54	0.82	-0.11	-0.24	0.02	67
4	9.62	-0.39	0.76	-0.11	-0.24	0.02	66
5	7.86	-0.41	0.75	-0.09	-0.21	0.04	68
6	6.44	-0.25	0.72	-0.09	-0.20	0.04	70
7	5.12	-0.02	0.64	-0.05	-0.16	0.07	66

组别	年化 α（%）	γ	β_{mkt}	β_{smb}	β_{hml}	β_{mom}	调整后 R^2（%）
8	3.65	0.01	0.57	−0.04	−0.16	0.07	65
9	1.92	0.15	0.65	−0.02	−0.21	0.10	66
10（α 最低组）	−2.49	0.57	0.75	0.01	−0.18	0.11	67

注：此表汇报每一组基金经理对应的 α、γ、β_{mkt}、β_{smb}、β_{hml}、β_{mom}，以及调整后 R^2 的平均值。

　　表 5-8 和图 5-4 显示，在职基金经理年化选股能力 α 在 −2.49% ~ 22.78% 之间，平均约为 8%。其中，前 9 组基金经理的平均选股能力为正，另外 1 组基金经理的平均选股能力为负。在选股能力最高的第 1 组中，基金经理的平均年化 α 为 22.78%，而选股能力最低的第 10 组基金经理的平均年化 α 为 −2.49%，两组相差超过 25 个百分点。有关选股能力（α）与择时能力（γ）的相关性我们在下一节讨

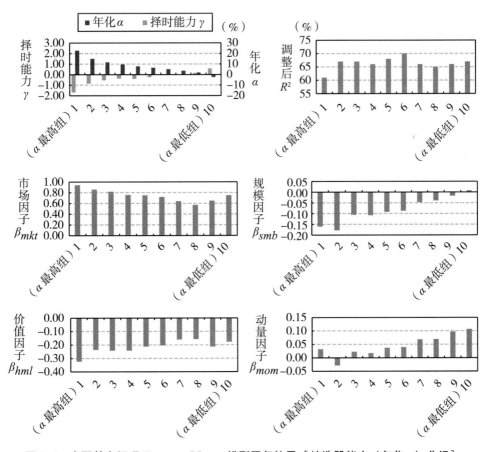

图 5-4　在职基金经理 Treynor-Mazuy 模型回归结果 ［按选股能力（年化 α）分组］

论。此外，大盘指数收益对应的敏感系数 β_{mkt} 的值为 0.57~0.94，这意味着多数基金经理对市场风险因子的暴露较高，跟随市场同涨同跌。规模因子对应的敏感度系数 β_{smb} 为 -0.18~0.01，随着每组基金经理年化 α 的减小，β_{smb} 的值呈现略增大趋势，说明具有较好选股能力的基金经理持有大盘股的仓位更高。价值因子对应的敏感度系数 β_{hml} 为 -0.32~-0.16，并且随着每组基金经理选股能力的减小，β_{hml} 组别间的数值并没有显著的变化。这说明基金经理对价值股与成长股的仓位偏好与其选股能力无明显关系。趋势因子对应的敏感度系数 β_{mom} 为 -0.03~0.11，总体数值不高，但随着每组基金经理年化 α 的减小（选股能力的下降）而呈现略增大趋势，即追涨杀跌倾向增加。这一定程度上也意味着追涨杀跌行为对于基金经理的业绩表现而言具有负面效应。模型调整后的 R^2 为 66% 左右，说明我们使用的模型可以较好地解释在职基金经理的超额收益。

接下来，我们具体分析具有显著选股能力的 460 位基金经理的情况。表 5-9 展示了 Treynor-Mazuy 四因子模型中 α 为正显著的基金经理名单、任职区间和选股能力 α 的估计值。这些基金经理对应的年化 α 为 2.35%~45.46%，平均任职 77 个月。本书附录八中，我们给出所有在职股票型基金经理的选股能力以及各 β 的风险暴露程度，供读者了解每一位在职基金经理的业绩。

表 5-9 　　具有选股能力的在职股票型公募基金经理（按年化 α 排序）：1998~2022 年

编号	基金经理	当前任职公司	任职区间	任职时间（月）	管理基金数量（只）	年化 α（%）	$t(\alpha)$
1	陆彬	汇丰晋信	2019/05 ~ 2022/12	44	7	45.46	3.08
2	郑巍山	银河	2019/05 ~ 2022/12	44	4	42.89	2.00
3	施成	国投瑞银	2019/03 ~ 2022/12	46	6	41.75	1.98
4	孙浩中	中信保诚	2019/12 ~ 2022/12	37	5	41.58	1.80
5	董季周	泰信	2019/07 ~ 2022/12	42	2	35.68	2.01
6	王阳	国泰	2018/11 ~ 2022/12	50	5	34.58	3.13
7	徐慕浩	泰信	2019/08 ~ 2022/12	41	2	34.19	4.22
8	朱睿	鹏华	2019/04 ~ 2022/12	41	4	32.64	4.72
9	韩创	大成	2019/01 ~ 2022/12	48	8	32.35	3.56
10	韩广哲	金鹰	2012/11 ~ 2022/12	56	10	30.91	2.14
11	郑泽鸿	华夏	2017/06 ~ 2022/12	67	6	30.37	2.53
12	王元春	易方达	2018/12 ~ 2022/12	49	4	29.81	2.37
13	朱然	信达澳亚	2017/11 ~ 2022/12	59	7	29.68	2.42
14	王鹏	泰达宏利	2017/11 ~ 2022/12	62	7	28.77	2.18
15	向伊达	银华	2019/12 ~ 2022/12	37	4	28.61	1.77

续表

编号	基金经理	当前任职公司	任职区间	任职时间（月）	管理基金数量（只）	年化 α（%）	$t(\alpha)$
16	樊勇	汇添富	2018/10～2022/12	48	7	27.27	2.10
17	吴秉韬	泰信	2019/07～2022/12	42	4	26.65	1.72
18	钟赟	南方	2017/02～2022/12	68	5	26.05	3.00
19	黄艺明	百嘉	2019/01～2022/12	39	2	25.98	2.44
20	何杰	平安	2018/04～2022/12	53	10	24.51	2.45
21	蔡荣成	易方达	2019/04～2022/12	45	4	24.41	2.18
22	张朋	汇添富	2018/06～2022/12	51	5	24.32	2.92
23	杨仁眉	上海东方证券	2018/04～2022/12	45	5	24.23	2.90
24	孟昊	鹏华	2018/02～2022/12	59	8	23.62	2.61
25	束金伟	万家	2019/12～2022/12	37	3	23.61	1.82
26	田彧龙	交银施罗德	2019/05～2022/12	44	4	23.52	2.54
27	高楠	恒越	2017/11～2022/12	60	5	23.30	2.22
28	韩威俊	交银施罗德	2016/01～2022/12	84	7	23.24	3.22
29	章恒	万家	2014/11～2022/12	47	6	23.09	1.78
30	邓彬彬	鹏扬	2015/03～2022/12	66	9	23.08	2.35
31	方建	银华	2018/06～2022/12	55	4	22.82	1.84
32	黄珺	中银	2019/03～2022/12	46	4	22.82	2.63
33	冯明远	信达澳亚	2016/10～2022/12	75	10	22.69	2.89
34	李锦文	南方	2018/12～2022/12	49	6	22.31	2.44
35	陆文凯	招商	2018/06～2022/12	51	3	22.28	1.65
36	刘健维	易方达	2019/07～2022/12	42	3	22.24	2.57
37	宋仁杰	泰康	2019/09～2022/12	40	2	22.20	2.48
38	于洋	富国	2017/10～2022/12	46	7	22.10	2.09
39	高诗	国联安	2019/09～2022/12	40	1	22.00	2.05
40	楼慧源	交银施罗德	2018/09～2022/12	52	2	22.00	2.12
41	王迪	融通	2018/06～2022/12	55	3	21.73	2.21
42	孟棋	长盛	2019/05～2022/12	44	6	21.43	1.79
43	闫思倩	鹏华	2017/10～2022/12	60	4	21.41	1.73
44	冀楠	博时	2017/06～2022/12	64	8	21.40	2.87
45	孙伟	上海东方证券	2016/01～2022/12	84	4	21.37	4.41
46	王斌	华安	2018/10～2022/12	51	6	21.24	2.45

续表

编号	基金经理	当前任职公司	任职区间	任职时间（月）	管理基金数量（只）	年化 α（%）	$t(\alpha)$
47	袁蓓	建信	2004/08～2022/12	47	2	21.14	3.46
48	孙松	易方达	2018/12～2022/12	49	1	20.99	3.47
49	郑中华	英大	2019/03～2022/12	46	2	20.73	2.76
50	孙彬	富国	2019/05～2022/12	44	8	20.49	3.58
51	范习辉	惠升	2018/08～2022/12	50	5	20.41	2.08
52	姜诚	中泰证券	2014/08～2022/12	70	9	20.37	2.88
53	苏文杰	嘉实	2018/10～2022/12	51	1	20.36	2.21
54	季新星	华夏	2017/01～2022/12	69	10	20.28	2.75
55	姜永明	财通证券	2019/04～2022/12	45	6	20.25	2.57
56	詹杰	汇添富	2018/08～2022/12	49	3	20.13	2.44
57	刘鹏	交银施罗德	2018/05～2022/12	56	3	20.06	3.53
58	胡昕炜	汇添富	2016/04～2022/12	81	6	20.00	2.66
59	谢家乐	大成	2019/08～2022/12	41	7	19.96	1.65
60	孙迪	广发	2017/12～2022/12	61	7	19.70	2.54
61	周克平	华夏	2019/01～2022/12	48	7	19.64	1.90
62	李国林	嘉合	2019/01～2022/12	48	9	19.61	2.19
63	计伟	中银国际证券	2017/09～2022/12	45	4	19.50	2.36
64	李恒	国泰	2017/01～2022/12	72	6	19.23	2.43
65	宁君	富国	2018/09～2022/12	52	1	18.89	2.09
66	刘玉	广发	2018/10～2022/12	51	3	18.86	3.15
67	王丹	嘉实	2019/01～2022/12	48	3	18.86	2.18
68	王贵重	嘉实	2019/05～2022/12	44	6	18.82	1.69
69	张富盛	富国	2018/03～2022/12	55	5	18.82	1.83
70	吕佳玮	华夏	2017/08～2022/12	65	3	18.81	1.94
71	许炎	富国	2016/08～2022/12	77	4	18.76	2.23
72	刘武	易方达	2018/12～2022/12	49	4	18.70	1.67
73	丘栋荣	中庚	2014/09～2022/12	93	6	18.63	3.96
74	王金祥	海富通	2018/11～2022/12	50	2	18.63	3.56
75	王志华	汇添富	2001/11～2022/12	59	5	18.61	1.95
76	万建军	华安	2018/03～2022/12	58	6	18.60	2.02
77	陈伟	博时	2019/10～2022/12	39	1	18.57	2.02

续表

编号	基金经理	当前任职公司	任职区间	任职时间（月）	管理基金数量（只）	年化α（%）	$t(\alpha)$
78	杨宗昌	易方达	2019/04~2022/12	45	3	18.55	1.87
79	刘晓晨	中加	2018/01~2022/12	51	5	18.38	3.92
80	郑有为	国泰	2019/06~2022/12	43	5	18.38	1.95
81	张玮升	工银瑞信	2017/10~2022/12	63	4	18.36	2.34
82	周书	银华	2018/04~2022/12	57	4	18.32	1.65
83	刘洋	万家	2018/09~2022/12	52	3	18.27	1.70
84	陈宇	兴证全球	2017/09~2022/12	64	2	18.23	2.89
85	杨思亮	宝盈	2018/03~2022/12	58	7	18.22	2.10
86	赵诣	泉果	2017/03~2022/12	64	6	18.18	1.87
87	盛骅	华安	2018/02~2022/12	59	5	18.07	2.53
88	陆秋渊	华安	2017/06~2022/12	67	4	18.01	3.00
89	祁禾	易方达	2017/12~2022/12	61	8	17.99	2.60
90	徐成	国海富兰克林	2017/07~2022/12	66	3	17.73	3.59
91	张萍	银华	2018/11~2022/12	50	12	17.69	2.07
92	盛丰衍	西部利得	2019/03~2022/12	46	3	17.66	2.60
93	林乐峰	南方	2017/12~2022/12	61	4	17.55	3.59
94	张燕	中银国际证券	2015/05~2022/12	79	9	17.52	2.87
95	张金涛	嘉实	2016/05~2022/12	80	8	17.40	3.99
96	林梦	工银瑞信	2017/10~2022/12	63	3	17.32	2.82
97	胡宇飞	嘉实	2018/02~2022/12	59	4	17.27	2.16
98	胡宜斌	华安	2015/11~2022/12	86	6	17.20	2.54
99	秦绪文	上海东方证券	2016/01~2022/12	84	6	17.15	4.05
100	尚烁徽	华泰保兴	2017/03~2022/12	70	9	17.13	2.38
101	罗佳明	中欧	2019/07~2022/12	42	4	17.09	2.35
102	张烨	大成	2017/09~2022/12	64	4	17.02	2.36
103	黄文倩	华夏	2016/02~2022/12	83	6	17.00	2.59
104	林博程	中银国际证券	2018/03~2022/12	54	5	16.97	2.05
105	杨浩	交银施罗德	2015/08~2022/12	89	4	16.89	4.11
106	成雨轩	中欧	2019/06~2022/12	43	3	16.85	1.94
107	张宇帆	工银瑞信	2016/03~2022/12	82	3	16.78	3.33
108	王明旭	广发	2018/10~2022/12	51	7	16.71	2.57

续表

编号	基金经理	当前任职公司	任职区间	任职时间（月）	管理基金数量（只）	年化 α（%）	$t(\alpha)$
109	陈俊华	交银施罗德	2016/11～2022/12	74	2	16.68	3.59
110	汤志彦	鹏华	2017/07～2022/12	66	3	16.35	2.84
111	李晓星	银华	2015/07～2022/12	90	15	16.17	3.51
112	王睿	中银	2018/11～2022/12	50	4	16.17	3.01
113	许文星	中欧	2018/04～2022/12	57	8	16.16	3.44
114	费逸	广发	2017/07～2022/12	66	9	16.09	2.15
115	蔡丞丰	嘉实	2017/07～2022/12	54	5	16.03	2.54
116	黎莹	德邦	2015/06～2022/12	91	7	15.88	4.91
117	蒲世林	富国	2018/12～2022/12	49	4	15.87	2.95
118	罗成	鹏扬	2018/03～2022/12	58	2	15.72	2.61
119	金耀	民生加银	2017/12～2022/12	61	5	15.69	1.89
120	杨嘉文	易方达	2017/12～2022/12	61	5	15.62	3.88
121	戴杰	汇安	2017/01～2022/12	72	15	15.61	2.95
122	赵枫	睿远	2001/09～2022/12	100	3	15.59	3.53
123	冯汉杰	中加	2018/12～2022/12	49	4	15.58	3.51
124	童国林	西部利得	2004/05～2022/12	59	5	15.54	2.26
125	高钥群	华安	2017/04～2022/12	69	4	15.53	3.22
126	刘旭	大成	2015/07～2022/12	90	7	15.45	3.90
127	张竞	安信	2017/12～2022/12	61	5	15.38	2.43
128	罗洋	广发	2019/05～2022/12	44	3	15.35	2.19
129	刘宏达	万家	2017/12～2022/12	57	5	15.29	1.91
130	朱伟东	合煦智远	2018/09～2022/12	52	1	15.29	1.82
131	聂世林	安信	2016/02～2022/12	83	5	15.23	3.40
132	于浩成	泓德	2018/01～2022/12	54	5	15.18	1.86
133	秦毅	泓德	2017/06～2022/12	67	7	15.15	2.90
134	张坤	易方达	2015/11～2022/12	124	4	15.13	2.10
135	周涛	浙江浙商证券	2019/01～2022/12	48	6	15.06	2.22
136	祝昱丰	长信	2017/10～2022/12	63	3	14.95	2.37
137	李响	上海东方证券	2018/03～2022/12	58	2	14.88	2.07
138	谭丽	嘉实	2017/04～2022/12	69	11	14.87	3.35
139	王延飞	上海东方证券	2015/06～2022/12	91	5	14.86	3.00

续表

编号	基金经理	当前任职公司	任职区间	任职时间（月）	管理基金数量（只）	年化 α（%）	$t(\alpha)$
140	林念	工银瑞信	2016/09～2022/12	76	3	14.85	2.34
141	李昱	工银瑞信	2018/01～2022/12	60	5	14.81	2.78
142	何帅	交银施罗德	2015/07～2022/12	90	4	14.66	4.11
143	是星涛	信达澳亚	2016/02～2022/12	77	6	14.49	3.93
144	杨晓斌	金鹰	2018/04～2022/12	57	6	14.40	3.47
145	向伟	浙商	2019/09～2022/12	40	3	14.35	2.64
146	沙炜	博时	2015/05～2022/12	92	9	14.30	3.24
147	高远	长信	2017/01～2022/12	72	3	14.26	3.59
148	邵卓	建信	2015/03～2022/12	94	8	14.20	2.76
149	袁维德	中欧	2016/12～2022/12	73	6	14.19	3.06
150	邹维	圆信永丰	2019/01～2022/12	48	4	14.17	2.98
151	葛兰	中欧	2015/01～2022/12	92	9	14.14	1.82
152	范琨	融通	2016/02～2022/12	83	4	14.13	2.47
153	乔迁	兴证全球	2017/07～2022/12	66	4	14.12	3.77
154	魏刚	农银汇理	2018/03～2022/12	58	8	14.09	2.37
155	潘中宁	华夏	2018/09～2022/12	52	4	14.00	1.72
156	姚志鹏	嘉实	2016/05～2022/12	81	9	14.00	2.48
157	吴尚伟	汇安	2014/11～2022/12	89	8	13.96	2.79
158	乔海英	东方阿尔法	2015/08～2022/12	81	4	13.93	1.87
159	罗世锋	诺德	2014/11～2022/12	98	6	13.92	2.47
160	林庆	富国	2015/05～2022/12	92	3	13.88	3.18
161	刘克飞	建信	2018/03～2022/12	58	4	13.87	1.85
162	厉叶淼	富国	2015/08～2022/12	89	5	13.80	2.63
163	高源	万家	2015/07～2022/12	87	13	13.76	3.33
164	韩冰	招商	2015/05～2022/12	92	4	13.76	2.30
165	李文宾	万家	2017/01～2022/12	72	15	13.68	1.84
166	陈怡	泰康	2017/11～2022/12	62	3	13.54	2.06
167	杜洋	工银瑞信	2015/02～2022/12	95	9	13.53	3.02
168	吴畏	富国	2018/10～2022/12	51	2	13.52	1.76
169	赵蓓	工银瑞信	2014/11～2022/12	98	6	13.38	1.86
170	张强	诺安	2017/03～2022/12	70	2	13.37	1.72

续表

编号	基金经理	当前任职公司	任职区间	任职时间（月）	管理基金数量（只）	年化 α（%）	$t(\alpha)$
171	任相栋	兴证全球	2015/01～2022/12	81	4	13.34	3.14
172	颜伟鹏	嘉实	2015/03～2022/12	88	6	13.26	2.03
173	王园园	富国	2017/06～2022/12	67	7	13.23	1.66
174	李耀柱	广发	2016/11～2022/12	74	9	13.20	2.57
175	田俊维	博时	2015/06～2022/12	86	7	13.08	2.70
176	张峰	农银汇理	2015/09～2022/12	88	6	13.08	2.70
177	张锦	博时	2018/08～2022/12	53	3	13.07	2.39
178	谷琦彬	天弘	2018/05～2022/12	56	6	13.06	3.02
179	季文华	兴证全球	2016/03～2022/12	79	5	13.03	2.33
180	蔡宇滨	诺安	2017/12～2022/12	61	3	13.02	3.12
181	甘传琦	中融	2017/06～2022/12	67	12	13.02	1.95
182	周云	上海东方证券	2015/09～2022/12	88	6	13.02	3.46
183	归凯	嘉实	2016/03～2022/12	82	9	12.91	2.43
184	蒋佳良	浦银安盛	2017/01～2022/12	68	7	12.84	1.87
185	王崇	交银施罗德	2014/10～2022/12	99	3	12.79	2.94
186	郭斐	交银施罗德	2017/09～2022/12	64	4	12.71	1.67
187	胡中原	华商	2019/03～2022/12	46	2	12.62	2.77
188	王伟	中银	2015/02～2022/12	95	7	12.59	2.03
189	杨锐文	景顺长城	2014/10～2022/12	99	12	12.57	2.66
190	贺喆	华宝	2018/07～2022/12	54	5	12.55	2.14
191	詹佳	光大保德信	2018/06～2022/12	55	9	12.44	1.64
192	莫海波	万家	2015/05～2022/12	92	13	12.43	2.17
193	张峰	富国	2015/06～2022/12	91	6	12.32	2.41
194	栾江伟	中信建投	2015/07～2022/12	83	10	12.31	2.34
195	李进	景顺长城	2016/10～2022/12	73	8	12.29	1.69
196	黄成扬	泰康	2017/11～2022/12	62	3	12.20	2.06
197	张清华	易方达	2015/04～2022/12	93	13	12.20	2.23
198	王创练	诺安	2015/03～2022/12	94	7	12.04	2.37
199	何以广	长城	2015/05～2022/12	92	10	12.00	2.58
200	罗安安	南方	2015/07～2022/12	90	9	11.95	2.36
201	林英睿	广发	2015/05～2022/12	87	9	11.94	2.65

续表

编号	基金经理	当前任职公司	任职区间	任职时间（月）	管理基金数量（只）	年化 α（%）	$t(\alpha)$
202	李会忠	格林	2014/12~2022/12	90	12	11.86	1.84
203	肖觅	嘉实	2016/12~2022/12	73	10	11.83	3.25
204	梁辰	招商	2017/07~2022/12	56	6	11.82	1.75
205	刘明	融通	2018/11~2022/12	50	1	11.80	2.26
206	常蓁	嘉实	2015/03~2022/12	94	7	11.79	2.36
207	杨栋	富国	2015/08~2022/12	89	9	11.79	3.20
208	沈楠	交银施罗德	2015/05~2022/12	92	3	11.75	3.81
209	张媛	英大	2018/01~2022/12	60	4	11.75	2.28
210	龙宇飞	长城	2017/10~2022/12	63	3	11.72	1.68
211	吴晖	长信	2019/04~2022/12	45	3	11.72	3.91
212	詹成	景顺长城	2015/12~2022/12	85	9	11.71	2.78
213	鲍无可	景顺长城	2014/06~2022/12	103	8	11.64	3.28
214	张剑峰	工银瑞信	2016/09~2022/12	76	3	11.54	1.86
215	徐彦	大成	2012/10~2022/12	109	12	11.50	3.20
216	神爱前	平安	2016/07~2022/12	78	7	11.45	1.66
217	张丹华	嘉实	2017/05~2022/12	68	12	11.45	2.09
218	陈欣	汇安	2018/03~2022/12	58	5	11.37	1.88
219	杨琨	诺安	2014/06~2022/12	79	6	11.36	1.67
220	王浩	银华	2015/11~2022/12	86	6	11.32	2.03
221	徐晓杰	光大保德信	2015/05~2022/12	90	8	11.27	1.90
222	谢治宇	兴证全球	2013/01~2022/12	120	6	11.25	3.24
223	刘晓	国海富兰克林	2017/02~2022/12	71	6	11.15	3.54
224	赵鹏飞	汇添富	2016/06~2022/12	79	6	11.13	2.35
225	宋炳珅	工银瑞信	2014/01~2022/12	108	6	11.11	2.22
226	薄官辉	银华	2015/04~2022/12	93	8	11.10	2.89
227	陈富权	农银汇理	2013/08~2022/12	113	10	11.04	2.62
228	光磊	永赢	2015/04~2022/12	87	9	11.04	1.90
229	刘彦春	景顺长城	2008/07~2022/12	165	10	11.02	2.15
230	陈思郁	上投摩根	2015/08~2022/12	89	4	10.93	2.02
231	过钧	博时	2016/03~2022/12	83	9	10.89	2.08
232	章晖	南方	2015/05~2022/12	92	6	10.87	2.33

编号	基金经理	当前任职公司	任职区间	任职时间（月）	管理基金数量（只）	年化 α（%）	$t(\alpha)$
233	张一甫	惠升	2017/01～2022/12	69	5	10.85	2.15
234	周海栋	华商	2014/05～2022/12	104	10	10.84	2.40
235	吴刚	中融	2017/11～2022/12	61	6	10.82	1.77
236	李博	大成	2015/04～2022/12	93	6	10.78	2.44
237	袁争光	博道	2015/05～2022/12	76	6	10.76	2.68
238	黄维	平安	2016/08～2022/12	77	11	10.72	1.85
239	赵健	华泰保兴	2018/06～2022/12	55	3	10.72	3.24
240	吉莉	国投瑞银	2017/06～2022/12	67	7	10.69	2.21
241	易智泉	富国	2017/10～2022/12	63	5	10.69	2.00
242	侯梧	富国	2014/11～2022/12	71	5	10.55	1.75
243	徐达	摩根士丹利华鑫	2016/06～2022/12	79	4	10.52	2.50
244	杨琪	银河	2017/01～2022/12	72	6	10.49	1.82
245	俞诚	申万菱信	2017/07～2022/12	55	5	10.48	1.90
246	薛冀颖	平安	2015/06～2022/12	87	6	10.46	2.02
247	郑迎迎	南方	2015/08～2022/12	79	2	10.46	2.25
248	萧楠	易方达	2012/09～2022/12	124	10	10.44	1.75
249	任慧峰	中邮创业	2018/08～2022/12	53	4	10.43	2.50
250	谭小兵	长城	2016/02～2022/12	83	7	10.42	1.92
251	张露	嘉实	2017/08～2022/12	65	3	10.41	3.18
252	金宏伟	泰康	2017/08～2022/12	65	5	10.39	2.32
253	杨鑫鑫	工银瑞信	2013/06～2022/12	112	6	10.36	3.73
254	张明	安信	2017/05～2022/12	68	9	10.36	1.78
255	徐幼华	富国	2018/05～2022/12	56	2	10.31	2.09
256	苏昌景	泓德	2016/04～2022/12	81	6	10.30	2.97
257	武阳	易方达	2015/08～2022/12	89	5	10.29	2.29
258	骆帅	南方	2015/05～2022/12	92	11	10.26	2.95
259	陈璇淼	鹏华	2016/03～2022/12	82	5	10.24	1.86
260	吴邦栋	华泰柏瑞	2018/03～2022/12	58	8	10.18	2.42
261	肖立强	前海开源	2018/10～2022/12	51	8	10.18	2.03
262	师婧	泰达宏利	2017/12～2022/12	60	3	10.15	2.24
263	王一兵	创金合信	2017/07～2022/12	37	2	10.13	2.69

续表

编号	基金经理	当前任职公司	任职区间	任职时间（月）	管理基金数量（只）	年化 α（%）	$t(\alpha)$
264	董晗	景顺长城	2014/07~2022/12	92	9	10.10	2.18
265	房雷	光大保德信	2016/12~2022/12	73	9	10.03	2.37
266	王睿	中信保诚	2015/04~2022/12	93	8	10.03	2.16
267	许富强	融通	2018/05~2022/12	56	1	10.02	2.12
268	刘斌	国联安	2013/12~2022/12	109	9	9.98	2.23
269	马翔	汇添富	2016/03~2022/12	82	9	9.98	2.28
270	赵世宏	鹏扬	2016/03~2022/12	77	6	9.98	1.81
271	郭雪松	工银瑞信	2019/09~2022/12	40	1	9.96	2.27
272	栾超	新华	2015/11~2022/12	83	10	9.96	1.70
273	李欣	华安	2015/07~2022/12	90	7	9.92	1.84
274	孙晟	建信	2016/03~2022/12	82	6	9.92	2.03
275	吴渭	博时	2013/12~2022/12	84	8	9.90	1.84
276	白海峰	招商	2017/05~2022/12	68	2	9.89	1.72
277	曾豪	博时	2017/12~2022/12	55	6	9.88	1.94
278	马斌博	浙江浙商证券	2017/12~2022/12	61	4	9.87	1.74
279	胡春霞	圆信永丰	2018/03~2022/12	58	5	9.86	1.78
280	袁曦	银河	2015/12~2022/12	85	9	9.85	1.89
281	张勋	泰达宏利	2014/11~2022/12	98	10	9.81	1.97
282	张东一	广发	2016/07~2022/12	78	13	9.73	1.66
283	范妍	圆信永丰	2015/10~2022/12	87	13	9.70	3.08
284	赵强	新华	2014/03~2022/12	82	9	9.68	1.73
285	关山	融通	2016/06~2022/12	79	8	9.66	2.62
286	胡耀文	海富通	2015/06~2022/12	88	3	9.64	2.05
287	戴军	大成	2015/05~2022/12	92	4	9.63	2.66
288	王东杰	建信	2015/05~2022/12	92	8	9.52	1.96
289	邹欣	兴证全球	2015/12~2022/12	85	2	9.46	2.68
290	刘腾	中银	2017/09~2022/12	64	3	9.44	1.82
291	缪玮彬	金元顺安	2016/12~2022/12	73	2	9.42	1.64
292	倪超	金鹰	2015/06~2022/12	91	7	9.37	1.98
293	邬传雁	泓德	2015/06~2022/12	91	7	9.37	1.88
294	徐张红	招商	2017/06~2022/12	41	3	9.34	1.84

续表

编号	基金经理	当前任职公司	任职区间	任职时间（月）	管理基金数量（只）	年化 α（%）	$t(\alpha)$
295	唐能	银华	2015/05～2022/12	92	8	9.33	1.68
296	赵鹏程	汇添富	2016/07～2022/12	78	7	9.21	1.81
297	谢泽林	嘉实	2015/09～2022/12	88	4	9.12	2.21
298	张堃	诺安	2015/08～2022/12	89	3	9.02	2.09
299	鄢耀	工银瑞信	2013/08～2022/12	113	10	8.93	2.87
300	徐荔蓉	国海富兰克林	200603～2022/12	151	5	8.87	2.73
301	刘方旭	兴业	2015/12～2022/12	85	6	8.82	2.35
302	蔡晓	民生加银	2016/05～2022/12	80	4	8.80	1.96
303	贲兴振	银华	2013/02～2022/12	115	9	8.72	2.22
304	国晓雯	中邮创业	2017/01～2022/12	72	11	8.71	1.68
305	陈鹏扬	博时	2015/08～2022/12	89	11	8.70	2.50
306	陆奔	华安	2018/09～2022/12	52	4	8.70	2.77
307	石磊	银河	2019/04～2022/12	45	3	8.68	3.17
308	王宁	长盛	2001/07～2022/12	192	13	8.68	3.20
309	周晶	银华	2013/02～2022/12	102	5	8.68	1.95
310	祝建辉	银河	2015/12～2022/12	85	9	8.60	2.12
311	李捷	国寿安保	2016/09～2022/12	76	3	8.59	1.99
312	曾文宏	诺德	2017/08～2022/12	65	3	8.59	2.12
313	任慧娟	泰康	2016/05～2022/12	80	3	8.53	2.27
314	陈一峰	安信	2014/04～2022/12	105	9	8.52	2.21
315	陶灿	建信	201107～2022/12	138	11	8.51	2.17
316	何晶	银河	2015/05～2022/12	53	6	8.49	2.42
317	胡志利	工银瑞信	2016/10～2022/12	75	12	8.46	1.78
318	曹文俊	富国	2013/08～2022/12	104	9	8.44	2.02
319	何肖颉	工银瑞信	2005/02～2022/12	148	7	8.41	2.30
320	侯春燕	大成	2015/12～2022/12	85	8	8.40	2.68
321	杨衡	长盛	2015/06～2022/12	91	21	8.38	2.42
322	王春	华安	200704～2022/12	152	11	8.37	1.65
323	曹名长	中欧	2006/07～2022/12	194	11	8.33	2.80
324	陈启明	华富	2014/09～2022/12	100	9	8.31	1.69
325	李丹	国寿安保	2016/02～2022/12	83	2	8.25	1.75

编号	基金经理	当前任职公司	任职区间	任职时间（月）	管理基金数量（只）	年化α（%）	$t(\alpha)$
326	张慧	华泰柏瑞	2013/09~2022/12	112	9	8.18	1.79
327	舒灏	华安	2018/07~2022/12	54	6	8.14	2.91
328	方旻	富国	2017/06~2022/12	42	4	8.13	2.08
329	张啸伟	富国	2015/08~2022/12	89	4	8.07	2.15
330	吴昊	中信保诚	2015/11~2022/12	86	8	8.06	2.84
331	周蔚文	中欧	2006/11~2022/12	191	11	8.05	2.99
332	汪孟海	富国	2015/10~2022/12	87	6	8.02	1.68
333	李玉良	诺安	2015/07~2022/12	90	7	7.95	2.51
334	姜锋	建信	2011/07~2022/12	138	6	7.90	2.29
335	刘怡敏	国海富兰克林	2019/01~2022/12	48	1	7.90	3.56
336	劳杰男	汇添富	2015/07~2022/12	90	8	7.89	2.35
337	申坤	国泰	2015/06~2022/12	91	3	7.89	1.68
338	曲径	中欧	2016/01~2022/12	84	10	7.88	2.62
339	缪东航	摩根士丹利华鑫	2017/01~2022/12	72	7	7.87	1.98
340	杨明	华安	2013/06~2022/12	115	9	7.84	2.58
341	茅炜	南方	2016/02~2022/12	83	16	7.77	2.21
342	赵梅玲	东吴	2016/05~2022/12	80	8	7.76	1.82
343	侯杰	招商	2018/10~2022/12	51	4	7.75	2.69
344	黄春逢	南方	2015/12~2022/12	85	6	7.75	2.16
345	朱少醒	富国	2005/11~2022/12	206	2	7.75	2.40
346	郝旭东	诺德	2015/07~2022/12	90	5	7.64	2.23
347	余广	景顺长城	2010/05~2022/12	152	8	7.64	2.18
348	韩冬燕	诺安	2015/11~2022/12	86	4	7.61	2.18
349	龙悦芳	金鹰	2018/06~2022/12	55	1	7.60	4.80
350	谢书英	兴证全球	2014/04~2022/12	97	8	7.54	1.82
351	徐喻军	景顺长城	2017/01~2022/12	72	11	7.52	2.41
352	赵旭照	华泰保兴	2018/01~2022/12	60	4	7.41	3.06
353	张鹏程	九泰	2017/11~2022/12	62	3	7.39	2.21
354	徐嶒	东吴	2015/05~2022/12	92	7	7.38	2.39
355	饶玉涵	国泰	2015/09~2022/12	88	5	7.34	1.89
356	田汉卿	华泰柏瑞	2013/08~2022/12	113	11	7.34	3.37

编号	基金经理	当前任职公司	任职区间	任职时间（月）	管理基金数量（只）	年化 α（%）	$t(\alpha)$
357	王鹏	国投瑞银	2015/04～2022/12	93	3	7.32	1.75
358	孙少锋	博时	2015/09～2022/12	88	2	7.29	2.74
359	王颖	中信保诚	2017/02～2022/12	71	7	7.27	3.18
360	王海峰	银华	2016/03～2022/12	82	7	7.19	1.87
361	王筱苓	工银瑞信	2007/01～2022/12	149	11	7.16	2.56
362	戴鹤忠	德邦	2016/06～2022/12	79	3	7.15	1.97
363	吴剑毅	南方	2015/05～2022/12	92	8	7.07	4.18
364	张弘弢	华夏	2016/11～2022/12	74	1	7.02	2.07
365	林晶	华夏	2017/03～2022/12	70	11	7.00	1.77
366	李林益	大成	2015/07～2022/12	90	4	6.97	1.77
367	刘苏	景顺长城	2011/12～2022/12	130	11	6.97	1.72
368	王磊	大成	2013/07～2022/12	114	6	6.96	1.99
369	周雪军	海富通	2012/06～2022/12	124	8	6.94	2.52
370	陈栋	光大保德信	2015/04～2022/12	93	5	6.77	1.93
371	孙轶佳	华夏	2015/11～2022/12	86	10	6.73	1.65
372	姚锦	建信	2009/12～2022/12	149	8	6.70	1.75
373	魏东	国联安	2004/05～2022/12	221	7	6.66	2.14
374	桑俊	国投瑞银	2014/12～2022/12	97	14	6.64	2.14
375	蔡滨	博时	2014/12～2022/12	97	12	6.56	2.19
376	毕天宇	富国	2005/12～2022/12	206	7	6.52	1.89
377	金猛	嘉实	2018/09～2022/12	52	2	6.37	1.86
378	陈乐	南方	2017/12～2022/12	61	5	6.33	3.80
379	郭堃	长盛	2015/11～2022/12	81	11	6.33	1.74
380	黄瑞庆	博时	2011/12～2022/12	124	7	6.30	2.23
381	张森	平安	2015/02～2022/12	91	3	6.30	1.92
382	宋殿宇	中银	2018/02～2022/12	59	4	6.26	3.23
383	冷文鹏	兴华	2016/06～2022/12	60	6	6.20	1.67
384	张一格	融通	2013/12～2022/12	101	6	6.19	3.24
385	伍智勇	鹏扬	2015/05～2022/12	85	4	6.17	1.67
386	李一硕	易方达	2016/08～2022/12	77	4	6.10	5.47
387	宋永安	农银汇理	2015/12～2022/12	85	2	6.09	2.84

编号	基金经理	当前任职公司	任职区间	任职时间（月）	管理基金数量（只）	年化α（%）	$t(\alpha)$
388	刘开运	九泰	2015/07~2022/12	90	11	6.08	1.75
389	姚秋	广发	2015/01~2022/12	92	5	6.07	2.19
390	伍旋	鹏华	2011/12~2022/12	133	8	6.05	2.30
391	杨永光	博时	2016/12~2022/12	73	5	6.03	4.30
392	李家春	长信	2016/10~2022/12	70	3	6.00	2.60
393	涂海强	中银	2016/01~2022/12	84	6	5.98	3.17
394	陈孜铎	交银施罗德	2014/10~2022/12	99	2	5.95	1.79
395	方磊	汇丰晋信	2016/03~2022/12	82	2	5.87	1.66
396	钱睿南	兴业	2008/02~2022/12	171	9	5.82	1.99
397	徐觅	上海东方证券	2017/09~2022/12	64	1	5.82	4.05
398	纪文静	上海东方证券	2015/07~2022/12	90	2	5.81	4.55
399	苗婷	中银	2016/08~2022/12	77	7	5.80	5.24
400	张芊	广发	2015/11~2022/12	86	7	5.80	3.11
401	牟琼屿	永赢	2019/06~2022/12	43	1	5.77	2.11
402	王欢	国联安	2017/12~2022/12	61	3	5.63	2.36
403	何秀红	工银瑞信	2015/10~2022/12	87	1	5.57	2.19
404	吴振翔	汇添富	2015/02~2022/12	95	2	5.52	1.93
405	王健	中欧	2009/10~2022/12	142	13	5.49	2.21
406	杨谷	诺安	2006/02~2022/12	203	4	5.46	2.04
407	夏妍妍	海富通	2018/01~2022/12	60	2	5.45	4.03
408	王莉	国海富兰克林	2019/09~2022/12	40	1	5.41	2.37
409	薛玲	建信	2017/05~2022/12	68	3	5.40	2.45
410	刘铭	银河	2017/05~2022/12	69	9	5.39	4.60
411	提云涛	中信保诚	2016/09~2022/12	76	10	5.37	3.13
412	万纯	永赢	2019/07~2022/12	42	5	5.34	1.68
413	邱世磊	广发	2016/01~2022/12	78	6	5.32	3.87
414	郑煜	华夏	2006/08~2022/12	197	14	5.32	2.34
415	林昊	华宝	2017/03~2022/12	70	5	5.30	3.59
416	张惠	华富	2016/06~2022/12	79	6	5.27	3.87
417	李君	安信	2017/12~2022/12	61	3	5.26	3.41
418	轩璇	嘉实	2019/11~2022/12	38	1	5.26	2.27

编号	基金经理	当前任职公司	任职区间	任职时间（月）	管理基金数量（只）	年化 α（%）	$t(\alpha)$
419	叶朝明	鹏华	2018/08～2022/12	40	4	5.21	3.06
420	黄华	中欧	2018/12～2022/12	49	3	5.19	2.24
421	叶乐天	建信	2016/08～2022/12	77	5	5.19	2.41
422	胡永青	嘉实	2014/10～2022/12	99	10	5.04	3.61
423	华李成	中欧	2018/03～2022/12	58	1	4.94	3.91
424	余芽芳	招商	2017/04～2022/12	69	7	4.90	2.80
425	孔令超	上海东方证券	2016/08～2022/12	77	1	4.86	4.00
426	周益鸣	华安	2019/12～2022/12	37	1	4.80	1.74
427	李建	中银	2012/09～2022/12	124	5	4.71	2.93
428	高文庆	华宝	2017/03～2022/12	70	1	4.58	3.59
429	杜晓海	海富通	2016/06～2022/12	79	9	4.46	2.84
430	张翼飞	安信	2015/05～2022/12	92	2	4.41	3.95
431	王克玉	泓德	2010/07～2022/12	146	10	4.39	1.79
432	孙丹	大成	2017/05～2022/12	68	7	4.32	4.10
433	李栋梁	华宝	2015/10～2022/12	87	8	4.29	2.22
434	滕越	招商	2017/03～2022/12	52	8	4.29	1.81
435	綦缚鹏	国投瑞银	2010/04～2022/12	153	12	4.28	1.84
436	薛琳	国联安	2015/06～2022/12	91	5	4.16	1.77
437	苏秉毅	大成	2014/01～2022/12	84	4	4.14	1.76
438	盛豪	华泰柏瑞	2015/10～2022/12	87	16	4.02	2.28
439	石雨欣	华安	2016/02～2022/12	83	5	4.02	3.46
440	刘宁	嘉实	2015/12～2022/12	85	14	3.97	3.55
441	樊利安	国泰	2014/10～2022/12	99	29	3.92	2.51
442	许一尊	汇添富	2015/11～2022/12	86	2	3.92	1.68
443	林龙军	金鹰	2018/05～2022/12	56	2	3.89	2.12
444	李君	鹏华	2015/05～2022/12	92	13	3.80	2.22
445	吴江宏	汇添富	2016/04～2022/12	81	3	3.60	3.43
446	王艺伟	交银施罗德	2019/11～2022/12	38	8	3.57	1.95
447	赵楠楠	银华	2019/09～2022/12	40	5	3.51	1.94
448	纪玲云	易方达	2018/07～2022/12	54	2	3.48	1.70
449	谭昌杰	广发	2015/01～2022/12	96	3	3.41	2.28

编号	基金经理	当前任职公司	任职区间	任职时间（月）	管理基金数量（只）	年化 α（%）	$t(\alpha)$
450	方昶	鹏华	2019/06～2022/12	43	2	3.26	1.75
451	王石千	鹏华	2018/11～2022/12	50	1	3.22	2.15
452	郑可成	华安	2013/05～2022/12	116	9	3.15	2.42
453	朱才敏	华安	2015/05～2022/12	92	5	3.12	3.14
454	韩晶	银河	2015/04～2022/12	93	20	3.06	2.43
455	张韵	招商	2016/01～2022/12	84	8	3.06	1.82
456	谈云飞	海富通	2015/04～2022/12	93	6	2.87	2.01
457	吴西燕	鹏扬	2015/06～2022/12	45	9	2.81	1.80
458	贺涛	华安	2015/05～2022/12	92	7	2.78	1.67
459	孙倩倩	金鹰	2016/06～2022/12	54	4	2.77	1.71
460	闫沛贤	中加	2015/12～2022/12	85	1	2.35	2.39

具体而言，我们选取几个具有代表性的基金经理，分析其选股能力和基金管理的投资逻辑。我们首先选取年化收益率 α 排名第一（45.46%）且远超大盘表现的汇丰晋信基金管理有限公司的基金经理陆彬作为研究对象，他于2014年加入汇丰晋信基金管理有限公司，2019年5月任汇丰晋信基金经理，在管基金产品共7只，现任基金资产总规模260亿元（2022年12月31日数据），是该公司表现最为卓越的基金经理之一。陆彬研究经历丰富，具有9年研究和4年投资经历，在中游行业中有深厚积累，深厚的研究经验使得他更适应风格多元化的市场。陆彬经历过不同的市场环境，上涨行情下进攻能力强，震荡行情下守城能力强，相比之下，下跌行情下防御能力较弱。随着管理基金规模的上升，陆彬管理基金的换手率逐步下降到公募基金平均水平以下，维持在1倍左右。

在投资理念方面，陆彬专注于周期与成长，同时做到均衡。他被称为业内的"调研狂魔"，长年具有高强度的走访、调研习惯。他重视估值因子，力求选出高盈利下估值较低的投资标的，重点挖掘持续成长、特性突出的优质上市公司。在行业配置方面，陆彬坚持认为行业分散能够使组合更均衡。他主要偏好中游制造和周期板块，结合市场环境和基本面作适时的轮动，构建风格均衡的组合。

陆彬具有持续且显著的选股能力，注重个股的基本面和估值，力求挖掘出周期与成长二合一的个股。他管理的基金在机械、电力设备及新能源、汽车、基础化工等行业内具有独到的眼光，体现了其卓越、独到的选股能力。图5-5展示了陆彬管理的基金与同期万得全A指数净值。陆彬敢于在2019年下半年市场低点布局新能源行业，2020年旗下汇丰晋信低碳先锋凭借134.41%的超高回报摘得了2020年股票型基金的桂冠。陆彬管理的基金跑赢市场（万得全 A 指数）的胜率高，尤其是 2020 年和 2021 年，涨幅明显，总体来说业绩具有较好的持续性。

图 5-5　基金经理陆彬以及万得全 A 指数同期净值

我们进一步关注与陆彬就职期间和管理基金数量都比较接近，且业绩卓越的大成基金经理韩创。韩创于 2015 年 6 月加入大成基金管理有限公司，2019 年 1 月任大成基金经理，2022 年获金牛奖及明星基金奖，现任基金资产总规模 240 亿元（2022 年 12 月 31 日数据），是大成基金具有代表性的中生代基金经理。韩创投资能力出色，各种市场环境下业绩均出众，投资生涯年化回报为 32%，显著高于同期大盘年化回报，且具备较强的风控能力。例如，其管理业绩较为亮眼的"大成新锐产业"基金，管理年限超过 4 年，规模 89 亿元（2022 年 12 月 31 日数据），任职期间回报为 337%，业绩领跑同类基金。

韩创管理基金的特点在于，强调"攻守兼备"的投资模型，秉承三条核心规则：一是行业景气度，二是公司竞争优势，三是合理的估值。他认为做投资要与时俱进，保持底层投资框架不轻易改变的同时，根据市场情况对三个因子的权重进行再平衡。他秉持自上而下和自下而上相结合的投资逻辑，一方面，通过把握产业及行业基本面发展变化的脉络，自上而下发掘出具有投资价值且高景气的产业；另一方面，通过基本面分析和估值分析相结合的方法，自下而上选出具有良好经营状况和估值水平且具有竞争优势的公司。他擅长挖掘高景气行业中估值相对安全的好公司，持仓较为分散，主要配置在地产、有色、化工、制造业、汽车等行业，配置相对比较均衡，通常维持高仓位运作，且每季度都会对持有的标的做权重的调整，调仓换股的频率较高，每年换手率在公募基金平均水平的 4 倍左右。仓位水平一般维持在八成以上。

作为一位选股能力卓越的基金经理，韩创认为选股比择时更重要。个股布局方面，他倾向于选择"灰马"股、大盘平衡股，即基本面相对稳健，但市场认知度较低的细分行业龙头股。他选股要求具备三个维度——行业贝塔、个股阿尔法、估值合理，基于此对公司价值作出准确评估，进而在市场中找到潜在的投资机会。韩创与选股能力同样十分卓越的陆彬的共同特点是，他优秀的业绩并非源于抱团、盲目"追热点"，而是源于对石油、建材、化工、有色、黄金、农业、纺织服装、机械和电子等偏周期成长个股的成功挖掘。

图 5-6 为韩创管理的基金与同期万得全 A 指数净值。从中可以看到，韩创兼顾防守与进攻，任职期间最大回撤不超过 25%。自 2019 年初上任基金经理以来，韩创业绩非常出众，2021 年 4~5 月当韩创重仓的基础化工、建筑材料、有色金属行业出现大幅回调时，韩创管理的产品并没有出现大幅回撤。较之前年度业绩而言，2022 年韩创的表现相对较平，产品出现了数次回撤，2022 年末基金盘整，蓄势待发。但总体而言，其表现依然远超万得全 A 指数，具备较强的穿越牛熊的能力。

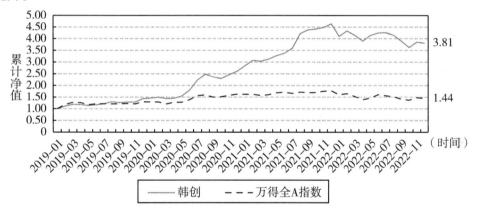

图 5-6　基金经理韩创以及万得全 A 指数同期净值

（二）离职基金经理选股能力

表 5-10 展示了 765 位截至 2022 年 12 月底已离职的股票型基金经理选股能力的统计结果。图 5-7 展示了基金经理选股能力所对应的 α 的 t 值（从高到低排列）。我们使用单边的假设检验，在 5% 的显著性水平上，有 187 位（占比 24%）基金经理的 α 呈正显著性，其 t 值高于 1.64，说明他们具有正确的选股能力；有 531 位（占比 69%）基金经理的 α 呈不显著性，说明他们不具有明显的选股能力；有 47 位（占比 6%）基金经理的 α 呈负显著性，其 t 值低于 -1.64，说明这些基金经理具有错误的选股能力。总体看，有两成已离职的基金经理具有选股能力，但

低于在职基金经理具备选股能力的比例。

表 5-10　　　　　　　　　　　　离职基金经理选股能力

项目	显著性	基金经理数量（位）	占比（%）
选股能力	正显著	187	24
	不显著	531	69
	负显著	47	6
总计		765	100

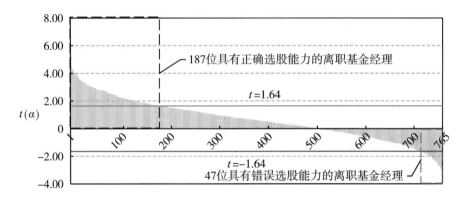

图 5-7　离职股票型基金经理 α 的 t 值（显著性）排列

注：正确选股能力代表 $t(\alpha) > 1.64$，错误选股能力代表 $t(\alpha) < -1.64$，未表现出选股能力代表 $-1.64 \leqslant t(\alpha) \leqslant 1.64$。基金经理具有选股能力是指基金经理表现出正确的选股能力，基金经理不具有选股能力代表基金经理表现出错误的或未表现出选股能力。

在分析选股能力时，需要评估衡量基金经理选股能力 α 的估计值。我们采用 Treynor-Mazuy 四因子模型对已经离职基金经理的选股能力进行回归分析，结果展示在表 5-11 和图 5-8 中。按照离职基金经理的选股能力（年化 α），可以将基金经理分为 10 组，第 1 组为 α 最高的组，以此类推，第 10 组为 α 最低的组。表 5-11 和图 5-8 具体列示出每一组基金经理所对应的 α、γ、β_{mkt}、β_{smb}、β_{hml}、β_{mom}，以及反映模型拟合好坏的调整后 R^2 的平均值。

表 5-11　　　　　　　离职基金经理 Treynor-Mazuy 模型回归结果（选股能力）

组别	年化 α（%）	γ	β_{mkt}	β_{smb}	β_{hml}	β_{mom}	调整后 R^2（%）
1（α 最高组）	18.59	-0.54	0.74	-0.22	-0.34	0.09	73
2	11.80	-0.28	0.72	-0.13	-0.21	0.14	74
3	8.45	-0.29	0.74	-0.10	-0.25	0.12	76
4	5.96	-0.07	0.65	-0.05	-0.18	0.12	72

续表

组别	年化 α（%）	γ	β_{mkt}	β_{smb}	β_{hml}	β_{mom}	调整后 R^2（%）
5	3.79	0.01	0.71	−0.03	−0.21	0.17	77
6	2.18	−0.05	0.67	−0.01	−0.19	0.14	73
7	0.31	0.09	0.70	0.02	−0.21	0.13	76
8	−2.10	0.20	0.76	0.04	−0.17	0.20	79
9	−4.93	0.29	0.76	0.09	−0.18	0.22	82
10（α 最低组）	−10.92	0.69	0.80	0.13	−0.05	0.26	80

注：此表汇报每一组基金经理对应的 α、γ、β_{mkt}、β_{smb}、β_{hml}、β_{mom}，以及调整后 R^2 的平均值。

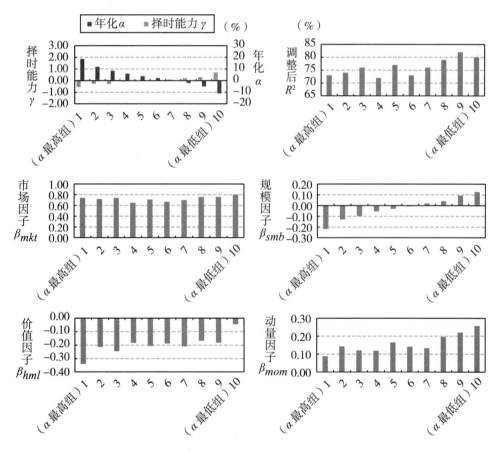

图 5-8　离职基金经理 Treynor-Mazuy 模型回归结果［按选股能力（年化 α）分组］

从表 5-11 和图 5-8 可以看出，离职基金经理的年化 α 为 −10.92% ~ 18.59%，排名在前 2 组的离职基金经理的年化 α 均在 11% 以上。大盘指数对应的敏感系数

β_{mkt} 为 0.65~0.80，每组基金经理在大盘指数上的风险暴露都较高，说明离职基金经理管理的产品与大盘具有较强的相关性。规模因子对应的敏感系数 β_{smb} 为 -0.22~0.13，且随着每组基金经理平均年化 α 的下降，基金经理在规模因子上的风险暴露逐渐升高，这意味着在年化 α 较高的组别中，基金经理持有的投资组合偏重大盘股。价值因子对应的敏感度系数 β_{hml} 为 -0.34~-0.05，随着年化 α 的下降，基金经理在价值因子上的风险暴露并无明显变化，说明基金经理持有价值股或成长股的仓位与其选股能力无明显关系。趋势因子对应的敏感系数 β_{mom} 为 0.09~0.26，整体而言，我们发现离职基金经理的追涨杀跌在各组之间有明显的差别。调整后的 R^2 在 76% 左右，表明该模型很好地解释了离职基金经理的超额收益。有关选股能力（α）和择时能力（γ）的相关性，我们在下一节讨论。

表 5-12 列出了 Treynor-Mazuy 四因子模型中 α 为正显著，即具有正确选股能力的 187 位离职基金经理的名单，还展示了每位基金经理的任职时间及选股能力 α 的估计值。这些基金经理对应的年化 α 为 2.22%~27.29%，平均任职时间为 69 个月，管理 5 只基金产品。本书附录九具体给出了所有已经离职的股票型基金经理的选股能力年化 α 以及各 β 的风险暴露程度，供读者了解每一位已离职的基金经理的业绩。

表 5-12　　具有选股能力的离职股票型公募基金经理（按年化 α 排序）：1998~2022 年

编号	基金经理	离职前任职公司	任职区间	任职时间（月）	管理基金数量（只）	年化 α（%）	$t(\alpha)$
1	骆海涛	嘉合	2018/03~2021/04	39	4	27.29	2.93
2	孙延群	上投摩根	2004/06~2009/06	58	3	26.15	3.87
3	黄敬东	九泰	2006/09~2015/11	45	5	25.55	2.45
4	李志嘉	景顺长城	2006/06~2010/04	48	2	24.42	2.96
5	李学文	景顺长城	2003/08~2007/08	48	4	24.14	3.42
6	肖勇	南方	2015/07~2020/11	43	6	23.08	3.17
7	王鹏	工银瑞信	2019/09~2022/10	39	3	22.86	1.91
8	秦玲萍	长城	2006/03~2009/04	40	1	22.06	1.77
9	冉华	易方达	2004/02~2007/12	48	1	21.97	2.62
10	高阳	博时	2002/10~2008/01	65	3	21.32	3.41
11	刘博	富国	2018/07~2021/12	43	3	21.06	3.02
12	郑拓	交银施罗德	2005/04~2009/07	50	5	20.91	2.58
13	肖华	博时	2000/08~2006/11	73	3	20.70	2.78
14	张亮	华安	2018/10~2022/07	47	4	20.20	2.86

编号	基金经理	离职前任职公司	任职区间	任职时间（月）	管理基金数量（只）	年化α（%）	$t(\alpha)$
15	江涌	广发	2005/02～2009/08	56	2	20.18	2.53
16	刘欣	嘉实	2003/07～2006/09	40	3	20.16	3.49
17	葛秋石	易方达	2018/03～2022/08	55	2	19.85	3.23
18	曾昭雄	信达澳亚	2003/04～2008/12	55	7	19.59	2.70
19	农冰立	工银瑞信	2018/06～2022/09	53	2	19.56	2.15
20	吴域	中银	2007/08～2010/09	39	1	19.20	2.68
21	盖婷婷	交银施罗德	2015/07～2018/08	39	3	19.07	3.52
22	何震	广发	2004/07～2008/01	44	2	18.73	2.56
23	韩冬	上海东方证券	2016/01～2022/08	81	4	18.65	3.71
24	张翎	工银瑞信	2005/05～2010/03	57	4	18.65	2.68
25	盛震山	诺安	2015/09～2018/12	41	6	18.52	3.86
26	徐轶	嘉实	2000/06～2006/11	79	3	18.51	2.15
27	刘天君	嘉实	2006/08～2013/05	83	4	18.48	3.15
28	梁丰	华泰柏瑞	2004/03～2010/04	73	4	18.38	2.92
29	游海	招商	2007/01～2010/06	43	3	17.98	2.15
30	崔莹	华安	2015/06～2021/12	80	7	17.67	3.57
31	林鹏	上海东方证券	2014/09～2020/04	69	8	17.55	3.38
32	黄明仁	华泰柏瑞	2016/11～2019/12	39	1	17.49	2.29
33	孙林	嘉实	2003/01～2007/03	52	2	17.48	2.81
34	邹志新	博时	2002/01～2010/10	107	4	17.16	4.25
35	周应波	中欧	2015/11～2022/02	77	8	17.13	4.01
36	江晖	工银瑞信	2002/01～2007/04	52	3	17.06	3.05
37	曲泉儒	诺安	2019/04～2022/09	43	4	17.04	2.27
38	温震宇	工银瑞信	2005/02～2009/08	50	3	16.93	2.08
39	张汉毅	国联安	2016/12～2021/07	57	3	16.79	3.52
40	况群峰	银华	2006/09～2011/08	61	3	16.73	2.46
41	周鹏	弘毅远方	2018/10～2022/06	46	3	16.72	2.45
42	崔海峰	交银施罗德	2003/01～2010/05	86	7	16.71	3.43
43	易万军	融通	2003/09～2007/02	43	1	16.48	3.05
44	郝康	工银瑞信	2016/12～2020/03/	41	3	16.46	3.32

续表

编号	基金经理	离职前任职公司	任职区间	任职时间（月）	管理基金数量（只）	年化 α（%）	$t(\alpha)$
45	张晖	汇添富	2002/11～2007/11	48	3	16.16	2.27
46	张益驰	华夏	2004/09～2009/06	59	5	15.97	2.47
47	忻怡	嘉实	2006/12～2010/09	47	2	15.89	1.88
48	付伟琦	融通	2015/06～2020/01	57	5	15.57	2.76
49	张航	国金	2019/04～2022/08	42	7	15.46	2.92
50	王义克	易方达	2014/12～2018/02	40	1	15.36	1.90
51	肖坚	易方达	2002/03～2007/12	71	3	15.23	2.94
52	康赛波	海富通	2003/04～2011/03	82	3	15.20	3.03
53	刘晓明	景顺长城	2014/11～2020/04	67	4	15.14	2.28
54	张玉坤	东方	2016/08～2022/06	72	6	15.04	2.16
55	彭炜	融通	2017/08～2022/11	65	7	15.00	2.07
56	孔学峰	信达澳亚	2016/10～2020/09	48	1	14.95	3.33
57	陈鹏	建信	2004/12～2009/08	52	3	14.92	2.11
58	栾杰	农银汇理	2003/07～2011/03	84	5	14.85	2.80
59	吕俊	上投摩根	2002/05～2007/07	60	4	14.73	2.58
60	徐大成	富国	2002/11～2007/05	57	3	14.66	3.39
61	王美芹	鑫元	2017/12～2021/02	40	1	14.60	1.94
62	付伟	新华	2015/08～2021/08	74	8	14.54	2.86
63	董伟炜	光大保德信	2015/05～2020/10	67	4	14.36	3.71
64	周力	博时	2005/02～2011/06	78	2	14.31	2.50
65	郝继伦	融通	2001/09～2010/01	71	2	14.26	2.34
66	颜媛	嘉实	2015/03～2021/07	71	4	14.15	2.04
67	陈志民	易方达	2001/06～2011/03	120	4	14.06	3.40
68	查晓磊	浙商	2016/03～2021/12	71	8	13.92	3.69
69	王亚伟	华夏	1998/04～2012/04	163	4	13.84	1.90
70	王雄辉	中海	2001/06～2008/03	67	3	13.78	2.52
71	孙建冬	华夏	2005/06～2010/01	57	2	13.69	2.23
72	郁琦	中国人保	2018/11～2022/08	47	2	13.61	3.04
73	刚登峰	上海东方证券	2015/05～2022/06	87	8	13.11	3.00
74	许彤	长盛	2004/10～2009/04	56	1	13.06	1.82

编号	基金经理	离职前任职公司	任职区间	任职时间（月）	管理基金数量（只）	年化α（%）	$t(\alpha)$
75	李旭利	交银施罗德	2000/03～2009/05	104	4	12.99	1.84
76	余科苗	银河	2017/12～2021/04	42	4	12.95	5.22
77	庞飒	东方	2005/08～2013/02	86	3	12.84	2.23
78	徐占杰	九泰	2016/09～2021/12	65	1	12.79	2.77
79	黄刚	国泰	2002/05～2008/04	47	3	12.78	1.97
80	黄中	鹏华	2001/09～2006/10	63	1	12.76	2.73
81	江作良	易方达	2001/06～2007/06	72	2	12.71	3.18
82	彭一博	泰康	2014/05～2017/11	40	5	12.66	1.67
83	王君正	工银瑞信	2013/08～2022/08	110	8	12.64	3.54
84	李欣	中欧	2016/01～2019/07	44	3	12.58	2.80
85	赵若琼	益民	2017/02～2022/08	68	6	12.54	2.75
86	张淑婉	上投摩根	2018/06～2021/06	38	1	12.46	1.89
87	刘青山	泰达宏利	2003/04～2013/01	119	2	12.41	2.80
88	黄钦来	民生加银	2003/11～2010/10	50	4	12.39	1.81
89	聂毅翔	鹏华	2017/08～2022/07	61	5	12.25	1.98
90	党开宇	嘉实	2005/01～2010/05	63	6	12.22	1.75
91	胡军华	招商	2005/08～2008/12	41	2	12.16	1.95
92	袁芳	工银瑞信	2015/12～2022/10	84	6	12.13	2.54
93	李明阳	圆信永丰	2017/12～2021/10	48	4	12.13	1.83
94	史程	前海开源	2016/04～2021/03	61	12	12.03	1.91
95	史彦刚	长城	2013/04～2016/11	45	8	12.02	2.01
96	魏伟	富国	2011/12～2021/01	108	5	12.01	1.65
97	林森	易方达	2016/03～2022/04	75	6	11.87	4.04
98	李昇	银河	2002/09～2009/07	85	4	11.85	2.77
99	陈丰	博时	2003/08～2008/11	66	2	11.82	2.72
100	程世杰	鹏华	2005/05～2015/06	123	5	11.71	3.27
101	尚志民	华安	1999/06～2015/01	189	6	11.45	2.89
102	余昊	广发	2016/06～2021/04	60	4	11.41	2.25
103	刘新勇	华安	2003/09～2009/02	67	2	11.26	1.99
104	陈戈	富国	2005/04～2014/03	109	1	11.12	2.43

续表

编号	基金经理	离职前任职公司	任职区间	任职时间（月）	管理基金数量（只）	年化 α（%）	$t(\alpha)$
105	王新艳	建信	2002/11～2013/11	117	6	11.11	3.14
106	杨毅平	长城	2002/03～2013/05	123	5	11.07	2.76
107	肖肖	宝盈	2017/01～2022/01	62	9	10.99	1.67
108	谢振东	华安	2015/03～2019/10	57	6	10.97	3.84
109	吴刚	工银瑞信	2002/09～2008/01	59	5	10.97	2.18
110	常昊	光大保德信	2002/11～2007/05	53	3	10.89	2.34
111	周伟锋	国泰	2013/06～2020/07	87	10	10.58	1.99
112	黄健斌	博时	2003/12～2009/11	60	2	10.49	1.97
113	石波	华夏	2001/01～2007/07	80	4	10.44	2.23
114	詹凌蔚	嘉实	2002/09～2014/03	106	4	10.41	3.08
115	王嘉	华安	2015/07～2018/10	41	4	10.41	1.87
116	陈蔚丰	长城	2015/05～2022/09	87	6	10.32	1.70
117	杜晓安	中航	2017/12～2021/02	40	2	10.13	2.09
118	邓晓峰	博时	2007/03～2014/11	94	1	10.11	2.40
119	罗泽萍	华夏	2005/04～2014/02	108	4	10.09	2.05
120	王俊	博时	2015/01～2020/12	73	12	10.08	3.20
121	佟巍	华夏	2015/02～2022/06	90	10	10.08	2.16
122	李华	建信	2001/09～2007/09	48	2	10.02	1.69
123	刘春雨	银华	2012/04～2015/04	38	1	10.00	1.66
124	曹庆	中庚	2012/08～2022/08	87	8	9.96	1.64
125	徐彬	大成	2002/01～2006/05	53	3	9.89	1.82
126	易海波	中融	2017/01～2020/02	39	4	9.87	2.56
127	周炜炜	光大保德信	2005/08～2014/07	102	4	9.82	2.25
128	丁玥	鑫元	2017/09～2022/05	58	5	9.80	2.77
129	冯刚	上投摩根	2006/06～2014/11	87	4	9.78	2.47
130	金昉毅	光大保德信	2015/05～2021/10	66	13	9.49	2.51
131	郭敏	汇丰晋信	2015/05～2020/05	61	2	9.24	2.82
132	张冰	招商	2004/06～2011/06	86	3	9.21	2.06
133	肖林	易方达	2016/05～2019/08	41	2	9.16	2.54
134	王磊	兴银	2017/07～2020/12	43	3	9.12	2.21

续表

编号	基金经理	离职前任职公司	任职区间	任职时间（月）	管理基金数量（只）	年化 α（%）	$t(\alpha)$
135	陈志龙	浙商	2007/08～2014/09	66	3	9.00	1.88
136	胡建平	华夏	2006/03～2013/12	93	4	8.95	1.93
137	张佳荣	国投瑞银	2015/12～2020/12	62	2	8.86	1.64
138	梁辉	泰达宏利	2005/04～2015/03	121	10	8.76	2.08
139	何江旭	工银瑞信	2002/11～2014/06	138	7	8.54	2.94
140	梁裕宁	易方达	2016/01～2020/05	54	3	8.39	1.82
141	魏晓雪	光大保德信	2012/11～2022/08	119	9	8.34	2.20
142	李权胜	博时	2012/08～2020/07	97	3	8.24	2.23
143	刘俊	中海	2014/05～2021/07	87	6	8.24	1.74
144	吕一凡	招商	2003/12～2014/12	72	7	8.24	1.72
145	付勇	长信	2006/01～2012/10	80	3	8.22	1.84
146	罗捷	鹏华	2018/03～2021/07	42	2	8.15	1.69
147	孙文龙	国投瑞银	2015/01～2021/12	84	8	8.05	1.89
148	陈键	南方	2005/04～2015/12	130	6	8.03	2.28
149	李振兴	南方	2014/04～2022/11	96	8	8.02	1.76
150	肖强	长盛	2002/11～2010/02	78	5	8.00	1.67
151	冯士祯	信达澳亚	2015/05～2019/04	49	6	7.99	1.88
152	魏欣	工银瑞信	2015/05～2021/06	75	2	7.94	2.06
153	刘模林	融通	2004/03～2011/03	86	3	7.93	1.73
154	郭党钰	中金	2015/06～2019/10	54	8	7.88	2.00
155	陈洪	海富通	2003/08～2014/05	131	5	7.77	2.79
156	姚爽	招商	2016/12～2021/06	50	2	7.73	3.04
157	季侃乐	兴证全球	2014/11～2021/06	81	2	7.56	1.68
158	邵健	嘉实	2004/04～2015/06	136	3	7.45	1.72
159	邓钟锋	国海富兰克林	2016/06～2019/09	41	7	7.13	4.27
160	韩阅川	易方达	2019/06～2022/07	39	17	7.01	4.05
161	王华	银华	2006/11～2017/07	130	5	6.90	1.90
162	赵雪芹	前海开源	2016/01～2020/06	55	5	6.83	2.08
163	陈勤	嘉实	2006/10～2015/05	102	4	6.64	1.73
164	庄园	安信	2014/05～2022/05	98	8	6.62	3.97
165	刘思甸	博时	2016/04～2020/10	56	1	6.59	1.83

续表

编号	基金经理	离职前任职公司	任职区间	任职时间（月）	管理基金数量（只）	年化 α（%）	$t(\alpha)$
166	陈玉辉	创金合信	2012/11～2019/08	80	5	6.25	1.78
167	张栓伟	鹏华	2016/08～2022/09	75	10	6.08	3.96
168	董承非	兴证全球	2007/02～2021/09	177	5	6.07	2.61
169	石国武	大成	2013/04～2017/08	54	5	6.05	1.93
170	蒋雯文	中欧	2018/07～2022/06	49	3	5.96	2.19
171	谢军	广发	2016/02～2021/03	63	11	5.95	7.02
172	蒋征	海富通	2003/01～2013/12	127	8	5.87	2.11
173	王曦	博时	2015/09～2021/11	76	14	5.85	2.37
174	蒋娜	博时	2016/09～2022/03	68	6	5.85	1.68
175	曲扬	嘉实	2016/04～2020/11	58	11	5.65	4.13
176	徐昀君	东方	2013/12～2017/04	42	3	5.53	2.84
177	蔡耀华	富国	2016/12～2021/07	57	5	5.45	1.72
178	钟敬棣	建信	2013/09～2018/04	57	1	5.15	2.50
179	王茜	嘉实	2015/07～2020/09	64	3	5.15	1.86
180	高翰昆	万家	2015/05～2018/07	40	14	4.93	2.20
181	李娜	交银施罗德	2015/08～2020/11	65	14	4.73	4.32
182	万梦	景顺长城	2015/07～2021/07	74	8	4.62	4.59
183	葛鹤军	银华	2014/10～2018/06	46	4	3.63	1.69
184	周薇	东方	2015/04～2020/04	62	5	3.21	1.89
185	钟智伦	富国	2015/05～2019/02	47	7	2.85	2.07
186	王婷婷	北京京管泰富	2018/05～2021/05	38	1	2.65	1.81
187	张萌	中邮创业	2015/05～2019/03	48	1	2.22	1.69

我们选取一位任职经历比较丰富的离职基金经理代表——先后任职于长盛基金、招商基金、景顺长城基金、毅扬投资的基金经理李志嘉。他于 2006 年 6 月至 2010 年 5 月任景顺长城基金经理，现任深圳市嘉信远恒投资管理有限公司总经理、董事长。李志嘉投资生涯年化回报率为 24.42%，其中"景顺长城新兴成长"基金表现较为优异，管理年限近 4 年，任职期间体现出显著优于大盘的管理能力。他的投资理念偏向于进行自下而上的基本面研究，基金配置风格偏大盘成长风格和大盘平衡风格。他认为基金持有的公司都应该亲自去调研，因此其管理的基金组合中的股票都较少，数量保持在三四十只，这也为夯实他的选股能力提供了坚实基础。

李志嘉认为，投资要根据市场阶段变化适当地调整，不能不坚持，但也不能死守不动。他的选股能力主要源于他对于成长性投资和资产价格估值的重视。他认为板块的轮动不创造价值，流动性推动市场普涨只是昙花一现，只有成长性投资才能把握主流经济和产业趋势，通过投资于估值合理或低估且主营业务收入具备持续增长能力的成长型公司，获取基金资产的长期稳定增值，创造更好的收益。具体而言，他重视行业配置均衡性，非常关注风险分散，2007年起单一子行业持仓占比不超过两成。李志嘉对行业的配置主要集中于银行、食品饮料、石油石化、非银金融等行业，并根据市场阶段变化适当地调整。李志嘉持股集中度与同类基金相比较低，前十大重仓股仅占股票市值比三成左右。个股选择上，李志嘉注重公司的经营与管理能力，即主营业务的专业化、产品和市场的竞争力、销售网络、品牌和商誉等方面，同时还关注公司的创新能力和引进外部资源的能力。对于基本面研究和一手信息获取的坚守，以及对于资产合理估值的重视，是李志嘉良好的选股能力的重要根基。

三、基金经理的择时能力

（一）在职基金经理择时能力

在分析基金经理的择时能力时，我们同样采用 Treynor-Mazuy 四因子模型进行评估。表5-13展示了在职基金经理择时能力的估计结果。图5-9展示了模型估计出来的基金经理择时能力系数 γ 的 t 值排列。我们关心在职基金经理是否真正具有择时能力，因此我们使用单边的假设检验。可以发现，截至2022年12月还在任职的基金经理共有1 043位，在5%的显著性水平下，有79位（占比8%）基金经理的择时能力系数 γ 呈正显著，表明这些基金经理具有正确的择时能力；有160位（占比15%）基金经理的择时能力系数 γ 呈负显著，说明他们具有错误的择时能力；有804位（占比77%）基金经理的择时能力系数 γ 不显著，即不具有择时能力。总体来看，具有正确择时能力的在职基金经理占比很少，不到一成，绝大部分在职的基金经理没有择时能力。

表5-13　　　　　　　　在职基金经理择时能力

项目	显著性	基金经理数量（位）	占比（%）
择时能力	正显著	79	8
	不显著	804	77
	负显著	160	15
总计		1 043	100

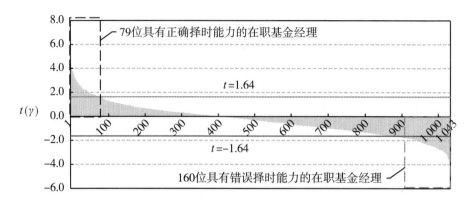

图 5-9 在职基金经理择时能力 γ 的 t 值（显著性）排列

注：正确择时能力代表 $t(\gamma) > 1.64$，错误择时能力代表 $t(\gamma) < -1.64$，未表现出择时能力代表 $-1.64 \leqslant t(\gamma) \leqslant 1.64$。基金经理具有择时能力是指基金经理表现出正确的择时能力，基金经理不具有择时能力代表基金经理表现出错误的或未表现出择时能力。

我们采用 Treynor-Mazuy 四因子模型对在职基金经理的择时能力进行回归分析，表 5-14 和图 5-10 展示了模型的回归结果。我们按照基金经理的择时能力 γ 把基金经理等分为 10 组，第 1 组为 γ 最高的组，以此类推，第 10 组为 γ 最低的组。表 5-14 具体列示了每一组基金经理所对应的择时能力系数 γ、选股能力年化 α、β_{mkt}、β_{smb}、β_{hml}、β_{mom}，以及反映模型拟合好坏的调整后 R^2 的平均值。

表 5-14　　　　在职基金经理 Treynor-Mazuy 模型回归结果（择时能力）

组别	γ	年化 α（%）	β_{mkt}	β_{smb}	β_{hml}	β_{mom}	调整后 R^2（%）
1（γ 最高组）	1.52	4.22	0.75	−0.13	−0.14	0.03	63
2	0.51	4.09	0.67	−0.08	−0.19	0.06	64
3	0.23	5.34	0.68	−0.06	−0.18	0.10	66
4	0.07	5.72	0.67	−0.01	−0.18	0.12	68
5	−0.09	7.07	0.76	−0.04	−0.23	0.08	71
6	−0.29	6.91	0.69	−0.05	−0.22	0.04	67
7	−0.54	8.26	0.76	−0.08	−0.22	0.02	70
8	−0.84	10.63	0.79	−0.12	−0.25	−0.01	68
9	−1.36	12.60	0.81	−0.13	−0.23	0.02	65
10（γ 最低组）	−2.60	16.80	0.89	−0.12	−0.32	0.01	61

注：此表汇报每一组基金经理对应的 α、γ、β_{mkt}、β_{smb}、β_{hml}、β_{mom}，以及调整后 R^2 的平均值。

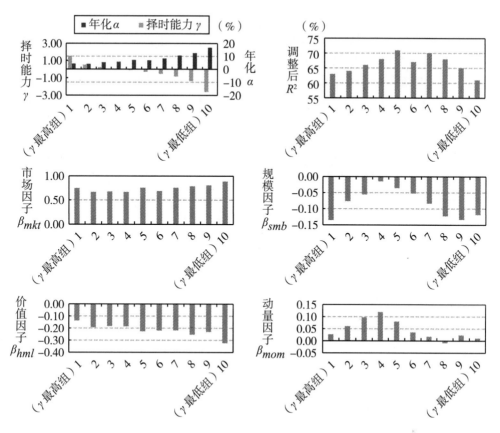

图 5-10　在职基金经理 Treynor-Mazuy 模型回归结果（按择时能力 γ 分组）

从表 5-14 和图 5-10 我们发现，在择时能力较高的组中，基金经理的选股能力较差，而在择时能力较低的组中，基金经理的选股能力相对较强，即在职基金经理的选股能力和择时能力呈现负相关关系。在基金经理择时能力最高的第 1 组，基金经理的年化 α 仅为 4.22%；在择时能力最低的第 10 组，基金经理的年化 α 为 16.80%，从图 5-10 中（第一个图）可以清楚地看到这种负相关关系。同时我们发现，基于择时能力 γ 分组后，10 组基金的 β_{mkt} 因子的系数均在 0.67 以上，说明不论基金经理的择时能力如何，他们的基金组合均与大盘指数有着较高的相关性。此外，每一组基金经理的投资组合在 β_{smb}、β_{hml}、β_{mom} 因子上的风险暴露不存在明显的规律性，调整后 R^2 在 66% 左右，表明该模型能够较好地反映基金经理的风险暴露。

表 5-15 列出了 Treynor-Mazuy 四因子模型中 γ 为正显著的在职基金经理名录，即具有正确择时能力的在职基金经理。这些基金经理平均任职 85 个月，管理 7 只基金。这里我们主要关心反映择时能力的系数 γ 的显著性，不难发现，具有择时能力的在职基金经理数量占比不到一成。公募基金经理在择时能力上缺失的原因，一

方面，是在复杂的市场环境中，基金经理择时的正确率非常低，并且在过去几年，由于"资管新规"落地、医药改革、《中华人民共和国外商投资法》正式发布、科创板开市、注册制加速推进、人民币升值、内循环与外循环、中美贸易摩擦和新冠疫情等事件或政策的影响，市场风格剧烈变化，基金经理很难跟上市场的风格调整；另一方面，市场风格变化时，基金经理很难在短时间内通过交易的方式大幅调整仓位来获取收益。

表5-15　　具有择时能力的在职股票型基金经理［按照 $t(\gamma)$ 排序］：1998~2022 年

编号	基金经理	当前任职公司	任职区间	任职时间（月）	管理基金数量（只）	γ	$t(\gamma)$
1	李炳智	前海开源	2017/01~2022/12	72	4	2.53	6.67
2	韩海平	中信保诚	2007/11~2022/12	46	2	2.16	4.62
3	于渤	富国	2019/07~2022/12	42	3	3.63	4.30
4	黄耀锋	汇添富	2019/04~2022/12	45	4	4.22	4.08
5	徐俊	国联安	2019/06~2022/12	43	1	5.50	3.98
6	王景	招商	2011/12~2022/12	132	16	1.13	3.79
7	陶敏	海富通	2018/04~2022/12	57	1	1.64	3.77
8	刘斌	嘉实	2009/11~2022/12	153	5	0.67	3.74
9	褚艳辉	浦银安盛	2014/06~2022/12	103	6	0.69	3.70
10	梁永强	汇泉	2008/09~2022/12	137	8	1.10	3.51
11	吴剑毅	南方	2015/05~2022/12	92	8	0.47	3.37
12	洪流	嘉实	2014/11~2022/12	91	13	0.92	3.34
13	罗博	银河	2016/12~2022/12	73	6	1.41	3.33
14	郭堃	长盛	2015/11~2022/12	81	11	0.98	3.15
15	李化松	平安	2015/12~2022/12	81	15	1.73	3.12
16	蒋秋洁	南方	2014/12~2022/12	97	11	1.22	3.06
17	李栋梁	华宝	2015/10~2022/12	87	8	0.51	3.03
18	腊博	兴业	2015/05~2022/12	92	4	0.51	3.01
19	夏林锋	华宝	2014/10~2022/12	99	7	1.06	2.94
20	陈梁	中邮创业	2014/07~2022/12	102	8	1.20	2.86
21	范妍	圆信永丰	2015/10~2022/12	87	13	0.77	2.78
22	滕祖光	渤海汇金证券	2014/04~2022/12	91	4	1.12	2.75
23	王琳	国泰	2017/01~2022/12	72	10	1.05	2.75
24	桂跃强	泰康	2011/06~2022/12	136	10	0.81	2.75

续表

编号	基金经理	当前任职公司	任职区间	任职时间（月）	管理基金数量（只）	γ	$t(\gamma)$
25	谈云飞	海富通	2015/04～2022/12	93	6	0.30	2.61
26	赵耀	红塔红土	2015/05～2022/12	92	11	0.69	2.60
27	刘重晋	中金	2017/08～2022/12	65	8	1.70	2.58
28	王梁	中加	2018/08～2022/12	53	3	1.56	2.57
29	苏谋东	万家	2015/05～2022/12	86	10	0.37	2.50
30	田瑀	中泰证券	2019/04～2022/12	45	4	3.68	2.47
31	赵晓东	国海富兰克林	2010/11～2022/12	146	6	0.66	2.47
32	龙川	中航	2017/07～2022/12	48	3	1.41	2.41
33	周战海	上投摩根	2015/12～2022/12	85	3	1.32	2.41
34	刘霄汉	民生加银	2010/05～2022/12	111	6	0.70	2.36
35	戴计辉	国泰	2018/12～2022/12	49	6	0.92	2.34
36	贾成东	招商	2013/11～2022/12	95	9	2.33	2.29
37	张洋	工银瑞信	2015/08～2022/12	89	1	0.33	2.28
38	刘安坤	融通	2019/05～2022/12	44	5	3.05	2.27
39	陈良栋	长城	2015/11～2022/12	86	10	1.10	2.27
40	卢玉珊	南方	2015/12～2022/12	85	7	0.72	2.25
41	戴钢	鹏华	2012/06～2022/12	127	5	0.34	2.23
42	杨成	中银	2015/09～2022/12	88	4	0.42	2.23
43	曲扬	前海开源	2015/04～2022/12	93	18	0.96	2.20
44	袁忠伟	瑞达	2015/05～2022/12	74	9	0.74	2.19
45	王东杰	建信	2015/05～2022/12	92	8	0.89	2.19
46	倪权生	上投摩根	2015/03～2022/12	91	9	0.82	2.18
47	尹诚庸	万家	2019/03～2022/12	47	4	0.75	2.18
48	王克玉	泓德	2010/07～2022/12	146	10	0.45	2.09
49	阳琨	华夏	2007/06～2022/12	187	9	0.46	2.04
50	杨景涵	华泰柏瑞	2015/04～2022/12	93	18	0.73	2.03
51	谢屹	诺德	2015/07～2022/12	87	8	0.95	2.01
52	董山青	泰信	2015/03～2022/12	94	5	0.85	1.99
53	汪晖	德邦	2007/05～2022/12	121	6	0.64	1.95
54	韩文强	景顺长城	2019/10～2022/12	39	2	5.07	1.95
55	黄祥斌	富荣	2013/12～2022/12	94	8	0.75	1.90

编号	基金经理	当前任职公司	任职区间	任职时间（月）	管理基金数量（只）	γ	$t(\gamma)$
56	李怀定	光大保德信	2015/12～2022/12	51	5	0.22	1.90
57	邹新进	国联安	2010/03～2022/12	154	3	0.40	1.88
58	薛小波	泰康	2015/02～2022/12	84	8	0.61	1.87
59	董梁	创金合信	2019/07～2022/12	42	7	1.81	1.87
60	王刚	招商	2017/07～2022/12	66	8	0.57	1.85
61	王莉	国海富兰克林	2019/09～2022/12	40	1	0.75	1.85
62	程涛	湘财	2010/04～2022/12	92	12	1.61	1.85
63	方纬	华泰柏瑞	2014/08～2022/12	95	12	0.65	1.84
64	张旭	东兴	2015/08～2022/12	83	7	0.50	1.84
65	乔敏	永赢	2019/10～2022/12	39	2	3.80	1.82
66	王霞	前海开源	2014/12～2022/12	97	12	0.62	1.81
67	吴潇	国投瑞银	2016/12～2022/12	73	8	0.95	1.81
68	李家春	长信	2016/10～2022/12	70	3	0.70	1.78
69	赵治烨	上银	2015/05～2022/12	92	8	0.68	1.78
70	史博	南方	2004/07～2022/12	178	14	0.35	1.77
71	宫雪	国金	2014/08～2022/12	101	6	0.48	1.76
72	何昕	九泰	2018/08～2022/12	53	4	1.71	1.74
73	郑诗韵	南方	2019/12～2022/12	37	4	4.45	1.73
74	黄波	光大保德信	2019/10～2022/12	39	3	0.79	1.72
75	朱斌全	海富通	2019/10～2022/12	39	5	0.55	1.72
76	李韵怡	鹏华	2015/07～2022/12	90	15	0.33	1.71
77	张锋	上海东方证券	2008/06～2022/12	69	5	0.88	1.68
78	傅鹏博	睿远	2009/01～2022/12	157	3	0.50	1.65
79	孙绍冰	富安达	2015/05～2022/12	92	3	1.32	1.64

（二）离职基金经理择时能力

表 5-16 展示了使用 Treynor-Mazuy 四因子模型估计出的离职基金经理择时能力的统计结果。图 5-11 展示了基金经理择时能力系数 γ 的 t 值排列。在这里，我们使用单边假设检验。检验结果显示，离职基金经理共有 765 位，在 5% 的显著性水平下，有 90 位（占比 12%）基金经理的择时能力系数 γ 的 t 值大于 1.64，呈正

显著，说明他们具有正确的择时能力；此外，有 75 位（占比 10%）基金经理的择时能力系数 γ 呈负显著，说明他们具有错误的择时能力；还有 600 位（占比 78%）基金经理的择时能力系数 γ 接近零，表明他们不具有择时能力。综合来看，离职基金经理中只有一成左右的基金经理具备择时能力，绝大多数离职的股票型公募基金经理没有择时能力。

表 5-16　　　　　　　　　　离职基金经理择时能力

项目	显著性	基金经理数量（位）	占比（%）
择时能力	正显著	90	12
	不显著	600	78
	负显著	75	10
总计		765	100

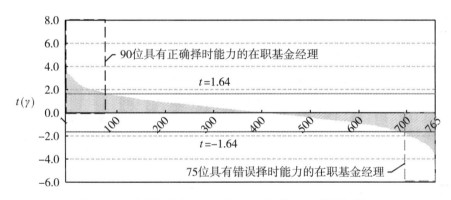

图 5-11　离职基金经理择时能力 γ 的 t 值（显著性）排列

注：正确择时能力代表 $t(\gamma) > 1.64$，错误择时能力代表 $t(\gamma) < -1.64$，未表现出择时能力代表 $-1.64 \leqslant t(\gamma) \leqslant 1.64$。基金经理具有择时能力是指基金经理表现出正确的择时能力，基金经理不具有择时能力代表基金经理表现出错误的或未表现出择时能力。

我们按照基金经理的择时能力系数 γ 把基金经理等分为 10 组。第 1 组为 γ 最高的组，第 10 组为 γ 最低的组。表 5-17 和图 5-12 展示了每一组离职基金经理所对应的择时能力系数 γ、选股能力年化 α、β_{mkt}、β_{smb}、β_{hml}、β_{mom}，以及反映模型拟合好坏的调整后 R^2 的平均值。表 5-17 和图 5-12 结果显示，在择时能力较高的组中，基金经理的选股能力较低，而在择时能力较低的组中，基金经理的选股能力相对较高，即离职基金经理的选股能力和择时能力同样呈负相关关系。具体来看，择时能力 γ 最高的第 1 组对应的年化 α 为 -2.93%，择时能力 γ 最低的第 10 组对应的年化 α 为 10.44%，图 5-12 第一幅图展示了该结果。同时，各组基金经理的 β_{mkt} 均在 0.67 以上，表明离职基金经理的投资组合与大盘的相关性较高，而回归在 β_{smb}、β_{hml}、β_{mom} 因子的风险暴露方面不存在明显的规律性。

表 5-17　　　　　　　　离职基金经理 Treynor-Mazuy 模型回归结果（择时能力）

分组	γ	年化 α（%）	β_{mkt}	β_{smb}	β_{hml}	β_{mom}	调整后 R^2（%）
1（γ 最高组）	1.23	-2.93	0.72	0.05	0.00	0.23	72
2	0.60	-1.04	0.71	0.01	-0.17	0.22	75
3	0.36	1.12	0.77	0.01	-0.26	0.23	80
4	0.21	1.66	0.74	-0.04	-0.21	0.19	80
5	0.10	4.26	0.67	-0.05	-0.21	0.13	76
6	0.00	3.49	0.76	0.01	-0.26	0.17	79
7	-0.13	5.49	0.69	-0.03	-0.20	0.16	78
8	-0.28	6.21	0.73	-0.07	-0.24	0.13	80
9	-0.56	4.77	0.70	-0.03	-0.20	0.10	74
10（γ 最低组）	-1.46	10.44	0.75	-0.11	-0.22	0.04	68

注：此表汇报每一组基金经理对应的 α、γ、β_{mkt}、β_{smb}、β_{hml}、β_{mom}，以及调整后 R^2 的平均值。

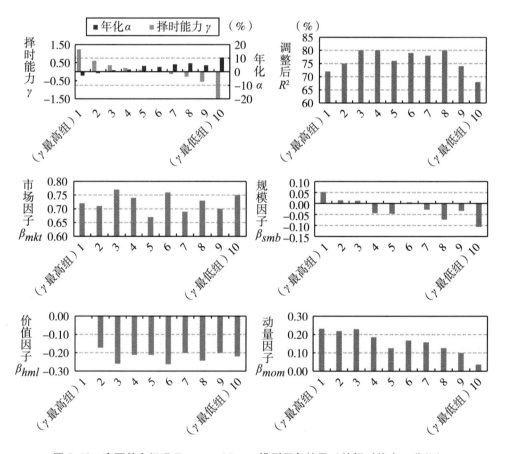

图 5-12　离职基金经理 Treynor-Mazuy 模型回归结果（按择时能力 γ 分组）

表5-18列示了Treynor-Mazuy 四因子模型中 γ 为正显著的基金经理，即具有正确择时能力但已经离职的基金经理。90 位有择时能力的离职基金经理的平均任职期限为 74 个月，平均曾管理 4 只产品。

表5-18　具有择时能力的离职股票型基金经理 [（按照 $t(\gamma)$ 排序]：1998~2022 年

编号	基金经理	离职前任职公司	任职区间	任职时间（月）	管理基金数量（只）	γ	$t(\gamma)$
1	李源海	南方	2008/07~2015/01	76	4	1.72	5.88
2	王卫东	新华	2008/07~2013/12	67	3	1.86	4.76
3	徐立平	前海开源	2014/09~2018/02	43	3	2.02	4.50
4	刘建伟	博时	2010/12~2015/08	50	4	2.85	3.65
5	王晓明	兴证全球	2005/11~2013/09	96	2	0.58	3.53
6	游凛峰	工银瑞信	2012/04~2022/03	121	5	1.02	3.45
7	谭琦	华夏	2007/09~2014/04	81	3	0.59	3.35
8	钟光正	安信	2012/08~2022/05	102	6	0.50	3.31
9	朱虹	建信	2015/10~2021/04	56	3	0.87	3.28
10	刘强	泰信	2007/02~2012/11	71	1	0.83	3.23
11	蒋畅	新华	2001/02~2006/06	47	2	2.05	3.21
12	刘红辉	诺安	2008/05~2018/12	125	3	0.63	3.20
13	彭一博	泰康	2014/05~2017/11	40	5	1.23	3.13
14	葛鹤军	银华	2014/10~2018/06	46	4	0.37	3.10
15	游典宗	国都证券	2015/12~2020/03	53	2	1.11	3.06
16	杨凯玮	安信	2014/09~2020/03	58	3	1.26	3.02
17	李华	建信	2001/09~2007/09	48	2	1.25	2.98
18	王战强	信达澳亚	2008/07~2015/07	86	3	1.06	2.91
19	姚昆	融通	2012/07~2015/07	38	1	1.09	2.82
20	董承非	兴证全球	2007/02~2021/09	177	5	0.35	2.77
21	许雪梅	广发	2008/02~2013/01	61	3	0.83	2.76
22	谭鹏万	中信保诚	2011/09~2015/05	45	3	2.03	2.71
23	程广飞	国都证券	2015/12~2019/06	44	0.69	2.68
24	邵秋涛	嘉实	2010/11~2020/05	116	4	0.79	2.68
25	吴鹏飞	民生加银	2013/12~2021/08	67	7	0.86	2.65
26	戴益强	富国	2012/10~2018/01	65	5	1.16	2.57

续表

编号	基金经理	离职前任职公司	任职区间	任职时间（月）	管理基金数量（只）	γ	$t(\gamma)$
27	戴斌	东吴	2014/12 ~ 2020/03	77	6	1.15	2.54
28	刘晓龙	广发	2010/11 ~ 2017/02	77	3	0.69	2.49
29	李勇钢	益民	2011/09 ~ 2014/11	40	1	1.70	2.47
30	潘峰	易方达	2007/04 ~ 2014/11	93	1	0.52	2.42
31	司巍	摩根士丹利华鑫	2015/01 ~ 2018/11	48	3	1.47	2.41
32	汪澳	平安	2016/09 ~ 2020/07	48	3	1.62	2.39
33	钱斌	摩根士丹利华鑫	2010/07 ~ 2014/08	47	4	3.11	2.39
34	王翔	华富	2014/11 ~ 2017/12	39	5	0.89	2.37
35	王炯	东吴	2006/12 ~ 2011/04	54	2	0.73	2.27
36	季侃乐	兴证全球	2014/11 ~ 2021/06	81	2	0.67	2.27
37	冯烜	兴业	2017/05 ~ 2022/02	59	5	1.44	2.26
38	徐爽	申万菱信	2008/01 ~ 2015/05	90	3	0.51	2.25
39	孙占军	博时	2008/02 ~ 2014/01	73	4	0.59	2.24
40	袁芳	工银瑞信	2015/12 ~ 2022/10	84	6	0.91	2.21
41	陈俏宇	华安	2007/03 ~ 2015/05	100	6	0.47	2.19
42	张晓东	国海富兰克林	2006/06 ~ 2014/11	103	2	0.43	2.17
43	冯文光	大成	2011/03 ~ 2016/10	63	4	0.77	2.17
44	王亚伟	华夏	1998/04 ~ 2012/04	163	4	0.74	2.13
45	黄健斌	博时	2003/12 ~ 2009/11	60	2	0.43	2.13
46	黄万青	大成	2010/04 ~ 2022/11	129	14	0.71	2.11
47	欧阳沁春	汇添富	2007/06 ~ 2018/12	140	3	0.68	2.11
48	易阳方	广发	2003/12 ~ 2020/01	195	10	0.40	2.10
49	吴鹏	上投摩根	2006/09 ~ 2012/08	68	5	0.45	2.09
50	尚鹏岳	富国	2008/01 ~ 2015/05	86	4	0.64	2.07
51	王颖	先锋	2017/06 ~ 2020/06	38	4	1.41	2.07
52	陈守红	工银瑞信	2005/03 ~ 2011/03	66	3	0.66	2.05
53	王汉博	嘉实	2014/09 ~ 2022/05	42	5	1.12	2.03
54	马少章	国投瑞银	2009/04 ~ 2014/11	69	4	0.73	2.03
55	魏欣	工银瑞信	2015/05 ~ 2021/06	75	2	0.60	2.02

续表

编号	基金经理	离职前任职公司	任职区间	任职时间（月）	管理基金数量（只）	γ	$t(\gamma)$
56	贺庆	招商	2003/04～2006/12	46	2	1.21	2.01
57	左剑	中海	2015/05～2022/08	89	4	1.28	2.00
58	张亮	华富	2015/02～2021/02	74	2	0.85	1.99
59	崔海鸿	泰信	2005/10～2009/12	47	3	1.16	1.99
60	牟旭东	华宝	2007/10～2013/01	65	2	0.56	1.96
61	王曦	博时	2015/09～2021/11	76	14	0.38	1.96
62	王超	易方达	2013/05～2021/04	98	7	0.66	1.95
63	蒋宁	华宝	2010/07～2013/07	38	1	1.56	1.95
64	程崇	海富通	2010/04～2013/11	44	2	2.10	1.95
65	童汀	华夏	2007/09～2014/05	82	3	0.38	1.93
66	区伟良	华宝	2015/04～2018/06	40	3	0.97	1.92
67	张继荣	景顺长城	2004/07～2015/06	104	7	0.59	1.91
68	张翔	西部利得	2015/07～2022/11	83	3	0.70	1.87
69	胡建平	华夏	2006/03～2013/12	93	4	0.45	1.87
70	林渌	国联安	2019/07～2022/12	43	2	0.73	1.86
71	刘文正	华富	2013/06～2017/02	46	3	0.62	1.86
72	刘毅	泰信	2010/12～2014/05	43	2	1.62	1.85
73	蒋文玲	汇添富	2015/12～2019/08	46	2	0.72	1.85
74	刘柯	工银瑞信	2014/11～2018/06	45	4	0.95	1.82
75	颜正华	平安	2007/07～2013/04	42	4	0.51	1.82
76	雷鸣	汇添富	2014/03～2022/01	96	5	0.68	1.81
77	笪菲	中海	2011/02～2014/10	46	2	1.29	1.78
78	冯天戈	国联安	2004/03～2010/04	65	5	0.44	1.76
79	魏博	中欧	2012/08～2022/11	125	5	0.63	1.76
80	曹剑飞	中欧	2008/08～2016/03	90	6	0.57	1.72
81	付琦	东吴	2013/08～2019/12	63	3	0.66	1.72
82	李安心	国金	2009/10～2018/08	61	3	1.42	1.71
83	楼鸿强	华宝	2014/10～2020/01	65	2	0.81	1.69
84	陈士俊	浦银安盛	2018/09～2022/10	51	1	0.76	1.68

续表

编号	基金经理	离职前任职公司	任职区间	任职时间（月）	管理基金数量（只）	γ	$t(\gamma)$
85	姜文涛	天弘	2005/04～2016/10	82	6	0.40	1.66
86	吕一凡	招商	2003/12～2014/12	72	7	0.50	1.66
87	丁骏	前海开源	2006/12～2020/04	140	7	0.23	1.66
88	彭海平	中海	2016/04～2021/08	66	3	1.86	1.65
89	黄一明	民生加银	2013/08～2020/05	66	6	0.72	1.65
90	张玮	国泰	2005/12～2015/04	99	5	0.40	1.64

四、小结

我国公募基金的"造星"运动由来已久，基金管理公司为了吸引投资者眼球，倾向于推崇一些具有较好业绩的"明星基金经理"，以此来增加基金的销售量，而投资者在选择基金时，除了关注基金产品本身，还会特别注意管理基金的基金经理。各家公司明星基金经理在发行产品时，往往很快能募集到大量资金。我国基金市场中，存在基金经理更迭较为频繁、基金经理任职期限较短的现象，在本章，我们自行收集整理了市场上股票型公募基金经理的数据，以 2022 年 12 月 31 日为界，将基金经理划分为在职基金经理和离职基金经理，并以基金经理管理的所有产品的合并收益序列为主线，对其选股能力和择时能力进行研究。

本章的研究结果显示，截至 2022 年 12 月底，我国在职基金经理共有 1 881 人，累计已离职的基金经理有 1 831 人，基金经理总数达 3 712 人。其中，有三年以上任职数据的在职股票型公募基金经理有 1 043 人，离职股票型公募基金经理有 765 人，这些有三年以上业绩的基金经理是我们的研究对象。在选股能力层面，具有正确选股能力的在职基金经理占比为 44%，离职基金经理占比为 24%，低于在职基金经理。择时能力方面，具有正确择时能力的在职基金经理占比为 8%，离职基金经理占比为 12%，均只有一成左右。这一结论，与我们在去年、前年的观测基本一致。这表明，长期来看，相较于选股能力，我国公募基金市场中具有择时能力的基金经理数量占比更少，择时能力更加难能可贵。同样值得注意的是，无论是在职的还是离职的基金经理，他们的选股能力与择时能力呈现明显的负相关性，即具有最好选股能力的基金经理不具备择时能力，而具有最好择时能力的基金经理不具备选股能力，选股能力和择时能力难以兼得。

中国 ESG 公募基金发展概览

一、ESG 投资介绍

ESG 投资是一种将环境（environmental）、社会（social）和公司治理（governance）因素融入投资决策的投资方式，其主要目标是通过分析和避免投资标的的 ESG 风险，同时发掘与把握 ESG 机遇，从而帮助投资者获得有竞争力的投资回报。

ESG 投资概念最早由联合国全球契约组织提出。自 20 世纪 90 年代以来，联合国大力倡导可持续发展理念，国际社会开始更加关注环境、社会和治理问题。越来越多的投资者认识到 ESG 投资可以为其带来更长期的投资收益，政府和监管机构也大力推动 ESG 投资，如我国政府提出的"双碳"政策，就助力了我国 ESG 投资的兴起与升温。

随着 ESG 投资在国内市场的持续升温，被投企业的可持续发展能力与前景成为广大投资者关注的热点，更多机构投资者将 ESG 因素作为投资考量，主要从环境、社会责任和公司治理三个维度来评估上市公司，从而衡量企业的可持续发展能力。环境维度主要考察企业对环境的影响，包括对自然资源的利用、温室气体排放、废物管理、环境污染、能源使用等；从社会责任维度评价上市公司对社会的影响，包括劳动条件、健康安全、社会关系、社会责任、社会影响力等；从公司治理的角度评价上市公司的内部管理情况，包括董事会结构、行为守则、内部控制、会计透明度、投资者关系等。

（一）ESG 投资生态

随着绿色环保、社会责任及规范管理等 ESG 投资理念的不断演进和深入发展，我国 ESG 投资生态体系建设步入全面蓬勃发展的阶段。监管部门、上市公司、投资机构以及评级机构都为体系内的重要参与方，建设完善的 ESG 投资生态体系离不开多方的共同努力。

近年来，我国监管部门积极制定与实施各项 ESG 投资监管政策，制定成立相关标准指引，监督约束企业实施 ESG 标准，引导鼓励上市公司自主披露 ESG 信息，并对市场参与者大力开展 ESG 教育，以提升对 ESG 议题的认知。在过去的 20 年里，我国上市公司在践行 ESG 理念方面取得了显著进展。在 ESG 信息披露层面，截至 2022 年 12 月，A 股共有 1 472 家企业发布了 ESG 报告，企业 ESG 信息披露意愿和水平明显提升。公司高层逐步开始重视 ESG 管理，加大对 ESG 风险管理的侧重，有力地推动了企业 ESG 报告的发行，提升了参与绿色金融和社会责任投资的积极性。在联合国责任投资原则组织（UN-PRI）的财报中，全球已有 5 098 家机构投资者签署联合国责任投资原则，分别来自 80 个不同国家的投资机构已成为其签署成员，其中包含 109 家中国投资机构，包括中国平安、国寿资产、中欧基金、南方基金等。签署成员数量的日益增多反映了 ESG 投资理念在世界范围内接纳和认可度的整体提升。

随着投资者 ESG 投资意识的日益提升，投资机构积极响应投资者需求，推出 ESG 投资产品，在投资过程中开始将 ESG 因素纳入投资决策中，以提高投资回报和降低投资风险。我国 ESG 评级机构的评级体系仍处于发展的初步阶段，数据获取和行业规范的建设与 ESG 投资市场相对成熟的欧美发达国家相比依然有待完善。

（二）我国 ESG 公募基金发展

我国 ESG 公募基金行业发展起步于 21 世纪初。2004 年，我国第一只 ESG 基金"嘉实服务增值行业混合"成立；深交所在 2006 年颁布了《上市公司社会责任指引》，首次将社会责任机制引入上市公司，此举有利于推动整个社会的企业逐渐增强社会责任感，推动各大企业积极履行应尽的社会责任。2008 年 4 月，中国第一只可持续投资基金"兴全社会责任混合"成立。ESG 基金开始在我国生根发芽。

随着 2014 年《中华人民共和国环境保护法》及 2016 年《关于构建绿色金融体系的指导意见》的发布，绿色投资及 ESG 可持续投资的意识逐渐深入人心，我国 ESG 基金行业逐步进入规范化的发展阶段。

2018 年，ESG 基金行业进入市场化发展阶段，呈现出极大的发展潜能及发展空间。证监会于 2018 年修订《上市公司治理准则》，在第八章中提出上市公司应当积极践行绿色环保理念，在公司治理及发展的过程中融入生态环保概念；同年 11 月，中基协发布《中国上市公司 ESG 评价体系研究报告》及《绿色投资指引（试行）》，提出评价企业 ESG 绩效的核心价值体系，各项政策的推动与实行助力了 ESG 基金的成长与发展。2020 年 9 月 22 日，我国在第七十五届联合国大会上提出了"碳达峰"和"碳中和"的"双碳"概念，其中"碳达峰"意为我国将提高国家自主贡献力度，力争做到二氧化碳排放量逐年减少并致力于将二氧化碳排放于2030 年前达到峰值量；2060 年实现"碳中和"目标，意为通过植树造林、节能减排等绿色方式来抵消因国家、企业或个人在生产活动中产生的二氧化碳及温室气体的排放，从而进一步实现二氧化碳的"零排放"。"双碳"目标的制定体现了我国对引导和推动资本市场绿色金融发展以及责任投资的决心。

近年来，我国的 ESG 基金发行数量呈逐年上升趋势。截至 2022 年底，ESG 公募基金数量达 464 只。我国 ESG 基金的发展，离不开各项政策的大力支持和引导，2022 年相关政策和指引的制定发布工作稳步有序地开展（见表 6-1），我国众多企业绿色经营的主观能动性有所提升，推动了 ESG 相关金融产品的诞生。

表 6-1　　　　2022 年 ESG 公募基金行业市场化发展阶段重要事件、政策及指引一览

正式施行日期	重要事件及监管政策
2022 年 3 月 16 日	国务院国有资产监督管理委员会成立"社会责任局"
2022 年 4 月 15 日	证监会发布《上市公司投资者关系管理工作指引》
2022 年 5 月 27 日	国务院国有资产监督管理委员会印发《提高央企控股上市公司质量工作方案》
2022 年 9 月 2 日	中国保险资产管理业协会发表《中国保险资产管理业 ESG 尽责管理倡议书》
2022 年 11 月 11 日	中国银保监会发布《中国银保监会办公厅关于印发绿色保险业务统计制度的通知》

资料来源：中国证监会、国务院国有资产监督管理委员会、中国证券投资基金业协会、中国保险资产管理业协会、中国银保监会。

2022 年 3 月 16 日，国务院国有资产监督管理委员会（以下简称"国资委"）成立社会责任局，成立大会召开，会议强调并明确积极推进企业"双碳"工作、安全环保和践行 ESG 理念等内容，适应并引领国际规则标准的制定。2008 年国资委印发《关于中央企业履行社会责任的指导意见》，中央企业履行社会责任的新征程正式开启，历经 15 余载，各大企业的高质量发展被日渐重视，企业应履行的社会责任目标也逐渐清晰，政策的不断推出，能够有力推动我国中央企业将可持续发展、履行社会责任贯彻到底。

2022 年 4 月 15 日，证监会发布《上市公司投资者关系管理工作指引》，首次将 ESG 纳入投资者关系管理的沟通内容中，并于 5 月 15 日起实施。此举措意在鼓励与监督上市公司主动并积极贯彻落实可持续的绿色发展理念，将生态环境保护作为发展过程中的重中之重，并鼓励上市公司积极承担社会责任以达到普遍提高上市公司质量的目标，保护投资者相关利益，提升投资者与上市公司交流与沟通的有效性。

2022 年 5 月 27 日，国资委在贯彻落实《提高央企控股上市公司质量工作方案》的会议上，要求广大央企积极披露 ESG 专项报告，将实践落到实处，并提出"力争于 2023 年实现 ESG 专项报告披露的全面覆盖，建立健全 ESG 体系"的硬指标，为我国央企控股上市公司 ESG 风险管理能力、综合治理能力等方面的提升保驾护航。

2022 年 7 月，国内首批跟踪中证上海环境能源交易所（以下简称"上海环交所"）碳中和指数的 8 只 ETF 产品发行，总募集规模超过 164 亿元。中证上海环交所碳中和指数"SEEE 碳中和"，由上海环交所及中证指数公司联合推出，反映了在沪深市场中对碳中和贡献较大的上市公司证券的整体表现。指数涵盖如能源储备、清洁能源、低碳固碳等多种技术领域。该 8 只 ETF 产品的前十名权重股均覆盖了深度低碳行业（新能源、电力设备等）以及节能减排等领域（有色金属等），与"碳中和"途径相贴合。

2022 年 9 月 2 日，中国保险资产管理业协会发表了《中国保险资产管理业 ESG 尽责管理倡议书》，提出了六个方面的 ESG 相关建议，涉及利益相关性、决策机制、监督执行、沟通协调、信息披露和能力建设。该倡议书的发布旨在进一步贯彻中国银保监会发布的《银行业保险业绿色金融指引》，有利于促进保险业的高质量发展，积极推动绿色转型，充分发挥机构投资者的影响力，引导利益相关方共同努力构建绿色发展生态圈，为支持我国经济社会可持续发展和实现碳达峰碳中和目标贡献力量。

2022 年 11 月 11 日，中国银保监会发布了《中国银保监会办公厅关于印发绿色保险业务统计制度的通知》，其中明确了绿色保险的内涵和意义，并印发了《绿色保险业务统计制度》。该通知具体要求相关保险企业必须遵循我国各项法律法规及指导文件，制定适应各保险公司的绿色保险业务统计表，以反映各保险公司绿色保险业务的发展情况。这将有助于推进保险业的绿色转型，促进绿色金融的发展，为实现我国的碳达峰碳中和目标作出贡献。

二、ESG 公募基金发展现状

本部分对 ESG 基金的划分采用万得 ESG 投资分类体系，该分类体系于 2022 年 12 月由万得正式公布，目的为帮助投资者有效识别 ESG 基金产品并评价基金产品 ESG 表现。

如图 6-1 所示，ESG 投资基金可分为 ESG 主题基金和泛 ESG 主题基金两大类。其中 ESG 主题基金又进一步划分为纯 ESG 主题基金和 ESG 策略基金两种。纯 ESG 主题基金为在投资目标、投资范围、投资策略、投资重点、投资标准、投资理念、决策依据、组合限制、业绩基准、风险揭示等项目中明确将 ESG 投资策略作为主要策略的基金，ESG 策略基金以非 ESG 相关概念或行业为投资主题，同时也将 ESG 投资策略作为选取个股和构建股票池时的辅助策略。泛 ESG 主题基金可分为环境保护主题基金、社会责任主题基金及公司治理主题基金，策略仅需要考虑环境保护、社会责任、公司治理三大主题之一即可。

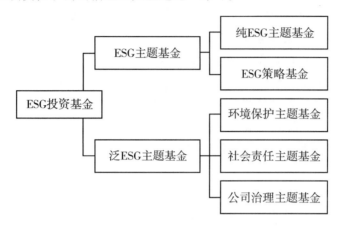

图 6-1　ESG 基金的分类

　　纯 ESG 主题基金的主要投资策略为 ESG 投资策略，我们以"易方达 ESG 责任投资股票发起式（007548.OF）"基金为例，基金将通过"负面筛选"和 ESG 评价体系两种方法，对企业的 ESG 表现进行评估。首先，基金将在全部股票中剔除不符合投资要求的股票（包括但不限于法律法规或公司制度明令禁止投资的股票等），同时剔除有重大 ESG 负面记录的股票；其次，基金将利用 ESG 评价体系，有针对性地对剩余股票进行分析，将企业的"社会价值"转化为定量可比的 ESG 质量评分，为投资决策提供明确的参考依据。基金将根据环境（E）、社会责任（S）和公司治理（G）三个方面的指标对上市公司社会价值进行综合评价打分，同时选择打分在前 80% 的股票形成该基金的 ESG 股票备选库，并定期或不定期更新调整，基金非现金资产中不低于 80% 的资产投资于该基金的 ESG 股票备选库。在 ESG 责任投资评估的基础上，该基金管理人通过充分了解与研究行业景气度、行业竞争格局、行业估值水平、公司管理、公司地位情况等，对公司商业价值进行全面分析并精选出可持续发展的优质企业，以分享上市公司创造价值的资本回报。

　　与纯 ESG 主题基金不同，ESG 策略基金在选股时将 ESG 投资策略作为辅助策略，我们以"汇添富数字生活六个月持有（010557.OF）"为例。该基金的投资策略为资产配置策略和个股精选策略，其中，在个股精选策略中对数字生活主题上市公司有明确的界定，在股票库的构建过程中先对 A 股市场所有股票进行初选剔除并构建初选股票库，然后分别对公司治理结构、管理层和财务状况进行评价，对企业竞争优势进行评估并分析行业背景和商业模式，再将 ESG 投资策略作为辅助策略进行 ESG 评价优选，从 ESG 投资理念中寻找真正能够为公司的可持续发展和绩效带来贡献的因素，从而构建符合投资预期的基金投资组合。

在泛 ESG 主题基金分类下，三个主题基金分别有各自的主题概念。环境保护主题基金的主题概念包括"低碳经济""美丽中国""能源革新"等，以"富国低碳环保混合（100056.OF）"基金为例。该基金对"低碳环保"主题进行了明确的界定，所筛选的股票需直接从事低碳环保主题或受益于低碳环保主题的相关行业，其中直接从事低碳环保主题的股票包括"清洁能源（清洁能源的研发、生产与运营，如太阳能）""节能减排（与节能产品、节能的服务与装备等相关）"；受益于低碳主题相关行业的股票包括在耗能及污染高的行业中，能够通过节能减排等治理措施改善污染、降低能耗，使产业升级的上市公司。

社会责任主题基金主题概念包括"新消费""中国优势""宏利复兴""美丽长三角""新丝路"等，基金范例为"易方达新丝路（001373.OF）"基金。该基金对"新丝路"的主题概念的界定主要是指以"陆上丝绸之路经济带"和"海上丝绸之路经济带"为代表的一系列区域经济一体化战略和对外经济战略，旨在通过沿线各地进行包括基建、贸易、金融、科技、文化等多方面的深入合作，实现共同发展。

公司治理主题基金的主题概念包括"核心企业""价值精选""精粹成长"等，以"华宝核心优势 A（002152.OF）"基金为例，该基金对具有"核心优势"的上市公司需进行几项标准的综合考量：（1）公司具有竞争优势；（2）公司的财务状况和经营成果优秀；（3）公司治理健全规范；（4）公司具有行业领先地位；（5）公司具有垄断优势或资源的稀缺性；（6）有正面事件驱动。表 6-2 汇总了泛 ESG 主题基金的相关信息，供读者参考。

表 6-2　　　　　　　　　泛 ESG 主题基金相关信息

泛 ESG 主题基金	主题概念	基金范例
环境保护主题基金	新经济、低碳经济、碳中和、节能环保、绿色领先、美丽城镇、美丽中国、生态环境、气候变化、健康生活、能源革新、清洁能源、新能源汽车、新能源新材料等	富国低碳环保混合（100056.OF）
社会责任主题基金	新消费、改革新思路、中国优势、宏利复兴、有机增长、区域发展、美丽长三角、"一带一路"、新丝路等	易方达新丝路（001373.OF）
公司治理主题基金	优质治理基金、核心企业、价值精选、精萃成长、远见成长等	华宝核心优势（002152.OF）

　　本部分对中国 ESG 基金的研究范围为 2004~2022 年发行过的 ESG 公募基金，为了防止研究结果受到生存偏见的影响，所使用的数据包括目前正在运营和已经停止运营的全部 ESG 基金的数据。同时，由于 ESG 策略基金未将 ESG 投资策略作为主要投资策略，故我们剔除了 ESG 策略基金的相关数据，前述数据均来自万得数据库。接下来，我们将通过数据分析，从 ESG 基金的数量、资产管理规模以及 ESG 基金分类等多个层面来展示 ESG 基金发展的现状。

（一）ESG 基金数量及资产管理规模

　　图 6-2 和表 6-3 展示的是 2004~2022 年我国每年新成立、继续运营的 ESG 基金数量以及资产管理规模。截至 2022 年底，我国累计成立 ESG 投资基金数共计 469 只，继续运营的 ESG 投资基金为 464 只，停止运营的基金为 5 只。在 ESG 基金行业开始发展的前十年间，ESG 投资概念逐渐引入中国市场，市场认知度和接受度较低，投资者对 ESG 投资的兴趣也相对有限，ESG 基金新成立数量和资产规模相对较小。值得注意的是，2007 年 ESG 基金总数为 9 只，资产管理规模却实现了从百亿元到千亿元的突破，高达 1 032 亿元，源于该年整体市场处于牛市行情较好，万得全 A 指数在该年的年度收益率高达 166.21%，且基金行业规模呈爆发性增长。2008 年 ESG 基金新成立基金数量及资产管理规模均有所回落。在随后的 6 年间，ESG 基金新成立数量及资产管理规模稳步回升。2015 年，股市的总体大涨带动了基金发行数量和整体资产管理规模的上涨，ESG 基金新成立数量达 33 只，资产管理规模再创新高，达 1 312 亿元。2016~2017 年 ESG 基金新成立数量及资产

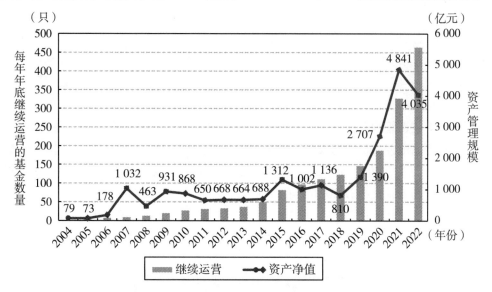

图 6-2　继续运营的 ESG 基金数量及资产管理规模：2004~2022 年

管理规模在 2015 年股市大涨后进入平台期，无较大波动。2018~2019 年，ESG 基金新成立数量有所回升，2019 年资产管理规模高达 1 390 亿元。

表 6-3　　　　新成立与继续运营的 ESG 基金数量及资产管理规模：2004~2022 年

年份	新成立（只）	停止运营（只）	继续运营（只）	资产净值（亿元）	年份	新成立（只）	停止运营（只）	继续运营（只）	资产净值（亿元）
2004	1	0	1	79	2014	12	0	49	688
2005	2	0	3	73	2015	33	0	82	1 312
2006	4	0	7	178	2016	15	0	97	1 002
2007	2	0	9	1 032	2017	14	0	111	1 136
2008	4	0	13	463	2018	12	0	123	810
2009	7	0	20	931	2019	23	0	146	1 390
2010	7	0	27	868	2020	42	0	188	2 707
2011	4	0	31	650	2021	139	0	327	4 841
2012	2	0	33	668	2022	142	5	464	4 035
2013	4	0	37	664					

注：表中资产规模为每年最后一个交易日的资产净值。

近三年，国内 ESG 基金数量及资产管理规模迎来爆发性增长，投资者对 ESG 投资的认知度和接受度有了进一步提高，ESG 基金类型也开始多元化，不仅有股票型 ESG 基金，还有债券型、混合型等不同类型的 ESG 基金。同时，ESG 基金的管理水平和投资策略也在不断提高和优化，成为资产配置中的重要组成部分，2020 年和 2021 年新成立 ESG 基金数量分别为 42 只和 139 只，资产管理规模分别增长至 2 707 亿元和 4 841 亿元，得益于 2020 年"双碳"概念的提出，推动了我国资本市场 ESG 基金的发展。2022 年，相关政策和指导意见陆续出台，证监会发布《上市公司投资者关系管理工作指引》，首次将 ESG 纳入投资者关系管理的沟通内容中，鼓励并监督上市公司贯彻落实可持续发展理念，使得 2022 年新成立 ESG 基金数量仍保持高涨势头，共计成立 142 只，虽然新成立基金数量持续增长，但 2022 年 ESG 基金资产管理规模较 2021 年有所回落。

（二）ESG 基金分类

表 6-4 展示了截至 2022 年底 ESG 基金一级和二级分类下基金发行总量、资产管理规模及百分比情况。截至 2022 年底，我国 ESG 基金数量达 464 只，资产管理

规模达 4 035 亿元。

表 6-4 　ESG 基金一级和二级分类发行总数量、资产管理规模及百分比：
截至 2022 年底

基金分类	一级分类基金数量（只）及百分比（%）	一级分类基金资产管理规模（亿元）及百分比（%）	二级分类基金数量（只）及百分比（%）	二级分类基金资产管理规模（亿元）及百分比（%）
股票型基金	210（44.78）	2 778（44.55）		
被动指数型基金			130（61.90）	1 147（41.28）
普通股票型基金			72（34.29）	1 615（58.13）
增强指数型基金			8（3.81）	16（0.59）
债券型基金	13（2.77）	274（4.39）		
中长期纯债型基金			11（84.62）	269（98.31）
混合债券型二级基金			2（15.38）	5（1.69）
混合型基金	242（51.60）	3 164（50.73）		
偏股混合型基金			187（77.27）	2 199（69.50）
灵活配置型基金			55（22.73）	965（30.50）
国际（QDII）基金	4（0.85）	20（0.33）		
国际（QDII）股票型基金			4（100）	20（100）
总计	469（100）	6 236（100）		

注：括号中的数字为百分比。

从一级分类角度来看，以下类型的 ESG 基金有产品使用 ESG 投资策略：股票型基金、债券型基金、混合型基金和国际（QDII）基金。混合型基金共计 242 只，占比最大，高达 51.60%；其次是股票型基金，共 210 只，占比 44.78%。混合型基金的资产管理规模最大，超过 3 000 亿元，占比为 50.73%；紧随其后的为股票型基金，资产管理规模略低于混合型基金，为 2 778 亿元，占比接近 45%。ESG 基金的产品种类非常集中，上述两类基金发行总量及资产管理规模占比总和超过 95%。债券型、国际（QDII）基金数量及资产管理规模占比最小，基金数共计 17 只，占比仅为 3.62%，资产管理规模共计 294 亿元，占比共 4.72%。

从二级分类角度来看，以下类型的股票型基金有产品使用 ESG 投资策略，分别为：被动指数型基金、普通股票型基金和增强指数型基金。被动指数型基金数量高达 130 只，占比最大，为 61.90%。被动指数型基金对股票指数（如中证上海环交所碳中和指数、国证新能源指数、上证 180 公司治理指数等）进行完全复制，使用正面筛选、负面筛选等 ESG 投资策略，选取成分股中 ESG 表现领先的股票作为成分股，以反映 ESG 风险和机遇管理优秀的相关上市公司的整体表现，为市场提供优质 ESG 投资标的。其次为普通股票型基金，数量为 72 只，占比 34.29%。数量最少的为增强指数型基金，仅有 8 只，占比仅为 3.81%。增强指数型基金以追踪某一特定 ESG 指数为目标，通过对该指数进行优化和调整，以达到超越该指数表现的目的，在基本面分析的基础上融入 ESG 投资策略，通过选择优质 ESG 公司，以及对其权重进行调整和管理，从而获得更好的业绩表现。

在混合型 ESG 基金分类下，有偏股混合型基金和灵活配置型基金的产品使用 ESG 投资策略，其中，偏股混合型基金数量高达 187 只，资产管理规模高达近 2 200 亿元；灵活配置型基金约为 55 只，资产管理规模为 965 亿元。基金产品使用 ESG 投资策略最少类型的基金为债券基金分类下的混合债券型二级基金，数量仅为 2 只，目前的资产管理规模仅有 5 亿元。中长期纯债型基金有 11 只，占比 84.62%，基金资产管理规模为 269 亿元。基金通过负面、正面筛选以及 ESG 整合等 ESG 投资策略对发债主体进行综合的评价与选择。国际（QDII）基金分类下仅有 4 只国际（QDII）股票型基金，仅投资于境外的证券市场，基金选股的投资策略与其他投资类型基金相同，都使用 ESG 投资策略，目前的资产管理规模为 20 亿元。

从上述数据中我们可以发现，无论是从一级分类角度还是从二级分类角度来看，目前使用 ESG 投资策略的基金中股票型基金和混合型基金的基金总数量及资产管理规模占比较大，其中以普通股票型基金和偏股混合型基金为主，而债券型基金数量较少，可能源于目前我国股票市场相对较为活跃，投资者对于股票型基金的需求更高。然而，债券市场发行主体相关的 ESG 评价体系发展尚未成熟，与上市公司及企业的 ESG 评价体系相比不够完善。因此，ESG 投资策略现阶段在股票市场的投资中运用更为广泛。但随着 ESG 理念逐渐被市场广泛认可，债券型 ESG 基金的发展潜力也在逐渐被挖掘，未来或将迎来更多的发展机遇。

通过与第一章数据对比，我们发现 ESG 投资基金管理费与托管费费率与全部公募基金的费率无明显差异。

三、ESG 基金业绩总结——股票型 ESG 基金能否跑赢大盘指数

本节内容主要分为两个部分。第一部分，从年度收益率及累计收益率两个层面分别对比股票型 ESG 基金和万得全 A 指数的差异；第二部分，将风险因素纳入业绩比较的考量，选用夏普比率及索丁诺比率两种风险调整后收益指标，对股票型 ESG 基金和万得全 A 指数的收益进行分析。对比股票型 ESG 基金与万得全 A 大盘

指数可以更全面地了解 ESG 投资的表现和风险，更好地评估 ESG 投资策略的效果。在分析、评估主动管理的股票型 ESG 基金时，我们将万得数据库中二级分类下的普通股票型基金及偏股混合型基金定义为"股票型 ESG 基金"。

（一）股票型 ESG 基金与万得全 A 指数绝对收益的比较

1. 年度收益率比较

图 6-3 展示了 2007~2022 年股票型 ESG 基金与万得全 A 指数年度收益率的比较结果。我们参考第二章中的计算方法对每个股票型 ESG 基金的年化收益率和每一年波动率等风险指标进行计算。

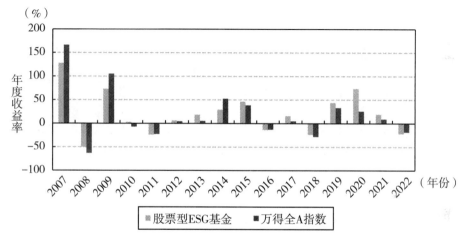

图 6-3　股票型 ESG 基金与万得全 A 指数的年度收益率比较：2007~2022 年

如图 6-3 所示，在 2007~2022 年的 16 年中，有 10 年股票型 ESG 基金的收益率超过了大盘指数。尤其值得注意的是，在近十年的时间里（2013~2022 年），有 7 年股票型 ESG 基金的收益率高于大盘指数，在近五年（2018~2022 年），股票型 ESG 基金收益率优于大盘指数的年份有 4 年，其中 3 年收益率均高于指数收益率 10%以上，特别是在 2020 年，股票型 ESG 基金年度收益率高达 74%，超出指数近 50 个百分点。这表明，ESG 投资策略在帮助投资者实现超额收益方面具有潜力，股票型 ESG 基金从中长期来看表现优异。与第二章数据对比，纵观 16 年（2007~2022 年），股票型 ESG 基金有 12 年的年度收益率高于股票型公募基金，在市场整体收益率不佳的 6 年，股票型公募基金表现不及股票型 ESG 基金；在大盘指数呈明显涨势的 2009 年及 2014 年，股票型 ESG 基金的平均收益率均高于全部股票型公募基金的平均收益率。

图 6-4 展示了 2007~2022 年股票型 ESG 基金与万得全 A 指数收益率的年化波

动率的比较。在共计 16 年的样本年份中，万得全 A 指数波动率高于股票型 ESG 基金波动率的年份有 8 年，具体年份为 2007~2010 年、2012~2013 年、2016 年及 2019 年。近十年（2013~2022 年）中，股票型 ESG 基金年化波动率高于万得全 A 指数的年份有 7 年，近五年（2018~2022 年）期间股票型 ESG 基金年化波动率高于大盘指数的年份有 4 年，可能是受到行业轮动的影响，如果一只 ESG 基金的投资组合中包含多只处于同一行业的股票，当该行业受到影响时，基金的波动率会增加。举例而言，如果一个 ESG 基金投资了多家新能源行业上市公司，当新能源行业遭遇政策变化或市场调整时，该基金的净值会有较大的波动。

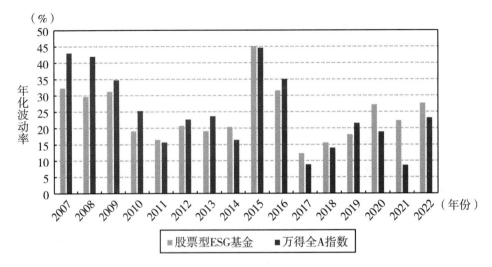

图 6-4　股票型 ESG 基金与万得全 A 指数收益率的年化波动率比较：2007~2022 年

2. ESG 基金超越大盘指数比例

图 6-5 详细统计了在 2007~2022 年股票型 ESG 基金收益率超过万得全 A 指数收益率的比例。在 16 个年份中，有 8 个年份股票型 ESG 基金收益率超越万得全 A 指数收益率的比例在 60% 以上，年份分别为 2008 年、2010 年、2013 年、2017~2021 年。在万得全 A 指数收益率为负的 6 年间有 3 年股票型 ESG 基金超越大盘的比例在 60% 以上，剩余 3 年都在 30%~40%。尤其在 2008 年和 2018 年万得全 A 指数下跌比率较大的两年间，仍有高于 70% 以上的股票型 ESG 基金收益率表现优于指数，由此可见在市场整体行情趋势趋于跌宕之时，股票型 ESG 基金能以较平稳的表现获得优于大盘指数的收益。然而，在大盘处于牛市的 2009 年和 2014 年这两个大盘收益率较高的年份，仅有不超过 15% 的股票型 ESG 基金获取了高于大盘的收益率。原因在于，股票型 ESG 基金的投资理念强调环境、社会和治理等方面的因素，使其在行业配置上与传统的股票型基金有所不同。然而，在这两个牛市期间，一些热门行业如科技、金融等取得了高收益，而股票型 ESG 基金未能及时准

确地捕捉到行业动向，导致其业绩表现不如大盘指数。

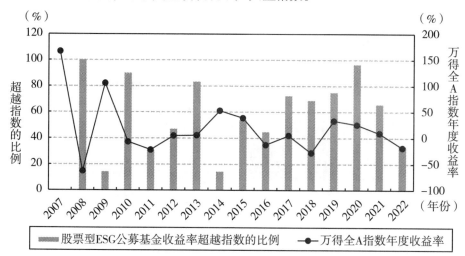

图 6-5　股票型 ESG 基金超越万得全 A 指数的比例：2007～2022 年

3. 近三年及近五年累计收益率的比较

下面我们将进一步分析和比较股票型 ESG 基金和万得全 A 指数在近三年和近五年的年化收益率和累计收益率表现。在选取样本时，我们要求基金在 2020～2022 年或 2018～2022 年具有完整的三年或五年基金复权净值数据，其中近三年基金的样本量为 57 只，近五年的样本量为 45 只。

图 6-6 展示了近三年（2020～2022 年）及近五年（2018～2022 年）股票型 ESG 基金及万得全 A 指数平均年化收益率情况。通过数据整体来看，股票型 ESG 基金近三年及近五年的年化收益率表现皆优于大盘指数。近三年股票型 ESG 基金的年化收益率为 16.78%，优于万得全 A 指数的年化收益率 3.71%；近五年股票型 ESG 基金的年化收益率为 11.31%，也超越了大盘的年化收益率 1.26%。总体来看，股票型 ESG 基金的中长期收益率都要好于大盘指数。

图 6-7 展示了 2007～2022 年股票型 ESG 基金和万得全 A 指数的累计收益率，我们将 2006 年最后一天的股票型 ESG 基金与万得全 A 指数的初始值设为 100 元，以方便读者对两者进行比较。[①] 从中可以观察到，在过去的 16 年中，万得全 A 指数的累计收益率为 232%（年化收益率为 8%），而股票型 ESG 基金的累计收益率高达 550%（年化收益率为 12%），是万得全 A 指数累计收益率的近 2 倍。因此，从长期且不考虑风险因素的角度来看，主动管理的股票型 ESG 基金能够获得比大盘指数更高的收益。同时我们也看到，二者之间的差距是从 2018 年起逐渐加大的。

---

① 在此我们只讨论等权平均累计收益的结果。

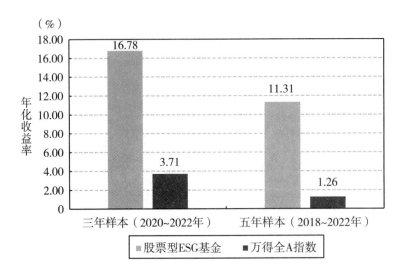

图 6-6 近三年（2020~2022 年）和近五年（2018~2022 年）股票型 ESG 基金 与万得全 A 指数的年化收益率比较

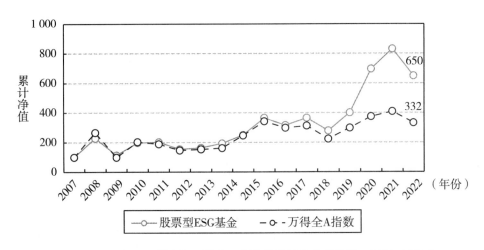

图 6-7 股票型 ESG 基金与万得全 A 指数的累计收益率比较：2007~2022 年

（二）风险调整后的收益分析

投资者将 ESG 因素纳入对上市公司的投资分析有助于揭示上市公司的潜在风险，ESG 因素对企业的盈利、风险和估值都会产生影响。例如，公司采取环保措施、重视员工福利和社会责任等举措，可能会提高企业的品牌知名度和声誉，增强消费者对其产品的信任度和忠诚度，从而提高企业的市场份额和销售额，进而带来盈利的增长。在同业间，ESG 水平较高的上市公司自身盈利能力较强，从而能够进一步推动其股利水平的提升。有较高 ESG 水平的上市公司的风控能力普遍较强,能够降低企业潜在的环境污染治理和法律诉讼等风险,进而减少公司股价变动、回撤,以及声誉受损和治理失控等风险。ESG 因素对上市公司盈利和风险的传导机制进而会影响该企业股票的整体估值水平。通过改善企业的治理结构、提高员工满意度和减少环境污染等措施,可以增加企业的长期价值,提高其股票的估值;相反,如果企业在 ESG 方面的表现不佳,可能会降低其估值水平,导致投资者对其未来前景有所担忧。

综上所述,ESG 因素在投资决策中的作用日益重要,通过了解企业的 ESG 风险和机会,投资者可以更准确地评估企业的价值和风险,从而实现更加稳健的投资回报。

我们选取夏普比率和索丁诺比率两个指标来对比 ESG 基金和指数的风险调整后收益。在选取样本时,我们要求基金在 2020～2022 年或 2018～2022 年具有完整的三年或五年基金复权净值数据,其中近三年基金的样本量为 57 只,近五年的样本量为 45 只。

1. 夏普比率

图 6-8 展示了近三年(2020～2022 年)和近五年(2018～2022 年)股票型 ESG 基金和万得全 A 指数的年化夏普比率的比较结果。如图 6-8 所示,股票型 ESG 基金近三年的夏普比率为 0.58,高于大盘指数的年化夏普比率(0.21)。同样地,过去五年大盘指数的年化夏普比率为 0.08,低于股票型 ESG 基金在同期内的夏普比率(0.47)。从夏普比率的比较来看,无论是最近三年还是最近五年,股票型 ESG 基金风险调整后收益均大幅领先于大盘指数。

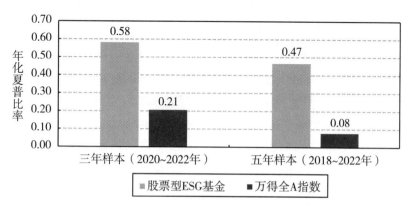

图 6-8 股票型 ESG 基金与万得全 A 指数的年化夏普比率:2018～2022 年

图 6-9 为 45 只股票型 ESG 基金近五年(2018～2022 年)的夏普比率散点图,图中横轴表示基金超额收益的年化标准差(风险),纵轴表示基金的年化超额收益

率（超额收益），散点均分布于上边界（诺安低碳经济 A）和下边界（富国低碳环保）所围成的扇形间，边界可视为投资行为的天花板和地板。此外，图 6-9 绘制了一条经过原点且斜率为 0.08 的虚线，位于该虚线上的每一只基金的夏普比率与大盘指数相同。在 45 只股票型 ESG 基金中，位于虚线下方的基金为夏普比率低于大盘指数的基金，数量共 3 只，占比约为 7%，三只基金收益率均偏低。有近 93%的股票型 ESG 基金在承担相同单位风险水平的情况下，获取了高于大盘指数的超额收益率。

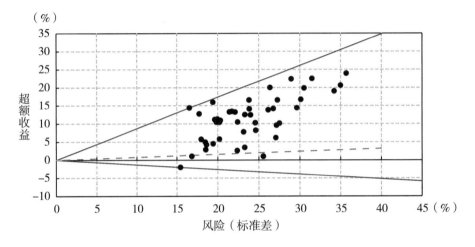

图 6-9　股票型 ESG 基金年化夏普比率散点图：2018~2022 年

表 6-5 展示了近五年（2018~2022 年）股票型 ESG 基金夏普比率排名及各基金在所有股票型基金中的位次（%）。夏普比率最高的"诺安低碳经济 A"基金（0.87），其超额收益率（14.41%）虽不是排名前 10 位的基金中最高的，但凭借较低的风险水平（标准差）获取了较高的夏普比率，且超过 98%的全部股票型基金，位次位于所有股票型基金的前 3%；"华夏能源革新 A"基金的风险水平（35.68%）为夏普比率排名前 10 位的基金中最高的，但其超额收益率（23.92%）排名第 1，夏普比率排名第 9，超过 86%的全部股票型基金，位次位于所有股票型基金的前 14%。在上述排名前 10 位的基金投资组合当中，我们得知，一只基金的业绩水平高低需综合超额收益率以及风险水平来进行分析与评估，两个因素都是投资决策中不可缺少的评估指标。在排名后 10 位的基金中，排名第 45 位的"富国低碳环保"基金超额收益率（-1.99%）为所有基金样本当中唯一一只超额收益率为负的基金，夏普比率为负（-0.13），近五年该只基金的业绩表现不佳。

近五年期间，共有占样本数 25%的股票型 ESG 基金的夏普比率位于所有股票型基金的前 20%，共有 13%的股票型 ESG 基金位于所有股票型基金的前 10%。

表 6-5　　　　　　股票 ESG 基金年化夏普比率排名及各基金

在所有股票型基金中的次位：2018~2022 年

编号	基金名称	年化超额收益率（%）	年化超额收益率标准差（%）	年化夏普比率	基金在所有股票型基金中的位次（%）
1	诺安低碳经济 A	14.41	16.53	0.87	97.77
2	工银瑞信美丽城镇主题 A	15.97	19.40	0.82	97.08
3	信澳新能源产业	22.39	28.92	0.77	94.99
4	鹏华环保产业	19.99	26.33	0.76	94.01
5	富国美丽中国 A	12.75	17.73	0.72	90.95
6	工银瑞信生态环境 A	22.50	31.47	0.71	90.53
7	华安生态优先 A	16.58	23.83	0.70	88.44
8	华夏能源革新 A	23.92	35.68	0.67	86.21
9	华夏节能环保 A	19.86	30.51	0.65	84.54
10	博时丝路主题 A	13.28	21.44	0.62	81.06
11	中信保诚精萃成长 A	13.43	21.75	0.62	80.64
12	嘉实新能源新材料 A	16.58	27.25	0.61	79.11
13	景顺长城公司治理	13.21	22.13	0.60	77.44
14	工银瑞信新材料新能源行业	14.08	23.86	0.59	76.32
15	汇丰晋信低碳先锋 A	20.59	34.98	0.59	76.04
16	国投瑞银核心企业	11.16	19.62	0.57	72.98
17	兴全绿色投资	11.29	19.95	0.57	72.42
18	东方新能源汽车主题	19.03	34.20	0.56	70.47
19	长信低碳环保行业量化 A	16.71	30.11	0.56	70.19
20	交银蓝筹	10.92	20.32	0.54	66.57
21	景顺长城环保优势	12.52	23.32	0.54	66.57
22	富国低碳新经济 A	13.83	26.12	0.53	65.32
23	嘉实环保低碳	14.16	26.75	0.53	65.32
24	中银美丽中国	10.43	19.83	0.53	64.90
25	华安新丝路主题 A	12.45	24.01	0.52	63.93
26	鹏华优质治理	10.40	20.20	0.51	62.95
27	银华新能源新材料量化 A	14.41	29.63	0.49	58.36

编号	基金名称	年化超额 收益率（%）	年化超额收益率 标准差（%）	年化 夏普比率	基金在所有股票型 基金中的位次（%）
28	中银持续增长 A	10.48	22.45	0.47	55.71
29	建信环保产业	10.27	24.57	0.42	47.08
30	汇丰晋信新动力	10.15	27.49	0.37	40.39
31	汇添富环保行业	9.57	27.14	0.35	38.44
32	新华钻石品质企业	7.76	23.18	0.33	36.49
33	财通可持续发展主题	8.19	24.62	0.33	35.79
34	中银健康生活	5.72	17.97	0.32	32.45
35	光大一带一路	5.77	20.22	0.29	27.16
36	中银优秀企业	4.93	18.47	0.27	24.37
37	建信社会责任	4.48	19.43	0.23	20.06
38	汇添富价值精选 A	4.23	18.62	0.23	19.64
39	银河美丽优萃 A	6.13	27.06	0.23	19.50
40	汇丰晋信大盘 A	2.87	18.52	0.15	13.65
41	兴全社会责任	3.49	23.30	0.15	13.23
42	汇添富社会责任 A	2.60	22.40	0.12	10.58
43	信诚深度价值	1.07	16.82	0.06	7.52
44	金元顺安价值增长	1.02	25.54	0.04	6.27
45	富国低碳环保	-1.99	15.44	-0.13	2.09

2. 索丁诺比率

图 6-10 展示了 2020~2022 年及 2018~2022 年股票型 ESG 基金与万得全 A 指数的年化索丁诺比率。在三年样本数据中可见，股票型 ESG 基金的索丁诺比率为 1.24，远高于大盘指数的索丁诺比率（0.36）；同样，在五年样本数据中，股票型 ESG 基金的索丁诺比率为 0.97，也远超万得全 A 指数的索丁诺比率（0.14）。从中长期来看，说明在承担相同单位的下行风险时，股票型 ESG 基金能够获得较万得全 A 指数更高的超额收益。

图 6-11 为 45 只股票型 ESG 基金近五年（2018~2022 年）的索丁诺比率散点图，图中横轴表示基金超额收益的年化下行标准差（风险），纵轴表示基金的年化超额收益率（超额收益），散点均分布于上边界（诺安低碳经济 A）和下边界（富国低碳环保）所围成的扇形之间，此外，图 6-11 绘制了一条经过原点且斜率为

0.14 的虚线，位于该虚线上的每一只基金的索丁诺比率与大盘指数相同。在 45 只股票型 ESG 基金中，位于虚线下方的基金为低于大盘指数索丁诺比率的基金，共计 3 只，占比约为 7%，3 只基金收益率均偏低，其中"富国低碳环保"基金的收益率为负。其余的 42 只基金在承担相同单位下行风险时表现优于大盘指数，其中有共计 25 只基金的索丁诺比率高于 1，有较优秀的基金业绩。

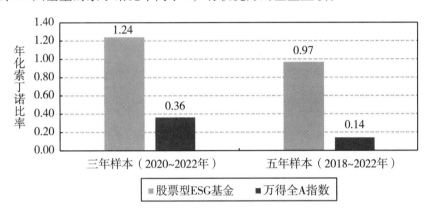

图 6-10　股票型 ESG 基金与万得全 A 指数的年化索丁诺比率：2018~2022 年

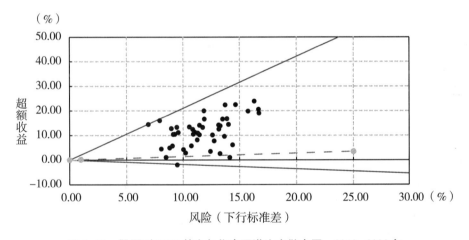

图 6-11　股票型 ESG 基金年化索丁诺比率散点图：2018~2022 年

表 6-6 展示了近五年（2018~2022 年）股票型 ESG 基金年化索丁诺比率排名及各基金在所有股票型基金中的位次（%）。索丁诺比率排名最高的为"诺安低碳经济 A"，下行风险为 6.92%，该基金经理有较强的下行风险控制能力；同时，该基金在所有股票型基金中的位次很高，超过近 99% 的全部股票型基金。"华夏能源革新 A"基金的下行风险较"诺安低碳经济 A"高，为 16.31%，却凭借较高的年化超额收益（24%）获得了较高的索丁诺比率，这得益于该基金较强的基金管理

能力；同时，该基金超过了 90% 的全部股票型基金，次位较高。表 6-6 显示，有 6
只股票型 ESG 基金位于所有股票型基金的前 10%，有 11 只基金位于所有股票型基
金的前 20%。

表 6-6 股票 ESG 基金年化索丁诺比率排名
及所在股票型基金中的次位：2018~2022 年

编号	基金名称	年化超额收益率（%）	年化下行标准差（%）	年化索丁诺比率	基金在所有股票型基金中的位次（%）
1	诺安低碳经济 A	14.41	6.92	2.08	98.89
2	工银瑞信美丽城镇主题 A	15.97	7.93	2.01	98.47
3	鹏华环保产业	19.99	11.86	1.69	95.40
4	信澳新能源产业	22.39	13.74	1.63	94.43
5	工银瑞信生态环境 A	22.50	14.66	1.53	92.20
6	华夏能源革新 A	23.92	16.31	1.47	90.25
7	富国美丽中国 A	12.75	8.96	1.42	87.47
8	博时丝路主题 A	13.28	9.45	1.40	86.91
9	华安生态优先 A	16.58	11.89	1.39	86.21
10	中信保诚精萃成长 A	13.43	10.55	1.27	80.92
11	华夏节能环保 A	19.86	15.76	1.26	79.94
12	汇丰晋信低碳先锋 A	20.59	16.69	1.23	78.27
13	工银瑞信新材料新能源行业	14.08	11.45	1.23	77.99
14	嘉实新能源新材料 A	16.58	13.51	1.23	77.72
15	长信低碳环保行业量化 A	16.71	13.89	1.20	76.04
16	国投瑞银核心企业	11.16	9.58	1.17	73.26
17	华安新丝路主题 A	12.45	10.85	1.15	72.01
18	鹏华优质治理	10.40	9.13	1.14	71.73
19	东方新能源汽车主题	19.03	16.73	1.14	71.45
20	中银美丽中国	10.43	9.27	1.13	69.92
21	景顺长城公司治理	13.21	11.74	1.13	69.92
22	嘉实环保低碳	14.16	13.16	1.08	65.88
23	富国低碳新经济 A	13.83	13.30	1.04	63.51

编号	基金名称	年化超额收益率（%）	年化下行标准差（%）	年化索丁诺比率	基金在所有股票型基金中的位次（%）
24	银华新能源新材料量化 A	14.41	14.03	1.03	62.53
25	兴全绿色投资	11.29	11.03	1.02	62.53
26	交银蓝筹	10.92	11.30	0.97	59.05
27	中银持续增长 A	10.48	10.90	0.96	59.05
28	景顺长城环保优势	12.52	13.18	0.95	57.66
29	建信环保产业	10.27	11.45	0.90	54.74
30	汇丰晋信新动力	10.15	12.62	0.80	45.68
31	财通可持续发展主题	8.19	11.25	0.73	40.53
32	汇添富环保行业	9.57	13.67	0.70	38.72
33	中银健康生活	5.72	9.06	0.63	34.12
34	新华钻石品质企业	7.76	12.77	0.61	32.59
35	中银优秀企业	4.93	8.81	0.56	28.27
36	建信社会责任	4.48	8.07	0.55	28.27
37	光大一带一路	5.77	10.73	0.54	26.32
38	银河美丽优萃 A	6.13	14.39	0.43	19.36
39	汇添富价值精选 A	4.23	10.04	0.42	18.94
40	兴全社会责任	3.49	12.44	0.28	13.23
41	汇丰晋信大盘 A	2.87	10.23	0.28	13.23
42	汇添富社会责任 A	2.60	13.28	0.20	9.89
43	信诚深度价值	1.07	8.49	0.13	7.94
44	金元顺安价值增长	1.02	14.14	0.07	6.27
45	富国低碳环保	-1.99	9.49	-0.21	1.95

（三）ESG 基金的优秀业绩从何而来

接下来，我们对股票型 ESG 基金的选股能力以及择时能力进行分析。表 6-7 展示了过去三年（2020～2022 年）及过去五年（2018～2022 年）内有完整净值数据的股票型 ESG 基金数量。我们选取近三年及近五年的基金样本数量分别为 57 只和 45 只。

表 6-7 样本区间内的基金数量 单位：只

样本区间	基金数量
过去三年（2020~2022 年）	57
过去五年（2018~2022 年）	45

1. 选股能力分析

表 6-8 展示了股票型 ESG 基金近五年（2018~2022 年）选股能力 α 显著性的统计结果。我们运用 Carhart-Treynor-Mazuy 模型评估过去五年内（2018~2022 年）股票型 ESG 基金的选股能力，包括具备正确选股能力、错误选股能力与无选股能力的基金数量与占比情况，在 5% 的显著性水平下，有 26 只股票型 ESG 基金的基金经理具有显著的选股能力，占总样本数量的 58%；有 19 只基金 α 的 t 值为不显著，占比 42%。纵观过去五年，有近 60% 的股票型 ESG 基金的基金经理具备选股能力优势。

表 6-8 股票型 ESG 基金的选股能力 α 显著性的估计结果：2018~2022 年

显著性	样本数量（只）	数量占比（%）
正显著	26	58
不显著	19	42
总计	45	100

下面我们具体分析在过去五年中 α 呈正显著、具有选股能力的 26 只股票型 ESG 基金。表 6-9 展示了过去五年（2018~2022 年）在四因子模型中具有选股能力的股票型 ESG 基金（按照 α 从大到小排序）；同时，我们也统计了这些基金在过去三年（2020~2022 年）的选股能力以及在过去三年、五年是否都具有选股能力的情况。在过去五年间，具有选股能力的 26 只股票型 ESG 基金的年化 α 在 8%~33% 之间，其中有 16 只基金在过去三年及五年的区间内都有正显著 α，占 26 只基金的比例为 62%。

表 6-9 过去五年具有选股能力的股票型 ESG 基金（按五年选股能力 α 排序）

编号	基金名称	过去五年（2018~2022 年）		过去三年（2020~2022 年）		过去三年、五年都具有选股能力
		年化 α(%)	$t(\alpha)$	年化 α(%)	$t(\alpha)$	
1	华夏能源革新 A	33.28	2.3	52.22	2.14	√
2	东方新能源汽车主题	31.12	2.21	45.19	1.98	√

续表

编号	基金名称	过去五年(2018~2022 年)		过去三年(2020~2022 年)		过去三年、五年都具有选股能力
		年化 α(%)	$t(\alpha)$	年化 α(%)	$t(\alpha)$	
3	工银瑞信生态环境 A	27.74	2.25	38.76	1.82	√
4	汇丰晋信低碳先锋 A	27.5	2.05	51.42	2.58	√
5	嘉实新能源新材料 A	25.56	2.74	28.5	2.01	√
6	华夏节能环保 A	24.25	2.31	28.12	1.69	√
7	鹏华环保产业	22.18	2.13	35.98	2.04	√
8	嘉实环保低碳	20.44	2.24	24.37	1.78	√
9	信澳新能源产业	20.01	1.93	23.48	1.46	
10	长信低碳环保行业量化 A	19.7	1.68	33.04	1.63	
11	景顺长城环保优势	19.68	2.64	26.64	2.29	√
12	富国美丽中国 A	19.16	4.04	14.53	2	√
13	银华新能源新材料量化 A	18.51	1.68	30.56	1.72	√
14	工银瑞信新材料新能源行业	18.36	2.55	28.47	2.53	√
15	兴全绿色投资	18.03	3.92	23.12	3.55	√
16	银河美丽优萃 A	17.45	1.68	11.03	0.69	
17	中信保诚精萃成长 A	16.83	2.85	26.58	2.81	√
18	诺安低碳经济 A	16.24	3.39	13.84	1.86	√
19	工银瑞信美丽城镇主题 A	14.81	2.36	13.74	1.34	
20	景顺长城公司治理	14.55	2.08	19.97	1.75	√
21	富国低碳新经济 A	14.48	2.04	16.95	1.47	
22	博时丝路主题 A	14.28	2.24	14.14	1.45	
23	国投瑞银核心企业	13.38	1.9	8.21	0.88	
24	中银美丽中国	11.76	1.68	16.9	1.47	
25	汇添富价值精选 A	10.5	2.01	0.42	0.06	
26	汇丰晋信大盘 A	7.93	1.96	5.52	0.89	

注：表中√代表在过去三年和过去五年都具有选股能力的股票型 ESG 基金。

2. 择时能力分析

表 6-10 展示了在 Treynor-Mazuy 四因子模型下近五年（2018~2022 年）股票型 ESG 基金择时能力 γ 的显著性结果。结果显示，仅有 1 只基金 γ 的值为正显著，占比仅为 2%；共计 37 只股票型 ESG 基金的基金经理未表现出择时能力，占比高达 82%；有 7 只基金的基金经理有错误的择时能力，占比为 16%。

表 6-10　　　　股票型 ESG 基金的择时能力 γ 显著性的估计结果：2018~2022 年

显著性	样本数量（只）	数量占比（%）
正显著	1	2
不显著	37	82
负显著	7	16
总计	45	100

表 6-11 展示了过去五年具有择时能力、γ 为正显著的股票型 ESG 基金。在 45 只样本基金中，仅有"建信社会责任"基金在过去五年具备择时能力且在近三年也具备择时能力。整体来看，几乎没有 ESG 基金经理展示出择时能力。

表 6-11　　　　过去五年具有择时能力的股票型 ESG 基金（按五年择时能力 γ 排序）

编号	基金名称	过去五年（2018~2022 年）		过去三年（2020~2022 年）		过去三年、五年都具有选股能力	主题
		γ	t（γ）	γ	t（γ）		
1	建信社会责任	2.56	2.74	4.23	2.28	√	社会责任

注：表中√代表在过去三年和过去五年都具有择时能力的股票型 ESG 基金。

四、我国 ESG 公募基金投资面临的挑战与发展新趋势

由于我国目前缺乏统一的 ESG 信息披露框架，各大企业在缺乏强制性的 ESG 信息披露要求的情况下，ESG 信息披露比率呈现降低的趋势。企业在信息披露过程中过分依赖于参照其他公司的信息披露指南，造成了信息的复杂性。在缺乏统一的披露标准的情况下，披露信息的质量无法得到保障，甚至可能存在误导性。大部分上市公司在披露中，定性类的描述占据较大比例，而定量类的描述较少，这造成了可比性的不足，投资者无法根据具体的标准进行比较。此外，在信息披露之前，

投资者对各类数据的采集及处理方面的要求也较高,提高了披露有关信息的难度。总体而言,ESG 信息披露的难度和质量是我们所面临的第一个挑战。

第二个挑战是,国际上,如美国及欧洲各国,ESG 投资理念的发展与实施比我国更早,它们已经建立了较为完整且规范的 ESG 评价体系。但我国缺乏适用于本土企业的 ESG 评价体系,由于各个国家的文化背景、市场发展情况、监管关注的重点及政策层面的差异,我国无法直接套用国际上的评价体系,它们的适用程度有待商榷。

第三个挑战是,我国 ESG 信息传递缺乏穿透性和及时性,相关 ESG 风险提示无法及时传递给投资者。同时,由于大多数企业披露的都是偏正面的信息,如对环保作出了何等程度的贡献等大而空的信息披露,一些公司实际真实存在的运营风险无法被如实反馈给投资者,这给投资者作出投资决策带来了一定的风险。此外,偏底层的风险也会被隐藏。

第四个挑战是,未健全的 ESG 评价体系和披露标准。在公募基金市场中,"漂绿"(green washing)风险问题普遍存在,这给那些想利用 ESG 相关政策走捷径的公司提供了可乘之机。这些公司借助 ESG 概念的空壳披露虚假信息,如对外宣称企业致力于以遵循绿色环保理念来实现可持续发展等,以骗取监管机构的信任,获取来自政府层面政策及经济上的支持,如发行绿色债券来融资等。

第五个挑战是,市场中与 ESG 理念相关的金融产品趋于单一化,缺乏创新性。例如,ESG 投资多集中于环境保护主题基金,而涉及社会责任及公司治理主题的基金相对偏少。长此以往,整体不利于 ESG 投资理念在我国公募基金乃至整个资本市场的发展。

挑战与发展机遇并存。2022 年,全球范围内的监管机构和政府组织在 ESG 信息披露政策和制度方面采取了相应措施。这一趋势将促使中国的 ESG 信息披露标准逐步完善,披露的必要性也将逐步从最初的鼓励逐渐转变为强制。最终,中国将找到适用于本土企业的 ESG 信息披露体系和评价标准,实现 ESG 信息披露的标准化和体系化。2022 年 7 月 25 日,深圳证券交易所推出 ESG 评价方法(国证 ESG 评价方法),为中国寻找适合自己的 ESG 评价标准体系迈出了重要的一步。

从 2023 年起,随着整治气候环境等问题受重视程度的不断加强,全球将会从过往的纸上谈兵过渡到付诸真实行动来齐心协力解决问题,各大企业为使资本能够在市场上稳健且可持续地获取收益,将更加重视企业本身 ESG 层面的治理,从而推动 ESG 投资基金在资本市场的进一步发展。在可预见的将来,ESG 基金数量规模将依旧保持迅猛的上升趋势。在 ESG 基金相关政策和规则的正向引导下,存量资金和增量资金都将调整其投向,从过去的无所不投、只追求利益的模式转移到有益社会、有益环境和有益治理的方向上去。

附录一 股票型公募基金近五年业绩描述统计表（按年化收益率排序）：2018～2022 年

本表展示的是近五年主动管理的股票型公募基金的收益和风险指标。其中，收益指标包括年化收益率、夏普比率及索丁诺比率，风险指标包括年化波动率、年化下行风险及最大回撤率。在评估基金的收益和风险时，我们选取万得全 A 指数作为评估标准，并在表中第 0 行给出相关指标的结果。

编号	基金名称	年化收益率（%）	年化波动率（%）	年化下行风险（%）	最大回撤率（%）	年化夏普比率	年化索丁诺比率
0	**万得全 A 指数**	1.26	18.79	10.32	29.52	0.08	0.14
1	金鹰信息产业 A	27.44	31.05	14.30	37.35	0.89	1.93
2	大成新锐产业	26.59	23.67	10.08	23.67	1.05	2.48
3	交银趋势优先 A	25.69	24.01	10.21	26.33	1.01	2.38
4	工银瑞信战略转型主题 A	24.84	21.48	8.88	27.77	1.07	2.60
5	华安安信消费服务 A	24.56	20.94	8.83	24.01	1.09	2.58
6	广发睿毅领先 A	24.07	18.08	7.46	12.95	1.21	2.93
7	泰达宏利转型机遇 A	23.78	33.35	15.18	40.01	0.76	1.67
8	华夏行业景气	23.38	25.46	11.84	30.13	0.90	1.93
9	汇丰晋信智造先锋 A	22.78	32.17	16.36	36.89	0.75	1.48
10	中金新锐 A	22.01	21.50	10.20	28.45	0.97	2.04
11	信澳新能源产业	21.77	28.92	13.85	35.37	0.77	1.62
12	信诚中小盘 A	21.71	30.61	14.85	38.63	0.75	1.54
13	交银先进制造 A	21.36	20.28	9.45	25.41	0.99	2.12
14	华安能源革新 A	21.19	35.68	16.45	32.81	0.67	1.45
15	工银瑞信信息产业 A	21.12	22.87	10.37	27.39	0.89	1.96

续表

编号	基金名称	年化收益率（%）	年化波动率（%）	年化下行风险（%）	最大回撤率（%）	年化夏普比率	年化索丁诺比率
16	工银瑞信生态环境 A	21.08	31.47	14.79	37.84	0.71	1.52
17	信诚周期轮动 A	20.44	25.65	11.72	32.11	0.79	1.74
18	万家臻选	20.32	26.46	13.62	26.41	0.78	1.51
19	工银瑞信新金融 A	20.26	21.71	9.65	28.18	0.89	2.00
20	建信健康民生 A	20.09	21.87	10.78	27.01	0.88	1.79
21	招商稳健优选	20.08	28.15	13.92	33.90	0.74	1.49
22	建信中小盘 A	20.06	25.62	12.07	28.92	0.78	1.66
23	长城优化升级 A	20.04	24.54	11.02	24.69	0.81	1.80
24	交银医药创新 A	19.97	26.56	13.13	39.09	0.76	1.54
25	工银瑞信中小盘成长	19.84	30.25	15.35	41.06	0.70	1.38
26	鹏华环保产业	19.75	26.33	11.96	30.65	0.76	1.67
27	中欧明睿新常态 A	19.71	25.78	12.42	32.88	0.77	1.60
28	信诚新兴产业 A	19.54	33.57	15.58	40.17	0.65	1.40
29	交银股息优化	19.18	25.92	13.87	32.15	0.75	1.40
30	中欧养老产业 A	19.12	21.61	10.85	23.24	0.85	1.69
31	工银瑞信前沿医疗 A	19.08	28.48	14.00	38.60	0.70	1.43
32	广发高端制造 A	19.07	27.68	12.73	37.37	0.71	1.55
33	万家行业优选	18.99	28.88	14.24	48.37	0.69	1.41
34	富国价值优势	18.91	22.38	10.08	29.72	0.82	1.82
35	中信保诚至远动力 A	18.88	20.31	8.62	25.11	0.88	2.07

续表

编号	基金名称	年化收益率（%）	年化波动率（%）	年化下行风险（%）	最大回撤率（%）	年化夏普比率	年化索丁诺比率
36	中银智能制造 A	18.82	28.45	13.49	38.98	0.69	1.46
37	工银瑞信物流产业 A	18.69	20.02	10.57	26.90	0.88	1.68
38	富国消费主题 A	18.29	26.21	12.11	30.59	0.71	1.54
39	银华食品饮料 A	18.26	30.03	16.88	33.70	0.66	1.18
40	华夏节能环保 A	18.20	30.50	15.89	36.16	0.65	1.25
41	华夏创新前沿	18.10	23.94	10.38	28.49	0.75	1.73
42	创金合信消费主题 A	18.04	25.37	13.38	36.28	0.72	1.37
43	交银消费新驱动	17.98	24.79	13.42	32.65	0.73	1.35
44	华宝创新优选	17.91	29.13	12.95	31.31	0.65	1.47
45	建信潜力新蓝筹 A	17.83	24.23	11.33	29.10	0.74	1.57
46	景顺长城成长之星	17.79	20.50	9.34	23.48	0.83	1.82
47	融通内需驱动 AB	17.79	20.01	9.76	25.32	0.85	1.73
48	广发制造业精选 A	17.77	27.48	13.79	35.87	0.68	1.35
49	大摩健康产业 A	17.72	27.83	13.90	42.15	0.67	1.34
50	南方国策动力	17.71	21.45	10.00	23.61	0.80	1.71
51	新华优选消费	17.68	22.81	12.43	34.02	0.76	1.40
52	华夏经典配置	17.58	21.54	10.79	21.52	0.79	1.58
53	国泰智能汽车 A	17.53	32.05	16.79	37.55	0.62	1.18
54	汇丰晋信低碳先锋 A	17.45	34.98	16.83	40.03	0.59	1.22
55	华安逆向策略 A	17.42	21.32	9.59	26.19	0.79	1.76

续表

编号	基金名称	年化收益率(%)	年化波动率(%)	年化下行风险(%)	最大回撤率(%)	年化夏普比率	年化索丁诺比率
56	工银瑞信文体产业 A	17.38	20.25	9.66	27.97	0.82	1.72
57	泰信中小盘精选	17.36	30.14	15.15	41.36	0.63	1.26
58	农银汇理行业轮动 A	17.30	23.06	10.92	28.89	0.74	1.57
59	建信创新中国	17.27	22.57	11.32	25.29	0.75	1.50
60	国泰大健康 A	17.27	25.77	11.80	31.54	0.69	1.50
61	交银阿尔法 A	17.22	18.83	9.01	18.46	0.86	1.80
62	华宝生态中国 A	17.22	22.30	10.35	29.27	0.76	1.63
63	信澳中小盘	17.21	30.26	14.90	42.78	0.62	1.27
64	大成产业升级	17.13	22.91	11.39	32.82	0.74	1.49
65	新华优选成长	17.12	23.16	10.69	32.71	0.73	1.59
66	国泰智能装备 A	17.10	29.36	15.04	32.49	0.63	1.24
67	北信瑞丰产业升级	17.04	27.75	13.26	37.09	0.65	1.36
68	大成消费主题	17.04	21.52	10.79	23.52	0.77	1.54
69	嘉实主题新动力	17.02	26.37	13.30	31.92	0.67	1.33
70	诺德周期策略	17.00	24.32	11.82	29.11	0.70	1.45
71	华商上游产业	16.90	21.84	9.09	23.36	0.75	1.81
72	诺安策略精选	16.89	15.53	6.94	14.07	0.99	2.22
73	兴全商业模式优选	16.85	19.83	10.99	30.77	0.81	1.47
74	工银瑞信美丽城镇主题 A	16.83	19.42	8.01	23.83	0.82	1.99
75	鹏扬景泰成长 A	16.81	26.74	13.15	35.39	0.66	1.34

续表

编号	基金名称	年化收益率（%）	年化波动率（%）	年化下行风险（%）	最大回撤率（%）	年化夏普比率	年化索丁诺比率
76	交银成长 30	16.57	25.29	11.28	25.19	0.67	1.50
77	中欧电子信息产业 A	16.54	28.36	13.80	39.96	0.63	1.29
78	工银瑞信研究精选	16.52	22.86	10.23	31.88	0.72	1.60
79	华宝资源优选 A	16.49	24.01	8.71	22.87	0.69	1.90
80	华安生态优先 A	16.42	23.84	11.99	36.55	0.70	1.38
81	泰达宏利行业精选 A	16.37	22.83	10.27	28.16	0.71	1.58
82	浦银安盛红利精选 A	16.37	26.15	12.87	30.07	0.65	1.33
83	嘉实物流产业 A	16.37	15.57	7.16	18.52	0.96	2.09
84	国富研究精选	16.24	20.58	9.35	28.48	0.76	1.67
85	工银瑞信养老产业 A	16.20	25.50	12.96	36.67	0.66	1.29
86	景顺长城鼎益	16.14	29.35	14.82	40.49	0.60	1.20
87	南方潜力新蓝筹 A	16.01	22.39	11.55	30.67	0.71	1.37
88	华安幸福生活 A	15.99	25.80	13.10	43.52	0.65	1.27
89	中欧医疗健康 A	15.97	30.40	15.19	45.81	0.59	1.18
90	金鹰行业优势	15.95	25.99	12.38	37.44	0.64	1.34
91	华宝动力组合 A	15.94	23.88	11.05	26.68	0.67	1.46
92	东方新能源汽车主题	15.93	34.20	16.87	39.49	0.56	1.13
93	招商医药健康产业	15.92	28.64	13.56	40.75	0.60	1.28
94	工银瑞信国家战略主题	15.86	26.34	11.98	30.42	0.63	1.39
95	景顺长城新兴成长	15.76	28.78	14.57	40.69	0.60	1.18

续表

编号	基金名称	年化收益率(%)	年化波动率(%)	年化下行风险(%)	最大回撤率(%)	年化夏普比率	年化索丁诺比率
96	富国通胀通缩主题 A	15.74	22.98	11.29	32.56	0.69	1.40
97	国富深化价值	15.74	19.36	8.98	24.23	0.77	1.67
98	建信改革红利 A	15.67	25.61	11.93	35.22	0.64	1.37
99	诺安低碳经济 A	15.61	16.53	6.98	18.87	0.87	2.06
100	创金合信医疗保健行业 A	15.57	26.69	14.02	38.98	0.62	1.18
101	易方达科翔	15.56	22.59	10.77	27.39	0.69	1.44
102	鹏华价值精选	15.52	24.54	10.95	32.48	0.65	1.45
103	易方达国企改革	15.47	26.80	14.76	31.72	0.62	1.12
104	嘉实新能源新材料 A	15.46	27.25	13.63	38.14	0.61	1.22
105	银河蓝筹精选 A	15.46	26.74	12.81	32.25	0.61	1.28
106	融通医疗保健行业 A	15.44	30.00	14.72	42.93	0.58	1.18
107	南方中小盘成长	15.40	17.70	8.43	20.33	0.81	1.71
108	新华行业周期轮换	15.13	27.71	12.92	33.08	0.59	1.26
109	长信金利趋势 A	15.12	18.01	8.22	23.27	0.79	1.73
110	华商盛世成长	15.06	19.13	9.14	23.43	0.75	1.57
111	大成高新技术产业 A	15.06	17.98	8.78	23.10	0.79	1.61
112	诺安研究精选	15.05	22.92	10.38	27.31	0.66	1.45
113	万家瑞隆 A	15.00	22.79	11.85	29.49	0.66	1.27
114	天弘文化新兴产业 A	14.99	24.88	13.75	38.29	0.63	1.13
115	大成中小盘 A	14.96	20.50	9.79	25.39	0.71	1.49

续表

编号	基金名称	年化收益率（%）	年化波动率（%）	年化下行风险（%）	最大回撤率（%）	年化夏普比率	年化索丁诺比率
116	易方达国防军工 A	14.95	30.56	14.13	29.04	0.55	1.20
117	嘉实智能汽车	14.89	27.55	13.74	38.65	0.59	1.17
118	国泰大农业 A	14.84	19.66	10.06	20.89	0.73	1.42
119	建信核心精选	14.84	19.24	8.93	27.59	0.74	1.59
120	工银瑞信医疗保健行业	14.83	27.21	13.82	38.25	0.59	1.16
121	长信低碳环保行业量化 A	14.81	30.11	14.01	37.01	0.55	1.19
122	中银战略新兴产业 A	14.80	23.95	11.55	33.89	0.63	1.31
123	建信高端医疗 A	14.80	25.91	12.92	31.12	0.60	1.21
124	大成景恒 A	14.80	20.34	9.73	18.85	0.71	1.48
125	交银先锋 A	14.80	23.63	10.24	25.60	0.64	1.47
126	广发小盘成长 A	14.79	28.34	13.20	30.53	0.57	1.23
127	华宝服务优选	14.77	27.17	12.52	32.93	0.58	1.27
128	光大行业轮动	14.68	25.42	12.74	38.71	0.61	1.21
129	诺德价值优势	14.68	25.13	12.07	30.17	0.61	1.27
130	招商量化精选 A	14.67	20.45	9.80	28.88	0.70	1.46
131	新华策略精选 A	14.61	23.90	11.79	33.63	0.63	1.27
132	建信信息产业 A	14.61	25.09	13.00	30.56	0.61	1.17
133	景顺长城优势企业	14.60	24.70	13.16	34.27	0.61	1.15
134	建信大安全	14.51	19.92	9.59	30.31	0.70	1.46
135	建信中国制造 2025A	14.48	19.95	9.71	27.52	0.70	1.44

续表

编号	基金名称	年化收益率(%)	年化波动率(%)	年化下行风险(%)	最大回撤率(%)	年化夏普比率	年化索丁诺比率
136	工银瑞信聚焦30	14.47	21.02	9.81	27.27	0.68	1.45
137	金鹰主题优势	14.46	25.45	11.46	29.07	0.60	1.32
138	鹏华精选成长A	14.44	23.28	11.42	30.79	0.63	1.29
139	上投摩根医疗健康A	14.43	24.28	12.17	42.92	0.61	1.23
140	国富潜力组合A人民币	14.43	20.63	9.41	28.21	0.68	1.50
141	国泰金鹿	14.42	18.97	9.44	28.58	0.73	1.46
142	博时特许价值A	14.35	28.08	12.58	33.61	0.56	1.25
143	易方达信息产业	14.35	27.94	13.40	33.68	0.56	1.17
144	华安核心优选A	14.33	23.33	10.12	28.67	0.62	1.44
145	圆信永丰优加生活	14.29	18.46	9.48	22.65	0.74	1.43
146	天弘医疗健康A	14.29	27.26	13.37	35.93	0.57	1.16
147	招商中小盘精选	14.21	21.27	9.66	31.59	0.66	1.45
148	金鹰策略配置	14.19	34.31	16.50	42.21	0.51	1.06
149	富国文体健康A	14.19	22.73	11.19	27.55	0.63	1.28
150	景顺长城内需增长	14.18	28.91	14.32	41.04	0.55	1.11
151	广发医疗保健A	14.17	30.06	15.50	51.84	0.54	1.05
152	长城医疗保健A	14.14	25.12	12.73	37.83	0.59	1.17
153	泓德战略转型	14.10	22.03	10.94	30.81	0.64	1.29
154	银河康乐A	14.08	21.65	11.84	33.85	0.65	1.19
155	招商行业精选	14.08	24.38	11.15	34.97	0.60	1.30

续表

编号	基金名称	年化收益率（%）	年化波动率（%）	年化下行风险（%）	最大回撤率（%）	年化夏普比率	年化索丁诺比率
156	富国医疗保健行业 A	14.05	28.61	14.36	44.60	0.55	1.09
157	博时医疗保健行业 A	13.91	28.50	14.10	42.83	0.54	1.10
158	泰达宏利首选企业	13.90	25.66	11.81	34.63	0.57	1.25
159	国富中小盘	13.86	18.59	8.89	20.82	0.71	1.49
160	华富成长趋势	13.85	24.11	11.62	28.29	0.59	1.23
161	景顺长城内需增长贰号	13.84	29.15	14.78	40.55	0.54	1.06
162	汇添富消费行业	13.79	27.23	14.64	42.64	0.56	1.03
163	华宝品质生活	13.78	24.63	13.02	29.57	0.59	1.11
164	国泰事件驱动 A	13.74	27.24	13.79	37.61	0.55	1.09
165	广发聚瑞 A	13.74	25.06	13.24	35.83	0.58	1.10
166	万家消费成长	13.72	20.83	10.14	24.49	0.65	1.33
167	嘉实增长	13.69	18.12	9.28	30.45	0.72	1.40
168	海富通内需热点	13.66	24.65	12.25	32.93	0.58	1.17
169	中融竞争优势	13.62	26.11	13.15	38.49	0.56	1.11
170	工银瑞信新材料新能源行业	13.61	23.86	11.54	28.32	0.59	1.22
171	中银中小盘成长	13.54	22.31	11.75	29.07	0.61	1.17
172	长盛量化红利策略	13.54	16.42	6.48	17.84	0.76	1.94
173	建信恒久价值	13.50	25.52	11.83	35.03	0.56	1.21
174	鹏华医药科技	13.50	25.69	12.51	37.52	0.56	1.15
175	嘉实价值精选	13.49	19.35	9.14	24.59	0.67	1.42

续表

编号	基金名称	年化收益率（%）	年化波动率（%）	年化下行风险（%）	最大回撤率（%）	年化夏普比率	年化索丁诺比率
176	易方达医疗保健	13.49	27.42	14.87	42.86	0.54	1.00
177	富国美丽中国 A	13.48	17.74	9.04	30.35	0.72	1.41
178	银河创新成长 A	13.41	35.34	18.62	46.16	0.49	0.92
179	中信保诚精萃成长 A	13.39	21.75	10.64	30.09	0.62	1.26
180	中欧时代先锋 A	13.39	22.47	11.82	34.39	0.60	1.15
181	国联安锐意成长	13.37	21.14	10.86	25.44	0.63	1.22
182	长城久富 A	13.35	23.84	10.77	27.69	0.58	1.28
183	博时丝路主题 A	13.33	21.44	9.54	26.56	0.62	1.39
184	诺安新经济	13.29	25.53	11.78	35.10	0.55	1.20
185	银河研究精选	13.28	22.24	11.03	25.62	0.60	1.22
186	诺安先锋 A	13.24	19.00	9.82	24.76	0.67	1.30
187	农银汇理医疗保健主题	13.22	30.75	16.07	50.69	0.51	0.97
188	嘉实新兴产业	13.21	22.75	11.77	38.05	0.59	1.15
189	华安行业轮动	13.19	21.41	9.83	28.65	0.61	1.34
190	华宝医药生物	13.18	26.18	13.52	38.47	0.55	1.06
191	浙商聚潮产业成长 A	13.12	22.06	9.53	25.63	0.60	1.39
192	光大新增长	13.11	22.95	11.53	28.03	0.59	1.17
193	申万菱信竞争优势 A	13.11	28.36	13.22	36.64	0.52	1.11
194	景顺长城公司治理	13.02	22.13	11.84	32.56	0.60	1.11
195	银河稳健	12.99	19.53	9.32	25.99	0.65	1.35

续表

编号	基金名称	年化收益率（%）	年化波动率（%）	年化下行风险（%）	最大回撤率（%）	年化夏普比率	年化索丁诺比率
196	建信优势动力	12.97	21.58	10.63	27.63	0.60	1.22
197	银华消费主题 A	12.97	27.39	13.28	44.67	0.52	1.08
198	长城中小盘成长 A	12.96	21.06	9.80	30.39	0.61	1.31
199	国投瑞银成长优选	12.92	19.10	9.32	25.81	0.65	1.34
200	海富通股票	12.92	35.35	17.53	39.70	0.47	0.95
201	广发多元新兴	12.92	28.02	14.37	31.11	0.52	1.01
202	嘉实环保低碳	12.89	26.74	13.26	39.57	0.53	1.07
203	华泰柏瑞盛世中国	12.81	25.39	11.78	29.12	0.54	1.16
204	嘉实价值优势 A	12.80	17.08	8.27	22.28	0.70	1.45
205	交银新成长	12.78	18.22	8.26	27.76	0.67	1.47
206	嘉实先进制造	12.72	24.16	12.28	31.44	0.55	1.09
207	富国低碳新经济 A	12.72	26.12	13.41	36.17	0.53	1.03
208	大摩品质生活精选	12.69	23.59	13.10	32.95	0.56	1.01
209	华夏经济转型	12.68	23.69	11.78	28.14	0.56	1.12
210	汇添富中国高端制造 A	12.64	20.77	9.83	26.19	0.60	1.27
211	银华农业产业 A	12.64	23.87	12.44	26.28	0.55	1.06
212	汇添富医药保健 A	12.60	27.91	14.35	41.74	0.51	0.99
213	信澳产业升级	12.57	31.20	15.37	43.73	0.48	0.98
214	易方达行业领先	12.55	21.63	11.15	28.38	0.59	1.13
215	工银瑞信国企改革主题	12.47	21.19	10.10	26.40	0.59	1.23

续表

编号	基金名称	年化收益率（%）	年化波动率（%）	年化下行风险（%）	最大回撤率（%）	年化夏普比率	年化索丁诺比率
216	交银精选	12.46	18.14	8.26	27.49	0.65	1.44
217	汇添富逆向投资 A	12.43	22.93	11.81	31.42	0.56	1.08
218	民生加银稳健成长	12.42	22.78	11.88	34.07	0.56	1.08
219	中银主题策略 A	12.41	22.07	11.14	39.10	0.57	1.13
220	创金合信资源主题 A	12.36	29.61	13.96	36.11	0.49	1.03
221	博时军工主题 A	12.34	31.80	14.37	32.03	0.47	1.04
222	银华新能源新材料量化 A	12.34	29.63	14.15	34.54	0.49	1.02
223	嘉实医药健康 A	12.31	26.09	14.13	41.31	0.52	0.96
224	海富通中小盘	12.25	28.05	12.90	41.38	0.49	1.08
225	易方达改革红利	12.24	26.23	13.58	32.05	0.51	0.99
226	华宝高端制造	12.18	22.61	11.62	28.25	0.55	1.08
227	招商优质成长	12.11	23.80	11.11	34.35	0.53	1.14
228	农银汇理策略价值	12.11	19.15	8.90	25.63	0.61	1.32
229	易方达价值精选	12.07	19.81	10.47	26.66	0.60	1.13
230	富国中小盘精选 A	12.03	24.92	11.36	34.09	0.52	1.13
231	汇添富国企创新增长 A	11.95	22.39	11.37	36.82	0.55	1.08
232	景顺长城环保优势	11.92	23.32	13.29	35.73	0.54	0.94
233	国海证券量化优选一年持有 A	11.88	17.64	8.38	16.70	0.64	1.34
234	申万菱信行业轮动 A	11.87	31.42	16.52	36.89	0.46	0.88
235	银华明择多策略	11.82	23.78	12.57	35.12	0.52	0.99

续表

编号	基金名称	年化收益率(%)	年化波动率(%)	年化下行风险(%)	最大回撤率(%)	年化夏普比率	年化索丁诺比率
236	华安新丝路主题 A	11.80	24.00	10.94	44.86	0.52	1.14
237	上投摩根卓越制造 A	11.79	24.02	10.06	42.15	0.52	1.23
238	鹏华养老产业	11.77	26.99	14.36	39.72	0.49	0.92
239	新华趋势领航	11.76	24.11	12.03	34.84	0.52	1.04
240	诺安主题精选	11.76	21.49	10.76	37.37	0.55	1.11
241	华商主题精选	11.75	25.73	11.71	32.30	0.50	1.09
242	华宝先进成长	11.74	20.84	10.86	31.64	0.56	1.08
243	鹏华医疗保健	11.73	26.66	13.93	39.03	0.49	0.94
244	银华中国梦 30	11.73	24.46	11.83	33.44	0.51	1.06
245	诺安鸿鑫 A	11.70	14.80	7.91	22.71	0.72	1.35
246	鹏华优势企业	11.70	22.80	10.57	32.49	0.53	1.14
247	华安宏利 A	11.68	23.33	11.15	40.07	0.52	1.10
248	上投摩根新兴动力 A	11.66	29.81	13.93	38.53	0.46	0.99
249	易方达消费行业	11.65	28.20	15.85	39.06	0.48	0.85
250	嘉实逆向策略	11.59	27.12	14.43	36.98	0.48	0.91
251	银华富裕主题	11.59	28.43	15.52	50.72	0.47	0.87
252	新华中小市值优选	11.56	22.93	9.76	29.03	0.52	1.23
253	长信银利精选 A	11.54	19.08	9.03	31.23	0.59	1.24
254	长盛医疗行业	11.49	29.90	15.71	49.90	0.46	0.88
255	申万菱信消费增长 A	11.45	25.00	13.03	37.72	0.50	0.95

续表

编号	基金名称	年化收益率(%)	年化波动率(%)	年化下行风险(%)	最大回撤率(%)	年化夏普比率	年化索丁诺比率
256	华泰柏瑞行业领先	11.45	26.92	13.43	32.07	0.48	0.96
257	招商大盘蓝筹	11.44	20.78	9.53	30.47	0.55	1.20
258	嘉实低价策略	11.42	20.15	9.97	33.13	0.56	1.14
259	鹏华先进制造	11.41	21.31	11.24	35.15	0.54	1.03
260	兴全绿色投资	11.39	19.95	11.13	36.20	0.57	1.01
261	国联安主题驱动	11.39	18.95	9.18	26.35	0.58	1.21
262	国投瑞银核心企业	11.34	19.62	9.66	26.73	0.57	1.15
263	光大银发商机主题	11.34	20.54	9.95	27.84	0.55	1.14
264	博时逆向投资 A	11.33	19.10	8.87	26.20	0.58	1.24
265	金鹰科技创新	11.33	27.12	15.22	35.25	0.48	0.85
266	富国产业升级 A	11.32	23.08	10.98	33.16	0.51	1.08
267	华宝宝康消费品	11.29	19.21	8.95	29.22	0.57	1.23
268	泰信发展主题	11.28	28.66	14.98	36.53	0.46	0.88
269	银河量化优选	11.22	18.50	8.69	20.93	0.58	1.24
270	景顺长城资源垄断	11.22	22.02	11.04	25.10	0.52	1.04
271	中欧新动力 A	11.20	19.05	9.16	24.63	0.57	1.19
272	嘉实优化红利	11.13	22.71	11.63	32.61	0.51	1.00
273	东吴新产业精选 A	11.13	21.37	10.84	27.06	0.53	1.04
274	嘉实农业产业 A	11.11	24.15	13.09	29.18	0.49	0.91
275	建信优选成长 A	11.11	20.87	8.92	30.60	0.53	1.25

续表

编号	基金名称	年化收益率（%）	年化波动率（%）	年化下行风险（%）	最大回撤率（%）	年化夏普比率	年化索丁诺比率
276	工银瑞信量化策略 A	11.06	19.91	10.40	29.84	0.55	1.05
277	工银瑞信农业产业	11.01	23.70	11.90	31.61	0.49	0.98
278	大成行业轮动	11.00	23.02	12.31	28.98	0.50	0.94
279	工银瑞信新蓝筹 A	10.99	17.59	8.32	25.41	0.59	1.26
280	华安智能装备主题 A	10.98	25.44	12.99	38.72	0.48	0.93
281	华泰保兴吉年丰 A	10.93	26.95	13.52	41.90	0.46	0.92
282	景顺长城中小创	10.90	23.89	13.35	32.32	0.49	0.88
283	天弘周期策略 A	10.89	23.34	10.10	31.19	0.49	1.13
284	交银蓝筹	10.88	20.32	11.39	32.04	0.54	0.96
285	大成积极成长	10.86	22.67	12.32	29.14	0.50	0.92
286	广发电子信息传媒产业精选 A	10.84	29.28	14.18	33.51	0.44	0.91
287	泓德优选成长	10.84	17.46	9.11	20.97	0.59	1.13
288	嘉实企业变革	10.84	22.78	11.63	30.27	0.50	0.98
289	南方产业智选	10.81	30.04	16.76	41.51	0.44	0.79
290	富国高端制造行业 A	10.77	22.44	11.31	31.58	0.50	0.99
291	中海医疗保健	10.76	26.43	14.07	41.97	0.46	0.86
292	中欧新趋势 A	10.74	19.44	9.10	24.70	0.54	1.16
293	华夏复兴 A	10.66	28.58	14.72	34.28	0.44	0.86
294	国投瑞银研究精选	10.66	18.09	8.84	26.63	0.57	1.16
295	华安升级主题 A	10.66	21.38	9.66	29.33	0.51	1.12

续表

编号	基金名称	年化收益率（%）	年化波动率（%）	年化下行风险（%）	最大回撤率（%）	年化夏普比率	年化索丁诺比率
296	上投摩根健康品质生活 A	10.66	25.46	13.70	34.13	0.46	0.86
297	嘉实新消费	10.61	18.31	9.52	26.59	0.56	1.08
298	银华内需精选	10.57	27.81	12.93	34.77	0.44	0.95
299	富国研究量化精选	10.55	22.63	11.30	34.94	0.49	0.98
300	兴全合润	10.54	21.06	11.92	32.87	0.51	0.90
301	中银美丽中国	10.49	19.82	9.35	27.31	0.53	1.11
302	光大阳光明星启创新驱动 A	10.43	19.16	10.34	34.44	0.54	0.99
303	鹏华优质治理	10.41	20.20	9.21	32.40	0.51	1.13
304	汇丰晋信珠三角区域	10.39	23.25	10.75	24.48	0.47	1.02
305	工银瑞信主题策略 A	10.36	31.56	16.34	43.36	0.42	0.81
306	工银瑞信消费服务 A	10.34	18.89	9.63	27.39	0.54	1.05
307	南方盛元红利	10.32	18.34	8.95	27.83	0.54	1.12
308	农银汇理低估值高增长	10.28	24.75	12.01	32.90	0.46	0.94
309	圆信永丰汇利	10.27	20.97	9.88	29.44	0.50	1.06
310	富国天合稳健优选	10.26	17.80	9.52	29.22	0.55	1.04
311	国联安优选行业	10.25	31.74	15.83	41.06	0.41	0.83
312	泰达宏利蓝筹价值	10.15	24.84	12.07	36.05	0.45	0.93
313	景顺长城品质投资	10.12	20.14	10.39	28.04	0.50	0.98
314	创金合信科技成长 A	10.05	27.37	13.78	37.43	0.43	0.85
315	中信证券成长动力 A	10.03	19.57	10.09	27.40	0.51	0.99

续表

编号	基金名称	年化收益率（%）	年化波动率（%）	年化下行风险（%）	最大回撤率（%）	年化夏普比率	年化索丁诺比率
316	工银瑞信红利	9.99	24.02	12.71	29.71	0.45	0.85
317	汇添富创新活力 A	9.98	20.02	10.63	30.96	0.50	0.94
318	中银持续增长 A	9.98	22.45	10.99	33.77	0.47	0.95
319	华泰柏瑞价值增长 A	9.98	23.42	10.90	43.09	0.46	0.98
320	金鹰中小盘精选	9.95	21.79	11.66	31.66	0.47	0.89
321	工银瑞信大盘蓝筹	9.92	16.70	7.68	22.82	0.56	1.21
322	安信企业价值优选	9.89	17.80	9.02	23.45	0.53	1.05
323	兴全精选	9.86	22.76	11.93	33.97	0.46	0.88
324	浙商全景消费 A	9.85	22.81	12.57	41.79	0.46	0.83
325	金鹰稳健成长	9.84	23.59	11.71	32.44	0.45	0.91
326	富国国家安全主题 A	9.83	24.29	11.96	32.94	0.44	0.90
327	大成内需增长 A	9.80	22.47	11.68	29.58	0.46	0.89
328	工银瑞信精选平衡	9.80	16.81	8.24	30.95	0.55	1.12
329	长信内需成长 A	9.79	24.49	13.06	36.55	0.44	0.83
330	诺安行业轮动	9.76	16.05	8.42	28.00	0.57	1.08
331	国寿安保智慧生活	9.75	22.37	12.46	29.23	0.46	0.83
332	国泰金牛创新成长	9.75	20.58	11.29	27.07	0.48	0.88
333	银华中小盘精选	9.64	25.12	13.30	31.82	0.43	0.81
334	易方达科讯	9.56	24.39	12.77	35.24	0.43	0.83
335	博时工业 4.0	9.53	21.89	11.21	32.03	0.46	0.89

续表

编号	基金名称	年化收益率(%)	年化波动率(%)	年化下行风险(%)	最大回撤率(%)	年化夏普比率	年化索丁诺比率
336	景顺长城优选	9.50	19.68	11.17	31.54	0.48	0.85
337	兴全全球视野	9.49	18.88	9.77	25.23	0.49	0.95
338	上投摩根成长先锋 A	9.44	20.31	10.72	35.96	0.47	0.89
339	富国天博创新主题	9.43	22.25	11.11	32.94	0.45	0.89
340	工银瑞信高端制造行业	9.38	30.97	16.32	43.10	0.39	0.75
341	东方红启阳三年持有 A	9.37	21.08	11.01	27.48	0.46	0.88
342	建信环保产业	9.29	24.56	11.54	31.97	0.42	0.89
343	创金合信量化多因子 A	9.26	21.25	10.87	24.98	0.45	0.88
344	嘉实研究阿尔法	9.25	18.36	9.05	24.45	0.49	1.00
345	鹏华盛世创新	9.25	17.18	8.79	21.91	0.51	1.00
346	南方高增长	9.23	22.03	10.93	36.13	0.44	0.89
347	华安大国新经济 A	9.21	23.10	12.35	29.14	0.43	0.80
348	嘉实量化精选	9.20	19.45	9.62	27.99	0.47	0.95
349	国联安优势	9.18	20.47	10.27	27.53	0.46	0.91
350	民生加银优选	9.18	22.40	11.12	34.47	0.43	0.87
351	宝盈医疗健康沪港深	9.17	29.04	16.03	43.41	0.39	0.71
352	大成优选	9.16	16.80	8.77	23.75	0.52	0.99
353	长信恒利优势	9.15	21.42	11.57	39.42	0.45	0.82
354	博时新兴成长	9.14	28.30	13.98	34.98	0.39	0.79
355	民生加银景气行业 A	9.12	21.07	9.84	35.43	0.44	0.95

续表

编号	基金名称	年化收益率（%）	年化波动率（%）	年化下行风险（%）	最大回撤率（%）	年化夏普比率	年化索丁诺比率
356	银河主题策略	9.10	27.78	13.12	37.94	0.39	0.83
357	中欧行业成长 A	9.02	20.80	10.72	34.92	0.45	0.87
358	嘉实医疗保健	8.97	26.45	14.20	41.55	0.40	0.74
359	泓德泓益	8.96	20.27	10.72	31.70	0.45	0.85
360	汇添富策略回报	8.95	23.89	12.67	36.76	0.41	0.78
361	上投摩根安全战略 A	8.95	23.61	11.36	40.01	0.41	0.86
362	国泰区位优势 A	8.93	21.01	10.99	30.55	0.44	0.84
363	景顺长城沪港深领先科技	8.89	20.16	10.98	33.32	0.45	0.82
364	诺安高端制造 A	8.88	24.09	12.03	28.83	0.41	0.82
365	交银成长 A	8.88	20.90	11.98	32.53	0.44	0.77
366	信诚优胜精选 A	8.87	20.40	10.81	30.61	0.44	0.84
367	鹏华新兴产业	8.86	19.97	9.80	36.67	0.45	0.91
368	上投摩根核心优选 A	8.85	24.80	13.09	43.35	0.40	0.77
369	南方天元新产业	8.85	18.92	9.76	33.11	0.46	0.90
370	大摩卓越成长	8.83	21.41	11.25	39.47	0.43	0.82
371	大摩主题优选	8.80	21.04	10.86	32.58	0.43	0.84
372	国富沪港深成长精选	8.79	20.24	10.34	41.04	0.44	0.87
373	申万菱信新动力	8.77	21.06	10.42	35.16	0.43	0.87
374	华夏盛世精选	8.75	24.56	12.58	39.40	0.40	0.78
375	华泰柏瑞积极优选 A	8.73	22.56	11.79	29.08	0.42	0.80

续表

编号	基金名称	年化收益率(%)	年化波动率(%)	年化下行风险(%)	最大回撤率(%)	年化夏普比率	年化索丁诺比率
376	中金金泽 A	8.72	17.50	7.84	23.12	0.48	1.06
377	国泰君安君得明	8.71	19.33	10.25	29.07	0.45	0.85
378	招商体育文化休闲 A	8.69	26.83	14.45	38.92	0.39	0.72
379	中欧消费主题 A	8.68	24.96	12.89	43.67	0.40	0.77
380	鹏华消费优选	8.67	26.42	13.93	40.68	0.39	0.74
381	华宝国策导向	8.60	18.83	9.08	27.19	0.45	0.94
382	银河竞争优势成长	8.58	22.29	10.74	30.98	0.41	0.85
383	汇添富成长多因子量化策略	8.57	18.61	10.17	24.09	0.45	0.83
384	长盛成长价值 A	8.54	15.39	8.09	22.13	0.51	0.97
385	诺安先进制造	8.53	17.83	9.37	29.08	0.46	0.88
386	嘉实周期优选	8.51	19.54	10.20	38.46	0.44	0.84
387	博时新兴消费主题 A	8.50	20.83	10.80	37.29	0.42	0.81
388	汇添富新兴消费 A	8.47	25.10	13.62	32.74	0.39	0.72
389	广发资源优选 A	8.47	28.38	14.56	49.04	0.37	0.72
390	上投摩根行业轮动 A	8.47	25.99	13.48	43.24	0.38	0.74
391	工银瑞信互联网加	8.45	22.71	12.17	36.95	0.40	0.75
392	泰信现代服务业	8.43	28.87	13.71	31.24	0.37	0.77
393	民生加银内需增长	8.42	22.07	10.66	39.08	0.41	0.84
394	前海开源股息率 100 强	8.39	16.53	7.25	23.15	0.48	1.09
395	汇丰晋信新动力	8.36	27.49	12.73	32.77	0.37	0.80

续表

编号	基金名称	年化收益率（%）	年化波动率（%）	年化下行风险（%）	最大回撤率（%）	年化夏普比率	年化索丁诺比率
396	融通领先成长 A	8.33	19.96	9.78	30.61	0.42	0.86
397	华安物联网主题 A	8.30	23.20	12.32	30.00	0.39	0.74
398	工银瑞信核心价值 A	8.26	21.11	10.69	31.26	0.41	0.81
399	建信内生动力 A	8.24	20.19	9.80	30.27	0.42	0.86
400	中信证券卓越成长两年持有 A	8.23	22.07	11.07	37.90	0.40	0.79
401	国富弹性市值	8.20	19.26	9.48	32.00	0.43	0.86
402	大摩进取优选	8.20	24.72	11.91	33.81	0.38	0.78
403	光大风格轮动 A	8.17	18.96	9.65	31.37	0.43	0.84
404	富国高新技术产业	8.17	25.50	13.35	49.48	0.37	0.71
405	平安行业先锋	8.13	17.74	8.23	27.21	0.44	0.95
406	广发品牌消费 A	8.12	27.61	15.22	45.43	0.36	0.66
407	建信互联网+产业升级	8.09	22.05	11.07	29.25	0.39	0.78
408	圆信永丰多策略精选	8.05	22.93	11.36	30.19	0.38	0.77
409	广发轮动配置	8.04	24.89	13.01	41.98	0.37	0.71
410	国投瑞银创新动力	8.02	19.43	9.18	36.28	0.41	0.88
411	兴全轻资产	8.00	18.04	10.58	27.11	0.43	0.74
412	益民红利成长	7.96	23.16	10.78	32.33	0.38	0.81
413	中欧明睿新起点	7.95	30.59	15.33	43.64	0.35	0.70
414	泰信蓝筹精选	7.90	22.86	11.23	33.56	0.38	0.77
415	金鹰医疗健康产业 A	7.89	29.35	15.91	51.60	0.35	0.65

续表

编号	基金名称	年化收益率（%）	年化波动率（%）	年化下行风险（%）	最大回撤率（%）	年化夏普比率	年化索丁诺比率
416	汇丰晋信中小盘	7.85	21.58	10.14	26.37	0.39	0.82
417	上投摩根智选30A	7.83	25.05	11.17	40.29	0.36	0.81
418	海富通国策导向	7.80	26.40	13.06	41.02	0.36	0.72
419	光大中小盘	7.79	23.94	12.17	34.61	0.37	0.72
420	汇富环保行业	7.78	27.14	13.79	37.59	0.35	0.69
421	创金合信量化核心 A	7.77	18.63	9.17	21.51	0.41	0.84
422	景顺长城沪港深精选	7.69	12.28	6.35	19.60	0.54	1.05
423	信诚量化阿尔法 A	7.65	18.20	9.15	25.60	0.41	0.82
424	海富通风格优势	7.64	20.73	10.22	33.01	0.38	0.78
425	汇添富民营新动力	7.62	22.23	12.30	33.85	0.37	0.67
426	鹏华价值优势	7.62	20.60	10.58	31.53	0.38	0.75
427	广发新经济 A	7.60	26.17	13.93	43.04	0.35	0.66
428	富国天惠精选成长 A	7.55	21.09	10.71	33.68	0.38	0.74
429	汇丰晋信消费红利	7.44	21.25	11.59	37.30	0.37	0.68
430	大成策略回报	7.43	16.53	8.79	27.13	0.42	0.80
431	中欧盛世成长 A	7.42	25.85	14.00	42.87	0.35	0.64
432	安信价值精选	7.41	20.27	10.46	29.04	0.38	0.73
433	农银汇理中小盘	7.39	21.48	10.53	33.26	0.37	0.75
434	农银汇理行业领先	7.38	18.82	9.93	29.49	0.39	0.74
435	银华沪港深增长 A	7.34	22.16	12.09	37.76	0.36	0.66

续表

编号	基金名称	年化收益率（%）	年化波动率（%）	年化下行风险（%）	最大回撤率（%）	年化夏普比率	年化索丁诺比率
436	银华医疗健康 A	7.34	25.32	13.64	41.00	0.35	0.64
437	安信新常态沪港深精选 A	7.34	22.07	10.89	26.22	0.36	0.73
438	华安中小盘成长	7.32	23.84	12.69	38.06	0.35	0.66
439	大成景阳领先	7.32	22.27	10.55	31.32	0.36	0.76
440	招商移动互联网 A	7.31	32.46	17.19	42.67	0.33	0.62
441	海富通精选 2 号	7.30	21.11	10.38	26.79	0.37	0.74
442	农银汇理策略精选	7.26	18.79	9.84	30.81	0.39	0.74
443	大摩领先优势	7.24	22.97	13.34	33.42	0.35	0.61
444	诺安价值增长	7.20	22.12	11.94	27.20	0.36	0.66
445	恒生前海沪港深新兴	7.11	24.96	13.33	40.13	0.34	0.63
446	华夏研究精选	7.10	19.20	9.89	33.80	0.37	0.72
447	中欧永裕 A	7.08	25.77	13.99	42.92	0.33	0.62
448	国联安科技动力	7.08	32.20	16.25	41.25	0.32	0.64
449	长信量化中小盘	7.07	21.89	10.52	33.47	0.35	0.73
450	银河行业优选 A	7.07	27.63	12.70	38.09	0.33	0.71
451	南方隆元产业主题	7.04	18.04	9.28	31.84	0.38	0.74
452	华夏优势增长	7.03	22.78	11.86	29.72	0.34	0.66
453	财通可持续发展主题	7.03	24.62	11.35	39.68	0.33	0.72
454	东吴价值成长 A	6.89	24.73	11.80	37.45	0.33	0.69
455	大成健康产业 A	6.88	27.14	14.58	43.02	0.32	0.60

续表

编号	基金名称	年化收益率（%）	年化波动率（%）	年化下行风险（%）	最大回撤率（%）	年化夏普比率	年化索丁诺比率
456	中海消费主题精选	6.88	27.67	13.99	42.25	0.32	0.63
457	新华钻石品质企业	6.82	23.18	12.88	43.52	0.33	0.60
458	建信量化事件驱动	6.81	17.90	9.18	28.57	0.37	0.72
459	华宝大盘精选	6.80	23.45	11.35	43.34	0.33	0.68
460	前海开源再融资主题精选	6.76	21.37	9.53	25.98	0.34	0.76
461	国寿安保健康科学 A	6.76	21.87	11.54	42.26	0.34	0.64
462	工银瑞信智能制造	6.72	24.80	13.15	41.26	0.32	0.61
463	汇添富民营活力 A	6.67	22.13	12.12	34.89	0.33	0.61
464	银华估值优势	6.67	22.39	11.48	35.42	0.33	0.64
465	景顺长城核心竞争力 A	6.66	20.02	10.76	31.11	0.35	0.64
466	上投摩根新兴服务	6.65	21.87	10.53	38.72	0.33	0.69
467	东吴新经济 A	6.58	30.17	15.72	42.06	0.31	0.59
468	宝盈国家安全战略沪港深 A	6.58	23.15	12.46	34.36	0.32	0.60
469	天弘永定成长 A	6.52	24.12	13.22	39.01	0.32	0.58
470	长信双利优选 A	6.50	21.10	12.21	41.20	0.33	0.57
471	鹏华沪深港互联网	6.50	21.67	11.57	34.66	0.33	0.61
472	上投摩根民生需求	6.44	23.11	11.56	38.17	0.32	0.64
473	富安达优势成长	6.40	19.67	10.04	34.71	0.33	0.66
474	景顺长城能源基建	6.37	9.49	4.75	15.23	0.54	1.08
475	诺安成长	6.36	36.13	19.15	51.64	0.30	0.57

续表

编号	基金名称	年化收益率（%）	年化波动率（%）	年化下行风险（%）	最大回撤率（%）	年化夏普比率	年化索丁诺比率
476	农银汇理消费主题 A	6.35	21.97	11.66	38.99	0.32	0.60
477	中金精选 A	6.33	17.21	8.86	28.69	0.35	0.69
478	国寿安保成长优选	6.27	23.57	13.79	32.41	0.31	0.53
479	申万菱信价值优先	6.27	18.38	9.53	28.97	0.34	0.65
480	建信现代服务业	6.26	21.09	8.37	33.60	0.32	0.80
481	诺安平衡	6.22	14.96	8.11	21.02	0.38	0.70
482	海通品质升级一年持有 A	6.21	22.58	11.68	36.11	0.31	0.60
483	中欧价值发现 A	6.21	20.09	9.69	22.45	0.32	0.67
484	嘉实前沿科技	6.17	24.16	13.60	38.23	0.30	0.54
485	招商财经大数据策略 A	6.16	19.93	10.06	31.80	0.32	0.64
486	申万菱信盛利精选	6.13	19.94	9.34	39.33	0.32	0.68
487	长城品牌优选	6.12	27.59	14.40	45.14	0.30	0.57
488	国泰君安君得鑫两年持有 A	6.11	19.77	10.86	37.65	0.32	0.59
489	万家精选 A	6.10	25.74	13.21	29.14	0.30	0.58
490	财通福盛多策略 A	6.10	21.54	10.84	30.74	0.31	0.61
491	光大阳光 A	6.07	18.98	10.32	28.96	0.33	0.60
492	海富通领先成长	6.06	21.99	11.14	33.99	0.31	0.60
493	景顺长城量化新动力	6.02	18.70	9.30	28.52	0.32	0.65
494	嘉实文体娱乐 A	6.00	23.50	12.78	35.58	0.30	0.55
495	嘉实优质企业	6.00	25.03	13.57	42.55	0.30	0.55

续表

编号	基金名称	年化收益率（%）	年化波动率（%）	年化下行风险（%）	最大回撤率（%）	年化夏普比率	年化索丁诺比率
496	华安科技动力 A	5.97	22.60	12.49	37.51	0.30	0.55
497	华夏智胜价值成长 A	5.96	17.83	9.64	31.18	0.33	0.61
498	景顺长城优质成长	5.93	19.01	9.93	31.33	0.32	0.61
499	方正富邦红利精选 A	5.90	21.41	11.71	32.52	0.30	0.55
500	华夏行业优选	5.84	24.12	13.30	36.04	0.29	0.53
501	南方优选价值 A	5.80	20.20	9.74	32.00	0.30	0.63
502	中银消费主题	5.80	19.75	10.07	30.83	0.31	0.60
503	汇丰晋信龙腾	5.79	20.39	10.35	25.36	0.30	0.59
504	中银健康生活	5.79	17.97	9.14	27.88	0.32	0.62
505	广发消费品精选 A	5.78	21.83	12.49	39.78	0.30	0.52
506	广发核心精选	5.75	20.56	10.72	32.69	0.30	0.57
507	国富健康优质生活	5.75	21.83	11.23	40.12	0.29	0.57
508	富国城镇发展	5.75	19.57	10.28	43.93	0.30	0.58
509	中欧恒利三年定开	5.73	21.01	10.07	23.17	0.30	0.62
510	光大阳光优选一年持有 A	5.73	17.00	9.16	26.99	0.32	0.60
511	南方新兴消费 A	5.72	25.16	14.69	44.78	0.29	0.49
512	财通多策略福瑞 A	5.70	21.04	8.42	28.26	0.29	0.73
513	华宝事件驱动	5.69	21.05	9.80	33.74	0.29	0.63
514	南华丰淳 A	5.68	24.63	12.43	36.01	0.28	0.56
515	前海开源强势共识 100 强	5.64	19.50	10.80	30.63	0.30	0.54

续表

编号	基金名称	年化收益率（%）	年化波动率（%）	年化下行风险（%）	最大回撤率（%）	年化夏普比率	年化索丁诺比率
516	长信创新驱动	5.57	25.12	13.64	36.32	0.28	0.51
517	信澳红利回报	5.54	25.69	13.54	44.14	0.28	0.53
518	中银动态策略 A	5.52	23.93	12.31	41.17	0.28	0.54
519	信澳消费优选	5.51	25.57	13.80	37.67	0.28	0.51
520	银河量化价值 A	5.51	17.14	9.23	24.00	0.31	0.58
521	金元顺安消费主题	5.48	21.43	11.69	32.20	0.28	0.52
522	华宝多策略 A	5.48	19.10	8.32	26.31	0.29	0.67
523	招商安泰	5.48	19.31	9.55	26.50	0.29	0.59
524	北信瑞丰研究精选	5.45	21.51	11.74	32.26	0.28	0.52
525	光大一带一路	5.39	20.21	10.82	32.69	0.29	0.53
526	嘉实量化阿尔法	5.37	18.88	9.26	30.95	0.29	0.59
527	工银瑞信创新动力	5.33	15.42	8.20	34.75	0.32	0.59
528	富国创新科技 A	5.31	27.46	14.41	51.66	0.27	0.51
529	中信证券臻选价值成长 A	5.28	18.08	9.76	38.34	0.29	0.54
530	中海量化策略	5.28	26.76	11.75	40.76	0.26	0.60
531	大成核心双动力	5.25	16.75	8.82	26.50	0.30	0.57
532	华夏收入	5.22	20.98	10.62	27.19	0.27	0.54
533	景顺长城中小盘	5.21	23.17	13.45	34.21	0.27	0.46
534	融通动力先锋	5.19	19.42	8.96	29.93	0.28	0.60
535	西部利得个股精选 A	5.16	17.81	9.05	28.39	0.28	0.56

续表

编号	基金名称	年化收益率（%）	年化波动率（%）	年化下行风险（%）	最大回撤率（%）	年化夏普比率	年化索丁诺比率
536	银华优质增长	5.15	19.42	10.01	30.50	0.28	0.53
537	鹏华改革红利	5.15	20.28	10.57	30.24	0.27	0.52
538	海富通精选	5.12	20.84	10.38	29.26	0.27	0.54
539	诺安中小盘精选	5.11	16.08	8.92	27.22	0.30	0.53
540	招商行业领先 A	5.10	22.35	12.69	36.09	0.27	0.47
541	上投摩根大盘蓝筹 A	5.09	19.41	9.81	33.95	0.27	0.54
542	光大阳光价值 30 个月持有 A	5.02	20.95	11.47	45.08	0.26	0.48
543	景顺长城支柱产业	4.99	18.34	9.79	28.91	0.27	0.51
544	农银汇理信息传媒	4.98	22.71	12.11	32.06	0.26	0.49
545	汇添富美丽 30A	4.97	21.98	11.31	29.61	0.26	0.50
546	工银瑞信金融地产 A	4.93	20.76	10.63	25.90	0.26	0.51
547	招商先锋	4.93	19.20	10.19	35.37	0.27	0.50
548	富国新兴产业 A	4.91	24.47	11.89	33.00	0.25	0.52
549	中银优秀企业	4.89	18.46	8.88	22.71	0.27	0.55
550	信诚幸福消费	4.87	22.22	12.69	36.04	0.26	0.45
551	景顺长城精选蓝筹	4.85	21.99	12.88	36.38	0.26	0.44
552	东方核心动力 A	4.83	17.56	8.58	24.94	0.27	0.55
553	华安策略优选 A	4.80	18.43	9.21	34.83	0.26	0.53
554	上投摩根中小盘	4.79	28.03	13.96	41.38	0.25	0.50
555	中金消费升级	4.79	24.98	14.58	47.27	0.25	0.43

续表

编号	基金名称	年化收益率（%）	年化波动率（%）	年化下行风险（%）	最大回撤率（%）	年化夏普比率	年化索丁诺比率
556	长信量化多策略 A	4.75	19.80	10.15	30.71	0.25	0.50
557	富国新兴成长量化精选 A	4.72	19.53	10.24	29.39	0.25	0.49
558	泰达宏利逆向策略	4.72	20.86	10.60	33.42	0.25	0.49
559	长盛同德	4.71	19.84	9.71	29.26	0.25	0.52
560	华泰柏瑞量化先行 A	4.70	17.56	9.19	27.13	0.26	0.50
561	华商产业升级	4.69	23.47	12.42	35.22	0.25	0.47
562	中邮战略新兴产业	4.63	26.86	14.51	49.48	0.24	0.45
563	中信证券红利价值一年持有 A	4.63	19.60	9.93	36.48	0.25	0.49
564	光大国企改革主题	4.60	22.57	12.32	32.93	0.24	0.45
565	泰达宏利市值优选	4.60	23.16	11.86	39.96	0.24	0.47
566	华商价值精选	4.56	23.27	12.03	35.73	0.24	0.47
567	国泰互联网+	4.53	30.48	15.48	35.51	0.24	0.48
568	诺德成长优势	4.47	13.34	7.77	24.73	0.28	0.48
569	南方绩优成长 A	4.46	19.27	10.47	29.73	0.24	0.45
570	长城消费增值	4.45	20.67	11.75	39.10	0.24	0.42
571	光大红利	4.30	19.97	10.28	32.56	0.23	0.45
572	浦银安盛价值成长 A	4.30	28.70	14.08	39.59	0.23	0.47
573	建信社会责任	4.28	19.44	8.15	29.16	0.23	0.55
574	中银金融地产 A	4.27	21.93	10.27	36.66	0.23	0.48
575	东方成长回报	4.24	9.19	4.58	20.52	0.33	0.67

续表

编号	基金名称	年化收益率（%）	年化波动率（%）	年化下行风险（%）	最大回撤率（%）	年化夏普比率	年化索丁诺比率
576	中航混改精选 A	4.22	15.08	7.98	22.14	0.25	0.47
577	银河美丽优萃 A	4.13	27.06	14.52	47.99	0.23	0.42
578	汇添富价值精选 A	4.10	18.62	10.13	39.21	0.23	0.42
579	德邦量化优选 A	4.08	17.76	9.18	29.77	0.23	0.44
580	信诚新机遇	4.05	17.01	9.12	29.26	0.23	0.43
581	华润元大信息传媒科技	3.99	30.10	15.32	39.95	0.22	0.44
582	汇添富移动互联 A	3.99	26.58	14.63	43.46	0.22	0.40
583	农银汇理行业成长 A	3.98	22.35	11.35	30.54	0.22	0.42
584	南方产业活力	3.95	19.12	10.27	32.05	0.22	0.41
585	宝盈泛沿海增长	3.90	25.08	13.48	41.48	0.21	0.40
586	中银新动力 A	3.88	23.62	11.27	41.54	0.21	0.44
587	广发行业领先 A	3.80	18.88	9.45	36.92	0.21	0.42
588	汇添富成长焦点	3.80	21.43	10.81	37.60	0.21	0.41
589	泰康泉林量化价值精选 A	3.76	19.81	10.41	32.27	0.21	0.39
590	新华灵活主题	3.75	21.07	11.38	34.97	0.21	0.38
591	金鹰核心资源	3.74	24.64	13.34	35.99	0.21	0.39
592	东方策略成长	3.74	21.34	10.68	38.86	0.20	0.41
593	博时行业轮动	3.71	28.08	16.11	46.04	0.21	0.37
594	广发资管核心精选一年持有 A	3.65	22.89	12.52	43.32	0.20	0.37
595	信澳转型创新 A	3.63	23.62	12.76	35.46	0.20	0.38

续表

编号	基金名称	年化收益率（%）	年化波动率（%）	年化下行风险（%）	最大回撤率（%）	年化夏普比率	年化索丁诺比率
596	银河量化稳进	3.62	15.20	8.08	18.55	0.21	0.39
597	宝盈策略增长	3.58	25.60	13.81	39.96	0.20	0.38
598	申万菱信量化小盘 A	3.46	18.73	9.87	29.94	0.19	0.37
599	中银量化价值 A	3.46	17.37	9.25	29.48	0.19	0.36
600	博时卓越品牌	3.43	22.57	11.69	37.30	0.19	0.37
601	国联安精选	3.42	24.46	13.42	38.49	0.20	0.36
602	嘉实安稳健	3.33	15.37	8.58	28.55	0.19	0.34
603	南华瑞盈 A	3.13	25.68	13.12	44.21	0.19	0.36
604	国泰中小盘成长	3.13	26.84	13.51	45.19	0.19	0.37
605	汇添富延外增长主题 A	3.08	21.24	11.09	38.49	0.18	0.34
606	广发新动力	3.07	22.87	11.71	34.83	0.18	0.35
607	农银汇理大盘蓝筹	3.03	16.64	8.86	31.19	0.17	0.32
608	银华领先策略	3.02	22.36	11.72	36.98	0.17	0.33
609	工银瑞信稳健成长 A	2.93	18.91	9.79	35.02	0.16	0.32
610	东吴行业轮动 A	2.91	23.23	12.62	42.25	0.17	0.32
611	长信增利策略	2.85	20.93	11.93	26.06	0.17	0.29
612	招商国企改革	2.79	23.83	12.68	40.19	0.17	0.32
613	大成竞争优势	2.72	19.68	10.22	32.76	0.16	0.30
614	汇丰晋信大盘 A	2.72	18.52	10.32	35.37	0.15	0.28
615	嘉实沪港深回报	2.70	20.20	11.26	44.48	0.16	0.28

续表

编号	基金名称	年化收益率（%）	年化波动率（%）	年化下行风险（%）	最大回撤率（%）	年化夏普比率	年化索丁诺比率
616	上投摩根阿尔法 A	2.64	22.00	12.31	42.83	0.16	0.28
617	平安股息精选 A	2.63	19.83	10.31	36.75	0.15	0.29
618	大摩量化多策略	2.56	19.45	10.56	35.30	0.15	0.27
619	景顺长城量化精选	2.52	18.98	9.89	31.51	0.14	0.28
620	上投摩根内需动力 A	2.51	27.47	14.07	44.82	0.17	0.33
621	宝盈资源优选	2.50	24.11	12.55	36.24	0.16	0.30
622	嘉实沪港深精选	2.50	21.24	11.50	33.63	0.15	0.28
623	银河消费驱动 A	2.49	24.70	14.09	41.72	0.16	0.28
624	汇添富均衡增长	2.46	22.01	11.91	39.03	0.15	0.28
625	兴全社会责任	2.38	23.30	12.55	36.64	0.15	0.28
626	上投摩根智慧互联	2.36	27.74	14.09	42.60	0.16	0.32
627	泰达宏利红利先锋 A	2.35	19.57	11.16	30.66	0.14	0.24
628	华泰柏瑞量化增强 A	2.29	16.81	8.51	27.53	0.13	0.25
629	国泰央企改革	2.25	20.69	11.17	40.34	0.14	0.25
630	东方红内需增长 A	2.23	22.87	11.86	33.57	0.14	0.27
631	华宝新兴产业	2.23	24.03	11.85	41.82	0.14	0.29
632	南方成份精选 A	2.18	20.95	11.97	37.65	0.13	0.23
633	大摩多因子策略	2.15	21.87	11.93	34.97	0.14	0.25
634	汇丰晋信科技先锋	2.15	29.84	15.53	41.17	0.16	0.32
635	华宝行业精选	2.12	22.05	13.21	33.22	0.14	0.23

续表

编号	基金名称	年化收益率（%）	年化波动率（%）	年化下行风险（%）	最大回撤率（%）	年化夏普比率	年化索丁诺比率
636	嘉实领先成长	2.07	24.07	13.44	34.93	0.14	0.25
637	银华信息科技量化 A	2.07	24.86	13.75	33.31	0.14	0.26
638	西部利得策略优选 A	1.99	29.34	14.94	48.60	0.15	0.30
639	富国改革动力	1.92	20.20	10.57	37.67	0.12	0.22
640	信澳领先增长 A	1.84	23.95	14.04	35.07	0.13	0.22
641	国泰量化策略收益 A	1.81	18.20	9.36	31.11	0.10	0.20
642	嘉实事件驱动	1.79	20.61	10.37	34.60	0.11	0.22
643	广发聚丰 A	1.74	24.05	12.99	43.93	0.13	0.23
644	广发资管平衡精选一年持有 A	1.70	16.90	8.81	25.56	0.09	0.18
645	建信多因子量化	1.60	18.44	10.68	31.43	0.10	0.16
646	汇添富社会责任 A	1.59	22.40	13.39	43.32	0.12	0.19
647	诺安多策略	1.59	17.82	9.77	26.00	0.09	0.17
648	中信保诚盛世蓝筹	1.43	16.95	9.35	30.57	0.08	0.14
649	博时创业成长 A	1.41	17.89	9.69	35.49	0.08	0.15
650	中邮核心成长	1.37	18.70	10.37	31.84	0.08	0.15
651	国富成长动力	1.30	21.60	11.79	40.27	0.10	0.17
652	南方量化成长	1.29	24.45	12.55	34.71	0.11	0.21
653	嘉实成长收益 A	1.23	20.64	11.12	36.79	0.09	0.16
654	汇丰晋信沪港深 A	1.21	26.98	14.74	53.28	0.12	0.22
655	信诚深度价值	1.19	16.82	8.56	36.53	0.06	0.12
656	博时主题行业	1.09	17.80	9.62	29.82	0.06	0.12

续表

编号	基金名称	年化收益率（%）	年化波动率（%）	年化下行风险（%）	最大回撤率（%）	年化夏普比率	年化索丁诺比率
657	中邮核心主题	1.04	24.27	10.96	45.29	0.10	0.21
658	国泰估值优势 A	0.94	27.43	14.11	43.51	0.11	0.22
659	中信建投价值增长 A	0.84	18.86	9.64	42.21	0.06	0.11
660	华商未来主题	0.83	23.16	12.49	37.36	0.08	0.16
661	长城双动力 A	0.79	26.16	15.71	30.93	0.10	0.17
662	汇丰晋信大盘波动精选 A	0.78	13.57	7.76	19.21	0.01	0.02
663	平安消费精选 A	0.72	18.30	10.80	33.27	0.05	0.08
664	泰信优质生活	0.71	21.33	11.11	43.36	0.07	0.13
665	上投摩根核心成长 A	0.68	21.57	12.54	44.71	0.07	0.12
666	长盛城镇化主题	0.50	29.45	16.92	37.54	0.11	0.19
667	融通新蓝筹	0.44	16.84	8.44	32.95	0.02	0.04
668	光大核心	0.30	17.86	9.31	30.74	0.02	0.04
669	鹏华文化传媒娱乐	0.27	21.35	12.23	29.00	0.05	0.08
670	前海开源势蓝筹 A	0.25	21.33	9.99	33.03	0.04	0.09
671	光大阳光智造 A	0.16	20.50	10.15	48.36	0.03	0.07
672	华夏领先	0.14	24.79	12.91	36.56	0.07	0.13
673	金鹰先进制造 A	0.14	21.44	11.79	31.99	0.04	0.07
674	长信量化先锋 A	0.05	21.41	11.33	32.78	0.04	0.07
675	泰达宏利效率优选	0.05	17.79	11.12	40.13	0.01	0.01
676	华润元大量化优选 A	0.02	18.71	11.13	35.40	0.01	0.02
677	天治核心成长	0.02	25.47	14.51	43.93	0.07	0.12

续表

编号	基金名称	年化收益率（%）	年化波动率（%）	年化下行风险（%）	最大回撤率（%）	年化夏普比率	年化索丁诺比率
678	易方达资源行业	-0.04	29.37	14.50	39.61	0.09	0.18
679	南方策略优化	-0.13	21.74	11.86	38.15	0.03	0.06
680	诺德量化蓝筹增强 A	-0.20	12.54	7.21	21.50	-0.07	-0.13
681	中海信息产业精选	-0.38	25.38	14.13	49.37	0.05	0.09
682	长盛电子信息产业 A	-0.40	25.77	13.89	45.95	0.05	0.10
683	广发沪港深新机遇	-0.61	23.55	12.73	50.38	0.02	0.05
684	金元顺安价值增长	-0.68	25.54	14.26	47.79	0.04	0.07
685	景顺长城研究精选	-1.24	19.35	11.80	38.83	-0.05	-0.08
686	银华核心价值优选	-1.24	21.38	11.83	37.41	-0.02	-0.05
687	广发沪港深深新起点 A	-1.33	22.06	12.80	52.17	-0.02	-0.04
688	创金合信金融地产 A	-1.40	23.43	14.45	35.92	-0.01	-0.01
689	中邮核心优选	-1.47	20.91	11.21	42.77	-0.04	-0.08
690	富国低碳环保	-1.67	15.44	9.58	32.00	-0.13	-0.21
691	汇添富沪港深新价值	-1.85	24.48	13.24	52.10	-0.02	-0.04
692	博时第三产业成长	-1.86	19.53	11.12	35.00	-0.08	-0.14
693	华商消费行业	-1.89	24.73	13.64	42.88	-0.02	-0.03
694	前海开源价值策略	-1.98	24.21	14.01	48.85	-0.03	-0.04
695	华商新动力	-2.31	24.27	12.96	39.23	-0.04	-0.08
696	大摩华鑫量化配置 A	-2.35	18.74	10.60	37.68	-0.12	-0.20
697	国泰君安君得诚	-2.43	16.81	11.15	40.24	-0.15	-0.23
698	国泰成长优选	-2.50	21.32	12.67	44.32	-0.08	-0.14

续表

编号	基金名称	年化收益率（%）	年化波动率（%）	年化下行风险（%）	最大回撤率（%）	年化夏普比率	年化索丁诺比率
699	安信消费医药主题	-2.51	20.41	12.14	39.89	-0.10	-0.16
700	国联安红利	-2.51	21.24	11.70	39.23	-0.09	-0.16
701	泰达宏利领先中小盘	-2.73	25.40	13.29	47.80	-0.05	-0.09
702	诺德中小盘	-2.74	22.80	12.41	44.91	-0.08	-0.14
703	博时国企改革主题 A	-2.75	17.92	10.61	33.15	-0.15	-0.26
704	长安宏观策略 A	-2.83	25.22	14.36	35.70	-0.05	-0.09
705	汇添富港股通专注成长	-3.08	23.62	12.20	49.33	-0.08	-0.16
706	前海开源股息率 50 强	-3.19	16.64	9.67	31.13	-0.20	-0.35
707	国泰金鑫 A	-3.55	23.89	14.06	47.95	-0.10	-0.16
708	华富量子生命力	-3.57	20.57	12.37	36.30	-0.15	-0.24
709	嘉实研究精选 A	-3.66	20.08	11.46	41.15	-0.16	-0.28
710	工银瑞信沪港深 A	-3.84	22.57	12.93	51.99	-0.13	-0.23
711	华夏港股通精选 A	-4.27	20.96	12.70	52.14	-0.18	-0.29
712	东吴双三角 A	-5.64	23.85	12.96	49.98	-0.19	-0.35
713	光大精选	-6.82	22.48	13.47	52.04	-0.27	-0.45
714	中信证券稳健回报 A	-6.97	19.06	11.87	46.96	-0.36	-0.58
715	诺德优选 30	-7.80	20.62	12.96	51.22	-0.36	-0.58
716	方正富邦创新动力 A	-8.70	23.55	13.25	54.76	-0.33	-0.59
717	光大优势	-9.31	23.25	13.46	46.62	-0.37	-0.64
718	民生加银精选	-11.34	18.65	11.94	47.74	-0.63	-0.98
	指标平均值	9.11	22.84	11.63	33.99	0.42	0.85

本表展示的是基于 Carhart 四因子模型改进得到的 Treynor-Mazuy 四因子模型对过去五年的股票型公募基金进行回归拟合所得结果，所用模型为：

$$R_{i,t}-R_{f,t}=\alpha_i+\beta_{i,mkt}\times(R_{mkt,t}-R_{f,t})+\gamma_i\times(R_{mkt,t}-R_{f,t})^2+\beta_{i,smb}\times SMB_t+\beta_{i,hml}\times HML_t+\beta_{i,mom}\times MOM_t+\varepsilon_{i,t}$$

其中，$R_{i,t}-R_{f,t}$ 为 t 月基金 i 的超额收益率，$R_{mkt,t}-R_{f,t}$ 为 t 月大盘指数（万得全 A 指数）的超额收益率，$R_{f,t}$ 为 t 月无风险收益率。SMB_t 为规模因子，代表小盘股与大盘股之间的溢价，是第 t 月小公司的收益率与大公司的收益率之差；HML_t 为价值因子，代表价值股与成长股之间的溢价，是第 t 月价值股（高账面市值比公司）与成长股（低账面市值比公司）收益率之差；MOM_t 为动量因子，代表过去一年收益率最高的股票第 t 月收益率与收益率最低的股票第 t 月收益率之差（$t-1$ 个月到 $t-11$ 个月）收益率最高的（前 30%）股票与收益率最低的（后 30%）股票第 t 月收益率之差。α_i 代表基金经理的选股能力给投资者带来的超额收益，γ_i 代表基金经理的择时能力。$\beta_{i,mkt}$、$\beta_{i,smb}$、$\beta_{i,hml}$、$\beta_{i,mom}$ 分别代表基金对市场因子、规模因子、价值因子和动量因子的暴露。我们用 A 股所有上市公司的数据自行计算择时能力。＊表示在 5% 的显著水平下具有选股能力或择时能力的基金。另外，本表还展示了这些股票型公募基金的年化收益率、年化波动率、年化夏普比率及最大回撤率，供读者查阅。

编号	基金名称	年化 α (%)	$t(\alpha)$	γ	$t(\gamma)$	β_{mkt}	β_{smb}	β_{hml}	β_{mom}	年化收益率 (%)	年化波动率 (%)	年化夏普比率	最大回撤率 (%)	调整后 R^2 (%)
1	汇丰晋信智造先锋 A	33.74	2.87*	-3.16	-1.84	1.36	-0.13	-0.28	-0.02	22.78	32.17	0.75	36.89	61
2	华夏能源革新 A	33.28	2.30*	-2.50	-1.19	1.39	-0.30	-0.36	-0.25	21.19	35.68	0.67	32.81	52
3	东方新能源汽车主题	31.11	2.21*	-3.80	-1.85	1.26	-0.23	-0.54	-0.09	15.93	34.20	0.56	39.49	50
4	交银股息优化	30.45	3.00*	-2.21	-1.49	1.12	-0.34	0.05	-0.27	19.18	25.92	0.75	32.15	55
5	银华食品饮料 A	29.42	2.24*	-1.97	-1.02	1.13	-0.31	-0.08	-0.39	18.26	30.03	0.66	33.70	44
6	大成新锐产业	29.16	3.61*	-1.66	-1.40	1.04	0.00	0.30	0.51	26.59	23.67	1.05	23.67	66
7	国泰智能汽车 A	28.42	2.30*	-2.73	-1.51	1.15	-0.30	-0.88	-0.36	17.53	32.05	0.62	37.55	56
8	泰达宏利转型机遇 A	27.97	2.04*	-1.50	-0.75	1.15	-0.13	-0.56	0.06	23.78	33.35	0.76	40.01	50

续表

编号	基金名称	年化α(%)	t(α)	γ	t(γ)	β_mkt	β_smb	β_hml	β_mom	年化收益率(%)	年化波动率(%)	年化夏普比率	最大回撤率(%)	调整后R²(%)
9	交银消费新驱动	27.92	2.91*	-1.81	-1.29	1.05	-0.37	-0.10	-0.41	17.98	24.79	0.73	32.65	56
10	工银瑞信生态环境 A	27.75	2.25*	-2.76	-1.53	1.11	-0.01	-0.50	0.31	21.08	31.47	0.71	37.84	55
11	汇丰晋信低碳先锋 A	27.50	2.05*	-1.83	-0.93	1.44	-0.27	-0.17	-0.03	17.45	34.98	0.59	40.03	57
12	信诚新兴产业 A	27.10	1.86*	-2.05	-0.97	1.17	-0.11	-0.23	0.23	19.54	33.57	0.65	40.17	45
13	信诚中小盘 A	26.91	2.23*	-2.03	-1.15	1.08	-0.11	-0.58	0.12	21.71	30.61	0.75	38.63	55
14	万家行业优选	26.84	2.30*	-1.91	-1.12	1.05	-0.30	-0.56	-0.18	18.99	28.88	0.69	48.37	52
15	广发高端制造 A	25.95	2.66*	-1.64	-1.14	1.13	-0.31	-0.23	0.21	19.07	27.68	0.71	37.37	63
16	嘉实智能汽车	25.94	2.61*	-3.04	-2.09	1.12	-0.19	-0.56	-0.37	14.89	27.55	0.59	38.65	62
17	金鹰信息产业 A	25.87	2.17*	0.06	0.03	1.11	-0.20	-0.67	-0.21	27.44	31.05	0.89	37.35	57
18	金鹰策略配置	25.85	1.86*	-3.02	-1.48	1.26	-0.15	-0.46	0.10	14.19	34.31	0.51	42.21	52
19	易方达国企改革	25.57	2.38*	-1.47	-0.94	1.13	-0.36	0.19	-0.20	15.47	26.80	0.62	31.72	53
20	嘉实新能源新材料 A	25.56	2.74*	-2.64	-1.93	1.15	-0.25	-0.51	-0.21	15.46	27.25	0.61	38.14	66
21	新华优选消费	24.87	2.71*	-1.54	-1.15	0.93	-0.26	-0.09	-0.30	17.68	22.81	0.76	34.02	52
22	工银瑞信新金融 A	24.80	4.29*	-1.22	-1.45	1.03	-0.28	-0.20	-0.04	20.26	21.71	0.89	28.18	79
23	易方达消费行业	24.78	2.16*	-1.92	-1.14	1.17	-0.43	0.06	-0.38	11.65	28.20	0.48	39.06	51
24	中欧明睿新常态 A	24.39	3.12*	-1.35	-1.18	1.06	-0.31	-0.71	-0.21	19.71	25.78	0.77	32.88	73
25	华夏节能环保 A	24.25	2.31*	-2.63	-1.72	1.18	0.01	-0.61	0.15	18.20	30.50	0.65	36.16	65
26	鹏扬景泰成长 A	23.96	2.44*	-2.30	-1.60	1.09	-0.11	-0.21	0.20	16.81	26.74	0.66	35.39	61

续表

编号	基金名称	年化α (%)	t(α)	γ	t(γ)	β_{mkt}	β_{smb}	β_{hml}	β_{mom}	年化收益率 (%)	年化波动率 (%)	年化夏普比率	最大回撤率 (%)	调整后 R^2(%)
27	大成消费主题	23.96	3.44*	-2.06	-2.03	1.00	-0.16	-0.02	0.04	17.04	21.52	0.77	23.52	69
28	景顺长城新兴成长	23.74	1.91*	-0.84	-0.46	1.09	-0.36	0.05	-0.26	15.76	28.78	0.60	40.69	45
29	万家臻选	23.68	2.03*	-1.24	-0.73	0.96	-0.01	0.18	0.24	20.32	26.46	0.78	26.41	43
30	景顺长城鼎益	23.62	1.85*	-0.66	-0.35	1.09	-0.37	0.05	-0.25	16.14	29.35	0.60	40.49	44
31	中欧养老产业 A	23.49	3.62*	-0.92	-0.97	1.03	-0.25	-0.08	-0.31	19.12	21.61	0.85	23.24	74
32	广发睿毅领先 A	23.44	3.30*	0.15	0.15	0.74	-0.21	0.18	-0.01	24.07	18.08	1.21	12.95	55
33	华夏行业景气	23.28	2.49*	-2.25	-1.65	0.93	0.36	-0.23	0.29	23.38	25.46	0.90	30.13	60
34	银河创新成长 A	23.21	3.00*	-2.30	-0.99	1.06	-0.21	-0.77	-0.08	13.41	35.34	0.49	46.16	41
35	工银瑞信研究精选	23.07	1.91*	-0.87	-0.78	1.07	-0.31	0.28	-0.12	16.52	22.86	0.72	31.88	67
36	泰信中小盘精选	22.79	2.36*	-2.16	-1.24	1.06	-0.02	-0.61	-0.04	17.36	30.14	0.63	41.36	54
37	景顺长城优势企业	22.78	2.10*	-1.25	-0.88	1.02	-0.38	-0.14	-0.30	14.60	24.70	0.61	34.27	55
38	国泰智能装备 A	22.56	1.77*	-2.04	-1.30	1.04	-0.13	-0.86	-0.17	17.10	29.36	0.63	32.49	61
39	银华富裕主题	22.34	3.26*	-2.15	-1.17	1.03	-0.27	-0.17	-0.14	11.59	28.43	0.47	50.72	42
40	嘉实价值精选	22.32	1.96*	-1.65	-1.65	0.86	-0.37	0.09	-0.01	13.49	19.35	0.67	24.59	63
41	创金合信消费主题 A	22.31	2.13*	-0.07	-0.04	0.86	-0.41	-0.15	-0.30	18.04	25.37	0.72	36.28	41
42	鹏华环保产业	22.16	3.43*	-1.24	-0.81	0.91	-0.13	-0.57	0.03	19.75	26.33	0.76	30.65	54
43	工银瑞信信息产业 A	22.13	2.76*	-0.45	-0.48	0.98	-0.29	-0.54	-0.18	21.12	22.87	0.89	27.39	77
44	交银趋势优先 A	22.08	3.26*	-1.22	-1.04	1.00	0.42	0.42	0.70	25.69	24.01	1.01	26.33	67

续表

编号	基金名称	年化α (%)	t(α)	γ	t(γ)	β_{mkt}	β_{smb}	β_{hml}	β_{mom}	年化收益率 (%)	年化波动率 (%)	年化夏普比率	最大回撤率 (%)	调整后 R^2(%)
45	工银瑞信物流产业 A	22.00	2.60*	-0.80	-0.81	0.84	-0.30	-0.41	-0.33	18.69	20.02	0.88	26.90	67
46	中信保诚至远动力 A	21.86	2.09*	-1.45	-1.18	0.66	-0.16	-0.36	0.20	18.88	20.31	0.88	25.11	50
47	中银智能制造 A	21.64	1.93*	-1.06	-0.70	1.02	-0.22	-0.60	0.19	18.82	28.45	0.69	38.98	61
48	汇添富消费行业	21.61	4.32*	-1.09	-0.66	1.08	-0.32	-0.03	-0.24	13.79	27.23	0.56	42.64	50
49	兴全商业模式优选	21.51	4.04*	-1.36	-1.87	0.93	-0.26	-0.40	-0.24	16.85	19.83	0.81	30.77	81
50	大成高新技术产业 A	21.49	3.09*	-2.06	-2.65	0.91	-0.06	0.21	0.05	15.06	17.98	0.79	23.10	74
51	建信健康民生 A	21.46	3.63*	-1.46	-1.44	0.95	0.03	-0.18	0.17	20.09	21.87	0.88	27.01	71
52	华安信消费服务 A	21.41	4.04*	-0.36	-0.42	1.00	0.15	0.27	0.19	24.56	20.94	1.09	24.01	77
53	工银瑞信文体产业 A	21.35	2.89*	-0.93	-1.20	0.95	-0.31	-0.32	-0.21	17.38	20.25	0.82	27.97	80
54	中金新锐 A	21.32	2.39*	-1.25	-1.16	0.86	0.09	-0.27	0.14	22.01	21.50	0.97	28.45	66
55	光大行业轮动	21.27	2.17*	-0.48	-0.37	1.10	-0.47	-0.04	-0.16	14.68	25.42	0.61	38.71	64
56	易方达改革红利	21.25	2.02*	-2.05	-1.43	1.13	-0.20	-0.06	-0.06	12.24	26.23	0.51	32.05	59
57	招商周期优选	21.15	3.31*	-1.57	-1.03	1.04	0.11	-0.43	0.19	20.08	28.15	0.74	33.90	60
58	易方达行业领先	21.15	2.40*	-1.84	-1.97	1.03	-0.33	-0.12	-0.08	12.55	21.63	0.59	28.38	74
59	诺德周期策略	21.11	2.02*	-0.93	-0.73	0.96	-0.30	-0.37	-0.01	17.00	24.32	0.70	29.11	62
60	天弘文化新兴产业 A	21.02	2.47*	-0.41	-0.27	0.95	-0.39	-0.10	-0.47	14.99	24.88	0.63	38.29	49
61	建信创新中国	20.64	2.24*	-1.79	-1.47	0.92	0.03	-0.08	0.23	17.27	22.57	0.75	25.29	60
62	景顺长城内需增长贰号	20.53	3.33*	-0.46	-0.25	1.08	-0.36	0.00	-0.25	13.84	29.15	0.54	40.55	45

续表

编号	基金名称	年化α(%)	t(α)	γ	t(γ)	β_mkt	β_smb	β_hml	β_mom	年化收益率(%)	年化波动率(%)	年化夏普比率	最大回撤率(%)	调整后R²(%)
63	嘉实环保低碳	20.44	3.74*	-2.03	-1.52	1.14	-0.18	-0.43	-0.22	12.89	26.74	0.53	39.57	66
64	泓德战略转型	20.41	1.99*	-1.36	-1.52	0.98	-0.38	-0.51	-0.22	14.10	22.03	0.64	30.81	77
65	中欧时代先锋A	20.25	1.93*	-1.34	-1.70	1.02	-0.44	-0.58	-0.26	13.39	22.47	0.60	34.39	83
66	鹏华养老产业	20.24	1.68*	-1.90	-1.28	1.15	-0.18	-0.09	-0.13	11.77	26.99	0.49	39.72	59
67	信澳新能源产业	20.00	3.18*	-0.43	-0.28	1.06	-0.02	-0.66	-0.05	21.77	28.92	0.77	35.37	62
68	信澳中小盘	19.91	2.64*	-1.53	-0.86	1.10	0.09	-0.19	0.32	17.21	30.26	0.62	42.78	52
69	长信低碳环保行业量化A	19.69	1.79*	-1.67	-0.97	1.13	-0.06	-0.46	-0.02	14.81	30.11	0.55	37.01	55
70	工银瑞信国企改革主题	19.69	1.67*	-2.07	-2.29	0.98	-0.19	-0.09	0.20	12.47	21.19	0.59	26.40	75
71	景顺长城环保优势	19.68	2.65*	-2.53	-2.33	0.92	-0.17	-0.72	-0.25	11.92	23.32	0.54	35.73	70
72	工银瑞信中小盘成长	19.67	2.09*	-1.06	-0.66	1.12	0.09	-0.47	0.23	19.84	30.25	0.70	41.06	61
73	景顺长城内需增长	19.66	3.74*	-0.30	-0.16	1.05	-0.33	-0.07	-0.23	14.18	28.91	0.55	41.04	44
74	交银物流产业A	19.66	2.33*	-0.81	-0.47	0.81	0.02	-0.42	0.10	19.97	26.56	0.76	39.09	42
75	华商盛世成长	19.64	3.93*	-1.24	-1.14	0.84	-0.10	0.23	-0.04	15.06	19.13	0.75	23.43	56
76	浙商全景消费A	19.51	2.03*	-1.54	-1.13	0.91	-0.38	-0.14	-0.40	9.85	22.81	0.46	41.79	51
77	嘉实物流产业A	19.47	4.04*	-0.86	-1.13	0.75	-0.10	0.34	-0.03	16.37	15.57	0.96	18.52	67
78	广发聚瑞A	19.46	3.52*	-1.11	-0.91	1.00	-0.38	-0.65	-0.27	13.74	25.06	0.58	35.83	67
79	兴全合润	19.34	1.71*	-2.15	-2.99	1.07	-0.26	-0.20	-0.15	10.54	21.06	0.51	32.87	84
80	诺德价值优势	19.21	2.26*	-1.05	-0.76	0.97	-0.26	-0.32	0.07	14.68	25.13	0.61	30.17	59

续表

编号	基金名称	年化 α (%)	$t(\alpha)$	γ	$t(\gamma)$	β_{mkt}	β_{smb}	β_{hml}	β_{mom}	年化收益率 (%)	年化波动率 (%)	年化夏普比率	最大回撤率 (%)	调整后 R^2 (%)
81	富国美丽中国 A	19.16	2.18*	-1.23	-1.77	0.83	-0.34	-0.18	-0.03	13.48	17.74	0.72	30.35	79
82	工银瑞信前沿医疗 A	19.14	3.37*	-1.01	-0.53	0.85	0.13	-0.23	0.28	19.08	28.48	0.70	38.60	38
83	中欧医疗健康 A	19.00	1.68*	-1.04	-0.50	0.89	-0.05	-0.45	-0.04	15.97	30.40	0.59	45.81	36
84	国富研究精选	18.95	2.30*	-0.34	-0.43	0.97	-0.33	-0.12	-0.02	16.24	20.58	0.76	28.48	80
85	博时行业轮动	18.93	2.55*	-3.73	-2.30	1.08	-0.26	-0.51	-0.21	3.71	28.08	0.21	46.04	54
86	华宝品质生活	18.85	1.69*	-1.00	-0.82	1.08	-0.25	-0.20	-0.15	13.78	24.63	0.59	29.57	66
87	中银战略新兴产业 A	18.79	3.18*	-1.99	-1.58	0.93	0.01	-0.20	0.40	14.80	23.95	0.63	33.89	62
88	富国价值优势	18.63	1.87*	0.14	0.18	1.04	-0.26	-0.18	0.01	18.91	22.38	0.82	29.72	82
89	银华新能源新材料量化 A	18.52	1.76*	-1.89	-1.18	1.14	-0.11	-0.45	0.11	12.34	29.63	0.49	34.54	60
90	嘉实新兴产业	18.36	2.08*	-1.19	-1.02	0.94	-0.26	-0.38	-0.20	13.21	22.75	0.59	38.05	64
91	工银瑞信新材料新能源行业	18.36	2.43*	-1.30	-1.24	1.01	-0.25	-0.30	0.22	13.61	23.86	0.59	28.32	73
92	华泰保兴吉年丰 A	18.35	2.41*	-2.05	-1.30	0.96	-0.18	-0.37	0.19	10.93	26.95	0.46	41.90	53
93	交银先进制造	18.26	3.92*	-0.23	-0.27	0.89	0.00	-0.25	0.07	21.36	20.28	0.99	25.41	76
94	广发制造业精选 A	18.18	4.03*	-1.19	-0.83	1.00	0.02	-0.56	0.22	17.77	27.48	0.68	35.87	63
95	长信内需成长 A	18.13	3.54*	-2.32	-1.54	0.91	-0.13	-0.17	0.10	9.79	24.49	0.44	36.55	48
96	嘉实优化红利 A	18.11	2.60*	-1.12	-0.88	0.97	-0.29	0.03	-0.17	11.13	22.71	0.51	32.61	57
97	华夏经典配置	18.08	2.91*	-1.01	-0.93	0.90	0.09	0.36	0.61	17.58	21.54	0.79	21.52	65
98	光大阳光启明星创新驱动 A	18.06	2.40*	-2.42	-2.21	0.64	-0.20	-0.37	0.20	10.43	19.16	0.54	34.44	55

续表

编号	基金名称	年化α(%)	$t(\alpha)$	γ	$t(\gamma)$	β_{mkt}	β_{smb}	β_{hml}	β_{mom}	年化收益率(%)	年化波动率(%)	年化夏普比率	最大回撤率(%)	调整后R^2(%)
99	兴全绿色投资	18.03	2.29*	-1.38	-2.05	1.01	-0.31	-0.13	-0.10	11.39	19.95	0.57	36.20	84
100	圆信永丰优加生活	17.92	1.98*	-1.38	-2.12	0.90	-0.13	-0.11	0.11	14.29	18.46	0.74	22.65	83
101	国富深化价值	17.90	1.75*	-0.80	-1.08	0.90	-0.20	-0.11	0.18	15.74	19.36	0.77	24.23	80
102	嘉实先进制造	17.86	2.27*	-1.50	-1.49	1.10	-0.19	-0.35	-0.05	12.72	24.16	0.55	31.44	76
103	大成积极成长	17.84	2.01*	-1.59	-1.77	1.09	-0.26	-0.04	0.16	10.86	22.67	0.50	29.14	78
104	银华沪港深增长A	17.84	3.49*	-2.49	-2.29	1.04	-0.21	0.04	-0.01	7.34	22.16	0.36	37.76	67
105	广发医疗保健A	17.82	2.52*	-1.46	-0.73	0.88	0.00	-0.48	0.09	14.17	30.06	0.54	51.84	39
106	大摩进取优选	17.81	2.39*	-1.58	-1.39	1.03	-0.53	-0.61	-0.29	8.20	24.72	0.38	33.81	71
107	长城优化升级A	17.80	3.19*	-0.99	-0.75	0.86	0.14	-0.41	0.31	20.04	24.54	0.81	24.69	61
108	信诚周期轮动A	17.69	1.89*	-0.15	-0.10	0.92	0.04	-0.11	0.39	20.44	25.65	0.79	32.11	54
109	建信中小盘A	17.66	3.18*	-0.80	-0.70	1.10	0.20	0.01	0.48	20.06	25.62	0.78	28.92	73
110	富国高新技术产业	17.66	3.28*	-1.59	-1.24	1.01	-0.50	-0.65	-0.30	8.17	25.50	0.37	49.48	65
111	国富中小盘	17.60	1.68*	-0.76	-1.03	0.92	-0.24	0.03	-0.05	13.86	18.59	0.71	20.82	78
112	信澳产业升级	17.59	2.82*	-1.74	-0.94	1.15	0.03	-0.11	0.40	12.57	31.20	0.48	43.73	52
113	泰达宏利行业精选A	17.57	2.44*	-0.85	-0.83	1.01	-0.07	-0.22	0.06	16.37	22.83	0.71	28.16	73
114	融通内需驱动AB	17.55	2.01*	-1.05	-0.98	0.82	0.11	-0.05	0.15	17.79	20.01	0.85	25.32	61
115	万家消费成长	17.49	2.56*	-0.25	-0.31	1.03	-0.32	0.15	-0.07	13.72	20.83	0.65	24.49	80
116	万家瑞隆A	17.48	2.08*	-1.62	-1.20	0.87	0.13	0.14	0.41	15.00	22.79	0.66	29.49	52

续表

编号	基金名称	年化α (%)	$t(\alpha)$	γ	$t(\gamma)$	β_{mkt}	β_{smb}	β_{hml}	β_{mom}	年化收益率 (%)	年化波动率 (%)	年化夏普比率	最大回撤率 (%)	调整后 R^2 (%)
117	国富沪港深成长精选	17.47	2.02*	-1.81	-2.25	0.96	-0.37	-0.24	-0.10	8.79	20.24	0.44	41.04	78
118	嘉实价值优势 A	17.45	2.70*	-0.91	-1.17	0.76	-0.33	-0.13	0.00	12.80	17.08	0.70	22.28	71
119	银河美丽优萃 A	17.45	2.05*	-2.43	-1.60	1.16	-0.37	-0.05	-0.14	4.13	27.06	0.23	47.99	57
120	工银瑞信养老产业 A	17.43	1.79*	-1.31	-0.79	0.82	0.12	-0.19	0.21	16.20	25.50	0.66	36.67	42
121	易方达价值精选	17.39	2.93*	-1.23	-1.36	0.90	-0.27	-0.21	-0.11	12.07	19.81	0.60	26.66	72
122	景顺长城成长之星	17.36	2.52*	-0.32	-0.31	0.83	-0.13	-0.17	0.16	17.79	20.50	0.83	23.48	65
123	浦银安盛红利精选 A	17.36	2.51*	-1.10	-0.87	1.04	0.00	-0.54	-0.08	16.37	26.15	0.65	30.07	68
124	工银瑞信核心价值 A	17.36	1.92*	-2.43	-2.46	0.95	-0.21	-0.14	0.12	8.26	21.11	0.41	31.26	70
125	华富成长趋势	17.28	3.21*	-1.16	-0.95	0.98	-0.17	-0.47	-0.12	13.85	24.11	0.59	28.29	65
126	建信信息产业 A	17.23	2.38*	-1.48	-1.19	1.06	0.04	-0.10	0.29	14.61	25.09	0.61	30.56	66
127	易方达科翔	17.22	3.62*	-0.79	-0.85	1.03	-0.12	-0.23	0.01	15.56	22.59	0.69	27.39	77
128	银河蓝筹精选 A	17.19	1.66*	-0.47	-0.38	1.09	-0.25	-0.51	0.07	15.46	26.74	0.61	32.25	71
129	富国消费主题 A	17.12	2.85*	0.97	0.70	1.07	-0.27	-0.04	-0.13	18.29	26.21	0.71	30.59	61
130	大成行业轮动	17.06	1.89*	-1.41	-1.66	1.08	-0.28	-0.26	0.05	11.00	23.02	0.50	28.98	81
131	工银瑞信聚焦 30	17.05	1.72*	-1.67	-1.69	0.87	0.01	-0.24	0.25	14.47	21.02	0.68	27.27	70
132	嘉实增长	17.04	1.82*	-1.09	-1.10	0.72	-0.18	-0.28	-0.12	13.69	18.12	0.72	30.45	59
133	新华优选成长	17.03	1.96*	-0.58	-0.45	0.71	-0.18	-0.84	-0.16	17.12	23.16	0.73	32.71	57
134	南方中小盘成长	16.98	3.77*	-0.89	-1.16	0.80	-0.12	-0.16	0.06	15.40	17.70	0.81	20.33	74

续表

编号	基金名称	年化α(%)	t(α)	γ	t(γ)	β_{mkt}	β_{smb}	β_{hml}	β_{mom}	年化收益率(%)	年化波动率(%)	年化夏普比率	最大回撤率(%)	调整后R^2(%)
135	中银中小盘成长	16.98	2.41*	-1.96	-1.87	0.90	0.01	-0.45	0.11	13.54	22.31	0.61	29.07	70
136	兴全轻资产	16.96	2.04*	-2.80	-4.08	0.89	-0.10	-0.10	0.05	8.00	18.04	0.43	27.11	80
137	工银瑞信国家战略主题	16.93	1.90*	0.08	0.06	1.09	0.01	0.78	0.35	15.86	26.34	0.63	30.42	56
138	海富通股票	16.84	2.28*	-1.00	-0.42	1.03	-0.05	-0.64	-0.07	12.92	35.35	0.47	39.70	38
139	中信保诚精萃成长 A	16.83	1.76*	-0.92	-1.07	1.01	-0.23	-0.27	-0.04	13.39	21.75	0.62	30.09	78
140	北信瑞丰产业升级	16.75	3.39*	-0.74	-0.49	1.05	0.04	-0.29	0.25	17.04	27.75	0.65	37.09	59
141	建信改革红利 A	16.69	2.55*	-1.07	-0.83	1.03	0.01	-0.26	0.28	15.67	25.61	0.64	35.22	65
142	广发多元新兴	16.68	1.89*	-1.35	-0.95	1.07	-0.14	-0.48	0.26	12.92	28.02	0.52	31.11	65
143	银华明择多策略	16.67	2.71*	-0.71	-0.53	0.97	-0.28	-0.14	-0.18	11.82	23.78	0.52	35.12	57
144	上投摩根医疗健康 A	16.66	2.27*	-1.09	-0.67	0.72	-0.06	-0.47	-0.09	14.43	24.28	0.61	42.92	39
145	工银瑞信医疗保健行业	16.59	3.36*	-1.21	-0.65	0.82	0.09	-0.21	0.19	14.83	27.21	0.59	38.25	37
146	景顺长城中小创	16.58	1.94*	-2.53	-2.05	0.95	0.09	-0.41	-0.06	10.90	23.89	0.49	32.32	63
147	富国天合稳健优选	16.56	2.16*	-1.21	-1.88	0.87	-0.35	-0.14	-0.06	10.26	17.80	0.55	29.22	82
148	中信证券卓越成长两年持有 A	16.49	2.17*	-1.45	-1.45	1.07	-0.28	0.08	-0.25	8.23	22.07	0.40	37.90	72
149	富国通胀通缩主题 A	16.37	2.44*	-0.75	-0.64	0.85	-0.13	-0.53	0.08	15.74	22.98	0.69	32.56	64
150	华安宏利	16.32	1.68*	-1.53	-1.02	0.79	-0.07	-0.07	0.27	11.68	23.33	0.52	40.07	43
151	国联安锐意成长	16.29	2.64*	-0.67	-0.53	0.80	-0.21	-0.17	-0.03	13.37	21.14	0.63	25.44	52
152	申万菱信行业轮动 A	16.29	2.30*	-1.79	-1.11	1.16	-0.04	-0.65	0.27	11.87	31.42	0.46	36.89	64

续表

编号	基金名称	年化 α (%)	$t(\alpha)$	γ	$t(\gamma)$	β_{mkt}	β_{smb}	β_{hml}	β_{mom}	年化收益率 (%)	年化波动率 (%)	年化夏普比率	最大回撤率 (%)	调整后 R^2 (%)
153	华安逆向策略 A	16.26	2.47*	-0.32	-0.31	0.85	-0.10	-0.34	0.09	17.42	21.32	0.79	26.19	67
154	嘉实优质企业	16.25	1.96*	-2.63	-1.94	0.99	-0.23	-0.46	-0.10	6.00	25.03	0.30	42.55	60
155	新华行业周期轮换	16.23	2.92*	-0.67	-0.45	0.93	-0.17	-0.87	-0.16	15.13	27.71	0.59	33.08	60
156	诺安低碳经济 A	16.23	1.65*	-0.70	-0.99	0.81	0.00	0.15	0.02	15.61	16.53	0.87	18.87	75
157	南方国策动力	16.18	2.27*	-0.57	-0.61	0.89	-0.02	-0.40	0.08	17.71	21.45	0.80	23.61	74
158	汇添富新兴消费 A	16.13	2.56*	-1.56	-1.25	1.08	-0.29	-0.38	-0.25	8.47	25.10	0.39	32.74	66
159	工银瑞信量化策略 A	16.13	1.79*	-1.50	-1.72	0.91	-0.18	-0.20	0.02	11.06	19.91	0.55	29.84	74
160	农银汇理行业轮动 A	16.12	1.83*	-0.97	-0.94	0.91	0.06	-0.44	0.19	17.30	23.06	0.74	28.89	72
161	诺安行业轮动	16.02	1.89*	-1.85	-2.66	0.75	-0.18	-0.15	0.00	9.76	16.05	0.57	28.00	74
162	工银瑞信红利	15.96	2.26*	-2.46	-2.04	0.97	0.02	-0.26	0.27	9.99	24.02	0.45	29.71	66
163	建信中国制造 2025A	15.92	2.13*	-0.44	-0.41	0.82	-0.17	-0.07	0.06	14.48	19.95	0.70	27.52	60
164	建信大安全	15.87	2.73*	-0.44	-0.41	0.87	-0.08	0.13	-0.03	14.51	19.92	0.70	30.31	60
165	中欧行业成长 A	15.85	3.09*	-1.72	-1.81	0.95	-0.23	-0.18	0.00	9.02	20.80	0.45	34.92	71
166	华宝资源优选 A	15.84	3.02*	0.33	0.24	0.91	-0.11	0.42	0.51	16.49	24.01	0.69	22.87	55
167	富国高端制造行业 A	15.76	1.66*	-1.17	-1.33	1.06	-0.24	-0.19	0.03	10.77	22.44	0.50	31.58	79
168	鹏华先进制造	15.75	2.44*	-0.37	-0.37	0.96	-0.35	-0.16	-0.30	11.41	21.31	0.54	35.15	70
169	创金合信资源主题 A	15.71	2.93*	-0.25	-0.15	1.07	-0.21	0.31	0.71	12.36	29.61	0.49	36.11	55
170	景顺长城优选	15.69	2.24*	-2.04	-2.19	0.78	-0.17	-0.61	-0.26	9.50	19.68	0.48	31.54	69

续表

编号	基金名称	年化α (%)	t(α)	γ	t(γ)	β_{mkt}	β_{smb}	β_{hml}	β_{mom}	年化收益率 (%)	年化波动率 (%)	年化夏普比率	最大回撤率 (%)	调整后 R^2 (%)
171	景顺长城精选蓝筹	15.66	3.02*	-1.64	-1.40	0.97	-0.43	-0.06	-0.37	4.85	21.99	0.26	36.38	61
172	国联安主题驱动	15.61	1.92*	-1.06	-1.36	0.88	-0.24	-0.16	0.00	11.39	18.95	0.58	26.35	77
173	华泰柏瑞盛世中国	15.55	2.23*	-1.31	-0.95	0.96	-0.06	-0.37	0.18	12.81	25.39	0.54	29.12	60
174	大成中小盘 A	15.51	2.92*	-0.51	-0.51	0.84	-0.14	-0.31	0.01	14.96	20.50	0.71	25.39	67
175	嘉实企业变革	15.49	3.00*	-1.20	-1.36	1.08	-0.18	-0.32	-0.27	10.84	22.78	0.50	30.27	79
176	华夏创新前沿	15.46	2.23*	0.34	0.27	0.86	-0.17	-0.59	-0.10	18.10	23.94	0.75	28.49	62
177	广发小盘成长 A	15.44	2.28*	-0.34	-0.23	1.03	-0.22	-0.71	0.05	14.79	28.34	0.57	30.53	65
178	上投摩根新兴动力 A	15.39	2.15*	-0.66	-0.43	1.15	-0.27	-0.41	0.22	11.66	29.81	0.46	38.53	64
179	工银瑞信智能制造	15.38	3.73*	-2.41	-1.96	1.09	-0.12	-0.28	-0.11	6.72	24.80	0.32	41.26	66
180	招商中小盘精选	15.36	1.74*	-0.95	-0.80	0.81	-0.04	-0.28	0.04	14.21	21.27	0.66	31.59	57
181	工银瑞信消费服务 A	15.33	2.05*	-1.34	-1.35	0.82	-0.17	-0.06	-0.02	10.34	18.89	0.54	27.39	62
182	建信核心精选	15.31	2.45*	-0.27	-0.26	0.82	-0.08	0.12	0.01	14.84	19.24	0.74	27.59	59
183	大摩品质生活精选	15.31	1.91*	-1.56	-1.90	1.07	0.00	-0.50	-0.08	12.69	23.59	0.56	32.95	83
184	交银阿尔法 A	15.30	2.36*	-0.24	-0.33	0.79	-0.07	-0.52	-0.29	17.22	18.83	0.86	18.46	80
185	信诚优胜精选 A	15.30	1.85*	-1.58	-2.12	0.99	-0.25	-0.21	-0.06	8.87	20.40	0.44	30.61	82
186	华宝服务优选	15.29	2.37*	-0.47	-0.35	1.07	-0.12	-0.55	-0.06	14.77	27.17	0.58	32.93	66
187	景顺长城沪港深深领先科技	15.27	2.1*	-1.43	-1.56	0.85	-0.34	-0.42	-0.07	8.89	20.16	0.45	33.32	72
188	诺安先进制造	15.27	1.84*	-1.97	-2.59	0.83	-0.18	-0.20	-0.01	8.53	17.83	0.46	29.08	75

续表

编号	基金名称	年化 α (%)	$t(\alpha)$	γ	$t(\gamma)$	β_{mkt}	β_{smb}	β_{hml}	β_{mom}	年化收益率 (%)	年化波动率 (%)	年化夏普比率	最大回撤率 (%)	调整后 R^2 (%)
189	鹏华精选成长 A	15.25	2.08*	-0.70	-0.71	1.04	-0.06	-0.24	0.00	14.44	23.28	0.63	30.79	75
190	交银新成长	15.23	2.48*	-0.46	-0.62	0.78	-0.33	-0.40	-0.10	12.78	18.22	0.67	27.76	77
191	鹏华沪深港互联网	15.19	2.04*	-3.12	-2.70	0.88	0.03	-0.13	0.25	6.50	21.67	0.33	34.66	61
192	兴全精选	15.13	2.49*	-1.33	-1.34	0.96	-0.29	-0.52	-0.05	9.86	22.76	0.46	33.97	74
193	国富潜力组合 A 人民币	15.12	1.89*	0.18	0.24	0.96	-0.30	-0.13	0.00	14.43	20.63	0.68	28.21	82
194	交银精选	15.04	2.24*	-0.49	-0.66	0.78	-0.33	-0.39	-0.11	12.46	18.14	0.65	27.49	78
195	嘉实新消费	15.04	2.49*	-1.03	-1.05	0.78	-0.22	-0.13	-0.09	10.61	18.31	0.56	26.59	60
196	东方红启阳三年持有 A	15.04	2.56*	-1.32	-1.36	0.93	-0.27	-0.32	-0.10	9.37	21.08	0.46	27.48	71
197	华安核心优选 A	14.99	2.58*	0.54	0.53	0.99	-0.40	-0.33	-0.12	14.33	23.33	0.62	28.67	74
198	泓德优选成长	14.95	2.32*	-0.75	-1.29	0.83	-0.34	-0.32	-0.19	10.84	17.46	0.59	20.97	85
199	大摩健康产业 A	14.94	2.83*	-0.51	-0.28	0.80	0.20	-0.41	0.10	17.72	27.83	0.67	42.15	41
200	华安幸福生活 A	14.93	1.96*	-0.78	-0.62	0.96	0.02	-0.50	0.28	15.99	25.80	0.65	43.52	67
201	民生加银稳健成长	14.92	2.24*	-1.08	-1.01	0.86	-0.19	-0.66	-0.02	12.42	22.78	0.56	34.07	70
202	富国文体健康 A	14.89	1.99*	-0.38	-0.42	0.99	-0.21	-0.37	0.09	14.19	22.73	0.63	27.55	79
203	方正富邦红利精选 A	14.83	1.81*	-1.42	-1.25	0.95	-0.36	-0.02	-0.25	5.90	21.41	0.30	32.52	61
204	工银端信美丽城镇主题 A	14.82	2.93*	0.25	0.27	0.84	-0.11	-0.02	0.08	16.83	19.42	0.82	23.83	69
205	华安新丝路主题 A	14.79	1.99*	-0.23	-0.17	0.92	-0.34	-0.33	-0.07	11.80	24.00	0.52	44.86	58
206	鹏华消费优选	14.75	1.88*	-1.19	-0.81	1.11	-0.17	-0.07	-0.11	8.67	26.42	0.39	40.68	58

续表

编号	基金名称	年化α(%)	$t(\alpha)$	γ	$t(\gamma)$	β_{mkt}	β_{smb}	β_{hml}	β_{mom}	年化收益率(%)	年化波动率(%)	年化夏普比率	最大回撤率(%)	调整后R^2(%)
207	新华策略精选	14.75	1.96*	-1.27	-1.09	0.96	0.13	-0.25	0.25	14.61	23.90	0.63	33.63	68
208	金鹰科技创新	14.73	1.68*	-2.24	-1.56	1.03	0.21	-0.33	0.23	11.33	27.12	0.48	35.25	61
209	嘉实低价策略	14.69	2.29*	-0.25	-0.28	0.93	-0.27	0.24	0.15	11.42	20.15	0.56	33.13	72
210	工银瑞信互联网加	14.67	2.14*	-1.46	-1.43	0.99	-0.28	-0.41	-0.10	8.45	22.71	0.40	36.95	72
211	工银瑞信战略转型主题 A	14.65	1.96*	1.99	1.71	0.82	0.07	0.25	0.20	24.84	21.48	1.07	27.77	60
212	中欧明睿新起点	14.64	1.77*	-1.50	-0.87	1.14	-0.22	-0.54	-0.02	7.95	30.59	0.35	43.64	57
213	农银汇理医疗保健主题	14.58	2.64*	-0.95	-0.49	0.95	0.02	-0.52	0.23	13.22	30.75	0.51	50.69	46
214	景顺长城公司治理	14.56	2.12*	-1.54	-1.50	0.87	0.04	-0.54	-0.01	13.02	22.13	0.60	32.56	71
215	农银汇理策略价值	14.54	2.57*	-0.89	-1.03	0.83	-0.18	-0.23	0.11	12.11	19.15	0.61	25.63	73
216	中欧电子信息产业 A	14.52	1.88*	0.08	0.05	0.70	-0.10	-1.06	-0.48	16.54	28.36	0.63	39.96	44
217	海富通国策导向	14.52	2.01*	-0.97	-0.67	1.08	-0.32	-0.03	0.14	7.80	26.40	0.36	41.02	58
218	长城品牌优选	14.49	2.38*	-0.88	-0.56	1.14	-0.37	0.00	-0.21	6.12	27.59	0.30	45.14	55
219	富国低碳新经济 A	14.48	1.90*	-0.50	-0.48	1.16	-0.19	-0.35	0.08	12.72	26.12	0.53	36.17	78
220	建信恒久价值	14.48	3.16*	-0.97	-0.74	0.99	-0.02	-0.32	0.27	13.50	25.52	0.56	35.03	64
221	新华趋势领航	14.46	1.85*	-1.18	-0.86	0.82	-0.12	-0.66	-0.13	11.76	24.11	0.52	34.84	56
222	光大银发商机主题	14.45	2.25*	-0.38	-0.44	0.96	-0.29	-0.12	-0.12	11.34	20.54	0.55	27.84	77
223	华安生态优先 A	14.40	1.91*	0.64	0.46	0.87	-0.18	-0.20	-0.01	16.42	23.84	0.70	36.55	53
224	华夏复兴 A	14.39	1.75*	-0.82	-0.60	1.17	-0.21	-0.49	-0.03	10.66	28.58	0.44	34.28	68

续表

编号	基金名称	年化 α (%)	t(α)	γ	t(γ)	β_{mkt}	β_{smb}	β_{hml}	β_{mom}	年化收益率 (%)	年化波动率 (%)	年化夏普比率	最大回撤率 (%)	调整后 R^2 (%)
225	光大新增长	14.34	2.39*	-0.55	-0.49	0.92	-0.18	-0.47	-0.08	13.11	22.95	0.59	28.03	68
226	博时丝路主题 A	14.28	2.29*	-0.29	-0.31	0.89	-0.25	-0.39	0.05	13.33	21.44	0.62	26.56	74
227	工银瑞信新蓝筹 A	14.28	2.02*	-0.93	-1.11	0.81	-0.13	0.14	0.16	10.99	17.59	0.59	25.41	69
228	广发轮动配置	14.26	1.68*	-0.97	-0.72	1.05	-0.28	-0.14	-0.16	8.04	24.89	0.37	41.98	59
229	景顺长城品质投资	14.26	2.48*	-0.90	-1.11	0.91	-0.29	-0.36	-0.13	10.12	20.14	0.50	28.04	78
230	长盛量化红利策略	14.19	1.72*	-0.36	-0.45	0.74	-0.01	0.54	0.33	13.54	16.42	0.76	17.84	67
231	富国天博创新主题	14.16	2.36*	-0.94	-1.05	1.06	-0.25	-0.10	0.03	9.43	22.25	0.45	32.94	78
232	中信证券成长动力 A	14.15	2.15*	-1.23	-1.68	0.91	-0.20	-0.33	-0.06	10.03	19.57	0.51	27.40	81
233	金鹰行业优势	14.13	2.83*	-0.74	-0.53	0.92	0.10	-0.54	0.12	15.95	25.99	0.64	37.44	60
234	华宝创新优选	14.12	2.32*	0.97	0.63	1.05	-0.20	-0.61	-0.03	17.91	29.13	0.65	31.31	62
235	广发资源优选 A	14.11	3.32*	-1.29	-0.80	0.97	-0.24	-0.26	0.53	8.47	28.38	0.37	49.04	56
236	银河康乐 A	14.11	1.86*	-1.34	-1.27	0.87	0.15	-0.17	0.33	14.08	21.65	0.65	33.85	68
237	华宝生态中国 A	14.10	1.93*	0.14	0.15	0.99	0.01	-0.20	-0.04	17.22	22.30	0.76	29.27	77
238	诺安价值增长	14.09	1.93*	-1.35	-1.30	1.05	-0.20	0.01	-0.26	7.20	22.12	0.36	27.20	70
239	海富通内需热点	14.08	2.11*	-0.97	-0.72	0.93	0.06	-0.38	0.02	13.66	24.65	0.58	32.93	59
240	天弘周期策略 A	14.05	2.09*	-1.01	-0.79	0.99	-0.04	0.02	0.02	10.89	23.34	0.49	31.19	59
241	中银主题策略 A	14.05	1.65*	-1.11	-0.98	0.87	-0.04	-0.35	0.09	12.41	22.07	0.57	39.10	64
242	泓德泓益	14.02	2.66*	-1.36	-1.94	0.95	-0.25	-0.34	-0.02	8.96	20.27	0.45	31.70	84

续表

编号	基金名称	年化α (%)	$t(\alpha)$	γ	$t(\gamma)$	β_{mkt}	β_{smb}	β_{hml}	β_{mom}	年化收益率 (%)	年化波动率 (%)	年化夏普比率	最大回撤率 (%)	调整后 R^2 (%)
243	富国医疗保健行业 A	14.01	1.76*	-0.46	-0.23	0.75	-0.02	-0.57	0.01	14.05	28.61	0.55	44.60	36
244	诺安主题精选	13.98	2.23*	-0.69	-0.52	0.67	-0.22	-0.62	-0.23	11.76	21.49	0.55	37.37	49
245	银河稳健	13.93	2.44*	-1.10	-1.08	0.71	-0.05	-0.45	0.08	12.99	19.53	0.65	25.99	62
246	大成健康产业 A	13.92	1.83*	-2.39	-1.51	1.03	0.03	-0.18	0.23	6.88	27.14	0.32	43.02	54
247	金元顺安消费主题	13.90	2.19*	-1.12	-1.03	1.00	-0.34	0.24	-0.14	5.48	21.43	0.28	32.20	65
248	国泰大农业 A	13.88	2.42*	-0.25	-0.24	0.82	0.00	0.16	0.30	14.84	19.66	0.73	20.89	62
249	汇添富创新活力 A	13.88	2.17*	-1.55	-1.28	0.56	-0.18	-0.71	-0.05	9.98	20.02	0.50	30.96	50
250	建信优势动力	13.79	2.11*	-0.78	-0.89	0.94	-0.08	-0.24	0.22	12.97	21.58	0.60	27.63	77
251	易方达科讯	13.72	1.99*	-1.35	-1.44	1.14	-0.10	-0.27	-0.01	9.56	24.39	0.43	35.24	80
252	上投摩根健康品质生活 A	13.71	2.66*	-0.69	-0.49	1.01	-0.13	-0.34	-0.31	10.66	25.46	0.46	34.13	59
253	汇添富国企创新增长 A	13.71	3.57*	-1.03	-1.01	0.93	-0.09	-0.40	0.06	11.95	22.39	0.55	36.82	72
254	国泰金鹿	13.70	1.96*	1.11	0.98	0.68	-0.36	-0.07	-0.29	14.42	18.97	0.73	28.58	51
255	交银成长 30	13.70	2.20*	1.03	0.84	1.03	-0.23	-0.19	0.07	16.57	25.29	0.67	25.19	68
256	诺安鸿鑫 A	13.70	2.11*	-1.23	-1.62	0.44	-0.14	-0.40	0.28	11.70	14.80	0.72	22.71	64
257	华宝高端制造	13.67	1.82*	-0.79	-0.84	1.04	-0.05	-0.05	0.20	12.18	22.61	0.55	28.25	76
258	景顺长城核心竞争力 A	13.67	1.91*	-1.85	-2.37	0.98	-0.18	-0.17	-0.11	6.66	20.02	0.35	31.11	79
259	泰信发展主题	13.61	1.68*	-1.25	-0.82	1.09	0.02	-0.53	-0.05	11.28	28.66	0.46	36.53	62
260	易方达信息产业	13.58	1.71*	0.00	0.00	0.80	-0.17	-0.82	-0.16	14.35	27.94	0.56	33.68	47

续表

编号	基金名称	年化 α (%)	t(α)	γ	t(γ)	β_{mkt}	β_{smb}	β_{hml}	β_{mom}	年化收益率 (%)	年化波动率 (%)	年化夏普比率	最大回撤率 (%)	调整后 R^2 (%)
261	银河主题策略	13.54	1.67*	-1.44	-0.97	1.02	-0.14	-0.52	0.21	9.10	27.78	0.39	37.94	61
262	汇添富医药保健 A	13.51	2.06*	-0.93	-0.51	0.82	0.04	-0.47	0.13	12.60	27.91	0.51	41.74	41
263	浙商聚潮产业成长 A	13.50	1.76*	0.37	0.35	1.01	-0.15	0.31	-0.03	13.12	22.06	0.60	25.63	69
264	华安行业轮动	13.49	1.68*	0.36	0.37	0.93	-0.29	-0.25	-0.24	13.19	21.41	0.61	28.65	71
265	汇丰晋信沪港深 A	13.42	1.76*	-1.80	-1.33	1.22	-0.45	-0.13	-0.31	1.21	26.98	0.12	53.28	65
266	南方盛元红利	13.41	1.70*	-0.67	-0.82	0.87	-0.17	0.08	0.00	10.32	18.34	0.54	27.83	72
267	国投瑞银核心企业	13.38	1.75*	-0.67	-0.65	0.79	-0.17	-0.27	-0.03	11.34	19.62	0.57	26.73	62
268	上投摩根核心优选 A	13.32	1.82*	-1.46	-1.18	0.97	-0.16	-0.41	0.23	8.85	24.80	0.40	43.35	66
269	信诚量化阿尔法法 A	13.32	1.67*	-1.00	-1.63	0.94	-0.28	0.10	0.00	7.65	18.20	0.41	25.60	84
270	银华消费主题	13.30	2.30*	0.46	0.33	1.15	-0.16	-0.10	-0.32	12.97	27.39	0.52	44.67	64
271	长信双利优选 A	13.29	2.48*	-0.76	-0.73	0.90	-0.45	-0.34	-0.40	6.50	21.10	0.33	41.20	66
272	国富弹性市值	13.23	2.02*	-0.57	-0.66	0.91	-0.33	0.05	-0.11	8.20	19.26	0.43	32.00	73
273	农银汇理策略精选	13.21	1.73*	-1.12	-1.11	0.72	-0.37	-0.43	-0.18	7.26	18.79	0.39	30.81	60
274	中银持续增长	13.21	1.69*	-1.43	-1.14	0.84	-0.04	-0.13	0.39	9.98	22.45	0.47	33.77	57
275	泰达宏利首选企业	13.20	2.16*	-0.29	-0.26	1.12	-0.04	-0.29	0.08	13.90	25.66	0.57	34.63	75
276	国投瑞银成长优选	13.16	1.69*	-0.22	-0.27	0.86	-0.16	-0.12	0.12	12.92	19.10	0.65	25.81	76
277	嘉实主题新动力	13.13	2.70*	0.00	0.00	0.99	0.01	-0.73	-0.01	17.02	26.37	0.67	31.92	73
278	诺安策略精选	13.12	2.68*	0.68	0.81	0.63	-0.07	0.02	-0.02	16.89	15.53	0.99	14.07	60

续表

编号	基金名称	年化α (%)	$t(\alpha)$	γ	$t(\gamma)$	β_{mkt}	β_{smb}	β_{hml}	β_{mom}	年化收益率 (%)	年化波动率 (%)	年化夏普比率	最大回撤率 (%)	调整后 R^2 (%)
279	东吴新产业精选 A	13.11	2.05*	-0.91	-0.96	0.91	-0.13	-0.33	0.10	11.13	21.37	0.53	27.06	73
280	广发电子信息传媒产业精选 A	13.03	1.67*	-0.68	-0.37	0.93	-0.12	-0.60	-0.02	10.84	29.28	0.44	33.51	47
281	汇添富中国高端制造 A	13.03	1.72*	-1.09	-0.96	0.75	0.04	-0.19	0.39	12.64	20.77	0.60	26.19	59
282	富国国家安全主题 A	13.02	2.34*	0.02	0.01	0.94	-0.44	-0.67	-0.47	9.83	24.29	0.44	32.94	67
283	国泰君安君得明	12.97	1.91*	-0.78	-1.02	0.95	-0.23	-0.08	-0.21	8.71	19.33	0.45	29.07	79
284	国联安优势	12.95	2.05*	0.00	0.00	0.86	-0.36	0.02	-0.20	9.18	20.47	0.46	27.53	60
285	华宝医药生物	12.94	1.84*	-1.08	-0.68	0.89	0.17	-0.26	0.28	13.18	26.18	0.55	38.47	50
286	长盛医疗保健 A	12.92	2.43*	-0.54	-0.36	0.91	0.13	-0.09	0.22	14.14	25.12	0.59	37.83	51
287	创金合信医疗保健行业 A	12.91	2.01*	-0.24	-0.13	0.80	0.16	-0.06	0.46	15.57	26.69	0.62	38.98	40
288	华宝先进成长	12.91	1.72*	-0.71	-0.89	0.95	-0.11	-0.24	0.10	11.74	20.84	0.56	31.64	80
289	大摩主题优选	12.91	1.89*	-1.14	-1.30	0.94	-0.20	-0.40	-0.21	8.80	21.04	0.43	32.58	76
290	中欧新趋势 A	12.89	1.83*	-0.20	-0.30	0.94	-0.29	-0.18	-0.11	10.74	19.44	0.54	24.70	84
291	工银瑞信大盘蓝筹	12.85	1.68*	-0.85	-1.05	0.76	-0.13	0.11	0.12	9.92	16.70	0.56	22.82	68
292	长盛医疗行业	12.84	1.81*	-1.04	-0.48	0.75	0.15	-0.23	0.29	11.49	29.90	0.46	49.90	28
293	华夏研究精选	12.82	1.72*	-1.16	-2.05	0.99	-0.28	-0.10	-0.06	7.10	19.20	0.37	33.80	88
294	农银汇理行业领先	12.81	2.36*	-1.01	-1.00	0.72	-0.36	-0.43	-0.18	7.38	18.82	0.39	29.49	61
295	银华中国梦 30	12.80	2.53*	0.08	0.07	1.03	-0.26	-0.38	-0.24	11.73	24.46	0.51	33.44	69
296	嘉实沪港深回报	12.76	2.42*	-2.11	-2.18	0.87	-0.39	-0.36	-0.14	2.70	20.20	0.16	44.48	68

续表

编号	基金名称	年化 α (%)	$t(\alpha)$	γ	$t(\gamma)$	β_{mkt}	β_{smb}	β_{hml}	β_{mom}	年化收益率 (%)	年化波动率 (%)	年化夏普比率	最大回撤率 (%)	调整后 R^2 (%)
297	建信潜力新蓝筹 A	12.73	1.65*	0.17	0.17	1.06	0.16	0.00	0.45	17.83	24.23	0.74	29.10	78
298	诺安新经济	12.70	2.10*	0.44	0.33	1.06	-0.13	-0.08	-0.17	13.29	25.53	0.55	35.10	62
299	银河研究精选	12.67	1.71*	-0.53	-0.61	0.96	-0.04	-0.43	-0.03	13.28	22.24	0.60	25.62	79
300	嘉实周期优选	12.64	1.93*	-0.50	-0.57	0.94	-0.22	0.31	0.06	8.51	19.54	0.44	38.46	72
301	光大阳光价值 30 个月持有 A	12.62	1.67*	-1.12	-1.00	0.90	-0.36	-0.16	-0.34	5.02	20.95	0.26	45.08	61
302	汇添富环保行业	12.61	1.81*	-1.69	-1.22	1.03	-0.11	-0.66	-0.05	7.78	27.14	0.35	37.59	64
303	益民红利成长	12.60	2.20*	-1.23	-0.96	0.91	-0.17	-0.14	0.21	7.96	23.16	0.38	32.33	58
304	长信创新驱动	12.60	1.72*	-2.04	-1.47	0.94	-0.17	-0.52	0.00	5.57	25.12	0.28	36.32	58
305	嘉实前沿科技	12.60	2.21*	-1.99	-1.69	1.02	-0.10	-0.44	-0.16	6.17	24.16	0.30	38.23	67
306	长信金利趋势 A	12.58	1.81*	-0.30	-0.43	0.83	0.07	-0.09	0.08	15.12	18.01	0.79	23.27	80
307	大成内需增长	12.57	1.65*	-0.22	-0.18	0.95	-0.22	-0.08	-0.22	9.80	22.47	0.46	29.58	61
308	圆信永丰多策略精选	12.55	1.96*	-1.71	-1.64	0.97	-0.08	-0.35	0.14	8.05	22.93	0.38	30.19	72
309	汇添富民营活力 A	12.55	2.10*	-1.80	-2.19	1.02	-0.17	-0.36	0.04	6.67	22.13	0.33	34.89	81
310	银华中小盘精选	12.54	2.00*	-1.13	-0.79	0.93	-0.05	-0.42	-0.10	9.64	25.12	0.43	31.82	55
311	华安策略优选 A	12.54	1.80*	-1.23	-1.64	0.90	-0.36	0.09	0.01	4.80	18.43	0.26	34.83	77
312	工银瑞信主题策略 A	12.53	1.78*	-1.06	-0.61	1.16	0.01	-0.50	0.19	10.36	31.56	0.42	43.36	59
313	大摩卓越成长	12.51	2.25*	-1.02	-1.02	0.96	-0.15	-0.20	-0.09	8.83	21.41	0.43	39.47	70
314	国投瑞银研究精选	12.44	1.65*	-0.56	-0.68	0.81	-0.16	-0.10	0.06	10.66	18.09	0.57	26.63	71

续表

编号	基金名称	年化α(%)	t(α)	γ	t(γ)	β_{mkt}	β_{smb}	β_{hml}	β_{mom}	年化收益率(%)	年化波动率(%)	年化夏普比率	最大回撤率(%)	调整后R²(%)
315	创金合信科技成长 A	12.42	2.03*	-1.01	-0.60	0.83	-0.10	-0.83	-0.25	10.05	27.37	0.43	37.43	49
316	鹏华盛世创新	12.39	1.86*	-0.90	-1.20	0.84	-0.10	0.07	-0.11	9.25	17.18	0.51	21.91	74
317	嘉实沪港深精选	12.34	1.88*	-1.64	-1.97	1.07	-0.37	0.09	-0.10	2.50	21.24	0.15	33.63	79
318	圆信永丰汇利	12.32	2.11*	-0.82	-0.96	0.90	-0.18	-0.42	0.04	10.27	20.97	0.50	29.44	77
319	国泰事件驱动 A	12.22	1.99*	-0.88	-0.62	1.03	0.21	-0.38	0.10	13.74	27.24	0.55	37.61	63
320	富国产业升级 A	12.21	2.66*	0.32	0.35	1.02	-0.35	-0.32	-0.03	11.32	23.08	0.51	33.16	79
321	景顺长城沪港深精选	12.21	3.57*	-1.31	-1.96	0.55	-0.05	0.41	0.20	7.69	12.28	0.54	19.60	59
322	嘉实研究阿尔法	12.19	1.96*	-0.83	-1.65	0.94	-0.17	-0.06	0.05	9.25	18.36	0.49	24.45	90
323	申万菱信新动力	12.07	2.20*	-1.23	-1.37	0.92	-0.12	-0.23	0.21	8.77	21.06	0.43	35.16	75
324	招商大盘蓝筹	12.06	2.11*	-0.21	-0.26	0.97	-0.15	-0.18	-0.09	11.44	20.78	0.55	30.47	80
325	汇添富移动互联 A	12.03	1.82*	-1.37	-0.95	1.04	-0.38	-0.51	-0.18	3.99	26.58	0.22	43.46	60
326	建信环保产业	12.00	1.91*	-1.18	-0.88	0.92	-0.08	-0.45	0.05	9.29	24.56	0.42	31.97	59
327	诺安研究精选	11.99	1.68*	0.09	0.11	1.05	0.03	-0.22	-0.02	15.05	22.92	0.66	27.31	82
328	富国创新科技 A	11.99	1.71*	-0.70	-0.45	0.90	-0.52	-0.88	-0.37	5.31	27.46	0.27	51.66	56
329	博时工业 4.0	11.95	1.67*	-0.98	-1.02	0.87	-0.19	-0.64	-0.10	9.53	21.89	0.46	32.03	74
330	上投摩根成长先锋 A	11.92	2.06*	-1.36	-1.49	0.84	-0.05	-0.26	0.27	9.44	20.31	0.47	35.96	72
331	鹏华医药科技	11.91	1.76*	-0.23	-0.14	0.82	0.04	-0.37	0.03	13.50	25.69	0.56	37.52	45
332	鹏华价值精选	11.82	1.68*	-0.07	-0.05	0.91	0.07	-0.29	0.35	15.52	24.54	0.65	32.48	64

续表

编号	基金名称	年化α(%)	t(α)	γ	t(γ)	β_{mkt}	β_{smb}	β_{hml}	β_{mom}	年化收益率(%)	年化波动率(%)	年化夏普比率	最大回撤率(%)	调整后R^2(%)
333	中银美丽中国	11.76	1.76*	-0.71	-0.69	0.79	-0.10	-0.11	0.30	10.49	19.82	0.53	27.31	64
334	长城中小盘成长 A	11.72	1.70*	-0.82	-0.82	0.76	0.02	-0.46	0.30	12.96	21.06	0.61	30.39	69
335	华宝宝康消费品	11.65	1.75*	0.04	0.04	0.78	-0.20	-0.23	-0.21	11.29	19.21	0.57	29.22	61
336	工银瑞信农业产业	11.64	1.82*	-0.14	-0.11	0.92	-0.12	-0.14	0.03	11.01	23.70	0.49	31.61	55
337	中金精选 A	11.51	1.67*	-0.62	-0.76	0.79	-0.34	-0.04	-0.19	6.33	17.21	0.35	28.69	69
338	南方新兴消费	11.51	2.30*	-1.15	-0.82	1.01	-0.21	-0.25	-0.10	5.72	25.16	0.29	44.78	57
339	工银瑞信精选平衡	11.50	2.48*	-0.63	-0.66	0.70	-0.07	0.10	0.08	9.80	16.81	0.55	30.95	56
340	国寿安保智慧生活	11.50	2.02*	-1.20	-1.20	0.94	-0.01	-0.40	0.03	9.75	22.37	0.46	29.23	73
341	广发新经济 A	11.49	1.73*	-1.89	-1.16	0.81	0.06	-0.61	-0.05	7.60	26.17	0.35	43.04	47
342	中银动态策略 A	11.48	1.69*	-1.16	-1.02	1.06	-0.25	-0.20	-0.05	5.52	23.93	0.28	41.17	69
343	鹏华优势企业	11.46	2.16*	-0.30	-0.25	0.87	-0.11	-0.43	-0.01	11.70	22.80	0.53	32.49	63
344	安信企业价值优选	11.43	1.69*	-0.08	-0.08	0.78	-0.14	0.28	-0.02	9.89	17.80	0.53	23.45	61
345	海通品质升级一年持有 A	11.43	2.70*	-0.56	-0.57	1.05	-0.34	-0.16	-0.25	6.21	22.58	0.31	36.11	74
346	嘉实文体娱乐 A	11.40	2.68*	-0.95	-0.73	0.92	-0.29	-0.44	-0.32	6.00	23.50	0.30	35.58	58
347	银河竞争优势成长	11.39	2.05*	-0.66	-0.69	0.94	-0.26	-0.49	-0.08	8.58	22.29	0.41	30.98	75
348	博时新兴消费主题 A	11.36	1.67*	0.36	0.40	0.93	-0.43	-0.13	-0.22	8.50	20.83	0.42	37.29	74
349	新华钻石品质企业	11.36	1.72*	-0.94	-0.78	0.98	-0.18	-0.23	-0.21	6.82	23.18	0.33	43.52	63
350	上投摩根行业轮动 A	11.31	2.34*	-1.10	-0.80	0.97	-0.10	-0.36	0.32	8.47	25.99	0.38	43.24	62

续表

编号	基金名称	年化α(%)	t(α)	γ	t(γ)	β_{mkt}	β_{smb}	β_{hml}	β_{mom}	年化收益率(%)	年化波动率(%)	年化夏普比率	最大回撤率(%)	调整后R^2(%)
351	国联安优选行业	11.30	1.91*	-0.32	-0.16	0.90	-0.17	-0.93	-0.03	10.25	31.74	0.41	41.06	47
352	大成产业升级	11.29	2.05*	-0.36	-0.34	0.85	0.29	-0.43	0.17	17.13	22.91	0.74	32.82	72
353	南方潜力新蓝筹 A	11.27	1.84*	0.54	0.55	0.89	-0.03	-0.47	-0.05	16.01	22.39	0.71	30.67	73
354	兴全全球视野	11.27	2.43*	-0.59	-0.82	0.88	-0.17	-0.26	-0.10	9.49	18.88	0.49	25.23	80
355	诺安平衡	11.27	2.01*	-1.25	-1.88	0.72	-0.18	0.00	-0.05	6.22	14.96	0.38	21.02	73
356	中欧盛世成长 A	11.21	1.72*	-1.01	-0.83	1.05	-0.21	-0.53	0.01	7.42	25.85	0.35	42.87	70
357	大成优选	11.21	1.89*	-0.80	-0.98	0.73	-0.12	-0.12	0.05	9.16	16.80	0.52	23.75	68
358	富国研究量化精选	11.19	1.83*	-0.79	-0.84	0.96	-0.06	-0.35	0.17	10.55	22.63	0.49	34.94	76
359	金鹰稳健成长	11.17	1.68*	-1.00	-0.77	0.92	0.03	-0.24	0.07	9.84	23.59	0.45	32.44	59
360	安信价值精选	11.17	1.81*	-0.90	-0.93	0.94	-0.13	0.04	-0.01	7.41	20.27	0.38	29.04	69
361	光大阳光 A	11.17	1.72*	-1.28	-1.69	0.88	-0.24	-0.26	-0.03	6.07	18.98	0.33	28.96	78
362	华宝大盘精选	11.16	2.36*	-0.68	-0.70	1.02	-0.35	-0.41	-0.01	6.80	23.45	0.33	43.34	77
363	广发消费品精选 A	11.15	2.53*	-0.93	-0.76	0.90	-0.24	-0.16	-0.21	5.78	21.83	0.30	39.78	57
364	创金合信量化核心 A	11.14	2.42*	-0.84	-1.40	0.95	-0.16	0.02	0.02	7.77	18.63	0.41	21.51	86
365	信诚新机遇	11.03	1.65*	-1.38	-2.30	0.86	-0.31	-0.05	-0.05	4.05	17.01	0.23	29.26	83
366	华夏经济转型	11.02	2.10*	0.28	0.22	0.82	-0.19	-0.58	-0.05	12.68	23.69	0.56	28.14	59
367	南方天元新产业	10.99	1.71*	-0.59	-0.75	0.83	-0.23	-0.39	-0.12	8.85	18.92	0.46	33.11	76
368	中金金泽 A	10.98	1.93*	-0.68	-0.71	0.74	-0.09	0.16	0.17	8.72	17.50	0.48	23.12	58

续表

编号	基金名称	年化α(%)	t(α)	γ	t(γ)	β_{mkt}	β_{smb}	β_{hml}	β_{mom}	年化收益率(%)	年化波动率(%)	年化夏普比率	最大回撤率(%)	调整后 R^2(%)
369	广发沪港深新起点A	10.98	1.67*	-2.33	-2.01	0.98	-0.40	-0.11	-0.20	-1.33	22.06	-0.02	52.17	62
370	中银消费主题	10.96	1.81*	-1.22	-1.16	0.85	-0.18	-0.06	-0.01	5.80	19.75	0.31	30.83	61
371	南方产业智选	10.95	2.20*	-0.75	-0.42	0.94	0.04	-0.66	0.16	10.81	30.04	0.44	41.51	50
372	国富健康优质生活	10.90	1.72*	-0.68	-0.69	1.01	-0.31	-0.07	-0.06	5.75	21.83	0.29	40.12	72
373	汇添富策略回报	10.88	2.21*	-0.93	-1.01	1.08	-0.07	-0.28	0.12	8.95	23.89	0.41	36.76	79
374	博时医疗保健行业A	10.87	1.81*	-0.01	-0.01	0.84	0.10	-0.48	0.14	13.91	28.50	0.54	42.83	43
375	农银汇理低估值高增长	10.86	1.65*	-1.25	-0.89	0.85	0.10	-0.46	0.18	10.28	24.75	0.46	32.90	57
376	中欧新动力A	10.85	1.96*	0.26	0.38	0.85	-0.27	-0.41	-0.21	11.20	19.05	0.57	24.63	83
377	广发品牌消费A	10.85	2.10*	-0.43	-0.27	1.04	-0.15	-0.28	-0.06	8.12	27.61	0.36	45.43	54
378	建信内生动力A	10.83	2.00*	-0.84	-0.72	0.82	-0.06	0.10	0.17	8.24	20.19	0.42	30.27	55
379	中金消费升级	10.78	1.80*	-0.44	-0.32	1.01	-0.37	-0.22	-0.36	4.79	24.98	0.25	47.27	57
380	华安大国新经济A	10.78	1.78*	-0.72	-0.88	1.07	-0.09	-0.35	-0.09	9.21	23.10	0.43	29.14	82
381	中欧永裕A	10.69	2.25*	-0.98	-0.81	1.04	-0.20	-0.52	0.02	7.08	25.77	0.33	42.92	70
382	银河行业优选A	10.67	1.65*	-1.22	-0.78	0.95	-0.13	-0.52	0.25	7.07	27.63	0.33	38.09	56
383	天弘医疗健康A	10.61	2.03*	0.12	0.07	0.98	0.14	-0.14	0.32	14.29	27.26	0.57	35.93	55
384	中银健康生活	10.61	1.86*	-1.48	-1.42	0.66	-0.15	-0.09	0.27	5.79	17.97	0.32	27.88	54
385	国泰大健康	10.59	1.88*	0.28	0.23	0.99	0.23	-0.31	0.26	17.27	25.77	0.69	31.54	70
386	汇丰晋信消费红利	10.59	1.63	-0.29	-0.31	0.97	-0.27	-0.19	-0.26	7.44	21.25	0.37	37.30	73

续表

编号	基金名称	年化α(%)	t(α)	γ	t(γ)	β_mkt	β_smb	β_hml	β_mom	年化收益率(%)	年化波动率(%)	年化夏普比率	最大回撤率(%)	调整后R²(%)
387	鹏华医疗保健	10.59	0.93	-0.88	-0.53	0.86	0.22	-0.20	0.35	11.73	26.66	0.49	39.03	46
388	景顺长城支柱产业	10.59	2.05*	-1.08	-1.43	0.91	-0.23	0.12	0.02	4.99	18.34	0.27	28.91	77
389	银河消费驱动 A	10.58	1.84*	-2.37	-1.77	1.09	0.05	0.13	-0.02	2.49	24.70	0.16	41.72	60
390	鹏华价值优势	10.57	2.43*	-0.99	-1.18	0.95	-0.12	-0.17	0.06	7.62	20.60	0.38	31.53	77
391	天弘永定成长 A	10.55	2.01*	0.18	0.13	0.96	-0.36	-0.05	-0.34	6.52	24.12	0.32	39.01	55
392	诺安中小盘精选	10.53	1.72*	-1.67	-2.64	0.76	-0.16	-0.19	0.01	5.11	16.08	0.30	27.22	79
393	华商上游产业	10.52	1.89*	0.48	0.41	0.82	0.20	0.10	0.43	16.90	21.84	0.75	23.36	60
394	华夏行业精选	10.52	1.83*	-1.79	-1.63	1.07	0.00	-0.15	0.21	5.84	24.12	0.29	36.04	72
395	汇添富价值精选 A	10.49	1.68*	-0.91	-1.19	0.86	-0.41	-0.20	-0.13	4.10	18.62	0.23	39.21	77
396	海富通中小盘	10.47	1.81*	-0.46	-0.32	0.99	0.04	-0.67	0.12	12.25	28.05	0.49	41.38	63
397	平安股息精选 A	10.46	1.72*	-1.73	-1.65	0.90	-0.18	0.21	0.11	2.63	19.83	0.15	36.75	62
398	华夏优势增长	10.44	2.36*	-0.93	-0.90	0.96	-0.21	-0.43	-0.03	7.03	22.78	0.34	29.72	72
399	鹏华优质治理	10.42	2.53*	0.13	0.12	0.75	-0.24	-0.27	0.06	10.41	20.20	0.51	32.40	59
400	汇添富逆向投资 A	10.41	2.42*	-0.10	-0.11	0.93	-0.10	-0.62	0.00	12.43	22.93	0.56	31.42	80
401	中信证券臻选价值成长 A	10.35	1.65*	-1.16	-1.46	0.80	-0.27	-0.38	-0.23	5.28	18.08	0.29	38.34	73
402	博时卓越品牌	10.33	2.10*	-0.95	-0.73	0.93	-0.33	-0.08	-0.17	3.43	22.57	0.19	37.30	55
403	国泰君安君得鑫两年持有 A	10.26	1.71*	-0.87	-1.06	0.93	-0.21	-0.19	-0.21	6.11	19.77	0.32	37.65	76
404	华安智能装备主题 A	10.24	1.93*	-0.64	-0.52	0.94	-0.01	-0.70	-0.02	10.98	25.44	0.48	38.72	68

续表

编号	基金名称	年化α(%)	$t(\alpha)$	γ	$t(\gamma)$	β_{mkt}	β_{smb}	β_{hml}	β_{mom}	年化收益率(%)	年化波动率(%)	年化夏普比率	最大回撤率(%)	调整后R^2(%)
405	申万菱信消费增长 A	10.17	1.67*	0.31	0.21	0.93	-0.07	-0.15	0.05	11.45	25.00	0.50	37.72	53
406	海富通风格优势	10.16	1.81*	-0.49	-0.55	0.95	-0.21	-0.17	-0.05	7.64	20.73	0.38	33.01	75
407	中海医疗保健	10.14	2.20*	-0.13	-0.08	0.90	0.00	-0.30	-0.03	10.76	26.43	0.46	41.97	47
408	农银汇理信息传媒	10.14	1.72*	-0.79	-0.64	0.91	-0.31	-0.35	-0.24	4.98	22.71	0.26	32.06	59
409	嘉实医药健康 A	10.11	2.21*	-0.41	-0.25	0.86	0.17	-0.18	0.31	12.31	26.09	0.52	41.31	47
410	工银瑞信高端制造行业	10.08	1.81*	-0.80	-0.49	1.15	0.04	-0.50	0.26	9.38	30.97	0.39	43.10	62
411	泰达宏利蓝筹价值	10.04	1.65*	-0.48	-0.39	1.05	0.04	-0.02	0.29	10.15	24.84	0.45	36.05	67
412	汇丰晋信三角区域	10.04	1.96*	-0.69	-0.56	0.95	0.11	-0.01	0.25	10.39	23.25	0.47	24.48	62
413	华安升级主题 A	10.03	2.10*	0.89	0.95	0.94	-0.32	-0.14	-0.17	10.66	21.38	0.51	29.33	73
414	长城久富 A	10.03	2.00*	-0.88	-0.80	0.91	0.26	-0.30	0.44	13.35	23.84	0.58	27.69	71
415	中邮战略新兴产业	10.00	1.80*	-1.20	-0.72	0.88	-0.22	-0.65	-0.26	4.63	26.86	0.24	49.48	48
416	长城消费增值	9.93	1.78*	-1.74	-1.52	0.86	-0.06	-0.09	0.07	4.45	20.67	0.24	39.10	58
417	建信互联网+产业升级	9.90	2.25*	-0.65	-0.81	0.98	-0.18	-0.46	-0.04	8.09	22.05	0.39	29.25	82
418	易方达医疗保健	9.86	1.65*	-0.10	-0.06	0.84	0.15	-0.42	0.26	13.49	27.42	0.54	42.86	48
419	国泰金牛创新成长	9.86	2.03*	-1.31	-1.41	0.92	0.25	0.08	0.22	9.75	20.58	0.48	27.07	72
420	上投摩根卓越制造 A	9.85	1.86*	0.42	0.34	0.89	-0.18	-0.39	0.13	11.79	24.02	0.52	42.15	63
421	上投摩根内需动力 A	9.85	1.88*	-1.15	-0.76	1.02	-0.40	-0.55	-0.08	2.51	27.47	0.17	44.82	58
422	融通医疗保健行业 A	9.84	0.75	0.34	0.17	0.86	0.22	-0.42	0.29	15.44	30.00	0.58	42.93	43

续表

编号	基金名称	年化α (%)	t(α)	γ	t(γ)	β_{mkt}	β_{smb}	β_{hml}	β_{mom}	年化收益率 (%)	年化波动率 (%)	年化夏普比率	最大回撤率 (%)	调整后 R^2 (%)
423	银华优质增长	9.83	1.59	-0.71	-0.78	0.90	-0.27	-0.04	-0.09	5.15	19.42	0.28	30.50	70
424	景顺长城优质成长	9.82	1.72*	-0.16	-0.19	0.89	-0.33	0.07	-0.12	5.93	19.01	0.32	31.33	73
425	中航混改精选 A	9.81	2.36*	-0.65	-1.08	0.75	-0.33	0.10	-0.22	4.22	15.08	0.25	22.14	78
426	汇添富沪港深新价值	9.81	2.53*	-2.65	-1.69	0.91	-0.22	-0.08	-0.05	-1.85	24.48	-0.02	52.10	44
427	申万菱信竞争优势 A	9.80	2.42*	0.00	0.00	1.07	0.13	-0.29	0.27	13.11	28.36	0.52	36.64	62
428	国联安科技动力	9.78	1.65*	-0.55	-0.28	0.95	-0.19	-0.83	0.03	7.08	32.20	0.32	41.25	47
429	申万菱信价值优先	9.77	2.10*	-0.50	-0.89	0.94	-0.26	-0.02	-0.06	6.27	18.38	0.34	28.97	87
430	广发资管核心精选一年持有 A	9.73	1.71*	-0.66	-0.57	0.96	-0.40	-0.21	-0.08	3.65	22.89	0.20	43.32	65
431	银华估值优势	9.71	1.93*	-0.85	-0.82	1.00	-0.12	-0.16	0.00	6.67	22.39	0.33	35.42	71
432	上投摩根安全战略 A	9.67	1.67*	-0.61	-0.46	0.88	-0.05	-0.32	0.12	8.95	23.61	0.41	40.01	57
433	建信优选成长 A	9.66	1.81*	1.57	1.63	0.87	-0.41	0.00	-0.17	11.11	20.87	0.53	30.60	71
434	银河量化价值 A	9.66	2.20*	-1.44	-2.46	0.88	-0.04	0.12	0.12	5.51	17.14	0.31	24.00	84
435	嘉实领先成长	9.62	1.72*	-1.79	-1.55	1.09	-0.17	-0.18	-0.16	2.07	24.07	0.14	34.93	69
436	博时逆向投资 A	9.61	2.21*	-0.11	-0.13	0.71	-0.14	-0.60	-0.02	11.33	19.10	0.58	26.20	73
437	民生加银优选	9.61	1.81*	-0.51	-0.44	0.85	-0.11	-0.46	0.05	9.18	22.40	0.43	34.47	64
438	建信高端医疗 A	9.59	1.65*	-0.54	-0.35	0.83	0.42	-0.11	0.51	14.80	25.91	0.60	31.12	52
439	长信银利精选 A	9.56	1.96*	-0.04	-0.03	0.72	0.05	0.28	0.51	11.54	19.08	0.59	31.23	57
440	中银新动力 A	9.53	2.10*	-0.85	-0.63	0.94	-0.30	-0.19	-0.09	3.88	23.62	0.21	41.54	56

续表

编号	基金名称	年化α(%)	t(α)	γ	t(γ)	β_mkt	β_smb	β_hml	β_mom	年化收益率(%)	年化波动率(%)	年化夏普比率	最大回撤率(%)	调整后R²(%)
441	诺安先锋 A	9.48	2.00*	-0.55	-0.59	0.71	0.21	-0.25	0.25	13.24	19.00	0.67	24.76	67
442	南方成份精选 A	9.48	1.80*	-1.00	-1.51	1.00	-0.48	-0.36	-0.18	2.18	20.95	0.13	37.65	86
443	金鹰医疗健康产业 A	9.46	1.78*	-0.69	-0.34	0.85	0.05	-0.13	0.36	7.89	29.35	0.35	51.60	35
444	华宝动力组合 A	9.45	2.25*	1.73	1.32	0.92	-0.01	0.32	0.32	15.94	23.88	0.67	26.68	59
445	国联安精选	9.40	1.65*	-1.46	-1.41	1.09	-0.22	-0.42	-0.10	3.42	24.46	0.20	38.49	75
446	光大中小盘	9.39	2.03*	-0.25	-0.21	0.95	-0.24	-0.55	-0.21	7.79	23.94	0.37	34.61	68
447	南方绩优成长 A	9.39	1.86*	-1.18	-1.48	0.89	-0.22	-0.22	-0.06	4.46	19.27	0.24	29.73	76
448	国寿安保成长优选	9.33	1.88*	-1.71	-1.67	1.00	0.05	-0.37	0.16	6.27	23.57	0.31	32.41	74
449	金鹰中小盘精选	9.31	1.09	-1.57	-1.26	0.73	0.34	-0.27	0.11	9.95	21.79	0.47	31.66	55
450	信澳消费优选	9.29	0.97	0.23	0.16	1.06	-0.34	-0.04	-0.29	5.51	25.57	0.28	37.67	59
451	交银蓝筹	9.28	1.42	-0.72	-0.75	0.76	0.06	-0.42	0.25	10.88	20.32	0.54	32.04	70
452	华夏盛世精选	9.21	1.15	-0.77	-0.66	1.05	0.07	-0.20	0.03	8.75	24.56	0.40	39.40	69
453	大摩领先优势	9.21	1.64	-1.54	-1.87	1.01	0.07	-0.48	-0.02	7.24	22.97	0.35	33.42	82
454	华宝国策导向	9.18	1.93*	-0.49	-0.71	0.87	-0.10	-0.24	-0.02	8.60	18.83	0.45	27.19	81
455	富国中小盘精选 A	9.16	1.67*	0.41	0.31	0.90	-0.09	-0.43	0.13	12.03	24.92	0.52	34.09	61
456	东方策略成长	9.11	1.81*	-1.17	-1.05	0.91	-0.22	-0.14	0.01	3.74	21.34	0.20	38.86	63
457	嘉实逆向策略	9.09	2.20*	-0.11	-0.09	1.05	0.01	-0.61	0.11	11.59	27.12	0.48	36.98	72
458	博时特许价值 A	8.97	1.72*	1.04	0.74	1.05	-0.04	-0.46	0.07	14.35	28.08	0.56	33.61	65

续表

编号	基金名称	年化α(%)	$t(\alpha)$	γ	$t(\gamma)$	β_{mkt}	β_{smb}	β_{hml}	β_{mom}	年化收益率(%)	年化波动率(%)	年化夏普比率	最大回撤率(%)	调整后 R^2(%)
459	前海开源股息率50强	8.94	2.21*	-2.29	-2.41	0.73	-0.23	0.54	-0.17	-3.19	16.64	-0.20	31.13	55
460	南方产业活力	8.90	1.81*	-1.40	-1.79	0.87	-0.19	-0.31	-0.05	3.95	19.12	0.22	32.05	77
461	博时新兴成长	8.89	1.65*	-0.28	-0.20	1.13	-0.04	-0.49	-0.01	9.14	28.30	0.39	34.98	68
462	招商医药健康产业	8.86	1.96*	0.97	0.53	0.83	0.14	-0.32	0.35	15.92	28.64	0.60	40.75	44
463	中融竞争优势	8.86	2.10*	0.24	0.19	0.99	0.11	-0.41	0.21	13.62	26.11	0.56	38.49	68
464	华安物联网主题A	8.81	2.00*	-0.56	-0.68	1.07	-0.06	-0.34	-0.01	8.30	23.20	0.39	30.00	83
465	招商移动互联网A	8.77	1.80*	-1.42	-0.68	0.85	0.14	-0.77	0.31	7.31	32.46	0.33	42.67	43
466	华泰柏瑞价值增长A	8.75	1.78*	-0.21	-0.16	0.85	0.00	-0.20	0.25	9.98	23.42	0.46	43.09	56
467	信澳红利回报	8.74	2.25*	1.11	0.78	0.98	-0.56	-0.22	-0.43	5.54	25.69	0.28	44.14	58
468	金鹰主题优势	8.73	1.65*	1.23	0.83	0.87	-0.04	-0.37	-0.04	14.46	25.45	0.60	29.07	53
469	交银成长A	8.69	2.03*	-1.19	-1.24	0.80	0.10	-0.40	0.25	8.88	20.90	0.44	32.53	71
470	长盛成长价值A	8.67	1.86*	-0.28	-0.40	0.69	-0.10	-0.02	0.12	8.54	15.39	0.51	22.13	71
471	前海开源强势共识100强	8.64	1.88*	-1.08	-1.89	1.01	-0.04	0.06	0.07	5.64	19.50	0.30	30.63	88
472	新华灵活主题	8.60	1.17	-2.03	-1.88	0.90	0.07	0.00	0.27	3.75	21.07	0.21	34.97	64
473	中欧消费主题A	8.58	0.94	-0.68	-0.50	0.98	0.09	-0.24	0.06	8.68	24.96	0.40	43.67	60
474	富国天惠精选成长A	8.55	1.72*	0.12	0.17	1.00	-0.26	-0.20	-0.10	7.55	21.09	0.38	33.68	84
475	广发聚丰A	8.55	2.21*	-2.30	-1.59	0.85	-0.04	-0.41	0.02	1.74	24.05	0.13	43.93	51
476	华宝事件驱动	8.53	1.81*	-0.72	-0.76	0.98	-0.12	-0.07	-0.05	5.69	21.05	0.29	33.74	73

续表

编号	基金名称	年化α(%)	t(α)	γ	t(γ)	β_mkt	β_smb	β_hml	β_mom	年化收益率(%)	年化波动率(%)	年化夏普比率	最大回撤率(%)	调整后R²(%)
477	长信恒利优势	8.45	1.65*	0.43	0.36	0.80	-0.19	-0.35	-0.29	9.15	21.42	0.45	39.42	57
478	兴全社会责任	8.45	1.96*	-1.43	-1.29	0.97	-0.26	-0.49	-0.12	2.38	23.30	0.15	36.64	69
479	建信量化事件驱动	8.41	2.10*	-0.62	-1.12	0.90	-0.10	0.00	0.11	6.81	17.90	0.37	28.57	87
480	交银先锋 A	8.39	2.00*	1.56	1.33	0.88	-0.13	-0.47	-0.16	14.80	23.63	0.64	25.60	66
481	汇添富民营新动力	8.32	1.80*	-1.09	-1.26	0.98	0.06	-0.29	0.16	7.62	22.23	0.37	33.85	79
482	景顺长城资源垄断	8.26	1.78*	1.17	0.78	0.68	-0.03	0.47	0.20	11.22	22.02	0.52	25.10	36
483	中银金融地产 A	8.24	2.25*	0.01	0.00	0.92	-0.23	0.47	0.03	4.27	21.93	0.23	36.66	56
484	汇添富美丽 30A	8.24	1.65*	-0.75	-0.71	0.95	-0.18	-0.15	0.10	4.97	21.98	0.26	29.61	69
485	恒生前海沪港深新兴	8.24	2.03*	-1.11	-0.91	0.91	-0.02	-0.64	0.14	7.11	24.96	0.34	40.13	67
486	华商产业升级	8.21	1.86*	-1.53	-1.25	0.89	-0.03	-0.50	-0.03	4.69	23.47	0.25	35.22	62
487	诺安成长	8.20	1.88*	0.20	0.09	1.07	-0.23	-0.86	-0.06	6.36	36.13	0.30	51.64	45
488	富国城镇发展	8.19	1.45	-1.01	-1.23	0.93	-0.01	0.03	0.08	5.75	19.57	0.30	43.93	76
489	国寿安保健康科学 A	8.12	0.88	-1.24	-0.92	0.75	0.11	-0.11	0.28	6.76	21.87	0.34	42.26	47
490	光大一带一路	8.12	1.08	-1.55	-1.40	0.75	0.02	-0.37	0.08	5.39	20.21	0.29	32.69	59
491	上投摩根民生需求	8.11	1.09	-0.60	-0.55	0.92	-0.17	-0.47	0.03	6.44	23.11	0.32	38.17	69
492	银华医疗健康 A	8.08	0.75	-0.68	-0.43	0.87	0.06	-0.22	0.07	7.34	25.32	0.35	41.00	46
493	诺德成长优势	8.06	1.81*	-0.85	-1.31	0.62	-0.18	0.00	-0.06	4.47	13.34	0.28	24.73	67
494	鹏华改革红利	8.03	1.65*	-1.28	-1.39	0.86	-0.07	-0.39	-0.03	5.15	20.28	0.27	30.24	72

续表

编号	基金名称	年化α (%)	$t(\alpha)$	γ	$t(\gamma)$	β_{mkt}	β_{smb}	β_{hml}	β_{mom}	年化收益率 (%)	年化波动率 (%)	年化夏普比率	最大回撤率 (%)	调整后 R^2 (%)
495	南方隆元产业主题	7.99	1.96*	-0.23	-0.33	0.80	-0.22	-0.35	-0.09	7.04	18.04	0.38	31.84	79
496	工银瑞信沪港深 A	7.99	2.10*	-2.61	-2.12	0.98	-0.29	-0.16	-0.20	-3.84	22.57	-0.13	51.99	59
497	宝盈医疗健康沪港深	7.97	2.00*	-0.62	-0.33	0.87	0.20	-0.38	0.14	9.17	29.04	0.39	43.41	42
498	国泰区位优势 A	7.97	1.80*	-0.79	-0.83	0.82	0.05	-0.49	0.07	8.93	21.01	0.44	30.55	72
499	汇丰晋信大盘 A	7.93	1.78*	-0.54	-0.91	0.92	-0.39	-0.11	-0.14	2.72	18.52	0.15	35.37	86
500	华夏港股通精选 A	7.87	2.25*	-2.62	-1.94	0.79	-0.29	-0.12	-0.24	-4.27	20.96	-0.18	52.14	43
501	长信量化多策略 A	7.84	1.65*	-0.83	-1.18	0.97	-0.15	-0.07	0.06	4.75	19.80	0.25	30.71	83
502	中信证券红利价值一年持有 A	7.84	2.03*	-1.07	-1.27	0.83	-0.18	-0.40	0.04	4.63	19.60	0.25	36.48	75
503	广发沪港深新机遇	7.84	1.86*	-1.69	-1.35	0.97	-0.31	-0.23	0.01	-0.61	23.55	0.02	50.38	61
504	广发核心精选	7.82	1.88*	0.00	0.00	0.87	-0.22	-0.01	-0.13	5.75	20.56	0.30	32.69	61
505	财通可持续发展主题	7.81	0.93	0.52	0.43	1.03	-0.29	-0.11	0.00	7.03	24.62	0.33	39.68	66
506	信诚幸福消费	7.81	1.02	-0.42	-0.38	0.99	-0.14	0.03	-0.13	4.87	22.22	0.26	36.04	65
507	中信保诚盛世蓝筹	7.81	2.10*	-1.24	-2.28	0.87	-0.29	-0.02	-0.04	1.43	16.95	0.08	30.57	86
508	银华领先策略	7.80	2.00*	-0.97	-0.96	1.05	-0.18	0.05	0.08	3.02	22.36	0.17	36.98	72
509	光大阳光优选一年持有 A	7.77	1.80*	-0.64	-1.12	0.79	-0.20	-0.34	-0.09	5.73	17.00	0.32	26.99	85
510	融通领先成长 A	7.76	1.78*	-0.06	-0.09	0.91	-0.14	-0.21	0.15	8.33	19.96	0.42	30.61	83
511	东方核心动力 A	7.75	2.25*	-0.56	-0.89	0.89	-0.15	0.21	0.10	4.83	17.56	0.27	24.94	82
512	景顺长城量化新动力	7.69	1.65*	-0.34	-0.54	0.93	-0.14	0.12	0.16	6.02	18.70	0.32	28.52	84

续表

编号	基金名称	年化 α (%)	t(α)	γ	t(γ)	β_{mkt}	β_{smb}	β_{hml}	β_{mom}	年化收益率 (%)	年化波动率 (%)	年化夏普比率	最大回撤率 (%)	调整后 R^2 (%)
513	安信新常态沪港深精选 A	7.66	2.03*	0.77	0.58	0.84	-0.08	0.68	0.02	7.34	22.07	0.36	26.22	50
514	农银汇理消费主题 A	7.65	1.86*	0.04	0.03	0.84	-0.21	-0.17	-0.10	6.35	21.97	0.32	38.99	54
515	汇添富成长多因子量化策略	7.62	1.88*	-0.75	-1.52	0.93	0.15	0.06	0.20	8.57	18.61	0.45	24.09	90
516	中信建投价值增长 A	7.54	1.10	-1.29	-1.29	0.73	-0.36	-0.39	-0.14	0.84	18.86	0.06	42.21	61
517	招商量化精选 A	7.51	1.55	0.39	0.55	0.93	0.34	0.24	0.39	14.67	20.45	0.70	28.88	84
518	泰达宏利效率优选	7.51	0.94	-2.33	-1.99	0.62	-0.05	0.00	0.15	0.05	17.79	0.01	40.13	41
519	景顺长城中小盘	7.50	0.97	-1.63	-1.43	0.96	0.17	-0.26	-0.04	5.21	23.17	0.27	34.21	67
520	新华中小市值优选	7.46	0.90	0.35	0.29	0.88	0.12	-0.22	-0.13	11.56	22.93	0.52	29.03	62
521	嘉实稳健	7.46	1.61	-0.36	-0.53	0.73	-0.30	0.14	-0.09	3.33	15.37	0.19	28.55	73
522	银华农业产业 A	7.40	0.77	0.28	0.20	0.86	0.26	0.15	0.42	12.64	23.87	0.55	26.28	53
523	中海消费主题精选	7.38	0.69	-0.52	-0.33	0.93	-0.06	-0.40	0.43	6.88	27.67	0.32	42.25	56
524	嘉实成长收益 A	7.28	0.94	-1.47	-1.30	0.84	-0.19	-0.29	-0.20	1.23	20.64	0.09	36.79	58
525	华润元大量化优选 A	7.28	1.06	-1.31	-1.30	0.81	-0.26	-0.14	-0.42	0.02	18.71	0.01	35.40	60
526	汇添富港股通专注成长	7.25	0.72	-2.24	-1.52	0.90	-0.25	-0.04	0.05	-3.08	23.62	-0.08	49.33	47
527	民生加银景气行业 A	7.23	1.15	0.81	0.88	0.85	-0.29	-0.49	-0.19	9.12	21.07	0.44	35.43	74
528	银河量化优选	7.22	1.65*	0.33	0.51	0.87	0.08	0.02	0.13	11.22	18.50	0.58	20.93	84
529	中欧恒利三年定开	7.18	2.03*	-0.82	-0.84	0.98	0.16	0.39	0.05	5.73	21.01	0.30	23.17	70
530	工银瑞信创新动力	7.18	1.86*	-0.92	-1.27	0.74	0.09	0.37	0.09	5.33	15.42	0.32	34.75	70

续表

编号	基金名称	年化α(%)	$t(\alpha)$	γ	$t(\gamma)$	β_{mkt}	β_{smb}	β_{hml}	β_{mom}	年化收益率(%)	年化波动率(%)	年化夏普比率	最大回撤率(%)	调整后R^2(%)
531	中银量化价值A	7.14	1.88*	-0.88	-1.30	0.84	-0.19	-0.04	0.04	3.46	17.37	0.19	29.48	79
532	大成核心双动力	7.11	2.03*	-0.44	-0.86	0.87	-0.12	0.12	0.01	5.25	16.75	0.30	26.50	87
533	东方红内需增长A	7.11	1.86*	-1.17	-1.13	0.93	-0.27	-0.58	-0.11	2.23	22.87	0.14	33.57	72
534	银华内需精选	7.10	1.88*	1.52	0.91	1.00	-0.12	0.23	0.28	10.57	27.81	0.44	34.77	51
535	民生加银内需增长	7.04	1.02	0.27	0.27	0.97	-0.06	0.10	0.26	8.42	22.07	0.41	39.08	71
536	景顺长城能源基建	6.95	1.86*	-0.66	-1.22	0.40	0.07	0.32	0.17	6.37	9.49	0.54	15.23	55
537	南方高增长	6.94	1.88*	0.28	0.22	0.79	-0.06	-0.19	0.21	9.23	22.03	0.44	36.13	55
538	光大阳光智造A	6.91	0.89	-1.28	-1.13	0.82	-0.31	-0.28	-0.16	0.16	20.50	0.03	48.36	58
539	招商行业精选	6.89	0.75	2.29	1.70	0.84	-0.23	-0.29	0.02	14.08	24.38	0.60	34.97	58
540	宝盈策略增长	6.89	0.87	-2.06	-1.79	1.03	0.14	-0.53	0.08	3.58	25.60	0.20	39.96	72
541	华安科技动力A	6.87	0.98	-1.35	-1.32	0.87	0.07	-0.53	0.14	5.97	22.60	0.30	37.51	72
542	前海开源股息率100强	6.82	1.35	0.08	0.11	0.77	0.10	0.55	0.27	8.39	16.53	0.48	23.15	73
543	诺安高端制造A	6.77	1.03	0.61	0.63	1.05	-0.11	-0.39	-0.35	8.88	24.09	0.41	28.83	78
544	东吴新经济A	6.77	0.61	-0.97	-0.59	1.07	0.13	-0.57	0.20	6.58	30.17	0.31	42.06	60
545	南华瑞盈A	6.77	0.70	-1.34	-0.95	0.96	-0.06	-0.35	0.23	3.13	25.68	0.19	44.21	58
546	泰达宏利市值优选	6.71	0.84	0.12	0.10	0.99	-0.26	0.02	0.07	4.60	23.16	0.24	39.96	65
547	南华丰淳A	6.70	0.90	0.00	0.00	1.02	-0.26	-0.47	-0.01	5.68	24.63	0.28	36.01	73
548	大摩量化多策略	6.69	1.62	-1.09	-1.81	0.98	-0.16	-0.06	0.09	2.56	19.45	0.15	35.30	87

续表

编号	基金名称	年化 α (%)	$t(\alpha)$	γ	$t(\gamma)$	β_{mkt}	β_{smb}	β_{hml}	β_{mom}	年化收益率 (%)	年化波动率 (%)	年化夏普比率	最大回撤率 (%)	调整后 R^2 (%)
549	大成策略回报	6.68	1.37	-0.19	-0.27	0.79	0.05	0.21	0.04	7.43	16.53	0.42	27.13	75
550	中欧价值发现 A	6.67	1.04	-0.79	-0.84	0.93	0.21	0.38	0.12	6.21	20.09	0.32	22.45	70
551	华夏收入	6.61	1.43	-0.69	-1.02	1.05	-0.01	0.03	0.09	5.22	20.98	0.27	27.19	86
552	光大国企改革主题	6.57	0.84	-0.86	-0.75	0.91	-0.06	-0.17	0.26	4.60	22.57	0.24	32.93	65
553	国泰央企改革	6.54	1.07	-0.88	-0.98	0.92	-0.26	-0.38	-0.19	2.25	20.69	0.14	40.34	74
554	上投摩根中小盘	6.52	0.68	0.24	0.17	1.07	-0.35	-0.60	-0.07	4.79	28.03	0.25	41.38	66
555	长盛同德	6.46	1.23	-0.47	-0.61	0.88	-0.21	-0.33	0.00	4.71	19.84	0.25	29.26	79
556	汇添富成长焦点	6.44	0.81	-0.60	-0.51	0.86	-0.16	-0.14	0.06	3.80	21.43	0.21	37.60	59
557	工银瑞信金融地产 A	6.37	0.77	0.70	0.58	0.81	-0.20	0.54	0.02	4.93	20.76	0.26	25.90	53
558	华商价值精选	6.36	0.77	-1.12	-0.92	0.86	-0.03	-0.53	0.02	4.56	23.27	0.24	35.73	63
559	西部利得个股精选 A	6.31	1.38	-0.02	-0.03	0.85	-0.21	-0.02	0.00	5.16	17.81	0.28	28.39	81
560	博时军工主题 A	6.29	0.47	0.72	0.37	0.95	0.16	-0.38	0.55	12.34	31.80	0.47	32.03	49
561	嘉实量化精选	6.28	1.88*	0.06	0.13	0.97	0.09	0.04	0.15	9.20	19.45	0.47	27.99	91
562	海富通领先成长	6.25	0.93	-0.44	-0.45	0.96	-0.04	-0.20	0.10	6.06	21.99	0.31	33.99	73
563	富国低碳环保	6.25	1.18	-2.43	-3.15	0.70	-0.10	-0.08	0.02	-1.67	15.44	-0.13	32.00	66
564	招商体育文化休闲 A	6.12	0.63	0.18	0.13	0.99	0.01	-0.37	0.22	8.69	26.83	0.39	38.92	62
565	中银优秀企业	6.10	0.90	-0.74	-0.75	0.74	-0.04	-0.21	-0.02	4.89	18.46	0.27	22.71	60
566	富国新兴产业 A	6.06	0.64	-1.23	-0.88	0.84	0.07	-0.43	0.24	4.91	24.47	0.25	33.00	56

续表

编号	基金名称	年化α(%)	t(α)	γ	t(γ)	β_{mkt}	β_{smb}	β_{hml}	β_{mom}	年化收益率(%)	年化波动率(%)	年化夏普比率	最大回撤率(%)	调整后R^2(%)
567	国富成长动力	6.02	0.95	-1.12	-1.21	0.99	-0.19	-0.17	0.03	1.30	21.60	0.10	40.27	74
568	农银汇理中小盘	5.94	0.85	-0.11	-0.10	0.84	-0.07	-0.34	0.19	7.39	21.48	0.37	33.26	69
569	北信瑞丰研究精选	5.86	0.99	-0.70	-0.81	0.93	-0.03	-0.34	0.11	5.45	21.51	0.28	32.26	78
570	农银汇理行业成长 A	5.84	0.68	-0.84	-0.67	0.87	-0.03	-0.13	0.17	3.98	22.35	0.22	30.54	57
571	宝盈泛沿海增长	5.81	0.71	-1.46	-1.22	0.97	0.07	-0.58	0.01	3.90	25.08	0.21	41.48	69
572	嘉实农业产业 A	5.80	0.56	0.16	0.11	0.79	0.32	0.20	0.55	11.11	24.15	0.49	29.18	47
573	南方策略优化	5.79	0.82	-1.78	-1.73	1.00	-0.05	0.05	0.16	-0.13	21.74	0.03	38.15	69
574	华泰柏瑞行业领先	5.78	0.66	-0.17	-0.13	1.05	0.39	-0.04	0.52	11.45	26.92	0.48	32.07	69
575	国海证券量化优选一年持有 A	5.67	1.10	-0.04	-0.06	0.73	0.34	0.07	0.38	11.88	17.64	0.64	16.70	75
576	平安行业先锋	5.66	0.96	0.25	0.29	0.76	0.00	0.05	0.19	8.13	17.74	0.44	27.21	68
577	华宝行业精选	5.62	0.82	-1.08	-1.07	0.96	-0.12	-0.28	0.01	2.12	22.05	0.14	33.22	71
578	光大风格轮动 A	5.61	1.54	-0.16	-0.30	0.94	0.13	0.06	0.18	8.17	18.96	0.43	31.37	89
579	南方优选价值 A	5.57	0.77	-0.03	-0.03	0.72	-0.20	-0.53	-0.06	5.80	20.20	0.30	32.00	62
580	上投摩根智选 30A	5.47	0.64	1.07	0.86	0.95	-0.27	-0.29	0.18	7.83	25.05	0.36	40.29	66
581	泰信现代服务业	5.46	0.45	-0.59	-0.33	0.95	0.37	-0.08	0.39	8.43	28.87	0.37	31.24	48
582	光大红利	5.41	0.91	-0.45	-0.52	0.92	-0.06	0.10	0.21	4.30	19.97	0.23	32.56	74
583	前海开源价值策略	5.39	0.66	-1.99	-1.68	0.97	-0.23	-0.47	0.11	-1.98	24.21	-0.03	48.85	67
584	汇添富社会责任 A	5.36	0.66	-1.40	-1.18	0.85	-0.09	-0.42	0.07	1.59	22.40	0.12	43.32	61

续表

编号	基金名称	年化α (%)	$t(\alpha)$	γ	$t(\gamma)$	β_{mkt}	β_{smb}	β_{hml}	β_{mom}	年化收益率 (%)	年化波动率 (%)	年化夏普比率	最大回撤率 (%)	调整后 R^2 (%)
585	汇丰晋信龙腾	5.29	0.76	0.03	0.03	0.82	-0.14	-0.25	0.08	5.79	20.39	0.30	25.36	66
586	长盛城镇化主题	5.22	0.47	-2.01	-1.23	1.13	0.16	0.01	0.60	0.50	29.45	0.11	37.54	58
587	国泰量化策略收益 A	5.18	1.19	-0.74	-1.15	0.91	-0.17	0.00	0.01	1.81	18.20	0.10	31.11	83
588	国泰互联网+	5.15	0.46	-0.23	-0.14	1.15	-0.06	-0.35	0.25	4.53	30.48	0.24	35.51	61
589	华安中小盘成长	5.11	0.70	-0.37	-0.35	0.91	0.05	-0.60	0.06	7.32	23.84	0.35	38.06	73
590	招商优质成长	5.07	0.57	2.33	1.78	0.82	-0.23	-0.26	0.01	12.11	23.80	0.53	34.35	59
591	银华信息科技量化 A	5.05	0.59	-0.55	-0.44	1.02	-0.18	-0.46	-0.32	2.07	24.86	0.14	33.31	65
592	嘉实医疗保健	4.99	0.45	0.36	0.22	0.87	0.15	-0.21	0.13	8.97	26.45	0.40	41.55	47
593	建信现代服务业	4.96	0.60	0.95	0.78	0.79	-0.25	-0.10	-0.07	6.26	21.09	0.32	33.60	55
594	上投摩根新兴服务	4.89	0.68	0.14	0.14	0.85	-0.10	-0.38	0.13	6.65	21.87	0.33	38.72	68
595	农银汇理大盘蓝筹	4.88	1.49	-0.47	-0.99	0.84	-0.17	-0.09	0.01	3.03	16.64	0.17	31.19	89
596	申万菱信盛利精选	4.86	0.69	0.25	0.24	0.77	-0.15	-0.30	0.06	6.13	19.94	0.32	39.33	64
597	财通福盛多策略 A	4.81	0.59	-0.90	-0.76	0.78	0.23	0.11	0.61	6.10	21.54	0.31	30.74	58
598	广发新动力	4.78	0.69	-0.94	-0.92	0.94	-0.07	-0.43	0.11	3.07	22.87	0.18	34.83	73
599	易方达国防军工 A	4.77	0.38	1.31	0.70	0.88	0.30	-0.29	0.65	14.95	30.56	0.55	29.04	49
600	国泰中小盘成长	4.73	0.45	-0.74	-0.48	0.94	-0.06	-0.52	0.04	3.13	26.84	0.19	45.19	55
601	鹏华新兴产业	4.69	0.65	-0.03	-0.03	0.70	0.12	-0.36	0.20	8.86	19.97	0.45	36.67	62
602	易方达资源行业	4.69	0.37	-1.04	-0.56	1.05	-0.03	0.20	0.44	-0.04	29.37	0.09	39.61	45

续表

编号	基金名称	年化 α (%)	t(α)	γ	t(γ)	β_{mkt}	β_{smb}	β_{hml}	β_{mom}	年化收益率 (%)	年化波动率 (%)	年化夏普比率	最大回撤率 (%)	调整后 R^2 (%)
603	海富通精选 2 号	4.67	0.63	0.11	0.10	0.81	0.01	-0.35	-0.04	7.30	21.11	0.37	26.79	64
604	泰信蓝筹精选	4.63	0.70	0.64	0.65	1.00	-0.01	-0.24	-0.18	7.90	22.86	0.38	33.56	75
605	华宝新兴产业	4.57	0.61	-0.76	-0.69	1.02	-0.13	-0.30	0.16	2.23	24.03	0.14	41.82	71
606	景顺长城研究精选	4.55	0.90	-0.94	-1.27	0.94	-0.31	-0.09	-0.08	-1.24	19.35	-0.05	38.83	80
607	东吴价值成长 A	4.53	0.60	1.12	1.02	1.00	-0.28	-0.50	-0.18	6.89	24.73	0.33	37.45	73
608	汇丰晋信中小盘	4.49	0.58	0.26	0.23	0.84	0.06	-0.19	0.07	7.85	21.58	0.39	26.37	62
609	西部利得策略优选 A	4.49	0.37	0.13	0.07	1.13	0.09	0.80	0.03	1.99	29.34	0.15	48.60	49
610	嘉实量化阿尔法	4.46	1.17	0.38	0.68	0.94	-0.13	0.01	-0.03	5.37	18.88	0.29	30.95	88
611	泰达宏利逆向策略	4.39	0.85	-0.29	-0.38	0.97	-0.04	-0.09	0.20	4.72	20.86	0.25	33.42	82
612	华泰柏瑞积极优选 A	4.32	0.53	-0.16	-0.14	0.77	0.19	-0.40	0.24	8.73	22.56	0.42	29.08	61
613	创金合信金融地产 A	4.30	0.46	-0.28	-0.21	0.97	-0.26	0.49	0.09	-1.40	23.43	-0.01	35.92	54
614	博时主题行业	4.28	1.06	-0.48	-0.82	0.84	-0.30	-0.25	-0.03	1.09	17.80	0.06	29.82	85
615	上投摩根大盘蓝筹 A	4.26	0.67	-0.03	-0.03	0.81	-0.08	-0.09	0.20	5.09	19.41	0.27	33.95	69
616	信诚深度价值	4.25	0.83	-0.40	-0.54	0.79	-0.23	0.05	0.01	1.19	16.82	0.06	36.53	73
617	招商财经大数据策略 A	4.13	0.61	0.70	0.70	0.82	-0.15	-0.05	0.09	6.16	19.93	0.32	31.80	66
618	信澳转型创新 A	4.10	0.58	-0.88	-0.85	0.93	-0.01	-0.64	-0.02	3.63	23.62	0.20	35.46	74
619	光大核心	4.10	0.92	-0.79	-1.21	0.88	-0.20	-0.05	-0.02	0.30	17.86	0.02	30.74	82
620	德邦量化优选 A	4.09	1.03	-0.16	-0.28	0.87	-0.09	0.00	0.12	4.08	17.76	0.23	29.77	85

续表

编号	基金名称	年化 α (%)	t(α)	γ	t(γ)	β_mkt	β_smb	β_hml	β_mom	年化收益率 (%)	年化波动率 (%)	年化夏普比率	最大回撤率 (%)	调整后 R²(%)
621	上投摩根核心成长 A	4.08	0.60	-0.42	-0.43	0.99	-0.21	-0.04	-0.09	0.68	21.57	0.07	44.71	71
622	华富量子生命力	4.01	0.61	-2.46	-2.56	0.93	-0.05	0.01	0.30	-3.57	20.57	-0.15	36.30	70
623	信澳领先增长 A	3.96	0.59	-0.99	-1.00	1.05	-0.04	-0.39	-0.01	1.84	23.95	0.13	35.07	77
624	国投瑞银创新动力	3.91	0.57	0.84	0.84	0.70	-0.13	-0.41	0.02	8.02	19.43	0.41	36.28	64
625	银华核心价值优选	3.91	0.61	-0.98	-1.05	1.01	-0.21	0.02	0.04	-1.24	21.38	-0.02	37.41	74
626	万家精选 A	3.89	0.33	1.33	0.77	0.70	0.14	1.17	0.51	6.10	25.74	0.30	29.14	37
627	招商先锋	3.89	0.63	0.11	0.12	0.81	-0.09	-0.22	-0.07	4.93	19.20	0.27	35.37	69
628	泰达宏利红利先锋 A	3.89	0.68	-0.90	-1.08	0.86	-0.04	-0.28	0.02	2.35	19.57	0.14	30.66	75
629	汇丰晋信新动力	3.88	0.42	1.54	1.13	1.06	-0.18	-0.39	-0.03	8.36	27.49	0.37	32.77	67
630	上投摩根阿尔法 A	3.84	0.52	0.16	0.15	0.96	-0.20	-0.04	-0.02	2.64	22.00	0.16	42.83	67
631	汇添富均衡增长	3.83	0.73	-0.34	-0.45	1.03	-0.16	-0.20	0.11	2.46	22.01	0.15	39.03	84
632	东方成长回报	3.75	1.01	-0.36	-0.67	0.33	-0.03	0.00	0.17	4.24	9.19	0.33	20.52	53
633	中邮核心成长	3.72	0.80	-0.59	-0.86	0.87	-0.19	-0.16	0.13	1.37	18.70	0.08	31.84	82
634	大成景阳领先	3.71	0.43	0.49	0.38	0.86	0.10	0.14	0.27	7.32	22.27	0.36	31.32	56
635	创金合信量化多因子 A	3.66	1.13	0.16	0.34	1.01	0.26	-0.09	0.13	9.26	21.25	0.45	24.98	93
636	广发行业领先 A	3.61	0.61	-0.11	-0.12	0.83	-0.08	-0.14	-0.07	3.80	18.88	0.21	36.92	71
637	汇丰晋信大盘波动精选 A	3.60	0.91	-0.90	-1.55	0.68	-0.05	0.16	-0.03	0.78	13.57	0.01	19.21	75
638	财通多策略福瑞 A	3.53	0.44	1.21	1.03	0.79	-0.25	-0.03	0.05	5.70	21.04	0.29	28.26	57

续表

编号	基金名称	年化α(%)	t(α)	γ	t(γ)	β_{mkt}	β_{smb}	β_{hml}	β_{mom}	年化收益率(%)	年化波动率(%)	年化夏普比率	最大回撤率(%)	调整后R²(%)
639	安信消费医药主题	3.44	0.53	-1.56	-1.63	0.95	-0.13	-0.09	-0.09	-2.51	20.41	-0.10	39.89	70
640	上投摩根智慧互联	3.36	0.36	0.41	0.30	1.06	-0.34	-0.59	-0.07	2.36	27.74	0.16	42.60	66
641	招商安泰	3.32	0.52	-0.14	-0.15	0.75	0.01	-0.29	0.17	5.48	19.31	0.29	26.50	68
642	华泰柏瑞量化增强A	3.25	0.98	-0.31	-0.64	0.87	-0.08	0.12	0.08	2.29	16.81	0.13	27.53	89
643	招商行业领先A	3.24	0.39	-0.41	-0.33	0.74	0.05	-0.37	0.38	5.10	22.35	0.27	36.09	59
644	银河量化稳进	3.21	0.89	-0.53	-1.00	0.74	0.04	0.08	0.24	3.62	15.20	0.21	18.55	83
645	大成景恒A	3.20	0.47	1.44	1.45	0.74	0.47	0.21	0.13	14.80	20.34	0.71	18.85	67
646	工银瑞信稳健成长A	3.14	0.61	0.22	0.29	0.88	-0.18	-0.06	-0.03	2.93	18.91	0.16	35.02	78
647	富国改革动力	3.09	0.56	-0.12	-0.15	0.94	-0.19	-0.14	0.01	1.92	20.20	0.12	37.67	78
648	泰康泉林量化价值精选A	3.01	0.62	-0.40	-0.56	0.89	-0.02	-0.25	0.14	3.76	19.81	0.21	32.27	82
649	诺德量化蓝筹增强A	2.89	0.80	-0.89	-1.69	0.62	-0.12	0.06	0.04	-0.20	12.54	-0.07	21.50	76
650	汇丰晋信科技先锋	2.85	0.25	0.55	0.34	1.11	-0.27	-0.44	-0.03	2.15	29.84	0.16	41.17	59
651	诺安多策略	2.85	0.51	-0.33	-0.40	0.82	-0.10	-0.02	-0.05	1.59	17.82	0.09	26.00	71
652	东吴行业轮动A	2.67	0.32	-0.35	-0.28	0.84	-0.07	-0.52	0.01	2.91	23.23	0.17	42.25	61
653	华夏智胜价值成长A	2.60	0.65	-0.22	-0.37	0.84	0.19	0.01	0.22	5.96	17.83	0.33	31.18	85
654	国泰君安君得诚	2.52	0.35	-2.13	-2.02	0.57	0.04	-0.21	0.07	-2.43	16.81	-0.15	40.24	46
655	中海信息产业精选	2.46	0.22	-1.36	-0.84	0.74	-0.02	-0.59	0.09	-0.38	25.38	0.05	49.37	45
656	嘉实事件驱动	2.44	0.39	-0.23	-0.25	0.89	-0.14	-0.14	0.17	1.79	20.61	0.11	34.60	73

续表

编号	基金名称	年化α(%)	t(α)	γ	t(γ)	β_mkt	β_smb	β_hml	β_mom	年化收益率(%)	年化波动率(%)	年化夏普比率	最大回撤率(%)	调整后R²(%)
657	海富通精选	2.43	0.33	0.18	0.16	0.79	0.01	-0.35	-0.05	5.12	20.84	0.27	29.26	63
658	浦银安盛价值成长 A	2.34	0.24	0.37	0.25	1.12	-0.04	-0.37	0.14	4.30	28.70	0.23	39.59	65
659	中邮核心主题	2.29	0.23	-0.07	-0.05	0.90	-0.15	-0.10	0.15	1.04	24.27	0.10	45.29	52
660	中邮核心优选	2.27	0.32	-0.13	-0.12	0.92	-0.31	0.07	-0.01	-1.47	20.91	-0.04	42.77	67
661	申万菱信量化小盘 A	1.98	0.51	-0.16	-0.29	0.93	0.06	0.08	0.21	3.46	18.73	0.19	29.94	87
662	泰信优质生活	1.98	0.26	-0.49	-0.45	0.82	-0.14	-0.48	-0.16	0.71	21.33	0.07	43.36	64
663	华宝多策略 A	1.93	0.29	1.57	1.64	0.80	-0.10	0.45	0.04	5.48	19.10	0.29	26.31	65
664	宝盈国家安全战略沪港深 A	1.87	0.23	-0.04	-0.04	0.84	0.22	-0.29	0.28	6.58	23.15	0.32	34.36	64
665	国泰国家安全战略优选	1.87	0.31	-1.49	-1.70	0.99	-0.07	-0.22	0.01	-2.50	21.32	-0.08	44.32	77
666	华商未来主题	1.79	0.21	-0.95	-0.77	0.91	0.08	-0.29	-0.02	0.83	23.16	-0.08	37.36	61
667	前海开源优势蓝筹 A	1.76	0.21	0.60	0.48	0.81	-0.30	0.15	0.05	0.25	21.33	0.04	33.03	53
668	金鹰先进制造 A	1.72	0.22	-0.74	-0.65	0.83	-0.08	-0.42	-0.11	0.14	21.44	0.04	31.99	61
669	大摩华鑫量化配置 A	1.72	0.42	-1.00	-1.69	0.92	-0.21	-0.16	0.05	-2.35	18.74	-0.12	37.68	86
670	长信量化中小盘	1.71	0.26	0.15	0.15	0.91	0.26	0.01	0.41	7.07	21.89	0.35	33.47	73
671	富国新兴成长量化精选 A	1.70	0.46	-0.06	-0.10	0.95	0.14	-0.03	0.12	4.72	19.53	0.25	29.39	89
672	华泰柏瑞量化先行 A	1.63	0.53	0.05	0.12	0.88	0.13	0.13	0.19	4.70	17.56	0.26	27.13	91
673	建信多因子量化	1.63	0.42	-1.05	-1.83	0.92	0.22	0.15	0.18	1.60	18.44	0.10	31.43	87
674	大摩多因子策略	1.52	0.25	-0.43	-0.49	0.97	0.02	-0.18	0.20	2.15	21.87	0.14	34.97	78

续表

编号	基金名称	年化α(%)	t(α)	γ	t(γ)	β_mkt	β_smb	β_hml	β_mom	年化收益率(%)	年化波动率(%)	年化夏普比率	最大回撤率(%)	调整后R²(%)
675	长盛电子信息产业 A	1.21	0.12	-0.56	-0.39	0.88	-0.16	-0.65	0.00	-0.40	25.77	0.05	45.95	58
676	金鹰核心资源	1.16	0.13	-1.43	-1.08	0.83	0.51	-0.23	0.31	3.74	24.64	0.21	35.99	60
677	华商主题精选	1.14	0.12	1.49	1.03	0.83	0.28	-0.32	0.27	11.75	25.73	0.50	32.30	57
678	宝盈资源优选	1.12	0.12	0.05	0.04	0.88	-0.03	-0.41	-0.03	2.50	24.11	0.16	36.24	58
679	天治核心成长	1.10	0.12	-1.28	-0.93	0.96	0.16	-0.14	0.47	0.02	25.47	0.07	43.93	60
680	富安达优势成长	1.04	0.15	0.64	0.65	0.76	0.10	-0.17	0.11	6.40	19.67	0.33	34.71	65
681	国泰估值优势 A	0.98	0.10	-0.52	-0.36	0.98	-0.03	-0.63	0.06	0.94	27.43	0.11	43.51	62
682	平安消费精选 A	0.97	0.15	-0.12	-0.13	0.74	-0.11	-0.21	-0.12	0.72	18.30	0.05	33.27	61
683	华夏领先	0.81	0.10	-0.86	-0.70	0.93	0.02	-0.63	-0.17	0.14	24.79	0.07	36.56	66
684	长信增利策略	0.46	0.07	-0.30	-0.33	0.89	0.13	-0.21	0.12	2.85	20.93	0.17	26.06	74
685	融通动力先锋	0.34	0.06	1.22	1.58	0.85	-0.07	-0.13	-0.03	5.19	19.42	0.28	29.93	78
686	博时国企改革主题 A	0.34	0.08	-0.82	-1.30	0.86	-0.18	-0.20	-0.03	-2.75	17.92	-0.15	33.15	83
687	汇添富外延增长主题 A	0.30	0.04	0.16	0.15	0.78	-0.04	-0.35	0.30	3.08	21.24	0.18	38.49	67
688	长信量化先锋 A	0.14	0.02	-0.67	-0.78	1.00	0.09	0.07	0.28	0.05	21.41	0.04	32.78	78
689	前海开源再融资主题精选	0.06	0.01	1.83	1.80	0.90	0.06	0.27	-0.07	6.76	21.37	0.34	25.98	69
690	广发资管平衡精选一年持有 A	0.04	0.01	0.19	0.22	0.70	0.00	-0.07	-0.18	1.70	16.90	0.09	25.56	64
691	诺德优选30	-0.02	0.00	-1.37	-1.10	0.73	-0.41	-0.41	-0.22	-7.80	20.62	-0.36	51.22	50
692	鹏华文化传媒娱乐	-0.03	0.00	0.05	0.06	0.93	-0.10	-0.29	-0.21	0.27	21.35	0.05	29.00	73

续表

编号	基金名称	年化α (%)	t(α)	γ	t(γ)	β_{mkt}	β_{smb}	β_{hml}	β_{mom}	年化收益率 (%)	年化波动率 (%)	年化夏普比率	最大回撤率 (%)	调整后 R²(%)
693	嘉实研究精选 A	-0.06	-0.01	-1.08	-1.35	0.95	-0.13	-0.13	0.09	-3.66	20.08	-0.16	41.15	78
694	招商国企改革	-0.17	-0.02	0.32	0.26	0.91	0.01	-0.34	0.09	2.79	23.83	0.17	40.19	64
695	长城双动力 A	-0.17	-0.02	-0.73	-0.50	0.97	0.25	-0.13	0.22	0.79	26.16	0.10	30.93	56
696	华润元大信息传媒科技	-0.21	-0.02	1.41	0.71	0.79	-0.15	-0.58	0.13	3.99	30.10	0.22	39.95	40
697	金元顺安价值增长	-0.32	-0.03	-0.43	-0.31	1.00	0.01	-0.10	0.32	-0.68	25.54	0.04	47.79	61
698	华商消费行业	-0.93	-0.11	0.44	0.34	1.01	-0.24	-0.25	-0.26	-1.89	24.73	-0.02	42.88	63
699	博时第三产业成长	-0.95	-0.14	-0.05	-0.05	0.81	-0.19	-0.32	-0.26	-1.86	19.53	-0.08	35.00	67
700	南方量化成长	-1.00	-0.15	0.63	0.66	1.10	-0.08	-0.21	0.00	1.29	24.45	0.11	34.71	79
701	诺德中小盘	-1.41	-0.17	-0.80	-0.64	0.81	-0.08	-0.44	0.15	-2.74	22.80	-0.08	44.91	59
702	中海量化策略	-1.72	-0.16	2.53	1.62	0.95	-0.10	0.04	-0.06	5.28	26.76	0.26	40.76	53
703	景顺长城量化精选	-1.97	-0.54	0.53	1.00	0.94	0.15	0.22	0.22	2.52	18.98	0.14	31.51	89
704	融通新蓝筹	-2.20	-0.42	0.18	0.23	0.68	-0.03	-0.23	0.16	0.44	16.84	0.02	32.95	72
705	博时创业成长 A	-2.41	-0.36	0.70	0.72	0.64	-0.04	-0.35	-0.19	1.41	17.89	0.08	35.49	60
706	大成竞争优势	-2.64	-0.36	1.11	1.04	0.79	0.15	0.35	0.10	2.72	19.68	0.16	32.76	60
707	国泰金鑫 A	-3.29	-0.41	-0.55	-0.47	0.94	-0.03	-0.46	-0.01	-3.55	23.89	-0.10	47.95	67
708	建信社会责任	-3.32	-0.52	2.55	2.73	0.73	-0.21	-0.13	-0.08	4.28	19.44	0.23	29.16	68
709	华商新动力	-3.46	-0.37	0.00	0.00	0.85	-0.06	-0.44	0.07	-2.31	24.27	-0.04	39.23	57
710	泰达宏利领先中小盘	-4.04	-0.48	1.01	0.82	0.99	-0.31	-0.46	-0.11	-2.73	25.40	-0.05	47.80	67

续表

编号	基金名称	年化α(%)	t(α)	γ	t(γ)	β_{mkt}	β_{smb}	β_{hml}	β_{mom}	年化收益率(%)	年化波动率(%)	年化夏普比率	最大回撤率(%)	调整后R^2(%)
711	中信证券稳健回报 A	-6.01	-0.70	-0.94	-0.75	0.55	0.01	-0.12	0.39	-6.97	19.06	-0.36	46.96	41
712	东吴双三角 A	-6.18	-0.61	0.72	0.49	0.81	-0.25	-0.32	-0.16	-5.64	23.85	-0.19	49.98	48
713	长安宏观策略 A	-6.24	-0.61	0.07	0.05	0.72	0.04	-0.69	0.16	-2.83	25.22	-0.05	35.70	52
714	国联安红利	-8.11	-1.08	2.30	2.10	0.84	-0.14	0.37	0.12	-2.51	21.24	-0.09	39.23	64
715	光大优势	-10.41	-1.32	-0.20	-0.18	0.93	0.01	-0.38	-0.21	-9.31	23.25	-0.37	46.62	66
716	光大精选	-12.75	-1.84	1.07	1.05	0.90	0.04	-0.34	-0.08	-6.82	22.48	-0.27	52.04	72
717	方正富邦创新动力 A	-13.06	-1.56	0.89	0.72	0.88	-0.06	-0.38	0.00	-8.70	23.55	-0.33	54.76	63
718	民生加银精选	-14.75	-2.09	0.35	0.34	0.69	-0.01	-0.27	-0.09	-11.34	18.65	-0.63	47.74	58

附录三　收益率在排序期排名前 30 位的基金在检验期的排名（排序期为一年、检验期为一年）：2019～2022 年

本表展示的是排序期为一年、检验期为一年时，排序期收益率排名前 30 位的基金在检验期的收益率排名及基金在排序期和检验期的收益率。★表示在检验期仍排名前 30 位的基金。
样本量为在排序期和检验期都存在的基金数量。

基金名称	排序期	排序期排名	排序期收益率（%）	检验期	检验期排名	检验期收益率（%）	样本量（只）
广发双擎升级 A	2019	1	121.7	2020	335	66.4	731
广发多元新兴	2019	2	106.6	2020	384	63.5	731
银华内需精选	2019	3	100.4	2020	580	50.5	731
交银成长 30	2019	4	99.9	2020	424	61.3	731
银河创新成长 A	2019	5	97.1	2020	645	45.4	731
诺安成长	2019	6	95.4	2020	715	39.1	731
信澳新能源产业	2019	7	94.1	2020	450	59.9	731
广发小盘成长 A	2019	8	93.2	2020	236	74.3	731
万家行业优选	2019	9	89.8	2020	55	97.3	731
天弘文化新兴产业 A	2019	10	87.8	2020	697	40.7	731
国联安优选行业	2019	11	86.0	2020	327	66.7	731
博时特许价值 A	2019	12	85.6	2020	290	70.8	731
华泰柏瑞价值增长 A	2019	13	85.6	2020	248	73.5	731
博时医疗保健行业 A	2019	14	84.1	2020	135	84.4	731
广发医疗保健 A	2019	15	83.0	2020	49	99.1	731
鹏华养老产业	2019	16	82.2	2020	167	80.7	731

续表

基金名称	排序期	排序期排名	排序期收益率（%）	检验期	检验期排名	检验期收益率（%）	样本量（只）
广发聚瑞 A	2019	17	81.7	2020	331	66.5	731
国泰大健康 A	2019	18	81.6	2020	511	55.6	731
海富通股票	2019	19	81.6	2020	823	24.6	731
南方产业智选	2019	20	81.5	2020	542	53.4	731
银华消费主题 A	2019	21	80.8	2020	73	93.3	731
宝盈人工智能 A	2019	22	80.6	2020	375	64.1	731
创金合信科技成长 A	2019	23	80.0	2020	651	44.6	731
富国高新技术产业	2019	24	79.8	2020	62	95.5	731
富国高端制造行业 A	2019	25	79.5	2020	342	66.1	731
农银汇理医疗保健主题	2019	26	79.5	2020	198	77.9	731
申万菱信智能驱动 A	2019	27	78.2	2020	305	69.4	731
富国创新科技	2019	28	78.1	2020	300	70.1	731
海富通内需热点	2019	29	77.8	2020	467	58.5	731
国联安科技动力	2019	30	77.2	2020	357	65.1	731
农银汇理海棠三年定开	2020	1	137.5	2021	36	46.5	871
工银瑞信中小盘成长	2020	2	134.7	2021	370	15.5	871
汇丰晋信低碳先锋	2020	3	134.4	2021	58	42.1	871
广发高端制造 A	2020	4	133.8	2021	194	26.1	871
诺德价值优势	2020	5	132.6	2021	577	6.0	871
创金合信工业周期精选 A	2020	6	132.2	2021	228	23.8	871

续表

基金名称	排序期	排序期排名	排序期收益率（%）	检验期	检验期排名	检验期收益率（%）	样本量（只）
工银瑞信主题策略 A	2020	7	129.6	2021	623	4.5	871
诺德周期策略	2020	8	129.1	2021	645	3.7	871
工银瑞信高端制造行业	2020	9	128.8	2021	615	4.7	871
汇丰晋信智造先锋 A	2020	10	128.6	2021	55	42.9	871
中欧先进制造 A	2020	11	125.7	2021	118	32.0	871
工银瑞信生态环境 A	2020	12	122.5	2021	19*	56.7	871
工银瑞信新兴产业 A	2020	13	120.8	2021	625	4.3	871
工银战略新能源革新 A	2020	14	120.7	2021	50	43.7	871
华夏能源信息产业 A	2020	15	120.6	2021	497	9.6	871
鹏华环保产业	2020	16	116.7	2021	66	39.5	871
东方新能源汽车主题	2020	17	116.3	2021	27*	52.1	871
华夏节能环保 A	2020	18	114.7	2021	176	26.7	871
嘉实环保低碳	2020	19	113.7	2021	303	19.2	871
国泰智能汽车 A	2020	20	112.4	2021	88	35.5	871
上投摩根根动力精选 A	2020	21	112.1	2021	76	37.1	871
红土创新新科技	2020	22	111.4	2021	142	29.7	871
信诚周期轮动 A	2020	23	111.3	2021	109	32.6	871
中信保诚至远动力 A	2020	24	110.4	2021	151	28.8	871
中银智能制造 A	2020	25	109.1	2021	57	42.2	871
嘉实新能源新材料 A	2020	26	108.0	2021	177	26.7	871

续表

基金名称	排序期	排序期排名	排序期收益率（%）	检验期	检验期排名	检验期收益率（%）	样本量（只）
工银瑞信战略转型主题 A	2020	27	107.0	2021	166	27.5	871
长城核心优势	2020	28	106.2	2021	966	-8.6	871
北信瑞丰产业升级	2020	29	106.0	2021	140	29.9	871
农银汇理消费主题 A	2020	30	105.7	2021	1004	-11.0	871
前海开源公用事业	2021	1	119.4	2022	1081	-26.0	1070
大成新锐产业	2021	2	88.2	2022	581	-19.4	1070
华夏行业景气	2021	3	84.1	2022	746	-21.4	1070
交银趋势优先 A	2021	4	81.4	2022	54	-6.0	1070
信诚新兴产业 A	2021	5	76.7	2022	1360	-31.0	1070
信澳周期动力 A	2021	6	72.8	2022	596	-19.6	1070
华夏磐利一年定开 A	2021	7	67.9	2022	266	-14.3	1070
建信中小盘 A	2021	8	67.3	2022	159	-11.4	1070
华安制造先锋 A	2021	9	66.4	2022	1170	-27.2	1070
招商稳健优选	2021	10	66.1	2022	1345	-30.5	1070
中庚小盘价值	2021	11	65.2	2022	35	-3.2	1070
华安创业板两年定开	2021	12	65.2	2022	1113	-26.4	1070
宝盈国家安全战略沪港深 A	2021	13	64.8	2022	1343	-30.4	1070
国投瑞银新能源 A	2021	14	63.0	2022	1215	-27.9	1070
信诚中小盘 A	2021	15	62.0	2022	1153	-26.9	1070
长城优化升级 A	2021	16	61.4	2022	419	-17.0	1070

续表

基金名称	排序期	排序期排名	排序期收益率（%）	检验期	检验期排名	检验期收益率（%）	样本量（只）
国投瑞银先进制造	2021	17	60.0	2022	1204	-27.7	1070
东方阿尔法优势产业 A	2021	18	58.9	2022	820	-22.3	1070
建信新能源 A	2021	19	58.7	2022	1173	-27.2	1070
万家瑞隆 A	2021	20	58.1	2022	616	-19.8	1070
易方达科融	2021	21	58.0	2022	775	-21.8	1070
汇安行业龙头	2021	22	57.9	2022	1370	-31.4	1070
金鹰行业优势	2021	23	56.9	2022	1366	-31.3	1070
工银瑞信生态环境 A	2021	24	56.7	2022	1186	-27.4	1070
汇安裕阳三年定期开放	2021	25	56.5	2022	1458	-34.8	1070
万家汽车新趋势 A	2021	26	56.3	2022	446	-17.4	1070
工银信新能源汽车 A	2021	27	56.1	2022	1372	-31.4	1070
建信潜力新蓝筹 A	2021	28	55.0	2022	97	-8.4	1070
中信保诚成长动力 A	2021	29	54.8	2022	711	-21.0	1070
信澳科技创新一年定开 A	2021	30	54.8	2022	1356	-30.9	1070

附录四 收益率在排序期和检验期分别排名前 30 位的基金（排序期为一年、检验期为一年）：2019～2022 年

本表展示的是排序期为一年、检验期为一年时，排序期和检验期分别排名前 30 位的基金及基金的收益率。样本量为在排序期和检验期都存在的基金数量。★表示在检验期仍排名前 30 位的基金。

基金名称	排序期	排序期排名	排序期收益率（%）	基金名称	检验期	检验期排名	检验期收益率（%）	样本量（只）
广发双擎升级 A	2019	1	121.7	工银瑞信中小盘成长	2020	1	134.7	731
广发多元新兴	2019	2	106.6	汇丰晋信低碳先锋 A	2020	2	134.4	731
银华内需精选	2019	3	100.4	广发高端制造 A	2020	3	133.8	731
交银成长 30	2019	4	99.9	诺德价值优势	2020	4	132.6	731
银河创新成长 A	2019	5	97.1	创金合信工业周期精选 A	2020	5	132.2	731
诺安成长	2019	6	95.4	工银瑞信主题策略 A	2020	6	129.6	731
信澳新能源产业	2019	7	94.1	诺德周期策略	2020	7	129.1	731
广发小盘成长 A	2019	8	93.2	工银瑞信高端制造行业	2020	8	128.8	731
万家行业优选	2019	9	89.8	汇丰晋信智造先锋 A	2020	9	128.6	731
天弘文化新兴产业 A	2019	10	87.8	中欧先进制造 A	2020	10	125.7	731
国联安优选行业	2019	11	86.0	工银瑞信生态环境 A	2020	11	122.5	731
博时特许价值	2019	12	85.6	华夏能源革新 A	2020	12	120.7	731
华泰柏瑞价值增长 A	2019	13	85.6	工银瑞信信息产业 A	2020	13	120.6	731
博时医疗保健行业 A	2019	14	84.1	鹏华环保行业	2020	14	116.7	731
广发医疗保健 A	2019	15	83.0	东方新能源汽车主题	2020	15	116.3	731

续表

基金名称	排序期	排序期排名	排序期收益率（%）	基金名称	检验期	检验期排名	检验期收益率（%）	样本量（只）
鹏华养老产业	2019	16	82.2	华夏节能环保 A	2020	16	114.7	731
广发聚瑞 A	2019	17	81.7	嘉实环保低碳	2020	17	113.7	731
国泰大健康 A	2019	18	81.6	国泰智能汽车 A	2020	18	112.4	731
海富通股票	2019	19	81.6	红土创新新科技	2020	19	111.4	731
南方产业智选	2019	20	81.5	信诚周期轮动 A	2020	20	111.3	731
银华消费主题 A	2019	21	80.8	中信保诚至远动力 A	2020	21	110.4	731
宝盈人工智能 A	2019	22	80.6	中银智能制造 A	2020	22	109.1	731
创金合信科技成长 A	2019	23	80.0	嘉实新能源新材料 A	2020	23	108.0	731
富国高新技术产业	2019	24	79.8	工银瑞信战略转型主题 A	2020	24	107.0	731
富国高端制造行业 A	2019	25	79.5	北信瑞丰产业升级	2020	25	106.0	731
农银汇理医疗保健主题	2019	26	79.5	农银汇理消费主题 A	2020	26	105.7	731
申万菱信智能驱动 A	2019	27	78.2	广发新经济 A	2020	27	105.0	731
富国创新科技 A	2019	28	78.1	泰达宏利转型机遇 A	2020	28	104.9	731
海富通内需热点	2019	29	77.8	交银施罗德品质升级 A	2020	29	104.8	731
国联安科技动力	2019	30	77.2	博时军工主题 A	2020	30	104.3	731
农银汇理海棠三年定开	2020	1	137.5	前海开源公用事业	2021	1	119.4	871
工银瑞信中小盘成长	2020	2	134.7	大成新锐产业	2021	2	88.2	871
汇丰晋信低碳先锋 A	2020	3	134.4	华夏行业景气	2021	3	84.1	871
广发高端制造 A	2020	4	133.8	交银趋势优先 A	2021	4	81.4	871

续表

基金名称	排序期	排序期排名	排序期收益率(%)	基金名称	检验期	检验期排名	检验期收益率(%)	样本量(只)
诺德价值优势	2020	5	132.6	信诚新兴产业 A	2021	5	76.7	871
创金合信工业周期精选 A	2020	6	132.2	建信中小盘精选 A	2021	6	67.3	871
工银瑞信主题策略 A	2020	7	129.6	华安制造先锋 A	2021	7	66.4	871
诺德周期策略	2020	8	129.1	招商稳健优选	2021	8	66.1	871
工银瑞信高端制造行业	2020	9	128.8	中庚小盘价值	2021	9	65.2	871
汇丰晋信智造先锋 A	2020	10	128.6	宝盈国家安全战略沪港深 A	2021	10	64.8	871
中欧先进制造 A	2020	11	125.7	国投瑞银新能源 A	2021	11	63.0	871
工银瑞信生态环境 A	2020	12	122.5	信诚中小盘 A	2021	12	62.0	871
工银战略新兴产业 A	2020	13	120.8	长城优化升级 A	2021	13	61.4	871
华夏能源革新 A	2020	14	120.7	国投瑞银先进制造	2021	14	60.0	871
工银瑞信信息产业 A	2020	15	120.6	万家瑞隆 A	2021	15	58.1	871
鹏华环保产业	2020	16	116.7	易方达科融	2021	16	58.0	871
东方新能源汽车主题	2020	17	116.3	汇安行业龙头	2021	17	57.9	871
华夏节能环保 A	2020	18	114.7	金鹰行业优势	2021	18	56.9	871
嘉实环保低碳	2020	19	113.7	工银瑞信生态环境 A*	2021	19	56.7	871
国泰智能汽车 A	2020	20	112.4	汇安裕阳三年定期开放	2021	20	56.5	871
上投摩根动力精选 A	2020	21	112.1	万家新能源汽车 A	2021	21	56.3	871
红土创新新科技	2020	22	111.4	工银瑞信新能源汽车 A	2021	22	56.1	871

续表

基金名称	排序期	排序期排名	排序期收益率（%）	基金名称	检验期	检验期排名	检验期收益率（%）	样本量（只）
信诚周期轮动 A	2020	23	111.3	建信潜力新蓝筹 A	2021	23	55.0	871
中信保诚至远动力 A	2020	24	110.4	创金合信新能源汽车 A	2021	24	54.6	871
中银智能制造 A	2020	25	109.1	申万菱信智能驱动 A	2021	25	53.5	871
嘉实新能源新材料 A	2020	26	108.0	海富通电子信息传媒产业 A	2021	26	52.5	871
工银瑞信战略转型主题 A	2020	27	107.0	东方新能源汽车主题★	2021	27	52.1	871
长城核心优势	2020	28	106.2	广发科技创新 A	2021	28	52.0	871
北信瑞丰产业升级	2020	29	106.0	泰达宏利转型机遇 A	2021	29	51.9	871
农银汇理消费主题 A	2020	30	105.7	华夏盛世精选 A	2021	30	51.4	871
前海开源公用事业	2021	1	119.4	万家精选 A	2022	1	35.5	1070
大成新锐产业	2021	2	88.2	英大国企改革主题	2022	2	31.5	1070
华夏行业景气	2021	3	84.1	国金量化多因子	2022	3	12.2	1070
交银趋势优先 A	2021	4	81.4	广发睿毅领先 A	2022	4	11.2	1070
信诚新兴产业 A	2021	5	76.7	广发价值领先 A	2022	5	8.9	1070
信澳周期动力 A	2021	6	72.8	景顺长城价值领航两年持有期	2022	6	7.8	1070
华夏磐利一年定开 A	2021	7	67.9	金信消费升级 A	2022	7	7.8	1070
建信中小盘 A	2021	8	67.3	华宝动力组合 A	2022	8	6.4	1070
华安制造先锋 A	2021	9	66.4	华商盛世成长	2022	9	6.4	1070
招商稳健优选	2021	10	66.1	中庚价值领航	2022	10	4.9	1070

2023 年中国公募基金研究报告

续表

基金名称	排序期	排序期排名	排序期收益率（%）	基金名称	检验期	检验期排名	检验期收益率（%）	样本量（只）
中庚小盘价值	2021	11	65.2	前海开源中药研究精选 A	2022	11	4.3	1070
华安创业板两年定开	2021	12	65.2	景顺长城创业板沪港深精选	2022	12	2.2	1070
宝盈国家安全战略沪港深 A	2021	13	64.8	嘉实物流产业 A	2022	13	1.9	1070
国投瑞银新能源 A	2021	14	63.0	红土创新医疗保健	2022	14	1.9	1070
信诚中小盘 A	2021	15	62.0	景顺长城能源基建	2022	15	1.1	1070
长城优化升级 A	2021	16	61.4	诺安策略精选	2022	16	1.0	1070
国投瑞银先进制造	2021	17	60.0	大成睿享 A	2022	17	0.9	1070
东方阿尔法优势产业 A	2021	18	58.9	圆信永丰医药健康	2022	18	0.4	1070
建信新能源 A	2021	19	58.7	诺安低碳经济 A	2022	19	0.3	1070
万家瑞隆 A	2021	20	58.1	汇丰晋信龙腾	2022	20	0.1	1070
易方达科融	2021	21	58.0	泰康蓝筹优势	2022	21	-0.2	1070
汇安行业龙头	2021	22	57.9	景顺长城资源垄断	2022	22	-0.4	1070
金鹰行业优势	2021	23	56.9	浙商聚潮产业成长 A	2022	23	-0.6	1070
工银瑞信生态环境 A	2021	24	56.7	招商量化精选 A	2022	24	-1.1	1070
汇安裕阳三年定期开放	2021	25	56.5	大成竞争优势	2022	25	-1.1	1070
万家汽车新趋势 A	2021	26	56.3	大成优选升级一年持有期 A	2022	26	-1.9	1070
工银瑞信新能源汽车 A	2021	27	56.1	景顺长城量化港股通	2022	27	-1.9	1070
建信潜力新蓝筹 A	2021	28	55.0	嘉实资源精选 A	2022	28	-2.2	1070
中保保成长动力 A	2021	29	54.8	九泰天奕量化价值 A	2022	29	-2.6	1070
信澳科技创新一年定开 A	2021	30	54.8	德邦大消费 A	2022	30	-2.7	1070

· 282 ·

附录五　夏普比率在排序期排名前 30 位的基金在检验期的排名（排序期为一年、检验期为一年）：2019～2022 年

本表展示的是排序期为一年、检验期为一年时，排序期夏普比率排名前 30 位的基金在检验期的夏普比率排名及基金在排序期和检验期的夏普比率。样本量为在排序期和检验期都存在的基金数量。★表示在检验期和排序期仍排名前 30 位的基金。

基金名称	排序期	排序期排名	排序期夏普比率	检验期	检验期排名	检验期夏普比率	样本量（只）
华泰保兴成长优选 A	2019	1	4.04	2020	397	2.03	731
广发双擎升级 A	2019	2	3.91	2020	588	1.72	731
华泰柏瑞价值增长 A	2019	3	3.56	2020	446	1.96	731
嘉实新兴产业	2019	4	3.54	2020	250	2.26	731
国泰大农业 A	2019	5	3.44	2020	575	1.74	731
广发多元新兴	2019	6	3.44	2020	711	1.51	731
中银战略新兴产业 A	2019	7	3.44	2020	379	2.06	731
富国周期优势 A	2019	8	3.37	2020	102	2.56	731
工银端信量化策略 A	2019	9	3.32	2020	146	2.46	731
工银端信生态环境 A	2019	10	3.29	2020	78	2.63	731
上投摩根核心优选 A	2019	11	3.24	2020	290	2.20	731
申万菱信智能驱动 A	2019	12	3.20	2020	152	2.44	731
富国高端制造行业 A	2019	13	3.18	2020	359	2.09	731
广发医疗保健 A	2019	14	3.18	2020	217	2.31	731
建信大安全	2019	15	3.18	2020	57	2.72	731
广发高端制造 A	2019	16	3.15	2020	59	2.72	731

续表

基金名称	排序期	排序期排名	排序期夏普比率	检验期	检验期排名	检验期夏普比率	样本量（只）
中海信息产业精选	2019	17	3.15	2020	826	1.03	731
广发科技动力	2019	18	3.13	2020	482	1.90	731
华安新丝路主题 A	2019	19	3.13	2020	261	2.24	731
工银信新蓝筹 A	2019	20	3.12	2020	224	2.30	731
嘉实增长	2019	21	3.12	2020	147	2.46	731
海富通内需热点	2019	22	3.12	2020	585	1.73	731
景顺长城成长之星	2019	23	3.11	2020	300	2.18	731
招商中小盘精选	2019	24	3.11	2020	162	2.42	731
民生加银创新成长 A	2019	25	3.10	2020	205	2.34	731
银河康乐 A	2019	26	3.10	2020	45	2.78	731
中欧明睿新起点	2019	27	3.08	2020	599	1.71	731
交银医药创新 A	2019	28	3.06	2020	237	2.28	731
南方智造未来	2019	29	3.05	2020	182	2.38	731
海富通中小盘	2019	30	3.05	2020	443	1.97	731
工银战略新兴产业 A	2020	1	3.60	2021	620	0.25	871
新华优选消费	2020	2	3.31	2021	492	0.54	871
圆信永丰优悦生活	2020	3	3.27	2021	46	1.94	871
华安安信消费服务 A	2020	4	3.27	2021	36	2.11	871
圆信永丰加生活	2020	5	3.26	2021	119	1.48	871
嘉合销程价值精选 A	2020	6	3.25	2021	440	0.66	871

续表 （只）

基金名称	排序期	排序期排名	排序期夏普比率	检验期	检验期排名	检验期夏普比率	样本量
诺德价值优势	2020	7	3.21	2021	600	0.30	871
圆信永丰优 A	2020	8	3.14	2021	57	1.83	871
诺德周期策略	2020	9	3.14	2021	650	0.20	871
富国沪港深业绩驱动 A	2020	10	3.11	2021	918	-0.37	871
兴全合润	2020	11	3.08	2021	546	0.43	871
鹏华先进制造	2020	12	3.08	2021	717	0.03	871
农银汇理消费主题 A	2020	13	3.08	2021	1005	-0.70	871
工银瑞信战略转型主题 A	2020	14	3.07	2021	30*	2.21	871
农银汇理海棠三年定开	2020	15	3.06	2021	69	1.73	871
工银瑞信信息产业 A	2020	16	3.04	2021	479	0.56	871
汇添富文体娱乐主题 A	2020	17	3.04	2021	1009	-0.71	871
长信恒利优势	2020	18	3.03	2021	944	-0.43	871
富国民裕沪港深蓝筹 A	2020	19	3.03	2021	824	-0.15	871
招商大盘蓝筹	2020	20	3.01	2021	894	-0.31	871
中金新锐 A	2020	21	2.99	2021	9*	2.72	871
中信证券臻选价值成长 A	2020	22	2.99	2021	948	-0.44	871
中欧永裕 A	2020	23	2.99	2021	833	-0.17	871
华夏新兴消费 A	2020	24	2.99	2021	946	-0.44	871
中欧盛世成长 A	2020	25	2.98	2021	845	-0.21	871
景顺长城环保优势	2020	26	2.98	2021	282	1.02	871

续表

基金名称	排序期	排序期排名	排序期夏普比率	检验期	检验期排名	检验期夏普比率	样本量（只）
金鹰行业优势	2020	27	2.98	2021	97	1.56	871
易方达蓝筹精选	2020	28	2.97	2021	914	-0.36	871
汇添富环保行业	2020	29	2.97	2021	270	1.04	871
工银信息新金融 A	2020	30	2.97	2021	72	1.71	871
工银瑞信物流产业 A	2021	1	4.19	2022	1296	-1.42	1070
工银新兴制造 A	2021	2	4.19	2022	1308	-1.43	1070
大成新锐产业	2021	3	3.42	2022	868	-0.98	1070
华安智能生活 A	2021	4	3.18	2022	475	-0.70	1070
华安成长创新 A	2021	5	3.13	2022	378	-0.61	1070
交银趋势优先 A	2021	6	3.11	2022	166	-0.37	1070
中欧量化驱动	2021	7	3.07	2022	1013	-1.10	1070
华夏磐利一年定开 A	2021	8	2.93	2022	281	-0.51	1070
银河量化优选	2021	9	2.93	2022	817	-0.94	1070
中欧养老产业 A	2021	10	2.74	2022	235	-0.46	1070
中金新锐 A	2021	11	2.72	2022	33	-0.08	1070
信澳周期动力 A	2021	12	2.66	2022	549	-0.76	1070
建信中国制造 2025A	2021	13	2.60	2022	1475	-1.99	1070
兴全绿色投资	2021	14	2.58	2022	1320	-1.45	1070
宝盈国家安全战略沪港深 A	2021	15	2.58	2022	1121	-1.19	1070
光大风格轮动 A	2021	16	2.44	2022	915	-1.02	1070

续表

基金名称	排序期	排序期排名	排序期夏普比率	检验期	检验期排名	检验期夏普比率	样本量（只）
中庚小盘价值	2021	17	2.41	2022	39	−0.10	1070
东兴兴晟 A	2021	18	2.40	2022	306	−0.54	1070
诺安先锋 A	2021	19	2.38	2022	575	−0.78	1070
长信金利趋势 A	2021	20	2.38	2022	474	−0.70	1070
泰信蓝筹精选	2021	21	2.34	2022	180	−0.38	1070
华夏行业景气	2021	22	2.33	2022	344	−0.57	1070
诺安策略精选	2021	23	2.31	2022	18*	0.06	1070
交银启明 A	2021	24	2.30	2022	434	−0.66	1070
景顺长城量化小盘	2021	25	2.28	2022	404	−0.64	1070
诺安行业轮动	2021	26	2.28	2022	953	−1.05	1070
建信中小盘 A	2021	27	2.27	2022	92	−0.25	1070
交银先进制造 A	2021	28	2.27	2022	507	−0.73	1070
诺安低碳经济 A	2021	29	2.27	2022	23*	0.02	1070
招商稳健优选	2021	30	2.26	2022	1174	−1.25	1070

附录六 任职基金经理与同期万得全 A 指数业绩对比表（按当前任职公司排序）：1998~2022 年

本表展示在职基金经理与同期万得全 A 指数业绩对比指标。其中，收益指标包括年化收益率、夏普比率，风险指标包括年化波动率、最大回撤。表中展示的指数收益和风险指标基于基金经理任职期间履历对应的同期指数数据计算得出，如果某月基金管理未管理基金产品，指数的收益不计算。本表中的基金经理仅包括管理以下类型基金的经理：股票多空型、偏股混合型、平衡混合型、灵活配置型、普通股票型和增强指数型的主动管理的基金，并且基金经理有三年以上任职时长，共 947 位任职基金经理。每位基金经理管理的所有基金按照管理规模的主动加权平均值。表中"当前任职公司"指的是截至 2022 年 12 月 31 日时在职的后任职公司。

编号	基金经理	当前任职公司	任职区间	任职时间（月）	管理基金数量（只）	年化收益率（%）	指数年化收益率（%）	年化波动率（%）	指数年化波动率（%）	最大回撤（%）	指数最大回撤（%）	年化夏普比率	指数年化夏普比率
1	陈鹏	安信	2011/01~2022/12	169	9	8.40	9.63	24.73	23.60	-49.17	-44.57	0.25	0.32
2	陈一峰	安信	2014/04~2022/12	105	9	16.42	11.84	20.17	24.65	-30.42	-48.44	0.73	0.41
3	陈振宇	安信	2012/06~2022/12	78	4	9.35	4.49	15.88	20.11	-23.27	-25.85	0.48	0.13
4	李君	安信	2017/12~2022/12	61	3	5.67	2.96	3.32	18.79	-3.35	-29.52	1.25	0.08
5	聂世林	安信	2016/02~2022/12	83	5	14.50	6.26	15.95	17.88	-24.02	-30.56	0.82	0.27
6	谭珏娜	安信	2017/12~2022/12	60	6	10.85	4.04	24.00	18.74	-42.77	-29.52	0.40	0.25
7	王涛	安信	2019/01~2022/12	43	2	7.47	17.75	5.40	18.15	-3.97	-22.15	1.14	0.76
8	袁玮	安信	2016/04~2022/12	81	8	12.59	4.24	19.61	16.97	-25.04	-30.56	0.57	0.16
9	张竞	安信	2017/12~2022/12	61	5	14.96	2.96	17.87	18.79	-23.21	-29.52	0.75	0.08
10	张明	安信	2017/05~2022/12	68	9	10.05	4.20	17.33	17.98	-32.78	-30.56	0.49	0.15
11	张翼飞	安信	2015/05~2022/12	92	2	5.92	-0.84	3.06	22.90	-3.63	-48.44	1.44	-0.10
12	黄艺明	百嘉	2019/01~2022/12	39	2	37.07	17.82	19.84	19.02	-9.71	-20.24	1.85	0.71

续表

编号	基金经理	当前任职公司	任职区间	任职时间（月）	管理基金数量（只）	年化收益率（%）	指数年化收益率（%）	年化波动率（%）	指数年化波动率（%）	最大回撤（%）	指数最大回撤（%）	年化夏普比率（%）	指数年化夏普比率
13	杨思亮	宝盈	2018/03~2022/12	58	7	15.65	3.78	21.49	19.13	-26.34	-25.85	0.66	0.12
14	张仲维	宝盈	2014/03~2022/12	91	10	17.68	15.26	26.08	19.82	-38.92	-40.69	0.62	0.70
15	朱建明	宝盈	2017/01~2022/12	72	5	9.94	3.42	25.12	17.60	-40.46	-30.56	0.34	0.11
16	程敏	北信瑞丰	2018/03~2022/12	58	4	9.92	3.78	18.96	19.13	-32.93	-25.85	0.44	0.12
17	史伟	博道	2005/11~2022/12	105	4	21.39	24.85	24.79	28.09	-35.65	-51.55	0.78	0.78
18	杨梦	博道	2018/08~2022/12	53	7	11.37	8.33	18.29	19.19	-23.36	-22.95	0.54	0.36
19	袁争光	博道	2015/05~2022/12	76	6	10.51	2.29	22.58	24.50	-31.05	-48.44	0.40	0.02
20	张迎军	博道	2009/01~2022/12	116	9	12.68	18.05	18.59	24.37	-32.02	-36.08	0.56	0.62
21	蔡滨	博时	2014/12~2022/12	97	12	11.06	6.83	17.56	24.84	-27.64	-48.44	0.54	0.21
22	曾豪	博时	2017/12~2022/12	55	6	18.36	4.95	17.35	17.69	-19.71	-29.52	0.99	0.24
23	曾鹏	博时	2013/01~2022/12	120	12	11.59	10.25	24.82	24.15	-48.71	-48.44	0.39	0.35
24	陈雷	博时	2014/08~2022/12	101	5	10.83	10.40	22.64	24.98	-37.44	-48.44	0.41	0.35
25	陈鹏扬	博时	2015/08~2022/12	89	11	11.42	4.81	19.91	21.42	-28.69	-34.44	0.50	0.15
26	陈伟	博时	2019/10~2022/12	39	1	20.94	6.88	21.27	18.17	-25.24	-22.95	0.91	0.30
27	郭晓林	博时	2016/07~2022/12	78	9	11.45	3.85	22.03	17.25	-33.87	-30.56	0.45	0.14
28	过钧	博时	2016/03~2022/12	83	9	12.95	3.91	14.98	16.88	-21.41	-30.56	0.76	0.14
29	黄瑞庆	博时	2011/12~2022/12	124	7	6.42	6.77	17.39	24.62	-33.63	-48.44	0.28	0.18
30	黄楠	博时	2017/06~2022/12	64	8	17.10	3.81	22.08	18.51	-30.46	-30.56	0.72	0.07
31	金晟哲	博时	2016/10~2022/12	75	9	6.20	3.01	15.08	17.45	-28.58	-30.56	0.31	0.09

续表

编号	基金经理	当前任职公司	任职区间	任职时间（月）	管理基金数量（只）	年化收益率（%）	指数年化收益率（%）	年化波动率（%）	指数年化波动率（%）	最大回撤（%）	指数最大回撤（%）	年化夏普比率	指数年化夏普比率
32	李洋	博时	2019/06~2022/12	43	2	9.89	6.43	18.37	17.28	-27.97	-22.95	0.46	0.29
33	林景艺	博时	2015/05~2022/12	92	4	1.45	-0.84	19.90	22.90	-35.41	-48.44	0.00	-0.10
34	刘阳	博时	2015/07~2022/12	90	3	3.89	2.69	26.18	22.07	-41.00	-34.44	0.09	0.05
35	刘钊	博时	2012/07~2022/12	52	4	24.05	19.46	27.11	26.84	-36.98	-27.54	0.81	0.62
36	沙炜	博时	2015/05~2022/12	92	9	10.90	-0.84	24.52	22.90	-36.40	-48.44	0.38	-0.10
37	孙少锋	博时	2015/09~2022/12	88	2	10.00	5.68	17.26	21.41	-27.02	-34.44	0.49	0.20
38	田俊维	博时	2015/06~2022/12	86	7	11.40	-0.26	19.69	23.36	-30.50	-42.38	0.51	-0.10
39	王诗瑶	博时	2017/06~2022/12	67	4	9.62	3.39	19.71	18.02	-42.50	-30.56	0.41	0.10
40	王增财	博时	2013/10~2022/12	107	8	12.82	11.83	25.89	24.59	-41.12	-48.44	0.43	0.39
41	吴渭	博时	2013/12~2022/12	84	8	13.42	10.12	16.81	17.93	-28.28	-30.56	0.70	0.50
42	肖瑞瑾	博时	2017/01~2022/12	72	16	9.74	3.42	21.64	17.60	-34.46	-30.56	0.38	0.11
43	许少波	博时	2013/05~2022/12	49	3	6.56	20.54	20.07	22.75	-33.69	-22.95	0.22	0.83
44	杨永光	博时	2016/12~2022/12	73	5	6.21	3.33	4.13	17.48	-4.81	-30.56	1.14	0.10
45	姚爽	博时	2016/12~2022/12	69	3	9.35	3.21	23.08	18.01	-41.16	-30.56	0.35	0.05
46	于玥	博时	2018/06~2022/12	39	5	17.79	9.15	22.33	21.46	-21.74	-17.23	0.75	0.32
47	张锦	博时	2018/08~2022/12	53	3	11.71	8.33	18.19	19.19	-26.83	-22.95	0.56	0.36
48	何翔	渤海汇金证券资管	2018/07~2022/12	54	3	4.98	6.74	18.47	19.29	-32.47	-22.95	0.19	0.27
49	滕祖光	渤海汇金证券资管	2014/04~2022/12	91	4	13.18	9.98	20.02	25.83	-32.63	-48.44	0.58	0.31

续表

编号	基金经理	当前任职公司	任职区间	任职时间（月）	管理基金数量（只）	年化收益率（%）	指数年化收益率（%）	年化波动率（%）	指数年化波动率（%）	最大回撤（%）	指数最大回撤（%）	年化夏普比率	指数年化夏普比率
50	姜永明	财通	2019/04~2022/12	45	6	22.45	5.32	21.71	17.33	-29.12	-22.95	0.97	0.22
51	金梓才	财通	2014/11~2022/12	98	10	19.96	8.15	32.01	25.00	-45.94	-48.44	0.57	0.26
52	夏钦	财通	2016/05~2022/12	80	8	4.80	4.36	19.98	17.07	-41.69	-30.56	0.17	0.17
53	易小金	财通证券资管	2018/05~2022/12	39	3	14.15	-2.79	21.96	20.73	-24.44	-22.95	0.59	-0.26
54	于洋	财通证券资管	2018/09~2022/12	52	5	19.92	8.18	25.22	19.37	-29.28	-22.95	0.73	0.34
55	朱海东	财通证券资管	2019/07~2022/12	42	2	5.38	6.62	20.82	17.49	-27.77	-22.95	0.19	0.29
56	曹春林	创金合信	2017/07~2022/12	66	12	6.46	3.14	24.59	18.15	-42.94	-30.56	0.20	0.09
57	陈建军	创金合信	2019/05~2022/12	44	1	18.96	7.23	27.64	17.14	-36.27	-22.95	0.63	0.33
58	董梁	创金合信	2019/07~2022/12	42	7	8.59	6.62	17.44	17.49	-27.33	-22.95	0.41	0.29
59	李晗	创金合信	2015/08~2022/12	73	6	2.98	1.06	20.47	22.12	-28.06	-34.44	0.07	-0.04
60	李龑	创金合信	2018/10~2022/12	51	4	6.77	10.54	21.03	18.94	-32.11	-22.95	0.25	0.48
61	李游	创金合信	2016/11~2022/12	74	6	13.53	2.40	26.40	17.51	-39.13	-30.56	0.46	0.05
62	皮劲松	创金合信	2018/10~2022/12	51	5	16.39	10.54	25.94	18.94	-37.70	-22.95	0.57	0.48
63	王妍	创金合信	2019/12~2022/12	37	5	7.51	5.25	23.29	18.19	-33.76	-22.95	0.26	0.21
64	王一兵	创金合信	2017/07~2022/12	37	2	1.07	-6.77	7.61	19.77	-13.45	-30.56	-0.05	-0.48
65	周志敏	创金合信	2017/12~2022/12	61	4	11.57	2.96	26.19	18.79	-34.38	-29.52	0.38	0.08
66	薛莉丽	淳厚	2019/08~2022/12	41	7	17.80	7.01	19.27	17.70	-21.41	-22.95	0.85	0.31
67	戴军	大成	2015/05~2022/12	92	4	6.40	-0.84	19.15	22.90	-35.34	-48.44	0.26	-0.10
68	韩创	大成	2019/01~2022/12	48	8	37.13	11.21	23.23	19.30	-21.98	-22.95	1.53	0.50

续表

编号	基金经理	当前任职公司	任职区间	任职时间（月）	管理基金数量（只）	年化收益率（%）	指数年化收益率（%）	年化波动率（%）	指数年化波动率（%）	最大回撤（%）	指数最大回撤（%）	年化夏普比率	指数年化夏普比率
69	侯春燕	大成	2015/12~2022/12	85	8	9.07	1.80	19.25	20.63	-25.68	-34.44	0.39	0.01
70	李博	大成	2015/04~2022/12	93	6	8.45	6.83	24.07	24.84	-47.03	-48.44	0.29	0.21
71	李富强	大成	2015/11~2022/12	70	5	8.37	6.77	9.35	21.87	-8.25	-34.44	0.75	0.23
72	李林益	大成	2015/07~2022/12	90	4	6.76	2.69	21.36	22.07	-31.25	-34.44	0.25	0.05
73	刘旭	大成	2015/07~2022/12	90	7	14.10	2.69	20.06	22.07	-28.23	-34.44	0.63	0.05
74	苏秉毅	大成	2014/01~2022/12	84	4	7.59	6.26	15.16	17.88	-25.02	-30.56	0.41	0.13
75	孙丹	大成	2017/05~2022/12	68	7	5.55	4.20	2.58	17.98	-1.87	-30.56	1.57	0.15
76	王磊	大成	2013/07~2022/12	114	6	11.37	11.60	13.09	23.93	-23.83	-48.44	0.73	0.41
77	魏庆国	大成	2015/04~2022/12	93	11	10.19	1.13	25.11	23.42	-44.39	-48.44	0.35	-0.02
78	谢家乐	大成	2019/08~2022/12	41	7	23.72	7.01	23.99	17.70	-28.01	-22.95	0.93	0.31
79	徐彦	大成	2012/10~2022/12	109	12	17.72	11.55	18.88	24.83	-30.39	-44.57	0.85	0.36
80	杨挺	大成	2014/06~2022/12	103	6	7.98	11.54	27.05	24.88	-57.23	-48.44	0.23	0.40
81	张桦	大成	2017/09~2022/12	64	4	13.80	2.42	20.63	18.39	-27.50	-30.56	0.60	0.05
82	戴鹤忠	德邦	2016/06~2022/12	79	3	11.69	3.88	16.96	17.14	-22.21	-30.56	0.60	0.14
83	郭成东	德邦	2018/05~2022/12	49	4	6.55	-1.68	25.90	18.92	-41.58	-22.95	0.20	-0.21
84	黎莹	德邦	2015/06~2022/12	91	7	11.92	0.56	21.03	22.71	-28.54	-42.38	0.49	-0.04
85	汪晖	德邦	2007/05~2022/12	121	6	10.83	6.57	24.07	27.51	-36.12	-68.61	0.35	0.12
86	吴昊	德邦	2015/02~2022/12	91	7	12.78	9.77	25.91	23.99	-44.32	-48.44	0.42	0.33
87	张铮烁	德邦	2018/08~2022/12	53	2	4.51	8.33	11.05	19.19	-24.06	-22.95	0.27	0.36

续表

编号	基金经理	当前任职公司	任职区间	任职时间（月）	管理基金数量（只）	年化收益率（%）	指数年化收益率（%）	年化波动率（%）	指数年化波动率（%）	最大回撤（%）	指数最大回撤（%）	年化夏普比率	指数年化夏普比率
88	房建威	东方阿尔法	2018/07~2022/12	39	6	9.92	9.28	15.60	19.66	-19.51	-16.20	0.56	0.45
89	蒋茜	东方阿尔法	2017/07~2022/12	66	10	7.69	3.14	23.38	18.15	-39.73	-30.56	0.26	0.09
90	李瑞	东方阿尔法	2017/12~2022/12	61	5	13.66	2.96	26.95	18.79	-39.46	-29.52	0.45	0.08
91	盛泽	东方阿尔法	2018/08~2022/12	53	6	10.52	8.33	16.60	19.19	-22.86	-22.95	0.54	0.36
92	王然	东方	2015/05~2022/12	92	9	0.21	-0.84	25.64	22.90	-48.32	-48.44	-0.05	-0.10
93	许文波	东方	2015/08~2022/12	85	9	6.22	6.82	14.03	21.74	-32.08	-34.44	0.34	0.29
94	薛子徽	东方	2015/04~2022/12	93	11	1.00	1.13	17.79	23.42	-36.62	-48.44	-0.03	-0.02
95	刘明	东方	2004/10~2022/12	171	6	13.37	10.23	8.93	19.13	-6.73	-22.95	1.33	0.46
96	乔春	东方	2014/09~2022/12	79	7	10.16	11.78	22.43	26.36	-40.41	-44.57	0.39	0.39
97	乔海英	东方	2015/08~2022/12	81	4	19.65	5.60	25.90	22.16	-39.38	-34.44	0.71	0.24
98	唐雷	东方	2016/07~2022/12	71	6	12.05	3.28	26.27	17.61	-41.42	-30.56	0.41	0.02
99	陈军	东吴	2006/10~2022/12	187	9	13.34	12.81	24.00	29.72	-48.86	-68.61	0.46	0.35
100	刘瑞	东吴	2018/11~2022/12	58	5	13.96	10.23	20.37	19.13	-28.75	-22.95	0.61	0.46
101	刘元海	东吴	2013/01~2022/12	125	8	17.00	14.79	21.06	20.08	-33.04	-48.44	0.73	0.66
102	邹炜	东吴	2015/03~2022/12	84	7	0.18	-0.06	22.13	24.79	-44.20	-48.44	-0.06	-0.08
103	徐嶒	东吴	2015/05~2022/12	92	7	4.09	-0.84	19.84	22.90	-35.87	-48.44	0.13	-0.10
104	赵梅玲	东吴	2016/05~2022/12	80	8	9.95	4.36	15.49	17.07	-31.83	-30.56	0.55	0.17
105	周健	东吴	2012/10~2022/12	111	9	13.27	15.41	18.09	20.45	-28.05	-46.95	0.64	0.72
106	李兵伟	东兴	2016/06~2022/12	79	6	3.35	3.88	12.92	17.14	-26.10	-30.56	0.14	0.14

续表

编号	基金经理	当前任职公司	任职区间	任职时间（月）	管理基金数量（只）	年化收益率(%)	指数年化收益率(%)	年化波动率(%)	指数年化波动率(%)	最大回撤(%)	指数最大回撤(%)	年化复夏普比率	指数年化复夏普比率
107	李晨辉	东兴	2016/06~2022/12	79	6	1.81	3.88	13.34	17.14	−31.33	−30.56	0.03	0.14
108	孙继青	东兴	2015/09~2022/12	88	6	1.36	5.68	15.70	21.41	−28.61	−34.44	−0.01	0.20
109	张旭	东兴	2015/08~2022/12	83	7	6.24	4.45	9.99	21.91	−14.11	−34.44	0.48	0.13
110	崔建波	方正富邦	2010/03~2022/12	150	23	8.71	5.70	18.71	23.52	−35.16	−48.44	0.36	0.15
111	乔培涛	方正富邦	2016/08~2022/12	67	12	10.14	3.94	17.54	16.59	−24.22	−30.56	0.50	0.18
112	闫晨雨	方正富邦	2019/11~2022/12	38	4	14.65	7.56	20.04	18.38	−27.03	−22.95	0.66	0.33
113	吴昊	方正富邦	2019/05~2022/12	44	8	12.78	9.77	25.91	23.99	−44.32	−48.44	0.42	0.33
114	乔林建	方正证券	2013/01~2022/12	61	8	17.83	22.64	20.21	25.88	−25.26	−36.22	0.81	0.89
115	廖新昌	蜂巢	2019/01~2022/12	48	1	−0.95	11.21	18.65	19.30	−34.71	−22.95	−0.13	0.50
116	李守峰	富安达	2015/12~2022/12	85	5	6.61	1.80	17.23	20.63	−33.06	−34.44	0.30	0.01
117	孙绍冰	富安达	2015/05~2022/12	92	3	−0.85	−0.84	28.64	22.90	−57.55	−48.44	−0.08	−0.10
118	吴战峰	富安达	2008/04~2022/12	130	9	8.96	2.24	18.98	25.51	−40.05	−57.51	0.37	0.15
119	毕天宇	富国	2005/12~2022/12	206	7	16.03	15.83	27.80	29.21	−59.31	−68.61	0.49	0.46
120	蔡卡尔	富国	2018/05~2022/12	56	1	−1.87	4.74	18.58	19.38	−41.26	−22.95	−0.18	0.17
121	曹晋	富国	2013/04~2022/12	114	8	16.74	8.96	27.83	24.47	−39.24	−48.44	0.54	0.29
122	曹文俊	富国	2013/08~2022/12	104	9	17.83	11.43	23.40	24.95	−35.19	−48.44	0.69	0.41
123	方旻	富国	2017/06~2022/12	42	4	15.04	9.32	15.77	18.81	−15.89	−30.56	0.91	0.30
124	侯梧	富国	2014/11~2022/12	71	5	19.84	11.47	20.50	25.62	−27.16	−48.44	0.90	0.42
125	李元博	富国	2014/06~2022/12	100	7	15.87	14.45	32.05	23.20	−48.78	−48.44	0.45	0.53

续表

编号	基金经理	当前任职公司	任职区间	任职时间（月）	管理基金数量（只）	年化收益率（%）	指数年化收益率（%）	年化波动率（%）	指数年化波动率（%）	最大回撤（%）	指数最大回撤（%）	年化夏普比率	指数年化夏普比率
126	厉叶淼	富国	2015/08~2022/12	89	5	17.66	4.81	25.71	21.42	-35.63	-34.44	0.63	0.15
127	林庆	富国	2015/05~2022/12	92	3	10.57	-0.84	26.34	22.90	-43.26	-48.44	0.34	-0.10
128	刘莉莉	富国	2018/07~2022/12	54	4	20.35	6.74	24.16	19.29	-19.57	-22.95	0.78	0.27
129	宁君	富国	2018/09~2022/12	52	1	13.96	8.18	19.27	19.37	-36.89	-22.95	0.65	0.34
130	蒲世林	富国	2018/12~2022/12	49	4	20.46	11.66	16.89	19.11	-24.70	-22.95	1.12	0.53
131	孙彬	富国	2019/05~2022/12	44	8	26.98	7.23	19.93	17.14	-23.46	-22.95	1.28	0.33
132	唐颐恒	富国	2019/07~2022/12	42	1	16.54	6.62	26.79	17.49	-38.15	-22.95	0.56	0.29
133	汪孟海	富国	2015/10~2022/12	87	6	9.25	3.36	17.35	20.60	-42.57	-34.44	0.45	0.09
134	王园园	富国	2017/06~2022/12	67	7	18.54	3.39	24.44	18.02	-31.34	-30.56	0.70	0.10
135	吴畏	富国	2018/10~2022/12	51	2	20.11	10.54	19.85	18.94	-26.72	-22.95	0.94	0.48
136	肖威兵	富国	2018/09~2022/12	52	11	13.03	8.18	19.30	19.37	-29.04	-22.95	0.60	0.34
137	徐斌	富国	2019/08~2022/12	41	2	11.83	7.01	19.48	17.70	-23.12	-22.95	0.53	0.31
138	徐幼华	富国	2018/05~2022/12	56	2	7.87	4.74	16.23	19.38	-27.57	-22.95	0.39	0.17
139	许炎	富国	2016/08~2022/12	77	4	21.07	3.15	25.22	17.28	-31.49	-30.56	0.78	0.10
140	杨栋	富国	2015/08~2022/12	89	9	16.70	4.81	22.16	21.42	-28.44	-34.44	0.69	0.15
141	易智泉	富国	2017/10~2022/12	63	5	10.79	2.24	16.52	18.54	-30.26	-30.56	0.56	0.04
142	于渤	富国	2019/07~2022/12	42	3	13.82	6.62	11.85	17.49	-6.26	-22.95	1.04	0.29
143	于鹏	富国	2017/11~2022/12	62	4	4.95	2.86	19.97	18.64	-33.47	-29.52	0.17	0.07
144	于洋	富国	2017/10~2022/12	46	7	19.92	8.18	25.22	19.37	-29.28	-22.95	0.73	0.34

续表

编号	基金经理	当前任职公司	任职区间	任职时间（月）	管理基金数量（只）	年化收益率（%）	指数年化收益率（%）	年化波动率（%）	指数年化波动率（%）	最大回撤（%）	指数最大回撤（%）	年化夏普比率	指数年化夏普比率
145	袁宜	富国	2012/10~2022/12	123	4	14.98	11.39	20.62	24.39	-36.92	-48.44	0.64	0.39
146	张峰	富国	2015/06~2022/12	91	6	10.32	0.56	16.91	22.71	-38.65	-42.38	0.52	-0.04
147	张富盛	富国	2018/03~2022/12	55	5	21.26	5.16	27.81	19.05	-37.52	-25.85	0.73	0.16
148	张啸伟	富国	2015/08~2022/12	89	4	9.54	4.81	21.21	21.42	-39.33	-34.44	0.38	0.15
149	章旭峰	富国	2011/08~2022/12	133	5	15.72	6.43	24.81	21.82	-32.88	-34.44	0.56	0.27
150	赵伟	富国	2017/06~2022/12	64	6	16.00	2.52	28.80	18.38	-42.88	-30.56	0.51	0.09
151	朱少醒	富国	2005/11~2022/12	206	2	19.54	16.01	25.74	29.15	-55.78	-68.61	0.67	0.47
152	邓宇翔	富荣	2018/03~2022/12	58	6	3.41	3.78	15.30	19.13	-18.56	-25.85	0.12	0.12
153	黄祥斌	富荣	2013/12~2022/12	94	8	10.10	12.69	20.99	24.66	-36.59	-48.44	0.41	0.41
154	李会忠	格林	2014/12~2022/12	90	12	18.80	6.66	27.35	25.62	-30.55	-48.44	0.64	0.16
155	刘冬	格林	2015/06~2022/12	40	4	-8.41	-7.82	24.45	28.74	-38.83	-38.05	-0.42	-0.37
156	陈丹琳	工银瑞信	2014/01~2022/12	81	4	3.22	9.17	25.47	27.08	-55.93	-48.44	0.06	0.27
157	陈小鹭	工银瑞信	2016/09~2022/12	76	4	12.05	3.47	23.17	17.37	-36.27	-30.56	0.46	0.11
158	单文	工银瑞信	2016/06~2022/12	79	6	10.94	3.88	21.62	17.14	-44.79	-30.56	0.44	0.14
159	杜海涛	工银瑞信	2015/04~2022/12	58	2	-3.23	-5.57	17.91	25.60	-27.54	-44.57	-0.27	-0.29
160	杜洋	工银瑞信	2015/02~2022/12	95	9	14.94	5.93	24.13	25.02	-45.14	-48.44	0.55	0.18
161	郭雪松	工银瑞信	2019/09~2022/12	40	1	9.85	6.96	11.85	17.93	-16.33	-22.95	0.70	0.30
162	何肖颉	工银瑞信	2005/02~2022/12	148	7	20.06	18.24	25.04	28.94	-40.14	-48.44	0.73	0.57
163	何秀红	工银瑞信	2015/10~2022/12	87	1	6.92	3.36	8.31	20.60	-16.33	-34.44	0.65	0.09

附录六 在职基金经理与同期万得全 A 指数业绩对比表（按当前任职公司排序）：1998~2022 年

续表

编号	基金经理	当前任职公司	任职区间	任职时间（月）	管理基金数量（只）	年化收益率（%）	指数年化收益率（%）	年化波动率（%）	指数年化波动率（%）	最大回撤（%）	指数最大回撤（%）	年化夏普比率	指数年化夏普比率
164	胡志利	工银瑞信	2016/10~2022/12	75	12	11.97	3.01	19.25	17.45	-32.65	-30.56	0.54	0.09
165	李旻	工银瑞信	2018/01~2022/12	60	5	10.13	2.65	16.32	18.94	-30.09	-29.52	0.53	0.06
166	林梦	工银瑞信	2017/10~2022/12	63	3	14.77	2.24	21.11	18.54	-35.55	-30.56	0.63	0.04
167	林念	工银瑞信	2016/09~2022/12	76	3	13.05	3.47	21.71	17.37	-29.71	-30.56	0.53	0.11
168	宋炳坤	工银瑞信	2014/01~2022/12	108	6	17.96	11.21	26.06	24.34	-49.77	-48.44	0.62	0.39
169	谭冬寒	工银瑞信	2016/09~2022/12	76	4	15.11	3.47	23.99	17.37	-38.66	-30.56	0.57	0.11
170	王筱苓	工银瑞信	2007/01~2022/12	149	11	15.48	15.19	21.73	26.69	-39.32	-51.55	0.62	0.48
171	夏雨	工银瑞信	2019/09~2022/12	40	3	19.31	6.96	22.57	17.93	-32.93	-22.95	0.79	0.30
172	修世宇	工银瑞信	2014/10~2022/12	56	5	0.27	4.59	37.81	28.98	-66.82	-48.44	-0.04	0.13
173	鄢耀	工银瑞信	2013/08~2022/12	113	10	13.97	11.00	17.86	23.96	-25.95	-48.44	0.68	0.39
174	杨柯	工银瑞信	2013/04~2022/12	117	6	12.69	11.15	27.33	24.36	-56.58	-48.44	0.40	0.38
175	杨鑫鑫	工银瑞信	2013/06~2022/12	112	6	14.08	12.22	13.88	24.08	-16.04	-46.95	0.89	0.36
176	张剑峰	工银瑞信	2016/09~2022/12	76	3	13.01	3.47	22.58	17.37	-36.27	-30.56	0.51	0.11
177	张玮升	工银瑞信	2017/10~2022/12	63	4	14.04	2.24	23.15	18.54	-43.72	-30.56	0.54	0.04
178	张洋	工银瑞信	2015/08~2022/12	89	1	5.84	4.81	5.26	21.42	-5.86	-34.44	0.83	0.15
179	张宇帆	工银瑞信	2016/03~2022/12	82	3	17.45	3.91	17.83	16.88	-26.83	-30.56	0.89	0.14
180	赵蓓	工银瑞信	2014/11~2022/12	98	6	17.75	8.15	30.54	25.00	-52.68	-48.44	0.53	0.26
181	陈栋	光大保德信	2015/04~2022/12	93	5	7.58	1.13	22.15	23.42	-41.88	-48.44	0.27	-0.02
182	霍云飞	光大保德信	2016/02~2022/12	83	8	4.14	6.26	14.73	17.88	-36.38	-30.56	0.18	0.27

续表

编号	基金经理	当前任职公司	任职区间	任职时间（月）	管理基金数量（只）	年化收益率（%）	指数年化收益率（%）	年化波动率（%）	指数年化波动率（%）	最大回撤（%）	指数最大回撤（%）	年化夏普比率（%）	指数年化夏普比率
183	房雷	光大保德信	2016/12~2022/12	73	9	8.49	3.33	11.36	17.48	-18.03	-30.56	0.62	0.10
184	黄波	光大保德信	2019/10~2022/12	39	3	9.03	6.88	6.94	18.17	-5.47	-22.95	1.09	0.30
185	李怀定	光大保德信	2015/12~2022/12	51	5	2.31	-7.12	3.29	21.67	-3.32	-29.50	0.26	-0.44
186	林晓凤	光大保德信	2018/10~2022/12	51	5	12.66	10.54	19.74	18.94	-29.76	-22.95	0.57	0.48
187	陶曙斌	光大保德信	2018/09~2022/12	46	4	7.29	7.13	26.26	20.59	-40.57	-22.95	0.23	0.32
188	徐晓杰	光大保德信	2015/05~2022/12	90	8	9.58	-0.32	22.78	23.05	-40.16	-48.44	0.36	-0.09
189	詹佳	光大保德信	2018/06~2022/12	55	9	12.71	6.68	19.62	19.11	-34.64	-22.95	0.57	0.27
190	赵大年	光大保德信	2016/02~2022/12	43	5	-9.21	2.12	14.31	17.39	-39.02	-22.95	-0.76	-0.02
191	陈少平	广发	2006/12~2022/12	187	8	11.90	9.04	25.44	29.19	-55.71	-68.61	0.38	0.21
192	陈甄璞	广发	2015/04~2022/12	67	8	-0.41	-3.27	10.18	24.18	-25.48	-44.57	-0.19	-0.22
193	程琨	广发	2013/02~2022/12	119	9	13.75	10.21	18.16	24.25	-30.66	-48.44	0.66	0.35
194	费逸	广发	2017/07~2022/12	66	9	17.38	3.14	23.37	18.15	-34.56	-30.56	0.68	0.09
195	傅友兴	广发	2013/02~2022/12	119	8	10.94	10.21	18.02	24.25	-34.25	-48.44	0.51	0.35
196	观富钦	广发	2018/02~2022/12	59	7	14.63	3.69	24.84	18.96	-33.38	-25.93	0.53	0.12
197	李琛	广发	2007/06~2022/12	187	11	7.09	7.61	21.03	27.97	-60.33	-68.61	0.23	0.19
198	李巍	广发	2011/09~2022/12	136	13	14.08	9.39	26.00	23.82	-50.85	-48.44	0.46	0.31
199	李耀柱	广发	2016/11~2022/12	74	9	8.12	2.40	19.30	17.51	-46.03	-30.56	0.34	0.05
200	林英睿	广发	2015/05~2022/12	87	9	9.70	-2.88	18.32	23.50	-22.02	-48.44	0.45	-0.16
201	刘格菘	广发	2013/08~2022/12	108	15	17.19	9.72	32.37	24.33	-63.64	-48.44	0.49	0.26

续表

编号	基金经理	当前任职公司	任职区间	任职时间（月）	管理基金数量（只）	年化收益率（%）	指数年化收益率（%）	年化波动率（%）	指数年化波动率（%）	最大回撤（%）	指数最大回撤（%）	年化夏普比率	指数年化夏普比率
202	刘玉	广发	2018/10~2022/12	51	3	20.97	10.54	18.16	18.94	-20.33	-22.95	1.07	0.48
203	罗洋	广发	2019/05~2022/12	44	3	20.93	7.23	20.14	17.14	-18.46	-22.95	0.96	0.33
204	邱璟旻	广发	2016/04~2022/12	81	8	4.87	4.24	21.50	16.97	-44.51	-30.56	0.16	0.16
205	邱世磊	广发	2016/01~2022/12	78	6	7.97	5.59	3.94	18.35	-1.66	-30.56	1.67	0.22
206	孙迪	广发	2017/12~2022/12	61	7	16.54	2.96	24.86	18.79	-31.78	-29.52	0.60	0.08
207	谭昌杰	广发	2015/01~2022/12	96	3	5.36	6.66	3.90	24.97	-3.20	-48.44	0.98	0.20
208	唐晓斌	广发	2014/12~2022/12	97	8	13.82	6.83	30.45	24.84	-57.38	-48.44	0.40	0.21
209	田文舟	广发	2019/06~2022/12	43	3	15.55	6.43	20.93	17.28	-28.81	-22.95	0.67	0.29
210	王明旭	广发	2018/10~2022/12	51	7	23.70	10.54	20.58	18.94	-19.89	-22.95	1.08	0.48
211	王颂	广发	2014/12~2022/12	82	6	11.51	10.37	24.29	25.43	-45.77	-44.57	0.41	0.30
212	吴兴武	广发	2015/02~2022/12	95	10	12.36	5.93	31.09	25.02	-51.58	-48.44	0.35	0.18
213	姚秋	广发	2015/01~2022/12	92	5	8.27	10.05	8.76	24.92	-17.37	-48.44	0.78	0.31
214	张东一	广发	2016/07~2022/12	78	13	5.54	3.85	19.03	17.25	-49.37	-30.56	0.21	0.14
215	张芊	广发	2015/11~2022/12	86	7	6.77	2.53	6.03	20.60	-11.08	-34.44	0.87	0.05
216	杜飞	国海富兰克林	2015/07~2022/12	90	3	6.32	2.69	20.66	22.07	-34.79	-34.44	0.23	0.05
217	刘晓	国海富兰克林	2017/02~2022/12	71	6	6.69	2.93	10.76	17.69	-23.10	-30.56	0.48	0.08
218	刘怡敏	国海富兰克林	2019/01~2022/12	48	1	8.93	11.21	4.75	19.30	-3.55	-22.95	1.56	0.50
219	沈竹熙	国海富兰克林	2018/09~2022/12	52	1	2.99	8.18	4.30	19.37	-7.51	-22.95	0.35	0.34
220	王莉	国海富兰克林	2019/09~2022/12	40	1	8.91	6.96	5.02	17.93	-2.61	-22.95	1.47	0.30

续表

编号	基金经理	当前任职公司	任职区间	任职时间(月)	管理基金数量(只)	年化收益率(%)	指数年化收益率(%)	年化波动率(%)	指数年化波动率(%)	最大回撤(%)	指数最大回撤(%)	年化夏普比率	指数年化夏普比率
221	王晓宁	国海富兰克林	2013/07~2022/12	114	2	11.94	11.60	23.13	23.93	-45.94	-48.44	0.44	0.41
222	徐成	国海富兰克林	2017/07~2022/12	66	3	13.29	3.14	19.33	18.15	-41.95	-30.56	0.61	0.09
223	徐荔蓉	国海富兰克林	2006/03~2022/12	151	5	23.33	22.57	24.62	27.45	-42.67	-51.55	0.87	0.75
224	赵晓东	国海富兰克林	2010/11~2022/12	146	6	13.05	7.34	17.71	23.34	-26.18	-48.44	0.62	0.22
225	赵宇烨	国海富兰克林	2018/09~2022/12	52	1	3.78	8.18	19.01	19.37	-28.60	-22.95	0.12	0.34
226	宫雪	国金	2014/08~2022/12	101	6	7.87	10.40	10.55	24.98	-23.76	-48.44	0.59	0.35
227	吕伟	国金	2015/06~2022/12	88	8	7.25	0.66	28.90	23.17	-42.89	-42.38	0.20	-0.06
228	高诗	国联安	2019/09~2022/12	40	1	17.82	6.96	23.74	17.93	-32.26	-22.95	0.69	0.30
229	刘斌	国联安	2013/12~2022/12	109	9	13.55	10.97	18.30	24.23	-24.43	-48.44	0.65	0.38
230	潘明	国联安	2014/02~2022/12	107	7	16.06	11.22	36.69	24.45	-64.10	-48.44	0.39	0.39
231	王欢	国联安	2017/12~2022/12	61	3	5.96	2.96	6.62	18.79	-13.05	-29.52	0.67	0.08
232	韦明亮	国联安	2010/12~2022/12	57	5	8.63	12.56	17.86	21.82	-22.68	-31.71	0.32	0.53
233	魏东	国联安	2004/05~2022/12	221	7	14.26	12.57	22.44	28.14	-56.78	-68.61	0.54	0.36
234	徐俊	国联安	2019/06~2022/12	43	1	5.31	6.43	17.63	17.28	-15.17	-22.95	0.22	0.29
235	薛琳	国联安	2015/06~2022/12	91	5	6.03	0.56	7.25	22.71	-20.50	-42.38	0.62	-0.04
236	杨子江	国联安	2017/12~2022/12	61	4	3.14	2.96	8.82	18.79	-17.54	-29.52	0.19	0.08
237	邹新进	国联安	2010/03~2022/12	154	3	10.13	6.93	19.55	23.58	-29.23	-48.44	0.41	0.20
238	冯赟	国融	2019/10~2022/12	39	5	-5.75	6.88	15.80	18.17	-37.65	-22.95	-0.46	0.30
239	李丹	国寿安保	2016/02~2022/12	83	2	6.28	6.26	17.88	17.88	-29.82	-30.56	0.27	0.27

续表

编号	基金经理	当前任职公司	任职区间	任职时间（月）	管理基金数量（只）	年化收益率（%）	指数年化收益率（%）	年化波动率（%）	指数年化波动率（%）	最大回撤（%）	指数最大回撤（%）	年化夏普比率	指数年化夏普比率
240	李捷	国寿安保	2016/09~2022/12	76	3	9.24	3.47	18.05	17.37	−29.91	−30.56	0.43	0.11
241	刘志军	国寿安保	2018/04~2022/12	57	2	8.42	4.65	22.90	19.21	−44.32	−22.99	0.30	0.16
242	吴坚	国寿安保	2015/09~2022/12	88	7	11.58	5.68	19.22	21.41	−34.93	−34.44	0.52	0.20
243	张标	国寿安保	2018/04~2022/12	57	2	6.00	4.65	21.89	19.21	−35.02	−22.99	0.21	0.16
244	张琦	国寿安保	2010/07~2022/12	147	16	14.52	11.65	20.12	22.34	−28.59	−48.44	0.62	0.45
245	艾小军	国泰	2017/03~2022/12	70	5	8.72	3.07	19.76	17.82	−32.76	−30.56	0.37	0.09
246	程洲	国泰	2008/04~2022/12	177	15	7.16	7.04	20.21	26.82	−53.88	−57.51	0.25	0.18
247	戴计辉	国泰	2018/12~2022/12	49	6	10.83	11.66	7.52	19.11	−6.01	−22.95	1.24	0.53
248	邓时锋	国泰	2008/04~2022/12	136	5	7.71	6.34	23.88	29.01	−48.68	−57.51	0.22	0.14
249	樊利安	国泰	2014/10~2022/12	99	29	6.97	9.17	5.26	25.04	−11.38	−48.44	1.02	0.30
250	高崇南	国泰	2018/09~2022/12	52	3	7.56	8.18	18.12	19.37	−30.61	−22.95	0.33	0.34
251	李海	国泰	2016/06~2022/12	79	4	7.12	3.88	17.94	17.14	−28.44	−30.56	0.31	0.14
252	李恒	国泰	2017/01~2022/12	72	6	15.02	3.42	23.46	17.60	−39.47	−30.56	0.58	0.11
253	梁杏	国泰	2018/07~2022/12	54	1	1.07	6.74	12.14	19.29	−25.63	−22.95	−0.04	0.27
254	林小聪	国泰	2017/06~2022/12	67	3	14.82	3.39	24.93	18.02	−37.61	−30.56	0.53	0.10
255	彭凌志	国泰	2015/12~2022/12	85	7	11.00	1.80	27.71	20.63	−33.66	−34.44	0.34	0.01
256	饶玉涵	国泰	2015/09~2022/12	88	5	8.80	5.68	21.58	21.41	−37.92	−34.44	0.34	0.20
257	申坤	国泰	2015/06~2022/12	91	3	6.26	0.56	23.40	22.71	−43.78	−42.38	0.20	−0.04
258	王琳	国泰	2017/01~2022/12	72	10	8.39	3.42	8.50	17.60	−8.92	−30.56	0.81	0.11

续表

编号	基金经理	当前任职公司	任职区间	任职时间（月）	管理基金数量（只）	年化收益率（%）	指数年化收益率（%）	年化波动率（%）	指数年化波动率（%）	最大回撤（%）	指数最大回撤（%）	年化夏普比率	指数夏普比率
259	王阳	国泰	2018/11~2022/12	50	5	30.21	10.23	29.19	19.13	-34.69	-22.95	0.98	0.46
260	徐治彪	国泰	2015/08~2022/12	86	9	14.00	3.51	26.07	21.83	-47.24	-34.44	0.49	0.09
261	郑有为	国泰	2019/06~2022/12	43	5	24.10	6.43	21.66	17.28	-24.60	-22.95	1.04	0.29
262	吉莉	国投瑞银	2017/06~2022/12	67	7	13.14	3.39	15.79	18.02	-22.21	-30.56	0.74	0.10
263	李轩	国投瑞银	2015/12~2022/12	85	2	8.03	1.80	30.87	20.63	-41.85	-34.44	0.21	0.01
264	綦缚鹏	国投瑞银	2010/04~2022/12	153	12	10.24	7.58	17.66	23.54	-34.53	-48.44	0.46	0.23
265	桑俊	国投瑞银	2014/12~2022/12	97	14	9.37	6.83	11.82	24.84	-24.39	-48.44	0.66	0.21
266	施成	国投瑞银	2019/03~2022/12	46	6	37.91	4.82	39.12	17.16	-36.17	-22.95	0.93	0.19
267	王鹏	国投瑞银	2015/04~2022/12	93	3	26.22	2.86	32.18	18.64	-38.39	-29.52	0.77	0.07
268	吴潇	国投瑞银	2016/12~2022/12	73	8	9.95	3.33	15.41	17.48	-26.32	-30.56	0.55	0.10
269	黄诺楠	国新国证	2017/04~2022/12	41	4	-2.73	-5.15	5.32	19.29	-12.86	-30.56	-0.81	-0.40
270	杜晓海	海富通	2016/06~2022/12	79	9	4.71	3.88	7.23	17.14	-14.55	-30.56	0.44	0.14
271	范庭芳	海富通	2019/08~2022/12	41	5	18.64	7.01	27.62	17.70	-33.35	-22.95	0.62	0.31
272	高峰	海富通	2017/08~2022/12	65	1	4.50	2.62	19.35	18.25	-35.55	-30.56	0.15	0.06
273	胡耀文	海富通	2015/06~2022/12	88	3	9.01	0.73	24.50	23.19	-39.70	-42.38	0.31	-0.06
274	黄峰	海富通	2014/12~2022/12	97	9	11.61	6.83	27.12	24.84	-54.32	-48.44	0.37	0.21
275	李志	海富通	2017/05~2022/12	68	3	8.64	4.20	19.89	17.98	-35.85	-30.56	0.36	0.15
276	吕越超	海富通	2014/11~2022/12	95	6	19.34	7.64	31.06	25.46	-39.82	-48.44	0.58	0.22
277	谈云飞	海富通	2015/04~2022/12	93	6	5.15	1.13	4.73	23.42	-5.93	-48.44	0.77	-0.02

续表

编号	基金经理	当前任职公司	任职区间	任职时间（月）	管理基金数量（只）	年化收益率（%）	指数年化收益率（%）	年化波动率（%）	指数年化波动率（%）	最大回撤（%）	指数最大回撤（%）	年化夏普比率	指数夏普比率
278	陶敏	海富通	2018/04~2022/12	57	1	7.03	4.65	8.00	19.21	-4.60	-22.99	0.69	0.16
279	王金祥	海富通	2018/11~2022/12	50	2	20.33	10.23	21.58	19.13	-24.44	-22.95	0.87	0.46
280	夏妍妍	海富通	2018/01~2022/12	60	2	5.23	2.65	4.27	18.94	-8.35	-29.52	0.87	0.06
281	周雪军	海富通	2012/06~2022/12	124	8	13.19	4.95	19.34	22.60	-24.47	-42.38	0.59	0.18
282	朱斌全	海富通	2019/10~2022/12	39	5	5.57	6.88	5.85	18.17	-8.39	-22.95	0.70	0.30
283	朱伟东	合煦智远	2018/09~2022/12	52	1	16.43	8.18	19.92	19.37	-27.30	-22.95	0.75	0.34
284	高楠	恒越	2017/11~2022/12	60	5	20.54	0.06	26.91	18.59	-33.99	-29.52	0.72	-0.23
285	梁钧	红塔红土	2007/08~2022/12	50	5	-10.23	-5.56	26.69	33.03	-60.42	-68.61	-0.49	-0.34
286	赵耀	红塔红土	2015/05~2022/12	92	11	6.22	-0.84	11.02	22.90	-16.83	-48.44	0.43	-0.10
287	盖俊龙	红土创新	2014/05~2022/12	93	9	19.58	16.93	30.50	25.54	-49.60	-48.44	0.59	0.63
288	秦昌景	泓德	2017/06~2022/12	67	7	13.46	3.39	19.31	18.02	-37.40	-30.56	0.62	0.10
289	苏昌景	泓德	2016/04~2022/12	81	6	11.86	4.24	16.90	16.97	-28.42	-30.56	0.61	0.16
290	王克玉	泓德	2010/07~2022/12	146	10	15.14	11.05	18.05	22.03	-33.53	-40.69	0.73	0.34
291	邬传雁	泓德	2015/06~2022/12	91	7	11.34	0.56	18.49	22.71	-40.21	-42.38	0.53	-0.04
292	于浩成	泓德	2018/01~2022/12	54	5	2.16	-2.91	22.61	18.32	-38.13	-29.52	0.03	-0.24
293	陈媛	华安	2018/02~2022/12	59	6	11.15	3.69	20.72	18.96	-37.35	-25.93	0.47	0.12
294	高钥群	华安	2017/04~2022/12	69	4	15.80	3.63	16.97	17.90	-28.40	-30.56	0.84	0.12
295	贺涛	华安	2015/05~2022/12	92	7	4.58	-0.84	4.90	22.90	-9.22	-48.44	0.63	-0.10
296	胡宜斌	华安	2015/11~2022/12	86	6	16.82	2.53	26.61	20.60	-28.06	-34.44	0.58	0.05

续表

编号	基金经理	当前任职公司	任职区间	任职时间（月）	管理基金数量（只）	年化收益率（%）	指数年化收益率（%）	年化波动率（%）	指数年化波动率（%）	最大回撤（%）	指数最大回撤（%）	年化夏普比率	指数年化夏普比率
297	蒋璆	华安	2015/06~2022/12	91	12	12.60	0.56	22.99	22.71	-30.44	-42.38	0.48	-0.04
298	李欣	华安	2015/07~2022/12	90	7	7.58	3.78	18.60	19.13	-27.57	-25.85	0.33	0.12
299	刘潇	华安	2018/06~2022/12	49	4	27.25	11.15	23.01	18.41	-30.75	-20.26	1.15	0.40
300	陆奔	华安	2018/09~2022/12	52	4	10.19	8.18	6.81	19.37	-6.29	-22.95	1.28	0.34
301	陆秋渊	华安	2017/06~2022/12	67	4	16.14	3.39	21.39	18.02	-37.83	-30.56	0.68	0.10
302	马丁	华安	2019/03~2022/12	46	3	10.35	4.82	17.85	17.16	-20.57	-22.95	0.50	0.19
303	饶晓鹏	华安	2013/12~2022/12	105	9	19.11	12.39	25.23	21.79	-36.49	-34.44	0.70	0.53
304	盛骅	华安	2018/02~2022/12	59	5	12.55	3.69	24.44	18.96	-38.87	-25.93	0.45	0.12
305	石雨欣	华安	2016/02~2022/12	83	5	5.12	6.26	3.82	17.88	-5.84	-30.56	0.95	0.27
306	舒灏	华安	2018/07~2022/12	54	6	8.53	6.74	6.84	19.29	-10.28	-22.95	1.03	0.27
307	万建军	华安	2018/03~2022/12	58	6	21.91	3.78	23.80	19.13	-27.79	-25.85	0.86	0.12
308	王斌	华安	2018/10~2022/12	51	6	34.46	10.54	22.45	18.94	-20.61	-22.95	1.47	0.48
309	王春	华安	2007/04~2022/12	152	11	14.82	12.06	24.29	28.59	-51.18	-68.61	0.53	0.32
310	翁启森	华安	2014/03~2022/12	106	6	11.82	11.64	25.03	24.54	-51.19	-48.44	0.40	0.41
311	杨明	华安	2013/06~2022/12	115	9	14.38	11.90	19.48	23.84	-33.35	-48.44	0.65	0.42
312	郑可成	华安	2013/05~2022/12	116	9	6.32	10.23	4.77	24.29	-2.99	-48.44	0.95	0.35
313	周益鸣	华安	2019/12~2022/12	37	1	6.87	5.25	5.91	18.19	-6.33	-22.95	0.91	0.21
314	朱才敏	华安	2015/05~2022/12	92	5	4.89	-0.84	3.18	22.90	-4.10	-48.44	1.06	-0.10
315	蔡目荣	华宝	2012/08~2022/12	125	7	10.61	11.35	19.03	24.20	-35.63	-48.44	0.46	0.39

续表

编号	基金经理	当前任职公司	任职区间	任职时间（月）	管理基金数量（只）	年化收益率（%）	指数年化收益率（%）	年化波动率（%）	指数年化波动率（%）	最大回撤（%）	指数最大回撤（%）	年化夏普比率	指数年化夏普比率
316	丁靖斐	华宝	2019/09~2022/12	40	4	25.61	6.96	25.00	17.93	-27.17	-22.95	0.96	0.30
317	高文庆	华宝	2017/03~2022/12	70	1	5.57	3.07	3.82	17.82	-4.32	-30.56	1.06	0.09
318	贺喆	华宝	2018/07~2022/12	54	5	16.85	6.74	20.44	19.29	-20.66	-22.95	0.75	0.27
319	李栋梁	华宝	2015/10~2022/12	87	8	7.65	3.36	6.93	20.60	-11.56	-34.44	0.89	0.09
320	林昊	华宝	2017/03~2022/12	70	5	7.23	3.07	4.59	17.82	-5.07	-30.56	1.25	0.09
321	刘自强	华宝	2008/03~2022/12	178	5	11.57	7.18	26.27	26.75	-47.94	-57.51	0.36	0.19
322	毛文博	华宝	2015/04~2022/12	93	2	5.87	1.13	21.51	23.42	-43.47	-48.44	0.20	-0.02
323	汤慧	华宝	2019/09~2022/12	40	8	14.48	6.96	20.58	17.93	-25.54	-22.95	0.63	0.30
324	夏林锋	华宝	2014/10~2022/12	99	7	18.00	9.17	22.84	25.04	-34.89	-48.44	0.72	0.30
325	徐林明	华宝	2015/04~2022/12	93	3	-4.31	1.13	27.42	23.42	-53.62	-48.44	-0.22	-0.02
326	闫旭	华宝	2007/06~2022/12	174	11	6.52	6.76	24.24	28.74	-55.99	-68.61	0.18	0.14
327	易镜明	华宝	2015/04~2022/12	93	2	2.28	1.13	28.11	23.42	-56.79	-48.44	0.03	-0.02
328	张金涛	华宝	2015/10~2022/12	40	4	13.58	4.36	18.52	17.07	-31.94	-30.56	0.65	0.17
329	陈奇	华富	2019/10~2022/12	39	6	20.80	6.88	29.01	18.17	-29.59	-22.95	0.67	0.30
330	陈启明	华富	2014/09~2022/12	100	9	16.08	9.33	27.08	24.91	-47.15	-48.44	0.53	0.31
331	高靖瑜	华富	2014/12~2022/12	97	4	6.68	6.83	26.65	24.84	-59.73	-48.44	0.19	0.21
332	郜哲	华富	2018/02~2022/12	53	3	3.23	1.57	20.00	19.87	-29.61	-25.93	0.09	-0.01
333	张惠	华富	2016/06~2022/12	79	6	5.96	3.88	3.86	17.14	-6.11	-30.56	1.16	0.14
334	张娅	华富	2018/01~2022/12	54	3	3.17	0.42	19.80	19.82	-29.61	-29.52	0.09	-0.07

续表

编号	基金经理	当前任职公司	任职区间	任职时间（月）	管理基金数量（只）	年化收益率（%）	指数年化收益率（%）	年化波动率（%）	指数年化波动率（%）	最大回撤（%）	指数最大回撤（%）	年化夏普比率	指数年化夏普比率
335	李武群	华润元大	2019/10~2022/12	39	5	3.18	6.88	15.22	18.17	-23.42	-22.95	0.11	0.30
336	刘宏毅	华润元大	2018/01~2022/12	60	5	4.32	2.65	25.58	18.94	-37.69	-29.52	0.11	0.06
337	艾定飞	华商	2018/11~2022/12	50	5	9.34	10.23	22.44	19.13	-30.23	-22.95	0.35	0.46
338	陈恒	华商	2017/07~2022/12	66	4	1.45	3.14	23.00	18.15	-44.55	-30.56	0.00	0.09
339	邓默	华商	2015/09~2022/12	88	9	9.23	5.68	21.69	21.41	-36.56	-34.44	0.36	0.20
340	高兵	华商	2015/04~2022/12	85	11	7.82	-1.82	32.14	23.23	-66.82	-46.95	0.20	-0.14
341	何奇峰	华商	2015/01~2022/12	96	6	9.53	6.66	28.04	24.97	-52.22	-48.44	0.28	0.20
342	胡中原	华商	2019/03~2022/12	46	2	15.73	4.82	9.67	17.16	-7.46	-22.95	1.47	0.19
343	李双全	华商	2015/04~2022/12	93	8	0.72	1.13	23.61	23.42	-48.96	-48.44	-0.03	-0.02
344	彭欣杨	华商	2016/04~2022/12	81	3	5.48	4.24	20.25	16.97	-35.65	-30.56	0.20	0.16
345	童立	华商	2016/04~2022/12	81	10	8.62	4.24	21.53	16.97	-34.93	-30.56	0.33	0.16
346	吴昊	华商	2017/07~2022/12	66	6	12.78	9.77	25.91	23.99	-44.32	-48.44	0.42	0.33
347	伍文友	华商	2015/08~2022/12	86	5	10.23	5.12	23.81	21.86	-38.99	-34.44	0.38	0.15
348	周海栋	华商	2014/05~2022/12	104	10	17.71	11.78	21.72	24.77	-38.99	-48.44	0.74	0.41
349	方纬	华泰柏瑞	2014/08~2022/12	95	12	15.14	10.49	18.97	24.99	-30.93	-48.44	0.73	0.31
350	何琦	华泰柏瑞	2017/07~2022/12	66	2	9.02	3.14	29.40	18.15	-56.55	-30.56	0.26	0.09
351	陆从珍	华泰柏瑞	2010/04~2022/12	93	5	8.51	14.60	17.73	22.49	-31.62	-33.01	0.34	0.47
352	吕昌建	华泰柏瑞	2009/11~2022/12	158	6	12.40	6.75	26.14	23.44	-44.32	-48.44	0.39	0.20
353	牛勇	华泰柏瑞	2016/12~2022/12	70	7	12.66	4.74	23.52	17.77	-31.14	-30.56	0.48	0.19

续表

编号	基金经理	当前任职公司	任职区间	任职时间（月）	管理基金数量（只）	年化收益率（%）	指数年化收益率（%）	年化波动率（%）	指数年化波动率（%）	最大回撤（%）	指数最大回撤（%）	年化夏普比率	指数年化夏普比率
354	沈雪峰	华泰柏瑞	2007/05～2022/12	122	12	12.85	17.25	24.02	28.18	-44.69	-68.61	0.44	0.60
355	盛豪	华泰柏瑞	2015/10～2022/12	87	16	7.60	3.36	16.92	20.60	-22.05	-34.44	0.36	0.09
356	田汉卿	华泰柏瑞	2013/08～2022/12	113	11	13.50	11.00	19.97	23.96	-31.19	-48.44	0.59	0.39
357	吴邦栋	华泰柏瑞	2018/03～2022/12	58	8	10.10	3.78	11.71	19.13	-16.91	-25.85	0.73	0.12
358	杨景涵	华泰柏瑞	2015/04～2022/12	93	18	4.13	1.13	13.59	23.42	-19.55	-48.44	0.19	-0.02
359	张慧	华泰柏瑞	2013/09～2022/12	112	9	14.00	10.51	24.18	24.03	-46.46	-48.44	0.51	0.36
360	尚烁徽	华泰保兴	2017/03～2022/12	70	9	14.77	3.07	22.56	17.82	-39.40	-30.56	0.59	0.09
361	孙静佳	华泰保兴	2019/05～2022/12	44	2	10.37	7.23	16.39	17.14	-25.70	-22.95	0.56	0.33
362	赵健	华泰保兴	2018/06～2022/12	55	3	8.27	6.68	10.21	19.11	-19.66	-22.95	0.66	0.27
363	赵旭照	华泰保兴	2018/01～2022/12	60	4	6.04	2.65	6.49	18.94	-8.02	-29.52	0.70	0.06
364	毛甜	华泰证券资管	2018/03～2022/12	58	1	4.39	3.78	18.62	19.13	-30.25	-25.85	0.16	0.12
365	陈伟彦	华夏	2015/11～2022/12	86	16	6.63	2.53	17.59	20.60	-25.80	-34.44	0.29	0.05
366	代瑞亮	华夏	2015/03～2022/12	94	5	5.20	3.57	28.19	24.26	-54.55	-48.44	0.13	0.08
367	韩丽楠	华夏	2015/08～2022/12	86	10	8.65	5.75	9.10	21.58	-9.06	-34.44	0.80	0.18
368	黄芳	华夏	2018/01～2022/12	60	1	-2.70	2.65	21.11	18.94	-52.14	-29.52	-0.20	0.06
369	黄文倩	华夏	2016/02～2022/12	83	6	13.29	6.26	20.54	17.88	-43.83	-30.56	0.57	0.27
370	季新星	华夏	2017/01～2022/12	69	10	15.42	1.81	20.12	17.06	-30.82	-30.56	0.70	-0.02
371	李锋汶	华夏	2014/03～2022/12	57	4	4.92	15.96	25.92	29.81	-48.15	-44.57	0.12	0.51
372	李湘杰	华夏	2013/09～2022/12	99	4	8.20	9.96	24.86	21.87	-51.11	-48.44	0.26	0.36

续表

编号	基金经理	当前任职公司	任职区间	任职时间（月）	管理基金数量（只）	年化收益率（%）	指数年化收益率（%）	年化波动率（%）	指数年化波动率（%）	最大回撤（%）	指数最大回撤（%）	年化夏普比率	指数年化夏普比率
373	林晶	华夏	2017/03~2022/12	70	11	8.08	3.07	18.19	17.82	−29.05	−30.56	0.36	0.09
374	林青泽	华夏	2019/08~2022/12	41	3	6.87	7.01	23.75	17.70	−44.45	−22.95	0.23	0.31
375	刘平	华夏	2015/11~2022/12	86	3	1.33	2.53	22.89	20.60	−36.82	−34.44	−0.01	0.05
376	罗皓亮	华夏	2018/10~2022/12	51	4	7.58	10.54	19.73	18.94	−33.39	−22.95	0.31	0.48
377	吕佳玮	华夏	2017/08~2022/12	65	3	18.47	2.62	29.41	18.25	−36.08	−30.56	0.58	0.06
378	潘中宁	华夏	2018/09~2022/12	52	4	14.89	8.18	21.85	19.37	−32.41	−22.95	0.61	0.34
379	彭海伟	华夏	2014/01~2022/12	108	4	11.98	11.21	25.64	24.34	−42.31	−48.44	0.40	0.39
380	孙轶佳	华夏	2015/11~2022/12	86	10	7.06	2.53	22.20	20.60	−39.09	−34.44	0.25	0.05
381	王勐松	华夏	2007/01~2022/12	57	4	24.63	19.07	28.94	28.88	−36.04	−28.04	0.80	0.61
382	王睿智	华夏	2019/08~2022/12	41	1	9.65	7.01	22.00	17.70	−37.14	−22.95	0.37	0.31
383	王晓李	华夏	2015/09~2022/12	88	6	9.83	5.68	29.72	21.41	−52.72	−34.44	0.28	0.20
384	阳琨	华夏	2007/06~2022/12	187	9	9.31	7.61	24.04	27.97	−47.40	−68.61	0.29	0.19
385	袁英杰	华夏	2017/09~2022/12	45	4	−4.04	−7.49	17.90	19.45	−28.01	−30.56	−0.31	−0.49
386	张城源	华夏	2017/05~2022/12	68	7	0.06	4.20	12.33	17.98	−23.79	−30.56	−0.12	0.15
387	张帆	华夏	2017/01~2022/12	72	5	14.44	3.42	21.34	17.60	−27.90	−30.56	0.61	0.11
388	张弘弢	华夏	2016/11~2022/12	74	1	4.09	2.40	15.86	17.51	−26.11	−30.56	0.16	0.05
389	郑晓辉	华夏	2006/12~2022/12	134	4	14.84	17.51	25.53	28.36	−47.30	−48.70	0.51	0.52
390	郑煜	华夏	2006/08~2022/12	197	14	14.73	13.60	22.97	29.22	−48.12	−68.61	0.54	0.39
391	郑泽鸿	华夏	2017/06~2022/12	67	6	25.00	3.39	32.10	18.02	−35.63	−30.56	0.73	0.10

续表

编号	基金经理	当前任职公司	任职区间	任职时间（月）	管理基金数量（只）	年化收益率（%）	指数年化收益率（%）	年化波动率（%）	指数年化波动率（%）	最大回撤（%）	指数最大回撤（%）	年化夏普比率	指数年化夏普比率
392	周克平	华夏	2019/01~2022/12	48	7	23.17	11.21	30.35	19.30	-34.94	-22.95	0.71	0.50
393	陈欣	汇安	2018/03~2022/12	58	5	4.52	3.78	19.23	19.13	-31.76	-25.85	0.16	0.12
394	戴杰	汇安	2017/01~2022/12	72	15	14.42	3.42	19.82	17.60	-34.54	-30.56	0.65	0.11
395	刘田	汇安	2015/12~2022/12	82	8	-4.68	0.73	22.70	20.64	-48.56	-34.44	-0.27	-0.13
396	吴尚伟	汇安	2014/11~2022/12	89	8	18.28	9.95	22.97	25.31	-39.79	-48.44	0.74	0.35
397	朱晨歌	汇安	2018/02~2022/12	59	8	1.92	3.69	18.70	18.96	-35.07	-25.93	0.02	0.12
398	邹唯	汇安	2006/08~2022/12	175	12	16.03	15.53	28.74	30.12	-60.62	-68.61	0.49	0.46
399	陈平	汇丰晋信	2015/07~2022/12	90	3	5.03	2.69	29.72	22.07	-45.81	-34.44	0.12	0.05
400	程彧	汇丰晋信	2016/11~2022/12	74	3	6.44	2.40	24.42	17.51	-54.79	-30.56	0.20	0.05
401	方磊	汇丰晋信	2016/03~2022/12	82	2	5.61	3.91	13.14	16.88	-19.75	-30.56	0.31	0.14
402	侯玉苃	汇丰晋信	2013/04~2022/12	110	3	9.53	10.08	25.03	24.77	-50.78	-48.44	0.31	0.35
403	黄立华	汇丰晋信	2014/01~2022/12	54	3	8.33	20.86	20.08	26.67	-35.37	-39.98	0.33	0.61
404	陆彬	汇丰晋信	2019/05~2022/12	44	7	41.57	7.23	32.56	17.14	-24.67	-22.95	1.23	0.33
405	吴培文	汇丰晋信	2015/09~2022/12	88	5	9.54	5.68	20.28	21.41	-23.74	-34.44	0.40	0.20
406	许廷全	汇丰晋信	2019/08~2022/12	41	1	0.58	7.01	23.83	17.70	-45.91	-22.95	-0.04	0.31
407	梁永强	汇泉	2008/09~2022/12	137	8	10.53	9.72	29.03	27.55	-72.62	-44.57	0.29	0.28
408	蔡志文	汇添富	2019/12~2022/12	37	2	11.46	5.25	20.92	18.19	-25.06	-22.95	0.48	0.21
409	陈健玮	汇添富	2018/02~2022/12	59	3	-0.40	3.69	23.63	18.96	-55.88	-25.93	-0.08	0.12
410	樊勇	汇添富	2018/10~2022/12	48	7	37.93	11.84	29.18	17.77	-28.16	-22.95	1.28	0.64

续表

编号	基金经理	当前任职公司	任职区间	任职时间（月）	管理基金数量（只）	年化收益率（%）	指数年化收益率（%）	年化波动率（%）	指数年化波动率（%）	最大回撤（%）	指数最大回撤（%）	年化夏普比率	指数年化夏普比率
411	顾耀强	汇添富	2009/12~2022/12	157	6	10.43	6.57	25.31	23.50	-48.30	-48.44	0.33	0.19
412	胡昕炜	汇添富	2016/04~2022/12	81	6	19.76	4.24	22.87	16.97	-41.89	-30.56	0.80	0.16
413	黄耀锋	汇添富	2019/04~2022/12	45	4	12.98	5.32	20.60	17.33	-30.00	-22.95	0.56	0.22
414	赖中立	汇添富	2017/05~2022/12	68	1	17.01	4.20	26.02	17.98	-35.96	-30.56	0.60	0.15
415	劳杰男	汇添富	2015/07~2022/12	90	8	7.69	2.69	19.01	22.07	-39.22	-34.44	0.33	0.05
416	李威	汇添富	2015/01~2022/12	96	5	14.16	6.66	32.23	24.97	-63.35	-48.44	0.39	0.20
417	刘江	汇添富	2015/06~2022/12	91	7	2.28	0.56	18.21	22.71	-41.86	-42.38	0.04	-0.04
418	刘伟林	汇添富	2015/12~2022/12	85	5	0.53	1.80	15.74	20.63	-38.14	-34.44	-0.06	0.01
419	马翔	汇添富	2016/03~2022/12	82	9	8.52	3.91	19.61	16.88	-34.89	-30.56	0.36	0.14
420	王栩	汇添富	2010/02~2022/12	155	6	12.11	7.08	24.56	23.51	-46.19	-48.44	0.41	0.21
421	王忠华	汇添富	2001/11~2022/12	59	5	30.85	28.83	25.46	30.51	-18.42	-40.05	1.17	0.94
422	吴江宏	汇添富	2016/04~2022/12	81	3	4.70	4.24	2.95	16.97	-2.62	-30.56	1.08	0.16
423	吴振翔	汇添富	2015/02~2022/12	95	2	9.51	5.93	23.07	25.02	-35.68	-48.44	0.35	0.18
424	谢昌旭	汇添富	2018/10~2022/12	48	9	18.36	11.84	21.36	17.77	-40.13	-22.95	0.81	0.64
425	许一尊	汇添富	2015/11~2022/12	86	2	8.14	2.53	20.28	20.60	-27.18	-34.44	0.33	0.05
426	杨瑨	汇添富	2018/06~2022/12	55	8	2.68	6.68	13.13	19.11	-36.66	-22.95	0.09	0.27
427	詹杰	汇添富	2018/08~2022/12	49	3	28.08	11.77	22.77	18.97	-20.83	-20.26	1.19	0.69
428	张朋	汇添富	2018/06~2022/12	51	5	14.55	3.91	21.01	18.69	-33.51	-22.95	0.64	0.09
429	赵鹏程	汇添富	2016/07~2022/12	78	7	8.25	3.85	18.40	17.25	-34.69	-30.56	0.37	0.14

附录六 在职基金经理与同期万得全 A 指数业绩对比表（按当前任职公司排序）：1998~2022 年

续表

编号	基金经理	当前任职公司	任职区间	任职时间（月）	管理基金数量（只）	年化收益率（%）	指数年化收益率（%）	年化波动率（%）	指数年化波动率（%）	最大回撤（%）	指数最大回撤（%）	年化夏普比率	指数年化夏普比率
430	赵鹏飞	汇添富	2016/06~2022/12	79	6	11.49	3.88	15.62	17.14	-22.71	-30.56	0.64	0.14
431	郑慧莲	汇添富	2018/04~2022/12	57	10	8.71	4.65	19.24	19.21	-39.38	-22.99	0.38	0.16
432	郑磊	汇添富	2014/12~2022/12	89	8	18.85	10.05	28.56	25.71	-50.40	-48.44	0.61	0.37
433	范习辉	惠升	2018/08~2022/12	50	5	13.54	7.61	24.15	19.89	-38.40	-22.95	0.51	0.30
434	孙庆	惠升	2019/12~2022/12	37	8	0.58	5.25	17.83	18.19	-37.87	-22.95	-0.05	0.21
435	张一甫	惠升	2017/01~2022/12	69	5	8.55	3.74	16.58	18.11	-32.24	-30.56	0.43	0.05
436	李国林	嘉合	2019/01~2022/12	48	9	16.37	11.21	19.10	19.30	-27.20	-22.95	0.78	0.50
437	王东旋	嘉合	2015/09~2022/12	84	5	12.14	8.63	20.51	21.02	-33.26	-34.44	0.53	0.28
438	杨彦喆	嘉合	2019/06~2022/12	43	5	8.26	6.43	19.37	17.28	-34.66	-22.95	0.35	0.29
439	蔡丞丰	嘉实	2017/07~2022/12	54	5	19.76	3.33	17.97	19.31	-21.81	-30.56	1.04	0.19
440	常蓁	嘉实	2015/03~2022/12	94	7	10.07	3.57	22.37	24.26	-37.99	-48.44	0.38	0.08
441	董福焱	嘉实	2019/08~2022/12	41	3	6.13	7.01	20.83	17.70	-36.61	-22.95	0.22	0.31
442	方晗	嘉实	2017/10~2022/12	58	4	0.58	1.98	16.13	19.50	-28.72	-30.56	-0.06	-0.07
443	归凯	嘉实	2016/03~2022/12	82	9	12.00	3.91	18.65	16.88	-37.51	-30.56	0.56	0.14
444	郝淼	嘉实	2019/01~2022/12	45	6	22.15	10.68	27.40	19.94	-41.18	-22.95	0.77	0.52
445	洪流	嘉实	2014/11~2022/12	91	13	13.90	6.05	21.68	24.86	-38.57	-48.44	0.57	0.18
446	胡涛	嘉实	2009/06~2022/12	159	8	12.41	7.39	24.73	24.71	-40.27	-48.44	0.42	0.21
447	胡永青	嘉实	2014/10~2022/12	99	10	6.73	9.17	3.87	25.04	-3.49	-48.44	1.33	0.30
448	胡宇飞	嘉实	2018/02~2022/12	59	4	11.64	3.69	21.39	18.96	-38.93	-25.93	0.47	0.12

续表

编号	基金经理	当前任职公司	任职区间	任职时间（月）	管理基金数量（只）	年化收益率（%）	指数年化收益率（%）	年化波动率（%）	指数年化波动率（%）	最大回撤（%）	指数最大回撤（%）	年化夏普比率	指数年化夏普比率
449	金猛	嘉实	2018/09~2022/12	52	2	13.20	8.18	19.71	19.37	-25.41	-22.95	0.59	0.34
450	李欣	嘉实	2018/03~2022/12	58	2	7.58	3.78	18.60	19.13	-27.57	-25.85	0.33	0.12
451	刘斌	嘉实	2009/11~2022/12	153	5	13.55	10.97	18.30	24.23	-24.43	-48.44	0.65	0.38
452	刘美玲	嘉实	2013/12~2022/12	96	6	7.29	11.49	26.62	25.68	-57.78	-48.44	0.21	0.38
453	刘宁	嘉实	2015/12~2022/12	85	14	3.77	1.80	3.79	20.63	-5.06	-34.44	0.60	0.01
454	龙昌伦	嘉实	2017/06~2022/12	67	2	8.99	3.39	18.34	18.02	-30.16	-30.56	0.41	0.10
455	曲盛伟	嘉实	2017/12~2022/12	61	4	18.87	2.96	26.34	18.79	-31.16	-29.52	0.66	0.08
456	苏文杰	嘉实	2018/10~2022/12	51	1	23.82	10.54	22.41	18.94	-24.66	-22.95	1.00	0.48
457	谭丽	嘉实	2017/04~2022/12	69	11	10.20	3.63	14.48	17.90	-26.42	-30.56	0.60	0.12
458	王丹	嘉实	2019/01~2022/12	48	3	14.50	11.21	21.58	19.30	-42.94	-22.95	0.60	0.50
459	王贵重	嘉实	2019/05~2022/12	44	6	21.48	7.23	25.40	17.14	-31.59	-22.95	0.79	0.33
460	王凯	嘉实	2016/09~2022/12	76	2	5.69	3.47	22.83	17.37	-42.11	-30.56	0.18	0.11
461	王鑫晨	嘉实	2019/05~2022/12	44	3	-2.75	7.23	22.88	17.14	-49.04	-22.95	-0.19	0.33
462	王雪松	嘉实	2009/08~2022/12	42	3	-5.22	-6.09	17.62	21.93	-38.51	-27.75	-0.44	-0.26
463	吴越	嘉实	2019/04~2022/12	41	5	7.77	1.67	18.79	16.45	-27.12	-22.95	0.34	-0.05
464	肖觅	嘉实	2016/12~2022/12	73	10	10.65	3.33	14.21	17.48	-23.93	-30.56	0.64	0.10
465	谢泽林	嘉实	2015/09~2022/12	88	4	12.63	5.68	20.20	21.41	-28.31	-34.44	0.55	0.20
466	轩璇	嘉实	2019/11~2022/12	38	1	8.15	7.56	5.40	18.38	-3.49	-22.95	1.23	0.33
467	颜伟鹏	嘉实	2015/03~2022/12	88	6	19.06	3.20	27.56	25.07	-42.58	-48.44	0.64	0.07

续表

编号	基金经理	当前任职公司	任职区间	任职时间（月）	管理基金数量（只）	年化收益率（%）	指数年化收益率（%）	年化波动率（%）	指数年化波动率（%）	最大回撤（%）	指数最大回撤（%）	年化夏普比率	指数年化夏普比率
468	杨欢	嘉实	2015/06~2022/12	76	13	6.19	0.49	25.78	23.56	-42.39	-42.38	0.18	-0.02
469	姚志鹏	嘉实	2016/05~2022/12	81	9	12.66	4.36	22.64	17.07	-38.21	-30.56	0.49	0.17
470	张丹华	嘉实	2017/05~2022/12	68	12	9.29	4.20	20.59	17.98	-35.29	-30.56	0.38	0.15
471	张金涛	嘉实	2016/05~2022/12	80	8	13.58	4.36	18.52	17.07	-31.94	-30.56	0.65	0.17
472	张露	嘉实	2017/08~2022/12	65	3	8.48	2.62	18.18	18.25	-30.01	-30.56	0.38	0.06
473	张楠	嘉实	2018/01~2022/12	60	4	6.11	2.65	19.89	18.94	-34.50	-29.52	0.23	0.06
474	张自力	嘉实	2015/06~2022/12	91	3	2.86	0.56	21.42	22.71	-38.68	-42.38	0.06	-0.04
475	何珅华	建信	2015/04~2022/12	93	5	6.95	1.13	19.39	23.42	-31.68	-48.44	0.28	-0.02
476	姜锋	建信	2011/07~2022/12	138	6	9.43	8.07	20.73	23.86	-44.09	-48.44	0.36	0.25
477	刘克飞	建信	2018/03~2022/12	58	4	15.08	3.78	19.77	19.13	-27.66	-25.85	0.69	0.12
478	牛兴华	建信	2015/04~2022/12	93	11	5.16	1.13	6.44	23.42	-15.52	-48.44	0.57	-0.02
479	潘龙玲	建信	2016/03~2022/12	82	4	12.88	3.91	21.95	16.88	-31.12	-30.56	0.52	0.14
480	邱宇航	建信	2011/07~2022/12	138	4	7.35	8.07	19.98	23.86	-39.95	-48.44	0.27	0.25
481	邵卓	建信	2015/03~2022/12	94	8	15.51	3.57	23.81	24.26	-26.37	-48.44	0.59	0.08
482	孙晟	建信	2016/03~2022/12	82	6	12.98	3.91	17.50	16.88	-29.07	-30.56	0.66	0.14
483	陶灿	建信	2011/07~2022/12	138	11	14.53	8.07	22.51	23.86	-38.32	-48.44	0.56	0.25
484	王东杰	建信	2015/05~2022/12	92	8	13.59	-0.84	15.11	22.90	-25.86	-48.44	0.80	-0.10
485	薛玲	建信	2017/05~2022/12	68	3	8.10	4.20	10.07	17.98	-20.58	-30.56	0.66	0.15
486	姚锦	建信	2009/12~2022/12	149	8	14.33	8.83	21.27	23.73	-32.13	-48.44	0.58	0.27

续表

编号	基金经理	当前任职公司	任职区间	任职时间（月）	管理基金数量（只）	年化收益率（%）	指数年化收益率（%）	年化波动率（%）	指数年化波动率（%）	最大回撤（%）	指数最大回撤（%）	年化夏普比率	指数年化夏普比率
487	叶乐天	建信	2016/08~2022/12	77	5	5.63	3.15	12.12	17.28	-20.98	-30.56	0.34	0.10
488	袁蓓	建信	2004/08~2022/12	47	2	43.49	41.12	23.06	34.48	-14.00	-28.04	1.81	1.08
489	王安良	江信	2016/02~2022/12	83	1	9.41	6.26	22.25	17.88	-33.98	-30.56	0.36	0.27
490	陈俊华	交银施罗德	2016/11~2022/12	74	2	11.00	2.40	15.24	17.51	-33.06	-30.56	0.62	0.05
491	陈政铎	交银施罗德	2014/10~2022/12	99	2	11.02	9.17	21.64	25.04	-37.00	-48.44	0.44	0.30
492	郭斐	交银施罗德	2017/09~2022/12	64	4	19.61	2.42	24.13	18.39	-24.57	-30.56	0.75	0.05
493	韩威俊	交银施罗德	2016/01~2022/12	84	7	20.82	5.80	22.80	17.81	-33.25	-30.56	0.85	0.24
494	何帅	交银施罗德	2015/07~2022/12	90	4	18.33	2.69	19.88	22.07	-23.13	-34.44	0.85	0.05
495	刘鹏	交银施罗德	2018/05~2022/12	56	3	21.84	4.74	19.85	19.38	-25.50	-22.95	1.02	0.17
496	楼慧源	交银施罗德	2018/09~2022/12	52	2	25.48	8.18	23.76	19.37	-33.07	-22.95	1.01	0.34
497	芮晨	交银施罗德	2015/05~2022/12	92	4	6.82	-0.84	29.90	22.90	-50.30	-48.44	0.18	-0.10
498	沈楠	交银施罗德	2015/05~2022/12	92	3	9.08	-0.84	18.76	22.90	-24.64	-48.44	0.40	-0.10
499	田彧龙	交银施罗德	2019/05~2022/12	44	4	23.16	7.23	23.08	17.14	-32.11	-22.95	0.94	0.33
500	王崇	交银施罗德	2014/10~2022/12	99	3	20.06	9.17	22.88	25.04	-33.48	-48.44	0.81	0.30
501	王少成	交银施罗德	2010/09~2022/12	146	9	8.60	6.26	22.84	23.29	-44.56	-48.44	0.29	0.20
502	王艺伟	交银施罗德	2019/11~2022/12	38	8	6.77	7.56	4.02	18.38	-2.69	-22.95	1.31	0.33
503	杨浩	交银施罗德	2015/08~2022/12	89	4	16.94	4.81	20.25	21.42	-40.07	-34.44	0.76	0.15
504	周中	交银施罗德	2018/09~2022/12	52	4	14.34	8.18	19.75	19.37	-35.39	-22.95	0.65	0.34
505	孔学兵	金信	2011/09~2022/12	113	10	6.41	4.42	31.22	24.05	-58.65	-48.44	0.14	0.11

续表

编号	基金经理	当前任职公司	任职区间	任职时间（月）	管理基金数量（只）	年化收益率（%）	指数年化收益率（%）	年化波动率（%）	指数年化波动率（%）	最大回撤（%）	指数最大回撤（%）	年化夏普比率	指数年化夏普比率
506	刘榕俊	金信	2016/04~2022/12	65	7	1.50	0.72	13.21	15.91	-29.44	-28.55	0.00	-0.06
507	陈颖	金鹰	2015/06~2022/12	91	9	3.03	0.56	26.30	22.71	-44.66	-42.38	0.06	-0.04
508	韩广哲	金鹰	2012/11~2022/12	56	10	26.50	11.00	30.03	19.72	-41.03	-22.95	0.84	0.48
509	林龙军	金鹰	2018/05~2022/12	56	2	5.25	4.74	4.90	19.38	-6.92	-22.95	0.76	0.17
510	龙悦芳	金鹰	2018/06~2022/12	55	1	5.81	6.68	3.07	19.11	-2.95	-22.95	1.40	0.27
511	倪超	金鹰	2015/06~2022/12	91	7	10.44	0.56	24.92	22.71	-28.56	-42.38	0.36	-0.04
512	孙倩倩	金鹰	2016/06~2022/12	54	4	3.78	-2.66	3.65	14.69	-4.55	-22.95	0.64	-0.19
513	王喆	金鹰	2015/01~2022/12	96	9	3.31	6.66	19.43	24.97	-46.96	-48.44	0.09	0.20
514	杨凡	金鹰	2017/12~2022/12	41	5	-17.88	-5.62	20.73	19.80	-48.21	-29.52	-0.96	-0.42
515	杨刚	金鹰	2014/11~2022/12	39	4	15.36	13.70	39.59	29.58	-51.65	-39.98	0.36	0.38
516	杨晓斌	金鹰	2018/04~2022/12	57	6	11.18	4.65	12.41	19.21	-23.55	-22.99	0.78	0.16
517	贾丽杰	金元顺安	2018/03~2022/12	58	3	8.72	3.78	24.14	19.13	-33.59	-25.85	0.30	0.12
518	孔祥鹏	金元顺安	2017/06~2022/12	45	5	-9.18	-8.46	12.59	15.64	-44.44	-30.56	-0.86	-0.71
519	闵杭	金元顺安	2015/10~2022/12	87	5	3.66	3.36	15.63	20.60	-27.31	-34.44	0.14	0.09
520	缪玮彬	金元顺安	2016/12~2022/12	73	2	17.34	3.33	15.52	17.48	-23.78	-30.56	1.02	0.10
521	周博洋	金元顺安	2018/01~2022/12	60	1	5.15	2.65	16.67	18.94	-27.92	-29.52	0.22	0.06
522	鲍无可	景顺长城	2014/06~2022/12	103	8	16.19	11.54	14.56	24.88	-21.08	-48.44	1.00	0.40
523	董晗	景顺长城	2014/07~2022/12	92	9	13.80	9.09	21.65	25.71	-31.44	-48.44	0.57	0.29
524	韩文强	景顺长城	2019/10~2022/12	39	2	16.81	6.88	23.60	18.17	-19.74	-22.95	0.65	0.30

续表

编号	基金经理	当前任职公司	任职区间	任职时间（月）	管理基金数量（只）	年化收益率（%）	指数年化收益率（%）	年化波动率（%）	指数年化波动率（%）	最大回撤（%）	指数最大回撤（%）	年化夏普比率	指数年化夏普比率
525	黎海威	景顺长城	2015/02~2022/12	95	10	10.05	5.93	24.93	25.02	-40.81	-48.44	0.34	0.18
526	李进	景顺长城	2016/10~2022/12	73	8	13.84	2.55	21.05	17.65	-22.91	-30.56	0.60	0.03
527	刘苏	景顺长城	2011/12~2022/12	130	11	17.15	13.14	19.77	22.47	-36.18	-40.69	0.77	0.53
528	刘彦春	景顺长城	2008/07~2022/12	165	10	12.05	4.17	25.65	26.06	-41.63	-48.44	0.39	0.03
529	徐喻军	景顺长城	2017/01~2022/12	72	11	6.89	3.42	14.63	17.60	-25.16	-30.56	0.37	0.11
530	杨锐文	景顺长城	2014/10~2022/12	99	12	16.38	9.17	25.02	25.04	-38.76	-48.44	0.59	0.30
531	余广	景顺长城	2010/05~2022/12	152	8	11.52	8.29	23.70	23.48	-47.58	-48.44	0.40	0.26
532	詹成	景顺长城	2015/12~2022/12	85	9	8.13	1.80	19.90	20.63	-33.01	-34.44	0.33	0.01
533	张靖	景顺长城	2011/05~2022/12	132	6	13.85	6.62	22.60	24.18	-29.81	-48.44	0.53	0.19
534	何昕	九泰	2018/08~2022/12	53	4	12.76	8.33	21.31	19.19	-22.71	-22.95	0.53	0.36
535	李响	九泰	2019/12~2022/12	37	9	6.33	3.78	22.86	19.13	-43.22	-25.85	0.21	0.12
536	刘开运	九泰	2015/07~2022/12	90	11	7.94	2.69	17.88	22.07	-28.64	-34.44	0.36	0.05
537	孟亚强	九泰	2016/06~2022/12	79	13	5.36	3.88	17.99	17.14	-26.81	-30.56	0.21	0.14
538	张鹏程	九泰	2017/11~2022/12	62	3	6.58	2.86	10.50	18.64	-12.22	-29.52	0.48	0.07
539	蔡晓	民生加银	2016/05~2022/12	80	4	13.20	4.36	17.24	17.07	-23.04	-30.56	0.68	0.17
540	金耀	民生加银	2017/12~2022/12	61	5	15.18	2.96	22.90	18.79	-31.44	-29.52	0.60	0.08
541	刘霄汉	民生加银	2010/05~2022/12	111	6	6.16	4.98	20.64	22.44	-39.97	-33.01	0.19	0.18
542	柳世庆	民生加银	2016/08~2022/12	77	9	7.81	3.15	17.22	17.28	-39.11	-30.56	0.37	0.10
543	孙伟	民生加银	2014/07~2022/12	102	11	16.48	10.63	24.13	24.86	-37.43	-48.44	0.62	0.36

续表

编号	基金经理	当前任职公司	任职区间	任职时间（月）	管理基金数量（只）	年化收益率（%）	指数年化收益率（%）	年化波动率（%）	指数年化波动率（%）	最大回撤（%）	指数最大回撤（%）	年化夏普比率	指数年化夏普比率
544	王亮	民生加银	2017/11~2022/12	62	7	10.15	2.86	20.42	18.64	-35.15	-29.52	0.42	0.07
545	王晓岩	民生加银	2019/11~2022/12	38	3	5.28	7.56	24.59	18.38	-45.20	-22.95	0.15	0.33
546	姚航	民生加银	2014/05~2022/12	81	6	3.86	10.08	6.75	26.89	-12.87	-48.44	0.33	0.33
547	郑爱刚	民生加银	2019/11~2022/12	38	4	12.06	7.56	23.10	18.38	-34.40	-22.95	0.46	0.33
548	何晓春	摩根士丹利华鑫	2012/07~2022/12	107	8	18.51	11.33	24.48	26.00	-33.64	-48.44	0.68	0.39
549	雷志勇	摩根士丹利华鑫	2019/04~2022/12	45	4	17.47	5.32	25.31	17.33	-36.65	-22.95	0.63	0.22
550	缪东航	摩根士丹利华鑫	2017/01~2022/12	72	7	7.22	3.42	17.83	17.60	-32.58	-30.56	0.32	0.11
551	王大鹏	摩根士丹利华鑫	2015/01~2022/12	96	9	10.00	6.66	25.55	24.97	-47.31	-48.44	0.33	0.20
552	徐达	摩根士丹利华鑫	2016/06~2022/12	79	4	8.89	3.88	19.80	17.14	-36.50	-30.56	0.37	0.14
553	余斌	摩根士丹利华鑫	2017/06~2022/12	63	4	4.97	2.99	19.24	18.12	-34.32	-30.56	0.18	0.09
554	陈乐	南方	2017/12~2022/12	61	5	6.89	2.96	5.58	18.79	-6.96	-29.52	0.97	0.08
555	冯雨生	南方	2015/04~2022/12	89	13	3.59	1.08	23.69	24.03	-40.53	-48.44	0.09	-0.04
556	黄春逢	南方	2015/12~2022/12	85	6	6.97	1.80	18.68	20.63	-33.59	-34.44	0.29	0.01

续表

编号	基金经理	当前任职公司	任职区间	任职时间（月）	管理基金数量（只）	年化收益率（%）	指数年化收益率（%）	年化波动率（%）	指数年化波动率（%）	最大回撤（%）	指数最大回撤（%）	年化夏普比率	指数年化夏普比率
557	蒋秋洁	南方	2014/12~2022/12	97	11	13.17	6.83	24.32	24.84	-41.97	-48.44	0.48	0.21
558	李皑文	南方	2018/12~2022/12	49	6	17.21	11.66	20.18	19.11	-30.70	-22.95	0.78	0.53
559	林乐峰	南方	2017/12~2022/12	61	4	14.36	2.96	17.43	18.79	-25.92	-29.52	0.74	0.08
560	卢玉珊	南方	2015/12~2022/12	85	7	10.42	1.80	11.86	20.63	-17.23	-34.44	0.75	0.01
561	罗安安	南方	2015/07~2022/12	90	9	10.83	2.69	23.80	22.07	-33.73	-34.44	0.39	0.05
562	罗文杰	南方	2013/05~2022/12	66	4	8.14	12.11	22.40	22.28	-47.24	-48.44	0.28	0.47
563	骆帅	南方	2015/05~2022/12	92	11	6.33	-0.84	20.76	22.90	-33.86	-48.44	0.23	-0.10
564	茅炜	南方	2016/02~2022/12	83	16	6.08	6.26	13.08	17.88	-30.80	-30.56	0.35	0.27
565	史博	南方	2004/07~2022/12	178	14	7.75	5.62	23.91	28.16	-61.57	-68.61	0.23	0.06
566	王博	南方	2019/11~2022/12	38	3	13.36	7.56	29.45	18.38	-38.05	-22.95	0.40	0.33
567	王峥娇	南方	2018/07~2022/12	54	2	12.51	6.74	28.79	19.29	-49.98	-22.95	0.38	0.27
568	吴剑毅	南方	2015/05~2022/12	92	8	9.56	-0.84	8.84	22.90	-8.35	-48.44	0.91	-0.10
569	萧嘉倩	南方	2019/05~2022/12	44	2	18.10	7.23	30.81	17.14	-40.00	-22.95	0.54	0.33
570	应帅	南方	2007/05~2022/12	188	10	8.53	7.00	23.65	28.00	-58.81	-68.61	0.27	0.17
571	张延闽	南方	2014/10~2022/12	96	10	14.21	9.77	21.24	25.38	-30.03	-48.44	0.60	0.32
572	章晖	南方	2015/05~2022/12	92	6	7.43	-0.84	22.15	22.90	-42.22	-48.44	0.27	-0.10
573	郑诗韵	南方	2019/12~2022/12	37	4	16.51	5.25	28.63	18.19	-43.95	-22.95	0.52	0.21
574	郑晓曦	南方	2019/06~2022/12	43	2	25.08	6.43	29.57	17.28	-27.75	-22.95	0.80	0.29
575	郑迎迎	南方	2015/08~2022/12	79	2	8.59	5.04	15.75	22.54	-30.87	-34.44	0.46	0.14

续表

编号	基金经理	当前任职公司	任职区间	任职时间（月）	管理基金数量（只）	年化收益率（%）	指数年化收益率（%）	年化波动率（%）	指数年化波动率（%）	最大回撤（%）	指数最大回撤（%）	年化夏普比率	指数年化夏普比率
576	钟赟	南方	2017/02~2022/12	68	5	27.92	2.47	25.61	18.17	-28.71	-30.56	1.05	0.15
577	孔庆卿	南华	2013/08~2022/12	57	4	7.21	19.30	14.74	28.87	-25.03	-44.57	0.36	0.53
578	陈富权	农银汇理	2013/08~2022/12	113	10	16.82	11.00	21.17	23.96	-29.99	-48.44	0.71	0.39
579	凌晨	农银汇理	2013/11~2022/12	61	5	7.06	14.22	28.48	28.89	-42.68	-44.57	0.18	0.40
580	宋永安	农银汇理	2015/12~2022/12	85	2	4.04	1.80	18.23	20.63	-31.19	-34.44	0.14	0.01
581	魏刚	农银汇理	2018/03~2022/12	58	8	10.04	3.78	18.36	19.13	-22.08	-25.85	0.47	0.12
582	徐文卉	农银汇理	2017/05~2022/12	68	6	10.50	4.20	19.72	17.98	-38.98	-30.56	0.46	0.15
583	张峰	农银汇理	2015/09~2022/12	88	6	10.32	0.56	16.91	22.71	-38.65	-42.38	0.52	-0.04
584	张燕	农银汇理	2017/03~2022/12	70	6	11.42	3.07	23.38	17.82	-31.82	-30.56	0.42	0.09
585	蔡嵩松	诺安	2019/02~2022/12	47	5	19.31	6.80	37.44	17.40	-50.33	-22.95	0.48	0.30
586	蔡宇滨	诺安	2017/12~2022/12	61	3	12.96	2.96	14.41	18.79	-14.15	-29.52	0.80	0.08
587	韩冬燕	诺安	2015/11~2022/12	86	4	9.86	2.53	16.02	20.60	-27.65	-34.44	0.52	0.05
588	李玉良	诺安	2015/07~2022/12	90	7	8.91	2.69	17.52	22.07	-27.27	-34.44	0.42	0.05
589	罗春蕾	诺安	2015/09~2022/12	88	4	9.37	5.68	20.20	21.41	-37.38	-34.44	0.39	0.20
590	宋青	诺安	2019/02~2022/12	47	1	8.04	6.80	18.89	17.40	-35.40	-22.95	0.35	0.30
591	王创练	诺安	2015/03~2022/12	94	7	12.25	3.57	25.82	24.26	-37.47	-48.44	0.42	0.08
592	吴博俊	诺安	2014/06~2022/12	103	7	4.96	11.54	9.60	24.88	-25.30	-48.44	0.35	0.40
593	杨谷	诺安	2006/02~2022/12	203	4	16.77	15.28	25.25	29.30	-59.22	-68.61	0.57	0.44
594	杨琨	诺安	2014/06~2022/12	79	6	24.79	17.29	22.96	22.05	-27.25	-48.44	1.02	0.70

续表

编号	基金经理	当前任职公司	任职区间	任职时间（月）	管理基金数量（只）	年化收益率（%）	指数年化收益率（%）	年化波动率（%）	指数年化波动率（%）	最大回撤（%）	指数最大回撤（%）	年化夏普比率	指数年化夏普比率
595	张堃	诺安	2015/08~2022/12	89	3	12.49	4.81	18.89	21.42	-24.52	-34.44	0.58	0.15
596	张强	诺安	2017/03~2022/12	70	2	7.00	3.07	22.54	17.82	-35.36	-30.56	0.24	0.09
597	曾文宏	诺德	2017/08~2022/12	65	3	6.31	2.62	14.08	18.25	-21.58	-30.56	0.34	0.06
598	顾钰	诺德	2017/12~2022/12	61	5	3.79	2.96	18.80	18.79	-25.70	-29.52	0.12	0.08
599	郭纪亭	诺德	2019/09~2022/12	40	3	6.24	6.96	13.98	17.93	-25.44	-22.95	0.34	0.30
600	郝旭东	诺德	2015/07~2022/12	90	5	9.58	2.69	14.07	22.07	-23.97	-34.44	0.57	0.05
601	罗世锋	诺德	2014/11~2022/12	98	6	20.06	8.15	26.33	25.00	-37.67	-48.44	0.70	0.26
602	王恒楠	诺德	2018/11~2022/12	50	3	8.12	10.23	21.29	19.13	-39.69	-22.95	0.31	0.46
603	谢屹	诺德	2015/07~2022/12	87	8	2.11	2.74	20.27	22.51	-37.01	-34.44	0.03	0.05
604	杨霞辉	诺德	2017/04~2022/12	69	1	-2.36	3.63	19.80	17.90	-51.22	-30.56	-0.20	0.12
605	朱红	诺德	2014/04~2022/12	105	3	14.95	11.84	22.85	24.65	-35.16	-48.44	0.58	0.41
606	包兵华	鹏华	2019/04~2022/12	45	4	11.41	5.32	17.51	17.33	-20.40	-22.95	0.57	0.22
607	陈璇淼	鹏华	2016/03~2022/12	82	5	12.92	3.91	18.10	16.88	-30.30	-30.56	0.63	0.14
608	戴钢	鹏华	2012/06~2022/12	127	5	6.82	10.41	7.04	24.11	-11.25	-48.44	0.70	0.35
609	方昶	鹏华	2019/06~2022/12	43	2	5.22	6.43	4.12	17.28	-4.50	-22.95	0.90	0.29
610	高松	鹏华	2015/01~2022/12	88	7	13.86	9.14	28.66	25.54	-52.97	-48.44	0.44	0.30
611	贺宁	鹏华	2019/05~2022/12	44	1	5.29	7.23	19.23	17.14	-28.88	-22.95	0.20	0.33
612	蒋鑫	鹏华	2016/06~2022/12	79	10	12.82	3.88	18.77	17.14	-27.42	-30.56	0.60	0.14
613	金笑非	鹏华	2016/06~2022/12	79	5	12.04	3.88	19.36	17.14	-32.95	-30.56	0.54	0.14

续表

编号	基金经理	当前任职公司	任职区间	任职时间（月）	管理基金数量（只）	年化收益率（%）	指数年化收益率（%）	年化波动率（%）	指数年化波动率（%）	最大回撤（%）	指数最大回撤（%）	年化夏普比率	指数年化夏普比率
614	郎超	鹏华	2018/04~2022/12	57	2	12.74	4.65	26.84	19.21	-39.03	-22.99	0.42	0.16
615	李君	鹏华	2015/05~2022/12	92	13	5.67	2.96	3.32	18.79	-3.35	-29.52	1.25	0.08
616	李韵怡	鹏华	2015/07~2022/12	90	15	6.87	2.69	7.22	22.07	-7.08	-34.44	0.74	0.05
617	梁浩	鹏华	2011/07~2022/12	138	16	11.03	8.07	20.86	23.86	-41.49	-48.44	0.43	0.25
618	刘方正	鹏华	2015/03~2022/12	94	19	5.26	3.57	5.99	24.26	-10.07	-48.44	0.62	0.08
619	孟昊	鹏华	2018/02~2022/12	59	8	22.03	3.69	23.21	18.96	-25.21	-25.93	0.88	0.12
620	汤志彦	鹏华	2017/07~2022/12	66	3	16.28	3.14	18.65	18.15	-31.13	-30.56	0.79	0.09
621	王海青	鹏华	2018/02~2022/12	59	3	14.46	3.69	22.08	18.96	-32.67	-25.93	0.59	0.12
622	王石千	鹏华	2018/11~2022/12	50	1	5.66	10.23	3.90	19.13	-5.07	-22.95	1.07	0.46
623	王宗合	鹏华	2010/12~2022/12	145	17	5.34	7.47	15.44	23.42	-44.19	-48.44	0.21	0.23
624	伍旋	鹏华	2011/12~2022/12	133	8	10.88	10.33	20.62	23.87	-37.45	-48.44	0.43	0.35
625	闫思倩	鹏华	2017/10~2022/12	60	4	28.00	7.30	29.66	17.67	-36.61	-30.56	0.91	0.27
626	杨飞	鹏华	2014/10~2022/12	95	8	16.19	10.20	28.06	24.96	-45.20	-48.44	0.53	0.36
627	叶朝明	鹏华	2018/08~2022/12	40	4	6.98	15.00	2.60	18.06	-0.61	-15.81	2.18	0.81
628	袁航	鹏华	2014/11~2022/12	98	14	11.30	8.15	17.82	25.00	-35.31	-48.44	0.55	0.26
629	朱睿	鹏扬	2019/04~2022/12	41	4	21.40	4.27	22.77	18.04	-29.26	-22.95	0.90	0.15
630	邓彬彬	鹏扬	2015/03~2022/12	66	9	20.59	7.28	28.02	21.35	-36.14	-48.44	0.70	0.19
631	罗成	鹏扬	2018/03~2022/12	58	2	7.24	3.78	18.63	19.13	-27.55	-25.85	0.31	0.12
632	吴西燕	鹏扬	2015/06~2022/12	45	9	3.65	-10.93	2.94	25.84	-1.95	-38.05	0.89	-0.46

续表

编号	基金经理	当前任职公司	任职区间	任职时间（月）	管理基金数量（只）	年化收益率（%）	指数年化收益率（%）	年化波动率（%）	指数年化波动率（%）	最大回撤（%）	指数最大回撤（%）	年化夏普比率	指数年化夏普比率
633	伍智勇	鹏扬	2015/05~2022/12	85	4	4.32	-2.08	18.97	23.68	-32.62	-48.44	0.15	-0.17
634	赵世宏	鹏扬	2016/03~2022/12	77	6	13.87	6.87	18.35	16.75	-32.77	-28.66	0.68	0.30
635	朱国庆	鹏扬	2007/03~2022/12	103	4	5.02	4.20	24.28	31.71	-52.69	-68.61	0.10	0.04
636	何杰	平安	2018/04~2022/12	53	10	20.70	4.49	22.51	19.97	-27.80	-22.99	0.87	0.14
637	黄维	平安	2016/08~2022/12	77	11	14.48	3.15	20.28	17.28	-32.23	-30.56	0.64	0.10
638	李化松	平安	2015/12~2022/12	81	15	19.38	3.72	22.38	20.96	-34.80	-34.44	0.81	0.15
639	刘杰	平安	2016/07~2022/12	71	8	12.07	4.46	15.88	18.00	-23.79	-28.75	0.68	0.20
640	神爱前	平安	2016/07~2022/12	78	7	15.41	3.85	24.15	17.25	-32.95	-30.56	0.58	0.14
641	薛冀颖	平安	2015/06~2022/12	87	6	7.32	-2.03	20.29	22.49	-28.70	-42.38	0.29	-0.18
642	张淼	平安	2015/02~2022/12	91	3	8.02	5.50	21.57	25.60	-34.81	-48.44	0.30	0.15
643	张文平	平安	2015/06~2022/12	72	6	5.10	5.38	4.58	24.25	-6.50	-42.38	0.82	0.08
644	张晓泉	平安	2017/09~2022/12	45	5	24.21	7.23	24.73	17.14	-27.77	-22.95	0.94	0.29
645	褚艳辉	浦银安盛	2014/06~2022/12	103	6	9.57	11.54	10.85	24.88	-17.84	-48.44	0.73	0.40
646	蒋佳良	浦银安盛	2017/01~2022/12	68	7	19.36	7.71	21.43	17.14	-36.12	-30.56	0.85	0.35
647	罗雯	浦银安盛	2018/01~2022/12	60	2	-0.80	2.65	21.33	18.94	-51.97	-29.52	-0.11	0.06
648	吴勇	浦银安盛	2010/04~2022/12	153	7	11.30	7.58	30.10	23.54	-52.91	-48.44	0.31	0.23
649	杨岳斌	浦银安盛	2011/12~2022/12	128	6	10.04	10.45	22.01	24.40	-51.58	-48.44	0.37	0.34
650	范洁	前海开源	2017/09~2022/12	64	6	14.33	2.42	24.79	18.39	-53.53	-30.56	0.52	0.05
651	李炳智	前海开源	2017/01~2022/12	72	4	10.89	3.42	8.77	17.60	-6.22	-30.56	1.07	0.11

续表

编号	基金经理	当前任职公司	任职区间	任职时间（月）	管理基金数量（只）	年化收益率（%）	指数年化收益率（%）	年化波动率（%）	指数年化波动率（%）	最大回撤（%）	指数最大回撤（%）	年化夏普比率	指数年化夏普比率
652	邱杰	前海开源	2015/01~2022/12	96	11	8.85	6.66	15.73	24.97	-26.58	-48.44	0.46	0.20
653	曲扬	前海开源	2015/04~2022/12	93	18	8.63	1.13	19.25	23.42	-48.36	-48.44	0.37	-0.02
654	王霞	前海开源	2014/12~2022/12	97	12	6.40	6.83	15.46	24.84	-31.35	-48.44	0.31	0.21
655	魏淳	前海开源	2019/01~2022/12	48	9	20.00	11.21	26.25	19.30	-31.78	-22.95	0.70	0.50
656	吴国清	前海开源	2015/09~2022/12	88	10	7.11	5.68	14.55	21.41	-22.36	-34.44	0.39	0.20
657	肖立强	前海开源	2018/10~2022/12	51	8	8.03	10.54	12.08	18.94	-20.41	-22.95	0.54	0.48
658	杨德龙	前海开源	2013/03~2022/12	59	6	14.13	11.40	29.30	29.83	-42.93	-44.57	0.42	0.34
659	赵诣	泉果	2017/03~2022/12	64	6	26.11	6.24	25.67	16.82	-37.24	-30.56	1.01	0.32
660	范琨	融通	2016/02~2022/12	83	4	16.45	6.26	18.48	17.88	-21.12	-30.56	0.81	0.27
661	关山	融通	2016/06~2022/12	79	8	11.11	3.88	15.81	17.14	-23.93	-30.56	0.61	0.14
662	何博	融通	2018/01~2022/12	60	1	-3.16	2.65	13.29	18.94	-36.03	-29.52	-0.35	0.06
663	何龙	融通	2015/08~2022/12	89	9	5.45	4.81	20.22	21.42	-41.36	-34.44	0.20	0.15
664	何天翔	融通	2016/08~2022/12	77	1	9.89	3.15	18.76	17.28	-27.61	-30.56	0.45	0.10
665	蒋秀蕾	融通	2012/09~2022/12	109	5	18.64	12.30	30.34	25.77	-50.47	-48.44	0.56	0.40
666	林清源	融通	2015/05~2022/12	92	4	5.60	-0.84	27.60	22.90	-54.74	-48.44	0.15	-0.10
667	刘安坤	融通	2019/05~2022/12	44	5	12.38	7.23	17.12	17.14	-21.69	-22.95	0.64	0.33
668	刘明	融通	2018/11~2022/12	50	1	13.37	10.23	8.93	19.13	-6.73	-22.95	1.33	0.46
669	万民远	融通	2016/08~2022/12	77	4	20.16	3.15	25.04	17.28	-25.44	-30.56	0.75	0.10
670	王迪	融通	2018/06~2022/12	55	3	25.96	6.68	27.20	19.11	-33.92	-22.95	0.90	0.27

续表

编号	基金经理	当前任职公司	任职区间	任职时间（月）	管理基金数量（只）	年化收益率（%）	指数年化收益率（%）	年化波动率（%）	指数年化波动率（%）	最大回撤（%）	指数最大回撤（%）	年化夏普比率	指数年化夏普比率
671	许富强	融通	2018/05~2022/12	56	1	10.38	4.74	8.95	19.38	-7.07	-22.95	0.99	0.17
672	余志勇	融通	2012/08~2022/12	124	11	7.26	10.24	9.91	24.18	-14.43	-48.44	0.55	0.32
673	张鹏	融通	2015/08~2022/12	89	1	6.37	4.81	24.19	21.42	-42.56	-34.44	0.20	0.15
674	张一格	融通	2013/12~2022/12	101	6	7.80	17.93	6.42	20.25	-10.57	-48.44	0.96	0.71
675	邹曦	融通	2007/06~2022/12	182	9	7.63	7.58	27.40	28.24	-65.22	-68.61	0.20	0.20
676	袁忠伟	瑞达	2015/05~2022/12	74	9	-2.18	-6.85	12.18	24.09	-32.14	-48.44	-0.31	-0.36
677	傅鹏博	睿远	2009/01~2022/12	157	3	18.25	12.43	24.28	24.84	-38.47	-44.57	0.67	0.39
678	赵枫	睿远	2001/03~2022/12	100	3	27.19	21.51	23.45	26.89	-36.11	-49.46	1.10	0.74
679	朱璘	睿远	2019/03~2022/12	46	1	13.28	4.82	25.02	17.16	-35.70	-22.95	0.47	0.19
680	李惟愿	山西证券	2019/12~2022/12	37	3	14.52	5.25	21.86	18.19	-31.06	-22.95	0.60	0.21
681	杨旭	山西证券	2015/06~2022/12	77	13	-3.03	-3.99	12.44	23.44	-34.28	-42.38	-0.37	-0.26
682	章海默	山西证券	2011/09~2022/12	47	2	-11.06	0.15	15.96	18.43	-38.60	-22.95	-0.84	-0.23
683	傅奕翔	东方证券资管	2017/03~2022/12	41	6	11.07	-2.46	15.77	17.55	-23.49	-30.56	0.63	-0.18
684	纪文静	东方证券资管	2015/07~2022/12	90	2	6.79	2.69	5.98	22.07	-6.73	-34.44	0.88	0.05
685	孔令超	东方证券资管	2016/08~2022/12	77	1	6.10	3.15	4.08	17.28	-3.52	-30.56	1.13	0.10
686	李响	东方证券资管	2018/03~2022/12	58	2	6.33	3.78	22.86	19.13	-43.22	-25.85	0.21	0.12
687	秦绪文	东方证券资管	2016/01~2022/12	84	6	13.99	5.80	18.68	17.81	-33.40	-30.56	0.67	0.24
688	孙伟	东方证券资管	2016/01~2022/12	84	4	16.48	10.63	24.13	24.86	-37.43	-48.44	0.62	0.36
689	王延飞	东方证券资管	2015/06~2022/12	91	5	11.08	0.56	21.27	22.71	-40.92	-42.38	0.45	-0.04

续表

编号	基金经理	当前任职公司	任职区间	任职时间（月）	管理基金数量（只）	年化收益率（%）	指数年化收益率（%）	年化波动率（%）	指数年化波动率（%）	最大回撤（%）	指数最大回撤（%）	年化夏普比率	指数年化夏普比率
690	徐觅	东方证券资管	2017/09~2022/12	64	1	6.32	2.42	4.35	18.39	-3.52	-30.56	1.11	0.05
691	杨仁眉	东方证券资管	2018/04~2022/12	45	5	9.60	2.43	21.93	21.17	-41.04	-22.99	0.38	0.04
692	张锋	东方证券资管	2008/06~2022/12	69	5	10.75	3.74	22.26	27.71	-32.61	-42.52	0.39	0.10
693	周杨	东方证券资管	2019/06~2022/12	43	3	11.91	6.43	21.09	17.28	-30.77	-22.95	0.49	0.29
694	周云	东方证券资管	2015/09~2022/12	88	6	14.40	5.68	17.94	21.41	-20.85	-34.44	0.72	0.20
695	郑伟	国泰君安证券资管	2013/08~2022/12	109	7	20.78	12.18	29.76	24.25	-52.83	-48.44	0.65	0.42
696	胡倩	海通证券资管	2011/04~2022/12	71	7	2.35	5.62	19.11	19.99	-33.60	-30.76	-0.01	0.16
697	陈思郁	上投摩根	2015/08~2022/12	89	4	12.50	4.81	21.68	21.42	-32.33	-34.44	0.51	0.15
698	杜猛	上投摩根	2011/07~2022/12	138	7	15.82	8.07	29.94	23.86	-56.03	-48.44	0.46	0.25
699	方纬涵	上投摩根	2019/08~2022/12	41	1	11.84	7.01	24.83	17.70	-42.92	-22.95	0.42	0.31
700	郭晨	上投摩根	2012/07~2022/12	124	9	14.05	9.10	31.45	24.06	-56.90	-48.44	0.39	0.30
701	李博	上投摩根	2014/12~2022/12	97	6	8.45	6.83	24.07	24.84	-47.03	-48.44	0.29	0.21
702	李德辉	上投摩根	2016/11~2022/12	74	8	13.51	2.40	21.25	17.51	-40.16	-30.56	0.57	0.05
703	倪权生	上投摩根	2015/03~2022/12	91	9	8.90	3.82	17.81	24.79	-34.82	-48.44	0.42	0.05
704	王丽军	上投摩根	2019/03~2022/12	46	2	7.02	4.82	19.68	17.16	-40.77	-22.95	0.28	0.19
705	杨景喻	上投摩根	2015/08~2022/12	89	6	8.26	4.81	25.67	21.42	-46.26	-34.44	0.26	0.15
706	周战海	上投摩根	2015/12~2022/12	85	3	6.52	1.80	22.51	20.63	-38.99	-34.44	0.22	0.01
707	朱晓龙	上投摩根	2018/11~2022/12	50	4	13.12	10.23	20.02	19.13	-34.13	-22.95	0.58	0.46

续表

编号	基金经理	当前任职公司	任职区间	任职时间（月）	管理基金数量（只）	年化收益率（%）	指数年化收益率（%）	年化波动率（%）	指数年化波动率（%）	最大回撤（%）	指数最大回撤（%）	年化复普比率	指数年化复普比率
708	卢扬	上银	2014/10~2022/12	78	11	3.00	6.41	27.77	27.16	−52.50	−48.44	0.05	0.19
709	施敏佳	上银	2015/10~2022/12	83	7	3.98	2.96	26.12	21.09	−44.77	−34.44	0.10	0.06
710	赵治烨	上银	2015/05~2022/12	92	8	10.79	−0.84	22.31	22.90	−30.32	−48.44	0.42	−0.10
711	张志梅	尚正	2017/12~2022/12	41	4	1.44	−4.62	19.57	20.20	−32.34	−29.52	0.00	−0.36
712	付娟	申万菱信	2012/04~2022/12	127	10	17.89	7.75	26.66	23.85	−47.13	−48.44	0.60	0.27
713	刘敦	申万菱信	2018/03~2022/12	58	4	8.03	3.78	17.91	19.13	−21.10	−25.85	0.36	0.12
714	孙晨进	申万菱信	2015/03~2022/12	90	8	−1.54	3.21	23.58	24.84	−48.90	−48.44	−0.13	0.06
715	唐俊杰	申万菱信	2016/06~2022/12	64	4	7.16	11.27	8.40	17.40	−3.71	−27.87	0.69	0.54
716	俞诚	申万菱信	2017/07~2022/12	55	5	6.67	1.25	17.59	16.52	−24.77	−22.95	0.30	−0.02
717	常璐	太平	2017/12~2022/12	38	5	−0.14	4.33	23.45	18.46	−39.41	−22.95	−0.07	0.28
718	梁鹏	太平	2017/12~2022/12	61	3	8.79	2.96	19.99	18.79	−29.91	−29.52	0.36	0.08
719	林开盛	太平	2017/05~2022/12	68	2	−0.38	4.20	20.02	17.98	−48.59	−30.56	−0.09	0.15
720	刘欣	泰达宏利	2014/01~2022/12	108	10	13.03	11.21	18.94	24.34	−35.41	−48.44	0.60	0.39
721	刘洋	泰达宏利	2018/08~2022/12	53	5	8.64	8.33	15.15	19.19	−14.76	−22.95	0.47	0.36
722	师婧	泰达宏利	2017/12~2022/12	60	3	1.88	1.48	11.02	18.66	−18.91	−29.52	0.04	0.00
723	王鹏	泰达宏利	2017/11~2022/12	62	7	26.22	2.86	32.18	18.64	−38.39	−29.52	0.77	0.07
724	吴华	泰达宏利	2014/03~2022/12	106	6	8.80	11.64	23.30	24.54	−46.05	−48.44	0.31	0.41
725	张勋	泰达宏利	2014/11~2022/12	98	10	13.42	8.15	29.63	25.00	−64.47	−48.44	0.40	0.26
726	庄腾飞	泰达宏利	2015/05~2022/12	92	10	−0.70	−0.84	24.54	22.90	−55.23	−48.44	−0.09	−0.10

续表

编号	基金经理	当前任职公司	任职区间	任职时间（月）	管理基金数量（只）	年化收益率（%）	指数年化收益率（%）	年化波动率（%）	指数年化波动率（%）	最大回撤（%）	指数最大回撤（%）	年化夏普比率	指数夏普比率
727	陈怡	泰康	2017/11~2022/12	62	3	10.36	2.86	18.70	18.64	-34.24	-29.52	0.47	0.07
728	桂跃强	泰康	2011/06~2022/12	136	10	11.99	7.97	18.45	22.99	-34.30	-48.44	0.54	0.24
729	黄成扬	泰康	2017/11~2022/12	62	3	3.43	2.86	19.02	18.64	-41.19	-29.52	0.10	0.07
730	金宏伟	泰康	2017/08~2022/12	65	5	7.70	2.62	16.24	18.25	-29.95	-30.56	0.38	0.06
731	刘伟	泰康	2017/05~2022/12	68	4	2.47	4.20	16.89	17.98	-38.87	-30.56	0.06	0.15
732	任慧娟	泰康	2016/05~2022/12	80	3	8.42	4.36	14.54	17.07	-31.48	-30.56	0.48	0.17
733	宋仁杰	泰康	2019/09~2022/12	40	2	17.27	6.96	21.32	17.93	-29.91	-22.95	0.74	0.30
734	薛小波	泰康	2015/02~2022/12	84	8	12.45	6.48	18.10	25.05	-29.14	-44.57	0.61	0.24
735	董季周	泰信	2019/07~2022/12	42	2	30.46	6.62	34.14	17.49	-41.39	-22.95	0.85	0.29
736	董山青	泰信	2015/03~2022/12	94	5	11.99	3.57	19.77	24.26	-29.24	-48.44	0.53	0.08
737	王博强	泰信	2015/03~2022/12	94	5	3.85	3.57	25.39	24.26	-48.05	-48.44	0.09	0.08
738	吴秉韬	泰信	2019/07~2022/12	42	4	31.21	6.62	29.53	17.49	-39.53	-22.95	1.01	0.29
739	徐慕浩	泰信	2019/08~2022/12	41	2	30.96	7.01	21.50	17.70	-22.76	-22.95	1.37	0.31
740	朱志权	泰信	2008/06~2022/12	175	5	5.85	9.18	25.51	26.19	-62.92	-48.44	0.14	0.27
741	陈国光	天弘	2012/04~2022/12	125	9	14.47	13.14	26.95	22.41	-39.64	-48.44	0.47	0.48
742	谷琦彬	天弘	2018/05~2022/12	56	6	12.68	4.74	18.22	19.38	-24.55	-22.95	0.61	0.17
743	郭相博	天弘	2018/01~2022/12	60	3	19.45	2.65	28.59	18.94	-38.17	-29.52	0.63	0.06
744	李宁	天弘	2015/03~2022/12	64	3	-3.76	0.09	23.81	27.53	-53.75	-48.44	-0.23	0.01
745	刘国江	天弘	2019/04~2022/12	45	3	6.61	5.32	22.26	17.33	-42.55	-22.95	0.23	0.22

续表

编号	基金经理	当前任职公司	任职区间	任职时间（月）	管理基金数量（只）	年化收益率（%）	指数年化收益率（%）	年化波动率（%）	指数年化波动率（%）	最大回撤（%）	指数最大回撤（%）	年化夏普比率	指数年化夏普比率
746	刘盟盟	天弘	2018/01~2022/12	60	1	16.98	2.65	27.49	18.94	-35.93	-29.52	0.56	0.06
747	于洋	天弘	2019/08~2022/12	41	6	19.92	8.18	25.22	19.37	-29.28	-22.95	0.73	0.34
748	赵鼎龙	天弘	2019/11~2022/12	38	3	9.56	7.56	15.88	18.38	-20.27	-22.95	0.51	0.33
749	许家涵	天治	2015/06~2022/12	91	4	-1.21	0.56	23.06	22.71	-49.96	-42.38	-0.12	-0.04
750	卞亚军	同泰	2010/10~2022/12	74	10	-1.98	4.87	22.51	19.58	-45.16	-33.01	-0.20	0.24
751	杨喆	同泰	2019/08~2022/12	41	6	4.73	7.01	20.69	17.70	-26.03	-22.95	0.16	0.31
752	高源	万家	2015/07~2022/12	87	13	9.05	2.73	20.41	22.45	-25.75	-34.44	0.38	0.04
753	黄兴亮	万家	2014/02~2022/12	103	9	16.51	10.74	26.21	24.01	-47.26	-44.57	0.57	0.34
754	李文宾	万家	2017/01~2022/12	72	15	13.65	3.42	23.74	17.60	-31.89	-30.56	0.51	0.11
755	刘宏达	万家	2017/12~2022/12	57	5	6.50	2.78	20.29	19.51	-40.59	-29.52	0.25	0.01
756	刘洋	万家	2018/09~2022/12	52	3	8.64	8.33	15.15	19.19	-14.76	-22.95	0.47	0.36
757	莫海波	万家	2015/05~2022/12	92	13	12.03	-0.84	22.63	22.90	-29.71	-48.44	0.46	-0.10
758	乔亮	万家	2019/08~2022/12	41	3	7.37	7.01	19.61	17.70	-25.86	-22.95	0.30	0.31
759	束金伟	万家	2019/12~2022/12	37	3	27.65	5.25	23.57	18.19	-22.16	-22.95	1.11	0.21
760	苏谋东	万家	2015/05~2022/12	86	10	3.34	0.14	3.41	20.31	-7.66	-48.44	0.54	-0.07
761	叶勇	万家	2018/08~2022/12	53	2	12.71	8.33	26.92	19.19	-32.11	-22.95	0.42	0.36
762	尹诚庸	万家	2019/03~2022/12	47	4	6.13	4.82	4.93	17.16	-5.65	-22.95	0.94	0.19
763	章恒	万家	2014/11~2022/12	47	6	38.33	18.84	28.21	28.06	-26.25	-39.98	1.33	0.62
764	何奇	西部利得	2015/08~2022/12	85	8	5.17	2.49	28.25	21.15	-45.96	-34.44	0.13	0.04

续表

编号	基金经理	当前任职公司	任职区间	任职时间（月）	管理基金数量（只）	年化收益率（%）	指数年化收益率（%）	年化波动率（%）	指数年化波动率（%）	最大回撤（%）	指数最大回撤（%）	年化夏普比率	指数夏普比率
765	林静	西部利得	2017/03~2022/12	70	4	7.07	3.07	11.29	17.82	-20.25	-30.56	0.49	0.09
766	盛丰衍	西部利得	2019/03~2022/12	46	3	22.68	4.82	22.15	17.16	-30.98	-22.95	0.96	0.19
767	童国林	西部利得	2004/05~2022/12	59	5	16.52	1.85	17.56	20.16	-14.53	-35.98	0.87	0.01
768	张英	西部利得	2019/12~2022/12	37	1	7.32	5.25	17.80	18.19	-24.84	-22.95	0.33	0.21
769	孙欣炙	先锋	2019/11~2022/12	38	5	15.99	7.56	24.68	18.38	-28.87	-22.95	0.59	0.33
770	车广路	湘财	2012/03~2022/12	126	12	7.07	9.84	25.83	24.23	-64.83	-48.44	0.20	0.33
771	程涛	湘财	2010/04~2022/12	92	12	1.56	8.51	22.96	21.27	-46.32	-33.01	-0.03	0.29
772	蔡春红	新华	2015/07~2022/12	90	5	4.68	2.69	21.05	22.07	-39.97	-34.44	0.15	0.05
773	栾超	新华	2015/11~2022/12	83	10	14.11	2.88	21.26	20.96	-32.28	-34.44	0.60	0.06
774	王永明	新华	2017/02~2022/12	71	6	4.18	2.93	18.70	17.69	-34.69	-30.56	0.14	0.08
775	张霖	新华	2016/07~2022/12	54	3	-10.13	-2.87	17.06	18.07	-46.02	-30.56	-0.71	-0.23
776	赵强	新华	2014/03~2022/12	82	9	19.73	14.22	21.06	19.40	-33.41	-30.56	0.87	0.68
777	林材	新疆前海联合	2012/08~2022/12	110	9	12.45	14.63	20.97	21.15	-42.57	-48.44	0.51	0.59
778	王静	新疆前海联合	2017/06~2022/12	67	9	4.44	3.39	16.22	18.02	-33.16	-30.56	0.18	0.10
779	张勇	新疆前海联合	2017/04~2022/12	49	4	-0.15	-4.02	15.23	18.48	-26.00	-30.56	-0.11	-0.32
780	陈乐华	新沃	2014/10~2022/12	85	7	8.64	9.24	33.31	25.67	-56.64	-44.57	0.22	0.33
781	李彪	鑫元	2019/06~2022/12	43	4	14.60	6.43	19.36	17.28	-24.23	-22.95	0.68	0.29
782	曾国富	信达澳亚	2008/07~2022/12	163	12	13.63	6.18	28.54	26.73	-47.53	-48.44	0.41	0.14
783	冯明远	信达澳亚	2016/10~2022/12	75	10	21.99	3.01	25.21	17.45	-33.95	-30.56	0.81	0.09

续表

编号	基金经理	当前任职公司	任职区间	任职时间（月）	管理基金数量（只）	年化收益率（%）	指数年化收益率（%）	年化波动率（%）	指数年化波动率（%）	最大回撤（%）	指数最大回撤（%）	年化夏普比率（%）	指数年化夏普比率
784	是星涛	信达澳亚	2016/02~2022/12	77	6	17.28	6.09	16.40	18.43	-17.79	-30.56	0.98	0.25
785	吴清宇	信达澳亚	2018/12~2022/12	38	5	18.73	11.80	25.28	21.57	-31.47	-22.95	0.70	0.48
786	朱然	信达澳亚	2017/11~2022/12	59	7	25.50	1.86	27.11	19.18	-27.62	-29.52	0.90	0.01
787	邹运	信达澳亚	2019/05~2022/12	44	6	11.38	7.23	24.49	17.14	-46.36	-22.95	0.40	0.33
788	冷文鹏	兴华	2016/06~2022/12	60	6	2.71	0.29	18.33	17.23	-28.23	-30.56	0.07	-0.11
789	高圣	兴业	2018/03~2022/12	58	1	6.62	3.78	18.70	19.13	-26.88	-25.85	0.27	0.12
790	腊博	兴业	2015/05~2022/12	92	4	6.33	-0.84	5.92	22.90	-17.65	-48.44	0.81	-0.10
791	刘方旭	兴业	2015/12~2022/12	85	6	9.97	1.80	18.30	20.63	-28.21	-34.44	0.46	0.01
792	钱睿南	兴业	2008/02~2022/12	171	9	11.04	5.58	20.83	27.79	-44.33	-64.72	0.43	0.12
793	孔晓语	兴银	2017/06~2022/12	57	5	3.88	1.12	16.22	16.37	-26.47	-22.95	0.15	-0.01
794	陈宇	兴证全球	2017/09~2022/12	64	2	14.58	2.42	22.25	18.39	-33.83	-30.56	0.59	0.05
795	董理	兴证全球	2015/03~2022/12	82	7	9.85	2.63	22.05	25.85	-30.68	-48.44	0.38	0.06
796	季文华	兴证全球	2016/03~2022/12	79	5	11.69	0.42	20.25	15.37	-38.44	-28.55	0.51	-0.06
797	林翠萍	兴证全球	2016/04~2022/12	70	3	3.29	4.60	20.63	17.51	-55.25	-30.56	0.09	0.17
798	乔迁	兴证全球	2017/07~2022/12	66	4	11.95	3.14	18.85	18.15	-29.63	-30.56	0.55	0.09
799	任相栋	兴证全球	2015/01~2022/12	81	4	21.33	8.14	26.67	25.45	-28.64	-44.57	0.75	0.26
800	王品	兴证全球	2009/06~2022/12	147	5	8.79	7.57	19.94	25.53	-35.74	-48.44	0.34	0.21
801	谢书英	兴证全球	2014/04~2022/12	97	8	13.92	14.56	18.30	24.72	-28.45	-48.44	0.70	0.57
802	谢治宇	兴证全球	2013/01~2022/12	120	6	18.25	10.25	19.99	24.15	-34.07	-48.44	0.82	0.35

续表

编号	基金经理	当前任职公司	任职区间	任职时间（月）	管理基金数量（只）	年化收益率（%）	指数年化收益率（%）	年化波动率（%）	指数年化波动率（%）	最大回撤（%）	指数最大回撤（%）	年化夏普比率	指数年化夏普比率
803	邹欣	兴证全球	2015/12~2022/12	85	2	11.42	1.80	18.52	20.63	-36.20	-34.44	0.54	0.01
804	蔡荣成	易方达	2019/04~2022/12	45	4	20.90	5.32	23.65	17.33	-29.50	-22.95	0.84	0.22
805	陈皓	易方达	2012/09~2022/12	124	14	16.37	11.21	23.71	24.30	-37.98	-48.44	0.61	0.38
806	冯波	易方达	2010/01~2022/12	156	5	13.50	7.27	24.82	23.44	-47.17	-48.44	0.46	0.22
807	郭杰	易方达	2012/10~2022/12	119	9	12.96	12.68	27.52	24.81	-45.61	-48.44	0.41	0.44
808	何崇恺	易方达	2019/11~2022/12	38	2	33.17	7.56	34.23	18.38	-29.07	-22.95	0.93	0.33
809	纪玲云	易方达	2018/07~2022/12	54	2	3.48	6.74	3.87	19.29	-3.65	-22.95	0.51	0.27
810	李一硕	易方达	2016/08~2022/12	77	4	6.48	3.15	3.16	17.28	-2.30	-30.56	1.58	0.10
811	林高榜	易方达	2017/05~2022/12	68	3	10.00	4.20	20.85	17.98	-30.51	-30.56	0.41	0.15
812	刘健维	易方达	2019/07~2022/12	42	3	20.40	6.62	23.41	17.49	-25.72	-22.95	0.81	0.29
813	刘武	易方达	2018/12~2022/12	49	4	23.57	11.66	28.66	19.11	-36.70	-22.95	0.77	0.53
814	祁禾	易方达	2017/12~2022/12	61	8	17.15	2.96	21.83	18.79	-25.62	-29.52	0.72	0.08
815	孙松	易方达	2018/12~2022/12	49	1	19.30	11.66	21.19	19.11	-29.74	-22.95	0.84	0.53
816	王元春	易方达	2018/12~2022/12	49	4	27.65	11.66	27.67	19.11	-37.09	-22.95	0.95	0.53
817	武阳	易方达	2015/08~2022/12	89	5	9.56	4.81	23.84	21.42	-40.52	-34.44	0.34	0.15
818	萧楠	易方达	2012/09~2022/12	124	10	16.24	11.21	20.28	24.30	-36.61	-48.44	0.71	0.38
819	杨嘉文	易方达	2017/12~2022/12	61	5	14.10	2.96	17.61	18.79	-22.80	-29.52	0.72	0.08
820	杨桢霄	易方达	2016/08~2022/12	77	3	13.63	3.15	24.12	17.28	-46.31	-30.56	0.50	0.10
821	杨宗昌	易方达	2019/04~2022/12	45	3	31.42	5.32	25.29	17.33	-17.43	-22.95	1.18	0.22

续表

编号	基金经理	当前任职公司	任职区间	任职时间（月）	管理基金数量（只）	年化收益率（%）	指数年化收益率（%）	年化波动率（%）	指数年化波动率（%）	最大回撤（%）	指数最大回撤（%）	年化夏普比率	指数年化夏普比率
822	张坤	易方达	2015/11~2022/12	124	4	11.70	2.53	27.11	20.60	-48.55	-34.44	0.38	0.05
823	张清华	易方达	2015/04~2022/12	93	13	14.88	1.13	17.73	23.42	-32.85	-48.44	0.75	-0.02
824	郑希	易方达	2012/09~2022/12	124	7	16.96	11.21	26.95	24.30	-40.93	-48.44	0.56	0.38
825	高喜阳	益民	2011/04~2022/12	49	7	2.76	6.99	16.94	19.71	-22.64	-30.76	-0.01	0.30
826	韩晶	银河	2015/04~2022/12	93	20	4.75	1.13	3.92	23.42	-2.81	-48.44	0.82	-0.02
827	何晶	银河	2015/05~2022/12	53	6	9.72	1.17	7.72	22.29	-11.01	-47.04	1.09	-0.04
828	刘铭	银河	2017/05~2022/12	69	9	5.75	4.20	3.95	17.98	-5.60	-30.56	1.08	0.15
829	卢轶乔	银河	2012/12~2022/12	121	9	10.78	10.67	22.82	24.08	-47.48	-48.44	0.39	0.37
830	罗博	银河	2016/12~2022/12	73	6	6.81	3.33	12.48	17.48	-22.29	-30.56	0.43	0.10
831	石磊	银河	2019/04~2022/12	45	3	9.16	5.32	5.90	17.33	-4.47	-22.95	1.30	0.22
832	杨琪	银河	2017/01~2022/12	72	6	6.15	3.42	18.98	17.60	-41.26	-30.56	0.25	0.11
833	袁曦	银河	2015/12~2022/12	85	9	12.33	1.80	24.36	20.63	-29.40	-34.44	0.44	0.01
834	张杨	银河	2011/10~2022/12	135	9	13.69	9.07	26.96	23.88	-54.03	-48.44	0.43	0.30
835	郑魏山	银河	2019/05~2022/12	44	4	28.26	7.23	38.18	17.14	-44.87	-22.95	0.70	0.33
836	祝建辉	银河	2015/12~2022/12	85	9	9.88	1.80	17.98	20.63	-31.60	-34.44	0.47	0.01
837	薄官辉	银华	2015/04~2022/12	93	8	10.07	1.13	21.90	23.42	-34.55	-48.44	0.39	-0.02
838	贾兴振	银华	2013/02~2022/12	115	9	10.93	9.58	19.32	24.71	-29.81	-48.44	0.48	0.30
839	程程	银华	2015/08~2022/12	84	5	7.26	3.69	21.46	20.70	-41.66	-29.50	0.27	0.05
840	杜宇	银华	2019/12~2022/12	37	2	11.03	5.25	25.61	18.19	-31.52	-22.95	0.37	0.21

续表

编号	基金经理	当前任职公司	任职区间	任职时间（月）	管理基金数量（只）	年化收益率（%）	指数年化收益率（%）	年化波动率（%）	指数年化波动率（%）	最大回撤（%）	指数最大回撤（%）	年化夏普比率	指数年化夏普比率
841	方建	银华	2018/06～2022/12	55	4	24.44	6.68	30.75	19.11	-30.02	-22.95	0.75	0.27
842	和玮	银华	2018/08～2022/12	53	4	9.24	8.33	18.78	19.19	-27.90	-22.95	0.41	0.36
843	贾鹏	银华	2016/05～2022/12	80	5	10.04	4.36	17.19	17.07	-36.92	-30.56	0.50	0.17
844	焦巍	银华	2012/10～2022/12	81	10	23.70	11.89	30.43	24.43	-49.82	-48.44	0.73	0.29
845	李晓星	银华	2015/07～2022/12	90	15	14.83	2.69	23.98	22.07	-29.11	-34.44	0.56	0.05
846	李宜璇	银华	2018/03～2022/12	58	5	10.57	3.78	25.80	19.13	-31.51	-25.85	0.35	0.12
847	刘辉	银华	2017/03～2022/12	70	4	12.19	3.07	25.63	17.82	-41.31	-30.56	0.42	0.09
848	马君	银华	2013/12～2022/12	84	8	11.99	15.88	19.24	21.46	-31.57	-48.44	0.54	0.66
849	倪明	银华	2008/01～2022/12	176	9	6.48	6.95	24.12	27.38	-56.25	-64.72	0.18	0.20
850	秦锋	银华	2018/02～2022/12	59	2	1.60	3.69	24.27	18.96	-48.82	-25.93	0.00	0.12
851	苏静然	银华	2017/08～2022/12	65	5	5.32	2.62	20.79	18.25	-36.29	-30.56	0.18	0.06
852	孙蓓琳	银华	2012/07～2022/12	122	8	15.51	10.30	22.27	24.58	-33.37	-48.44	0.62	0.36
853	孙慧	银华	2016/10～2022/12	75	2	9.85	3.01	20.08	17.45	-35.21	-30.56	0.42	0.09
854	唐能	银华	2015/05～2022/12	92	8	6.18	-0.84	22.59	22.90	-44.13	-48.44	0.21	-0.10
855	王斌	银华	2016/02～2022/12	83	8	34.46	10.54	22.45	18.94	-20.61	-22.95	1.47	0.48
856	王海峰	银华	2016/03～2022/12	82	7	13.16	3.91	15.18	16.88	-19.73	-30.56	0.77	0.14
857	王浩	银华	2015/11～2022/12	86	6	11.76	2.53	23.05	20.60	-37.49	-34.44	0.45	0.05
858	王利刚	银华	2019/12～2022/12	37	4	11.39	5.25	21.26	18.19	-25.08	-22.95	0.46	0.21
859	向伊达	银华	2019/12～2022/12	37	4	25.73	5.25	27.92	18.19	-32.11	-22.95	0.87	0.21

续表

编号	基金经理	当前任职公司	任职区间	任职时间(月)	管理基金数量(只)	年化收益率(%)	指数年化收益率(%)	年化波动率(%)	指数年化波动率(%)	最大回撤(%)	指数最大回撤(%)	年化夏普比率	指数年化夏普比率
860	张凯	银华	2016/04~2022/12	81	4	1.38	4.24	17.43	16.97	-30.44	-30.56	-0.01	0.16
861	张萍	银华	2018/11~2022/12	50	12	23.07	10.23	22.50	19.13	-28.97	-22.95	0.96	0.46
862	赵楠楠	银华	2019/09~2022/12	40	5	3.98	6.96	3.08	17.93	-2.74	-22.95	0.81	0.30
863	周晶	银华	2013/02~2022/12	102	5	18.41	15.59	18.77	19.96	-37.97	-40.69	0.90	0.73
864	周书	银华	2018/04~2022/12	57	4	14.97	4.65	25.86	19.21	-43.63	-22.99	0.52	0.16
865	张媛	英大	2018/01~2022/12	60	4	13.82	2.65	18.55	18.94	-19.71	-29.52	0.66	0.06
866	郑中华	英大	2019/03~2022/12	46	2	17.85	4.82	25.55	17.16	-31.03	-22.95	0.64	0.19
867	常远	永赢	2016/01~2022/12	73	5	7.31	3.66	21.15	17.11	-38.03	-28.55	0.28	0.05
868	光磊	永赢	2015/04~2022/12	87	9	7.05	-0.06	24.90	24.21	-49.10	-48.44	0.23	-0.07
869	黄韵	永赢	2014/10~2022/12	89	11	8.77	12.29	9.17	25.67	-16.81	-48.44	0.79	0.37
870	李永兴	永赢	2012/03~2022/12	96	14	15.59	17.64	20.27	22.06	-26.82	-48.44	0.67	0.71
871	陆海燕	永赢	2016/04~2022/12	58	3	4.03	5.12	20.19	15.48	-29.41	-22.95	0.13	0.23
872	牟琼屿	永赢	2019/06~2022/12	43	1	9.26	6.43	10.29	17.28	-12.10	-22.95	0.75	0.29
873	乔敏	永赢	2019/10~2022/12	39	2	23.80	6.88	28.34	18.17	-34.56	-22.95	0.79	0.30
874	万纯	永赢	2019/07~2022/12	42	5	9.01	6.62	10.35	17.49	-15.44	-22.95	0.75	0.29
875	于航	永赢	2015/04~2022/12	91	8	11.63	1.27	33.67	23.62	-62.04	-48.44	0.30	-0.06
876	范妍	圆信永丰	2015/10~2022/12	87	13	15.21	3.36	15.52	20.60	-23.86	-34.44	0.88	0.09
877	胡春霞	圆信永丰	2018/03~2022/12	58	5	10.44	3.78	20.96	19.13	-31.25	-25.85	0.43	0.12
878	肖世源	圆信永丰	2017/06~2022/12	67	5	9.81	3.39	21.36	18.02	-34.11	-30.56	0.39	0.10

续表

编号	基金经理	当前任职公司	任职区间	任职时间（月）	管理基金数量（只）	年化收益率（%）	指数年化收益率（%）	年化波动率（%）	指数年化波动率（%）	最大回撤（%）	指数最大回撤（%）	年化夏普比率	指数年化夏普比率
879	邹维	圆信永丰	2019/01～2022/12	48	4	20.65	11.21	19.04	19.30	-22.85	-22.95	1.01	0.50
880	林忠晶	长安	2015/05～2022/12	92	12	10.29	-0.84	19.75	22.90	-46.29	-48.44	0.44	-0.10
881	徐小勇	长安	2008/08～2022/12	136	14	22.01	16.42	25.73	25.37	-42.69	-48.44	0.78	0.58
882	陈良栋	长城	2015/11～2022/12	86	10	13.55	2.53	17.96	20.60	-27.40	-34.44	0.67	0.05
883	储雯玉	长城	2015/08～2022/12	89	6	8.99	4.81	22.53	21.42	-40.95	-34.44	0.33	0.15
884	韩林	长城	2016/05～2022/12	77	5	7.89	4.68	21.34	17.43	-30.75	-30.56	0.30	0.16
885	何以广	长城	2015/05～2022/12	92	10	8.32	-0.84	24.66	22.90	-39.61	-48.44	0.28	-0.10
886	雷俊	长城	2015/06～2022/12	74	7	10.04	2.02	23.72	23.10	-25.31	-38.05	0.37	0.07
887	廖瀚博	长城	2018/03～2022/12	58	6	15.99	3.78	22.22	19.13	-24.20	-25.85	0.65	0.12
888	刘疆	长城	2019/04～2022/12	45	3	8.09	5.32	24.97	17.33	-47.62	-22.95	0.26	0.22
889	龙宇飞	长城	2017/10～2022/12	63	3	9.13	2.24	22.40	18.54	-34.52	-30.56	0.34	0.04
890	马强	长城	2015/06～2022/12	91	9	4.45	0.56	11.45	22.71	-25.48	-42.38	0.26	-0.04
891	曲少杰	长城	2019/06～2022/12	43	1	-1.57	6.43	24.95	17.28	-58.90	-22.95	-0.12	0.29
892	谭小兵	长城	2016/02～2022/12	83	7	13.67	6.26	17.48	17.88	-33.34	-30.56	0.70	0.27
893	王卫林	长城	2019/12～2022/12	37	11	0.35	5.25	21.86	18.19	-34.95	-22.95	-0.05	0.21
894	杨建华	长城	2007/09～2022/12	177	11	4.78	1.63	25.60	26.32	-64.19	-68.61	0.10	-0.04
895	尤国梁	长城	2019/10～2022/12	39	2	18.61	6.88	36.85	18.17	-38.15	-22.95	0.46	0.30
896	张捷	长城	2018/08～2022/12	53	2	11.08	8.33	21.68	19.19	-30.46	-22.95	0.44	0.36
897	赵凤飞	长城	2018/03～2022/12	58	3	6.26	3.78	21.51	19.13	-33.20	-25.85	0.22	0.12

续表

编号	基金经理	当前任职公司	任职区间	任职时间(月)	管理基金数量(只)	年化收益率(%)	指数年化收益率(%)	年化波动率(%)	指数年化波动率(%)	最大回撤(%)	指数最大回撤(%)	年化夏普比率	指数年化夏普比率
898	徐健	长江证券资管	2005/08~2022/12	43	3	31.09	21.57	22.73	21.56	-18.36	-22.95	1.32	0.90
899	陈亘斯	长盛	2019/05~2022/12	44	4	10.31	7.23	15.57	17.14	-13.03	-22.95	0.57	0.33
900	代毅	长盛	2018/06~2022/12	55	6	6.01	6.68	27.02	19.11	-48.38	-22.95	0.17	0.27
901	郭堃	长盛	2015/11~2022/12	81	11	11.63	2.04	18.18	20.91	-22.42	-34.44	0.57	0.02
902	李琪	长盛	2016/08~2022/12	77	6	4.89	3.15	9.00	17.28	-22.21	-30.56	0.38	0.10
903	孟棋	长盛	2019/05~2022/12	44	6	15.07	7.23	23.28	17.14	-40.98	-22.95	0.58	0.33
904	钱文礼	长盛	2017/10~2022/12	63	6	4.95	2.24	23.60	18.54	-44.08	-30.56	0.15	0.04
905	王宁	长盛	2001/07~2022/12	192	13	13.54	12.19	21.78	30.60	-52.32	-68.61	0.52	0.30
906	吴达	长盛	2016/07~2022/12	78	5	6.82	3.85	16.07	17.25	-34.82	-30.56	0.33	0.14
907	杨衡	长盛	2015/06~2022/12	91	21	7.07	0.56	13.39	22.71	-18.75	-42.38	0.42	-0.04
908	张谊然	长盛	2019/05~2022/12	44	4	14.94	7.23	18.45	17.14	-23.42	-22.95	0.73	0.33
909	周思聪	长盛	2014/01~2022/12	104	7	6.81	10.73	22.32	23.90	-48.66	-44.57	0.23	0.34
910	朱律	长盛	2019/05~2022/12	44	4	13.58	7.23	27.50	17.14	-47.43	-22.95	0.44	0.33
911	高远	长信	2017/01~2022/12	72	3	16.51	3.42	16.80	17.60	-20.34	-30.56	0.89	0.11
912	李家春	长信	2016/10~2022/12	70	3	10.73	6.81	9.42	17.12	-10.82	-30.56	1.00	0.37
913	刘亮	长信	2019/08~2022/12	41	3	11.19	7.01	25.75	17.70	-50.28	-22.95	0.38	0.31
914	宋海岸	长信	2018/02~2022/12	59	4	19.53	3.69	28.60	18.96	-30.78	-25.93	0.63	0.12
915	吴晖	长信	2019/04~2022/12	45	3	9.44	5.32	9.24	17.33	-12.24	-22.95	0.86	0.22
916	叶松	长信	2011/03~2022/12	142	17	12.30	7.33	20.84	23.62	-29.61	-48.44	0.49	0.22

续表

编号	基金经理	当前任职公司	任职区间	任职时间（月）	管理基金数量（只）	年化收益率（%）	指数年化收益率（%）	年化波动率（%）	指数年化波动率（%）	最大回撤（%）	指数最大回撤（%）	年化夏普比率	指数年化夏普比率
917	朱莛	长信	2019/05~2022/12	44	1	4.39	7.23	6.95	17.14	-15.77	-22.95	0.42	0.33
918	祝昱丰	长信	2017/10~2022/12	63	3	8.64	2.24	20.91	18.54	-41.21	-30.56	0.34	0.04
919	左金保	长信	2015/03~2022/12	94	13	8.69	3.57	26.18	24.26	-38.11	-48.44	0.27	0.08
920	白海峰	招商	2017/05~2022/12	68	2	7.93	4.20	17.80	17.98	-33.77	-30.56	0.36	0.15
921	付斌	招商	2015/01~2022/12	96	13	7.74	6.66	19.73	24.97	-37.81	-48.44	0.31	0.20
922	郭锐	招商	2012/07~2022/12	126	12	13.37	11.03	20.67	24.13	-35.41	-48.44	0.56	0.38
923	韩冰	招商	2015/05~2022/12	92	4	9.11	-0.84	25.66	22.90	-49.75	-48.44	0.30	-0.10
924	侯杰	招商	2018/10~2022/12	51	4	9.54	10.54	7.74	18.94	-8.98	-22.95	1.04	0.48
925	贾成东	招商	2013/11~2022/12	95	9	12.57	9.14	19.73	17.25	-33.35	-30.56	0.56	0.41
926	贾仁栋	招商	2016/09~2022/12	76	3	4.66	3.47	15.19	17.37	-29.99	-30.56	0.21	0.11
927	李佳存	招商	2015/01~2022/12	96	8	14.98	6.66	30.18	24.97	-51.70	-48.44	0.44	0.20
928	李崟	招商	2016/02~2022/12	83	6	9.44	6.26	11.66	17.88	-18.03	-30.56	0.68	0.27
929	梁辰	招商	2017/07~2022/12	56	6	20.92	7.56	18.48	17.87	-20.20	-30.56	1.10	0.27
930	陆文凯	招商	2018/06~2022/12	51	3	36.76	8.37	28.49	18.19	-16.43	-22.95	1.26	0.43
931	任琳娜	招商	2017/11~2022/12	57	4	17.84	1.91	30.38	19.30	-30.91	-29.52	0.55	0.04
932	滕越	招商	2017/03~2022/12	52	8	2.64	-2.94	8.20	18.19	-12.57	-30.56	0.15	-0.21
933	王超	招商	2015/04~2022/12	78	12	1.87	-3.72	24.51	24.39	-40.41	-48.44	0.02	-0.18
934	王刚	招商	2017/07~2022/12	66	8	7.22	3.14	6.87	18.15	-10.33	-30.56	0.83	0.09
935	王景	招商	2011/12~2022/12	132	16	13.23	8.33	18.51	23.48	-34.26	-48.44	0.61	0.25

续表

编号	基金经理	当前任职公司	任职区间	任职时间（月）	管理基金数量（只）	年化收益率（%）	指数年化收益率（%）	年化波动率（%）	指数年化波动率（%）	最大回撤（%）	指数最大回撤（%）	年化夏普比率	指数年化夏普比率
936	王平	招商	2016/03~2022/12	82	4	11.56	3.91	15.54	16.88	-18.47	-30.56	0.65	0.14
937	王奇玮	招商	2016/12~2022/12	73	7	14.16	3.33	24.49	17.48	-27.67	-30.56	0.52	0.10
938	王垠	招商	2018/09~2022/12	52	4	7.05	8.18	5.06	19.37	-4.62	-22.95	1.10	0.34
939	吴昊	招商	2012/04~2022/12	129	3	12.78	9.77	25.91	23.99	-44.32	-48.44	0.42	0.33
940	徐张红	招商	2017/06~2022/12	41	3	4.26	-0.86	14.31	19.17	-20.87	-30.56	0.21	-0.17
941	姚飞军	招商	2016/06~2022/12	79	4	1.09	3.88	6.06	17.14	-15.77	-30.56	-0.07	0.14
942	余芳芳	招商	2017/04~2022/12	69	7	7.00	3.63	4.58	17.90	-5.18	-30.56	1.20	0.12
943	张磊	招商	2017/06~2022/12	67	4	4.56	3.39	10.33	18.02	-20.62	-30.56	0.30	0.10
944	张林	招商	2015/07~2022/12	90	7	7.13	2.69	24.94	22.07	-39.73	-34.44	0.23	0.05
945	张西林	招商	2017/04~2022/12	69	6	6.25	3.63	14.14	17.90	-29.48	-30.56	0.34	0.12
946	张韵	招商	2016/01~2022/12	84	8	5.15	5.80	-4.94	17.81	-4.54	-30.56	0.74	0.24
947	赵波	招商证券资管	2014/04~2022/12	102	6	5.09	12.26	25.43	25.08	-59.22	-48.44	0.14	0.42
948	马斌博	浙商证券资管	2017/12~2022/12	61	4	7.85	2.96	17.98	18.79	-29.57	-29.52	0.35	0.08
949	周涛	浙商证券资管	2019/01~2022/12	48	6	14.71	11.21	20.07	19.30	-30.36	-22.95	0.66	0.50
950	贾腾	浙商	2019/02~2022/12	47	6	12.74	6.80	22.06	17.40	-37.64	-22.95	0.51	0.30
951	向伟	浙商	2019/09~2022/12	40	3	15.53	6.96	21.29	17.93	-28.07	-22.95	0.66	0.30
952	丘栋荣	中庚	2014/09~2022/12	93	6	26.90	12.66	20.59	25.23	-19.80	-48.44	1.24	0.47
953	张丽华	中国人保资管	2018/10~2022/12	51	1	6.35	10.54	20.39	18.94	-44.89	-22.95	0.24	0.48
954	张永超	中国人保资管	2016/11~2022/12	68	13	-6.47	-2.00	13.66	16.82	-47.40	-30.56	-0.59	-0.21

续表

编号	基金经理	当前任职公司	任职区间	任职时间（月）	管理基金数量（只）	年化收益率（%）	指数年化收益率（%）	年化波动率（%）	指数年化波动率（%）	最大回撤（%）	指数最大回撤（%）	年化夏普比率	指数年化夏普比率
955	陈玮	中海	2019/07～2022/12	42	2	1.18	6.62	23.54	17.49	-49.23	-22.95	-0.01	0.29
956	邱红丽	中海	2014/03～2022/12	106	5	12.04	11.64	25.28	24.54	-48.90	-48.44	0.41	0.41
957	许定晴	中海	2010/03～2022/12	154	10	6.40	6.93	23.54	23.58	-52.51	-48.44	0.18	0.20
958	姚晨曦	中海	2015/04～2022/12	93	6	7.83	1.13	31.68	23.42	-56.36	-48.44	0.20	-0.02
959	姚祎	中海	2018/12～2022/12	49	2	1.38	11.66	21.92	19.11	-51.78	-22.95	-0.01	0.53
960	韩浩	中航	2017/12～2022/12	61	3	5.39	2.96	16.50	18.79	-26.06	-29.52	0.24	0.08
961	龙川	中航	2017/07～2022/12	48	3	5.04	-2.62	17.10	18.82	-18.20	-30.56	0.21	-0.27
962	冯汉杰	中加	2018/12～2022/12	49	4	21.45	11.66	13.62	19.11	-9.09	-22.95	1.46	0.53
963	李坤元	中加	2010/05～2022/12	134	9	-0.82	-0.04	24.93	22.03	-65.04	-48.44	-0.12	-0.16
964	刘晓晨	中加	2018/01～2022/12	51	5	13.21	0.60	13.60	20.35	-16.83	-29.52	0.88	-0.08
965	王粱	中加	2018/08～2022/12	53	3	6.24	8.33	10.88	19.19	-9.05	-22.95	0.44	0.36
966	闫沛贤	中加	2015/12～2022/12	85	1	4.49	1.80	2.92	20.63	-3.11	-34.44	1.02	0.01
967	刘重晋	中金	2017/08～2022/12	65	8	11.51	2.62	16.51	18.25	-19.36	-30.56	0.61	0.06
968	许忠海	中金	2015/04～2022/12	90	8	1.59	2.32	33.93	23.40	-70.98	-48.44	0.00	-0.02
969	孟禄程	中科沃土	2019/11～2022/12	38	2	11.33	7.56	17.45	18.38	-14.40	-22.95	0.56	0.33
970	徐伟	中科沃土	2019/08～2022/12	41	2	11.18	7.01	13.83	17.70	-11.53	-22.95	0.70	0.31
971	曹名长	中欧	2006/07～2022/12	194	11	18.74	16.02	24.45	28.45	-63.74	-68.61	0.68	0.47
972	成雨轩	中欧	2019/06～2022/12	43	3	13.62	6.43	20.41	17.28	-36.71	-22.95	0.59	0.29
973	代云锋	中欧	2017/10～2022/12	57	5	26.27	4.07	27.75	17.44	-29.69	-30.56	0.91	0.19

续表

编号	基金经理	当前任职公司	任职区间	任职时间（月）	管理基金数量（只）	年化收益率（%）	指数年化收益率（%）	年化波动率（%）	指数年化波动率（%）	最大回撤（%）	指数最大回撤（%）	年化夏普比率	指数年化夏普比率
974	葛兰	中欧	2015/01~2022/12	92	9	20.72	6.17	28.98	25.57	-43.56	-48.44	0.67	0.19
975	郭睿	中欧	2018/02~2022/12	59	4	10.63	3.69	25.90	18.96	-48.88	-25.93	0.35	0.12
976	华李成	中欧	2018/03~2022/12	58	1	6.30	3.78	2.86	19.13	-2.05	-25.85	1.68	0.12
977	黄华	中欧	2018/12~2022/12	49	3	7.76	11.66	4.52	19.11	-2.11	-22.95	1.39	0.53
978	蓝小康	中欧	2017/05~2022/12	68	2	10.13	4.20	19.13	17.98	-22.49	-30.56	0.45	0.15
979	李帅	中欧	2015/07~2022/12	84	6	7.96	1.88	24.22	22.88	-38.21	-34.44	0.27	-0.02
980	罗佳明	中欧	2019/07~2022/12	42	4	11.43	6.62	19.90	17.49	-38.08	-22.95	0.50	0.29
981	钱亚风云	中欧	2015/07~2022/12	83	9	14.82	4.40	20.19	21.85	-29.93	-34.44	0.67	0.15
982	曲径	中欧	2016/01~2022/12	84	10	10.41	5.80	16.79	17.81	-26.20	-30.56	0.53	0.24
983	王健	中欧	2009/10~2022/12	142	13	14.12	10.36	17.28	20.87	-26.61	-48.44	0.70	0.38
984	王培	中欧	2011/06~2022/12	123	11	15.47	6.90	25.76	24.61	-47.27	-48.44	0.52	0.19
985	许文星	中欧	2018/04~2022/12	57	8	14.86	4.65	18.32	19.21	-25.96	-22.99	0.73	0.16
986	袁维德	中欧	2016/12~2022/12	73	6	12.35	3.33	19.10	17.48	-29.66	-30.56	0.57	0.10
987	张跃鹏	中欧	2015/11~2022/12	86	16	5.74	2.53	10.76	20.60	-24.24	-34.44	0.39	0.05
988	周蔚文	中欧	2006/11~2022/12	191	11	16.91	12.77	22.80	29.58	-52.65	-68.61	0.65	0.37
989	冯琪	中融	2019/11~2022/12	38	6	9.72	7.56	30.25	18.38	-37.75	-22.95	0.27	0.33
990	甘传琦	中融	2017/06~2022/12	67	12	15.04	3.39	22.18	18.02	-27.26	-30.56	0.61	0.10
991	金拓	中融	2019/01~2022/12	48	4	28.25	11.21	25.63	19.30	-22.46	-22.95	1.04	0.50
992	柯海东	中融	2016/07~2022/12	74	12	15.92	6.93	19.21	17.03	-27.90	-28.66	0.76	0.30

续表

编号	基金经理	当前任职公司	任职区间	任职时间（月）	管理基金数量（只）	年化收益率（%）	指数年化收益率（%）	年化波动率（%）	指数年化波动率（%）	最大回撤（%）	指数最大回撤（%）	年化夏普比率	指数年化夏普比率
993	寇文红	中融	2019/05~2022/12	44	1	12.27	7.23	34.84	17.14	-33.35	-22.95	0.31	0.33
994	钱文成	中融	2013/01~2022/12	95	17	8.64	10.02	10.40	25.52	-11.34	-48.44	0.69	0.34
995	吴刚	中融	2017/11~2022/12	61	6	10.03	3.87	16.33	18.65	-27.54	-27.59	0.53	0.10
996	赵菲	中融	2016/12~2022/12	60	3	0.63	2.33	23.72	18.14	-38.64	-30.56	-0.04	0.04
997	姜诚	中泰证券资管	2014/08~2022/12	70	9	24.31	18.01	17.63	28.89	-15.78	-48.44	1.30	0.60
998	田瑀	中泰证券资管	2019/04~2022/12	45	4	18.80	5.32	20.67	17.33	-23.29	-22.95	0.84	0.22
999	韩海平	中信保诚	2007/11~2022/12	46	2	9.87	7.37	8.03	19.71	-4.81	-22.95	1.06	0.31
1000	闾志刚	中信保诚	2010/02~2022/12	155	4	5.77	7.08	21.97	23.51	-42.38	-48.44	0.17	0.21
1001	孙浩中	中信保诚	2019/12~2022/12	37	5	36.06	5.25	36.24	18.19	-40.15	-22.95	0.95	0.21
1002	提云涛	中信保诚	2016/09~2022/12	76	10	6.73	3.47	5.98	17.37	-9.71	-30.56	0.87	0.11
1003	王睿	中信保诚	2015/04~2022/12	93	8	12.26	1.13	25.03	23.42	-34.06	-48.44	0.43	-0.02
1004	王颖	中信保诚	2017/02~2022/12	71	7	7.77	2.93	6.81	17.69	-12.54	-30.56	0.92	0.08
1005	吴昊	中信保诚	2015/11~2022/12	86	8	12.78	9.77	25.91	23.99	-44.32	-48.44	0.42	0.33
1006	夏明月	中信保诚	2019/03~2022/12	46	2	7.81	4.82	19.68	17.16	-28.27	-22.95	0.32	0.19
1007	杨立春	中信保诚	2015/06~2022/12	91	7	10.22	0.56	14.75	22.71	-5.34	-42.38	0.59	-0.04
1008	张弘	中信保诚	2013/07~2022/12	53	4	21.24	25.62	21.76	21.28	-26.10	-22.95	0.90	0.98
1009	栾江伟	中信建投	2015/07~2022/12	83	10	16.60	6.65	23.95	22.34	-31.18	-32.65	0.64	0.22
1010	谢玮	中信建投	2019/04~2022/12	45	3	23.41	5.32	30.69	17.33	-48.88	-22.95	0.71	0.22
1011	周户	中信建投	2017/01~2022/12	72	2	-0.57	3.42	15.44	17.60	-29.20	-30.56	-0.13	0.11

续表

编号	基金经理	当前任职公司	任职区间	任职时间（月）	管理基金数量（只）	年化收益率（%）	指数年化收益率（%）	年化波动率（%）	指数年化波动率（%）	最大回撤（%）	指数最大回撤（%）	年化夏普比率	指数年化夏普比率
1012	周紫光	中信建投	2017/05~2022/12	68	5	22.03	4.20	30.78	17.98	-35.23	-30.56	0.67	0.15
1013	刘琦	中信证券	2019/10~2022/12	39	1	6.15	6.88	21.01	18.17	-36.48	-22.95	0.22	0.30
1014	魏孚	中信证券	2017/03~2022/12	68	8	5.11	4.17	15.63	17.69	-27.73	-30.56	0.24	0.13
1015	黄珺	中银国际证券	2019/03~2022/12	46	4	23.06	4.82	21.15	17.16	-23.82	-22.95	1.02	0.19
1016	李建	中银国际证券	2012/09~2022/12	124	5	7.75	11.21	5.38	24.30	-7.63	-48.44	1.09	0.38
1017	刘腾	中银国际证券	2017/09~2022/12	64	3	6.37	2.42	13.87	18.39	-24.06	-30.56	0.35	0.05
1018	苗婷	中银国际证券	2016/08~2022/12	77	7	6.41	3.15	3.69	17.28	-3.18	-30.56	1.33	0.10
1019	宋殿宇	中银国际证券	2018/02~2022/12	59	4	4.94	3.69	5.35	18.96	-6.75	-25.93	0.64	0.12
1020	涂海强	中银国际证券	2016/01~2022/12	84	6	5.24	5.80	5.84	17.81	-9.06	-30.56	0.64	0.24
1021	王睿	中银国际证券	2018/11~2022/12	50	4	12.26	1.13	25.03	23.42	-34.06	-48.44	0.43	-0.02
1022	王帅	中银	2015/07~2022/12	90	6	6.97	2.69	24.14	22.07	-41.44	-34.44	0.23	0.05
1023	王伟	中银	2015/02~2022/12	95	7	14.85	5.93	27.32	25.02	-56.64	-48.44	0.49	0.18
1024	吴印	中银	2010/07~2022/12	141	13	4.71	6.21	20.72	23.78	-49.29	-48.44	0.13	0.15
1025	严菲	中银	2007/03~2022/12	184	7	12.53	11.03	21.59	28.23	-56.93	-68.61	0.48	0.38
1026	杨成	中银	2015/09~2022/12	88	4	6.29	5.68	6.85	21.41	-13.84	-34.44	0.70	0.20
1027	赵志华	中银	2015/07~2022/12	90	5	5.87	2.69	20.17	22.07	-32.23	-34.44	0.22	0.05
1028	白冰洋	中银	2016/04~2022/12	62	5	6.84	-0.38	19.00	17.49	-25.57	-28.75	0.29	-0.04
1029	计伟	中银	2017/09~2022/12	45	4	8.13	-5.19	21.83	19.29	-29.45	-30.56	0.31	-0.31
1030	林博程	中银	2018/03~2022/12	54	5	14.70	3.55	26.34	19.87	-26.18	-25.85	0.51	0.09

续表

编号	基金经理	当前任职公司	任职区间	任职时间（月）	管理基金数量（只）	年化收益率(%)	指数年化收益率(%)	年化波动率(%)	指数年化波动率(%)	最大回撤（%）	指数最大回撤（%）	年化夏普比率	指数年化夏普比率
1031	刘先政	中银	2018/06～2022/12	49	4	4.56	5.58	27.51	20.21	-44.91	-22.95	0.11	0.17
1032	蒲延杰	中银	2017/07～2022/12	57	6	5.71	-1.98	19.34	17.96	-32.68	-30.56	0.23	-0.16
1033	张少华	中银	2011/06～2022/12	71	6	-1.09	-4.60	23.26	19.19	-34.16	-28.08	-0.14	-0.30
1034	张燕	中银	2015/05～2022/12	79	9	11.42	3.07	23.38	17.82	-31.82	-30.56	0.42	0.09
1035	曹思	中邮创业	2014/05～2022/12	104	4	17.25	11.78	29.17	24.77	-45.47	-48.44	0.53	0.41
1036	陈鸿平	中邮创业	2019/03～2022/12	46	1	-0.54	4.82	24.53	17.16	-48.76	-22.95	-0.08	0.19
1037	陈梁	中邮创业	2014/07～2022/12	102	8	13.66	10.63	24.39	24.86	-39.09	-48.44	0.49	0.36
1038	国晓雯	中邮创业	2017/01～2022/12	72	11	10.29	3.42	19.75	17.60	-32.14	-30.56	0.45	0.11
1039	任慧峰	中邮创业	2018/08～2022/12	53	4	8.58	8.33	13.53	19.19	-26.23	-22.95	0.52	0.36
1040	吴尚	中邮创业	2018/03～2022/12	58	3	7.80	3.78	22.17	19.13	-37.99	-25.85	0.28	0.12
1041	武志晓	中邮创业	2019/05～2022/12	42	2	-0.77	8.05	25.84	17.31	-48.76	-22.95	-0.09	0.34
1042	张腾	中邮创业	2015/03～2022/12	94	2	10.90	3.57	29.89	24.26	-56.55	-48.44	0.31	0.08
1043	周楠	中邮创业	2015/05～2022/12	92	4	1.40	-0.84	26.95	22.90	-52.15	-48.44	0.00	-0.10

附录七 离职基金经理与同期万得全 A 指数业绩对比表（按离职前任职公司排序）：1998~2022 年

本表展示离职基金经理与同期万得全 A 指数的收益和风险指标。其中，收益指标包括年化收益率、夏普比率，风险指标包括年化波动率、最大回撤。表中展示的指数数据为对应的同期指数履历任职期间计算得出，如果某只基金经理未管理基金产品，指数的收益不计算。本表中的基金经理仅包括管理以下类型基金的经理：股票多空型、偏股混合型、平衡混合型、灵活配置型、普通股票型和增强指数型的主动管理的基金，并且基金经理有三年以上任职时长，共 687 位离职基金经理。每位基金经理的业绩是该基金经理离职前后管理的所有基金按照管理规模加权平均后的业绩。表中"离职前任职公司"指的是截至 2022 年 12 月 31 日时已离职基金经理离职前任职的公司。

编号	基金经理	离职前任职公司	任职区间	任职时间（月）	管理基金数量（只）	基金年化收益率（%）	指数年化收益率（%）	年化波动率（%）	指数年化波动率（%）	最大回撤（%）	指数最大回撤（%）	年化夏普比率	指数年化夏普比率
1	蓝雁书	安信	2013/12~2019/05	67	6	4.82	13.45	9.22	28.06	-21.70	-48.44	0.32	0.41
2	杨凯珀	安信	2014/09~2020/03	58	3	17.01	9.57	12.98	24.58	-7.00	-48.44	1.20	0.28
3	钟光正	安信	2012/08~2022/05	102	6	9.23	17.64	6.69	25.65	-6.02	-47.04	1.09	0.60
4	庄园	安信	2014/05~2022/05	98	8	10.18	12.67	6.24	25.05	-2.42	-48.44	1.36	0.44
5	陈茂仁	宝盈	2003/01~2010/07	78	2	2.84	-2.46	23.18	32.40	-54.54	-67.56	0.02	-0.08
6	段鹏程	宝盈	2007/06~2018/10	44	6	1.43	3.75	23.91	27.64	-32.23	-32.54	-0.02	0.01
7	李鹏伟	宝盈	2017/01~2021/11	60	5	20.28	7.70	24.32	16.35	-27.28	-30.56	0.77	0.38
8	牛春晖	宝盈	2004/10~2008/02	39	2	26.97	32.68	23.76	30.33	-14.21	-24.64	1.05	0.91
9	肖肖	宝盈	2017/01~2022/01	62	9	16.83	5.76	20.37	16.70	-32.58	-30.56	0.75	0.25
10	杨凯	宝盈	2013/02~2016/07	43	4	17.95	22.15	32.89	33.70	-43.35	-44.57	0.47	0.58
11	余述胜	宝盈	2009/07~2014/01	56	1	-3.72	-2.20	21.62	23.79	-38.92	-34.26	-0.31	-0.21
12	张小仁	宝盈	2014/01~2017/02	39	4	20.98	26.88	34.16	33.34	-46.44	-44.57	0.55	0.74

· 344 ·

续表

编号	基金经理	离职前任职公司	任职区间	任职时间（月）	管理基金数量（只）	年化收益率（%）	指数年化收益率（%）	年化波动率（%）	指数年化波动率（%）	最大回撤（%）	指数最大回撤（%）	年化夏普比率	指数年化夏普比率
13	王婷婷	北京京管泰富	2018/05~2021/05	38	1	5.21	11.57	2.62	19.54	-0.94	-22.94	1.41	0.52
14	高峰	北信瑞丰	2010/02~2017/11	89	7	2.96	5.52	24.73	26.75	-35.41	-44.57	0.02	0.06
15	王忠波	北信瑞丰	2008/04~2021/05	120	10	20.18	11.70	27.36	30.60	-39.44	-57.51	0.67	0.32
16	于军华	北信瑞丰	2014/12~2020/05	67	5	8.81	7.00	21.90	27.36	-33.17	-48.44	0.33	0.20
17	陈丰	博时	2003/08~2008/11	66	2	24.30	13.94	28.39	36.56	-58.67	-68.61	0.76	0.31
18	陈亮	博时	2007/01~2010/03	40	2	25.04	26.00	31.44	44.65	-48.11	-68.61	0.70	0.51
19	邓晓峰	博时	2007/03~2014/11	94	1	14.47	10.75	25.23	32.58	-52.66	-68.61	0.45	0.24
20	高阳	博时	2002/10~2008/01	65	3	40.26	26.45	22.33	30.58	-17.70	-43.54	1.72	0.79
21	葛晨	博时	2018/04~2022/01	47	4	22.65	8.06	29.21	18.46	-30.95	-22.99	0.72	0.36
22	韩茂华	博时	2013/01~2021/01	97	6	8.93	13.80	20.75	25.38	-35.77	-48.44	0.34	0.47
23	黄健斌	博时	2003/12~2009/11	60	2	27.52	30.18	21.67	40.54	-33.94	-68.61	1.16	0.58
24	蒋峰	博时	2016/09~2022/03	68	6	8.51	4.65	13.47	16.61	-23.58	-30.56	0.52	0.19
25	兰乔	博时	2015/11~2022/05	80	7	9.63	2.79	23.36	20.63	-32.44	-34.44	0.35	0.06
26	李佳	博时	2018/07~2022/01	44	1	8.19	10.95	20.49	18.47	-22.69	-16.20	0.33	0.51
27	李培刚	博时	2008/07~2012/12	55	3	-1.30	5.30	25.32	30.86	-45.68	-42.52	-0.16	0.08
28	李权胜	博时	2012/08~2020/07	97	3	17.36	15.41	22.01	26.01	-33.35	-48.44	0.70	0.52
29	刘建伟	博时	2010/12~2015/08	50	4	-5.82	-5.91	15.89	23.60	-34.98	-36.20	-0.57	-0.55
30	刘恩甸	博时	2016/04~2020/10	56	1	10.24	6.67	13.26	16.96	-21.97	-30.56	0.66	0.30
31	刘小山	博时	1999/10~2002/12	55	3	10.27	-1.79	30.82	22.71	-26.76	-41.28	0.27	-0.17

续表

编号	基金经理	离职前任职公司	任职区间	任职时间（月）	管理基金数量（只）	年化收益率（%）	指数年化收益率（%）	年化波动率（%）	指数年化波动率（%）	最大回撤（%）	指数最大回撤（%）	年化夏普比率	指数年化夏普比率
32	牟星海	博时	2019/06~2022/06	38	4	7.59	10.81	20.14	17.15	-40.92	-22.11	0.30	0.54
33	聂挺进	博时	2010/03~2014/11	58	3	5.45	4.80	15.32	21.09	-20.77	-33.01	0.16	0.09
34	皮敏	博时	2009/12~2015/06	68	2	2.68	14.77	14.07	24.52	-35.83	-34.26	-0.02	0.48
35	苏永超	博时	2013/10~2018/03	55	2	10.99	18.59	29.84	28.54	-51.51	-44.57	0.30	0.58
36	孙占军	博时	2008/02~2014/01	73	4	0.18	-2.23	22.53	30.97	-43.36	-64.72	-0.12	-0.17
37	王俊	博时	2015/01~2020/12	73	12	15.09	10.40	20.13	27.04	-28.26	-48.44	0.67	0.33
38	王曦	博时	2015/09~2021/11	76	14	10.05	9.44	6.91	21.22	-5.85	-34.44	1.24	0.37
39	王宁	博时	2011/02~2016/07	67	3	4.17	11.38	22.71	29.40	-38.29	-44.57	0.06	0.29
40	温宇峰	博时	2010/10~2014/06	46	3	-4.26	-3.71	15.36	19.08	-21.18	-33.01	-0.48	-0.36
41	吴丰树	博时	2008/09~2021/08	132	10	11.58	14.54	22.08	27.71	-33.56	-44.57	0.43	0.45
42	夏春	博时	2008/12~2012/07	44	2	8.87	14.13	18.14	27.47	-18.83	-29.39	0.34	0.41
43	肖华	博时	2000/08~2006/11	73	3	14.61	0.27	19.12	22.11	-27.29	-61.69	0.66	-0.04
44	杨鹏	博时	2010/08~2021/04	115	7	12.39	12.04	22.33	24.04	-40.05	-44.57	0.46	0.40
45	杨锐	博时	2006/05~2012/07	76	4	10.79	17.75	23.27	36.05	-52.88	-68.61	0.34	0.41
46	尹哲	博时	2014/10~2019/05	41	4	10.09	10.37	34.58	28.24	-60.09	-48.44	0.25	0.32
47	余洋	博时	2007/02~2011/04	52	2	11.63	17.47	29.67	40.34	-54.78	-68.61	0.30	0.36
48	招扬	博时	2014/12~2018/02	40	4	9.46	11.62	31.48	32.05	-45.63	-44.57	0.25	0.31
49	周枫	博时	2001/04~2005/01	47	2	1.48	-18.35	12.97	20.85	-17.48	-55.86	-0.04	-0.98
50	周力	博时	2005/02~2011/06	78	2	25.35	26.03	26.22	36.33	-52.33	-68.61	0.86	0.64

续表

编号	基金经理	离职前任职公司	任职区间	任职时间（月）	管理基金数量（只）	年化收益率（%）	指数年化收益率（%）	年化波动率（%）	指数年化波动率（%）	最大回撤（%）	指数最大回撤（%）	年化夏普比率	指数年化夏普比率
51	周心鹏	博时	2010/10~2021/10	129	7	13.80	9.09	18.46	23.89	-33.51	-48.44	0.63	0.29
52	邹志新	博时	2002/01~2010/10	107	4	17.47	17.04	23.32	33.36	-56.05	-68.61	0.64	0.44
53	谈洁颖	财通	2012/07~2021/04	99	8	17.59	14.50	22.44	25.85	-32.53	-48.44	0.70	0.50
54	姚思劼	财通	2016/03~2019/06	41	7	-3.67	1.19	13.41	16.63	-29.55	-30.56	-0.39	-0.02
55	陈玉辉	创金合信	2012/11~2019/08	80	5	16.75	14.13	18.27	25.09	-20.36	-34.44	0.82	0.59
56	程志田	创金合信	2016/01~2019/06	43	3	3.27	5.15	16.69	18.54	-30.22	-30.56	0.11	0.20
57	刘晨	达诚	2012/08~2021/12	66	4	9.61	5.63	19.92	18.20	-24.43	-30.56	0.40	0.20
58	王超伟	达诚	2016/02~2022/04	62	9	-0.63	2.83	12.38	17.56	-29.43	-30.56	-0.17	0.07
59	曹雄飞	大成	2006/01~2014/05	66	5	16.13	18.75	34.81	37.98	-61.35	-68.15	0.40	0.38
60	冯文光	大成	2011/03~2016/10	63	4	4.74	1.17	22.63	26.62	-46.38	-31.71	0.09	0.06
61	何光明	大成	2004/12~2013/02	77	2	-1.33	-5.05	23.53	30.61	-51.58	-64.72	-0.18	-0.20
62	黄万青	大成	2010/04~2022/11	129	14	3.05	2.42	13.46	23.45	-36.68	-48.44	0.08	-0.06
63	黎新平	大成	2016/09~2020/09	49	1	9.76	5.61	18.08	17.77	-31.14	-30.56	0.46	0.23
64	李本刚	大成	2012/09~2019/12	89	9	18.12	13.68	26.39	26.48	-40.50	-48.44	0.61	0.44
65	刘安田	大成	2010/04~2015/03	61	4	10.45	13.90	20.50	22.43	-37.66	-33.01	0.36	0.49
66	刘泽兵	大成	2007/09~2015/02	86	2	2.63	3.94	22.66	30.70	-55.72	-68.61	-0.01	0.06
67	施永辉	大成	2006/01~2013/10	95	1	16.88	20.68	30.29	34.39	-63.29	-68.61	0.46	0.52
68	石国武	大成	2013/04~2017/08	54	5	19.20	21.66	19.93	30.15	-23.44	-44.57	0.85	0.65
69	汤义峰	大成	2010/03~2015/03	58	3	15.37	15.75	18.48	23.13	-19.23	-33.01	0.69	0.62

续表

编号	基金经理	离职前任职公司	任职区间	任职时间（月）	管理基金数量（只）	年化收益率（%）	指数年化收益率（%）	年化波动率（%）	指数年化波动率（%）	最大回撤（%）	指数最大回撤（%）	年化夏普比率	指数年化夏普比率
70	王文祥	大成	2011/10~2015/12	44	3	22.26	16.25	29.71	30.48	-43.15	-39.98	0.67	0.34
71	徐彬	大成	2002/01~2006/05	53	3	13.36	2.14	16.20	23.16	-14.80	-50.22	0.70	0.00
72	杨建华	大成	2005/02~2012/06	90	4	21.41	20.00	29.10	34.70	-61.47	-68.61	0.64	0.49
73	杨建勋	大成	2004/08~2015/07	125	7	11.28	16.23	26.21	32.44	-54.67	-68.61	0.33	0.40
74	周德昕	大成	2009/12~2017/11	61	3	-6.23	-6.32	24.32	26.66	-56.36	-44.57	-0.35	-0.44
75	周建春	大成	2002/01~2012/12	77	3	11.24	12.86	20.86	24.93	-36.46	-34.26	0.43	0.34
76	周志超	大成	2014/03~2019/12	64	11	15.04	22.99	29.99	25.13	-45.77	-48.44	0.46	0.78
77	朱哲	大成	2016/08~2019/08	38	2	2.09	-1.13	2.89	16.95	-3.06	-30.56	0.21	-0.16
78	王本昌	德邦	2012/03~2021/10	95	5	15.11	14.79	17.50	19.30	-29.16	-30.56	0.75	0.67
79	呼振翼	东方	2011/12~2015/07	45	5	22.36	26.13	30.39	26.94	-33.34	-24.63	0.64	0.86
80	庞飒	东方	2005/08~2013/02	86	3	26.32	24.86	28.54	34.89	-54.37	-68.61	0.83	0.63
81	徐昀君	东方	2013/12~2017/04	42	3	8.61	23.45	3.23	32.24	-0.48	-44.57	2.01	0.66
82	于鑫	东方	2007/07~2014/12	91	5	2.47	5.90	22.65	30.50	-62.06	-68.61	-0.02	0.09
83	张岗	东方	2006/03~2015/04	70	4	22.10	34.53	19.33	25.27	-29.98	-33.01	1.01	1.26
84	张玉坤	东方	2016/08~2022/06	72	6	10.09	5.12	18.58	17.26	-24.52	-30.56	0.46	0.21
85	周薇	东方	2015/04~2020/04	62	5	4.09	-1.73	3.66	25.74	-7.54	-48.44	0.70	-0.13
86	朱晓栋	东方	2013/01~2019/02	75	11	6.03	12.43	12.52	27.66	-25.86	-48.44	0.32	0.37
87	胡德军	东海	2015/10~2021/08	72	3	2.49	6.62	20.33	20.69	-42.94	-34.44	0.05	0.25
88	杨红	东海	2019/06~2022/09	41	2	17.87	5.95	24.02	17.32	-29.85	-22.11	0.68	0.26

续表

编号	基金经理	离职前任职公司	任职区间	任职时间（月）	管理基金数量（只）	年化收益率（%）	指数年化收益率（%）	年化波动率（%）	指数年化波动率（%）	最大回撤（%）	指数最大回撤（%）	年化夏普比率	指数年化夏普比率
89	戴斌	东吴	2014/12～2020/03	77	6	12.13	6.11	26.84	27.73	-54.62	-48.44	0.39	0.16
90	付琦	东吴	2013/08～2019/12	63	3	5.35	17.24	20.55	29.11	-48.95	-48.44	0.17	0.53
91	彭敢	东吴	2010/11～2021/02	120	9	14.76	9.75	28.79	24.54	-57.43	-48.44	0.44	0.30
92	秦斌	东吴	2016/07～2020/06	49	4	4.69	4.18	13.26	16.61	-25.58	-30.56	0.24	0.16
93	任壮	东吴	2009/01～2013/12	61	3	-2.71	10.90	28.44	26.02	-57.13	-34.26	-0.19	0.31
94	王炯	东吴	2006/12～2011/04	54	2	17.90	23.48	31.45	40.60	-53.01	-68.61	0.48	0.51
95	王立立	东吴	2013/12～2020/07	81	6	15.55	15.72	29.72	26.40	-49.42	-48.44	0.46	0.53
96	吴广利	东吴	2009/05～2014/11	43	3	1.78	15.38	19.88	24.46	-31.95	-24.44	-0.04	0.57
97	张能进	东吴	2016/05～2019/12	45	2	9.22	3.61	14.93	16.30	-23.77	-30.56	0.52	0.13
98	程远	东兴	2015/12～2019/08	46	5	-10.39	-2.95	16.38	23.09	-37.63	-34.44	-0.73	-0.19
99	沈毅	方正富邦	2014/01～2018/11	60	2	12.99	12.03	30.00	28.16	-41.37	-46.95	0.37	0.36
100	王健	方正富邦	2015/06～2018/07	39	1	-2.72	-8.30	20.30	26.94	-28.94	-38.05	-0.21	-0.36
101	李道滢	方正证券	2015/06～2021/10	66	6	8.36	-0.92	16.36	24.33	-17.57	-42.38	0.44	-0.05
102	黄强	富安达	2012/04～2015/07	41	1	25.13	25.93	37.48	27.64	-41.46	-24.63	0.59	0.83
103	毛矛	富安达	2015/05～2020/07	64	5	4.76	-0.31	21.91	25.38	-47.17	-48.44	0.15	-0.07
104	朱义	富安达	2018/04～2022/06	52	4	7.96	7.58	15.90	19.38	-25.80	-22.99	0.41	0.31
105	蔡耀华	富国	2016/12～2021/07	57	5	3.72	6.55	8.47	16.85	-15.63	-30.56	0.28	0.37
106	陈戈	富国	2005/04～2014/03	109	1	19.62	18.91	25.39	32.63	-49.61	-68.61	0.66	0.49
107	戴益强	富国	2012/10～2018/01	65	5	13.39	19.58	30.39	28.52	-51.29	-44.57	0.37	0.61

续表

编号	基金经理	离职前任职公司	任职区间	任职时间（月）	管理基金数量（只）	年化收益率（%）	指数年化收益率（%）	年化波动率（%）	指数年化波动率（%）	最大回撤（%）	指数最大回撤（%）	年化夏普比率	指数年化夏普比率
108	贺轶	富国	2006/08~2016/01	87	3	21.23	24.15	24.37	31.87	-38.83	-43.03	0.77	0.72
109	金涛	富国	1999/05~2002/10	42	1	12.48	8.43	33.20	29.27	-27.02	-35.12	0.31	0.21
110	李文忠	富国	2000/07~2008/10	82	3	20.56	8.13	35.82	35.40	-50.65	-68.61	0.51	0.17
111	李晓铭	富国	2009/10~2019/07	119	8	10.57	7.61	22.46	25.29	-49.47	-48.44	0.37	0.21
112	刘博	富国	2018/07~2021/12	43	3	30.81	13.98	16.69	17.80	-6.46	-16.20	1.76	0.70
113	尚鹏岳	富国	2008/01~2015/05	86	4	14.27	12.67	25.88	31.12	-49.00	-64.72	0.44	0.26
114	汪鸣	富国	2014/01~2018/03	52	3	21.02	19.68	31.32	29.18	-35.68	-44.57	0.61	0.61
115	魏伟	富国	2011/12~2021/01	108	5	20.99	13.87	27.98	25.34	-41.59	-48.44	0.68	0.43
116	徐大成	富国	2002/11~2007/05	57	3	35.59	31.17	20.09	27.72	-15.03	-43.54	1.70	1.10
117	许达	富国	2005/03~2010/12	71	2	21.20	30.85	23.14	37.46	-49.00	-68.61	0.81	0.75
118	于江勇	富国	2008/05~2018/03	120	1	13.23	9.44	21.93	29.88	-33.84	-54.05	0.49	0.23
119	钟智伦	富国	2015/05~2019/02	47	7	3.31	-8.64	2.68	27.44	-3.56	-48.44	0.66	-0.37
120	曹冠业	工银瑞信	2007/11~2014/05	80	4	3.40	-1.11	25.44	30.49	-47.50	-67.56	0.02	-0.13
121	陈守红	工银瑞信	2005/03~2011/03	66	3	36.24	44.11	27.21	34.31	-23.08	-68.61	1.26	1.33
122	郝康	工银瑞信	2016/12~2020/03	41	3	5.34	-0.79	13.87	16.71	-22.41	-30.56	0.28	-0.14
123	何江旭	工银瑞信	2002/11~2014/06	138	7	18.06	12.23	25.87	30.64	-61.22	-68.61	0.60	0.34
124	胡文彪	工银瑞信	2010/02~2018/03	99	8	6.09	9.02	24.75	25.81	-41.19	-44.57	0.15	0.25
125	黄安乐	工银瑞信	2011/11~2022/07	130	9	16.68	10.65	31.09	24.07	-64.37	-48.44	0.47	0.36
126	江晖	工银瑞信	2002/01~2007/04	52	3	39.52	39.73	20.39	27.76	-9.53	-48.13	1.92	1.36

续表

编号	基金经理	离职前任职公司	任职区间	任职时间（月）	管理基金数量（只）	年化收益率（%）	指数年化收益率（%）	年化波动率（%）	指数年化波动率（%）	最大回撤（%）	指数最大回撤（%）	年化夏普比率	指数年化夏普比率
127	刘柯	工银瑞信	2014/11～2018/06	45	4	6.11	10.00	38.57	31.09	-53.82	-44.57	0.11	0.27
128	刘天任	工银瑞信	2013/11～2017/07	46	4	12.24	21.22	38.97	31.00	-61.21	-44.57	0.26	0.62
129	农冰立	工银瑞信	2018/06～2022/09	53	2	20.37	6.32	26.46	19.24	-32.02	-22.11	0.71	0.25
130	曲丽	工银瑞信	2007/11～2012/12	63	1	-4.58	-2.51	23.69	32.95	-52.95	-67.56	-0.32	-0.17
131	王君正	工银瑞信	2013/08～2022/08	110	8	19.14	11.89	19.27	24.08	-23.96	-48.44	0.90	0.42
132	王鹏	工银瑞信	2019/09～2022/10	39	3	18.42	5.47	25.80	17.87	-31.73	-22.95	0.66	0.22
133	王烁杰	工银瑞信	2014/04～2017/04	38	3	20.75	27.35	43.38	33.81	-59.52	-44.57	0.43	0.75
134	王勇	工银瑞信	2011/11～2014/12	39	2	9.36	16.75	15.58	21.47	-12.40	-17.71	0.40	0.64
135	魏欣	工银瑞信	2015/05～2021/06	75	2	12.76	1.32	10.72	23.75	-11.43	-48.44	1.05	-0.01
136	温震宇	工银瑞信	2005/02～2009/08	50	3	24.60	26.24	31.76	41.33	-51.97	-67.56	0.70	0.67
137	吴刚	工银瑞信	2002/09～2008/01	59	5	27.27	19.45	20.01	31.03	-13.10	-45.44	1.29	0.63
138	杨军	工银瑞信	2003/10～2013/12	109	4	14.73	18.18	25.87	33.51	-57.42	-68.61	0.47	0.45
139	游凛峰	工银瑞信	2012/04～2022/03	121	5	16.87	10.90	21.14	24.11	-37.68	-48.44	0.71	0.37
140	袁芳	工银瑞信	2015/12～2022/10	84	6	15.91	1.00	18.82	20.65	-34.72	-34.44	0.77	-0.02
141	张翎	工银瑞信	2005/05～2010/03	57	4	32.45	37.11	27.73	39.50	-49.25	-68.61	1.09	0.86
142	常昊	光大保德信	2002/11～2007/05	53	3	34.69	35.12	21.39	28.07	-23.88	-43.54	1.55	1.15
143	戴奇雷	光大保德信	2008/05～2021/06	123	7	9.49	14.46	24.38	29.21	-45.18	-54.05	0.31	0.40
144	董伟炜	光大保德信	2015/05～2020/10	67	4	12.17	-0.84	26.13	24.93	-41.61	-48.44	0.41	-0.09
145	高宏华	光大保德信	2007/08～2013/06	71	2	-4.56	-5.18	27.95	32.40	-60.41	-68.61	-0.27	-0.25

续表

编号	基金经理	离职前任职公司	任职区间	任职时间（月）	管理基金数量（只）	年化收益率（%）	指数年化收益率（%）	年化波动率（%）	指数年化波动率（%）	最大回撤（%）	指数最大回撤（%）	年化夏普比率	指数年化夏普比率
146	黄素丽	光大保德信	2010/04~2013/04	38	1	-4.79	-3.94	20.27	20.65	-34.86	-33.01	-0.39	-0.34
147	金昉毅	光大保德信	2015/05~2021/10	66	13	14.26	1.74	20.69	23.18	-24.22	-44.57	0.63	0.06
148	李阳	光大保德信	2010/07~2014/06	49	2	-4.79	0.52	24.36	19.52	-43.86	-33.01	-0.33	-0.13
149	钱钧	光大保德信	2007/09~2013/12	77	3	0.56	-3.32	29.36	31.60	-62.17	-68.61	-0.08	-0.20
150	盛松	光大保德信	2017/01~2020/01	38	1	-0.49	1.41	15.46	16.99	-33.60	-30.56	-0.13	-0.01
151	田大伟	光大保德信	2014/02~2018/02	50	2	14.85	20.31	26.59	29.78	-33.01	-44.57	0.49	0.62
152	王维诚	光大保德信	2016/04~2019/11	45	4	2.71	1.38	16.81	15.83	-37.02	-30.56	0.07	-0.01
153	魏晓雪	光大保德信	2012/11~2022/08	119	9	18.46	12.94	24.71	24.51	-42.05	-48.44	0.67	0.45
154	许春茂	光大保德信	2006/06~2010/03	47	2	35.40	35.26	37.71	42.72	-63.83	-68.61	0.86	0.76
155	于进杰	光大保德信	2009/10~2016/03	78	5	12.81	10.98	23.12	28.90	-30.76	-44.57	0.44	0.28
156	袁宏隆	光大保德信	2007/06~2011/03	47	2	6.70	8.47	38.96	38.92	-68.93	-68.61	0.10	0.14
157	周炜炜	光大保德信	2005/08~2014/07	102	4	22.02	19.86	28.01	33.49	-51.30	-68.61	0.70	0.51
158	陈仕德	广发	2005/02~2015/05	125	2	25.63	25.59	31.53	32.33	-66.12	-68.61	0.72	0.70
159	冯永欢	广发	2007/03~2014/11	94	4	11.22	10.75	25.88	32.58	-60.06	-68.61	0.32	0.24
160	何震	广发	2004/07~2008/01	44	2	57.56	45.50	27.61	33.63	-15.40	-27.00	1.99	1.28
161	季峰	广发	2015/09~2022/01	78	4	8.03	7.86	18.91	21.33	-23.61	-34.44	0.35	0.30
162	江湧	广发	2005/02~2009/08	56	2	29.71	32.15	29.37	40.82	-54.11	-68.61	0.93	0.72
163	刘晓龙	广发	2010/11~2017/02	77	3	15.09	11.46	27.51	27.67	-36.58	-44.57	0.45	0.32
164	马文文	广发	2016/11~2022/02	51	4	-1.82	4.23	13.74	17.08	-40.15	-30.56	-0.24	0.16

续表

编号	基金经理	离职前任职公司	任职区间	任职时间（月）	管理基金数量（只）	年化收益率（%）	指数年化收益率（%）	年化波动率（%）	指数年化波动率（%）	最大回撤（%）	指数最大回撤（%）	年化夏普比率	指数年化夏普比率
165	苗宇	广发	2015/02～2022/10	94	10	12.53	5.31	28.76	25.13	−44.58	−48.44	0.38	0.15
166	王小松	广发	2014/12～2019/05	55	6	6.85	6.51	26.43	29.83	−44.64	−48.44	0.20	0.16
167	谢军	广发	2016/02～2021/03	63	11	7.11	9.53	2.38	17.65	−0.93	−30.56	2.36	0.45
168	许雪梅	广发	2008/02～2013/01	61	3	−6.73	−3.03	28.43	32.48	−50.86	−64.72	−0.34	−0.18
169	易阳方	广发	2003/12～2020/01	195	10	16.85	14.15	26.52	30.13	−60.91	−68.61	0.54	0.39
170	余昊	广发	2016/06～2021/04	60	4	11.84	6.84	16.27	16.52	−26.07	−30.56	0.64	0.32
171	朱纪刚	广发	2009/09～2015/01	66	4	11.68	10.03	20.82	21.34	−33.45	−34.26	0.42	0.33
172	祝俭	广发	2010/12～2015/01	51	2	−0.83	9.04	12.98	20.33	−23.69	−31.71	−0.30	0.29
173	程广飞	国都证券	2015/12～2019/06	44	4	2.17	−2.84	8.24	23.65	−19.66	−34.44	0.08	−0.18
174	尹德才	国都证券	2017/07～2022/08	63	3	−2.61	4.21	17.47	18.02	−43.34	−30.56	−0.24	0.15
175	游典宗	国都证券	2015/12～2020/03	53	2	3.88	−2.35	12.25	21.99	−29.85	−34.44	0.19	−0.18
176	张崴	国都证券	2017/09～2021/02	43	3	9.06	6.28	18.58	18.53	−38.36	−30.56	0.41	0.26
177	张晓磊	国都证券	2018/12～2022/11	48	2	6.73	12.44	18.73	19.25	−37.58	−22.95	0.28	0.57
178	邓钟锋	国海富兰克林	2016/06～2019/09	41	7	6.59	0.81	3.85	16.50	−3.23	−30.56	1.32	−0.04
179	张晓东	国海富兰克林	2006/06～2014/11	103	2	18.88	18.37	24.56	32.67	−47.49	−68.61	0.65	0.47
180	秦海燕	国海证券	2010/05～2022/09	77	3	14.69	15.59	21.29	23.54	−27.60	−33.01	0.57	0.53
181	李安心	国金	2009/10～2018/08	61	3	−3.01	−6.09	14.22	17.36	−36.61	−29.39	−0.38	−0.55
182	杨雨龙	国金	2015/06～2020/05	49	6	−1.87	−1.55	23.91	27.16	−28.24	−42.38	−0.14	−0.12
183	张航	国金	2019/04～2022/08	42	7	10.29	7.17	16.73	17.01	−25.37	−22.11	0.53	0.33

续表

编号	基金经理	离职前任职公司	任职区间	任职时间（月）	管理基金数量（只）	年化收益率（%）	指数年化收益率（%）	年化波动率（%）	指数年化波动率（%）	最大回撤（%）	指数最大回撤（%）	年化夏普比率	指数年化夏普比率
184	陈苏桥	国联安	2003/09~2011/03	66	3	-3.02	-2.61	26.13	34.08	-61.71	-68.61	-0.22	-0.24
185	冯天戈	国联安	2004/03~2010/04	65	5	20.41	18.40	24.68	36.97	-31.99	-57.51	0.74	0.54
186	李洪波	国联安	2005/12~2009/09	47	2	38.03	43.43	39.88	43.23	-61.31	-68.61	0.88	0.94
187	林滐	国联安	2019/07~2022/12	43	2	6.73	6.62	6.57	17.49	-6.05	-22.95	0.80	0.29
188	吕中凡	国联安	2015/05~2019/12	57	3	1.78	-4.82	6.17	25.62	-19.95	-48.44	0.04	-0.25
189	张汉毅	国联安	2016/12~2021/07	57	3	21.86	6.82	17.94	16.70	-26.35	-30.56	1.14	0.32
190	郑青	国联安	2015/12~2020/04	54	1	-6.47	-1.10	26.28	21.93	-44.32	-34.44	-0.30	-0.12
191	黎晓晖	国寿安保	2017/09~2022/07	48	2	-6.27	-2.51	16.05	18.34	-33.90	-30.56	-0.49	-0.13
192	陈列敏	国泰	2004/03~2007/04	38	1	24.98	34.33	22.57	31.71	-26.13	-43.54	1.01	1.01
193	范迪钊	国泰	2009/12~2014/12	62	2	8.87	6.15	19.32	21.38	-21.71	-34.26	0.31	0.15
194	黄刚	国泰	2002/05~2008/04	47	3	10.02	3.85	22.02	32.01	-28.28	-38.60	0.35	-0.21
195	黄焱	国泰	2005/01~2016/06	139	8	16.76	21.07	22.86	33.74	-57.12	-68.61	0.62	0.54
196	王航	国泰	2008/05~2016/05	98	7	9.86	10.26	23.98	32.80	-42.74	-54.05	0.30	0.23
197	吴晨	国泰	2016/01~2019/05	41	4	1.82	4.27	1.94	18.71	-2.30	-30.56	0.16	0.15
198	徐学标	国泰	2002/05~2007/02	46	2	17.85	17.71	19.67	27.28	-28.57	-50.22	0.82	0.55
199	徐智麟	国泰	1998/03~2001/05	40	1	33.25	21.56	41.18	28.85	-29.01	-23.50	0.73	0.64
200	余荣权	国泰	2003/07~2011/02	59	4	21.40	27.61	29.19	34.69	-53.88	-57.51	0.68	0.67
201	张玮	国泰	2005/12~2015/04	99	5	23.86	23.87	24.67	30.37	-41.17	-54.05	0.86	0.73
202	周伟锋	国泰	2013/06~2020/07	87	10	25.44	16.62	26.28	25.75	-37.00	-48.44	0.90	0.57

续表

编号	基金经理	离职前任职公司	任职区间	任职时间（月）	管理基金数量（只）	年化收益率（%）	指数年化收益率（%）	年化波动率（%）	指数年化波动率（%）	最大回撤（%）	指数最大回撤（%）	年化夏普比率	指数年化夏普比率
203	陈小玲	国投瑞银	2014/01~2017/12	49	3	17.15	21.74	18.78	29.92	-21.19	-44.57	0.81	0.66
204	狄晓娇	国投瑞银	2016/06~2019/10	42	7	4.25	1.03	9.11	16.29	-11.09	-30.56	0.30	-0.03
205	康晓云	国投瑞银	2006/04~2011/01	59	2	24.85	32.09	33.23	40.30	-59.23	-68.61	0.66	0.73
206	马少章	国投瑞银	2009/04~2014/11	69	4	12.03	10.28	16.45	23.97	-19.29	-34.26	0.56	0.31
207	孙文龙	国投瑞银	2015/01~2021/12	84	8	17.11	10.22	19.68	25.19	-23.74	-48.44	0.79	0.34
208	汤海波	国投瑞银	2018/01~2021/11	48	4	5.02	7.82	15.36	17.87	-26.24	-29.52	0.23	0.35
209	徐炜哲	国投瑞银	2008/11~2014/11	63	3	17.35	20.84	23.89	25.60	-30.93	-34.26	0.62	0.69
210	杨冬冬	国投瑞银	2015/02~2020/10	69	6	11.85	8.51	23.39	27.49	-46.64	-48.44	0.44	0.25
211	于雷	国投瑞银	2013/03~2020/06	85	6	14.18	18.71	23.54	23.84	-42.30	-48.44	0.53	0.67
212	张佳荣	国投瑞银	2015/12~2020/12	62	2	15.74	4.29	22.82	21.84	-28.25	-34.44	0.62	0.13
213	陈洪	海富通	2003/08~2014/05	131	5	15.32	13.44	21.97	31.23	-54.29	-68.61	0.58	0.36
214	陈绍胜	海富通	2004/03~2012/03	98	3	11.85	14.36	24.82	34.25	-58.17	-68.61	0.37	0.34
215	程紫	海富通	2010/04~2013/11	44	2	4.82	0.33	22.29	21.98	-38.74	-33.01	0.08	-0.12
216	丁俊	海富通	2007/08~2016/07	86	6	3.91	6.26	24.95	35.49	-53.01	-68.61	0.05	0.11
217	蒋征	海富通	2003/01~2013/12	127	8	13.01	13.18	22.91	30.96	-62.94	-68.61	0.46	0.34
218	康赛波	海富通	2003/04~2011/03	82	3	11.86	15.22	26.87	35.76	-62.40	-68.61	0.36	0.24
219	牟永宁	海富通	2009/01~2013/09	58	4	9.49	11.81	20.21	26.49	-32.70	-34.26	0.34	0.34
220	邵佳民	海富通	2006/05~2017/01	130	1	10.74	19.13	24.97	33.74	-59.43	-68.61	0.32	0.49
221	王智慧	海富通	2012/01~2021/06	111	6	16.40	14.11	21.38	22.48	-38.37	-48.44	0.68	0.55

续表

编号	基金经理	离职前任职公司	任职区间	任职时间（月）	管理基金数量（只）	年化收益率（%）	指数年化收益率（%）	年化波动率（%）	指数年化波动率（%）	最大回撤（%）	指数最大回撤（%）	年化夏普比率	指数年化夏普比率
222	张炳炜	海富通	2015/06~2018/07	39	3	-7.66	-8.30	18.97	26.94	-32.22	-38.05	-0.48	-0.36
223	陈嘉平	合煦智远	2011/12~2019/08	54	5	24.47	23.21	16.76	22.80	-11.53	-29.44	1.33	0.91
224	张鸿羽	弘毅远方	2012/04~2020/08	52	2	21.88	19.72	18.64	20.83	-19.13	-16.56	1.07	0.82
225	周鹏	弘毅远方	2018/10~2022/06	46	3	17.75	14.68	19.39	19.00	-26.75	-22.11	0.84	0.69
226	季雷	红塔红土	2007/03~2015/04	65	4	0.06	27.48	30.24	36.52	-60.82	-64.13	-0.10	0.63
227	侯世霞	红土创新	2015/09~2020/12	65	2	9.62	9.54	20.91	22.74	-33.17	-34.44	0.39	0.35
228	陈俏宇	华安	2007/03~2015/05	100	6	16.55	18.94	23.14	33.34	-45.45	-68.61	0.59	0.48
229	陈逊	华安	2012/05~2015/05	38	6	34.58	36.87	23.61	25.53	-15.79	-16.52	1.34	1.33
230	崔莹	华安	2015/06~2021/12	80	7	22.26	3.41	25.19	22.68	-28.11	-42.38	0.82	0.08
231	李匆	华安	1999/06~2003/08	52	2	10.56	-4.36	23.02	21.21	-20.52	-41.28	0.37	-0.31
232	廖发达	华安	2015/08~2019/03	45	4	4.93	4.80	17.10	25.33	-26.51	-34.44	0.20	0.13
233	刘伟亭	华安	2011/07~2018/05	81	5	16.32	14.92	25.73	24.58	-28.79	-36.22	0.55	0.55
234	刘新勇	华安	2003/09~2009/02	67	2	24.26	18.08	24.73	36.31	-50.40	-68.61	0.87	0.42
235	尚志民	华安	1999/06~2015/01	189	6	17.49	10.86	22.84	28.50	-51.63	-68.61	0.66	0.29
236	苏玉平	华安	2014/04~2018/01	46	3	7.36	23.90	4.05	30.45	-3.47	-44.57	1.35	0.72
237	汪光成	华安	2008/02~2013/09	69	5	-3.52	-1.88	22.39	31.75	-49.76	-64.72	-0.29	-0.15
238	王国卫	华安	1998/06~2005/04	84	2	20.23	-2.47	36.29	25.68	-29.17	-58.38	0.49	-0.19
239	王嘉	华安	2015/07~2018/10	41	4	-2.21	-7.37	22.01	25.49	-30.84	-32.54	-0.17	-0.35
240	谢振东	华安	2015/03~2019/10	57	6	8.86	1.28	23.33	27.85	-39.73	-48.44	0.31	-0.01

续表

编号	基金经理	离职前任职公司	任职区间	任职时间（月）	管理基金数量（只）	年化收益率（%）	指数年化收益率（%）	年化波动率（%）	指数年化波动率（%）	最大回撤（%）	指数最大回撤（%）	年化夏普比率	指数年化夏普比率
241	张亮	华安	2018/10~2022/07	47	4	34.86	13.64	20.26	18.89	-12.68	-22.11	1.65	0.64
242	张翥	华安	2009/12~2013/02	40	1	-1.49	-4.73	17.03	20.98	-31.84	-34.26	-0.26	-0.37
243	范红兵	华宝	2009/02~2016/08	92	4	10.38	16.88	25.56	29.75	-39.49	-44.57	0.30	0.48
244	郭鹏飞	华宝	2010/06~2015/03	59	2	22.65	17.75	23.06	22.00	-29.84	-33.01	0.85	0.67
245	胡戈游	华宝	2009/05~2021/12	152	8	10.45	10.80	21.03	24.63	-39.38	-48.44	0.39	0.35
246	蒋宁	华宝	2010/07~2013/07	38	1	5.94	-3.05	18.72	21.21	-25.35	-33.01	0.15	-0.29
247	楼鸿强	华宝	2014/10~2020/01	65	2	22.11	11.22	36.40	28.16	-52.99	-48.44	0.56	0.34
248	牟旭东	华宝	2007/10~2013/01	65	2	-4.21	-4.23	25.99	33.10	-46.81	-68.15	-0.28	-0.22
249	区伟良	华宝	2015/04~2018/06	40	3	2.84	-6.75	30.89	28.59	-42.25	-44.57	0.04	-0.29
250	任志强	华宝	2007/09~2013/01	66	1	-3.86	-4.44	26.88	32.84	-59.67	-68.61	-0.26	-0.23
251	邵喆阳	华宝	2010/06~2015/01	57	3	14.32	12.93	20.77	20.70	-25.52	-33.01	0.54	0.48
252	周欣	华宝	2018/06~2021/09	40	1	4.78	13.40	14.48	18.23	-13.87	-16.20	0.23	0.65
253	独孤南薰	华宸未来	2016/04~2020/12	43	2	11.18	5.02	17.16	14.54	-17.53	-22.40	0.58	0.26
254	陈德义	华富	2009/09~2012/12	41	2	-5.23	-0.16	20.88	21.79	-44.85	-34.26	-0.39	-0.14
255	龚炜	华富	2010/01~2022/07	149	14	11.92	8.63	26.21	23.73	-52.87	-48.44	0.38	0.23
256	刘文正	华富	2013/06~2017/02	46	3	18.21	26.17	32.27	31.03	-45.23	-44.57	0.49	0.77
257	王翔	华富	2014/11~2017/12	39	5	14.32	16.57	36.75	32.83	-43.00	-44.57	0.34	0.45
258	翁海波	华富	2015/12~2018/12	38	5	-14.19	-11.35	16.69	22.20	-37.70	-34.44	-0.96	-0.58
259	张亮	华富	2015/02~2021/02	74	2	34.86	13.64	20.26	18.89	-12.68	-22.11	1.65	0.64

续表

编号	基金经理	离职前任职公司	任职区间	任职时间（月）	管理基金数量（只）	年化收益率（%）	指数年化收益率（%）	年化波动率（%）	指数年化波动率（%）	最大回撤（%）	指数最大回撤（%）	年化夏普比率	指数年化夏普比率
260	李仆	华润元大	2018/08~2021/10	40	1	26.87	15.77	32.96	17.96	-20.52	-11.70	0.77	0.79
261	袁华涛	华润元大	2015/09~2019/09	50	3	0.82	4.65	14.99	24.06	-34.67	-34.44	-0.05	0.13
262	蔡建军	华商	2013/12~2017/11	49	4	12.30	21.50	29.12	29.94	-52.38	-44.57	0.35	0.65
263	梁皓	华商	2017/07~2022/05	60	8	13.69	3.57	24.74	17.87	-36.68	-30.56	0.49	0.12
264	刘宏	华商	2011/05~2017/01	69	4	14.78	12.93	31.05	28.80	-47.72	-44.57	0.39	0.36
265	马国江	华商	2015/04~2019/02	48	4	1.14	-4.53	35.46	28.31	-49.88	-48.44	-0.01	-0.21
266	申艳丽	华商	2010/08~2015/03	57	2	16.34	15.25	21.74	21.85	-34.69	-33.01	0.61	0.56
267	孙建波	华商	2008/05~2013/05	52	3	0.26	-5.45	22.83	30.20	-37.74	-54.05	-0.12	-0.35
268	田明圣	华商	2010/07~2015/10	64	4	17.21	14.47	26.24	26.61	-40.86	-39.98	0.54	0.43
269	赵媛媛	华商	2013/03~2017/11	44	4	0.97	-1.90	27.54	27.69	-38.83	-29.50	-0.04	0.03
270	方伦煜	华泰柏瑞	2012/04~2020/07	101	3	12.92	13.20	23.03	25.71	-48.65	-48.44	0.47	0.43
271	黄明仁	华泰柏瑞	2016/11~2019/12	39	1	16.38	-0.37	17.58	17.04	-24.84	-30.56	0.85	-0.11
272	李灿	华泰柏瑞	2015/06~2018/12	44	3	-7.39	-12.13	24.16	25.98	-35.47	-42.38	-0.37	-0.53
273	梁丰	华泰柏瑞	2004/03~2010/04	73	4	18.55	16.90	28.77	35.96	-59.41	-68.61	0.56	0.31
274	秦岭松	华泰柏瑞	2007/05~2012/01	58	2	-2.14	-0.26	26.23	35.90	-49.16	-68.61	-0.20	-0.09
275	蔡向阳	华夏	2014/05~2021/10	91	11	13.72	15.50	16.66	25.14	-22.30	-48.44	0.72	0.55
276	陈泳	华夏	2015/02~2021/04	76	3	19.92	8.80	27.23	26.45	-38.16	-48.44	0.67	0.27
277	陈虎	华夏	2014/11~2020/05	67	5	8.50	8.94	24.19	27.53	-46.35	-48.44	0.28	0.27
278	程海泳	华夏	2004/09~2013/08	56	3	1.71	-8.61	20.48	21.96	-41.80	-33.01	-0.05	-0.56

续表

编号	基金经理	离职前任职公司	任职区间	任职时间（月）	管理基金数量（只）	年化收益率（%）	指数年化收益率（%）	年化波动率（%）	指数年化波动率（%）	最大回撤（%）	指数最大回撤（%）	年化夏普比率	指数年化夏普比率
279	丁楹	华夏	1999/04～2006/10	86	4	19.93	6.58	27.63	26.45	-24.79	-61.69	0.65	0.15
280	董阳阳	华夏	2013/03～2022/11	118	7	9.88	11.16	17.25	24.36	-39.97	-48.44	0.47	0.38
281	巩怀志	华夏	2005/10～2013/05	93	4	26.57	23.18	28.19	34.22	-49.46	-68.61	0.85	0.59
282	胡建平	华夏	2006/03～2013/12	93	4	19.98	16.79	20.81	33.19	-33.11	-68.61	0.83	0.34
283	林峰	华夏	2014/05～2018/11	56	2	3.50	13.19	29.38	29.13	-55.44	-46.95	0.06	0.39
284	刘金玉	华夏	2010/03～2016/12	78	4	8.03	8.65	24.12	28.76	-36.59	-44.57	0.23	0.22
285	刘文动	华夏	2006/05～2012/02	70	5	21.61	21.06	29.99	36.90	-47.98	-68.61	0.62	0.49
286	罗泽萍	华夏	2005/04～2014/02	108	4	19.32	19.41	25.55	32.75	-51.90	-68.61	0.66	0.50
287	任竞辉	华夏	2010/10～2015/09	49	3	10.70	11.30	22.81	27.72	-38.09	-39.98	0.35	0.23
288	石波	华夏	2001/01～2007/07	80	4	25.96	15.35	20.76	28.26	-22.57	-61.69	1.14	0.46
289	孙彬	华夏	2012/01～2019/07	92	3	11.20	11.69	23.96	26.46	-47.46	-48.44	0.38	0.36
290	孙建冬	华夏	2005/06～2010/01	57	2	45.55	39.73	31.75	40.09	-46.82	-68.61	1.35	0.92
291	孙萌	华夏	2015/11～2019/02	41	3	-8.71	-2.51	18.42	23.99	-41.98	-34.44	-0.57	-0.17
292	谭琦	华夏	2007/09～2014/04	81	3	0.84	-3.75	23.71	30.81	-48.92	-68.61	-0.09	-0.22
293	佟魏	华夏	2015/02～2022/06	90	10	13.06	7.68	23.52	25.44	-40.07	-48.44	0.49	0.24
294	童汀	华夏	2007/09～2014/05	82	3	2.50	-3.48	21.82	30.62	-47.91	-68.61	-0.02	-0.21
295	王海雄	华夏	2011/03～2015/01	48	4	9.58	8.73	17.49	20.81	-23.74	-31.71	0.37	0.27
296	王亚伟	华夏	1998/04～2012/04	163	4	30.71	11.62	32.07	31.32	-44.71	-68.61	0.88	0.28
297	王怡欢	华夏	2011/02～2020/11	119	5	10.44	9.45	17.70	24.67	-32.22	-48.44	0.47	0.29

续表

编号	基金经理	离职前任职公司	任职区间	任职时间（月）	管理基金数量（只）	年化收益率（%）	指数年化收益率（%）	年化波动率（%）	指数年化波动率（%）	最大回撤（%）	指数最大回撤（%）	年化夏普比率	指数年化夏普比率
298	魏镇江	华夏	2016/04~2020/05	51	4	5.51	2.81	8.20	15.83	-14.02	-30.56	0.49	0.08
299	严鸿晏	华夏	2010/02~2014/09	57	2	0.97	3.03	17.80	20.90	-37.76	-33.01	-0.11	0.00
300	杨明镭	华夏	2012/01~2015/05	42	3	31.59	35.01	20.11	25.01	-9.75	-17.71	1.42	1.28
301	杨泽辉	华夏	2009/01~2012/02	38	1	10.02	15.93	26.88	27.83	-31.84	-27.75	0.27	0.48
302	张剑	华夏	2011/02~2014/04	40	2	3.42	-5.15	11.98	20.04	-14.61	-31.71	0.02	-0.42
303	张龙	华夏	2004/09~2010/01	66	2	26.03	29.10	30.03	38.72	-56.52	-68.61	0.78	0.68
304	张益驰	华夏	2004/09~2009/06	59	5	35.38	30.07	28.64	38.47	-51.65	-68.61	1.16	0.71
305	赵航	华夏	2003/04~2021/09	185	6	8.87	2.73	21.44	26.41	-50.79	-54.05	0.32	0.09
306	沈宏伟	汇安	2017/12~2021/07	44	1	1.77	7.28	14.45	18.39	-23.20	-29.52	0.02	0.31
307	周加文	汇安	2016/10~2022/05	65	3	-1.14	1.95	18.98	15.24	-34.66	-22.40	-0.14	-0.07
308	方超	汇丰晋信	2015/09~2019/08	49	1	-7.01	4.55	29.85	24.31	-56.14	-34.44	-0.28	0.13
309	郭敏	汇丰晋信	2015/05~2020/05	61	2	5.47	-4.62	20.68	24.80	-26.14	-48.44	0.19	-0.25
310	廖志峰	汇丰晋信	2010/03~2013/05	40	2	-1.89	-3.07	17.40	21.31	-35.03	-33.01	-0.28	-0.29
311	林彤彤	汇丰晋信	1998/06~2013/12	183	7	17.52	7.99	30.88	30.05	-59.49	-68.61	0.49	0.17
312	邵骥咏	汇丰晋信	2009/05~2012/07	40	3	2.45	0.95	19.40	26.12	-29.68	-29.39	-0.02	-0.07
313	严瑾	汇丰晋信	2018/09~2022/04	44	2	11.30	8.12	18.34	19.23	-26.13	-22.11	0.53	0.34
314	陈晓翔	汇添富	2009/01~2015/12	85	2	23.19	20.21	25.23	28.28	-28.48	-39.98	0.81	0.62
315	韩贤旺	汇添富	2012/03~2018/12	83	2	7.48	9.41	31.51	26.51	-59.88	-48.44	0.17	0.27
316	蒋文玲	汇添富	2015/12~2019/08	46	2	3.01	-2.95	10.08	23.09	-22.98	-34.44	0.15	-0.19

续表

编号	基金经理	离职前任职公司	任职区间	任职时间（月）	管理基金数量（只）	年化收益率（%）	指数年化收益率（%）	年化波动率（%）	指数年化波动率（%）	最大回撤（%）	指数最大回撤（%）	年化夏普比率	指数年化夏普比率
317	雷鸣	汇添富	2014/03~2022/01	96	5	22.05	14.10	25.25	24.78	-37.12	-48.44	0.81	0.50
318	欧阳沁春	汇添富	2007/06~2018/12	140	3	5.90	6.20	33.67	30.51	-72.38	-68.61	0.10	0.12
319	齐东超	汇添富	2009/07~2014/03	58	2	3.23	-2.53	19.54	23.39	-25.17	-34.26	0.02	-0.23
320	佘中强	汇添富	2013/07~2019/07	68	4	15.88	18.23	24.94	24.55	-38.80	-48.44	0.57	0.64
321	苏竞	汇添富	2007/10~2013/10	74	3	-2.68	-3.44	24.64	32.15	-54.62	-68.15	-0.23	-0.20
322	谭志强	汇添富	2015/08~2022/02	80	2	10.77	7.18	20.10	21.23	-37.28	-34.44	0.46	0.27
323	叶从飞	汇添富	2012/03~2018/12	83	3	6.81	9.41	27.72	26.51	-57.10	-48.44	0.17	0.27
324	张晖	汇添富	2002/11~2007/11	48	3	40.60	27.47	23.49	31.96	-13.92	-36.44	1.71	0.77
325	周睿	汇添富	2012/03~2019/03	86	1	15.47	13.15	27.11	26.95	-48.64	-48.44	0.49	0.41
326	骆海涛	嘉合	2018/03~2021/04	39	4	24.52	8.36	15.87	19.29	-11.21	-25.85	1.45	0.36
327	陈勤	嘉实	2006/10~2015/05	102	4	22.52	25.73	24.54	33.67	-48.42	-68.61	0.82	0.75
328	党开宇	嘉实	2005/01~2010/05	63	6	29.82	32.34	22.19	38.82	-21.94	-68.61	1.27	0.76
329	翟琳琳	嘉实	2014/02~2017/10	46	5	17.81	23.86	21.97	30.81	-31.71	-44.57	0.72	0.71
330	丁杰人	嘉实	2011/10~2017/11	72	3	19.45	14.92	29.98	28.20	-49.73	-44.57	0.58	0.47
331	顾义河	嘉实	2009/06~2014/10	66	2	7.03	5.89	18.17	23.70	-32.34	-34.26	0.23	0.13
332	郭东谋	嘉实	2014/04~2018/06	52	6	12.02	17.42	14.03	29.61	-22.85	-44.57	0.72	0.53
333	焦云	嘉实	2009/12~2017/10	83	4	3.56	3.23	24.85	27.49	-38.26	-44.57	0.05	-0.07
334	刘天君	嘉实	2006/08~2013/05	83	4	23.61	18.40	26.01	35.18	-50.20	-68.61	0.79	0.44
335	刘欣	嘉实	2003/07~2006/09	40	3	21.62	6.20	14.95	23.52	-10.10	-43.54	1.34	0.17

续表

编号	基金经理	离职前任职公司	任职区间	任职时间（月）	管理基金数量（只）	年化收益率（%）	指数年化收益率（%）	年化波动率（%）	指数年化波动率（%）	最大回撤（%）	指数最大回撤（%）	年化夏普比率	指数年化夏普比率
336	齐海滔	嘉实	2009/03~2020/06	119	4	17.81	14.53	24.94	26.70	-41.89	-48.44	0.64	0.49
337	曲扬	嘉实	2016/04~2020/11	58	11	7.20	7.42	3.36	16.87	-2.03	-30.56	1.70	0.35
338	邵健	嘉实	2004/04~2015/06	136	3	21.50	20.64	25.31	31.96	-56.20	-68.61	0.74	0.56
339	邵秋涛	嘉实	2010/11~2020/05	116	4	10.48	7.58	24.35	24.49	-37.34	-48.44	0.34	0.22
340	孙林	嘉实	2003/01~2007/03	52	2	31.40	19.90	19.71	25.20	-15.44	-43.54	1.48	0.70
341	陶羽	嘉实	2009/03~2017/06	101	2	10.24	13.28	29.08	27.98	-42.79	-44.57	0.27	0.38
342	王汉博	嘉实	2014/09~2022/05	42	5	11.03	9.13	27.44	32.51	-40.01	-44.57	0.35	0.21
343	王茜	嘉实	2015/07~2020/09	64	3	5.85	4.00	11.45	24.08	-16.46	-34.44	0.38	0.10
344	吴云峰	嘉实	2014/11~2020/05	68	4	10.37	8.94	24.95	27.53	-43.08	-48.44	0.35	0.27
345	忻怡	嘉实	2006/12~2010/09	47	2	20.53	24.74	29.49	43.11	-56.55	-68.61	0.61	0.51
346	徐轶	嘉实	2000/06~2006/11	79	3	14.22	0.54	20.51	22.36	-20.95	-61.69	0.61	0.01
347	颜媛	嘉实	2015/03~2021/07	71	4	20.50	6.32	25.20	26.42	-36.56	-48.44	0.76	0.19
348	詹凌蔚	嘉实	2002/09~2014/03	106	4	16.40	8.11	23.23	30.90	-54.86	-68.15	0.61	0.24
349	张琦	嘉实	2013/05~2019/08	54	3	16.00	18.70	23.40	32.01	-35.89	-48.44	0.60	0.52
350	张弢	嘉实	2009/01~2015/03	76	5	24.44	20.22	19.05	25.37	-22.23	-34.26	1.15	0.68
351	赵勇	嘉实	2009/08~2014/06	60	2	-0.86	2.73	13.73	20.87	-30.31	-34.26	-0.28	-0.01
352	陈鹏	建信	2004/12~2009/08	52	3	19.17	20.15	34.31	41.58	-59.51	-68.61	0.49	0.35
353	顾中汉	建信	2011/10~2017/02	66	4	10.20	15.79	25.20	29.22	-36.24	-44.57	0.30	0.45
354	李华	建信	2001/09~2007/09	48	2	39.90	32.58	20.87	30.67	-12.91	-31.78	1.85	0.97

续表

编号	基金经理	离职前任职公司	任职区间	任职时间（月）	管理基金数量（只）	年化收益率（%）	指数年化收益率（%）	年化波动率（%）	指数年化波动率（%）	最大回撤（%）	指数最大回撤（%）	年化夏普比率	指数年化夏普比率
355	李涛	建信	2005/06~2012/04	81	5	20.22	33.58	25.01	33.38	-38.52	-64.65	0.72	0.88
356	马志强	建信	2008/12~2015/04	74	3	23.31	27.48	31.04	26.97	-38.54	-34.26	0.67	0.96
357	田擎	建信	2004/02~2010/03	52	3	-8.38	-12.33	28.01	35.89	-67.34	-68.15	-0.40	-0.41
358	万志勇	建信	2008/10~2015/08	80	6	14.68	19.40	20.62	28.35	-29.37	-36.20	0.58	0.62
359	汪沛	建信	2007/03~2011/04	51	1	12.98	14.89	33.97	40.41	-59.26	-68.61	0.30	0.30
360	王新艳	建信	2002/11~2013/11	117	6	17.40	11.05	23.79	30.61	-57.63	-68.61	0.63	0.30
361	徐杰	建信	2008/03~2011/06	41	1	0.58	4.55	27.66	35.69	-49.11	-57.51	-0.08	0.05
362	许杰	建信	2010/02~2020/06	121	7	8.05	8.08	20.35	24.82	-36.07	-48.44	0.29	0.27
363	钟敬棣	建信	2013/09~2018/04	57	1	10.25	16.49	5.29	28.18	-4.03	-44.57	1.56	0.51
364	朱虹	建信	2015/10~2021/04	56	3	1.09	5.51	8.39	20.33	-13.80	-29.50	-0.05	0.21
365	朱建华	建信	2016/03~2019/07	42	2	0.66	1.12	2.95	16.42	-4.72	-30.56	-0.28	-0.02
366	崔海峰	交银施罗德	2003/01~2010/05	86	7	27.70	24.33	25.78	33.62	-38.94	-68.61	1.01	0.69
367	盖婷婷	交银施罗德	2015/07~2018/08	39	3	13.26	-5.24	16.99	25.68	-21.16	-29.50	0.69	-0.26
368	管华雨	交银施罗德	2007/05~2015/04	93	7	13.76	13.45	24.24	32.15	-51.26	-68.61	0.45	0.28
369	李立	交银施罗德	2007/04~2012/04	62	2	3.82	2.99	28.80	35.33	-55.25	-68.61	0.03	0.00
370	李娜	交银施罗德	2015/08~2020/11	65	14	7.47	7.82	2.89	22.90	-0.66	-34.44	2.07	0.28
371	李旭利	交银施罗德	2000/03~2009/05	104	4	10.66	3.53	25.52	30.67	-55.77	-68.61	0.33	-0.04
372	龙向东	交银施罗德	2012/08~2015/08	38	1	21.88	27.33	29.53	29.78	-36.99	-36.20	0.64	0.82
373	唐倩	交银施罗德	2011/04~2018/06	84	2	15.88	5.81	26.38	26.80	-48.99	-44.57	0.52	0.15

续表

编号	基金经理	离职前任职公司	任职区间	任职时间（月）	管理基金数量（只）	年化收益率（%）	指数年化收益率（%）	年化波动率（%）	指数年化波动率（%）	最大回撤（%）	指数最大回撤（%）	年化夏普比率	指数年化夏普比率
374	张媚钗	交银施罗德	2010/06~2014/09	53	1	2.21	8.23	15.83	20.51	-27.76	-33.01	-0.05	0.25
375	郑拓	交银施罗德	2005/04~2009/07	50	5	35.41	35.24	29.33	38.17	-51.61	-68.61	1.14	0.73
376	周谧	金信	2018/03~2022/07	54	7	12.17	5.81	21.18	19.18	-31.47	-25.85	0.50	0.22
377	陈立	金鹰	2013/08~2022/04	106	8	17.67	11.19	29.94	24.24	-46.94	-48.44	0.53	0.39
378	方超	金鹰	2014/09~2017/09	38	2	-7.01	4.55	29.85	24.31	-56.14	-34.44	-0.28	0.13
379	李海	金鹰	2013/01~2020/10	60	3	20.04	20.02	33.33	30.07	-47.12	-44.57	0.55	0.61
380	林华显	金鹰	2011/03~2015/02	49	1	1.04	10.14	15.12	20.77	-32.48	-31.71	-0.14	0.34
381	彭培祥	金鹰	2009/07~2013/03	46	2	-8.93	-4.27	25.81	23.80	-50.50	-34.26	-0.46	-0.30
382	吴德瑄	金鹰	2016/12~2020/12	49	2	-3.60	7.21	20.27	17.52	-40.02	-30.56	-0.25	0.33
383	冼鸿鹏	金鹰	2010/12~2017/10	84	2	1.52	11.42	37.15	26.58	-63.06	-44.57	-0.03	0.33
384	杨绍基	金鹰	2008/12~2015/01	74	4	12.86	18.54	20.37	24.94	-39.07	-34.26	0.49	0.63
385	于利强	金鹰	2015/01~2019/12	61	7	9.23	7.51	20.38	28.47	-38.76	-48.44	0.37	0.21
386	朱丹	金鹰	2010/07~2022/09	140	4	8.91	4.04	21.37	22.18	-38.43	-34.44	0.32	0.14
387	侯斌	金元顺安	2010/12~2018/08	93	5	0.40	6.98	18.83	25.61	-39.67	-44.57	-0.11	0.18
388	黄奕	金元顺安	2009/05~2013/03	48	3	0.39	3.17	16.28	25.46	-28.02	-34.26	-0.15	0.01
389	潘江	金元顺安	2009/03~2014/02	57	3	6.72	9.46	19.41	24.83	-19.58	-34.26	0.21	0.34
390	陈晖	景顺长城	2006/12~2013/11	85	2	8.74	13.66	28.32	34.88	-62.09	-68.61	0.20	0.30
391	邓春鸣	景顺长城	2007/09~2014/09	86	4	-4.05	0.14	25.02	30.33	-56.97	-68.61	-0.28	-0.09
392	贾殷村	景顺长城	2012/11~2016/04	43	3	14.88	27.37	36.27	34.44	-54.08	-44.57	0.34	0.72

续表

编号	基金经理	离职前任职公司	任职区间	任职时间（月）	管理基金数量（只）	年化收益率（%）	指数年化收益率（%）	年化波动率（%）	指数年化波动率（%）	最大回撤（%）	指数最大回撤（%）	年化夏普比率	指数年化夏普比率
393	江科宏	景顺长城	2014/08~2022/06	96	5	15.90	12.33	27.05	25.34	-49.28	-48.44	0.53	0.42
394	李孟海	景顺长城	2015/03~2022/10	93	4	10.28	2.89	32.51	24.36	-50.53	-48.44	0.27	0.06
395	李学文	景顺长城	2003/08~2007/08	48	4	52.81	43.25	25.42	31.70	-16.26	-43.54	2.03	1.28
396	李志嘉	景顺长城	2006/06~2010/04	48	2	25.45	32.49	34.98	42.59	-55.79	-68.61	0.64	0.69
397	刘晓明	景顺长城	2014/11~2020/04	67	4	11.75	8.97	19.93	27.74	-32.13	-48.44	0.51	0.26
398	唐咸德	景顺长城	2008/09~2014/09	68	2	13.99	11.48	23.11	27.68	-34.15	-34.26	0.49	0.33
399	万梦	景顺长城	2015/07~2021/07	74	8	6.69	5.21	2.77	22.60	-1.11	-34.44	1.87	0.16
400	王鹏辉	景顺长城	2007/09~2014/12	89	5	7.84	3.22	28.32	30.27	-61.44	-68.61	0.17	0.01
401	张继荣	景顺长城	2004/07~2015/06	104	7	2.60	-0.70	21.59	29.96	-54.35	-67.56	-0.01	0.03
402	黄敬东	九泰	2006/09~2015/11	45	5	27.41	10.55	32.22	42.35	-54.13	-57.73	0.80	0.33
403	林柏川	九泰	2017/01~2022/06	67	4	6.77	5.56	15.15	17.61	-25.42	-30.56	0.35	0.23
404	刘心任	九泰	2016/11~2022/07	70	2	12.74	3.86	17.31	17.43	-23.34	-30.56	0.65	0.14
405	王玥晰	九泰	2015/08~2018/11	41	6	-4.17	-2.00	16.11	24.10	-22.85	-32.54	-0.35	-0.15
406	吴祖尧	九泰	2015/12~2021/10	52	7	-0.91	5.07	15.71	20.49	-34.61	-29.50	-0.15	0.26
407	徐占杰	九泰	2016/09~2021/12	65	5	17.41	7.57	15.38	16.01	-24.44	-30.56	1.03	0.38
408	付柏瑞	凯石	2009/04~2022/11	83	3	0.94	2.22	20.57	23.13	-41.41	-34.26	-0.08	0.01
409	蔡锋亮	民生加银	2011/04~2016/06	64	5	15.22	12.05	31.02	30.09	-40.57	-44.57	0.40	0.31
410	黄钦来	民生加银	2003/11~2010/10	50	4	13.34	8.65	18.72	26.88	-16.68	-43.54	0.61	0.20
411	黄一明	民生加银	2013/08~2020/05	66	6	10.06	19.57	27.52	28.02	-37.19	-48.44	0.30	0.63

续表

编号	基金经理	离职前任职公司	任职区间	任职时间（月）	管理基金数量（只）	年化收益率（%）	指数年化收益率（%）	年化波动率（%）	指数年化波动率（%）	最大回撤（%）	指数最大回撤（%）	年化夏普比率	指数年化夏普比率
412	江国华	民生加银	2011/12~2015/02	40	2	9.69	21.20	21.12	20.75	-16.79	-17.71	0.31	0.88
413	刘旭明	民生加银	2014/09~2019/02	52	6	11.01	16.01	21.16	30.75	-30.47	-48.44	0.45	0.46
414	宋磊	民生加银	2009/12~2018/02	75	8	10.14	4.94	22.57	27.47	-25.09	-44.57	0.36	0.09
415	吴剑飞	民生加银	2005/04~2018/10	136	4	18.40	22.27	26.91	33.22	-57.49	-68.61	0.60	0.57
416	吴鹏飞	民生加银	2013/12~2021/08	67	7	14.80	13.03	14.83	26.76	-14.50	-44.57	0.90	0.46
417	陈健夫	摩根士丹利华鑫	2018/08~2022/10	52	2	4.00	7.29	19.43	19.20	-35.62	-22.95	0.13	0.30
418	何滨	摩根士丹利华鑫	2008/04~2013/07	65	2	6.11	-1.15	21.05	31.42	-32.76	-57.51	0.15	-0.13
419	钱斌	摩根士丹利华鑫	2010/07~2014/08	47	4	6.56	5.42	17.83	20.12	-22.36	-29.06	0.20	-0.08
420	盛军锋	摩根士丹利华鑫	2009/07~2014/02	49	4	6.11	4.81	21.05	24.51	-28.79	-34.26	0.16	0.05
421	司巍	摩根士丹利华鑫	2015/01~2018/11	48	3	-6.81	2.85	31.38	30.16	-70.16	-46.95	-0.27	0.04
422	项志群	摩根士丹利华鑫	2005/03~2010/08	49	3	44.38	49.71	27.32	32.23	-17.88	-44.30	1.57	1.45
423	毕凯	南方	2018/06~2022/02	46	2	-0.36	11.30	17.13	18.07	-29.32	-16.20	-0.11	0.54
424	蔡望鹏	南方	2015/01~2020/01	62	2	9.01	7.34	24.67	28.23	-36.55	-48.44	0.30	0.20

续表

编号	基金经理	离职前任职公司	任职区间	任职时间（月）	管理基金数量（只）	年化收益率（%）	指数年化收益率（%）	年化波动率（%）	指数年化波动率（%）	最大回撤（%）	指数最大回撤（%）	年化夏普比率	指数年化夏普比率
425	陈键	南方	2005/04~2015/12	130	6	21.36	24.18	25.28	33.00	-48.20	-68.61	0.74	0.65
426	杜冬松	南方	2012/03~2016/02	49	5	10.38	17.19	28.82	32.04	-29.42	-44.57	0.27	0.45
427	蒋峰	南方	2003/11~2012/11	91	3	11.89	11.26	21.74	24.07	-34.18	-43.54	0.44	0.27
428	蒋朋宸	南方	2008/04~2015/05	87	4	9.94	15.47	25.38	30.41	-45.88	-57.51	0.28	0.41
429	李源海	南方	2008/07~2015/01	76	4	12.62	13.56	16.40	26.83	-29.00	-42.52	0.60	0.38
430	李振兴	南方	2014/04~2022/11	96	8	13.30	11.39	15.63	22.31	-33.11	-48.44	0.75	0.41
431	马北雁	南方	2008/04~2014/03	73	2	-5.75	0.23	20.19	29.95	-43.82	-57.51	-0.43	-0.09
432	彭砚	南方	2010/06~2015/06	55	4	17.87	22.78	26.72	23.93	-29.70	-33.01	0.57	0.86
433	苏彦祝	南方	2006/11~2010/01	40	1	33.07	34.51	39.35	46.05	-58.78	-68.61	0.76	0.68
434	谈建强	南方	2006/12~2015/06	104	4	19.11	21.78	27.07	33.78	-60.76	-68.61	0.60	0.56
435	汪澂	南方	2002/05~2013/10	139	4	12.85	11.23	27.10	30.92	-57.44	-68.61	0.38	0.28
436	王宏远	南方	1999/08~2008/03	64	4	42.51	31.56	44.59	31.68	-34.24	-60.08	0.93	0.93
437	肖勇	南方	2015/07~2020/11	43	6	41.52	9.23	38.87	28.75	-36.00	-34.44	1.06	0.34
438	张旭	南方	2012/03~2019/02	85	5	7.08	12.15	31.53	26.98	-52.99	-48.44	0.16	0.37
439	张原	南方	2010/02~2021/08	139	8	12.97	9.16	22.87	23.84	-40.97	-48.44	0.47	0.29
440	刘斐	南华	2017/08~2022/06	60	3	11.28	4.94	24.88	18.33	-41.18	-30.56	0.39	0.19
441	徐超	南华	2015/11~2021/11	68	5	14.78	5.85	24.61	20.70	-28.94	-34.44	0.55	0.21
442	顾旭俊	农银汇理	2016/03~2019/07	42	3	-0.46	1.12	12.68	16.42	-27.09	-30.56	-0.15	-0.02
443	郭世凯	农银汇理	2014/01~2019/12	73	4	8.48	14.23	27.33	27.00	-51.84	-48.44	0.24	0.46

续表

编号	基金经理	离职前任职公司	任职区间	任职时间（月）	管理基金数量（只）	年化收益率（%）	指数年化收益率（%）	年化波动率（%）	指数年化波动率（%）	最大回撤（%）	指数最大回撤（%）	年化夏普比率	指数年化夏普比率
444	李洪雨	农银汇理	2008/09~2014/09	70	3	3.36	10.21	20.94	27.36	-38.12	-34.26	0.02	0.30
445	栾杰	农银汇理	2003/07~2011/03	84	5	35.24	29.38	21.52	32.96	-22.57	-67.10	1.55	0.91
446	李嘉	诺安	2014/06~2018/05	49	3	9.67	19.49	31.39	30.13	-52.19	-44.57	0.25	0.59
447	林健标	诺安	2008/01~2011/04	41	3	0.66	0.82	24.24	37.17	-41.51	-64.72	-0.09	-0.05
448	刘红辉	诺安	2008/05~2018/12	125	3	6.64	6.36	21.07	29.39	-46.10	-54.05	0.20	0.09
449	刘魁	诺安	2012/05~2015/10	39	6	24.07	27.51	25.13	31.87	-31.44	-39.98	0.88	0.77
450	曲泉儒	诺安	2019/04~2022/09	43	4	16.03	4.78	18.79	17.37	-20.83	-22.11	0.77	0.19
451	盛震山	诺安	2015/09~2018/12	41	6	11.65	-1.66	19.83	24.03	-26.10	-34.44	0.51	-0.13
452	史高飞	诺安	2015/01~2020/12	72	4	6.96	10.40	33.51	27.04	-66.79	-48.44	0.16	0.33
453	王鹏	诺安	2007/07~2011/02	42	2	18.42	5.47	25.80	17.87	-31.73	-22.95	0.66	0.22
454	王永宏	诺安	2009/03~2013/03	40	2	2.15	5.53	27.54	27.32	-41.21	-34.26	-0.02	0.16
455	夏俊杰	诺安	2010/03~2017/02	85	3	11.06	10.30	19.62	27.66	-33.62	-44.57	0.43	0.28
456	邹翔	诺安	2000/09~2015/01	84	3	4.03	11.41	21.39	27.30	-52.98	-51.55	0.05	0.08
457	胡志伟	诺德	2009/09~2021/09	81	5	4.88	9.55	17.23	19.93	-31.97	-34.26	0.13	0.35
458	王赟	诺德	2015/08~2020/02	56	1	9.32	4.28	25.01	23.12	-37.90	-34.44	0.31	0.12
459	向朝勇	诺德	2005/02~2012/05	78	5	3.07	4.23	27.97	33.38	-65.97	-68.61	0.01	0.07
460	应颖	诺德	2018/01~2021/07	44	2	12.58	6.94	21.90	18.60	-28.36	-29.52	0.51	0.29
461	周勇	诺德	2012/06~2015/06	38	2	34.32	35.05	27.73	26.31	-15.36	-15.00	1.13	1.22
462	程世杰	鹏华	2005/05~2015/06	123	5	21.13	27.07	25.41	32.41	-56.96	-68.61	0.73	0.75

续表

编号	基金经理	离职前任职公司	任职区间	任职时间（月）	管理基金数量（只）	年化收益率（%）	指数年化收益率（%）	年化波动率（%）	指数年化波动率（%）	最大回撤（%）	指数最大回撤（%）	年化夏普比率	指数年化夏普比率
463	胡东健	鹏华	2015/06~2019/06	50	4	-0.44	-4.59	23.01	26.66	-31.49	-42.38	-0.09	-0.23
464	黄鑫	鹏华	2007/08~2015/08	98	4	1.51	5.94	25.93	32.09	-55.65	-68.61	-0.06	0.09
465	黄中	鹏华	2001/09~2006/10	63	1	8.10	-0.05	15.19	22.70	-26.28	-51.50	0.39	-0.10
466	冀洪涛	鹏华	2005/09~2011/11	71	2	37.46	37.04	28.18	35.18	-30.70	-68.61	1.25	1.12
467	林宇坤	鹏华	2007/08~2010/08	38	2	-4.44	-4.92	32.01	40.36	-58.12	-68.61	-0.24	-0.20
468	罗捷	鹏华	2018/03~2021/07	42	2	12.87	8.77	16.58	18.82	-23.60	-25.85	0.69	0.39
469	聂毅翔	鹏华	2017/08~2022/07	61	5	13.79	4.31	21.50	18.23	-32.49	-30.56	0.57	0.15
470	谢可	鹏华	2009/10~2014/06	58	1	-4.84	-0.26	17.50	20.67	-32.62	-34.26	-0.44	-0.16
471	尤柏年	鹏华	2016/12~2022/02	64	2	10.75	6.07	17.52	16.46	-23.20	-30.56	0.53	0.28
472	张栓伟	鹏华	2016/08~2022/09	75	10	7.73	2.76	4.61	17.29	-3.77	-30.56	1.35	0.07
473	张卓	鹏华	2007/08~2017/06	120	4	4.50	6.53	24.64	31.57	-59.57	-68.61	0.07	0.12
474	郑川江	鹏华	2015/06~2019/06	50	6	-5.14	-4.59	20.94	26.66	-31.83	-42.38	-0.32	-0.23
475	刘俊廷	平安	2015/07~2020/08	63	10	0.49	5.24	24.98	24.12	-50.89	-34.44	-0.04	0.15
476	孙健	平安	2012/09~2018/02	67	9	7.26	17.91	15.38	28.23	-25.15	-44.57	0.33	0.56
477	汪澳	平安	2016/09~2020/07	48	3	7.92	6.90	12.70	17.83	-19.74	-30.56	0.51	0.30
478	颜正华	平安	2007/07~2013/04	42	4	-3.66	-18.25	17.20	34.48	-38.40	-68.61	-0.42	-0.56
479	张俊生	平安	2011/06~2022/07	82	8	22.11	10.10	27.01	20.56	-39.21	-28.08	0.76	0.42
480	陈士俊	浦银安盛	2018/09~2022/10	51	1	8.97	7.11	8.55	19.39	-4.63	-22.95	0.87	0.29
481	蒋建伟	浦银安盛	2010/07~2020/06	121	4	12.28	9.25	31.27	24.42	-68.05	-48.44	0.32	0.29

续表

编号	基金经理	离职前任职公司	任职区间	任职时间（月）	管理基金数量（只）	年化收益率（%）	指数年化收益率（%）	年化波动率（%）	指数年化波动率（%）	最大回撤（%）	指数最大回撤（%）	年化夏普比率	指数年化夏普比率
482	丁骏	前海开源	2006/12~2020/04	140	7	8.61	14.18	22.91	32.42	-56.84	-68.61	0.28	0.34
483	史程	前海开源	2016/04~2021/03	61	12	21.29	6.89	17.42	16.42	-16.28	-30.56	1.14	0.33
484	唐文杰	前海开源	2009/07~2014/12	44	2	-6.99	6.99	22.04	23.65	-32.44	-24.44	-0.45	0.24
485	徐立平	前海开源	2014/09~2018/02	43	3	13.28	17.31	21.87	31.61	-25.80	-44.57	0.53	0.49
486	赵雪芹	前海开源	2016/01~2020/06	55	5	7.17	7.20	10.52	17.56	-19.10	-30.56	0.54	0.32
487	陈鹤明	融通	2006/11~2011/02	53	3	18.70	27.51	33.35	41.37	-60.47	-68.61	0.47	0.59
488	付伟琦	融通	2015/06~2020/01	57	5	11.20	-2.58	21.57	25.17	-24.65	-42.38	0.45	-0.16
489	管文浩	融通	2004/06~2013/01	89	4	11.01	9.95	28.97	33.07	-74.30	-68.61	0.29	0.21
490	郭恒	融通	2011/03~2014/08	43	1	2.05	-0.15	21.07	20.04	-33.14	-31.71	-0.05	-0.17
491	郝继伦	融通	2001/09~2010/01	71	2	13.73	9.95	25.61	37.01	-55.72	-68.61	0.44	0.14
492	刘模林	融通	2004/03~2011/03	86	3	20.96	19.83	26.65	35.76	-53.38	-68.61	0.69	0.48
493	鲁万峰	融通	2007/09~2011/12	53	2	-18.41	-8.38	30.44	35.15	-65.08	-68.61	-0.70	-0.32
494	彭炜	融通	2017/08~2022/11	65	7	17.48	3.06	23.73	18.37	-31.91	-30.56	0.67	0.09
495	汪忠远	融通	2010/04~2014/10	56	2	-0.53	4.69	14.91	20.74	-29.92	-33.01	-0.24	0.08
496	吴巍	融通	2011/04~2014/10	44	3	0.23	3.60	14.43	20.46	-19.84	-30.76	-0.20	0.02
497	姚昆	融通	2012/07~2015/07	38	1	21.42	31.64	21.65	28.04	-17.21	-24.63	0.86	1.03
498	易万军	融通	2003/09~2007/02	43	1	25.83	24.65	18.13	26.34	-23.45	-43.54	1.30	0.85
499	周珺	融通	2012/01~2015/03	40	3	20.61	26.11	19.11	22.84	-16.71	-17.71	0.92	1.01
500	蔡文	山西证券	2016/12~2020/03	41	2	0.95	-0.79	9.62	16.71	-17.26	-30.56	-0.06	-0.14

续表

编号	基金经理	离职前任职公司	任职区间	任职时间（月）	管理基金数量（只）	年化收益率（%）	指数年化收益率（%）	年化波动率（%）	指数年化波动率（%）	最大回撤（%）	指数最大回撤（%）	年化夏普比率	指数年化夏普比率
501	刘俊清	山西证券	2018/05~2022/05	50	1	6.18	5.49	18.86	19.24	-31.25	-22.94	0.25	0.21
502	刚登峰	东方证券资管	2015/05~2022/06	87	8	11.35	0.50	18.49	23.27	-28.74	-48.44	0.53	-0.04
503	韩冬	东方证券资管	2016/01~2022/08	81	4	15.26	6.76	18.41	17.68	-31.24	-30.56	0.75	0.30
504	林鹏	东方证券资管	2014/09~2020/04	69	8	23.54	10.69	18.99	27.55	-23.71	-48.44	1.15	0.33
505	钱思佳	东方证券资管	2019/09~2022/09	38	2	8.13	6.47	18.99	18.03	-29.56	-22.11	0.35	0.28
506	季鹏	国泰君安证券资管	2013/08~2022/09	105	5	7.00	11.42	21.75	24.83	-45.36	-48.44	0.24	0.38
507	朱蓓	海通证券资管	2011/04~2021/10	88	2	4.79	11.10	29.51	26.18	-51.40	-44.57	0.08	0.34
508	董红波	上投摩根	2007/02~2015/01	91	4	16.92	22.14	28.64	29.77	-34.61	-59.41	0.49	0.59
509	冯刚	上投摩根	2006/06~2014/11	87	4	26.79	21.29	30.27	34.71	-60.81	-68.61	0.80	0.56
510	刘辉	上投摩根	2012/07~2022/05	110	4	24.06	14.27	25.99	22.65	-45.68	-40.69	0.87	0.70
511	罗建辉	上投摩根	2009/10~2015/01	64	4	4.43	8.41	16.14	21.18	-26.83	-34.26	0.09	0.26
512	吕俊	上投摩根	2002/05~2007/07	60	4	44.96	30.94	24.75	29.08	-10.99	-50.22	1.76	0.97
513	孟亮	上投摩根	2012/03~2019/02	80	8	12.50	11.36	23.79	23.37	-43.21	-34.44	0.44	0.44
514	芮崐	上投摩根	2006/04~2009/09	43	3	29.08	40.35	27.14	45.05	-42.57	-68.61	0.96	0.83
515	帅虎	上投摩根	2014/12~2019/03	53	3	11.84	8.61	34.42	30.21	-53.40	-48.44	0.30	0.23
516	孙芳	上投摩根	2011/12~2022/07	129	5	14.97	11.42	24.95	24.04	-51.39	-48.44	0.52	0.39
517	孙延群	上投摩根	2004/06~2009/06	58	3	39.81	30.30	30.33	38.96	-55.19	-68.61	1.24	0.72
518	王孝德	上投摩根	2007/04~2014/11	89	3	13.74	13.20	23.75	29.82	-34.07	-68.61	0.46	0.38

续表

编号	基金经理	离职前任职公司	任职区间	任职时间（月）	管理基金数量（只）	年化收益率（%）	指数年化收益率（%）	年化波动率（%）	指数年化波动率（%）	最大回撤（%）	指数最大回撤（%）	年化夏普比率	指数年化夏普比率
519	王振州	上投摩根	2007/11~2011/11	50	4	-3.17	-3.09	29.02	35.38	-57.70	-67.56	-0.21	-0.17
520	吴鹏	上投摩根	2006/09~2012/08	68	5	0.22	17.80	26.06	36.41	-55.86	-68.61	-0.11	0.33
521	许俊哲	上投摩根	2015/04~2018/05	39	1	-8.86	-4.23	30.81	28.62	-49.39	-44.57	-0.34	-0.20
522	杨安乐	上投摩根	2007/08~2013/05	71	1	-4.03	-2.65	30.71	32.05	-63.47	-68.61	-0.23	-0.18
523	张飞	上投摩根	2015/01~2018/01	38	2	13.48	13.23	36.06	32.77	-48.13	-44.57	0.33	0.35
524	张淑婉	上投摩根	2018/06~2021/06	38	1	13.50	14.82	16.98	18.74	-11.81	-16.20	0.71	0.71
525	赵艰申	上投摩根	2013/08~2017/07	46	3	29.20	29.46	31.15	27.12	-40.13	-44.57	0.89	0.97
526	征茂平	上投摩根	2013/07~2021/12	103	3	9.61	15.12	24.42	23.93	-51.45	-48.44	0.32	0.56
527	常永涛	申万菱信	2005/11~2009/08	47	2	33.76	43.28	36.20	43.22	-61.53	-68.61	0.85	0.93
528	刘忠勋	申万菱信	2011/08~2015/04	46	1	23.74	24.00	25.96	24.54	-29.11	-23.84	0.80	0.85
529	欧庆铃	申万菱信	2005/10~2015/08	106	6	11.18	12.17	24.45	31.98	-42.35	-68.15	0.35	0.32
530	孙琳	申万菱信	2014/01~2022/01	98	8	14.57	13.56	25.98	24.55	-50.20	-48.44	0.49	0.48
531	谭淑	申万菱信	2011/06~2015/06	50	1	18.51	21.73	24.17	25.44	-22.69	-28.08	0.64	0.73
532	魏立	申万菱信	2009/06~2012/07	39	2	-4.70	-2.77	25.56	25.61	-37.51	-29.39	-0.29	-0.22
533	徐鹏	申万菱信	2008/01~2015/05	90	3	12.74	13.16	24.85	30.84	-47.12	-64.72	0.39	0.33
534	张鹏	申万菱信	2008/12~2014/01	63	2	10.21	12.89	26.80	26.17	-44.45	-34.26	0.28	0.38
535	赵梓峰	太平	2007/03~2016/02	65	2	3.31	13.68	33.51	42.68	-58.75	-68.61	0.02	0.23
536	陈桥宁	泰达宏利	2011/03~2014/10	45	3	-1.40	3.13	18.14	20.24	-30.65	-31.71	-0.25	0.00
537	邓艺颖	泰达宏利	2011/06~2018/12	92	6	6.49	5.93	27.59	26.01	-55.12	-48.44	0.15	0.14

续表

编号	基金经理	离职前任职公司	任职区间	任职时间（月）	管理基金数量（只）	年化收益率（%）	指数年化收益率（%）	年化波动率（%）	指数年化波动率（%）	最大回撤（%）	指数最大回撤（%）	年化夏普比率	指数年化夏普比率
538	傅浩	泰达宏利	2017/03~2021/08	55	5	9.82	7.28	8.38	17.01	-10.66	-30.56	0.99	0.34
539	鹅庆鑫	泰达宏利	2017/02~2022/11	70	2	7.16	3.28	23.77	17.92	-36.05	-30.56	0.24	0.02
540	李泽刚	泰达宏利	2005/09~2009/05	46	3	28.88	41.01	31.17	41.27	-62.25	-68.61	0.83	0.92
541	梁辉	泰达宏利	2005/04~2015/03	121	10	21.50	24.49	23.88	31.85	-52.19	-68.61	0.78	0.68
542	刘青山	泰达宏利	2003/04~2013/01	119	2	21.24	13.15	27.76	32.16	-57.54	-68.61	0.67	0.35
543	庞宝臣	泰达宏利	2016/08~2019/12	42	7	4.88	1.27	12.27	16.63	-23.93	-30.56	0.28	-0.01
544	魏延军	泰达宏利	2004/06~2008/07	40	3	6.90	7.00	25.68	36.59	-43.78	-47.01	0.16	0.01
545	吴俊峰	泰达宏利	2009/03~2014/08	67	3	8.27	7.67	22.21	23.83	-26.64	-34.26	0.24	0.20
546	周琦凯	泰达宏利	2015/05~2021/02	70	2	-0.92	0.42	28.77	24.28	-58.93	-48.44	-0.08	-0.05
547	彭一博	泰康	2014/05~2017/11	40	5	34.47	37.97	16.40	27.57	-2.76	-44.57	2.04	1.27
548	崔海鸿	泰信	2005/10~2009/12	47	3	23.68	31.92	30.86	39.86	-38.37	-68.61	0.71	0.61
549	戴宇虹	泰信	2012/03~2016/11	58	3	14.67	20.46	31.55	30.29	-50.77	-44.57	0.39	0.59
550	刘杰	泰信	2015/03~2021/09	80	2	9.10	6.33	28.27	24.87	-62.16	-48.44	0.27	0.19
551	刘强	泰信	2007/02~2012/11	71	1	2.35	6.70	34.57	35.69	-64.42	-68.61	-0.02	0.10
552	刘毅	泰信	2010/12~2014/05	43	2	-1.37	-3.38	18.70	19.57	-25.73	-31.71	-0.24	-0.33
553	柳菁	泰信	2009/04~2015/08	78	2	14.74	13.90	28.33	27.74	-40.43	-36.20	0.42	0.40
554	钱鑫	泰信	2014/05~2021/08	88	3	19.36	15.95	27.50	25.41	-58.17	-48.44	0.64	0.56
555	袁园	泰信	2012/03~2017/07	66	1	10.04	17.46	29.17	28.67	-55.30	-44.57	0.26	0.53
556	张彦	泰信	2017/11~2021/07	46	1	9.53	7.04	20.36	18.18	-36.71	-29.52	0.39	0.30

续表

编号	基金经理	离职前任职公司	任职区间	任职时间（月）	管理基金数量（只）	年化收益率（%）	指数年化收益率（%）	年化波动率（%）	指数年化波动率（%）	最大回撤（%）	指数最大回撤（%）	年化夏普比率	指数年化夏普比率
557	姜文涛	天弘	2005/04~2016/10	82	6	27.15	35.64	24.23	31.69	-23.65	-51.55	1.06	1.18
558	王林	天弘	2015/12~2018/12	38	4	-1.57	-11.35	5.18	22.20	-14.65	-34.44	-0.59	-0.58
559	肖志刚	天弘	2013/09~2019/07	72	6	7.71	12.79	24.59	27.23	-49.30	-48.44	0.24	0.40
560	TIANHUAN	天治	2018/08~2022/03	45	3	15.71	11.15	20.31	18.42	-27.59	-13.92	0.70	0.52
561	普海	天治	2015/06~2019/02	46	1	-16.55	-5.97	25.49	27.26	-55.05	-42.38	-0.71	-0.27
562	刘红兵	天治	2004/06~2008/06	49	2	22.58	28.85	23.65	36.21	-33.54	-47.01	0.84	0.72
563	王洋	天治	2015/02~2018/07	43	1	2.55	4.88	6.94	31.16	-13.12	-44.57	0.14	0.11
564	吴涛	天治	2008/04~2011/08	42	2	-2.47	1.95	26.16	35.32	-47.33	-57.51	-0.20	-0.02
565	谢京	天治	2005/08~2012/05	83	2	18.68	24.36	24.45	35.35	-47.41	-68.61	0.65	0.61
566	尹维国	天治	2015/02~2022/01	85	4	7.99	7.95	14.42	25.40	-29.02	-48.44	0.45	0.25
567	高翰昆	万家	2015/05~2018/07	40	14	3.97	-11.40	5.28	27.14	-5.20	-44.57	0.46	-0.48
568	侯慧娣	万家	2015/12~2021/04	61	4	1.93	8.37	3.63	21.22	-5.87	-34.44	0.13	0.38
569	刘芳洁	万家	2007/07~2014/10	83	4	4.11	0.86	23.65	30.73	-47.97	-68.61	0.05	0.00
570	吕宜振	万家	2006/11~2012/12	63	5	20.59	29.07	29.33	34.71	-30.73	-51.55	0.63	0.72
571	孙远慧	万家	2016/03~2020/10	57	7	9.90	6.09	17.63	16.99	-21.43	-30.56	0.49	0.27
572	朱颖	万家	2011/11~2015/01	40	2	0.77	16.93	16.72	21.18	-21.05	-17.71	-0.14	0.65
573	傅明笑	西部利得	2008/08~2014/11	70	3	1.88	12.32	17.71	26.81	-36.82	-34.26	-0.05	0.32
574	刘荟	西部利得	2016/01~2021/06	67	10	11.86	10.06	11.51	17.27	-15.37	-30.56	0.90	0.50
575	张维文	西部利得	2015/06~2018/09	41	5	1.67	-9.41	4.29	26.43	-5.31	-38.05	0.04	-0.41

续表

编号	基金经理	离职前任职公司	任职区间	任职时间（月）	管理基金数量（只）	年化收益率（%）	指数年化收益率（%）	年化波动率（%）	指数年化波动率（%）	最大回撤（%）	指数最大回撤（%）	年化夏普比率	指数年化夏普比率
576	张翔	西部利得	2015/07~2022/11	83	3	9.26	2.18	14.21	23.07	-24.84	-34.44	0.55	0.02
577	王颖	先锋	2017/06~2020/06	38	4	3.56	3.43	15.36	17.86	-26.71	-30.56	0.13	0.11
578	杨帅	先锋	2018/04~2021/08	42	3	5.83	10.86	18.09	18.70	-24.94	-22.99	0.24	0.50
579	付伟	新华	2015/08~2021/08	74	8	18.65	8.30	23.03	21.66	-32.60	-34.44	0.74	0.31
580	蒋畅	新华	2001/02~2006/06	47	2	8.98	2.38	17.10	22.90	-22.56	-60.08	0.41	0.01
581	刘彬	新华	2019/02~2022/09	45	5	23.95	6.38	28.06	17.45	-32.45	-22.11	0.80	0.28
582	王卫东	新华	2008/07~2013/12	67	3	17.38	5.79	24.54	29.50	-28.46	-42.52	0.59	0.10
583	陈令朝	鑫元	2018/01~2021/10	47	3	8.82	7.16	12.99	18.03	-11.42	-29.52	0.56	0.31
584	丁玥	鑫元	2017/09~2022/05	58	5	8.23	2.77	13.68	18.14	-20.30	-30.56	0.49	0.07
585	王美芹	鑫元	2017/12~2021/02	40	1	14.99	7.44	14.76	19.16	-11.04	-29.52	0.91	0.31
586	郑文旭	鑫元	2018/02~2021/11	47	1	10.92	9.29	14.46	17.84	-12.50	-25.93	0.65	0.44
587	曾昭雄	信达澳亚	2003/04~2008/12	55	7	5.70	-5.44	29.58	36.99	-62.78	-68.61	0.11	-0.30
588	杜蜀鹏	信达澳亚	2012/04~2015/12	46	4	17.83	24.99	31.75	29.13	-49.07	-39.98	0.47	0.76
589	冯士祯	信达澳亚	2015/05~2019/04	49	6	-6.24	-6.60	26.15	27.20	-47.39	-48.44	-0.30	-0.30
590	孔学峰	信达澳亚	2016/10~2020/09	48	1	17.29	4.92	16.21	17.91	-21.87	-30.56	0.97	0.19
591	李朝伟	信达澳亚	2016/01~2020/01	50	4	9.64	6.03	16.48	17.52	-24.22	-30.56	0.49	0.26
592	王辉良	信达澳亚	2016/01~2021/11	67	3	12.19	7.48	19.51	16.36	-41.86	-30.56	0.56	0.37
593	王战强	信达澳亚	2008/07~2015/07	86	3	15.42	15.74	24.12	30.09	-32.75	-42.52	0.52	0.43
594	冯烜	兴业	2017/05~2022/02	59	5	12.83	7.33	15.25	16.97	-18.10	-30.56	0.74	0.34

续表

编号	基金经理	离职前任职公司	任职区间	任职时间（月）	管理基金数量（只）	年化收益率（%）	指数年化收益率（%）	年化波动率（%）	指数年化波动率（%）	最大回撤（%）	指数最大回撤（%）	年化夏普比率	指数年化夏普比率
595	吴卫东	兴业	2015/01~2020/10	70	3	7.17	9.47	20.36	27.39	−37.41	−48.44	0.27	0.29
596	王磊	兴银	2017/07~2020/12	43	3	14.47	7.58	12.81	18.58	−15.74	−30.56	1.01	0.33
597	陈锦泉	兴证全球	2011/05~2015/01	46	1	20.11	11.13	18.40	20.95	−20.63	−28.08	0.92	0.38
598	陈扬帆	兴证全球	2009/03~2014/12	71	2	13.26	12.79	24.38	24.06	−28.84	−34.26	0.43	0.41
599	董承非	兴证全球	2007/02~2021/09	177	5	16.58	11.92	21.17	29.49	−49.68	−68.61	0.67	0.32
600	季侃乐	兴证全球	2014/11~2021/06	81	2	22.28	12.20	21.72	26.05	−31.05	−48.44	0.95	0.41
601	王晓明	兴证全球	2005/11~2013/09	96	2	26.52	22.51	25.72	34.27	−43.85	−68.61	0.92	0.57
602	吴圣涛	兴证全球	2008/03~2018/06	116	6	7.06	6.40	24.88	30.43	−52.56	−57.51	0.19	0.11
603	杨大力	兴证全球	2008/12~2014/11	44	2	18.72	36.88	17.70	26.87	−17.20	−34.26	0.93	1.28
604	张惠萍	兴证全球	2008/01~2013/01	62	3	1.60	−2.29	22.49	32.25	−39.00	−64.72	−0.06	−0.16
605	蔡海洪	易方达	2011/09~2015/06	47	3	17.75	27.04	14.96	25.39	−10.75	−19.88	0.99	0.95
606	陈志民	易方达	2001/06~2011/03	120	4	22.22	9.97	25.27	32.76	−53.21	−68.61	0.80	0.26
607	付浩	易方达	2004/02~2022/08	175	5	11.31	11.17	21.34	28.63	−54.16	−68.61	0.42	0.31
608	葛秋石	易方达	2018/03~2022/08	55	2	14.44	5.06	21.40	19.06	−29.02	−25.85	0.60	0.19
609	韩阅川	易方达	2019/06~2022/07	39	17	9.24	9.65	3.43	17.03	−2.07	−22.11	2.26	0.48
610	何云峰	易方达	2008/01~2014/11	84	2	0.39	3.55	21.95	29.53	−48.41	−64.72	−0.12	0.02
611	侯清灏	易方达	2006/01~2012/08	81	3	17.44	21.72	25.80	35.82	−44.25	−68.61	0.56	0.52
612	江作良	易方达	2001/06~2007/06	72	2	23.88	11.31	16.36	28.20	−8.89	−61.69	1.35	0.32
613	兰传杰	易方达	2018/12~2022/08	46	2	20.63	13.91	31.74	18.95	−35.53	−22.11	0.60	0.65

续表

编号	基金经理	离职前任职公司	任职区间	任职时间（月）	管理基金数量（只）	年化收益率（%）	指数年化收益率（%）	年化波动率（%）	指数年化波动率（%）	最大回撤（%）	指数最大回撤（%）	年化夏普比率	指数年化夏普比率
614	李文健	易方达	2011/01~2015/02	51	1	11.08	11.07	18.51	20.46	-21.06	-31.71	0.43	0.39
615	梁裕宁	易方达	2016/01~2020/05	54	3	9.72	5.39	18.73	17.32	-34.43	-30.56	0.44	0.22
616	林森	易方达	2016/03~2022/04	75	6	10.59	3.40	10.51	16.48	-23.28	-30.56	0.87	0.12
617	马骏	易方达	2001/06~2005/12	56	1	4.29	-16.98	14.54	21.31	-14.11	-61.69	0.15	-0.90
618	潘峰	易方达	2007/04~2014/11	93	1	6.82	7.02	27.30	31.07	-58.45	-68.61	0.14	0.13
619	冉华	易方达	2004/02~2007/12	48	1	50.90	38.91	26.05	33.09	-13.60	-43.54	1.86	1.10
620	宋昆	易方达	2010/09~2018/12	101	5	7.31	6.04	30.70	25.37	-65.28	-48.44	0.16	0.14
621	王超	易方达	2013/05~2021/04	98	7	12.04	13.37	18.61	25.24	-30.13	-48.44	0.55	0.46
622	王义克	易方达	2014/12~2018/02	40	1	21.16	11.62	34.75	32.05	-46.55	-44.57	0.56	0.31
623	吴欣荣	易方达	2004/02~2014/03	123	3	16.03	12.53	25.81	31.93	-53.94	-68.61	0.51	0.30
624	伍卫	易方达	2006/09~2011/09	61	6	21.83	22.38	30.78	39.01	-46.10	-68.61	0.63	0.50
625	肖坚	易方达	2002/03~2007/12	71	3	41.06	25.16	25.74	29.86	-14.99	-50.22	1.50	0.76
626	肖林	易方达	2016/05~2019/08	41	2	7.51	1.64	6.61	16.60	-7.06	-30.56	0.91	0.01
627	韩宁	益民	2012/03~2016/06	53	3	10.03	19.97	27.02	31.66	-49.09	-44.57	0.27	0.55
628	侯燕琳	益民	2010/12~2014/08	42	3	-2.17	-1.60	17.95	18.60	-23.71	-27.69	-0.30	-0.34
629	蒋俊国	益民	2011/08~2015/05	47	1	8.68	27.48	21.61	25.18	-34.80	-23.84	0.26	0.97
630	李勇钢	益民	2011/09~2014/11	40	1	5.15	12.53	15.49	20.78	-23.97	-19.88	0.13	0.45
631	熊伟	益民	2007/10~2011/09	49	1	-11.46	-6.68	29.31	36.33	-55.19	-68.15	-0.49	-0.26
632	赵若琼	益民	2017/02~2022/08	68	6	13.52	3.90	17.94	17.54	-28.39	-30.56	0.67	0.14

续表

编号	基金经理	离职前任职公司	任职区间	任职时间（月）	管理基金数量（只）	年化收益率（%）	指数年化收益率（%）	年化波动率（%）	指数年化波动率（%）	最大回撤（%）	指数最大回撤（%）	年化夏普比率	指数年化夏普比率
633	成胜	银河	2010/09~2015/05	58	3	37.11	22.04	30.53	23.97	-27.49	-33.01	1.12	0.79
634	李昇	银河	2002/09~2009/07	85	4	24.58	19.58	24.28	34.54	-48.34	-68.61	0.92	0.49
635	刘凤华	银河	2007/01~2013/01	74	2	12.61	11.50	25.35	35.68	-51.42	-68.61	0.38	0.24
636	神玉飞	银河	2012/12~2022/02	112	5	16.93	12.88	22.79	24.15	-42.94	-48.44	0.66	0.46
637	王海华	银河	2013/12~2022/02	100	6	19.32	13.48	31.56	24.32	-53.26	-48.44	0.56	0.48
638	余科苗	银河	2017/12~2021/04	42	4	16.54	6.79	9.09	18.80	-7.53	-29.52	1.66	0.28
639	葛鹤军	银华	2014/10~2018/06	46	4	8.95	12.23	4.56	31.02	-1.49	-44.57	1.59	0.34
640	郭建兴	银华	2009/12~2016/06	76	2	12.87	11.63	23.37	29.31	-39.81	-44.57	0.44	0.36
641	金斌	银华	2009/02~2013/06	54	2	8.72	7.75	17.90	27.13	-17.58	-34.26	0.33	0.18
642	况群峰	银华	2006/09~2011/08	61	3	26.58	24.56	32.39	39.04	-58.19	-68.61	0.73	0.55
643	刘群雨	银华	2012/04~2015/04	38	1	32.07	31.84	21.66	24.57	-16.72	-16.56	1.34	1.17
644	陆文俊	银华	2006/07~2013/08	83	4	26.57	24.65	28.34	33.65	-36.56	-68.61	0.85	0.77
645	王华	银华	2006/11~2017/07	130	5	18.70	17.46	27.77	33.57	-59.00	-68.61	0.58	0.44
646	王翔	银华	2017/03~2021/05	52	3	14.32	16.57	36.75	32.83	-43.00	-44.57	0.34	0.45
647	王鑫钢	银华	2013/02~2019/11	83	5	5.86	11.42	22.85	26.60	-52.17	-48.44	0.17	0.35
648	许翔	银华	2003/05~2009/06	66	3	22.72	27.38	25.21	36.69	-49.68	-68.61	0.82	0.63
649	周可彦	银华	2008/02~2018/11	96	7	2.02	-2.61	24.03	30.06	-58.44	-64.72	-0.01	-0.15
650	邹积建	银华	2008/07~2016/06	71	2	21.97	20.49	31.19	34.02	-36.15	-44.57	0.63	0.56
651	李明阳	圆信永丰	2017/12~2021/10	48	4	18.44	7.47	20.30	17.83	-25.65	-29.52	0.83	0.33

续表

编号	基金经理	离职前任职公司	任职区间	任职时间（月）	管理基金数量（只）	年化收益率（%）	指数年化收益率（%）	年化波动率（%）	指数年化波动率（%）	最大回撤（%）	指数最大回撤（%）	年化夏普比率	指数年化夏普比率
652	顾晓飞	长安	2014/08~2020/06	63	7	7.64	16.22	22.92	28.18	-39.68	-47.04	0.27	0.48
653	栾绍菲	长安	2015/05~2018/11	44	2	-5.80	-13.75	15.86	26.40	-26.71	-46.95	-0.46	-0.58
654	王海军	长安	2012/06~2021/08	90	5	6.43	12.43	25.81	26.58	-56.03	-48.44	0.17	0.37
655	陈蔚丰	长城	2015/05~2022/09	87	6	9.70	-1.28	26.78	23.56	-35.27	-48.44	0.31	-0.14
656	韩浩	长城	2002/07~2006/02	44	2	6.02	-10.65	13.48	19.94	-15.52	-48.49	0.29	-0.64
657	蒋劲刚	长城	2010/01~2019/05	114	9	3.40	7.29	15.60	25.52	-30.13	-48.44	0.07	0.19
658	刘颖芳	长城	2010/01~2015/02	63	2	0.69	9.35	12.94	20.96	-24.27	-33.01	-0.18	0.30
659	秦玲萍	长城	2006/03~2009/04	40	1	39.70	42.75	33.85	44.64	-52.95	-68.61	1.08	0.89
660	史彦刚	长城	2013/04~2016/11	45	8	14.01	26.01	9.04	32.69	-4.43	-44.57	1.29	0.72
661	吴文庆	长城	2013/12~2017/02	40	8	13.90	25.79	16.27	32.95	-16.81	-44.57	0.72	0.72
662	徐九龙	长城	2008/02~2016/02	98	5	6.39	5.49	19.70	33.20	-46.83	-64.72	0.18	0.08
663	杨毅平	长城	2002/03~2013/05	123	5	14.79	17.92	29.21	33.96	-60.78	-68.61	0.41	0.44
664	郑帮强	长城	2015/07~2018/07	38	3	7.69	-3.27	31.56	25.81	-31.12	-29.50	0.20	-0.19
665	曹紫建	长江证券资管	2018/04~2022/06	52	4	4.63	7.58	18.06	19.38	-30.44	-22.99	0.17	0.31
666	邓永明	长盛	2006/05~2014/09	101	6	21.04	21.19	23.89	32.26	-36.01	-68.61	0.77	0.66
667	付海宁	长盛	2017/07~2021/07	43	8	3.41	4.46	14.06	17.66	-25.37	-30.56	0.14	-0.05
668	侯继雄	长盛	2007/10~2014/03	79	2	-0.47	-3.50	22.47	31.20	-55.19	-68.15	-0.16	-0.21
669	闵昱	长盛	2002/06~2006/04	47	5	7.92	-7.60	15.32	20.33	-18.94	-50.22	0.40	-0.48
670	宋炳山	长盛	2001/04~2008/06	62	5	-10.57	-18.66	18.55	26.78	-45.67	-61.69	-0.74	-0.95

续表

编号	基金经理	离职前任职公司	任职区间	任职时间（月）	管理基金数量（只）	年化收益率（%）	指数年化收益率（%）	年化波动率（%）	指数年化波动率（%）	最大回撤（%）	指数最大回撤（%）	年化夏普比率	指数年化夏普比率
671	田间	长盛	2013/07~2018/02	57	5	2.45	19.94	23.13	28.22	-50.15	-44.57	0.02	0.63
672	吴博文	长盛	2014/06~2019/05	57	5	9.35	14.40	23.83	28.36	-45.72	-48.44	0.33	0.67
673	肖强	长盛	2002/11~2010/02	78	5	16.58	19.78	26.02	36.94	-56.89	-68.61	0.55	0.38
674	许良胜	长盛	2002/04~2008/08	50	2	-18.92	-25.01	22.22	27.65	-58.16	-53.21	-0.98	-1.17
675	许彤	长盛	2004/10~2009/04	56	1	28.73	29.24	28.21	39.08	-55.66	-68.61	0.92	0.68
676	赵宏宇	长盛	2013/05~2019/07	76	6	7.78	12.22	20.37	27.44	-41.30	-48.44	0.29	0.37
677	赵楠	长盛	2015/05~2022/07	88	4	6.49	0.12	22.82	23.15	-37.09	-48.44	0.22	-0.06
678	安昀	长信	2011/10~2022/01	95	9	16.87	14.54	22.03	21.12	-27.31	-40.69	0.67	0.61
679	曾芒	长信	2006/11~2010/07	46	2	21.60	28.13	35.45	44.05	-60.99	-68.61	0.53	0.57
680	付勇	长信	2006/01~2012/10	80	3	28.07	24.13	31.96	35.87	-63.46	-68.61	0.80	0.63
681	胡志宝	长信	2006/12~2015/02	100	4	10.45	17.49	27.51	32.77	-61.19	-68.61	0.27	0.44
682	李小羽	长信	2016/01~2019/01	37	2	-6.50	-1.26	10.81	15.68	-25.09	-30.56	-0.74	-0.18
683	宋小龙	长信	2006/12~2016/06	112	6	13.56	16.34	30.45	35.55	-53.52	-68.61	0.36	0.38
684	吴廷华	长信	2018/03~2022/11	57	3	2.99	4.30	10.13	19.27	-11.58	-25.85	0.15	0.15
685	何文镅	招商	2014/04~2019/05	63	7	4.10	15.10	7.28	28.90	-11.49	-48.44	0.32	0.46
686	贺庆	招商	2003/04~2006/12	46	2	23.95	11.96	19.46	24.12	-16.96	-43.54	1.12	0.41
687	胡军华	招商	2005/08~2008/12	41	2	29.17	30.96	28.41	42.08	-49.17	-68.61	0.92	0.66
688	李亚	招商	2014/12~2021/01	75	5	16.51	10.43	18.58	26.67	-31.15	-48.44	0.80	0.33
689	吕一凡	招商	2003/12~2014/12	72	7	31.20	31.31	23.97	31.18	-24.68	-48.70	1.23	1.05

续表

编号	基金经理	离职前任职公司	任职区间	任职时间（月）	管理基金数量（只）	年化收益率(%)	指数年化收益率(%)	年化波动率(%)	指数年化波动率(%)	最大回撤(%)	指数最大回撤(%)	年化夏普比率	指数年化夏普比率
690	潘明曦	招商	2015/10~2021/08	72	4	13.19	6.62	18.34	20.69	-26.91	-34.44	0.64	0.25
691	孙振峰	招商	2009/07~2017/05	88	7	10.94	9.73	20.20	27.33	-27.23	-44.57	0.44	0.39
692	唐祝益	招商	2009/12~2014/12	57	4	7.00	7.23	18.86	22.27	-33.64	-34.26	0.22	0.17
693	涂冰云	招商	2008/03~2011/11	46	2	-4.13	-0.12	25.58	34.17	-38.50	-57.51	-0.27	-0.09
694	姚爽	招商	2016/12~2021/06	50	2	12.27	4.62	6.71	14.30	-5.84	-28.55	1.64	0.16
695	游海	招商	2007/01~2010/06	43	3	16.49	17.18	28.40	43.91	-44.55	-68.61	0.47	0.32
696	袁野	招商	2007/03~2015/04	96	5	14.06	20.19	20.34	33.43	-45.57	-68.61	0.55	0.51
697	张冰	招商	2004/06~2011/06	86	3	20.30	22.50	28.36	35.24	-57.97	-68.61	0.62	0.56
698	张慎平	招商	2008/01~2014/05	74	6	-6.80	-1.95	23.88	30.84	-51.52	-64.72	-0.41	-0.15
699	赵龙	招商	2006/08~2013/12	62	4	16.90	21.73	30.67	37.47	-58.89	-68.61	0.46	0.53
700	倪文昊	招商证券资管	2013/05~2021/09	45	3	10.11	27.41	23.83	27.31	-35.30	-39.98	0.34	0.93
701	唐光英	浙商证券资管	2015/08~2018/12	42	1	-10.73	-3.40	18.32	23.93	-40.22	-34.44	-0.67	-0.21
702	赵语涛	浙商证券资管	2016/03~2019/03	39	3	-1.41	2.77	9.61	16.77	-17.41	-30.56	-0.30	0.08
703	查晓磊	浙商	2016/03~2021/12	71	8	19.29	7.72	15.53	15.50	-19.02	-30.56	1.15	0.40
704	陈志龙	浙商	2007/08~2014/09	66	3	7.91	0.89	24.40	32.90	-49.15	-68.61	0.21	-0.02
705	姜培正	浙商	2011/05~2015/05	50	1	12.15	24.96	18.80	24.65	-23.67	-28.08	0.48	0.89
706	唐桦	浙商	2013/11~2019/01	60	2	-0.62	0.50	17.23	24.43	-31.49	-34.44	-0.15	0.08
707	曹庆	中庚	2012/08~2022/08	87	8	15.84	10.48	28.01	26.38	-42.58	-44.57	0.51	0.31
708	彬彬	中国人保资管	2019/01~2022/06	43	2	6.25	15.75	15.94	19.39	-31.71	-22.11	0.30	0.73

续表

编号	基金经理	离职前任职公司	任职区间	任职时间（月）	管理基金数量（只）	年化收益率（%）	指数年化收益率（%）	年化波动率（%）	指数年化波动率（%）	最大回撤（%）	指数最大回撤（%）	年化夏普比率	指数年化夏普比率
709	郁琦	中国人保资管	2018/11~2022/08	47	2	19.18	12.31	19.13	18.99	-23.96	-22.11	0.92	0.57
710	陈明星	中海	2012/03~2015/05	40	1	29.76	36.78	23.59	24.95	-23.35	-16.56	1.14	1.36
711	昝菲	中海	2011/02~2014/10	46	2	-0.20	3.11	18.30	20.00	-27.05	-31.71	-0.18	0.00
712	李延刚	中海	2008/01~2012/01	50	3	-8.32	-5.04	25.77	34.33	-50.10	-64.72	-0.44	-0.23
713	刘俊	中海	2014/05~2021/07	87	6	13.19	15.69	12.10	25.55	-12.18	-48.44	0.95	0.55
714	骆泽斌	中海	2011/11~2015/03	42	3	26.98	23.60	21.71	22.85	-13.66	-17.71	1.10	0.90
715	彭海平	中海	2016/04~2021/08	66	3	14.18	8.02	20.16	16.02	-28.89	-30.56	0.63	0.41
716	王雄晖	中海	2001/06~2008/03	67	3	11.49	7.76	22.60	30.54	-37.40	-61.69	0.42	0.04
717	夏春晖	中海	2010/12~2018/05	81	3	-7.93	-0.57	29.71	25.43	-56.84	-44.57	-0.36	-0.24
718	周其源	中海	2013/10~2016/11	39	1	19.79	27.71	26.11	33.31	-27.18	-44.57	0.67	0.76
719	左剑	中海	2015/05~2022/08	89	4	19.41	-0.27	24.36	23.04	-34.15	-48.44	0.73	-0.08
720	杜晓安	中航	2017/12~2021/02	40	2	11.02	7.44	10.67	19.16	-9.61	-29.52	0.89	0.31
721	许飞虎	中加	2018/05~2022/04	49	1	8.53	4.10	14.65	19.25	-18.99	-22.94	0.48	0.14
722	郭党钰	中金	2015/06~2019/10	54	8	1.15	-4.07	20.56	25.61	-30.36	-42.38	-0.02	-0.22
723	乐瑞祺	中科沃土	2011/11~2019/12	45	5	6.91	0.01	16.09	19.71	-20.22	-30.51	0.28	0.05
724	李呈	中科沃土	2011/01~2019/04	89	5	5.97	8.17	23.77	23.74	-55.47	-48.44	0.15	0.23
725	曹剑飞	中欧	2008/08~2016/03	90	6	17.89	14.96	27.69	32.48	-43.51	-44.57	0.56	0.37
726	荀圩红	中欧	2009/10~2015/05	68	4	20.48	18.48	20.68	24.00	-18.01	-34.26	0.85	0.65
727	蒋雯文	中欧	2018/07~2022/06	49	3	7.61	10.13	6.02	19.46	-6.31	-22.11	1.02	0.44

续表

编号	基金经理	离职前任职公司	任职区间	任职时间（月）	管理基金数量（只）	年化收益率（%）	指数年化收益率（%）	年化波动率（%）	指数年化波动率（%）	最大回撤（%）	指数最大回撤（%）	年化夏普比率	指数年化夏普比率
728	李欣	中欧	2016/01～2019/07	44	3	15.44	5.00	16.83	18.32	-24.92	-30.56	0.83	0.19
729	刘明月	中欧	2009/06～2016/11	87	6	4.34	4.93	33.54	27.81	-56.16	-44.57	0.05	0.01
730	卢博森	中欧	2016/12～2020/07	44	3	9.57	6.89	17.71	18.04	-23.08	-30.56	0.46	0.30
731	王海	中欧	2010/09～2013/12	41	2	-9.87	-0.70	21.48	21.25	-34.01	-33.01	-0.62	-0.18
732	魏博	中欧	2012/08～2022/11	125	5	12.86	11.65	24.57	24.28	-42.89	-48.44	0.45	0.40
733	周应波	中欧	2015/11～2022/02	77	8	21.38	4.68	20.15	20.30	-17.75	-34.44	0.99	0.16
734	庄波	中欧	2015/03～2019/08	55	2	5.63	0.97	17.24	28.37	-29.37	-48.44	0.24	-0.02
735	姜涛	中融	2015/06～2020/04	60	10	3.13	-2.72	9.38	24.79	-22.31	-42.38	0.17	-0.17
736	解静	中融	2014/12～2020/04	66	5	3.21	7.00	20.02	27.58	-45.75	-48.44	0.08	0.20
737	刘李杰	中融	2017/09～2022/11	50	3	-3.10	-5.18	21.59	18.64	-38.15	-30.56	-0.22	-0.38
738	秦娟	中融	2011/12～2017/07	60	3	6.08	13.00	5.58	23.39	-4.55	-29.50	0.66	0.41
739	易海波	中融	2017/01～2020/02	39	4	6.53	1.36	15.27	16.75	-22.46	-30.56	0.33	-0.01
740	黄小坚	中信保诚	2004/12～2014/02	87	4	25.91	21.48	24.32	28.34	-39.42	-51.55	0.99	0.76
741	刘浩	中信保诚	2008/06～2012/08	52	2	3.99	3.81	24.74	30.79	-31.86	-42.52	0.05	0.03
742	谭鹏万	中信保诚	2011/09～2015/05	45	3	28.79	30.53	26.59	24.76	-13.31	-19.88	0.97	1.11
743	杨建标	中信保诚	2011/03～2015/04	51	3	18.50	18.97	21.99	23.86	-29.64	-31.71	0.70	0.67
744	殷孝东	中信保诚	2016/12～2020/04	42	3	-0.22	0.80	12.10	16.75	-25.28	-30.56	-0.14	-0.04
745	岳爱民	中信保诚	2006/04～2009/06	40	2	31.43	43.50	28.31	44.07	-49.93	-68.61	1.00	0.92
746	张光成	中信保诚	2009/03～2019/10	126	6	11.72	11.56	23.98	26.29	-43.69	-48.44	0.40	0.34

续表

编号	基金经理	离职前任职公司	任职区间	任职时间（月）	管理基金数量（只）	年化收益率（%）	指数年化收益率（%）	年化波动率（%）	指数年化波动率（%）	最大回撤（%）	指数最大回撤（%）	年化夏普比率	指数年化夏普比率
747	王嵩	中信建投	2015/02~2019/03	51	3	6.07	6.95	16.57	30.70	-24.09	-48.44	0.27	0.17
748	甘霖	中银	2007/08~2015/07	97	5	8.44	7.94	22.26	31.75	-48.86	-68.61	0.25	0.16
749	章岚	中银	2013/09~2020/02	79	4	7.74	12.66	25.60	26.12	-48.69	-48.44	0.23	0.41
750	李志磊	中银	2008/04~2011/09	43	2	6.57	-0.69	21.59	35.21	-26.46	-57.51	0.18	-0.10
751	欧阳力君	中银	2018/03~2021/05	40	3	9.75	9.77	19.90	19.19	-23.26	-25.85	0.41	0.43
752	史彬	中银	2012/07~2018/05	72	3	8.19	15.97	33.54	27.34	-63.26	-44.57	0.18	0.50
753	孙庆瑞	中银	2006/10~2013/07	83	4	17.00	15.70	24.21	35.74	-45.08	-68.61	0.58	0.35
754	吴域	中银	2007/08~2010/09	39	1	9.72	-4.44	28.00	39.81	-46.62	-68.61	0.24	-0.19
755	俞岱曦	中银	2008/04~2011/08	42	2	1.07	1.95	27.67	35.32	-44.53	-57.51	-0.06	-0.02
756	张发余	中银	2010/08~2015/03	57	3	10.55	15.25	17.55	21.85	-33.65	-33.01	0.43	0.56
757	罗众球	中银国际证券	2016/09~2019/09	38	5	1.37	-0.30	2.50	16.93	-2.98	-30.56	-0.05	-0.11
758	邓立新	中邮创业	2011/05~2017/08	77	5	5.23	12.72	30.12	27.57	-50.83	-44.57	0.09	0.37
759	纪云飞	中邮创业	2017/01~2020/09	46	2	7.81	5.71	17.15	18.17	-27.44	-30.56	0.37	0.23
760	任泽松	中邮创业	2012/12~2018/05	67	5	28.30	15.69	37.10	27.51	-49.19	-44.57	0.70	0.49
761	盛军	中邮创业	2008/01~2011/02	39	1	-3.92	1.25	36.84	38.18	-59.64	-64.72	-0.18	-0.04
762	王曼	中邮创业	2016/01~2022/07	80	4	13.85	7.29	19.77	17.74	-28.08	-30.56	0.62	0.33
763	王喆	中邮创业	2019/03~2022/03	38	3	8.23	7.31	11.37	15.59	-11.83	-13.92	0.59	0.37
764	许进财	中邮创业	2012/12~2018/09	71	4	14.56	12.51	29.32	27.17	-48.96	-44.57	0.42	0.38
765	张萌	中邮创业	2015/05~2019/03	48	1	4.28	-6.37	2.33	27.50	-1.44	-48.44	1.18	-0.29

附录八　在职股票型基金经理选股与择时能力（按当前任职公司排序）：1998~2022 年

本表展示的是基于 Carhart 四因子模型改进得到的 Treynor-Mazuy 四因子模型对任职三年以上的在职股票型基金经理管理的所有基金产品的收益进行回归拟合所得结果，所用模型为：

$$R_{i,t}-R_{f,t}=\alpha_i+\beta_{i,mkt}\times(R_{mkt,t}-R_{f,t})+\gamma_i\times(R_{mkt,t}-R_{f,t})^2+\beta_{i,smb}\times SMB_t+\beta_{i,hml}\times HML_t+\beta_{i,mom}\times MOM_t+\varepsilon_{i,t}$$

其中，i 指的是第 i 位基金经理，$R_{i,t}$ 为第 i 位基金经理 i 管理的所有基金产品（万得全 A 指数）的超额收益率，$R_{f,t}$ 为 t 月无风险收益率。SMB_t 为规模因子，代表小盘股与大盘股之间的溢价，是第 t 月小公司的收益率与大盘股收益率之差；HML_t 为价值因子，代表价值股与成长股之间的溢价，是第 t 月价值股（高账面市值比公司）与成长股（低账面市值比公司）收益率之差；MOM_t 为动量因子，代表过去一年收益率最高的（前 30%）股票与收益率最低的（后 30%）股票第 t 月收益率之差。基金经理在 t 月管理的所有产品的收益是以每只基金 t-1 期规模为权重计算出的加权平均收益。如果基金经理未管理该产品，则本月基金收益率默认为零，回归中我们将忽略这些月份的数据。我们用 A 股所有上市公司的数据自行计算规模因子、价值因子和动量因子。α_i 代表基金经理的选股能力给投资者带来的超额收益，γ_i 代表基金经理的择时能力。本表还展示了每位基金经理对于万得全 A 指数，价值因子和动量因子的风险暴露（β_{mkt}、β_{hml}、β_{mom}）。本表中也给出每位基金经理管理基金的收益和风险指标。其中，收益指标包括年化收益率，夏普比率，风险指标包括年化波动率，最大回撤。表中"当前任职公司"指的是截至 2022 年 12 月 31 日时任职基金经理任职的公司。表中 * 代表选股能力或择时能力在 5% 的显著性水平下显著。

编号	基金经理	当前任职公司	任职区间	任职时间（月）	管理基金数量（只）	选股能力 年化 α (%)	选股能力 t(α)	择时能力 γ	择时能力 t(γ)	β_{mkt}	β_{smb}	β_{hml}	β_{mom}	年化收益率（%）	年化波动率（%）	年化夏普比率	最大回撤率（%）	调整后 R^2（%）
1	陈鹏	安信	2011/01~2022/12	169	9	-0.15	-0.04	-0.34	-1.08	0.88	0.12	-0.45	0.16	8.40	24.73	0.25	-49.17	79
2	陈一峰	安信	2014/04~2022/12	105	9	8.52	2.21*	-0.05	-0.19	0.73	-0.08	0.01	-0.03	16.42	20.17	0.73	-30.42	76
3	陈振宇	安信	2012/06~2022/12	78	4	5.96	1.30	0.50	0.90	0.65	-0.14	0.00	-0.01	9.35	15.88	0.48	-23.27	71
4	李君	安信	2017/12~2022/12	61	3	5.26	3.41*	-0.23	-1.04	0.11	0.00	0.12	0.01	5.67	3.32	1.25	-3.35	37

续表

编号	基金经理	当前任职公司	任职区间	任职时间（月）	管理基金数量（只）	选股能力 年化α(%)	选股能力 t(α)	择时能力 γ	择时能力 t(γ)	β_{mkt}	β_{smb}	β_{hml}	β_{mom}	年化收益率(%)	年化波动率(%)	年化夏普比率	最大回撤率(%)	调整后 R^2(%)
5	聂世林	安信	2016/02~2022/12	83	5	15.23	3.40*	-1.19	-1.70	0.77	-0.27	0.01	-0.09	14.50	15.95	0.82	-24.02	63
6	谭珏娜	安信	2017/12~2022/12	60	6	7.40	0.67	-1.63	-0.98	0.80	0.09	-0.29	0.24	10.85	24.00	0.40	-42.77	42
7	王涛	安信	2019/01~2022/12	43	2	3.77	1.12	-0.36	-0.67	0.20	0.04	0.00	0.03	7.47	5.40	1.14	-3.97	32
8	袁玮	安信	2016/04~2022/12	81	8	8.49	1.27	0.65	0.57	0.80	-0.09	0.53	0.01	12.59	19.61	0.57	-25.04	47
9	张竞	安信	2017/12~2022/12	61	5	15.38	2.43*	-0.26	-0.28	0.79	-0.14	0.15	0.04	14.96	17.87	0.75	-23.21	63
10	张明	安信	2017/05~2022/12	68	9	10.36	1.78*	-0.45	-0.49	0.77	-0.24	-0.02	-0.20	10.05	17.33	0.49	-32.78	60
11	张翼飞	安信	2015/05~2022/12	92	2	4.41	3.95*	0.10	1.10	0.07	-0.03	0.07	-0.03	5.92	3.06	1.44	-3.63	23
12	黄亡明	百嘉	2019/01~2022/12	39	2	25.98	2.44*	-3.53	-2.17	0.80	0.30	-0.77	0.14	37.07	19.84	1.85	-9.71	55
13	杨思亮	宝盈	2018/03~2022/12	58	7	18.22	2.10*	-0.08	-0.06	0.88	-0.34	0.19	-0.27	15.65	21.49	0.66	-26.34	56
14	张仲维	宝盈	2014/03~2022/12	91	10	1.94	0.27	0.35	0.34	0.89	0.10	-0.72	0.21	17.68	26.08	0.62	-38.92	61
15	朱建明	宝盈	2017/01~2022/12	72	5	5.49	0.80	-0.37	-0.34	0.98	0.11	-0.75	-0.14	9.94	25.12	0.34	-40.46	71
16	程敏	北信瑞丰	2018/03~2022/12	58	4	9.57	1.58	-1.44	-1.67	0.74	0.04	-0.37	0.18	9.92	18.96	0.44	-32.93	72
17	史伟	博道	2005/11~2022/12	105	4	7.47	1.46	-0.26	-0.73	0.79	-0.17	-0.23	0.11	21.39	24.79	0.78	-35.65	77
18	杨梦	博道	2018/08~2022/12	53	7	0.35	0.10	0.72	1.52	0.83	0.03	-0.08	0.23	11.37	18.29	0.54	-23.36	92
19	袁争光	博道	2015/05~2022/12	76	6	10.76	2.68*	-0.48	-1.60	0.83	-0.08	-0.40	-0.23	10.51	22.58	0.40	-31.05	87
20	张迎军	博道	2009/01~2022/12	116	9	-1.39	-0.30	0.41	1.00	0.58	0.01	-0.34	0.20	12.68	18.59	0.56	-32.02	63
21	蔡滨	博时	2014/12~2022/12	97	12	6.56	2.19*	-0.04	-0.20	0.64	-0.07	-0.33	-0.06	11.06	17.56	0.54	-27.64	83
22	曾豪	博时	2017/12~2022/12	55	6	9.88	1.94*	0.29	0.37	0.80	0.03	-0.22	0.26	18.36	17.35	0.99	-19.71	78
23	曾鹏	博时	2013/01~2022/12	120	12	0.34	0.07	0.41	1.19	0.86	-0.02	-0.60	0.03	11.59	24.82	0.39	-48.71	75

续表

编号	基金经理	当前任职公司	任职区间	任职时间（月）	管理基金数量（只）	选股能力 年化α(%)	选股能力 t(α)	择时能力 γ	择时能力 t(γ)	β_{mkt}	β_{smb}	β_{hml}	β_{mom}	年化收益率(%)	年化波动率(%)	年化夏普比率	最大回撤率(%)	调整后R^2(%)
24	陈雷	博时	2014/08~2022/12	101	5	8.09	1.55	-0.82	-2.17	0.71	-0.09	-0.57	-0.11	10.83	22.64	0.41	-37.44	67
25	陈鹏扬	博时	2015/08~2022/12	89	11	8.70	2.50*	-0.20	-0.69	0.85	-0.16	-0.27	-0.31	11.42	19.91	0.50	-28.69	83
26	陈伟	博时	2019/10~2022/12	39	1	18.57	2.02*	0.24	0.15	0.80	-0.28	-0.51	-0.14	20.94	21.27	0.91	-25.24	71
27	郭晓林	博时	2016/07~2022/12	78	9	7.32	1.27	0.08	0.08	1.00	-0.14	-0.34	0.04	11.45	22.03	0.45	-33.87	71
28	过钧	博时	2016/03~2022/12	83	9	10.89	2.08*	-0.37	-0.41	0.55	-0.07	-0.11	0.18	12.95	14.98	0.76	-21.41	44
29	黄瑞庆	博时	2011/12~2022/12	124	7	6.30	2.23*	-0.32	-1.59	0.69	-0.19	0.07	-0.06	6.42	17.39	0.28	-33.63	84
30	冀楠	博时	2017/06~2022/12	64	8	21.40	2.87*	-1.52	-1.36	0.96	-0.33	-0.27	0.04	17.10	22.08	0.72	-30.46	65
31	金晟哲	博时	2016/10~2022/12	75	9	2.84	0.93	0.35	0.69	0.73	-0.19	-0.28	-0.02	6.20	15.08	0.31	-28.58	83
32	李洋	博时	2019/06~2022/12	43	2	11.49	1.60	0.25	0.19	0.88	-0.42	0.14	-0.03	9.89	18.37	0.46	-27.97	72
33	林景艺	博时	2015/05~2022/12	92	4	2.13	0.98	-0.04	-0.20	0.81	0.06	0.09	0.18	1.45	19.90	0.00	-35.41	93
34	刘阳	博时	2015/07~2022/12	90	3	4.78	0.78	-1.26	-2.49	0.84	0.07	-0.63	-0.09	3.89	26.18	0.09	-41.00	69
35	刘钊	博时	2012/07~2022/12	52	4	1.98	0.35	0.14	0.32	0.83	0.34	-0.24	0.23	24.05	27.11	0.81	-36.98	91
36	沙炜	博时	2015/05~2022/12	92	9	14.30	3.24*	-0.36	-0.98	0.94	-0.17	-0.33	0.01	10.90	24.52	0.38	-36.40	81
37	孙少锋	博时	2015/09~2022/12	88	2	7.29	2.74*	-0.24	-1.08	0.76	-0.10	-0.06	-0.02	10.00	17.26	0.49	-27.02	87
38	田俊维	博时	2015/06~2022/12	86	7	13.08	2.70*	-0.32	-0.82	0.65	0.05	-0.13	0.11	11.40	19.69	0.51	-30.50	68
39	王诗瑶	博时	2017/06~2022/12	67	4	6.93	1.37	0.60	0.77	0.90	-0.36	-0.31	-0.23	9.62	19.71	0.41	-42.50	77
40	王增财	博时	2013/10~2022/12	107	8	1.64	0.30	0.00	0.01	0.83	0.17	-0.07	0.23	12.82	25.89	0.43	-41.12	72
41	吴渭	博时	2013/12~2022/12	84	8	9.90	1.84*	-1.23	-1.33	0.60	-0.02	-0.36	0.30	13.42	16.81	0.70	-28.28	54
42	肖瑞瑾	博时	2017/01~2022/12	72	16	3.57	0.67	0.75	0.87	0.94	-0.15	-0.50	-0.01	9.74	21.64	0.38	-34.46	77

续表

编号	基金经理	当前任职公司	任职区间	任职时间（月）	管理基金数量（只）	选股能力		择时能力		β_{mkt}	β_{smb}	β_{hml}	β_{mom}	年化收益率（%）	年化波动率（%）	年化夏普比率	最大回撤率（%）	调整后 R^2（%）
						年化 α（%）	$t(\alpha)$	γ	$t(\gamma)$									
43	许少波	博时	2013/05~2022/12	49	3	-2.32	-0.36	0.46	0.77	0.72	-0.25	-0.37	0.03	6.56	20.07	0.22	-33.69	79
44	杨永光	博时	2016/12~2022/12	73	5	6.03	4.30*	-0.48	-2.09	0.17	-0.07	-0.08	-0.03	6.21	4.13	1.14	-4.81	54
45	姚爽	博时	2016/12~2022/12	69	3	5.20	0.61	0.18	0.14	0.90	0.11	-0.04	0.19	9.35	23.08	0.35	-41.16	53
46	于玥	博时	2018/06~2022/12	39	5	12.22	1.34	-0.83	-0.74	0.88	-0.07	-0.36	0.07	17.79	22.33	0.75	-21.74	78
47	张锦	博时	2018/08~2022/12	53	3	13.07	2.39*	-2.14	-2.77	0.87	-0.09	-0.13	0.00	11.71	18.19	0.56	-26.83	77
48	何翔	渤海汇金证券资管	2018/07~2022/12	54	3	2.11	0.33	-0.95	-1.04	0.72	0.00	-0.30	0.13	4.98	18.47	0.19	-32.47	69
49	滕祖光	渤海汇金证券资管	2014/04~2022/12	91	4	0.96	0.17	1.12	2.75*	0.56	-0.19	-0.42	-0.16	13.18	20.02	0.58	-32.63	55
50	金梓才	财通	2014/11~2022/12	98	10	10.10	1.16	0.49	0.78	0.88	0.10	-0.04	0.39	19.96	32.01	0.57	-45.94	55
51	夏钦	财通	2016/05~2022/12	80	8	-0.18	-0.03	0.54	0.62	0.94	-0.20	-0.20	0.03	4.80	19.98	0.17	-41.69	71
52	朱海东	财通	2019/07~2022/12	42	2	0.75	0.10	-0.64	-0.47	1.04	-0.02	-0.12	-0.10	5.38	20.82	0.19	-27.77	77
53	姜永明	财通证券资管	2019/04~2022/12	45	6	20.25	2.57*	-0.15	-0.10	0.99	-0.21	-0.37	-0.15	22.45	21.71	0.97	-29.12	75
54	易小金	财通证券资管	2018/05~2022/12	39	3	6.60	0.58	1.48	1.04	0.72	0.34	0.09	0.37	14.15	21.96	0.59	-24.44	61
55	于洋	财通证券资管	2018/09~2022/12	52	5	13.70	1.54	-0.66	-0.53	0.96	-0.08	-0.49	0.09	19.92	25.22	0.73	-29.28	70
56	曹春林	创金合信	2017/07~2022/12	66	12	8.16	0.90	-1.60	-1.15	0.97	-0.11	-0.32	0.00	6.46	24.59	0.20	-42.94	54
57	陈建军	创金合信	2019/05~2022/12	44	1	17.12	1.19	1.67	0.62	1.07	-0.55	-0.14	-0.44	18.96	27.64	0.63	-36.27	48
58	董梁	创金合信	2019/07~2022/12	42	7	-1.21	-0.23	1.81	1.87*	0.91	-0.07	0.05	-0.09	8.59	17.44	0.41	-27.33	84
59	李晗	创金合信	2015/08~2022/12	73	6	4.81	0.74	-0.53	-1.03	0.66	-0.03	-0.13	0.01	2.98	20.47	0.07	-28.06	55

续表

编号	基金经理	当前任职公司	任职区间	任职时间（月）	管理基金数量（只）	选股能力 年化α(%)	选股能力 t(α)	择时能力 γ	择时能力 t(γ)	β_{mkt}	β_{smb}	β_{hml}	β_{mom}	年化收益率(%)	年化波动率(%)	年化夏普比率	最大回撤率(%)	调整后 R^2 (%)
60	李冀	创金合信	2018/10~2022/12	51	4	3.58	0.51	-0.62	-0.62	0.97	-0.25	0.11	0.05	6.77	21.03	0.25	-32.11	74
61	李游	创金合信	2016/11~2022/12	74	6	12.57	1.55	-0.61	-0.46	1.08	-0.36	-0.25	0.33	13.53	26.40	0.46	-39.13	62
62	皮劲松	创金合信	2018/10~2022/12	51	5	7.80	0.67	-1.06	-0.63	0.99	0.08	-0.03	0.17	16.39	25.94	0.57	-37.70	52
63	王妍	创金合信	2019/12~2022/12	37	5	10.42	1.19	-0.97	-0.65	1.03	-0.28	-0.32	-0.07	7.51	23.29	0.26	-33.76	80
64	王一兵	创金合信	2017/07~2022/12	37	2	10.13	2.69*	-1.73	-3.54	0.35	-0.02	0.22	0.05	1.07	7.61	-0.05	-13.45	62
65	周志敏	创金合信	2017/12~2022/12	61	4	11.31	1.10	-0.98	-0.65	0.87	-0.13	-0.78	-0.30	11.57	26.19	0.38	-34.38	55
66	薛莉丽	淳厚	2019/08~2022/12	41	7	7.71	1.05	0.81	0.61	0.88	0.03	-0.13	0.04	17.80	19.27	0.85	-21.41	75
67	戴军	大成	2015/05~2022/12	92	4	9.63	2.66*	-0.39	-1.29	0.74	-0.17	-0.20	-0.04	6.40	19.15	0.26	-35.34	79
68	韩创	大成	2019/01~2022/12	48	8	32.35	3.56*	-1.56	-1.22	1.01	-0.07	0.43	0.60	37.13	23.23	1.53	-21.98	67
69	侯春燕	大成	2015/12~2022/12	85	8	8.40	2.68*	0.02	0.06	0.89	-0.15	0.03	-0.11	9.07	19.25	0.39	-25.68	86
70	李博	大成	2015/04~2022/12	93	6	10.78	2.44*	-0.51	-1.46	0.88	-0.15	-0.08	0.04	8.45	24.07	0.29	-47.03	79
71	李富强	大成	2015/11~2022/12	70	5	5.31	1.41	0.32	1.12	0.23	-0.06	-0.02	0.19	8.37	9.35	0.75	-8.25	39
72	李林益	大成	2015/07~2022/12	90	4	6.97	1.77*	-0.83	-2.54	0.76	0.08	-0.27	0.22	6.76	21.36	0.25	-31.25	81
73	刘旭	大成	2015/07~2022/12	90	7	15.45	3.90*	-0.55	-1.68	0.81	-0.08	0.11	-0.01	14.10	20.06	0.63	-28.23	78
74	苏秉毅	大成	2014/01~2022/12	84	4	4.14	1.76*	0.15	0.37	0.87	-0.04	0.08	-0.04	7.59	15.16	0.41	-25.02	89
75	孙丹	大成	2017/05~2022/12	68	7	4.32	4.10*	-0.15	-0.92	0.09	-0.02	-0.02	0.02	5.55	2.58	1.57	-1.87	40
76	王磊	大成	2013/07~2022/12	114	6	6.96	1.99*	0.18	0.69	0.36	-0.12	-0.35	0.07	11.37	13.09	0.73	-23.83	49
77	魏庆国	大成	2015/04~2022/12	93	11	6.81	1.32	0.11	0.26	0.82	0.16	-0.14	0.36	10.19	25.11	0.35	-44.39	75
78	谢家乐	大成	2019/08~2022/12	41	7	19.96	1.65*	-1.04	-0.48	0.83	-0.07	-0.21	0.35	23.72	23.99	0.93	-28.01	57

续表

编号	基金经理	当前任职公司	任职区间	任职时间(月)	管理基金数量(只)	选股能力 年化α(%)	t(α)	择时能力 γ	t(γ)	β_{mkt}	β_{smb}	β_{hml}	β_{mom}	年化收益率(%)	年化波动率(%)	年化夏普比率	最大回撤率(%)	调整后R^2(%)
79	徐彦	大成	2012/10~2022/12	109	12	11.50	3.20*	-0.17	-0.66	0.67	-0.03	0.06	0.01	17.72	18.88	0.85	-30.39	77
80	杨挺	大成	2014/06~2022/12	103	6	1.65	0.33	-0.56	-1.55	0.81	0.24	-0.11	0.57	7.98	27.05	0.23	-57.23	79
81	张烨	大成	2017/09~2022/12	64	4	17.02	2.36*	-0.86	-0.79	0.93	-0.23	0.04	-0.14	13.80	20.63	0.60	-27.50	61
82	戴鹤忠	德邦	2016/06~2022/12	79	3	7.15	1.97*	0.70	1.15	0.86	-0.21	-0.03	-0.01	11.69	16.96	0.60	-22.21	80
83	郭成东	德邦	2018/05~2022/12	49	4	11.83	0.97	0.66	0.39	1.01	-0.34	0.02	-0.32	6.55	25.90	0.20	-41.58	55
84	黎莹	德邦	2015/06~2022/12	91	7	15.88	4.91*	-0.72	-2.68	0.88	-0.21	-0.13	-0.20	11.92	21.03	0.49	-28.54	86
85	汪晖	德邦	2007/05~2022/12	121	6	2.22	0.44	0.64	1.95*	0.75	-0.04	-0.21	0.34	10.83	24.07	0.35	-36.12	74
86	吴昊	德邦	2015/02~2022/12	91	7	-0.43	-0.09	-0.16	-0.50	0.76	0.09	-0.37	-0.06	12.78	25.91	0.42	-44.32	78
87	张铮烁	德邦	2018/08~2022/12	53	2	6.28	1.50	-1.40	-2.37	0.45	-0.11	-0.23	-0.18	4.51	11.05	0.27	-24.06	64
88	房建威	东方阿尔法	2018/07~2022/12	39	6	8.24	1.28	-2.14	-2.37	0.74	-0.06	-0.11	0.23	9.92	15.60	0.56	-19.51	72
89	蒋茜	东方阿尔法	2017/07~2022/12	66	10	9.78	1.22	-2.39	-1.93	0.95	0.11	-0.25	0.18	7.69	23.38	0.26	-39.73	60
90	李济	东方阿尔法	2017/12~2022/12	61	5	16.48	1.38	-2.28	-1.31	0.78	-0.02	-0.59	0.11	13.66	26.95	0.45	-39.46	43
91	盛泽	东方阿尔法	2018/08~2022/12	53	6	5.19	1.44	0.28	0.55	0.82	-0.16	0.11	0.02	10.52	16.60	0.54	-22.86	88
92	王然	东方	2015/05~2022/12	92	9	4.87	0.92	-0.65	-1.48	0.94	-0.12	-0.22	0.02	0.21	25.64	-0.05	-48.32	76
93	许文波	东方	2015/08~2022/12	85	9	1.75	0.39	0.50	1.37	0.42	-0.26	-0.33	-0.09	6.22	14.03	0.34	-32.08	47
94	薛子徽	东方	2015/04~2022/12	93	11	-1.89	-0.54	0.04	0.13	0.57	0.22	0.31	0.32	1.00	17.79	-0.03	-36.62	78
95	刘明	东方	2004/10~2022/12	171	6	2.82	0.64	0.14	0.52	0.80	-0.09	-0.44	0.25	13.37	8.93	1.33	-6.73	74
96	乔春	东方	2014/09~2022/12	79	7	5.05	0.79	0.03	0.07	0.65	-0.12	-0.34	0.21	10.16	22.43	0.39	-40.41	65
97	乔海英	东方	2015/08~2022/12	81	4	13.93	1.87*	-0.29	-0.48	0.82	0.18	-0.10	0.33	19.65	25.90	0.71	-39.38	59

续表

编号	基金经理	当前任职公司	任职区间	任职时间（月）	管理基金数量（只）	选股能力		择时能力		β_{mkt}	β_{smb}	β_{hml}	β_{mom}	年化收益率（%）	年化波动率（%）	年化夏普比率	最大回撤率（%）	调整后 R^2（%）
						年化 α（%）	$t(\alpha)$	γ	$t(\gamma)$									
98	唐雷	东方	2016/07~2022/12	71	6	17.27	1.47	-2.10	-1.09	0.50	-0.17	-0.66	0.15	12.05	26.27	0.41	-41.42	23
99	陈军	东吴	2006/10~2022/12	187	9	1.96	0.60	0.07	0.41	0.70	0.18	-0.39	0.23	13.34	24.00	0.46	-48.86	80
100	刘瑞	东吴	2018/11~2022/12	58	5	8.03	1.16	-1.00	-1.00	0.84	-0.05	-0.40	-0.02	13.96	20.37	0.61	-28.75	74
101	刘元海	东吴	2013/01~2022/12	125	8	5.63	1.21	-0.66	-1.11	0.86	0.06	-0.36	0.24	17.00	21.06	0.73	-33.04	68
102	邹炜	东吴	2015/03~2022/12	84	7	2.03	0.37	-0.31	-0.81	0.63	0.16	-0.17	0.38	0.18	22.13	-0.06	-44.20	70
103	徐嶒	东吴	2015/05~2022/12	92	7	7.38	2.39*	-0.61	-2.39	0.74	-0.09	-0.39	0.02	4.09	19.84	0.13	-35.87	86
104	赵梅玲	东吴	2016/05~2022/12	80	8	7.76	1.82*	-0.24	-0.33	0.70	-0.17	-0.22	0.00	9.95	15.49	0.55	-31.83	66
105	周健	东吴	2012/10~2022/12	111	9	-1.38	-0.33	0.21	0.40	0.69	0.07	0.16	0.26	13.27	18.09	0.64	-28.05	66
106	李兵伟	东吴	2016/06~2022/12	79	6	-0.62	-0.16	-0.05	-0.08	0.54	0.18	-0.08	0.09	3.35	12.92	0.14	-26.10	63
107	李晨烨	东兴	2016/06~2022/12	79	6	-0.56	-0.21	-0.32	-0.71	0.70	0.06	-0.06	0.02	1.81	13.34	0.03	-31.33	83
108	孙继青	东兴	2015/09~2022/12	88	6	1.53	0.42	-0.69	-2.29	0.59	-0.16	-0.27	-0.09	1.36	15.70	-0.01	-28.61	70
109	张旭	东兴	2015/08~2022/12	83	7	1.99	0.59	0.50	1.84*	0.26	-0.04	-0.20	0.07	6.24	9.99	0.48	-14.11	41
110	崔建波	方正富邦	2010/03~2022/12	150	23	4.30	1.63	-0.25	-1.16	0.70	0.09	-0.03	0.06	8.71	18.71	0.36	-35.16	82
111	乔培涛	方正富邦	2016/08~2022/12	67	12	5.26	1.09	-0.51	-0.60	0.89	0.06	-0.04	0.34	10.14	17.54	0.50	-24.22	73
112	闻晨雨	方正富邦	2019/11~2022/12	38	4	7.69	0.94	2.20	1.57	0.88	-0.33	-0.16	-0.21	14.65	20.04	0.66	-27.03	76
113	吴昊	方正富邦	2019/05~2022/12	44	8	-0.43	-0.09	-0.16	-0.50	0.76	0.09	-0.37	-0.06	12.78	25.91	0.42	-44.32	78
114	乔林建	方正证券	2013/01~2022/12	61	8	1.16	0.28	-0.01	-0.05	0.76	0.04	-0.41	0.19	17.83	20.21	0.81	-25.26	87
115	廖新昌	峰巢	2019/01~2022/12	48	1	-2.49	-0.31	-1.94	-1.70	0.69	-0.07	-0.25	0.18	-0.95	18.65	-0.13	-34.71	59
116	李守峰	富安达	2015/12~2022/12	85	5	2.60	0.48	0.38	0.80	0.50	-0.01	-0.47	-0.05	6.61	17.23	0.30	-33.06	47

续表

编号	基金经理	当前任职公司	任职区间	任职时间（月）	管理基金数量（只）	选股能力 年化α(%)	选股能力 t(α)	择时能力 γ	择时能力 t(γ)	β_{mkt}	β_{smb}	β_{hml}	β_{mom}	年化收益率(%)	年化波动率(%)	年化夏普比率	最大回撤率(%)	调整后 R^2 (%)
117	孙绍冰	富安达	2015/05~2022/12	92	3	-7.22	-0.75	1.32	1.64	0.66	-0.31	-0.79	-0.18	-0.85	28.64	-0.08	-57.55	35
118	吴战峰	富安达	2008/04~2022/12	130	9	2.78	0.79	0.10	0.38	0.69	0.09	-0.10	0.17	8.96	18.98	0.37	-40.05	75
119	毕天宇	富国	2005/12~2022/12	206	7	6.52	1.89*	-0.36	-1.85	0.87	-0.07	-0.58	0.07	16.03	27.80	0.49	-59.31	82
120	蔡卡尔	富国	2018/05~2022/12	56	1	6.80	0.82	-2.01	-1.72	0.74	-0.31	0.18	-0.24	-1.87	18.58	-0.18	-41.26	48
121	曹晋	富国	2013/04~2022/12	114	8	8.62	1.61	-0.03	-0.07	0.89	0.10	-0.41	0.41	16.74	27.83	0.54	-39.24	75
122	曹文俊	富国	2013/08~2022/12	104	9	8.44	2.02*	-0.02	-0.06	0.80	0.04	-0.28	0.17	17.83	23.40	0.69	-35.19	80
123	方旻	富国	2017/06~2022/12	42	4	8.13	2.08*	0.50	0.91	0.78	0.02	0.09	0.02	15.04	15.77	0.91	-15.89	89
124	侯梧	富国	2014/11~2022/12	71	5	10.55	1.75*	0.14	0.26	0.64	-0.07	-0.41	-0.06	19.84	20.50	0.90	-27.16	69
125	李元博	富国	2014/06~2022/12	100	7	3.22	0.44	-0.42	-0.77	1.03	0.16	-0.60	0.31	15.87	32.05	0.45	-48.78	68
126	厉叶淼	富国	2015/08~2022/12	89	5	13.80	2.63*	-0.48	-1.10	0.96	0.02	-0.46	0.11	17.66	25.71	0.63	-35.63	77
127	林庆	富国	2015/05~2022/12	92	3	13.88	3.18*	-0.35	-0.98	1.01	-0.11	-0.32	0.14	10.57	26.34	0.34	-43.26	84
128	刘莉莉	富国	2018/07~2022/12	54	4	9.78	1.14	1.62	1.32	1.00	-0.10	0.26	0.11	20.35	24.16	0.78	-19.57	68
129	宁君	富国	2018/09~2022/12	52	1	18.89	2.09*	-1.88	-1.50	0.70	-0.27	-0.06	0.03	13.96	19.27	0.65	-36.89	48
130	蒲世林	富国	2018/12~2022/12	49	4	15.87	2.95*	-0.72	-0.94	0.80	-0.15	-0.02	0.00	20.46	16.89	1.12	-24.70	77
131	孙彬	富国	2019/05~2022/12	44	8	20.49	3.58*	1.74	1.62	0.96	-0.37	-0.17	-0.06	26.98	19.93	1.28	-23.46	84
132	唐颐恒	富国	2019/07~2022/12	42	1	8.82	0.71	3.56	1.58	0.97	-0.57	-0.45	-0.23	16.54	26.79	0.56	-38.15	62
133	汪孟海	富国	2015/10~2022/12	87	6	8.02	1.68*	0.20	0.48	0.64	-0.32	-0.19	-0.01	9.25	17.35	0.45	-42.57	59
134	王园园	富国	2017/06~2022/12	67	7	13.23	1.66*	1.17	0.95	1.03	-0.25	-0.15	-0.14	18.54	24.44	0.70	-31.34	63
135	吴畏	富国	2018/10~2022/12	51	2	13.52	1.76*	0.46	0.41	0.73	-0.23	-0.17	0.15	20.11	19.85	0.94	-26.72	64

续表

编号	基金经理	当前任职公司	任职区间	任职时间（月）	管理基金数量（只）	选股能力 年化α(%)	t(α)	择时能力 γ	t(γ)	β_{mkt}	β_{smb}	β_{hml}	β_{mom}	年化收益率(%)	年化波动率(%)	年化夏普比率	最大回撤率(%)	调整后R^2(%)
136	肖威兵	富国	2018/09～2022/12	52	11	6.95	1.07	0.61	0.67	0.79	-0.21	-0.20	-0.08	13.03	19.30	0.60	-29.04	73
137	徐斌	富国	2019/08～2022/12	41	2	7.02	1.02	1.27	1.03	0.86	-0.32	-0.20	0.01	11.83	19.48	0.53	-23.12	79
138	徐幼华	富国	2018/05～2022/12	56	2	10.31	2.09*	-0.85	-1.23	0.77	-0.23	0.13	0.04	7.87	16.23	0.39	-27.57	76
139	许炎	富国	2016/08～2022/12	77	4	18.76	2.23*	-0.70	-0.50	0.87	-0.10	-0.69	0.14	21.07	25.22	0.78	-31.49	53
140	杨栋	富国	2015/08～2022/12	89	9	11.79	3.20*	-0.01	-0.02	0.91	-0.05	-0.34	0.04	16.70	22.16	0.69	-28.44	84
141	易智泉	富国	2017/10～2022/12	63	5	10.69	2.00*	-0.97	-1.22	0.72	0.05	0.03	0.27	10.79	16.52	0.56	-30.26	68
142	于渤	富国	2019/07～2022/12	42	3	-0.69	-0.15	3.63	4.3*	0.39	-0.05	-0.10	0.15	13.82	11.85	1.04	-6.26	73
143	于鹏	富国	2017/11～2022/12	62	4	3.06	0.70	-0.64	-0.99	0.93	-0.01	-0.26	0.13	4.95	19.97	0.17	-33.47	86
144	于洋	富国	2017/10～2022/12	46	7	13.70	1.54	-0.66	-0.53	0.96	-0.08	-0.49	0.09	19.92	25.22	0.73	-29.28	70
145	袁宜	富国	2012/10～2022/12	123	4	4.01	1.09	0.37	1.32	0.69	0.07	-0.19	0.31	14.98	20.62	0.64	-36.92	76
146	张峰	富国	2015/06～2022/12	91	6	12.32	2.41*	-0.13	-0.31	0.55	-0.35	-0.13	-0.15	10.32	16.91	0.52	-38.65	48
147	张富盛	富国	2018/03～2022/12	55	5	18.82	1.83*	-1.95	-1.33	1.06	0.03	-0.65	0.18	21.26	27.81	0.73	-37.52	67
148	张啸伟	富国	2015/08～2022/12	89	4	8.07	2.15*	-0.53	-1.69	0.89	-0.13	-0.25	-0.09	9.54	21.21	0.38	-39.33	82
149	章旭峰	富国	2011/08～2022/12	133	5	7.30	1.47	0.33	0.72	0.94	-0.08	-0.39	0.36	15.72	24.81	0.56	-32.88	67
150	赵伟	富国	2017/06～2022/12	64	6	10.44	0.87	-0.16	-0.09	0.89	0.04	-0.56	0.19	16.00	28.80	0.51	-42.88	44
151	朱少醒	富国	2005/11～2022/12	206	2	7.75	2.40*	-0.09	-0.49	0.80	-0.01	-0.41	0.16	19.54	25.74	0.67	-55.78	81
152	邓宇翔	富荣	2018/03～2022/12	58	6	10.21	1.50	-1.33	-1.37	0.48	-0.40	-0.26	-0.13	3.41	15.30	0.12	-18.56	46
153	黄祥斌	富荣	2013/12～2022/12	94	8	-3.16	-0.56	0.75	1.9*	0.63	0.12	0.08	0.14	10.10	20.99	0.41	-36.59	62
154	李会忠	格林	2014/12～2022/12	90	12	11.86	1.84*	0.22	0.50	0.88	0.05	-0.02	0.02	18.80	27.35	0.64	-30.55	70

续表

编号	基金经理	当前任职公司	任职区间	任职时间(月)	管理基金数量(只)	选股能力 年化α(%)	选股能力 t(α)	择时能力 γ	择时能力 t(γ)	β_{mkt}	β_{smb}	β_{hml}	β_{mom}	年化收益率(%)	年化波动率(%)	年化夏普比率	最大回撤率(%)	调整后 R^2(%)
155	刘冬	格林	2015/06~2022/12	40	4	3.88	0.51	-0.49	-1.01	0.78	-0.08	0.02	0.00	-8.41	24.45	-0.42	-38.83	85
156	陈丹琳	工银瑞信	2014/01~2022/12	81	4	0.45	0.09	-0.51	-1.58	0.87	-0.13	0.13	0.06	3.22	25.47	0.06	-55.93	83
157	陈小鹭	工银瑞信	2016/09~2022/12	76	4	7.80	0.95	0.16	0.12	0.93	0.10	0.64	0.36	12.05	23.17	0.46	-36.27	47
158	单文	工银瑞信	2016/06~2022/12	79	6	6.21	1.10	0.51	0.53	0.93	-0.18	-0.56	-0.12	10.94	21.62	0.44	-44.79	70
159	杜海涛	工银瑞信	2015/04~2022/12	58	2	3.08	0.73	-0.31	-1.01	0.67	-0.12	-0.08	-0.20	-3.23	17.91	-0.27	-27.54	82
160	杜洋	工银瑞信	2015/02~2022/12	95	9	13.53	3.02*	-0.56	-1.77	0.86	-0.03	-0.07	0.05	14.94	24.13	0.55	-45.14	80
161	郭雪松	工银瑞信	2019/09~2022/12	40	1	9.96	2.27*	-0.12	-0.16	0.55	-0.21	-0.25	-0.28	9.85	11.85	0.70	-16.33	78
162	何肖颉	工银瑞信	2005/02~2022/12	148	7	8.41	2.30*	0.04	0.20	0.79	-0.12	-0.36	0.22	20.06	25.04	0.73	-40.14	81
163	何秀红	工银瑞信	2015/10~2022/12	87	1	5.57	2.19*	0.05	0.22	0.25	-0.15	-0.26	-0.09	6.92	8.31	0.65	-16.33	49
164	胡志利	工银瑞信	2016/10~2022/12	75	12	8.46	1.78*	0.15	0.19	0.89	-0.12	-0.31	0.01	11.97	19.25	0.54	-32.65	75
165	李昱	工银瑞信	2018/01~2022/12	60	5	14.81	2.78*	-1.24	-1.61	0.67	-0.32	-0.32	-0.05	10.13	16.32	0.53	-30.09	70
166	林梦	工银瑞信	2017/10~2022/12	63	3	17.32	2.82*	-0.69	-0.75	1.00	-0.23	-0.15	-0.22	14.77	21.11	0.63	-35.55	74
167	林念	工银瑞信	2016/09~2022/12	76	3	14.85	2.34*	-2.33	-2.22	0.93	0.01	-0.32	0.26	13.05	21.71	0.53	-29.71	64
168	宋炳珅	工银瑞信	2014/01~2022/12	108	6	11.11	2.22*	-0.50	-1.33	0.92	-0.03	0.00	0.08	17.96	26.06	0.62	-49.77	75
169	谭冬寒	工银瑞信	2016/09~2022/12	76	4	12.43	1.36	-0.71	-0.47	0.78	0.10	-0.32	0.14	15.11	23.99	0.57	-38.66	39
170	王筱苓	工银瑞信	2007/01~2022/12	149	11	7.16	2.56*	-0.28	-1.50	0.77	-0.09	-0.07	0.09	15.48	21.73	0.62	-39.32	85
171	夏雨	工银瑞信	2019/09~2022/12	40	3	15.02	1.30	0.13	0.06	0.78	-0.18	-0.32	0.12	19.31	22.57	0.79	-32.93	57
172	修世宇	工银瑞信	2014/10~2022/12	56	5	1.00	0.13	-0.03	-0.06	1.11	0.26	-0.63	0.48	0.27	37.81	-0.04	-66.82	88
173	鄢耀	工银瑞信	2013/08~2022/12	113	10	8.93	2.87*	-0.21	-0.88	0.68	-0.15	-0.03	-0.03	13.97	17.86	0.68	-25.95	78

续表

编号	基金经理	当前任职公司	任职区间	任职时间（月）	管理基金数量（只）	选股能力 年化α(%)	选股能力 t(α)	择时能力 γ	择时能力 t(γ)	β_{mkt}	β_{smb}	β_{hml}	β_{mom}	年化收益率(%)	年化波动率(%)	年化夏普比率	最大回撤率(%)	调整后 R^2(%)
174	杨柯	工银瑞信	2013/04~2022/12	117	6	2.11	0.43	-0.07	-0.20	0.93	0.09	-0.10	0.33	12.69	27.33	0.40	-56.58	76
175	杨鑫鑫	工银瑞信	2013/06~2022/12	112	6	10.36	3.73*	-0.17	-0.77	0.52	-0.13	0.11	-0.16	14.08	13.88	0.89	-16.04	72
176	张剑峰	工银瑞信	2016/09~2022/12	76	3	11.54	1.86*	-0.96	-0.93	1.01	-0.14	-0.29	0.22	13.01	22.58	0.51	-36.27	68
177	张玮升	工银瑞信	2017/10~2022/12	63	4	18.36	2.34*	-0.33	-0.28	1.01	-0.47	-0.20	-0.46	14.04	23.15	0.54	-43.72	64
178	张洋	工银瑞信	2015/08~2022/12	89	1	2.74	1.58	0.33	2.28*	0.14	-0.04	-0.03	0.07	5.84	5.26	0.83	-5.86	38
179	张宇帆	工银瑞信	2016/03~2022/12	82	3	16.78	3.33*	-0.44	-0.51	0.82	-0.23	-0.30	-0.20	17.45	17.83	0.89	-26.83	63
180	赵蓓	工银瑞信	2014/11~2022/12	98	6	13.38	1.86*	-0.59	-1.14	0.92	0.09	-0.29	0.24	17.75	30.54	0.53	-52.68	66
181	陈陈	光大保德信	2015/04~2022/12	93	5	6.77	1.93*	0.01	0.05	0.88	0.01	0.16	0.07	7.58	22.15	0.27	-41.88	85
182	翟云飞	光大保德信	2016/02~2022/12	83	8	2.35	0.69	-0.93	-1.75	0.75	-0.06	0.01	0.04	4.14	14.73	0.18	-36.38	75
183	房雷	光大保德信	2016/12~2022/12	73	9	10.03	2.37*	-1.51	-2.19	0.37	-0.04	-0.26	0.08	8.49	11.36	0.62	-18.03	45
184	黄波	光大保德信	2019/10~2022/12	39	3	3.27	1.26	0.79	1.72*	0.33	0.00	0.02	-0.01	9.03	6.94	1.09	-5.47	78
185	李怀定	光大保德信	2015/12~2022/12	51	5	1.35	0.99	0.22	1.9*	0.12	-0.05	-0.06	0.01	2.31	3.29	0.26	-3.32	50
186	林晓凤	光大保德信	2018/10~2022/12	51	5	13.57	1.55	-2.49	-1.97	0.66	-0.07	-0.36	0.18	12.66	19.74	0.57	-29.76	53
187	陶曙斌	光大保德信	2018/09~2022/12	46	4	-7.08	-0.58	-0.27	-0.17	0.87	0.39	-0.35	0.04	7.29	26.26	0.23	-40.57	63
188	徐晓杰	光大保德信	2015/05~2022/12	90	8	11.27	1.90*	-0.34	-0.70	0.74	-0.04	-0.28	0.03	9.58	22.78	0.36	-40.16	63
189	詹佳	光大保德信	2018/06~2022/12	55	9	12.44	1.64	-0.15	-0.14	0.82	-0.32	0.02	-0.22	12.71	19.62	0.57	-34.64	61
190	赵大年	光大保德信	2016/02~2022/12	43	5	-4.11	-0.83	-2.36	-2.82	0.77	0.00	0.06	-0.10	-9.21	14.31	-0.76	-39.02	75
191	陈少平	广发	2006/12~2022/12	187	8	4.05	1.05	0.03	0.14	0.73	0.10	-0.27	0.42	11.90	25.44	0.38	-55.71	76
192	陈甄璞	广发	2015/04~2022/12	67	8	-1.22	-0.27	0.18	0.50	0.20	-0.07	-0.17	-0.07	-0.41	10.18	-0.19	-25.48	21

续表

编号	基金经理	当前任职公司	任职区间	任职时间(月)	管理基金数量(只)	选股能力 年化α(%)	选股能力 t(α)	择时能力 γ	择时能力 t(γ)	β_{mkt}	β_{smb}	β_{hml}	β_{mom}	年化收益率(%)	年化波动率(%)	年化夏普比率	最大回撤率(%)	调整后R^2(%)
193	程琨	广发	2013/02~2022/12	119	9	4.81	1.25	0.45	1.56	0.61	-0.04	-0.22	0.07	13.75	18.16	0.66	-30.66	67
194	费逸	广发	2017/07~2022/12	66	9	16.09	2.15*	-0.39	-0.34	0.90	-0.33	-0.60	-0.07	17.38	23.37	0.68	-34.56	65
195	傅友兴	广发	2013/02~2022/12	119	8	3.91	1.00	-0.09	-0.29	0.57	0.08	-0.05	0.15	10.94	18.02	0.51	-34.25	66
196	观富钦	广发	2018/02~2022/12	59	7	14.85	1.55	-0.21	-0.15	1.00	-0.25	-0.13	-0.07	14.63	24.84	0.53	-33.38	59
197	李琛	广发	2007/06~2022/12	187	11	1.67	0.52	0.10	0.52	0.65	-0.06	-0.27	0.15	7.09	21.03	0.23	-60.33	75
198	李巍	广发	2011/09~2022/12	136	13	5.06	1.15	-0.06	-0.16	0.89	0.09	-0.47	0.35	14.08	26.00	0.46	-50.85	76
199	李耀柱	广发	2016/11~2022/12	74	9	13.20	2.57*	-1.99	-2.37	0.95	-0.33	-0.24	-0.13	8.12	19.30	0.34	-46.03	72
200	林英睿	广发	2015/05~2022/12	87	9	11.94	2.65*	0.13	0.35	0.70	-0.14	0.21	-0.13	9.70	18.32	0.45	-22.02	69
201	刘格菘	广发	2013/08~2022/12	108	15	5.93	0.98	0.50	1.15	1.11	0.00	-0.55	0.34	17.19	32.37	0.49	-63.64	78
202	刘玉	广发	2018/10~2022/12	51	3	18.86	3.15*	-0.97	-1.12	0.75	-0.22	-0.26	0.11	20.97	18.16	1.07	-20.33	74
203	罗洋	广发	2019/05~2022/12	44	3	15.35	2.19*	-0.60	-0.45	0.90	-0.07	-0.15	0.24	20.93	20.14	0.96	-18.46	77
204	邱璟旻	广发	2016/04~2022/12	81	8	6.53	0.94	-2.17	-1.82	0.85	-0.04	-0.40	0.07	4.87	21.50	0.16	-44.51	52
205	邱世磊	广发	2016/01~2022/12	78	6	5.32	3.87*	0.18	0.88	0.14	-0.03	-0.01	0.05	7.97	3.94	1.67	-1.66	48
206	孙迪	广发	2017/12~2022/12	61	7	19.70	2.54*	-1.34	-1.18	1.06	-0.27	-0.29	0.18	16.54	24.86	0.60	-31.78	72
207	谭昌杰	广发	2015/01~2022/12	96	3	3.41	2.28*	0.10	0.94	0.05	-0.05	-0.06	-0.05	5.36	3.90	0.98	-3.20	12
208	唐晓斌	广发	2014/12~2022/12	97	8	4.32	0.71	0.06	0.14	0.95	0.21	-0.22	0.37	13.82	30.45	0.40	-57.38	76
209	田文舟	广发	2019/06~2022/12	43	3	11.46	1.33	1.05	0.66	0.96	-0.29	-0.25	-0.29	15.55	20.93	0.67	-28.81	69
210	王明旭	广发	2018/10~2022/12	51	7	16.71	2.57*	0.58	0.61	0.92	-0.23	0.29	0.21	23.70	20.58	1.08	-19.89	76
211	王颂	广发	2014/12~2022/12	82	6	2.84	0.62	0.34	1.09	0.83	-0.05	-0.11	0.31	11.51	24.29	0.41	-45.77	83

续表

编号	基金经理	当前任职公司	任职区间	任职时间（月）	管理基金数量（只）	选股能力 年化α(%)	t(α)	择时能力 γ	t(γ)	β_{mkt}	β_{smb}	β_{hml}	β_{mom}	年化收益率(%)	年化波动率(%)	年化夏普比率	最大回撤率(%)	调整后 R^2(%)
212	吴兴武	广发	2015/02~2022/12	95	10	5.65	0.74	0.06	0.12	0.95	0.03	-0.35	0.14	12.36	31.09	0.35	-51.58	65
213	姚秋	广发	2015/01~2022/12	92	5	6.07	2.19*	-0.10	-0.51	0.26	-0.09	-0.11	-0.15	8.27	8.76	0.78	-17.37	46
214	张东一	广发	2016/07~2022/12	78	13	9.73	1.66*	-1.73	-1.76	0.85	-0.37	-0.30	-0.32	5.54	19.03	0.21	-49.37	59
215	张芊	广发	2015/11~2022/12	86	7	5.80	3.11*	-0.21	-1.31	0.19	0.03	0.04	0.04	6.77	6.03	0.87	-11.08	48
216	杜飞	国海富兰克林	2015/07~2022/12	90	3	6.39	1.53	-0.40	-1.17	0.80	0.00	0.14	0.15	6.32	20.66	0.23	-34.79	77
217	刘晓	国海富兰克林	2017/02~2022/12	71	6	11.15	3.54*	-2.12	-4.18	0.52	-0.06	-0.05	0.00	6.69	10.76	0.48	-23.10	67
218	刘怡敏	国海富兰克林	2019/01~2022/12	48	1	7.90	3.56*	-0.31	-1.01	0.17	-0.07	-0.04	0.01	8.93	4.75	1.56	-3.55	53
219	沈竹熙	国海富兰克林	2018/09~2022/12	52	1	4.00	1.60	-0.67	-1.91	0.09	-0.05	-0.05	-0.02	2.99	4.30	0.35	-7.51	19
220	王莉	国海富兰克林	2019/09~2022/12	40	1	5.41	2.37*	0.75	1.85*	0.19	-0.08	-0.01	0.04	8.91	5.02	1.47	-2.61	66
221	王晓宁	国海富兰克林	2013/07~2022/12	114	2	2.09	0.60	0.09	0.34	0.87	-0.04	-0.31	0.10	11.94	23.13	0.44	-45.94	84
222	徐成	国海富兰克林	2017/07~2022/12	66	3	17.73	3.59*	-1.44	-1.89	0.94	-0.39	-0.22	-0.10	13.29	19.33	0.61	-41.95	78
223	徐荔蓉	国海富兰克林	2006/03~2022/12	151	5	8.87	2.73*	-0.35	-1.71	0.86	-0.13	-0.33	0.06	23.33	24.62	0.87	-42.67	84
224	赵晓东	国海富兰克林	2010/11~2022/12	146	6	5.24	1.59	0.66	2.47*	0.64	-0.10	-0.10	-0.04	13.05	17.71	0.62	-26.18	68
225	赵宇烨	国海富兰克林	2018/09~2022/12	52	1	-1.59	-0.18	0.95	0.77	0.65	-0.17	0.47	0.19	3.78	19.01	0.12	-28.60	48
226	宫雪	国金	2014/08~2022/12	101	6	2.60	0.69	0.48	1.76*	0.16	-0.09	-0.18	0.00	7.87	10.55	0.59	-23.76	19
227	吕伟	国金	2015/06~2022/12	88	8	7.07	0.96	0.17	0.28	0.99	-0.07	-0.09	0.23	7.25	28.90	0.20	-42.89	65
228	高诗	国联安	2019/09~2022/12	40	1	22.00	2.05*	-2.40	-1.25	0.87	-0.24	-0.48	0.05	17.82	23.74	0.69	-32.26	67
229	刘斌	国联安	2013/12~2022/12	109	9	9.98	2.23*	-0.36	-1.07	0.59	-0.12	-0.17	0.00	13.55	18.30	0.65	-24.43	59
230	潘明	国联安	2014/02~2022/12	107	7	2.41	0.30	0.20	0.33	1.06	0.19	-0.84	0.38	16.06	36.69	0.39	-64.10	67

续表

编号	基金经理	当前任职公司	任职区间	任职时间(月)	管理基金数量(只)	选股能力 年化α(%)	选股能力 t(α)	择时能力 γ	择时能力 t(γ)	β_{mkt}	β_{smb}	β_{hml}	β_{mom}	年化收益率(%)	年化波动率(%)	年化夏普比率	最大回撤率(%)	调整后R^2(%)
231	王欢	国联安	2017/12~2022/12	61	3	5.63	2.36*	-0.36	-1.02	0.29	-0.03	0.04	0.05	5.96	6.62	0.67	-13.05	62
232	韦明亮	国联安	2010/12~2022/12	57	5	6.77	1.10	-1.21	-1.69	0.69	-0.22	0.21	0.11	8.63	17.86	0.32	-22.68	68
233	魏东	国联安	2004/05~2022/12	221	7	6.66	2.14*	0.07	0.35	0.71	-0.15	-0.37	0.04	14.26	22.44	0.54	-56.78	75
234	徐俊	国联安	2019/06~2022/12	43	1	-11.28	-1.51	5.50	3.98*	0.65	-0.18	0.43	0.21	5.31	17.63	0.22	-15.17	67
235	薛琳	国联安	2015/06~2022/12	91	5	4.16	1.77*	0.28	1.41	0.22	-0.10	0.00	0.00	6.03	7.25	0.62	-20.50	40
236	杨子江	国联安	2017/12~2022/12	61	4	2.40	0.64	-0.16	-0.29	0.34	-0.03	0.09	0.00	3.14	8.82	0.19	-17.54	46
237	邹新进	国联安	2010/03~2022/12	154	3	2.45	0.95	0.40	1.88*	0.75	0.00	0.20	0.05	10.13	19.55	0.41	-29.23	83
238	冯赟	国融	2019/10~2022/12	39	5	3.36	0.47	-1.68	-1.33	0.69	-0.42	-0.22	-0.46	-5.75	15.80	-0.46	-37.65	68
239	李丹	国寿安保	2016/02~2022/12	83	2	8.25	1.75*	-2.22	-3.00	0.84	-0.11	-0.31	-0.09	6.28	17.88	0.27	-29.82	67
240	李捷	国寿安保	2016/09~2022/12	76	3	8.59	1.99*	-0.69	-0.97	0.87	-0.21	-0.30	-0.03	9.24	18.05	0.43	-29.91	76
241	刘志军	国寿安保	2018/04~2022/12	57	2	5.02	0.50	-1.13	-0.79	0.77	0.19	-0.03	0.35	8.42	22.90	0.30	-44.32	48
242	吴坚	国寿安保	2015/09~2022/12	88	7	8.73	1.59	-0.34	-0.75	0.58	-0.07	-0.48	0.03	11.58	19.22	0.52	-34.93	55
243	张标	国寿安保	2018/04~2022/12	57	2	6.80	1.06	-1.54	-1.70	0.94	-0.06	-0.48	-0.16	6.00	21.89	0.21	-35.02	77
244	张琦	国寿安保	2010/07~2022/12	147	16	1.16	0.39	0.31	1.25	0.77	0.10	-0.24	0.22	14.52	20.12	0.62	-28.59	80
245	艾小军	国泰	2017/03~2022/12	70	5	8.56	1.36	-1.58	-1.57	0.80	0.09	-0.16	0.35	8.72	19.76	0.37	-32.76	62
246	程洲	国泰	2008/04~2022/12	177	15	4.29	1.64	-0.45	-2.66	0.67	0.01	-0.25	-0.08	7.16	20.21	0.25	-53.88	83
247	戴计辉	国泰	2018/12~2022/12	49	6	4.31	1.56	0.92	2.34*	0.27	-0.07	-0.05	-0.03	10.83	7.52	1.24	-6.01	70
248	邓时锋	国泰	2008/04~2022/12	136	5	2.33	0.66	-0.18	-0.85	0.71	0.17	0.12	0.32	7.71	23.88	0.22	-48.68	84
249	樊利安	国泰	2014/10~2022/12	99	29	3.92	2.51*	0.09	0.76	0.14	-0.03	-0.12	-0.02	6.97	5.26	1.02	-11.38	45

附录八 在职股票型基金经理选股与择时能力（按当前任职公司排序）：1998～2022 年

续表

编号	基金经理	当前任职公司	任职区间	任职时间（月）	管理基金数量（只）	选股能力 年化 α(%)	选股能力 $t(\alpha)$	择时能力 γ	择时能力 $t(\gamma)$	β_{mkt}	β_{smb}	β_{hml}	β_{mom}	年化收益率（%）	年化波动率（%）	年化夏普比率	最大回撤率（%）	调整后 R^2（%）
250	高崇南	国泰	2018/09~2022/12	52	3	5.51	1.14	-0.63	-0.94	0.87	-0.19	-0.03	0.02	7.56	18.12	0.33	-30.61	83
251	李海	国泰	2016/06~2022/12	79	4	2.32	0.44	0.99	1.12	0.77	-0.20	-0.26	-0.24	7.12	17.94	0.31	-28.44	62
252	李恒	国泰	2017/01~2022/12	72	6	19.23	2.43*	-1.46	-1.14	1.04	-0.41	-0.11	-0.33	15.02	23.46	0.58	-39.47	56
253	梁杏	国泰	2018/07~2022/12	54	1	2.86	0.80	-1.00	-1.99	0.56	-0.19	-0.18	-0.19	1.07	12.14	-0.04	-25.63	78
254	林小聪	国泰	2017/06~2022/12	67	3	11.68	1.44	-0.84	-0.67	1.01	0.11	-0.35	0.07	14.82	24.93	0.53	-37.61	63
255	彭凌志	国泰	2015/12~2022/12	85	7	7.39	1.02	0.29	0.47	0.99	-0.08	-0.39	0.27	11.00	27.71	0.34	-33.66	63
256	饶玉涵	国泰	2015/09~2022/12	88	5	7.34	1.89*	-0.66	-2.05	0.89	-0.14	-0.30	-0.09	8.80	21.58	0.34	-37.92	82
257	申坤	国泰	2015/06~2022/12	91	3	7.89	1.68*	-0.48	-1.24	0.87	-0.11	-0.35	-0.05	6.26	23.40	0.20	-43.78	77
258	王琳	国泰	2017/01~2022/12	72	10	3.37	1.43	1.05	2.75*	0.37	-0.05	-0.01	-0.03	8.39	8.50	0.81	-8.92	70
259	王阳	国泰	2018/11~2022/12	50	5	34.58	3.13*	-3.80	-2.40	1.16	-0.26	-0.88	-0.48	30.21	29.19	0.98	-34.69	67
260	徐治彪	国泰	2015/08~2022/12	86	9	6.73	1.22	0.05	0.12	0.91	0.27	-0.31	0.25	14.00	26.07	0.49	-47.24	77
261	郑有为	国泰	2019/06~2022/12	43	5	18.38	1.95*	0.88	0.50	0.74	-0.26	-0.34	0.25	24.10	21.66	1.04	-24.60	65
262	吉莉	国投瑞银	2017/06~2022/12	67	7	10.69	2.21*	-0.26	-0.35	0.68	-0.06	-0.12	0.17	13.14	15.79	0.74	-22.21	67
263	李轩	国投瑞银	2015/12~2022/12	85	2	-1.62	-0.18	1.14	1.43	0.96	0.28	-0.34	0.52	8.03	30.87	0.21	-41.85	53
264	綦缚鹏	国投瑞银	2010/04~2022/12	153	12	4.28	1.84*	-0.16	-0.86	0.67	0.09	0.10	0.03	10.24	17.66	0.46	-34.53	84
265	桑俊	国投瑞银	2014/12~2022/12	97	14	6.64	2.14*	0.05	0.23	0.37	-0.13	-0.28	-0.07	9.37	11.82	0.66	-24.39	59
266	施成	国投瑞银	2019/03~2022/12	46	6	41.75	1.98*	-4.21	-1.06	1.45	0.03	0.11	0.35	37.91	39.12	0.93	-36.17	42
267	王鹏	国投瑞银	2015/04~2022/12	93	3	7.32	1.75*	0.54	1.62	0.74	-0.01	-0.21	-0.04	26.22	32.18	0.77	-38.39	75
268	吴潇	国投瑞银	2016/12~2022/12	73	8	4.06	1.26	0.95	1.81*	0.73	-0.05	-0.22	-0.05	9.95	15.41	0.55	-26.32	83

续表

编号	基金经理	当前任职公司	任职区间	任职时间(月)	管理基金数量(只)	选股能力		择时能力		β_{mkt}	β_{smb}	β_{hml}	β_{mom}	年化收益率(%)	年化波动率(%)	年化夏普比率	最大回撤率(%)	调整后R^2(%)
						年化α(%)	$t(\alpha)$	γ	$t(\gamma)$									
269	黄诺楠	国都国证	2017/04~2022/12	41	4	-0.84	-0.26	-0.63	-1.38	0.16	-0.01	0.02	-0.03	-2.73	5.32	-0.81	-12.86	28
270	杜晓海	海富通	2016/06~2022/12	79	9	4.46	2.84*	-0.63	-2.38	0.36	-0.10	-0.14	0.01	4.71	7.23	0.44	-14.55	79
271	范庭芳	海富通	2019/08~2022/12	41	5	9.41	0.76	-0.10	-0.05	1.09	0.01	-0.47	0.02	18.64	27.62	0.62	-33.35	66
272	高峰	海富通	2017/08~2022/12	65	1	7.64	1.23	-1.00	-1.06	0.86	-0.31	-0.17	-0.08	4.50	19.35	0.15	-35.55	66
273	胡耀文	海富通	2015/06~2022/12	88	3	9.64	2.05*	0.16	0.43	0.96	-0.21	-0.28	0.13	9.01	24.50	0.31	-39.70	81
274	黄峰	海富通	2014/12~2022/12	97	9	7.89	1.37	-0.48	-1.17	0.87	0.06	-0.15	0.26	11.61	27.12	0.37	-54.32	73
275	李志	海富通	2017/05~2022/12	68	3	5.77	1.12	-0.31	-0.38	0.96	-0.08	-0.05	0.07	8.64	19.89	0.36	-35.85	76
276	吕越超	海富通	2014/11~2022/12	95	6	7.69	0.73	0.98	1.33	0.67	-0.15	-0.66	-0.05	19.34	31.06	0.58	-39.82	35
277	谈云飞	海富通	2015/04~2022/12	93	6	2.87	2.01*	0.30	2.61*	0.14	-0.07	-0.06	0.03	5.15	4.73	0.77	-5.93	47
278	陶敏	海富通	2018/04~2022/12	57	1	-1.47	-0.48	1.64	3.77*	0.23	0.00	0.03	0.13	7.03	8.00	0.69	-4.60	60
279	王金祥	海富通	2018/11~2022/12	50	2	18.63	3.56*	-1.92	-2.57	1.06	-0.16	-0.18	0.07	20.33	21.58	0.87	-24.44	87
280	夏妍妍	海富通	2018/01~2022/12	60	2	5.45	4.03*	-0.30	-1.54	0.18	-0.09	-0.05	0.00	5.23	4.27	0.87	-8.35	72
281	周雪军	海富通	2012/06~2022/12	124	8	6.94	2.52*	0.30	1.26	0.79	-0.03	-0.22	0.14	13.19	19.34	0.59	-24.47	85
282	朱斌全	海富通	2019/10~2022/12	39	5	2.43	1.34	0.55	1.72*	0.28	-0.09	-0.03	-0.02	5.57	5.85	0.70	-8.39	85
283	朱伟东	合煦智远	2018/09~2022/12	52	1	15.29	1.82*	-1.60	-1.37	0.81	-0.01	-0.06	0.03	16.43	19.92	0.75	-27.30	57
284	高楠	恒越	2017/11~2022/12	60	5	23.30	2.22*	0.19	0.11	1.02	-0.14	-0.59	-0.22	20.54	26.91	0.72	-33.99	57
285	梁钧	红塔红土	2007/08~2022/12	50	5	9.62	1.35	-1.13	-3.17	0.68	-0.04	0.04	0.16	-10.23	26.69	-0.49	-60.42	86
286	赵耀	红塔红土	2015/05~2022/12	92	11	3.13	0.98	0.69	2.6*	0.37	-0.18	-0.10	-0.13	6.22	11.02	0.43	-16.83	52
287	盖俊龙	红土创新	2014/05~2022/12	93	9	6.01	0.94	-0.81	-1.83	0.90	0.25	-0.54	0.18	19.58	30.50	0.59	-49.60	76

续表

编号	基金经理	当前任职公司	任职区间	任职时间（月）	管理基金数量（只）	选股能力 年化α(%)	t(α)	择时能力 γ	t(γ)	β_{mkt}	β_{smb}	β_{hml}	β_{mom}	年化收益率(%)	年化波动率(%)	年化夏普比率	最大回撤率(%)	调整后R^2(%)
288	秦毅	泓德	2017/06~2022/12	67	7	15.15	2.90*	-0.87	-1.06	0.86	-0.39	-0.46	-0.23	13.46	19.31	0.62	-37.40	74
289	苏昌景	泓德	2016/04~2022/12	81	6	10.30	2.97*	-0.58	-0.99	0.86	-0.19	-0.27	-0.01	11.86	16.90	0.61	-28.42	81
290	王克玉	泓德	2010/07~2022/12	146	10	4.39	1.79*	0.45	2.09*	0.75	0.05	-0.19	0.20	15.14	18.05	0.73	-33.53	83
291	邬传雁	泓德	2015/06~2022/12	91	7	9.37	1.88*	0.35	0.84	0.63	-0.35	-0.55	-0.31	11.34	18.49	0.53	-40.21	58
292	于浩成	泓德	2018/01~2022/12	54	5	15.18	1.86*	-1.23	-1.07	1.03	-0.41	-0.43	-0.34	2.16	22.61	0.03	-38.13	72
293	陈媛	华安	2018/02~2022/12	59	6	8.85	1.11	0.55	0.48	0.79	-0.25	-0.21	-0.10	11.15	20.72	0.47	-37.35	59
294	高钥群	华安	2017/04~2022/12	69	4	15.53	3.22*	-1.18	-1.54	0.78	-0.04	-0.07	0.23	15.80	16.97	0.84	-28.40	70
295	贺涛	华安	2015/05~2022/12	92	7	2.78	1.67*	0.14	1.01	0.12	-0.03	-0.06	0.04	4.58	4.90	0.63	-9.22	33
296	胡宜斌	华安	2015/11~2022/12	86	6	17.20	2.54*	-0.48	-0.81	0.99	-0.18	-0.56	-0.62	16.82	26.61	0.58	-28.06	65
297	蒋璆	华安	2015/06~2022/12	91	12	7.92	1.20	0.34	0.63	0.62	0.16	-0.39	0.22	12.60	22.99	0.48	-30.44	53
298	李欣	华安	2015/07~2022/12	90	7	9.92	1.84*	-0.50	-1.12	0.95	0.01	-0.74	-0.09	7.58	18.60	0.33	-27.57	77
299	刘潇	华安	2018/06~2022/12	49	4	18.99	1.59	0.36	0.19	0.75	-0.09	-0.20	0.10	27.25	23.01	1.15	-30.75	40
300	陆奔	华安	2018/09~2022/12	52	4	8.70	2.77*	-0.56	-1.29	0.26	0.02	0.01	0.05	10.19	6.81	1.28	-6.29	49
301	陆秋渊	华安	2017/06~2022/12	67	4	18.01	3.00*	-0.52	-0.56	0.98	-0.49	-0.24	-0.19	16.14	21.39	0.68	-37.83	72
302	马丁	华安	2019/03~2022/12	46	3	12.06	1.45	-0.26	-0.16	0.82	-0.25	0.18	-0.05	10.35	17.85	0.50	-20.57	57
303	饶晓鹏	华安	2013/12~2022/12	105	9	4.51	0.81	0.28	0.60	0.90	0.19	-0.12	0.27	19.11	25.23	0.70	-36.49	68
304	盛骅	华安	2018/02~2022/12	59	5	18.07	2.53*	-0.84	-0.82	1.11	-0.51	-0.27	-0.22	12.55	24.44	0.45	-38.87	76
305	石雨欣	华安	2016/02~2022/12	83	5	4.02	3.46*	-0.38	-2.09	0.17	-0.01	-0.04	0.01	5.12	3.82	0.95	-5.84	56
306	舒灏	华安	2018/07~2022/12	54	6	8.14	2.91*	-0.71	-1.79	0.22	-0.01	-0.18	0.00	8.53	6.84	1.03	-10.28	57

续表

编号	基金经理	当前任职公司	任职区间	任职时间（月）	管理基金数量（只）	选股能力 年化α(%)	选股能力 t(α)	择时能力 γ	择时能力 t(γ)	β_{mkt}	β_{smb}	β_{hml}	β_{mom}	年化收益率(%)	年化波动率(%)	年化夏普比率	最大回撤率(%)	调整后R^2(%)
307	万建军	华安	2018/03~2022/12	58	6	18.60	2.02*	-0.05	-0.04	0.88	-0.10	-0.20	0.20	21.91	23.80	0.86	-27.79	59
308	王斌	华安	2018/10~2022/12	51	6	21.24	2.45*	0.06	0.05	0.94	0.18	0.24	0.36	34.46	22.45	1.47	-20.61	64
309	王春	华安	2007/04~2022/12	152	11	8.37	1.65*	0.32	1.06	0.68	-0.33	-0.11	0.01	14.82	24.29	0.53	-51.18	63
310	翁启森	华安	2014/03~2022/12	106	6	2.84	0.78	-0.36	-1.35	0.90	0.03	-0.56	0.02	11.82	25.03	0.40	-51.19	86
311	杨明	华安	2013/06~2022/12	115	9	7.84	2.58*	-0.02	-0.07	0.76	-0.20	-0.04	0.02	14.38	19.48	0.65	-33.35	82
312	郑可成	华安	2013/05~2022/12	116	9	3.15	2.42*	0.12	1.21	0.13	-0.05	-0.01	-0.08	6.32	4.77	0.95	-2.99	45
313	周益鸣	华安	2019/12~2022/12	37	1	4.80	1.74*	-0.10	-0.21	0.28	0.00	0.01	-0.03	6.87	5.91	0.91	-6.33	68
314	朱才敏	华安	2015/05~2022/12	92	5	3.12	3.14*	0.09	1.06	0.08	-0.02	-0.09	0.02	4.89	3.18	1.06	-4.10	44
315	蔡目荣	华宝	2012/08~2022/12	125	7	5.63	1.41	-0.02	-0.08	0.65	-0.22	0.12	-0.12	10.61	19.03	0.46	-35.63	66
316	丁靖斐	华宝	2019/09~2022/12	40	4	13.44	1.19	2.04	1.02	1.06	-0.11	0.19	0.31	25.61	25.00	0.96	-27.17	67
317	高文庆	华宝	2017/03~2022/12	70	1	4.58	3.59*	-0.23	-1.13	0.17	-0.03	0.01	0.03	5.57	3.82	1.06	-4.32	58
318	贺喆	华宝	2018/07~2022/12	54	5	12.55	2.14*	-0.27	-0.32	0.93	-0.09	-0.03	0.13	16.85	20.44	0.75	-20.66	79
319	李栋梁	华宝	2015/10~2022/12	87	8	4.29	2.22*	0.51	3.03*	0.26	-0.11	-0.09	-0.02	7.65	6.93	0.89	-11.56	58
320	林昊	华宝	2017/03~2022/12	70	5	5.30	3.59*	0.10	0.43	0.20	-0.06	0.00	0.02	7.23	4.59	1.25	-5.07	61
321	刘自强	华宝	2008/03~2022/12	178	5	2.36	0.65	0.13	0.56	0.85	0.17	0.10	0.31	11.57	26.27	0.36	-47.94	80
322	毛文博	华宝	2015/04~2022/12	93	2	4.58	1.13	0.25	0.78	0.85	-0.06	0.15	0.01	5.87	21.51	0.20	-43.47	79
323	汤慧	华宝	2019/09~2022/12	40	8	13.19	1.32	0.26	0.15	0.87	-0.29	-0.21	-0.26	14.48	20.58	0.63	-25.54	61
324	夏林锋	华宝	2014/10~2022/12	99	7	4.25	0.85	1.06	2.94*	0.73	0.00	-0.27	0.06	18.00	22.84	0.72	-34.89	70
325	徐林明	华宝	2015/04~2022/12	93	3	-2.97	-0.56	-0.21	-0.51	1.04	-0.17	-0.41	-0.02	-4.31	27.42	-0.22	-53.62	80

续表

编号	基金经理	当前任职公司	任职区间	任职时间（月）	管理基金数量（只）	选股能力		择时能力		β_{mkt}	β_{smb}	β_{hml}	β_{mom}	年化收益率（%）	年化波动率（%）	年化夏普比率	最大回撤率（%）	调整后 R^2（%）
						年化 α（%）	$t(\alpha)$	γ	$t(\gamma)$									
326	闫旭	华宝	2007/06~2022/12	174	11	0.94	0.33	0.04	0.26	0.78	0.02	-0.22	0.17	6.52	24.24	0.18	-55.99	87
327	易镜明	华宝	2015/04~2022/12	93	2	-1.68	-0.31	0.43	0.99	0.99	0.02	-0.33	0.30	2.28	28.11	0.03	-56.79	78
328	张金涛	华宝	2015/10~2022/12	40	4	-4.51	-0.44	-0.35	-0.51	0.73	-0.06	-0.42	-0.02	13.58	18.52	0.65	-31.94	71
329	陈奇	华富	2019/10~2022/12	39	6	23.10	1.52	-2.44	-0.91	0.99	-0.15	-0.63	-0.11	20.80	29.01	0.67	-29.59	57
330	陈启明	华富	2014/09~2022/12	100	9	8.31	1.69*	-0.26	-0.74	0.89	0.12	-0.44	0.16	16.08	27.08	0.53	-47.15	79
331	高靖瑜	华富	2014/12~2022/12	97	4	0.27	0.06	-0.14	-0.45	0.93	0.04	-0.27	0.15	6.68	26.65	0.19	-59.73	83
332	邵哲	华富	2018/02~2022/12	53	3	6.81	0.64	-1.41	-1.03	0.55	-0.15	-0.68	-0.26	3.23	20.00	0.09	-29.61	45
333	张惠	华富	2016/06~2022/12	79	6	5.27	3.87*	-0.37	-1.60	0.15	-0.04	-0.04	0.03	5.96	3.86	1.16	-6.11	45
334	张娅	华富	2018/01~2022/12	54	3	7.85	0.77	-1.44	-1.06	0.55	-0.19	-0.68	-0.25	3.17	19.80	0.09	-29.61	45
335	李武群	华润元大	2019/10~2022/12	39	5	7.60	1.22	-0.95	-0.87	0.77	-0.30	0.03	-0.31	3.18	15.22	0.11	-23.42	74
336	刘宏毅	华润元大	2018/01~2022/12	60	5	0.75	0.07	-0.23	-0.14	0.78	-0.03	-0.47	0.12	4.32	25.58	0.11	-37.69	47
337	艾定飞	华商	2018/11~2022/12	50	5	8.17	0.82	-2.31	-1.63	0.77	-0.04	-0.46	0.10	9.34	22.44	0.35	-30.23	55
338	陈恒	华商	2017/07~2022/12	66	4	-1.72	-0.24	-0.22	-0.20	0.97	0.02	-0.35	0.09	1.45	23.00	0.00	-44.55	68
339	邓默	华商	2015/09~2022/12	88	9	5.25	1.05	-0.26	-0.64	0.75	-0.08	-0.57	0.08	9.23	21.69	0.36	-36.56	71
340	高兵	华商	2015/04~2022/12	85	11	7.40	0.91	-0.85	-1.29	0.79	0.40	-0.59	0.30	7.82	32.14	0.20	-66.82	68
341	何奇峰	华商	2015/01~2022/12	96	6	5.23	0.97	-0.31	-0.83	0.96	-0.04	-0.41	0.08	9.53	28.04	0.28	-52.22	78
342	胡中原	华商	2019/03~2022/12	46	2	12.62	2.77**	0.19	0.22	0.35	-0.06	-0.17	0.03	15.73	9.67	1.47	-7.46	56
343	李双全	华商	2015/04~2022/12	93	8	-1.08	-0.24	-0.13	-0.37	0.84	0.08	-0.17	0.05	0.72	23.61	-0.03	-48.96	78
344	彭欣杨	华商	2016/04~2022/12	81	3	3.48	0.58	-1.01	-0.99	0.81	0.02	-0.52	0.04	5.48	20.25	0.20	-35.65	61

续表

编号	基金经理	当前任职公司	任职区间	任职时间(月)	管理基金数量(只)	选股能力		择时能力		β_{mkt}	β_{smb}	β_{hml}	β_{mom}	年化收益率(%)	年化波动率(%)	年化夏普比率	最大回撤率(%)	调整后 R^2(%)
						年化α(%)	$t(\alpha)$	γ	$t(\gamma)$									
345	童立	华商	2016/04~2022/12	81	10	1.09	0.15	0.45	0.37	0.67	0.29	-0.47	0.14	8.62	21.53	0.33	-34.93	50
346	吴昊	华商	2017/07~2022/12	66	6	-0.43	-0.09	-0.16	-0.50	0.76	0.09	-0.37	-0.06	12.78	25.91	0.42	-44.32	78
347	伍文友	华商	2015/08~2022/12	86	5	7.90	1.48	-0.38	-0.87	0.90	-0.01	-0.17	0.15	10.23	23.81	0.38	-38.99	74
348	周海栋	华商	2014/05~2022/12	104	10	10.84	2.40*	-0.36	-1.08	0.72	0.05	0.04	0.11	17.71	21.72	0.74	-38.99	72
349	方纬	华泰柏瑞	2014/08~2022/12	95	12	6.73	1.36	0.65	1.84*	0.62	-0.24	-0.55	-0.16	15.14	18.97	0.73	-30.93	61
350	何琦	华泰柏瑞	2017/07~2022/12	66	2	8.80	0.73	0.07	0.04	1.09	-0.23	0.12	-0.23	9.02	29.40	0.26	-56.55	42
351	陆从珍	华泰柏瑞	2010/04~2022/12	93	5	3.99	0.88	-0.90	-1.71	0.71	-0.02	-0.28	0.11	8.51	17.73	0.34	-31.62	69
352	吕慧建	华泰柏瑞	2009/11~2022/12	158	6	5.15	1.20	0.17	0.49	0.96	-0.04	-0.29	0.17	12.40	26.14	0.39	-44.32	74
353	牛勇	华泰柏瑞	2016/12~2022/12	70	7	10.13	1.36	-1.14	-0.96	0.96	0.05	-0.38	0.16	12.66	23.52	0.48	-31.14	63
354	沈雪峰	华泰柏瑞	2007/05~2022/12	122	12	-3.39	-0.70	0.13	0.37	0.78	0.03	-0.20	0.24	12.85	24.02	0.44	-44.69	76
355	盛豪	华泰柏瑞	2015/10~2022/12	87	16	4.02	2.28*	0.19	1.25	0.81	-0.02	0.07	0.10	7.60	16.92	0.36	-22.05	94
356	田汉卿	华泰柏瑞	2013/08~2022/12	113	11	7.34	3.37*	-0.26	-1.59	0.82	-0.17	-0.03	-0.15	13.50	19.97	0.59	-31.19	92
357	吴邦栋	华泰柏瑞	2018/03~2022/12	58	8	10.18	2.42*	-0.82	-1.37	0.43	-0.05	-0.23	0.09	10.10	11.71	0.73	-16.91	65
358	杨景涵	华泰柏瑞	2015/04~2022/12	93	18	1.60	0.35	0.73	2.03*	0.36	-0.14	0.46	-0.11	4.13	13.59	0.19	-19.55	35
359	张慧	华泰柏瑞	2013/09~2022/12	112	9	8.18	1.79*	-0.45	-1.31	0.83	0.01	-0.25	0.22	14.00	24.18	0.51	-46.46	75
360	尚烁徽	华泰保兴	2017/03~2022/12	70	9	17.13	2.38*	-1.93	-1.67	0.94	-0.18	-0.31	0.18	14.77	22.56	0.59	-39.40	62
361	孙静佳	华泰保兴	2019/05~2022/12	44	2	-0.37	-0.04	2.23	1.46	0.58	-0.13	-0.09	0.15	10.37	16.39	0.56	-25.70	55
362	赵健	华泰保兴	2018/06~2022/12	55	3	10.72	3.24*	-1.02	-2.15*	0.44	-0.21	-0.21	-0.12	8.27	10.21	0.66	-19.66	72
363	赵旭照	华泰保兴	2018/01~2022/12	60	4	7.41	3.06*	-0.55	-1.58	0.28	-0.10	-0.06	-0.09	6.04	6.49	0.70	-8.02	60

续表

编号	基金经理	当前任职公司	任职区间	任职时间（月）	管理基金数量（只）	选股能力 年化 α(%)	选股能力 t(α)	择时能力 γ	择时能力 t(γ)	β_{mkt}	β_{smb}	β_{hml}	β_{mom}	年化收益率(%)	年化波动率(%)	年化夏普比率	最大回撤率(%)	调整后 R^2(%)
364	毛甜	华泰证券资管	2018/03~2022/12	58	1	5.86	1.23	-0.46	-0.67	0.88	-0.28	-0.09	-0.03	4.39	18.62	0.16	-30.25	82
365	陈伟彦	华夏	2015/11~2022/12	86	16	5.22	1.39	0.23	0.70	0.76	-0.27	-0.28	-0.25	6.63	17.59	0.29	-25.80	75
366	代瑞亮	华夏	2015/03~2022/12	94	5	0.73	0.09	0.20	0.33	0.71	0.00	-0.71	0.08	5.20	28.19	0.13	-54.55	48
367	韩丽楠	华夏	2015/08~2022/12	86	10	4.81	1.57	0.31	1.24	0.22	-0.09	-0.17	0.17	8.65	9.10	0.80	-9.06	41
368	黄芳	华夏	2018/01~2022/12	60	1	7.76	0.82	-2.61	-1.91	0.79	-0.29	-0.12	-0.24	-2.70	21.11	-0.20	-52.14	43
369	黄文倩	华夏	2016/02~2022/12	83	6	17.00	2.59*	-2.12	-2.06	0.89	-0.35	-0.21	-0.28	13.29	20.54	0.57	-43.83	52
370	季新星	华夏	2017/01~2022/12	69	10	20.28	2.75*	-1.25	-1.01	0.91	-0.29	0.02	-0.12	15.42	20.12	0.70	-30.82	53
371	李铧汶	华夏	2014/03~2022/12	57	4	0.71	0.08	0.16	0.36	0.69	-0.01	-0.28	0.52	4.92	25.92	0.12	-48.15	75
372	李湘杰	华夏	2013/09~2022/12	99	4	-0.28	-0.04	-0.17	-0.23	0.81	0.15	0.04	0.36	8.20	24.86	0.26	-51.11	59
373	林晶	华夏	2017/03~2022/12	70	11	7.00	1.77*	-0.69	-1.08	0.88	-0.11	-0.30	0.01	8.08	18.19	0.36	-29.05	82
374	林青泽	华夏	2019/08~2022/12	41	3	5.57	0.43	2.15	0.93	0.94	-0.50	-0.14	-0.59	6.87	23.75	0.23	-44.45	53
375	刘平	华夏	2015/11~2022/12	86	3	2.58	0.57	-0.27	-0.66	0.94	-0.19	-0.63	-0.05	1.33	22.89	-0.01	-36.82	79
376	罗皓亮	华夏	2018/10~2022/12	51	4	2.98	0.35	0.34	0.28	0.68	-0.30	-0.29	-0.05	7.58	19.73	0.31	-33.39	57
377	吕佳玮	华夏	2017/08~2022/12	65	3	18.81	1.94*	-2.12	-1.44	1.16	0.08	-0.55	0.17	18.47	29.41	0.58	-36.08	64
378	潘中宁	华夏	2018/09~2022/12	52	4	14.00	1.72*	-0.48	-0.43	0.80	-0.35	-0.42	0.01	14.89	21.85	0.61	-32.41	67
379	彭海伟	华夏	2014/01~2022/12	108	4	1.94	0.37	0.11	0.28	0.85	0.04	-0.28	0.20	11.98	25.64	0.40	-42.31	71
380	孙铁佳	华夏	2015/11~2022/12	86	10	6.73	1.65*	-0.14	-0.39	0.98	-0.24	-0.22	-0.15	7.06	22.20	0.25	-39.09	82
381	王劲松	华夏	2007/01~2022/12	57	4	11.48	1.36	-0.16	-0.31	0.87	-0.04	-0.31	0.14	24.63	28.94	0.80	-36.04	75
382	王睿智	华夏	2019/08~2022/12	41	1	5.95	0.52	-0.58	-0.28	0.65	-0.10	-0.45	0.19	9.65	22.00	0.37	-37.14	54

续表

编号	基金经理	当前任职公司	任职区间	任职时间(月)	管理基金数量(只)	选股能力 年化α(%)	选股能力 t(α)	择时能力 γ	择时能力 t(γ)	β_{mkt}	β_{smb}	β_{hml}	β_{mom}	年化收益率(%)	年化波动率(%)	年化夏普比率	最大回撤率(%)	调整后R^2(%)
383	王晓李	华夏	2015/09~2022/12	88	6	0.36	0.05	0.17	0.28	1.05	0.21	-0.13	0.35	9.83	29.72	0.28	-52.72	67
384	阳琨	华夏	2007/06~2022/12	187	9	-0.29	-0.08	0.46	2.04*	0.76	0.02	-0.01	0.16	9.31	24.04	0.29	-47.40	76
385	袁英杰	华夏	2017/09~2022/12	45	4	3.45	0.88	-0.11	-0.21	0.90	0.02	0.11	0.19	-4.04	17.90	-0.31	-28.01	91
386	张城源	华夏	2017/05~2022/12	68	7	3.16	0.69	-2.52	-3.51	0.40	0.21	-0.16	0.08	0.06	12.33	-0.12	-23.79	52
387	张帆	华夏	2017/01~2022/12	72	5	10.53	1.59	0.25	0.23	0.84	-0.20	-0.52	-0.09	14.44	21.34	0.61	-27.90	62
388	张弘弢	华夏	2016/11~2022/12	74	1	7.02	2.07*	-1.69	-3.05	0.86	-0.08	0.04	0.09	4.09	15.86	0.16	-26.11	82
389	郑晓辉	华夏	2006/12~2022/12	134	4	2.81	0.66	0.16	0.64	0.80	-0.08	-0.52	0.13	14.84	25.53	0.51	-47.30	78
390	郑煜	华夏	2006/08~2022/12	197	14	5.32	2.34*	-0.04	-0.29	0.75	-0.06	-0.18	0.01	14.73	22.97	0.54	-48.12	89
391	郑泽鸿	华夏	2017/06~2022/12	67	6	30.37	2.53*	-2.76	-1.47	1.29	-0.14	-0.30	-0.17	25.00	32.10	0.73	-35.63	51
392	周克平	华夏	2019/01~2022/12	48	7	19.64	1.90*	-2.19	-1.51	1.32	-0.25	-0.53	-0.16	23.17	30.35	0.71	-34.94	75
393	陈欣	汇安	2018/03~2022/12	58	5	11.37	1.88*	-2.71	-3.15	0.78	-0.14	-0.53	-0.10	4.52	19.23	0.16	-31.76	73
394	戴杰	汇安	2017/01~2022/12	72	15	15.61	2.95*	-0.98	-1.14	0.97	-0.26	-0.19	-0.17	14.42	19.82	0.65	-34.54	72
395	刘田	汇安	2015/12~2022/12	82	8	-1.46	-0.25	-0.72	-1.34	0.75	0.07	-0.50	0.33	-4.68	22.70	-0.27	-48.56	65
396	吴尚伟	汇安	2014/11~2022/12	89	8	13.96	2.79*	-0.61	-1.78	0.80	-0.08	-0.14	-0.04	18.28	22.97	0.74	-39.79	75
397	朱晨歌	汇安	2018/02~2022/12	59	8	6.51	1.48	-1.83	-2.90	0.87	-0.22	-0.39	-0.12	1.92	18.70	0.02	-35.07	85
398	邹唯	汇安	2006/08~2022/12	175	12	5.17	0.99	-0.06	-0.23	0.74	0.12	-0.57	0.42	16.03	28.74	0.49	-60.62	68
399	陈平	汇丰晋信	2015/07~2022/12	90	3	0.81	0.12	0.36	0.65	1.12	-0.17	-0.46	-0.03	5.03	29.72	0.12	-45.81	71
400	程彧	汇丰晋信	2016/11~2022/12	74	3	11.41	1.49	-1.45	-1.16	1.13	-0.45	-0.10	-0.28	6.44	24.42	0.20	-54.79	60
401	方磊	汇丰晋信	2016/03~2022/12	82	2	5.87	1.66*	-1.28	-2.12	0.67	0.07	0.18	0.03	5.61	13.14	0.31	-19.75	67

续表

编号	基金经理	当前任职公司	任职区间	任职时间（月）	管理基金数量（只）	选股能力 年化α(%)	$t(\alpha)$	择时能力 γ	$t(\gamma)$	β_{mkt}	β_{smb}	β_{hml}	β_{mom}	年化收益率(%)	年化波动率(%)	年化夏普比率	最大回撤率(%)	调整后R^2(%)
402	侯玉琦	汇丰晋信	2013/04~2022/12	110	3	2.03	0.53	-0.04	-0.13	0.95	-0.10	-0.12	0.16	9.53	25.03	0.31	-50.78	85
403	黄立华	汇丰晋信	2014/01~2022/12	54	3	5.95	1.13	-0.35	-0.80	0.71	-0.33	-0.15	0.00	8.33	20.08	0.33	-35.37	83
404	陆彬	汇丰晋信	2019/05~2022/12	44	7	45.46	3.08*	-3.01	-1.08	1.51	-0.30	0.04	-0.04	41.57	32.56	1.23	-24.67	61
405	吴培文	汇丰晋信	2015/09~2022/12	88	5	6.26	1.38	-0.26	-0.68	0.80	-0.03	0.04	0.14	9.54	20.28	0.40	-23.74	72
406	许廷全	汇丰晋信	2019/08~2022/12	41	1	-3.13	-0.25	2.03	0.89	0.97	-0.39	-0.12	-0.60	0.58	23.83	-0.04	-45.91	52
407	梁永强	汇泉	2008/09~2022/12	137	8	-10.98	-2.20	1.10	3.51*	0.86	0.33	-0.21	0.37	10.53	29.03	0.29	-72.62	78
408	蔡志文	汇添富	2019/12~2022/12	37	2	-0.98	-0.11	2.41	1.59	0.67	-0.08	-0.30	0.38	11.46	20.92	0.48	-25.06	74
409	陈健玮	汇添富	2018/02~2022/12	59	3	5.95	0.54	-1.71	-1.09	0.87	-0.20	0.11	-0.18	-0.40	23.63	-0.08	-55.88	40
410	樊勇	汇添富	2018/10~2022/12	48	7	27.27	2.10*	-1.39	-0.69	1.24	-0.06	-0.51	-0.12	37.93	29.18	1.28	-28.16	57
411	顾耀强	汇添富	2009/12~2022/12	157	6	1.15	0.36	0.20	0.76	0.94	0.11	-0.35	0.37	10.43	25.31	0.33	-48.30	85
412	胡昕炜	汇添富	2016/04~2022/12	81	6	20.00	2.66*	-0.92	-0.72	0.97	-0.30	-0.21	-0.13	19.76	22.87	0.80	-41.89	51
413	黄耀锋	汇添富	2019/04~2022/12	45	4	-1.96	-0.36	4.22	4.08*	0.82	-0.30	-0.21	0.28	12.98	20.60	0.56	-30.00	86
414	赖中立	汇添富	2017/05~2022/12	68	1	8.62	1.05	0.19	0.15	0.93	0.08	-0.61	0.30	17.01	26.02	0.60	-35.96	64
415	劳杰男	汇添富	2015/07~2022/12	90	8	7.89	2.35*	-0.13	-0.48	0.79	-0.29	-0.29	-0.08	7.69	19.01	0.33	-39.22	82
416	李威	汇添富	2015/01~2022/12	96	5	4.70	0.74	0.16	0.35	1.03	0.14	-0.31	0.33	14.16	32.23	0.39	-63.35	77
417	刘江	汇添富	2015/06~2022/12	91	7	4.89	1.15	-0.98	-2.77	0.56	-0.07	-0.60	-0.14	2.28	18.21	0.04	-41.86	69
418	刘伟林	汇添富	2015/12~2022/12	85	5	1.90	0.38	-0.40	-0.91	0.46	-0.29	-0.47	-0.33	0.53	15.74	-0.06	-38.14	45
419	马翔	汇添富	2016/03~2022/12	82	9	9.98	2.28*	-1.73	-2.30	0.98	-0.17	-0.39	0.00	8.52	19.61	0.36	-34.89	77
420	王栩	汇添富	2010/02~2022/12	155	6	3.25	0.85	0.16	0.51	0.88	0.08	-0.30	0.34	12.11	24.56	0.41	-46.19	77

续表

编号	基金经理	当前任职公司	任职区间	任职时间(月)	管理基金数量(只)	选股能力 年化α(%)	t(α)	择时能力 γ	t(γ)	β_{mkt}	β_{smb}	β_{hml}	β_{mom}	年化收益率(%)	年化波动率(%)	年化夏普比率	最大回撤率(%)	调整后R^2(%)
421	王志华	汇添富	2001/11~2022/12	59	5	18.61	1.95*	-1.02	-1.44	0.81	-0.28	-0.36	0.12	30.85	25.46	1.17	-18.42	61
422	吴江宏	汇添富	2016/04~2022/12	81	3	3.60	3.43*	-0.19	-1.04	0.11	-0.04	-0.03	-0.01	4.70	2.95	1.08	-2.62	43
423	吴振翔	汇添富	2015/02~2022/12	95	2	5.52	1.93*	-0.57	-2.85	0.80	0.19	-0.10	0.13	9.51	23.07	0.35	-35.68	91
424	谢昌旭	汇添富	2018/10~2022/12	48	9	14.41	1.50	-1.03	-0.69	0.86	-0.29	-0.38	-0.10	18.36	21.36	0.81	-40.13	56
425	许一尊	汇添富	2015/11~2022/12	86	2	3.92	1.68*	0.06	0.28	0.91	0.18	0.04	0.19	8.14	20.28	0.33	-27.18	93
426	杨瑨	汇添富	2018/06~2022/12	55	8	5.80	1.27	-1.02	-1.56	0.51	-0.30	-0.38	-0.24	2.68	13.13	0.09	-36.66	68
427	詹杰	汇添富	2018/08~2022/12	49	3	20.13	2.44*	-0.85	-0.67	1.04	-0.38	-0.20	0.01	28.08	22.77	1.19	-20.83	72
428	张朋	汇添富	2018/06~2022/12	51	5	24.32	2.92*	-1.66	-1.38	0.83	-0.46	-0.60	-0.37	14.55	21.01	0.64	-33.51	67
429	赵鹏程	汇添富	2016/07~2022/12	78	7	9.21	1.81*	-1.35	-1.58	0.79	-0.25	-0.42	0.07	8.25	18.40	0.37	-34.69	67
430	赵鹏飞	汇添富	2016/06~2022/12	79	6	11.13	2.35*	-1.09	-1.36	0.62	-0.12	-0.25	0.24	11.49	15.62	0.64	-22.71	59
431	郑慧莲	汇添富	2018/04~2022/12	57	10	10.58	1.31	-0.75	-0.65	0.64	-0.30	-0.39	-0.06	8.71	19.24	0.38	-39.38	53
432	郑磊	汇添富	2014/12~2022/12	89	8	10.63	1.50	-0.14	-0.30	0.80	0.11	-0.11	0.53	18.85	28.56	0.61	-50.40	69
433	范习辉	惠升	2018/08~2022/12	50	5	20.41	2.08*	-3.22	-2.42	0.96	-0.19	-0.33	0.04	13.54	24.15	0.51	-38.40	65
434	孙庆	惠升	2019/12~2022/12	37	8	-1.85	-0.25	0.94	0.75	0.76	-0.25	-0.26	-0.13	0.58	17.83	-0.05	-37.87	76
435	张一甫	惠升	2017/01~2022/12	69	5	10.85	2.15*	-0.91	-1.15	0.77	-0.21	-0.21	-0.17	8.55	16.58	0.43	-32.24	68
436	李国林	嘉合	2019/01~2022/12	48	9	19.61	2.19*	-2.29	-1.82	0.58	-0.23	-0.56	-0.08	16.37	19.10	0.78	-27.20	52
437	王东旋	嘉合	2015/09~2022/12	84	5	4.68	0.99	-0.10	-0.26	0.78	0.03	-0.37	0.26	12.14	20.51	0.53	-33.26	73
438	杨彦喆	嘉合	2019/06~2022/12	43	5	4.65	0.55	0.64	0.40	0.84	-0.24	-0.16	-0.06	8.26	19.37	0.35	-34.66	65
439	蔡丞丰	嘉实	2017/07~2022/12	54	5	16.03	2.54*	-0.75	-0.83	0.80	-0.26	-0.39	-0.17	19.76	17.97	1.04	-21.81	71

续表

编号	基金经理	当前任职公司	任职区间	任职时间（月）	管理基金数量（只）	选股能力 年化 α(%)	选股能力 t(α)	择时能力 γ	择时能力 t(γ)	β_mkt	β_smb	β_hml	β_mom	年化收益率(%)	年化波动率(%)	年化夏普比率	最大回撤率(%)	调整后 R²(%)
440	常蓁	嘉实	2015/03~2022/12	94	7	11.79	2.36*	-0.62	-1.70	0.80	-0.12	-0.06	-0.10	10.07	22.37	0.38	-37.99	71
441	董福焱	嘉实	2019/08~2022/12	41	3	3.84	0.63	0.42	0.38	0.98	-0.34	-0.32	-0.11	6.13	20.83	0.22	-36.61	85
442	方晗	嘉实	2017/10~2022/12	58	4	3.93	0.75	-0.77	-1.04	0.76	-0.16	0.10	0.05	0.58	16.13	-0.06	-28.72	74
443	归凯	嘉实	2016/03~2022/12	82	9	12.91	2.43*	-1.11	-1.21	0.82	-0.23	-0.46	-0.19	12.00	18.65	0.56	-37.51	63
444	郝淼	嘉实	2019/01~2022/12	45	6	8.77	0.59	0.00	0.00	0.78	0.10	-0.37	0.24	22.15	27.40	0.77	-41.18	43
445	洪流	嘉实	2014/11~2022/12	91	13	4.88	1.26	0.92	3.34*	0.78	-0.11	-0.31	0.11	13.90	21.68	0.57	-38.57	82
446	胡涛	嘉实	2009/06~2022/12	159	8	3.60	0.78	0.00	0.01	0.78	0.14	-0.48	0.19	12.41	24.73	0.42	-40.27	68
447	胡永青	嘉实	2014/10~2022/12	99	10	5.04	3.61*	0.02	0.23	0.05	-0.03	-0.07	0.05	6.73	3.87	1.33	-3.49	20
448	胡宇飞	嘉实	2018/02~2022/12	59	4	17.27	2.16*	-0.91	-0.80	0.91	-0.41	-0.09	-0.23	11.64	21.39	0.47	-38.93	61
449	金猛	嘉实	2018/09~2022/12	52	2	6.37	1.86*	0.33	0.69	0.97	-0.15	0.00	-0.01	13.20	19.71	0.59	-25.41	93
450	李欣	嘉实	2018/03~2022/12	58	2	9.92	1.84*	-0.50	-1.12	0.95	0.01	-0.74	-0.09	7.58	18.60	0.33	-27.57	77
451	刘斌	嘉实	2009/11~2022/12	153	5	9.98	2.23*	-0.36	-1.07	0.59	-0.12	-0.17	0.00	13.55	18.30	0.65	-24.43	59
452	刘美玲	嘉实	2013/12~2022/12	96	6	-1.65	-0.27	-0.10	-0.23	0.81	0.08	-0.35	0.25	7.29	26.62	0.21	-57.78	70
453	刘宁	嘉实	2015/12~2022/12	85	14	3.97	3.55*	-0.26	-2.68	0.11	-0.11	-0.05	-0.03	3.77	3.79	0.60	-5.06	53
454	龙昌伦	嘉实	2017/06~2022/12	67	2	4.07	1.52	0.25	0.60	0.97	0.08	0.07	0.13	8.99	18.34	0.41	-30.16	93
455	曲盛伟	嘉实	2017/12~2022/12	61	4	12.83	1.62	-0.02	-0.02	0.99	0.02	-0.72	0.01	18.87	26.34	0.66	-31.16	74
456	苏文杰	嘉实	2018/10~2022/12	51	1	20.36	2.21*	-0.65	-0.49	0.85	-0.24	-0.18	0.14	23.82	22.41	1.00	-24.66	60
457	谭丽	嘉实	2017/04~2022/12	69	11	14.87	3.35*	-1.66	-2.36	0.70	-0.30	0.02	-0.15	10.20	14.48	0.60	-26.42	65
458	王丹	嘉实	2019/01~2022/12	48	3	18.86	2.18*	-1.80	-1.47	0.80	-0.48	-0.52	-0.23	14.50	21.58	0.60	-42.94	65

续表

编号	基金经理	当前任职公司	任职区间	任职时间（月）	管理基金数量（只）	选股能力 年化α(%)	选股能力 t(α)	择时能力 γ	择时能力 t(γ)	β_{mkt}	β_{smb}	β_{hml}	β_{mom}	年化收益率(%)	年化波动率(%)	年化夏普比率	最大回撤率(%)	调整后 R^2(%)
459	王贵重	嘉实	2019/05~2022/12	44	6	18.82	1.69*	-0.75	-0.36	1.08	-0.23	-0.41	-0.19	21.48	25.40	0.79	-31.59	63
460	王凯	嘉实	2016/09~2022/12	76	2	6.73	0.97	-0.65	-0.56	0.98	-0.40	-0.48	-0.42	5.69	22.83	0.18	-42.11	61
461	王鑫晨	嘉实	2019/05~2022/12	44	3	-1.95	-0.15	-0.54	-0.22	0.83	-0.24	-0.34	-0.62	-2.75	22.88	-0.19	-49.04	40
462	王雪松	嘉实	2009/08~2022/12	42	3	-3.35	-0.47	0.35	0.35	0.76	-0.14	-0.17	0.25	-5.22	17.62	-0.44	-38.51	84
463	吴越	嘉实	2019/04~2022/12	41	5	1.87	0.17	2.80	1.22	0.83	-0.18	0.00	0.19	7.77	18.79	0.34	-27.12	56
464	肖觅	嘉实	2016/12~2022/12	73	10	11.83	3.25*	-0.90	-1.51	0.73	-0.23	-0.03	-0.07	10.65	14.21	0.64	-23.93	74
465	谢泽林	嘉实	2015/09~2022/12	88	4	9.12	2.21*	-0.03	-0.08	0.82	-0.21	-0.38	-0.21	12.63	20.20	0.55	-28.31	77
466	轩璇	嘉实	2019/11~2022/12	38	1	5.26	2.27*	0.37	0.94	0.23	-0.07	0.03	0.05	8.15	5.40	1.23	-3.49	73
467	颜伟鹏	嘉实	2015/03~2022/12	88	6	13.26	2.03*	0.31	0.66	0.84	0.13	-0.13	0.31	19.06	27.56	0.64	-42.58	71
468	杨欢	嘉实	2015/06~2022/12	76	13	6.06	0.95	-0.37	-0.76	0.90	0.05	-0.25	-0.06	6.19	25.78	0.18	-42.39	72
469	姚志鹏	嘉实	2016/05~2022/12	81	9	14.00	2.48*	-1.84	-1.92	1.09	-0.15	-0.44	-0.17	12.66	22.64	0.49	-38.21	72
470	张丹华	嘉实	2017/05~2022/12	68	12	11.45	2.09*	-1.99	-2.31	0.98	-0.12	-0.25	0.00	9.29	20.59	0.38	-35.29	75
471	张金涛	嘉实	2016/05~2022/12	80	8	-4.51	-0.44	-0.35	-0.51	0.73	-0.06	-0.42	-0.02	13.58	18.52	0.65	-31.94	71
472	张露	嘉实	2017/08~2022/12	65	3	10.41	3.18*	-0.99	-2.00	0.96	-0.19	-0.11	0.01	8.48	18.18	0.38	-30.01	89
473	张楠	嘉实	2018/01~2022/12	60	4	6.75	1.06	-0.73	-0.79	0.85	-0.13	-0.15	0.20	6.11	19.89	0.23	-34.50	71
474	张自力	嘉实	2015/06~2022/12	91	3	3.17	0.75	-0.07	-0.21	0.83	-0.16	-0.26	0.01	2.86	21.42	0.06	-38.68	78
475	何珅华	建信	2015/04~2022/12	93	5	6.31	1.47	0.11	0.33	0.67	-0.24	-0.63	-0.14	6.95	19.39	0.28	-31.68	72
476	姜锋	建信	2011/07~2022/12	138	6	7.90	2.29*	-0.49	-1.79	0.77	-0.21	-0.47	-0.10	9.43	20.73	0.36	-44.09	76
477	刘克飞	建信	2018/03~2022/12	58	4	13.87	1.85*	0.44	0.41	0.79	-0.28	-0.07	-0.12	15.08	19.77	0.69	-27.66	61

续表

编号	基金经理	当前任职公司	任职区间	任职时间（月）	管理基金数量（只）	选股能力		择时能力		β_{mkt}	β_{smb}	β_{hml}	β_{mom}	年化收益率（%）	年化波动率（%）	年化夏普比率	最大回撤率（%）	调整后 R^2（%）
						年化α(%)	t(α)	γ	t(γ)									
478	牛兴华	建信	2015/04~2022/12	93	11	2.94	1.36	0.16	0.96	0.14	-0.03	-0.14	0.03	5.16	6.44	0.57	-15.52	35
479	潘龙玲	建信	2016/03~2022/12	82	4	7.27	1.00	-0.09	-0.08	0.82	0.22	-0.15	0.28	12.88	21.95	0.52	-31.12	50
480	邱宇航	建信	2011/07~2022/12	138	4	-0.28	-0.10	0.21	0.95	0.76	0.00	-0.09	0.14	7.35	19.98	0.27	-39.95	83
481	邵卓	建信	2015/03~2022/12	94	8	14.20	2.76*	-0.57	-1.52	0.75	0.11	-0.26	0.18	15.51	23.81	0.59	-26.37	73
482	孙晟	建信	2016/03~2022/12	82	6	9.92	2.03*	-0.18	-0.22	0.80	-0.06	-0.14	0.11	12.98	17.50	0.66	-29.07	64
483	陶灿	建信	2011/07~2022/12	138	11	8.51	2.17*	0.01	0.04	0.81	-0.07	-0.34	0.18	14.53	22.51	0.56	-38.32	74
484	王东杰	建信	2015/05~2022/12	92	8	9.52	1.96*	0.89	2.19*	0.45	-0.16	-0.11	-0.11	13.59	15.11	0.80	-25.86	40
485	薛玲	建信	2017/05~2022/12	68	3	5.40	2.45*	-0.03	-0.08	0.51	-0.02	0.04	0.06	8.10	10.07	0.66	-20.58	83
486	姚锦	建信	2009/12~2022/12	149	8	6.70	1.75*	0.32	1.05	0.76	-0.05	0.03	0.22	14.33	21.27	0.58	-32.13	71
487	叶乐天	建信	2016/08~2022/12	77	5	5.19	2.41*	-0.94	-2.62	0.67	0.05	0.03	0.10	5.63	12.12	0.34	-20.98	87
488	袁蓓	建信	2004/08~2022/12	47	2	21.14	3.46*	0.18	0.55	0.55	-0.43	0.15	0.11	43.49	23.06	1.81	-14.00	86
489	王安良	江信	2016/02~2022/12	83	1	11.53	1.53	-3.18	-2.70	0.79	0.21	-0.22	0.37	9.41	22.25	0.36	-33.98	46
490	陈俊华	交银施罗德	2016/11~2022/12	74	2	16.68	3.59*	-2.14	-2.81	0.71	-0.28	-0.11	-0.07	11.00	15.24	0.62	-33.06	63
491	陈汝铎	交银施罗德	2014/10~2022/12	99	2	5.95	1.79*	-0.32	-1.34	0.78	0.01	-0.12	0.14	11.02	21.64	0.44	-37.00	85
492	郭斐	交银施罗德	2017/09~2022/12	64	4	12.71	1.67*	1.50	1.31	0.99	-0.18	-0.19	0.06	19.61	24.13	0.75	-24.57	68
493	韩威俊	交银施罗德	2016/01~2022/12	84	7	23.24	3.22*	-1.92	-1.69	1.01	-0.25	-0.07	-0.25	20.82	22.80	0.85	-33.25	52
494	何帅	交银施罗德	2015/07~2022/12	90	4	14.66	4.11*	-0.12	-0.41	0.75	0.02	-0.46	-0.21	18.33	19.88	0.85	-23.13	82
495	刘鹏	交银施罗德	2018/05~2022/12	56	3	20.06	3.53*	-0.91	-1.14	0.87	0.01	-0.26	-0.05	21.84	19.85	1.02	-25.50	78
496	楼慧源	交银施罗德	2018/09~2022/12	52	2	22.00	2.12*	-0.65	-0.45	0.84	-0.15	-0.23	0.18	25.48	23.76	1.01	-33.07	55

续表

编号	基金经理	当前任职公司	任职区间	任职时间(月)	管理基金数量(只)	选股能力 年化α(%)	t(α)	择时能力 γ	t(γ)	β_{mkt}	β_{smb}	β_{hml}	β_{mom}	年化收益率(%)	年化波动率(%)	年化夏普比率	最大回撤率(%)	调整后R^2(%)
497	芮晨	交银施罗德	2015/05~2022/12	92	4	6.60	1.02	-0.12	-0.21	1.08	0.05	-0.30	-0.22	6.82	29.90	0.18	-50.30	73
498	沈楠	交银施罗德	2015/05~2022/12	92	3	11.75	3.81*	-0.31	-1.21	0.78	-0.19	-0.15	-0.27	9.08	18.76	0.40	-24.64	85
499	田彧龙	交银施罗德	2019/05~2022/12	44	4	23.52	2.54*	-2.60	-1.49	0.92	-0.13	-0.46	0.07	23.16	23.08	0.94	-32.11	69
500	王崇	交银施罗德	2014/10~2022/12	99	3	12.79	2.94*	0.14	0.44	0.78	-0.10	-0.40	0.13	20.06	22.88	0.81	-33.48	78
501	王少成	交银施罗德	2010/09~2022/12	146	9	1.37	0.41	-0.08	-0.27	0.82	0.15	-0.36	0.24	8.60	22.84	0.29	-44.56	81
502	王艺伟	交银施罗德	2019/11~2022/12	38	8	3.57	1.95*	0.49	1.57	0.16	-0.05	0.01	0.03	6.77	4.02	1.31	-2.69	70
503	杨浩	交银施罗德	2015/08~2022/12	89	4	16.89	4.11*	-0.68	-2.00	0.78	-0.30	-0.67	-0.37	16.94	20.25	0.76	-40.07	77
504	周中	交银施罗德	2018/09~2022/12	52	4	7.55	1.21	0.50	0.58	0.77	-0.19	-0.39	-0.03	14.34	19.75	0.65	-35.39	76
505	孔学兵	金信	2011/09~2022/12	113	10	3.90	0.53	-0.27	-0.46	0.88	0.25	-0.81	0.29	6.41	31.22	0.14	-58.65	62
506	刘榕俊	金信	2016/04~2022/12	65	7	4.94	1.02	-1.83	-1.73	0.61	0.06	0.08	-0.02	1.50	13.21	0.00	-29.44	56
507	陈颖	金鹰	2015/06~2022/12	91	9	-0.26	-0.05	-0.31	-0.73	0.84	0.41	-0.25	0.07	3.03	26.30	0.06	-44.66	79
508	韩广哲	金鹰	2012/11~2022/12	56	10	30.91	2.14*	-2.46	-1.35	0.82	-0.31	-0.57	0.32	26.50	30.03	0.84	-41.03	47
509	林龙军	金鹰	2018/05~2022/12	56	2	3.89	2.12*	-0.35	-1.38	0.19	0.02	-0.05	0.04	5.25	4.90	0.76	-6.92	63
510	龙悦芳	金鹰	2018/06~2022/12	55	1	7.60	4.80*	-0.71	-3.11	0.06	-0.08	-0.05	-0.04	5.81	3.07	1.40	-2.95	30
511	倪超	金鹰	2015/06~2022/12	91	7	9.37	1.98*	-0.14	-0.35	0.93	-0.07	-0.52	-0.12	10.44	24.92	0.36	-28.56	79
512	孙倩倩	金鹰	2016/06~2022/12	54	4	2.77	1.71*	0.08	0.17	0.16	0.00	-0.06	0.03	3.78	3.65	0.64	-4.55	52
513	王喆	金鹰	2015/01~2022/12	96	9	-2.54	-0.44	0.52	1.27	0.52	-0.10	-0.23	0.16	3.31	19.43	0.09	-46.96	47
514	杨凡	金鹰	2017/12~2022/12	41	5	-14.39	-1.15	0.50	0.31	0.49	-0.34	-0.77	-0.08	-17.88	20.73	-0.96	-48.21	41
515	杨刚	金鹰	2014/11~2022/12	39	4	-6.11	-0.52	-0.03	-0.03	1.09	0.36	-0.04	0.10	15.36	39.59	0.36	-51.65	86

续表

编号	基金经理	当前任职公司	任职区间	任职时间（月）	管理基金数量（只）	选股能力 年化α(%)	选股能力 t(α)	择时能力 γ	择时能力 t(γ)	β_{mkt}	β_{smb}	β_{hml}	β_{mom}	年化收益率（%）	年化波动率（%）	年化夏普比率	最大回撤率（%）	调整后 R^2（%）
516	杨晓斌	金鹰	2018/04~2022/12	57	6	14.40	3.47*	-1.33	-2.26	0.51	-0.17	-0.30	-0.11	11.18	12.41	0.78	-23.55	70
517	贾丽杰	金元顺安	2018/03~2022/12	58	3	1.14	0.13	0.53	0.44	0.94	0.06	0.00	0.41	8.72	24.14	0.30	-33.59	66
518	孔祥鹏	金元顺安	2017/06~2022/12	45	5	0.83	0.14	-1.84	-1.23	0.57	-0.12	0.03	0.07	-9.18	12.59	-0.86	-44.44	57
519	闵杭	金元顺安	2015/10~2022/12	87	5	5.32	1.60	-0.57	-1.95	0.65	-0.23	0.03	-0.01	3.66	15.63	0.14	-27.31	75
520	缪玮彬	金元顺安	2016/12~2022/12	73	2	9.42	1.64	0.60	0.64	0.33	0.64	0.38	0.50	17.34	15.52	1.02	-23.78	45
521	周博洋	金元顺安	2018/01~2022/12	60	1	5.16	0.84	-0.69	-0.78	0.68	-0.03	-0.07	0.11	5.15	16.67	0.22	-27.92	61
522	鲍无可	景顺长城	2014/06~2022/12	103	8	11.64	3.28*	-0.07	-0.29	0.46	-0.07	0.16	0.07	16.19	14.56	1.00	-21.08	62
523	董晗	景顺长城	2014/07~2022/12	92	9	10.10	2.18*	-0.15	-0.46	0.70	-0.02	-0.46	0.24	13.80	21.65	0.57	-31.44	75
524	韩文强	景顺长城	2019/10~2022/12	39	2	-2.50	-0.17	5.07	1.95*	0.61	-0.05	0.70	0.40	16.81	23.60	0.65	-19.74	38
525	黎海威	景顺长城	2015/02~2022/12	95	10	3.60	1.56	0.06	0.35	0.93	0.07	0.12	0.19	10.05	24.93	0.34	-40.81	95
526	李进	景顺长城	2016/10~2022/12	73	8	12.29	1.69*	-0.22	-0.19	0.76	-0.03	-0.51	-0.08	13.84	21.05	0.60	-22.91	54
527	刘苏	景顺长城	2011/12~2022/12	130	11	6.97	1.72*	0.03	0.11	0.73	-0.04	-0.03	0.10	17.15	19.77	0.77	-36.18	67
528	刘彦春	景顺长城	2008/07~2022/12	165	10	11.02	2.15*	0.00	0.00	0.80	-0.10	-0.15	0.14	12.05	25.65	0.39	-41.63	62
529	徐喻军	景顺长城	2017/01~2022/12	72	11	7.52	2.41*	-1.22	-2.42	0.77	-0.05	-0.06	0.06	6.89	14.63	0.37	-25.16	82
530	杨锐文	景顺长城	2014/10~2022/12	99	12	12.57	2.66*	-0.83	-2.45	0.82	0.05	-0.57	-0.03	16.38	25.02	0.59	-38.76	78
531	余广	景顺长城	2010/05~2022/12	152	8	7.64	2.18*	-0.46	-1.58	0.91	-0.11	-0.21	0.11	11.52	23.70	0.40	-47.58	79
532	詹成	景顺长城	2015/12~2022/12	85	9	11.71	2.78*	-1.00	-2.73	0.78	-0.25	-0.33	-0.10	8.13	19.90	0.33	-33.01	76
533	张靖	景顺长城	2011/05~2022/12	132	6	6.94	1.59	0.14	0.40	0.73	0.07	-0.40	0.30	13.85	22.60	0.53	-29.81	70
534	何昕	九泰	2018/08~2022/12	53	4	0.79	0.11	1.71	1.74*	0.78	-0.15	-0.46	-0.13	12.76	21.31	0.53	-22.71	73

续表

编号	基金经理	当前任职公司	任职区间	任职时间(月)	管理基金数量(只)	选股能力 年化α(%)	选股能力 t(α)	择时能力 γ	择时能力 t(γ)	β_{mkt}	β_{smb}	β_{hml}	β_{mom}	年化收益率(%)	年化波动率(%)	年化夏普比率	最大回撤率(%)	调整后 R^2 (%)
535	李响	九泰	2019/12~2022/12	37	9	-8.02	-1.19	1.13	0.98	0.73	0.09	-0.19	0.12	6.33	22.86	0.21	-43.22	79
536	刘开运	九泰	2015/07~2022/12	90	11	6.08	1.75*	0.05	0.18	0.71	-0.16	-0.28	-0.01	7.94	17.88	0.36	-28.64	79
537	孟亚强	九泰	2016/06~2022/12	79	13	-0.83	-0.21	0.28	0.43	0.85	0.12	-0.12	0.32	5.36	17.99	0.21	-26.81	79
538	张鹏程	九泰	2017/11~2022/12	62	3	7.39	2.21*	-0.50	-1.02	0.48	-0.12	-0.07	-0.08	6.58	10.50	0.48	-12.22	70
539	蔡晓	民生加银	2016/05~2022/12	80	4	8.80	1.96*	0.03	0.03	0.74	-0.03	-0.39	0.08	13.20	17.24	0.68	-23.04	70
540	金耀	民生加银	2017/12~2022/12	61	5	15.69	1.89*	-1.13	-0.93	0.85	-0.12	-0.45	0.11	15.18	22.90	0.60	-31.44	61
541	刘霄汉	民生加银	2010/05~2022/12	111	6	-3.30	-0.99	0.70	2.36*	0.87	0.07	-0.35	0.22	6.16	20.64	0.19	-39.97	83
542	柳世庆	民生加银	2016/08~2022/12	77	9	3.98	0.85	0.21	0.26	0.79	-0.07	-0.05	0.18	7.81	17.22	0.37	-39.11	68
543	孙伟	民生加银	2014/07~2022/12	102	11	6.00	1.15	0.37	0.98	0.76	0.02	-0.38	0.20	16.48	24.13	0.62	-37.43	70
544	王亮	民生加银	2017/11~2022/12	62	7	8.05	1.38	0.57	0.66	0.86	-0.33	-0.38	-0.14	10.15	20.42	0.42	-35.15	75
545	王晓岩	民生加银	2019/11~2022/12	38	3	14.21	1.06	-2.36	-1.03	0.82	-0.40	-0.51	-0.14	5.28	24.59	0.15	-45.20	57
546	姚航	民生加银	2014/05~2022/12	81	6	2.14	1.08	-0.21	-1.63	0.19	0.00	-0.09	-0.01	3.86	6.75	0.33	-12.87	60
547	郑爱刚	民生加银	2019/11~2022/12	38	4	13.97	1.44	-1.62	-0.98	0.89	-0.21	-0.59	-0.13	12.06	23.10	0.46	-34.40	75
548	何晓春	摩根士丹利华鑫	2012/07~2022/12	107	8	5.66	1.33	0.23	0.79	0.83	0.01	-0.58	-0.09	18.51	24.48	0.68	-33.64	82
549	雷志勇	摩根士丹利华鑫	2019/04~2022/12	45	4	13.07	1.41	-2.05	-1.18	0.99	0.15	-0.69	-0.09	17.47	25.31	0.63	-36.65	74
550	缪东航	摩根士丹利华鑫	2017/01~2022/12	72	7	7.87	1.98*	-1.04	-1.61	0.90	-0.16	-0.28	-0.16	7.22	17.83	0.32	-32.58	81

续表

编号	基金经理	当前任职公司	任职区间	任职时间（月）	管理基金数量（只）	选股能力 年化α(%)	t(α)	择时能力 γ	t(γ)	β_{mkt}	β_{smb}	β_{hml}	β_{mom}	年化收益率(%)	年化波动率(%)	年化夏普比率	最大回撤率(%)	调整后R^2(%)
551	王大鹏	摩根士丹利华鑫	2015/01~2022/12	96	9	5.92	1.06	-0.41	-1.05	0.81	0.07	-0.17	0.16	10.00	25.55	0.33	-47.31	72
552	徐达	摩根士丹利华鑫	2016/06~2022/12	79	4	10.52	2.50*	-1.78	-2.50	1.00	-0.17	-0.36	0.00	8.89	19.80	0.37	-36.50	80
553	余斌	摩根士丹利华鑫	2017/06~2022/12	63	4	5.64	0.98	-1.44	-1.65	0.84	-0.01	-0.17	0.27	4.97	19.24	0.18	-34.32	72
554	陈乐	南方	2017/12~2022/12	61	5	6.33	3.80*	-0.24	-0.99	0.26	-0.05	0.00	0.04	6.89	5.58	0.97	-6.96	74
555	冯雨生	南方	2015/04~2022/12	89	13	2.21	0.65	0.01	0.02	0.89	0.07	-0.13	0.11	3.59	23.69	0.09	-40.53	89
556	黄春逢	南方	2015/12~2022/12	85	6	7.75	2.16*	-0.16	-0.52	0.80	-0.35	-0.26	-0.08	6.97	18.68	0.29	-33.59	80
557	蒋秋洁	南方	2014/12~2022/12	97	11	-0.30	-0.05	1.22	3.06*	0.71	0.10	-0.13	0.40	13.17	24.32	0.48	-41.97	68
558	李锦文	南方	2018/12~2022/12	49	6	22.31	2.44*	-2.06	-1.59	0.78	-0.43	-0.02	0.02	17.21	20.18	0.78	-30.70	54
559	林乐峰	南方	2017/12~2022/12	61	4	17.55	3.59*	-1.36	-1.91	0.85	-0.11	0.04	0.10	14.36	17.43	0.74	-25.92	77
560	卢玉珊	南方	2015/12~2022/12	85	7	5.27	1.43	0.72	2.25*	0.33	-0.03	-0.23	0.20	10.42	11.86	0.75	-17.23	48
561	罗安安	南方	2015/07~2022/12	90	9	11.95	2.36*	-0.78	-1.87	0.87	-0.17	-0.55	-0.12	10.83	23.80	0.39	-33.73	74
562	罗文杰	南方	2013/05~2022/12	66	4	-5.96	-1.46	0.21	0.47	0.92	0.10	-0.01	0.15	8.14	22.40	0.28	-47.24	89
563	骆帅	南方	2015/05~2022/12	92	11	10.26	2.95*	-0.47	-1.64	0.83	-0.25	-0.35	-0.20	6.33	20.76	0.23	-33.86	84
564	茅炜	南方	2016/02~2022/12	83	16	7.77	2.21*	-1.62	-2.94	0.56	-0.16	-0.42	-0.15	6.08	13.08	0.35	-30.80	66
565	史博	南方	2004/07~2022/12	178	14	2.23	0.70	0.35	1.77*	0.79	0.03	-0.09	0.26	7.75	23.91	0.23	-61.57	82
566	王博	南方	2019/11~2022/12	38	3	24.54	1.51	-4.59	-1.66	0.92	-0.22	-0.65	-0.03	13.36	29.45	0.40	-38.05	56

续表

编号	基金经理	当前任职公司	任职区间	任职时间（月）	管理基金数量（只）	选股能力		择时能力		β_{mkt}	β_{smb}	β_{hml}	β_{mom}	年化收益率（%）	年化波动率（%）	年化夏普比率	最大回撤率（%）	调整后 R^2（%）
						年化 α（%）	$t(\alpha)$	γ	$t(\gamma)$									
567	王峥娇	南方	2018/07~2022/12	54	2	11.05	0.81	-1.32	-0.68	0.77	-0.07	-0.43	0.46	12.51	28.79	0.38	-49.98	44
568	吴剑毅	南方	2015/05~2022/12	92	8	7.07	4.18*	0.47	3.37*	0.37	-0.11	-0.06	-0.09	9.56	8.84	0.91	-8.35	79
569	萧嘉倩	南方	2019/05~2022/12	44	2	14.07	0.89	-2.19	-0.73	0.90	-0.03	-0.68	0.20	18.10	30.81	0.54	-40.00	49
570	应帅	南方	2007/05~2022/12	188	10	3.80	1.40	-0.04	-0.22	0.79	-0.07	-0.33	0.14	8.53	23.65	0.27	-58.81	86
571	张延闽	南方	2014/10~2022/12	96	10	7.26	1.41	0.21	0.59	0.70	-0.15	-0.04	0.03	14.21	21.24	0.60	-30.03	66
572	章晖	南方	2015/05~2022/12	92	6	10.87	2.33*	-0.35	-0.91	0.81	-0.27	-0.46	-0.06	7.43	22.15	0.27	-42.22	74
573	郑诗韵	南方	2019/12~2022/12	37	4	4.80	0.32	4.45	1.73*	0.97	-0.41	-0.35	-0.06	16.51	28.63	0.52	-43.95	60
574	郑晓曦	南方	2019/06~2022/12	43	2	25.70	1.60	-3.22	-1.08	0.90	-0.01	-0.44	0.26	25.08	29.57	0.80	-27.75	46
575	郑迎迎	南方	2015/08~2022/12	79	2	10.46	2.25*	-1.08	-3.03	0.47	0.11	0.12	0.06	8.59	15.75	0.46	-30.87	60
576	钟赟	南方	2017/02~2022/12	68	5	26.05	3.00*	-2.60	-1.85	0.91	0.22	-0.67	0.45	27.92	25.61	1.05	-28.71	60
577	孔庆卿	南华	2013/08~2022/12	57	4	-2.05	-0.25	0.53	1.15	0.22	0.02	-0.12	0.02	7.21	14.74	0.36	-25.03	21
578	陈富权	农银汇理	2013/08~2022/12	113	10	11.04	2.62*	-0.21	-0.67	0.71	-0.04	-0.45	0.18	16.82	21.17	0.71	-29.99	72
579	凌晨	农银汇理	2013/11~2022/12	61	5	3.45	0.35	0.10	0.18	0.73	0.04	-0.40	0.52	7.06	28.48	0.18	-42.68	70
580	宋永安	农银汇理	2015/12~2022/12	85	2	6.09	2.84*	-0.66	-3.57	0.83	-0.19	-0.10	0.00	4.04	18.23	0.14	-31.19	93
581	魏刚	农银汇理	2018/03~2022/12	58	8	14.09	2.37*	-2.23	-2.63	0.76	-0.04	-0.33	0.04	10.04	18.36	0.47	-22.08	71
582	徐文卉	农银汇理	2017/05~2022/12	68	6	7.40	1.14	0.08	0.07	0.82	-0.20	-0.24	-0.06	10.50	19.72	0.46	-38.98	61
583	张峰	农银汇理	2015/09~2022/12	88	6	12.32	2.41*	-0.13	-0.31	0.55	-0.35	-0.13	-0.15	10.32	16.91	0.52	-38.65	48
584	张燕	农银汇理	2017/03~2022/12	70	6	8.97	1.14	-0.87	-0.69	0.86	0.05	-0.47	0.17	11.42	23.38	0.42	-31.82	57
585	蔡嵩松	诺安	2019/02~2022/12	47	5	23.16	1.16	-3.82	-1.02	1.06	-0.19	-0.89	0.02	19.31	37.44	0.48	-50.33	43

续表

编号	基金经理	当前任职公司	任职区间	任职时间（月）	管理基金数量（只）	选股能力 年化α(%)	选股能力 t(α)	择时能力 γ	择时能力 t(γ)	β_{mkt}	β_{smb}	β_{hml}	β_{mom}	年化收益率(%)	年化波动率(%)	年化夏普比率	最大回撤率(%)	调整后R^2(%)
586	蔡宇滨	诺安	2017/12~2022/12	61	3	13.02	3.12*	-0.57	-0.93	0.70	-0.01	0.13	0.01	12.96	14.41	0.80	-14.15	75
587	韩冬燕	诺安	2015/11~2022/12	86	4	7.61	2.18*	0.22	0.74	0.66	-0.17	-0.27	-0.03	9.86	16.02	0.52	-27.65	74
588	李玉良	诺安	2015/07~2022/12	90	7	7.95	2.51*	-0.41	-1.58	0.67	0.07	-0.04	0.12	8.91	17.52	0.42	-27.27	82
589	罗春蕾	诺安	2015/09~2022/12	88	4	6.99	1.29	-0.45	-1.01	0.67	-0.10	-0.48	-0.16	9.37	20.20	0.39	-37.38	60
590	宋青	诺安	2019/02~2022/12	47	1	8.53	1.22	0.75	0.57	0.90	-0.46	-0.07	-0.25	8.04	18.89	0.35	-35.40	73
591	王创练	诺安	2015/03~2022/12	94	7	12.04	2.37*	-0.58	-1.55	0.91	-0.03	-0.36	-0.02	12.25	25.82	0.42	-37.47	77
592	吴博俊	诺安	2014/06~2022/12	103	7	0.57	0.19	0.20	0.93	0.22	-0.07	-0.27	0.01	4.96	9.60	0.35	-25.30	39
593	杨谷	诺安	2006/02~2022/12	203	4	5.46	2.04*	-0.07	-0.50	0.81	-0.01	-0.40	0.19	16.77	25.25	0.57	-59.22	87
594	杨琨	诺安	2014/06~2022/12	79	6	11.36	1.67*	0.00	0.01	0.84	-0.06	-0.02	0.00	24.79	22.96	1.02	-27.25	64
595	张堃	诺安	2015/08~2022/12	89	3	9.02	2.09*	-0.36	-0.99	0.65	0.08	-0.29	0.23	12.49	18.89	0.58	-24.52	71
596	张强	诺安	2017/03~2022/12	70	2	13.37	1.72*	-2.80	-2.25	0.97	-0.19	-0.21	-0.07	7.00	22.54	0.24	-35.36	56
597	曾文宏	诺德	2017/08~2022/12	65	3	8.59	2.12*	-0.78	-1.26	0.71	-0.15	0.10	-0.04	6.31	14.08	0.34	-21.58	73
598	顾钰	诺德	2017/12~2022/12	61	5	5.08	0.76	-0.46	-0.47	0.81	-0.19	0.02	0.00	3.79	18.80	0.12	-25.70	63
599	郭纪亭	诺德	2019/09~2022/12	40	3	4.88	0.78	0.19	0.17	0.65	-0.20	-0.03	-0.16	6.24	13.98	0.34	-25.44	67
600	郝旭东	诺德	2015/07~2022/12	90	5	7.64	2.23*	0.12	0.41	0.54	-0.15	-0.18	-0.17	9.58	14.07	0.57	-23.97	66
601	罗世锋	诺德	2014/11~2022/12	98	6	13.92	2.47*	0.01	0.03	0.86	-0.07	-0.36	0.22	20.06	26.33	0.70	-37.67	72
602	王恒楠	诺德	2018/11~2022/12	50	3	13.36	1.23	-2.09	-1.35	0.70	-0.33	-0.16	-0.04	8.12	21.29	0.31	-39.69	41
603	谢屹	诺德	2015/07~2022/12	87	8	-3.41	-0.59	0.95	2.01*	0.69	-0.30	-0.34	-0.08	2.11	20.27	0.03	-37.01	57
604	杨霞辉	诺德	2017/04~2022/12	69	1	1.03	0.14	-1.43	-1.25	0.73	-0.44	-0.42	-0.21	-2.36	19.80	-0.20	-51.22	51

续表

编号	基金经理	当前任职公司	任职区间	任职时间（月）	管理基金数量（只）	选股能力 年化 α(%)	选股能力 t(α)	择时能力 γ	择时能力 t(γ)	β_{mkt}	β_{smb}	β_{hml}	β_{mom}	年化收益率（%）	年化波动率（%）	年化夏普比率	最大回撤率（%）	调整后 R^2（%）
605	朱红	诺德	2014/04~2022/12	105	3	4.62	0.99	-0.09	-0.26	0.73	0.17	-0.16	0.08	14.95	22.85	0.58	-35.16	73
606	包兵华	鹏华	2019/04~2022/12	45	4	3.51	0.56	-0.08	-0.07	0.78	0.10	-0.02	0.32	11.41	17.51	0.57	-20.40	75
607	陈璇淼	鹏华	2016/03~2022/12	82	5	10.24	1.86*	-0.10	-0.10	0.74	-0.14	-0.36	-0.02	12.92	18.10	0.63	-30.30	57
608	戴钢	鹏华	2012/06~2022/12	127	5	2.96	1.49	0.34	2.23*	0.17	-0.10	-0.05	0.03	6.82	7.04	0.70	-11.25	38
609	方昶	鹏华	2019/06~2022/12	43	2	3.26	1.75*	0.11	0.30	0.16	-0.05	-0.08	-0.03	5.22	4.12	0.90	-4.50	62
610	高松	鹏华	2015/01~2022/12	88	7	4.45	0.81	-0.44	-1.21	0.86	0.30	-0.01	0.51	13.86	28.66	0.44	-52.97	82
611	贺宁	鹏华	2019/05~2022/12	44	1	4.63	0.62	-1.88	-1.35	0.93	-0.05	-0.22	-0.18	5.29	19.23	0.20	-28.88	71
612	蒋鑫	鹏华	2016/06~2022/12	79	10	8.36	1.50	-0.29	-0.31	0.80	0.15	-0.06	0.32	12.82	18.77	0.60	-27.42	61
613	金笑非	鹏华	2016/06~2022/12	79	5	7.29	1.13	0.26	0.24	0.68	0.04	-0.44	0.00	12.04	19.36	0.54	-32.95	51
614	郎超	鹏华	2018/04~2022/12	57	2	7.20	0.62	-0.80	-0.48	0.89	0.20	-0.01	0.51	12.74	26.84	0.42	-39.03	49
615	李君	鹏华	2015/05~2022/12	92	13	5.26	3.41*	-0.23	-1.04	0.11	0.00	0.12	0.01	5.67	3.32	1.25	-3.35	37
616	李韵怡	鹏华	2015/07~2022/12	90	15	3.79	1.63	0.33	1.71*	0.17	-0.06	-0.16	0.12	6.87	7.22	0.74	-7.08	41
617	梁浩	鹏华	2011/07~2022/12	138	16	2.45	0.80	0.11	0.47	0.74	0.13	-0.33	0.24	11.03	20.86	0.43	-41.49	82
618	刘方正	鹏华	2015/03~2022/12	94	19	2.88	1.48	0.20	1.38	0.16	-0.07	-0.12	-0.06	5.26	5.99	0.62	-10.07	39
619	孟昊	鹏华	2018/02~2022/12	59	8	23.62	2.61*	-1.61	-1.24	0.87	-0.07	-0.36	0.08	22.03	23.21	0.88	-25.21	58
620	汤志彦	鹏华	2017/07~2022/12	66	3	16.35	2.84*	-1.56	-1.76	0.82	0.13	-0.09	0.21	16.28	18.65	0.79	-31.13	68
621	王海青	鹏华	2018/02~2022/12	59	3	6.74	0.86	0.16	0.14	0.82	0.17	-0.21	0.32	14.46	22.08	0.59	-32.67	65
622	王石千	鹏华	2018/11~2022/12	50	1	3.22	2.15*	-0.04	-0.17	0.15	-0.03	-0.08	-0.03	5.66	3.90	1.07	-5.07	66
623	王宗合	鹏华	2010/12~2022/12	145	17	0.76	0.19	0.24	0.76	0.43	-0.10	-0.31	0.02	5.34	15.44	0.21	-44.19	41

续表

编号	基金经理	当前任职公司	任职区间	任职时间(月)	管理基金数量(只)	选股能力		择时能力		β_{mkt}	β_{smb}	β_{hml}	β_{mom}	年化收益率(%)	年化波动率(%)	年化夏普比率	最大回撤率(%)	调整后R^2(%)
						年化α(%)	$t(\alpha)$	γ	$t(\gamma)$									
624	伍旋	鹏华	2011/12~2022/12	133	8	6.05	2.30*	-0.58	-2.80	0.81	-0.05	0.00	-0.08	10.88	20.62	0.43	-37.45	87
625	闫思倩	鹏华	2017/10~2022/12	60	4	21.41	1.73*	-2.74	-1.39	1.14	0.26	-0.34	0.61	28.00	29.66	0.91	-36.61	51
626	杨飞	鹏华	2014/10~2022/12	95	8	4.77	0.69	0.36	0.75	0.83	0.11	-0.54	0.22	16.19	28.06	0.53	-45.20	65
627	叶朝明	鹏华	2018/08~2022/12	40	4	5.21	3.06*	-0.23	-0.91	0.06	-0.01	-0.04	0.02	6.98	2.60	2.18	-0.61	22
628	袁航	鹏华	2014/11~2022/12	98	14	5.99	1.04	0.21	0.50	0.43	-0.14	-0.25	-0.19	11.30	17.82	0.55	-35.31	36
629	朱睿	鹏华	2019/04~2022/12	41	4	32.64	4.72*	-3.49	-2.83	0.86	-0.41	-0.72	-0.09	21.40	22.77	0.90	-29.26	85
630	邓彬彬	鹏华	2015/03~2022/12	66	9	23.08	2.35*	-2.05	-1.67	1.06	0.06	-0.25	0.21	20.59	28.02	0.70	-36.14	61
631	罗成	鹏扬	2018/03~2022/12	58	2	15.72	2.61*	-1.39	-1.53	0.90	-0.36	0.04	-0.02	7.24	18.63	0.31	-27.55	72
632	吴西燕	鹏扬	2015/06~2022/12	45	9	2.81	1.80*	0.06	0.59	0.10	-0.05	0.03	-0.06	3.65	2.94	0.89	-1.95	42
633	伍智勇	鹏扬	2015/05~2022/12	85	4	6.17	1.67*	0.03	0.11	0.72	-0.19	-0.33	-0.05	4.32	18.97	0.15	-32.62	80
634	赵世宏	鹏扬	2016/03~2022/12	77	6	9.98	1.81*	-0.67	-0.70	0.71	-0.13	-0.52	0.19	13.87	18.35	0.68	-32.77	63
635	朱国庆	鹏扬	2007/03~2022/12	103	4	4.19	1.08	-0.10	-0.52	0.73	-0.05	-0.32	0.10	5.02	24.28	0.10	-52.69	87
636	何杰	平安	2018/04~2022/12	53	10	24.51	2.45*	-1.22	-0.90	0.76	-0.38	-0.36	-0.03	20.70	22.51	0.87	-27.80	55
637	黄维	平安	2016/08~2022/12	77	11	10.72	1.85*	0.18	0.19	0.77	-0.17	-0.65	0.00	14.48	20.28	0.64	-32.23	65
638	李化松	平安	2015/12~2022/12	81	15	9.03	1.37	1.73	3.12*	0.76	-0.21	-0.52	-0.02	19.38	22.38	0.81	-34.80	58
639	刘杰	平安	2016/07~2022/12	71	8	6.97	1.51	0.16	0.22	0.74	-0.03	0.17	0.24	12.07	15.88	0.68	-23.79	70
640	神爱前	平安	2016/07~2022/12	78	7	11.45	1.66*	-0.17	-0.14	0.96	-0.07	-0.71	-0.09	15.41	24.15	0.58	-32.95	65
641	薛冀颖	平安	2015/06~2022/12	87	6	10.46	2.02*	-0.21	-0.49	0.71	-0.09	-0.33	0.05	7.32	20.29	0.29	-28.70	67
642	张淼	平安	2015/02~2022/12	91	3	6.30	1.92*	-0.23	-1.03	0.81	-0.14	-0.24	-0.04	8.02	21.57	0.30	-34.81	88

续表

编号	基金经理	当前任职公司	任职区间	任职时间（月）	管理基金数量（只）	选股能力 年化α(%)	选股能力 t(α)	择时能力 γ	择时能力 t(γ)	β_{mkt}	β_{smb}	β_{hml}	β_{mom}	年化收益率(%)	年化波动率(%)	年化夏普比率	最大回撤率(%)	调整后 R^2 (%)
643	张文平	平安	2015/06~2022/12	72	6	1.96	1.07	0.19	1.39	0.12	-0.09	-0.14	-0.01	5.10	4.58	0.82	-6.50	35
644	张晓泉	平安	2017/09~2022/12	45	5	17.05	1.44	-1.70	-0.78	0.95	0.25	-0.08	0.40	24.21	24.73	0.94	-27.77	59
645	褚艳辉	浦银安盛	2014/06~2022/12	103	6	0.69	0.27	0.69	3.7*	0.30	0.02	-0.28	0.08	9.57	10.85	0.73	-17.84	64
646	蒋佳良	浦银安盛	2017/01~2022/12	68	7	12.84	1.87*	-0.49	-0.42	0.95	-0.03	-0.17	0.19	19.36	21.43	0.85	-36.12	64
647	罗雯	浦银安盛	2018/01~2022/12	60	2	9.14	0.98	-2.18	-1.60	0.83	-0.33	0.03	-0.23	-0.80	21.33	-0.11	-51.97	45
648	吴勇	浦银安盛	2010/04~2022/12	153	7	0.59	0.11	-0.06	-0.13	0.97	0.27	-0.32	0.44	11.30	30.10	0.31	-52.91	71
649	杨岳斌	浦银安盛	2011/12~2022/12	128	6	2.04	0.64	0.04	0.17	0.84	-0.06	-0.11	0.08	10.04	22.01	0.37	-51.58	84
650	范洁	前海开源	2017/09~2022/12	64	6	8.93	0.97	1.06	0.76	0.90	-0.23	-0.28	0.09	14.33	24.79	0.52	-53.53	56
651	李炳智	前海开源	2017/01~2022/12	72	4	1.80	0.77	2.53	6.67*	0.28	-0.09	-0.06	-0.09	10.89	8.77	1.07	-6.22	72
652	邱杰	前海开源	2015/01~2022/12	96	11	5.13	1.33	0.18	0.66	0.56	-0.16	0.02	-0.24	8.85	15.73	0.46	-26.58	64
653	曲扬	前海开源	2015/04~2022/12	93	18	6.53	1.20	0.96	2.2*	0.62	-0.42	-0.38	-0.09	8.63	19.25	0.37	-48.36	53
654	王霞	前海开源	2014/12~2022/12	97	12	2.02	0.42	0.62	1.81*	0.42	-0.30	-0.28	-0.17	6.40	15.46	0.31	-31.35	41
655	魏淳	前海开源	2019/01~2022/12	48	9	16.86	1.63	-0.80	-0.55	1.11	-0.34	-0.23	-0.34	20.00	26.25	0.70	-31.78	66
656	吴国清	前海开源	2015/09~2022/12	88	10	3.34	1.09	0.00	0.01	0.56	0.01	0.06	0.32	7.11	14.55	0.39	-22.36	75
657	肖立强	前海开源	2018/10~2022/12	51	8	10.18	2.03*	-1.39	-1.92	0.49	-0.17	0.09	0.19	8.03	12.08	0.54	-20.41	59
658	杨炳龙	前海开源	2013/03~2022/12	59	6	-3.98	-0.69	0.14	0.44	0.90	0.16	-0.11	-0.10	14.13	29.30	0.42	-42.93	90
659	赵诣	泉果	2017/03~2022/12	64	6	18.18	1.87*	-0.01	-0.01	1.00	0.38	0.01	0.61	26.11	25.67	1.01	-37.24	53
660	范琨	融通	2016/02~2022/12	83	4	14.13	2.47*	-1.30	-1.45	0.78	0.08	0.00	0.29	16.45	18.48	0.81	-21.12	55
661	关山	融通	2016/06~2022/12	79	8	9.66	2.62*	-0.72	-1.15	0.77	-0.08	-0.22	0.08	11.11	15.81	0.61	-23.93	76

续表

编号	基金经理	当前任职公司	任职区间	任职时间（月）	管理基金数量（只）	选股能力 年化 α(%)	t(α)	择时能力 γ	t(γ)	β_{mkt}	β_{smb}	β_{hml}	β_{mom}	年化收益率(%)	年化波动率(%)	年化夏普比率	最大回撤率(%)	调整后 R^2(%)
662	何博	融通	2018/01~2022/12	60	1	4.29	0.87	-2.45	-3.42	0.56	-0.12	-0.14	-0.02	-3.16	13.29	-0.35	-36.03	61
663	何龙	融通	2015/08~2022/12	89	9	5.06	1.29	-0.82	-2.52	0.79	-0.16	-0.32	0.09	5.45	20.22	0.20	-41.36	79
664	何天翔	融通	2016/08~2022/12	77	1	4.02	1.05	0.72	1.13	0.88	-0.05	-0.33	0.10	9.89	18.76	0.45	-27.61	82
665	蒋秀蕾	融通	2012/09~2022/12	109	5	6.70	0.97	-0.24	-0.51	0.82	0.26	-0.39	0.52	18.64	30.34	0.56	-50.47	68
666	林清源	融通	2015/05~2022/12	92	4	8.79	1.36	-0.93	-1.73	0.88	0.02	-0.49	0.09	5.60	27.60	0.15	-54.74	69
667	刘安坤	融通	2019/05~2022/12	44	5	-2.46	-0.34	3.05	2.27*	0.57	-0.06	-0.16	0.31	12.38	17.12	0.64	-21.69	67
668	刘明	融通	2018/11~2022/12	50	1	2.82	0.64	0.14	0.52	0.80	-0.09	-0.44	0.25	13.37	8.93	1.33	-6.73	74
669	万民远	融通	2016/08~2022/12	77	4	13.14	1.61	0.09	0.07	0.90	0.44	-0.24	0.23	20.16	25.04	0.75	-25.44	55
670	王迪	融通	2018/06~2022/12	55	3	21.73*	2.21*	-1.14	-0.81	0.98	-0.02	-0.70	-0.04	25.96	27.20	0.90	-33.92	66
671	许富强	融通	2018/05~2022/12	56	1	10.02*	2.12*	-0.35	-0.53	0.16	-0.07	-0.31	-0.14	10.38	8.95	0.99	-7.07	27
672	余志勇	融通	2012/08~2022/12	124	11	3.34	1.11	0.21	0.93	0.23	-0.05	-0.13	0.07	7.26	9.91	0.55	-14.43	33
673	张鹏	融通	2015/08~2022/12	89	1	1.60	0.38	-0.29	-0.83	0.93	0.05	-0.41	0.24	6.37	24.19	0.20	-42.56	83
674	张一格	融通	2013/12~2022/12	101	6	6.19	3.24*	-0.68	-2.42	0.23	-0.06	-0.18	0.02	7.80	6.42	0.96	-10.57	47
675	邹曦	融通	2007/06~2022/12	182	9	2.68	0.74	0.11	0.50	0.89	-0.16	-0.19	0.17	7.63	27.40	0.20	-65.22	82
676	袁忠伟	瑞达	2015/05~2022/12	74	9	-3.52	-0.83	0.74	2.19*	0.37	-0.16	-0.22	-0.05	-2.18	12.18	-0.31	-32.14	47
677	傅鹏博	睿远	2009/01~2022/12	157	3	4.58	1.14	0.50	1.65*	0.82	0.02	-0.48	0.33	18.25	24.28	0.67	-38.47	75
678	赵枫	睿远	2001/09~2022/12	100	3	15.59	3.53*	-0.18	-0.49	0.78	-0.43	-0.25	-0.02	27.19	23.45	1.10	-36.11	81
679	朱璘	睿远	2019/03~2022/12	46	1	11.14	1.43	0.30	0.21	1.18	-0.34	-0.36	-0.07	13.28	25.02	0.47	-35.70	81
680	李惟愚	山西证券	2019/12~2022/12	37	3	14.32	1.18	0.77	0.37	0.87	-0.32	-0.16	-0.24	14.52	21.86	0.60	-31.06	56

续表

编号	基金经理	当前任职公司	任职区间	任职时间（月）	管理基金数量（只）	选股能力 年化α(%)	t(α)	择时能力 γ	t(γ)	β_{mkt}	β_{smb}	β_{hml}	β_{mom}	年化收益率(%)	年化波动率(%)	年化夏普比率	最大回撤率(%)	调整后 R^2(%)
681	杨旭	山西证券	2015/06~2022/12	77	13	-3.85	-0.85	0.22	0.59	0.24	-0.12	-0.52	-0.04	-3.03	12.44	-0.37	-34.28	38
682	章海默	山西证券	2011/09~2022/12	47	2	2.62	0.44	-3.15	-2.79	0.72	-0.21	-0.16	-0.36	-11.06	15.96	-0.84	-38.60	75
683	傅奕翔	东方证券资管	2017/03~2022/12	41	6	9.66	1.25	-0.07	-0.05	0.69	-0.24	-0.34	0.07	11.07	15.77	0.63	-23.49	53
684	纪文静	东方证券资管	2015/07~2022/12	90	2	5.81	4.55*	0.00	0.04	0.25	-0.13	-0.10	-0.13	6.79	5.98	0.88	-6.73	74
685	孔令超	东方证券资管	2016/08~2022/12	77	1	4.86	4.00*	-0.05	-0.25	0.19	-0.05	0.04	-0.01	6.10	4.08	1.13	-3.52	63
686	李响	东方证券资管	2018/03~2022/12	58	2	-8.02	-1.19	1.13	0.98	0.73	0.09	-0.19	0.12	6.33	22.86	0.21	-43.22	79
687	秦绪文	东方证券资管	2016/01~2022/12	84	6	17.15	4.05*	-1.85	-2.77	0.90	-0.43	-0.51	-0.29	13.99	18.68	0.67	-33.40	76
688	孙伟	东方证券资管	2016/01~2022/12	84	4	6.00	1.15	0.37	0.98	0.76	0.02	-0.38	0.20	16.48	24.13	0.62	-37.43	70
689	王延飞	东方证券资管	2015/06~2022/12	91	5	14.86	3.00*	-0.39	-0.94	0.84	-0.41	-0.12	-0.28	11.08	21.27	0.45	-40.92	69
690	徐觅	东方证券资管	2017/09~2022/12	64	1	5.82	4.05*	-0.12	-0.53	0.20	-0.06	0.06	-0.01	6.32	4.35	1.11	-3.52	65
691	杨仁眉	东方证券资管	2018/04~2022/12	45	5	24.23	2.90*	-2.24	-2.19	0.79	-0.66	-0.75	-0.06	9.60	21.93	0.38	-41.04	76
692	张锋	东方证券资管	2008/06~2022/12	69	5	4.19	0.49	0.88	1.68*	0.60	-0.10	-0.24	0.30	10.75	22.26	0.39	-32.61	55
693	周杨	东方证券资管	2019/06~2022/12	43	3	9.59	1.50	-0.13	-0.11	1.03	-0.25	-0.42	-0.29	11.91	21.09	0.49	-30.77	83
694	周云	东方证券资管	2015/09~2022/12	88	6	13.02	3.46*	-0.39	-1.26	0.74	-0.18	-0.19	-0.15	14.40	17.94	0.72	-20.85	76
695	郑伟	国泰君安证券资管	2013/08~2022/12	109	7	8.59	1.47	-0.17	-0.40	1.03	0.09	-0.32	0.10	20.78	29.76	0.65	-52.83	75
696	胡倩	海通证券资管	2011/04~2022/12	71	7	-7.38	-2.26	0.25	0.54	0.92	0.17	0.18	0.16	2.35	19.11	-0.01	-33.60	92
697	陈思郁	上投摩根	2015/08~2022/12	89	4	10.93	2.02*	-0.66	-1.48	0.75	-0.02	-0.32	0.07	12.50	21.68	0.51	-32.33	65
698	杜猛	上投摩根	2011/07~2022/12	138	7	6.01	1.05	0.20	0.43	0.95	0.10	-0.65	0.46	15.82	29.94	0.46	-56.03	69

续表

编号	基金经理	当前任职公司	任职区间	任职时间（月）	管理基金数量（只）	选股能力 年化α(%)	选股能力 t(α)	择时能力 γ	择时能力 t(γ)	β_mkt	β_smb	β_hml	β_mom	年化收益率(%)	年化波动率(%)	年化夏普比率	最大回撤率(%)	调整后R²(%)
699	方钰涵	上投摩根	2019/08~2022/12	41	1	16.93	1.12	-3.76	-1.38	0.74	-0.02	-0.19	0.14	11.84	24.83	0.42	-42.92	37
700	郭晨	上投摩根	2012/07~2022/12	124	9	2.13	0.36	0.40	0.89	1.08	0.01	-0.41	0.33	14.05	31.45	0.39	-56.90	74
701	李博	上投摩根	2014/12~2022/12	97	6	10.78	2.44*	-0.51	-1.46	0.88	-0.15	-0.08	0.04	8.45	24.07	0.29	-47.03	79
702	李德辉	上投摩根	2016/11~2022/12	74	8	9.79	1.55	0.33	0.32	0.87	-0.20	-0.39	0.08	13.51	21.25	0.57	-40.16	65
703	倪权生	上投摩根	2015/03~2022/12	91	9	1.84	0.35	0.82	2.18*	0.42	0.02	-0.44	0.23	8.90	17.81	0.42	-34.82	52
704	王丽军	上投摩根	2019/03~2022/12	46	2	7.32	1.08	-0.01	-0.01	0.80	-0.39	-0.45	-0.03	7.02	19.68	0.28	-40.77	76
705	杨景喻	上投摩根	2015/08~2022/12	89	6	6.12	1.08	-0.45	-0.96	0.96	-0.17	-0.46	0.14	8.26	25.67	0.26	-46.26	73
706	周战海	上投摩根	2015/12~2022/12	85	3	-0.40	-0.06	1.32	2.41*	0.80	-0.17	-0.47	-0.18	6.52	22.51	0.22	-38.99	58
707	朱晓龙	上投摩根	2018/11~2022/12	50	4	4.55	0.62	0.13	0.13	0.79	-0.08	-0.16	0.16	13.12	20.02	0.58	-34.13	69
708	卢扬	上银	2014/10~2022/12	78	11	3.59	0.53	-0.57	-1.33	0.78	0.17	-0.26	0.29	3.00	27.77	0.05	-52.50	74
709	施敏佳	上银	2015/10~2022/12	83	7	3.14	0.47	0.00	-0.01	1.01	-0.26	-0.25	0.10	3.98	26.12	0.10	-44.77	67
710	赵治烨	上银	2015/05~2022/12	92	8	7.36	1.59	0.68	1.78*	0.87	0.00	-0.05	-0.10	10.79	22.31	0.42	-30.32	75
711	张志梅	尚正	2017/12~2022/12	41	4	4.43	0.44	0.56	0.42	0.78	-0.11	0.41	0.00	1.44	19.57	0.00	-32.34	57
712	付娟	申万菱信	2012/04~2022/12	127	10	7.51	1.62	0.29	0.80	0.89	0.16	-0.25	0.57	17.89	26.66	0.60	-47.13	77
713	刘敦	申万菱信	2018/03~2022/12	58	4	5.02	1.35	0.52	0.98	0.87	-0.18	0.04	0.02	8.03	17.91	0.36	-21.10	88
714	孙晨进	申万菱信	2015/03~2022/12	90	8	-3.55	-1.06	-0.05	-0.22	0.86	-0.03	-0.33	0.18	-1.54	23.58	-0.13	-48.90	89
715	唐俊杰	申万菱信	2016/06~2022/12	64	4	1.06	0.30	0.65	1.13	0.22	-0.01	0.01	0.26	7.16	8.40	0.69	-3.71	41
716	俞诚	申万菱信	2017/07~2022/12	55	5	10.48	1.90*	-1.76	-1.58	0.87	-0.09	-0.10	0.11	6.67	17.59	0.30	-24.77	75
717	常璐	太平	2017/12~2022/12	38	5	-2.14	-0.22	-0.31	-0.19	0.97	-0.21	-0.53	-0.17	-0.14	23.45	-0.07	-39.41	76

续表

编号	基金经理	当前任职公司	任职区间	任职时间（月）	管理基金数量（只）	选股能力 年化α(%)	选股能力 t(α)	择时能力 γ	择时能力 t(γ)	β_{mkt}	β_{smb}	β_{hml}	β_{mom}	年化收益率(%)	年化波动率(%)	年化夏普比率	最大回撤率(%)	调整后R^2(%)
718	梁鹏	太平	2017/12~2022/12	61	3	9.63	1.41	-0.74	-0.74	0.89	-0.10	-0.04	-0.04	8.79	19.99	0.36	-29.91	66
719	林开盛	太平	2017/05~2022/12	68	2	-1.79	-0.31	-0.76	-0.82	0.80	-0.23	-0.54	0.00	-0.38	20.02	-0.09	-48.59	69
720	刘欣	泰达宏利	2014/01~2022/12	108	10	4.16	1.20	0.18	0.71	0.68	-0.02	-0.18	0.04	13.03	18.94	0.60	-35.41	77
721	刘洋	泰达宏利	2018/08~2022/12	53	5	3.61	0.85	0.24	0.40	0.69	-0.13	-0.12	-0.18	8.64	15.15	0.47	-14.76	80
722	师婧	泰达宏利	2017/12~2022/12	60	3	10.15	2.24*	-2.31	-3.54	0.48	-0.10	0.08	-0.07	1.88	11.02	0.04	-18.91	53
723	王鹏	泰达宏利	2017/11~2022/12	62	7	7.32	1.75*	0.54	1.62	0.74	-0.01	-0.21	-0.04	26.22	32.18	0.77	-38.39	75
724	吴华	泰达宏利	2014/03~2022/12	106	6	6.93	1.22	-0.98	-2.33	0.74	-0.10	0.06	0.02	8.80	23.30	0.31	-46.05	61
725	张勋	泰达宏利	2014/11~2022/12	98	10	9.81	1.97*	-0.67	-1.88	1.05	-0.06	-0.35	0.13	13.42	29.63	0.40	-64.47	83
726	庄腾飞	泰达宏利	2015/05~2022/12	92	10	2.92	0.63	0.05	0.13	0.97	-0.27	-0.01	0.18	-0.70	24.54	-0.09	-55.23	80
727	陈怡	泰康	2017/11~2022/12	62	3	13.54	2.06*	-0.84	-0.86	0.78	-0.31	-0.29	-0.18	10.36	18.70	0.47	-34.24	63
728	桂跃强	泰康	2011/06~2022/12	136	10	1.60	0.44	0.81	2.75*	0.64	0.05	-0.12	0.13	11.99	18.45	0.54	-34.30	68
729	黄成扬	泰康	2017/11~2022/12	62	3	12.20	2.06*	-2.55	-2.93	0.91	-0.26	-0.10	-0.11	3.43	19.02	0.10	-41.19	71
730	金宏伟	泰康	2017/08~2022/12	65	5	10.39	2.32*	-0.99	-1.46	0.79	-0.22	-0.14	-0.16	7.70	16.24	0.38	-29.95	75
731	刘伟	泰康	2017/05~2022/12	68	4	5.24	1.18	-1.64	-2.34	0.82	-0.24	-0.21	-0.05	2.47	16.89	0.06	-38.87	75
732	任慧婧	泰康	2016/05~2022/12	80	3	8.53	2.27*	-0.74	-1.15	0.72	-0.22	-0.15	-0.16	8.42	14.54	0.48	-31.48	70
733	宋仁杰	泰康	2019/09~2022/12	40	2	22.20	2.48*	-2.62	-1.65	0.92	-0.20	-0.40	-0.20	17.27	21.32	0.74	-29.91	71
734	薛小波	泰康	2015/02~2022/12	84	8	5.78	1.21	0.61	1.87*	0.57	-0.19	-0.55	-0.05	12.45	18.10	0.61	-29.14	66
735	董季周	泰信	2019/07~2022/12	42	2	35.68	2.01*	-4.89	-1.51	1.20	-0.03	-0.67	-0.17	30.46	34.14	0.85	-41.39	53
736	董山青	泰信	2015/03~2022/12	94	5	5.77	0.99	0.85	1.99*	0.58	-0.23	-0.53	-0.35	11.99	19.77	0.53	-29.24	49

续表

编号	基金经理	当前任职公司	任职区间	任职时间（月）	管理基金数量（只）	选股能力 年化α(%)	t(α)	择时能力 γ	t(γ)	β_{mkt}	β_{smb}	β_{hml}	β_{mom}	年化收益率(%)	年化波动率(%)	年化夏普比率	最大回撤率(%)	调整后R^2(%)
737	王博强	泰信	2015/03~2022/12	94	5	-4.98	-0.90	0.47	1.17	0.74	0.28	-0.12	0.42	3.85	25.39	0.09	-48.05	73
738	吴秉韬	泰信	2019/07~2022/12	42	4	26.65	1.72*	-1.26	-0.45	1.07	-0.03	-0.31	0.14	31.21	29.53	1.01	-39.53	52
739	徐泰浩	泰信	2019/08~2022/12	41	2	34.19	4.22*	-2.74	-1.89	1.01	-0.13	-0.21	-0.04	30.96	21.50	1.37	-22.76	76
740	朱志权	泰信	2008/06~2022/12	175	5	-6.95	-1.91	0.27	1.11	0.82	0.22	-0.22	0.32	5.85	25.51	0.14	-62.92	79
741	陈国光	天弘	2012/04~2022/12	125	9	0.51	0.10	-0.16	-0.38	0.96	0.19	-0.36	0.22	14.47	26.95	0.47	-39.64	72
742	谷琦彬	天弘	2018/05~2022/12	56	6	13.06	3.02*	-1.45	-2.39	0.85	0.00	-0.17	0.08	12.68	18.22	0.61	-24.55	85
743	郭相博	天弘	2018/01~2022/12	60	3	13.49	1.19	-0.10	-0.06	1.02	0.16	-0.22	0.31	19.45	28.59	0.63	-38.17	56
744	李宁	天弘	2015/03~2022/12	64	3	3.17	0.71	-1.16	-4.06	0.68	0.16	0.08	0.36	-3.76	23.81	-0.23	-53.75	87
745	刘国江	天弘	2019/04~2022/12	45	3	9.80	0.81	1.08	0.48	0.81	-0.49	-0.09	-0.56	6.61	22.26	0.23	-42.55	43
746	刘盟盟	天弘	2018/01~2022/12	60	1	11.00	1.00	0.08	0.05	0.99	0.14	-0.14	0.32	16.98	27.49	0.56	-35.93	55
747	于洋	天弘	2019/08~2022/12	41	6	13.70	1.54	-0.66	-0.53	0.96	-0.08	-0.49	0.09	19.92	25.22	0.73	-29.28	70
748	赵鼎龙	天弘	2019/11~2022/12	38	3	7.13	1.28	0.14	0.15	0.78	-0.19	-0.07	-0.13	9.56	15.88	0.51	-20.27	82
749	许家涵	天治	2015/06~2022/12	91	4	-0.29	-0.06	-0.29	-0.77	0.84	-0.01	-0.17	0.22	-1.21	23.06	-0.12	-49.96	78
750	卞亚军	同泰	2010/10~2022/12	74	10	-14.00	-1.76	0.45	0.38	0.80	0.34	-0.29	0.25	-1.98	22.51	-0.20	-45.16	60
751	杨喆	同泰	2019/08~2022/12	41	6	3.08	0.37	-0.67	-0.45	0.98	-0.17	-0.11	-0.06	4.73	20.69	0.16	-26.03	73
752	高源	万家	2015/07~2022/12	87	13	13.76	3.33*	-0.74	-2.26	0.81	-0.22	0.02	-0.02	9.05	20.41	0.38	-25.75	79
753	黄兴亮	万家	2014/02~2022/12	103	9	8.17	1.21	0.05	0.10	0.81	-0.04	-0.51	0.00	16.51	26.21	0.57	-47.26	58
754	李文宾	万家	2017/01~2022/12	72	15	13.68	1.84*	-1.93	-1.61	1.02	0.18	-0.10	0.30	13.65	23.74	0.51	-31.89	62
755	刘宏达	万家	2017/12~2022/12	57	5	15.29	1.91*	-1.60	-1.46	0.88	-0.33	-0.12	-0.19	6.50	20.29	0.25	-40.59	63

续表

编号	基金经理	当前任职公司	任职区间	任职时间(月)	管理基金数量(只)	选股能力 年化α(%)	选股能力 t(α)	择时能力 γ	择时能力 t(γ)	β_{mkt}	β_{smb}	β_{hml}	β_{mom}	年化收益率(%)	年化波动率(%)	年化夏普比率	最大回撤率(%)	调整后R²(%)
756	刘洋	万家	2018/09~2022/12	52	3	3.61	0.85	0.24	0.40	0.69	-0.13	-0.12	-0.18	8.64	15.15	0.47	-14.76	80
757	莫海波	万家	2015/05~2022/12	92	13	12.43	2.17*	0.20	0.42	0.79	-0.04	0.14	0.14	12.03	22.63	0.46	-29.71	63
758	乔亮	万家	2019/08~2022/12	41	3	-4.19	-0.63	0.64	0.53	0.90	0.11	-0.01	0.25	7.37	19.61	0.30	-25.86	80
759	束金伟	万家	2019/12~2022/12	37	3	23.61	1.82*	-0.63	-0.29	0.88	-0.01	0.15	0.44	27.65	23.57	1.11	-22.16	56
760	苏谋东	万家	2015/05~2022/12	86	10	0.81	0.67	0.37	2.5*	0.10	-0.05	-0.02	0.01	3.34	3.41	0.54	-7.66	41
761	叶勇	万家	2018/08~2022/12	53	2	8.14	0.65	-1.55	-0.88	0.94	0.17	0.63	0.84	12.71	26.92	0.42	-32.11	46
762	尹诚庸	万家	2019/03~2022/12	47	4	2.92	1.60	0.75	2.18*	0.22	-0.08	0.00	0.02	6.13	4.93	0.94	-5.65	72
763	章恒	万家	2014/11~2022/12	47	6	23.09	1.78*	0.76	0.78	0.66	0.05	0.26	0.41	38.33	28.21	1.33	-26.25	57
764	何奇	西部利得	2015/08~2022/12	85	8	5.29	0.62	-0.24	-0.33	0.98	-0.10	0.62	-0.20	5.17	28.25	0.13	-45.96	52
765	林静	西部利得	2017/03~2022/12	70	4	7.21	1.63	-0.62	-0.87	0.37	-0.15	-0.24	-0.05	7.07	11.29	0.49	-20.25	43
766	盛丰衍	西部利得	2019/03~2022/12	46	3	17.66	2.60*	-1.28	-1.00	0.96	0.06	-0.40	0.22	22.68	22.15	0.96	-30.98	81
767	童国林	西部利得	2004/05~2022/12	59	5	15.54	2.26*	0.01	0.01	0.69	-0.21	0.04	0.15	16.52	17.56	0.87	-14.53	65
768	张英	西部利得	2019/12~2022/12	37	1	-0.02	0.00	1.06	1.03	0.92	-0.03	0.13	-0.03	7.32	17.80	0.33	-24.84	84
769	孙欣炎	先锋	2019/11~2022/12	38	5	10.32	1.13	-1.10	-0.70	0.99	0.04	-0.60	-0.11	15.99	24.68	0.59	-28.87	80
770	车广路	湘财	2012/03~2022/12	126	12	-2.84	-0.64	-0.08	-0.23	0.92	0.10	0.00	0.01	7.07	25.83	0.20	-64.83	78
771	程涛	湘财	2010/04~2022/12	92	12	-14.33	-2.21	1.61	1.85*	0.75	0.35	-0.20	0.37	1.56	22.96	-0.03	-46.32	66
772	蔡春红	新华	2015/07~2022/12	90	5	6.80	1.43	-0.65	-1.67	0.81	-0.23	-0.22	-0.25	4.68	21.05	0.15	-39.97	71
773	栾超	新华	2015/11~2022/12	83	10	9.96	1.70*	0.07	0.14	0.66	-0.08	-0.84	-0.16	14.11	21.26	0.60	-32.28	63
774	王永明	新华	2017/02~2022/12	71	6	1.14	0.20	-0.33	-0.35	0.80	0.11	-0.08	0.15	4.18	18.70	0.14	-34.69	63

续表

编号	基金经理	当前任职公司	任职区间	任职时间（月）	管理基金数量（只）	选股能力 年化α(%)	选股能力 t(α)	择时能力 γ	择时能力 t(γ)	β_{mkt}	β_{smb}	β_{hml}	β_{mom}	年化收益率(%)	年化波动率(%)	年化夏普比率	最大回撤率(%)	调整后R^2(%)
775	张森	新华	2016/07~2022/12	54	3	-10.31	-1.87	0.66	0.78	0.73	-0.11	-0.32	-0.19	-10.13	17.06	-0.71	-46.02	73
776	赵强	新华	2014/03~2022/12	82	9	9.68	1.73*	-0.97	-1.18	0.88	0.07	-0.33	0.20	19.73	21.06	0.87	-33.41	68
777	林材	新疆前海联合	2012/08~2022/12	110	9	3.87	0.78	0.31	0.51	0.77	-0.28	-0.29	-0.15	12.45	20.97	0.51	-42.57	65
778	王静	新疆前海联合	2017/06~2022/12	67	9	5.57	1.08	-1.25	-1.57	0.66	-0.15	-0.42	-0.08	4.44	16.22	0.18	-33.16	65
779	张勇	新疆前海联合	2017/04~2022/12	49	4	2.99	0.49	0.03	0.03	0.61	-0.20	-0.36	0.01	-0.15	15.23	-0.11	-26.00	63
780	陈乐华	新沃	2014/10~2022/12	85	7	-0.18	-0.02	-0.41	-0.79	0.91	0.37	-0.27	0.43	8.64	33.31	0.22	-56.64	74
781	李彪	鑫元	2019/06~2022/12	43	4	9.62	1.36	0.34	0.26	0.83	-0.15	-0.54	-0.30	14.60	19.36	0.68	-24.23	75
782	曾国富	信达澳亚	2008/07~2022/12	163	12	0.56	0.10	0.55	1.55	0.80	0.25	-0.13	0.49	13.63	28.54	0.41	-47.53	66
783	冯明远	信达澳亚	2016/10~2022/12	75	10	22.69	2.89*	-1.69	-1.30	1.03	0.02	-0.48	0.01	21.99	25.21	0.81	-33.95	60
784	是星涛	信达澳亚	2016/02~2022/12	77	6	14.49	3.93*	-0.46	-0.82	0.82	-0.18	-0.05	-0.08	17.28	16.40	0.98	-17.79	79
785	吴靖宇	信达澳亚	2018/12~2022/12	38	5	7.87	0.69	-0.59	-0.42	0.82	0.06	-0.79	-0.21	18.73	25.28	0.70	-31.47	71
786	朱然	信达澳亚	2017/11~2022/12	59	7	29.68	2.42*	-2.11	-1.21	0.85	-0.06	-0.57	0.02	25.50	27.11	0.90	-27.62	46
787	邹运	信达澳亚	2019/05~2022/12	44	6	14.86	1.26	1.57	0.71	0.91	-0.79	-0.23	-0.55	11.38	24.49	0.40	-46.36	55
788	冷文鹏	兴华	2016/06~2022/12	60	1	6.20	1.67*	-0.90	-1.47	0.97	-0.01	-0.20	-0.10	2.71	18.33	0.07	-28.23	87
789	高圣	兴业	2018/03~2022/12	58	6	6.60	0.90	-0.45	-0.43	0.66	-0.20	-0.45	-0.14	6.62	18.70	0.27	-26.88	58
790	腊博	兴业	2015/05~2022/12	92	4	2.82	1.38	0.51	3.01*	0.13	-0.10	-0.08	-0.14	6.33	5.92	0.81	-17.65	31
791	刘方旭	兴业	2015/12~2022/12	85	6	8.82	2.35*	0.10	0.31	0.76	-0.23	-0.16	0.10	9.97	18.30	0.46	-28.21	77
792	钱睿南	兴业	2008/02~2022/12	171	9	5.82	1.99*	0.03	0.16	0.66	0.08	-0.09	0.28	11.04	20.83	0.43	-44.33	80
793	孔晓语	兴银	2017/06~2022/12	57	5	1.41	0.26	-0.37	-0.33	0.67	0.03	-0.39	0.05	3.88	16.22	0.15	-26.47	71

续表

编号	基金经理	当前任职公司	任职区间	任职时间(月)	管理基金数量(只)	选股能力 年化α(%)	选股能力 t(α)	择时能力 γ	择时能力 t(γ)	β_{mkt}	β_{smb}	β_{hml}	β_{mom}	年化收益率(%)	年化波动率(%)	年化夏普比率	最大回撤率(%)	调整后R^2(%)
794	陈宇	兴证全球	2017/09~2022/12	64	2	18.23	2.89*	-1.52	-1.60	0.96	-0.33	-0.52	-0.08	14.58	22.25	0.59	-33.83	74
795	董理	兴证全球	2015/03~2022/12	82	7	6.73	1.49	0.16	0.53	0.73	0.01	-0.05	0.21	9.85	22.05	0.38	-30.68	81
796	季文华	兴证全球	2016/03~2022/12	79	5	13.03	2.33*	-0.06	-0.05	1.02	-0.31	-0.47	-0.22	11.69	20.25	0.51	-38.44	69
797	林翠萍	兴证全球	2016/04~2022/12	70	3	10.39	1.29	-3.00	-2.28	0.85	-0.44	0.06	-0.43	3.29	20.63	0.09	-55.25	42
798	乔迁	兴证全球	2017/07~2022/12	66	4	14.12	3.77*	-1.09	-1.90	0.97	-0.26	-0.24	-0.14	11.95	18.85	0.55	-29.63	87
799	任相栋	兴证全球	2015/01~2022/12	81	4	13.34	3.14*	-0.05	-0.17	0.96	-0.02	-0.55	-0.14	21.33	26.67	0.75	-28.64	88
800	王品	兴证全球	2009/06~2022/12	147	5	1.63	0.55	0.24	1.10	0.71	0.02	-0.23	0.14	8.79	19.94	0.34	-35.74	82
801	谢书英	兴证全球	2014/04~2022/12	97	8	7.54	1.82*	-0.60	-2.09	0.65	-0.10	-0.38	-0.03	13.92	18.30	0.70	-28.45	72
802	谢治宇	兴证全球	2013/01~2022/12	120	6	11.25	3.24*	0.02	0.09	0.73	-0.07	-0.32	0.02	18.25	19.99	0.82	-34.07	78
803	邹欣	兴证全球	2015/12~2022/12	85	2	9.46	2.68*	0.35	1.13	0.81	-0.25	-0.24	-0.08	11.42	18.52	0.54	-36.20	80
804	蔡荣成	易方达	2019/04~2022/12	45	4	24.41	2.18*	-3.90	-1.84	0.75	0.11	-0.59	0.08	20.90	23.65	0.84	-29.50	58
805	陈皓	易方达	2012/09~2022/12	124	14	4.89	1.34	0.18	0.66	0.83	0.10	-0.36	0.26	16.37	23.71	0.61	-37.98	82
806	冯波	易方达	2010/01~2022/12	156	5	6.13	1.58	-0.12	-0.38	0.90	0.08	-0.17	0.31	13.50	24.82	0.46	-47.17	77
807	郭杰	易方达	2012/10~2022/12	119	9	5.46	0.90	-0.50	-1.13	0.91	-0.07	-0.15	-0.01	12.96	27.52	0.41	-45.61	66
808	何崇恺	易方达	2019/11~2022/12	38	2	12.60	0.63	0.88	0.26	0.94	0.33	-0.09	0.89	33.17	34.23	0.93	-29.07	51
809	纪玲云	易方达	2018/07~2022/12	54	2	3.48	1.70*	-0.19	-0.65	0.09	-0.09	-0.07	-0.06	3.87	3.48	0.51	-3.65	29
810	李一硕	易方达	2016/08~2022/12	77	4	6.10	5.47*	-0.33	-1.79	0.14	-0.04	0.00	-0.04	6.48	3.16	1.58	-2.30	47
811	林高榜	易方达	2017/05~2022/12	68	3	6.02	0.87	0.63	0.58	0.91	-0.20	0.09	-0.05	10.00	20.85	0.41	-30.51	61
812	刘健维	易方达	2019/07~2022/12	42	3	22.24	2.57*	-2.89	-1.83	1.10	-0.08	-0.20	0.08	20.40	23.41	0.81	-25.72	76

附录八　在职股票型基金经理选股与择时能力（按当前任职公司排序）：1998~2022 年

续表

编号	基金经理	当前任职公司	任职区间	任职时间（月）	管理基金数量（只）	选股能力 年化α(%)	选股能力 t(α)	择时能力 γ	择时能力 t(γ)	β_{mkt}	β_{smb}	β_{hml}	β_{mom}	年化收益率(%)	年化波动率(%)	年化夏普比率	最大回撤率(%)	调整后 R^2(%)
813	刘武	易方达	2018/12~2022/12	49	4	18.70	1.67*	-1.35	-0.85	1.12	-0.27	-0.64	-0.30	23.57	28.66	0.77	-36.70	66
814	祁禾	易方达	2017/12~2022/12	61	8	17.99	2.60*	-1.25	-1.24	0.90	-0.09	-0.39	0.08	17.15	21.83	0.72	-25.62	71
815	孙松	易方达	2018/12~2022/12	49	1	20.99	3.47*	-1.47	-1.71	0.97	-0.48	-0.29	-0.21	19.30	21.19	0.84	-29.74	82
816	王元春	易方达	2018/12~2022/12	49	4	29.81	2.37*	-1.00	-0.56	1.06	-0.57	-0.04	-0.36	27.65	27.67	0.95	-37.09	53
817	武阳	易方达	2015/08~2022/12	89	5	10.29	2.29*	-0.90	-2.42	0.97	-0.24	-0.38	-0.14	9.56	23.84	0.34	-40.52	80
818	萧楠	易方达	2012/09~2022/12	124	10	10.44	1.75*	0.37	0.81	0.49	-0.21	-0.30	-0.12	16.24	20.28	0.71	-36.61	34
819	杨嘉文	易方达	2017/12~2022/12	61	5	15.62	3.88*	-1.60	-2.71	0.87	0.06	-0.07	0.12	14.10	17.61	0.72	-22.80	85
820	杨桢霄	易方达	2016/08~2022/12	77	3	9.28	1.12	-0.22	-0.16	0.85	0.07	-0.45	0.19	13.63	24.12	0.50	-46.31	50
821	杨宗昌	易方达	2019/04~2022/12	45	3	18.55	1.87*	1.74	0.94	1.01	-0.06	-0.21	0.40	31.42	25.29	1.18	-17.43	70
822	张坤	易方达	2015/11~2022/12	124	4	15.13	2.10*	-0.55	-0.88	1.06	-0.47	-0.17	-0.37	11.70	27.11	0.38	-48.55	62
823	张清华	易方达	2015/04~2022/12	93	13	12.20	2.23*	0.71	1.63	0.46	-0.28	-0.50	0.03	14.88	17.73	0.75	-32.85	45
824	郑希	易方达	2012/09~2022/12	124	7	6.55	1.24	0.02	0.05	0.85	0.09	-0.62	0.30	16.96	26.95	0.56	-40.93	71
825	高喜阳	益民	2011/04~2022/12	49	7	1.84	0.25	-2.17	-1.68	0.70	0.38	-0.25	0.02	2.76	16.94	-0.01	-22.64	72
826	韩昌	银河	2015/04~2022/12	93	20	3.06	2.43*	0.16	1.57	0.10	-0.07	-0.09	0.01	4.75	3.92	0.82	-2.81	40
827	何晶	银河	2015/05~2022/12	53	6	8.49	2.42*	0.32	0.87	0.23	-0.12	-0.14	-0.07	9.72	7.72	1.09	-11.01	54
828	刘铭	银河	2017/05~2022/12	69	9	5.39	4.60*	-0.52	-2.84	0.18	-0.03	-0.04	0.02	5.75	3.95	1.08	-5.60	68
829	卢轶乔	银河	2012/12~2022/12	121	9	-0.59	-0.13	0.00	0.01	0.69	0.26	0.23	0.28	10.78	22.82	0.39	-47.48	69
830	罗博	银河	2016/12~2022/12	73	6	-0.81	-0.31	1.41	3.33*	0.59	0.08	0.08	0.16	6.81	12.48	0.43	-22.29	83
831	石磊	银河	2019/04~2022/12	45	3	8.68	3.17*	-0.43	-0.84	0.25	-0.05	-0.06	-0.02	9.16	5.90	1.30	-4.47	59

续表

编号	基金经理	当前任职公司	任职区间	任职时间(月)	管理基金数量(只)	选股能力 年化α(%)	t(α)	择时能力 γ	t(γ)	β_{mkt}	β_{smb}	β_{hml}	β_{mom}	年化收益率(%)	年化波动率(%)	年化夏普比率	最大回撤率(%)	调整后 R^2(%)
832	杨琪	银河	2017/01~2022/12	72	6	10.49	1.82*	-1.88	-2.01	0.89	-0.31	-0.16	-0.15	6.15	18.98	0.25	-41.26	64
833	袁曦	银河	2015/12~2022/12	85	9	9.85	1.89*	0.18	0.39	0.96	-0.18	-0.47	0.13	12.33	24.36	0.44	-29.40	75
834	张杨	银河	2011/10~2022/12	135	9	5.14	1.06	-0.09	-0.24	0.90	0.08	-0.53	0.36	13.69	26.96	0.43	-54.03	73
835	郑巍山	银河	2019/05~2022/12	44	4	42.89	2.00*	-7.42	-1.84	1.03	-0.24	-0.83	-0.10	28.26	38.18	0.70	-44.87	40
836	祝建辉	银河	2015/12~2022/12	85	9	8.60	2.12*	0.03	0.08	0.72	-0.16	-0.16	0.13	9.88	17.98	0.47	-31.60	73
837	薄官辉	银华	2015/04~2022/12	93	8	11.10	2.89*	-0.22	-0.72	0.86	-0.15	-0.29	-0.11	10.07	21.90	0.39	-34.55	82
838	贲兴振	银华	2013/02~2022/12	115	9	8.72	2.22*	-0.61	-2.09	0.65	-0.05	-0.21	0.09	10.93	19.32	0.48	-29.81	72
839	程桯	银华	2015/08~2022/12	84	5	7.16	1.46	-0.03	-0.06	0.92	-0.30	-0.25	-0.07	7.26	21.46	0.27	-41.66	73
840	杜宇	银华	2019/12~2022/12	37	2	10.90	0.68	-0.88	-0.32	0.73	-0.11	-0.53	-0.10	11.03	25.61	0.37	-31.52	43
841	方建	银华	2018/06~2022/12	55	4	22.82	1.84*	-1.53	-0.86	1.17	-0.12	-0.35	0.08	24.44	30.75	0.75	-30.02	57
842	和玮	银华	2018/08~2022/12	53	4	10.70	1.40	-1.85	-1.72	0.83	-0.09	0.22	0.10	9.24	18.78	0.41	-27.90	59
843	贾鹏	银华	2016/05~2022/12	80	5	5.07	1.32	0.69	1.06	0.82	-0.20	-0.29	-0.05	10.04	17.19	0.50	-36.92	78
844	焦巍	银华	2012/10~2022/12	81	10	11.71	1.13	0.76	0.80	0.91	-0.03	0.02	0.34	23.70	30.43	0.73	-49.82	56
845	李晓星	银华	2015/07~2022/12	90	15	16.17	3.51*	-0.69	-1.82	0.95	-0.19	-0.36	-0.17	14.83	23.98	0.56	-29.11	79
846	李宜璇	银华	2018/03~2022/12	58	5	12.10	1.50	-1.43	-1.24	1.13	-0.11	-0.38	-0.14	10.57	25.80	0.35	-31.51	73
847	刘辉	银华	2017/03~2022/12	70	4	4.55	0.50	1.40	0.96	1.01	-0.03	0.29	0.28	12.19	25.63	0.42	-41.31	52
848	马君	银华	2013/12~2022/12	84	8	6.30	1.44	-1.98	-3.49	0.83	0.10	-0.25	0.16	11.99	19.24	0.54	-31.57	77
849	倪明	银华	2008/01~2022/12	176	9	-1.06	-0.35	0.17	0.91	0.82	0.01	-0.16	0.24	6.48	24.12	0.18	-56.25	84
850	秦锋	银华	2018/02~2022/12	59	2	5.91	0.59	-0.62	-0.43	0.92	-0.44	-0.28	-0.33	1.60	24.27	0.00	-48.82	53

续表

编号	基金经理	当前任职公司	任职区间	任职时间（月）	管理基金数量（只）	选股能力 年化α(%)	选股能力 t(α)	择时能力 γ	择时能力 t(γ)	β_{mkt}	β_{smb}	β_{hml}	β_{mom}	年化收益率(%)	年化波动率(%)	年化夏普比率	最大回撤率(%)	调整后R^2(%)
851	苏静然	银华	2017/08~2022/12	65	5	8.39	1.42	-1.14	-1.27	1.01	-0.22	-0.02	0.01	5.32	20.79	0.18	-36.29	73
852	孙蓓琳	银华	2012/07~2022/12	122	8	5.68	1.59	0.28	1.08	0.81	-0.03	-0.13	0.16	15.51	22.27	0.62	-33.37	82
853	孙慧	银华	2016/10~2022/12	75	2	10.70	1.64	-0.76	-0.70	0.87	-0.21	-0.22	-0.24	9.85	20.08	0.42	-35.21	57
854	唐能	银华	2015/05~2022/12	92	8	9.33	1.68*	-0.16	-0.36	0.80	-0.21	-0.10	0.06	6.18	22.59	0.21	-44.13	65
855	王斌	银华	2016/02~2022/12	83	4	21.24	2.45*	0.06	0.05	0.94	0.18	0.24	0.36	34.46	22.45	1.47	-20.61	64
856	王海峰	银华	2016/03~2022/12	82	7	7.19	1.87*	0.90	1.36	0.73	-0.02	0.08	0.16	13.16	15.18	0.77	-19.73	70
857	王浩	银华	2015/11~2022/12	86	6	11.32	2.03*	-0.33	-0.68	0.89	-0.16	-0.43	-0.18	11.76	23.05	0.45	-37.49	69
858	王利刚	银华	2019/12~2022/12	37	4	1.23	0.09	1.02	0.45	0.68	0.08	0.24	0.44	11.39	21.26	0.46	-25.08	43
859	向伊达	银华	2019/12~2022/12	37	4	28.61	1.77*	-2.90	-1.05	0.97	0.02	-0.33	0.04	25.73	27.92	0.87	-32.11	52
860	张凯	银华	2016/04~2022/12	81	4	4.23	0.85	-2.58	-3.04	0.76	0.00	-0.31	0.13	1.38	17.43	-0.01	-30.44	63
861	张萍	银华	2018/11~2022/12	50	12	17.69	2.07*	-0.22	-0.18	0.90	-0.24	-0.35	-0.17	23.07	22.50	0.96	-28.97	67
862	赵楠楠	银华	2019/09~2022/12	40	5	3.51	1.94*	-0.35	-1.08	0.11	-0.03	-0.01	0.00	3.98	3.08	0.81	-2.74	43
863	周晶	银华	2013/02~2022/12	102	5	8.68	1.95*	-0.78	-1.38	0.82	-0.10	0.00	0.20	18.41	18.77	0.90	-37.97	68
864	周韦	银华	2018/04~2022/12	57	4	18.32	1.65*	-0.78	-0.50	1.01	-0.35	0.14	-0.08	14.97	25.86	0.52	-43.63	51
865	张嫒	英大	2018/01~2022/12	60	4	11.75	2.28*	0.12	0.16	0.89	-0.02	0.20	0.07	13.82	18.55	0.66	-19.71	78
866	郑中华	英大	2019/03~2022/12	46	2	20.73	2.76*	-3.43	-2.41	1.21	-0.01	-0.50	-0.11	17.85	25.55	0.64	-31.03	83
867	常远	永赢	2016/01~2022/12	73	5	8.09	1.38	-0.18	-0.17	0.96	-0.38	-0.45	-0.01	7.31	21.15	0.28	-38.03	72
868	光磊	永赢	2015/04~2022/12	87	9	11.04	1.90*	-0.67	-1.49	0.79	0.00	-0.24	0.23	7.05	24.90	0.23	-49.10	72
869	黄韵	永赢	2014/10~2022/12	89	11	4.28	1.45	0.11	0.57	0.24	-0.11	-0.09	-0.13	8.77	9.17	0.79	-16.81	45

续表

编号	基金经理	当前任职公司	任职区间	任职时间(月)	管理基金数量(只)	选股能力 年化α(%)	选股能力 t(α)	择时能力 γ	择时能力 t(γ)	β_{mkt}	β_{smb}	β_{hml}	β_{mom}	年化收益率(%)	年化波动率(%)	年化夏普比率	最大回撤率(%)	调整后R^2(%)
870	李永兴	永赢	2012/03~2022/12	96	14	7.31	1.54	-0.29	-0.54	0.78	-0.24	0.04	-0.08	15.59	20.27	0.67	-26.82	72
871	陆海燕	永赢	2016/04~2022/12	58	3	7.19	0.87	-4.57	-2.45	0.76	0.46	0.16	0.50	4.03	20.19	0.13	-29.41	52
872	牟琼屿	永赢	2019/06~2022/12	43	1	5.77	2.11*	0.20	0.40	0.51	-0.09	-0.08	0.05	9.26	10.29	0.75	-12.10	87
873	乔敏	永赢	2019/10~2022/12	39	2	5.62	0.47	3.80	1.82*	1.04	-0.16	-0.46	0.13	23.80	28.34	0.79	-34.56	72
874	万纯	永赢	2019/07~2022/12	42	5	5.34	1.68*	0.28	0.49	0.49	-0.10	-0.09	0.04	9.01	10.35	0.75	-15.44	85
875	于航	永赢	2015/04~2022/12	91	8	11.26	1.43	0.08	0.13	1.02	0.09	-0.46	0.59	11.63	33.67	0.30	-62.04	69
876	范妍	圆信永丰	2015/10~2022/12	87	13	9.70	3.08*	0.77	2.78*	0.65	-0.11	-0.22	0.12	15.21	15.52	0.88	-23.86	78
877	胡春霞	圆信永丰	2018/03~2022/12	58	5	9.86	1.78*	-0.92	-1.16	0.89	-0.10	-0.50	-0.04	10.44	20.96	0.43	-31.25	81
878	肖世源	圆信永丰	2017/06~2022/12	67	5	6.96	0.93	-0.80	-0.69	0.83	0.12	-0.16	0.24	9.81	21.36	0.39	-34.11	57
879	邹维	圆信永丰	2019/01~2022/12	48	4	14.17	2.98*	-0.92	-1.37	0.86	-0.09	-0.20	0.19	20.65	19.04	1.01	-22.85	86
880	林忠晶	长安	2015/05~2022/12	92	12	7.70	1.28	0.62	1.24	0.45	-0.32	-0.78	0.01	10.29	19.75	0.44	-46.29	46
881	徐小勇	长安	2008/08~2022/12	136	14	3.55	0.61	0.49	1.17	0.79	0.07	-0.14	0.42	22.01	25.73	0.78	-42.69	63
882	陈良栋	长城	2015/11~2022/12	86	10	4.53	0.81	1.10	2.27*	0.39	0.15	-0.50	0.45	13.55	17.96	0.67	-27.40	47
883	储雯玉	长城	2015/08~2022/12	89	6	4.06	0.54	-0.05	-0.07	0.33	0.04	-0.84	0.38	8.99	22.53	0.33	-40.95	37
884	韩林	长城	2016/05~2022/12	77	5	5.01	0.79	-0.54	-0.51	0.86	-0.10	-0.53	0.06	7.89	21.34	0.30	-30.75	63
885	何以广	长城	2015/05~2022/12	92	10	12.00	2.58*	-0.72	-1.86	0.85	0.00	-0.38	0.20	8.32	24.66	0.28	-39.61	80
886	雷俊	长城	2015/06~2022/12	74	7	4.38	1.25	0.40	1.40	1.01	-0.07	-0.27	-0.19	10.04	23.72	0.37	-25.31	91
887	廖瀚博	长城	2018/03~2022/12	58	6	12.76	1.58	-0.93	-0.81	0.76	0.08	-0.46	0.26	15.99	22.22	0.65	-24.20	64
888	刘疆	长城	2019/04~2022/12	45	3	17.58	1.42	-6.09	-2.64	0.89	0.09	-0.20	0.19	8.09	24.97	0.26	-47.62	53

续表

编号	基金经理	当前任职公司	任职区间	任职时间（月）	管理基金数量（只）	选股能力 年化α(%)	t(α)	择时能力 γ	t(γ)	β_{mkt}	β_{smb}	β_{hml}	β_{mom}	年化收益率(%)	年化波动率(%)	年化夏普比率	最大回撤率(%)	调整后R^2(%)
889	龙宇飞	长城	2017/10~2022/12	63	3	11.72	1.68*	-2.14	-2.06	0.90	0.02	-0.49	0.11	9.13	22.40	0.34	-34.52	70
890	马强	长城	2015/06~2022/12	91	9	1.77	0.49	0.25	0.84	0.27	-0.10	-0.38	0.04	4.45	11.45	0.26	-25.48	42
891	曲少杰	长城	2019/06~2022/12	43	1	-3.04	-0.25	0.75	0.33	1.07	-0.37	-0.24	-0.45	-1.57	24.95	-0.12	-58.90	56
892	谭小兵	长城	2016/02~2022/12	83	7	10.42	1.92*	-0.90	-1.05	0.69	0.10	-0.20	0.11	13.67	17.48	0.70	-33.34	55
893	王卫林	长城	2019/12~2022/12	37	1	-0.96	-0.13	0.54	0.44	1.04	-0.27	-0.29	-0.24	0.35	21.86	-0.05	-34.95	84
894	杨建华	长城	2007/09~2022/12	177	11	5.22	1.24	-0.03	-0.10	0.83	-0.10	-0.22	0.10	4.78	25.60	0.10	-64.19	72
895	尤国梁	长城	2019/10~2022/12	39	2	20.81	0.92	-4.45	-1.12	0.84	0.14	-0.72	0.35	18.61	36.85	0.46	-38.15	41
896	张健	长城	2018/08~2022/12	53	2	10.90	1.28	-1.57	-1.30	0.85	-0.16	-0.28	0.06	11.08	21.68	0.44	-30.46	62
897	赵凤飞	长城	2018/03~2022/12	58	3	3.68	0.43	-0.53	-0.43	0.69	-0.03	-0.64	-0.13	6.26	21.51	0.22	-33.20	57
898	徐健	长江证券资管	2005/08~2022/12	43	3	10.30	1.17	1.49	1.32	0.75	-0.19	0.08	-0.06	31.09	22.73	1.32	-18.36	72
899	陈亘斯	长盛	2019/05~2022/12	44	4	1.72	0.29	1.35	1.22	0.72	-0.09	0.02	0.12	10.31	15.57	0.57	-13.03	73
900	代毅	长盛	2018/06~2022/12	55	6	-2.53	-0.25	-0.16	-0.11	1.04	0.07	-0.07	0.47	6.01	27.02	0.17	-48.38	65
901	郭堃	长盛	2015/11~2022/12	81	11	6.33	1.74*	0.98	3.15*	0.74	-0.10	-0.43	0.01	11.63	18.18	0.57	-22.42	80
902	李琪	长盛	2016/08~2022/12	77	6	2.34	1.01	0.12	0.31	0.43	-0.05	-0.04	0.04	4.89	9.00	0.38	-22.21	72
903	孟棋	长盛	2019/05~2022/12	44	6	21.43	1.79*	-3.97	-1.76	0.67	-0.19	-0.49	0.13	15.07	23.28	0.58	-40.98	49
904	钱文礼	长盛	2017/10~2022/12	63	6	6.24	0.74	-0.92	-0.73	0.86	-0.25	-0.66	-0.11	4.95	23.60	0.15	-44.08	60
905	王宁	长盛	2001/07~2022/12	192	13	8.68	3.20*	-0.09	-0.59	0.67	-0.12	-0.05	0.17	13.54	21.78	0.52	-52.32	84
906	吴达	长盛	2016/07~2022/12	78	5	5.67	1.38	-0.64	-0.94	0.71	-0.21	-0.33	0.13	6.82	16.07	0.33	-34.82	72
907	杨衡	长盛	2015/06~2022/12	91	21	8.38	2.42*	-0.43	-1.50	0.45	-0.13	-0.25	-0.08	7.07	13.39	0.42	-18.75	62

续表

编号	基金经理	当前任职公司	任职区间	任职时间（月）	管理基金数量（只）	选股能力 年化α(%)	选股能力 t(α)	择时能力 γ	择时能力 t(γ)	β_{mkt}	β_{smb}	β_{hml}	β_{mom}	年化收益率(%)	年化波动率(%)	年化夏普比率	最大回撤率(%)	调整后 R^2(%)
908	张谊然	长盛	2019/05~2022/12	44	4	9.25	1.53	0.76	0.66	0.82	-0.24	-0.37	-0.10	14.94	18.45	0.73	-23.42	79
909	周思聪	长盛	2014/01~2022/12	104	7	1.60	0.23	0.02	0.04	0.48	0.04	-0.25	0.30	6.81	22.32	0.23	-48.66	36
910	朱律	长盛	2019/05~2022/12	44	4	13.63	0.77	-0.88	-0.26	0.18	-0.26	-0.57	0.32	13.58	27.50	0.44	-47.43	21
911	高远	长信	2017/01~2022/12	72	3	14.26	3.59*	-0.53	-0.83	0.83	0.06	-0.09	0.06	16.51	16.80	0.89	-20.34	78
912	李家春	长信	2016/10~2022/12	70	3	6.00	2.60*	0.70	1.78*	0.44	-0.18	-0.14	-0.13	10.73	9.42	1.00	-10.82	78
913	刘亮	长信	2019/08~2022/12	41	3	2.83	0.20	2.70	1.05	0.93	-0.31	-0.30	-0.42	11.19	25.75	0.38	-50.28	48
914	宋海岸	长信	2018/02~2022/12	59	4	10.45	0.85	-0.03	-0.02	0.84	0.24	-0.41	0.39	19.53	28.60	0.63	-30.78	49
915	吴晖	长信	2019/04~2022/12	45	3	11.72	3.91*	-1.12	-2.01	0.45	-0.15	-0.13	-0.07	9.44	9.24	0.86	-12.24	80
916	叶松	长信	2011/03~2022/12	142	17	4.97	1.55	-0.13	-0.52	0.74	0.15	-0.23	0.03	12.30	20.84	0.49	-29.61	79
917	朱垚	长信	2019/05~2022/12	44	1	0.61	0.17	0.50	0.73	0.24	-0.06	-0.06	0.03	4.39	6.95	0.42	-15.77	48
918	祝昱丰	长信	2017/10~2022/12	63	3	14.95	2.37*	-1.18	-1.25	0.96	-0.46	-0.31	-0.34	8.64	20.91	0.34	-41.21	72
919	左金保	长信	2015/03~2022/12	94	13	0.45	0.12	0.36	1.31	0.91	0.20	-0.23	0.16	8.69	26.18	0.27	-38.11	88
920	白海峰	招商	2017/05~2022/12	68	2	9.89	1.72*	-1.43	-1.58	0.79	-0.20	-0.19	-0.04	7.93	17.80	0.36	-33.77	63
921	付斌	招商	2015/01~2022/12	96	13	1.66	0.39	0.38	1.26	0.67	-0.14	-0.45	-0.06	7.74	19.73	0.31	-37.81	73
922	郭锐	招商	2012/07~2022/12	126	12	4.34	1.20	0.08	0.30	0.74	0.01	-0.25	0.09	13.37	20.67	0.56	-35.41	76
923	韩冰	招商	2015/05~2022/12	92	4	13.76	2.30*	-0.81	-1.63	0.88	-0.14	-0.42	-0.13	9.11	25.66	0.30	-49.75	69
924	侯杰	招商	2018/10~2022/12	51	4	7.75	2.69*	-0.77	-1.86	0.34	-0.02	-0.10	-0.07	9.54	7.74	1.04	-8.98	67
925	贾成东	招商	2013/11~2022/12	95	9	-0.30	-0.05	2.33	2.29*	0.70	-0.17	-0.33	0.09	12.57	19.73	0.56	-33.35	57
926	贾仁栋	招商	2016/09~2022/12	76	3	3.52	0.60	-0.65	-0.68	0.37	-0.10	-0.55	0.04	4.66	15.19	0.21	-29.99	40

续表

编号	基金经理	当前任职公司	任职区间	任职时间（月）	管理基金数量（只）	选股能力 年化α(%)	t(α)	择时能力 γ	t(γ)	β_mkt	β_smb	β_hml	β_mom	年化收益率(%)	年化波动率(%)	年化夏普比率	最大回撤率(%)	调整后R²(%)
927	李佳存	招商	2015/01~2022/12	96	8	8.61	1.18	-0.19	-0.38	0.86	0.15	-0.26	0.41	14.98	30.18	0.44	-51.70	66
928	李崟	招商	2016/02~2022/12	83	6	5.25	1.35	0.00	0.01	0.44	0.04	0.30	0.33	9.44	11.66	0.68	-18.03	48
929	梁辰	招商	2017/07~2022/12	56	6	11.82	1.75*	1.31	1.26	0.75	0.00	-0.10	0.14	20.92	18.48	1.10	-20.20	64
930	陆文凯	招商	2018/06~2022/12	51	3	22.28	1.65*	0.47	0.23	0.86	0.38	-0.16	0.63	36.76	28.49	1.26	-16.43	46
931	任琳娜	招商	2017/11~2022/12	57	4	21.21	1.62	-1.61	-0.87	1.06	-0.49	-0.71	-0.16	17.84	30.38	0.55	-30.91	53
932	滕越	招商	2017/03~2022/12	52	8	4.29	1.81*	-0.45	-1.24	0.39	-0.02	-0.11	-0.04	2.64	8.20	0.15	-12.57	78
933	王超	招商	2015/04~2022/12	78	12	1.71	0.32	0.41	1.02	0.85	0.10	-0.04	0.20	1.87	24.51	0.02	-40.41	78
934	王刚	招商	2017/07~2022/12	66	8	2.70	1.35	0.57	1.85*	0.26	0.02	-0.15	-0.02	7.22	6.87	0.83	-10.33	71
935	王景	招商	2011/12~2022/12	132	16	2.36	0.63	1.13	3.79*	0.63	-0.08	-0.26	0.12	13.23	18.51	0.61	-34.26	67
936	王平	招商	2016/03~2022/12	82	4	4.79	1.55	0.21	0.39	0.76	0.31	0.15	0.41	11.56	15.54	0.65	-18.47	82
937	王奇玮	招商	2016/12~2022/12	73	7	10.74	1.40	-0.37	-0.30	0.92	-0.12	-0.68	0.00	14.16	24.49	0.52	-27.67	61
938	王垠	招商	2018/09~2022/12	52	4	3.27	1.57	0.16	0.55	0.20	0.02	0.03	0.04	7.05	5.06	1.10	-4.62	60
939	吴昊	招商	2012/04~2022/12	129	3	-0.43	-0.09	-0.16	-0.50	0.76	0.09	-0.37	-0.06	12.78	25.91	0.42	-44.32	78
940	徐张红	招商	2017/06~2022/12	41	3	9.34	1.84*	-0.98	-1.40	0.70	0.05	0.14	-0.05	4.26	14.31	0.21	-20.87	79
941	姚飞军	招商	2016/06~2022/12	79	4	2.36	1.21	-1.28	-3.88	0.23	0.01	-0.10	0.06	1.09	6.06	-0.07	-15.77	54
942	余芽芳	招商	2017/04~2022/12	69	7	4.90	2.80*	0.01	0.05	0.17	0.01	0.01	0.06	7.00	4.58	1.20	-5.18	46
943	张磊	招商	2017/06~2022/12	67	4	4.59	1.34	-0.82	-1.55	0.47	0.02	0.09	0.12	4.56	10.33	0.30	-20.62	62
944	张飞林	招商	2015/07~2022/12	90	7	6.46	1.00	-0.66	-1.24	0.74	-0.02	-0.63	0.21	7.13	24.94	0.23	-39.73	62
945	张西林	招商	2017/04~2022/12	69	6	2.99	0.72	-0.15	-0.22	0.57	-0.02	-0.34	-0.02	6.25	14.14	0.34	-29.48	68

续表

编号	基金经理	当前任职公司	任职区间	任职时间（月）	管理基金数量（只）	选股能力 年化α(%)	t(α)	择时能力 γ	t(γ)	β_{mkt}	β_{smb}	β_{hml}	β_{mom}	年化收益率(%)	年化波动率(%)	年化夏普比率	最大回撤率(%)	调整后R^2(%)
946	张韵	招商	2016/01~2022/12	84	8	3.06	1.82*	-0.10	-0.40	0.17	-0.01	0.00	0.13	5.15	4.94	0.74	-4.54	45
947	赵波	招商证券资管	2014/04~2022/12	102	6	-4.32	-0.88	-0.14	-0.40	0.87	0.02	-0.23	0.15	5.09	25.43	0.14	-59.22	77
948	马斌博	浙商证券资管	2017/12~2022/12	61	4	9.87	1.74*	-1.23	-1.48	0.72	-0.17	-0.44	0.00	7.85	17.98	0.35	-29.57	71
949	周涛	浙商证券资管	2019/01~2022/12	48	6	15.06	2.22*	-2.29	-2.40	0.85	-0.20	-0.33	0.10	14.71	20.07	0.66	-30.36	75
950	贾腾	浙商	2019/02~2022/12	47	6	12.02	1.39	0.60	0.37	1.06	-0.39	-0.13	-0.38	12.74	22.06	0.51	-37.64	69
951	向伟	浙商	2019/09~2022/12	40	3	14.35	2.64*	-0.61	-0.63	1.13	-0.23	-0.05	-0.10	15.53	21.29	0.66	-28.07	89
952	丘栋荣	中庚	2014/09~2022/12	93	6	18.63	3.96*	-0.03	-0.08	0.70	-0.12	0.28	-0.13	26.90	20.59	1.24	-19.80	71
953	张丽华	中国人保资管	2018/10~2022/12	51	1	7.73	0.92	-2.21	-1.83	0.62	-0.17	-0.47	0.31	6.35	20.39	0.24	-44.89	60
954	张永超	中国人保资管	2016/11~2022/12	68	13	-2.35	-0.41	-1.30	-1.38	0.51	-0.07	-0.16	0.03	-6.47	13.66	-0.59	-47.40	42
955	陈玮	中海	2019/07~2022/12	42	2	-1.33	-0.13	1.73	0.90	1.07	-0.45	-0.17	-0.54	1.18	23.54	-0.01	-49.23	65
956	邸红丽	中海	2014/03~2022/12	106	3	2.71	0.54	0.05	0.13	0.85	-0.02	-0.35	0.22	12.04	25.28	0.41	-48.90	74
957	许定晴	中海	2010/03~2022/12	154	10	1.70	0.44	-0.41	-1.24	0.84	0.14	-0.07	0.28	6.40	23.54	0.18	-52.51	75
958	姚晨曦	中海	2015/04~2022/12	93	6	6.70	0.90	-0.19	-0.32	0.95	0.12	-0.25	0.56	7.83	31.68	0.20	-56.36	68
959	姚炜	中海	2018/12~2022/12	49	2	7.20	0.79	-2.41	-1.86	0.94	-0.44	-0.22	-0.40	1.38	21.92	-0.01	-51.78	61
960	韩浩	中航	2017/12~2022/12	61	3	6.00	0.99	-0.81	-0.92	0.64	-0.12	-0.26	0.05	5.39	16.50	0.24	-26.06	60
961	龙川	中航	2017/07~2022/12	48	3	3.33	0.82	1.41	2.41*	0.82	0.03	0.04	0.20	5.04	17.10	0.21	-18.20	88
962	冯汉杰	中加	2018/12~2022/12	49	4	15.58	3.51*	0.25	0.40	0.61	-0.16	0.16	0.14	21.45	13.62	1.46	-9.09	76
963	李坤元	中加	2010/05~2022/12	134	9	5.98	1.27	-1.06	-2.48	0.93	-0.05	-0.33	0.21	-0.82	24.93	-0.12	-65.04	72
964	刘晓晨	中加	2018/01~2022/12	51	5	18.38	3.92*	-0.91	-1.51	0.57	-0.23	-0.32	-0.11	13.21	13.60	0.88	-16.83	77

续表

编号	基金经理	当前任职公司	任职区间	任职时间（月）	管理基金数量（只）	选股能力		择时能力		β_{mkt}	β_{smb}	β_{hml}	β_{mom}	年化收益率（%）	年化波动率（%）	年化夏普比率	最大回撤率（%）	调整后 R^2（%）
						年化 α(%)	$t(\alpha)$	γ	$t(\gamma)$									
965	王溱	中加	2018/08~2022/12	53	3	-1.95	-0.45	1.56	2.57*	0.34	-0.09	-0.14	-0.16	6.24	10.88	0.44	-9.05	61
966	闫沛贤	中加	2015/12~2022/12	85	1	2.35	2.39*	0.10	1.16	0.07	0.00	-0.08	0.01	4.49	2.92	1.02	-3.11	39
967	刘重晋	中金	2017/08~2022/12	65	8	3.88	0.90	1.70	2.58*	0.74	0.00	0.15	0.15	11.51	16.51	0.61	-19.36	77
968	许忠海	中金	2015/04~2022/12	90	8	-2.46	-0.28	-0.09	-0.13	1.06	0.08	-0.85	-0.02	1.59	33.93	0.00	-70.98	63
969	孟禄程	中科沃土	2019/11~2022/12	38	2	4.11	0.37	1.53	0.80	0.54	-0.14	0.19	0.20	11.33	17.45	0.56	-14.40	40
970	徐伟	中科沃土	2019/08~2022/12	41	2	7.03	1.04	0.88	0.72	0.61	-0.15	0.26	0.09	11.18	13.83	0.70	-11.53	60
971	曹名长	中欧	2006/07~2022/12	194	11	8.33	2.80*	-0.02	-0.11	0.79	-0.15	-0.12	-0.03	18.74	24.45	0.68	-63.74	83
972	成雨轩	中欧	2019/06~2022/12	43	3	16.85	1.94*	-0.02	-0.02	0.83	-0.52	-0.29	-0.16	13.62	20.41	0.59	-36.71	66
973	代云锋	中欧	2017/10~2022/12	57	5	15.37	1.46	1.19	0.72	1.12	-0.10	-0.55	-0.02	26.27	27.75	0.91	-29.69	62
974	葛兰	中欧	2015/01~2022/12	92	9	14.14	1.82*	0.35	0.66	0.90	-0.21	-0.58	-0.12	20.72	28.98	0.67	-43.56	61
975	郭睿	中欧	2018/02~2022/12	59	4	8.74	0.90	-0.87	-0.63	1.04	0.01	-0.23	-0.02	10.63	25.90	0.35	-48.88	61
976	华李成	中欧	2018/03~2022/12	58	1	4.94	3.91*	0.02	0.12	0.08	-0.05	-0.05	0.01	6.30	2.86	1.68	-2.05	47
977	黄华	中欧	2018/12~2022/12	49	3	5.19	2.24*	0.08	0.24	0.14	-0.03	-0.04	-0.08	7.76	4.52	1.39	-2.11	41
978	蓝小康	中欧	2017/05~2022/12	68	2	8.52	1.50	-0.82	-0.92	0.92	0.15	0.34	0.09	10.13	19.13	0.45	-22.49	68
979	李帅	中欧	2015/07~2022/12	84	6	7.24	1.49	-0.01	-0.02	0.87	-0.24	-0.73	0.18	7.96	24.22	0.27	-38.21	80
980	罗佳明	中欧	2019/07~2022/12	42	4	17.09	2.35*	-2.59	-1.95	1.00	-0.22	-0.26	-0.36	11.43	19.90	0.50	-38.08	76
981	钱亚风云	中欧	2015/07~2022/12	83	9	6.18	0.99	0.79	1.59	0.59	0.06	-0.23	0.48	14.82	20.19	0.67	-29.93	52
982	曲径	中欧	2016/01~2022/12	84	10	7.88	2.62*	-1.17	-2.47	0.86	0.05	-0.19	0.15	10.41	16.79	0.53	-26.20	85
983	王健	中欧	2009/10~2022/12	142	13	5.49	2.21*	0.01	0.04	0.77	-0.01	-0.24	0.10	14.12	17.28	0.70	-26.61	84

续表

编号	基金经理	当前任职公司	任职区间	任职时间（月）	管理基金数量（只）	选股能力		择时能力		β_{mkt}	β_{smb}	β_{hml}	β_{mom}	年化收益率（%）	年化波动率（%）	年化夏普比率	最大回撤率（%）	调整后 R^2（%）
						年化 α（%）	$t(\alpha)$	γ	$t(\gamma)$									
984	王培	中欧	2011/06~2022/12	123	11	6.61	1.46	0.16	0.47	0.87	0.11	-0.27	0.33	15.47	25.76	0.52	-47.27	78
985	许文星	中欧	2018/04~2022/12	57	8	16.16	3.44*	-0.75	-1.13	0.86	-0.23	-0.25	-0.22	14.86	18.32	0.73	-25.96	82
986	袁维德	中欧	2016/12~2022/12	73	6	14.19	3.06*	-1.81	-2.39	0.95	0.04	-0.18	-0.08	12.35	19.10	0.57	-29.66	77
987	张跃鹏	中欧	2015/11~2022/12	86	16	2.82	0.85	0.39	1.35	0.29	-0.15	-0.37	0.03	5.74	10.76	0.39	-24.24	49
988	周蔚文	中欧	2006/11~2022/12	191	11	8.05	2.99*	0.02	0.11	0.72	-0.06	-0.35	0.13	16.91	22.80	0.65	-52.65	85
989	冯琪	中融	2019/11~2022/12	38	6	2.62	0.16	0.89	0.31	1.32	-0.17	0.24	-0.33	9.72	30.25	0.27	-37.75	55
990	甘传琦	中融	2017/06~2022/12	67	12	13.02	1.95*	-1.55	-1.49	0.90	0.22	-0.30	0.29	15.04	22.18	0.61	-27.26	68
991	金拓	中融	2019/01~2022/12	48	4	15.53	1.16	-0.22	-0.12	0.69	0.16	-0.31	0.33	28.25	25.63	1.04	-22.46	41
992	柯海东	中融	2016/07~2022/12	74	12	8.36	1.59	-0.02	-0.03	0.88	0.05	-0.23	0.18	15.92	19.21	0.76	-27.90	71
993	寇文红	中融	2019/05~2022/12	44	1	-4.23	-0.25	1.45	0.46	1.33	0.07	-0.35	0.07	12.27	34.84	0.31	-33.35	54
994	钱文成	中融	2013/01~2022/12	95	17	2.34	0.70	0.34	1.48	0.28	0.00	0.05	0.06	8.64	10.40	0.69	-11.34	47
995	吴刚	中融	2017/11~2022/12	61	6	10.82	1.77*	-1.12	-1.26	0.69	-0.03	0.01	0.21	10.03	16.33	0.53	-27.54	60
996	赵菲	中融	2016/12~2022/12	60	3	-0.21	-0.03	-0.62	-0.61	1.00	0.22	-0.31	0.24	0.63	23.72	-0.04	-38.64	76
997	姜诚	中泰证券资管	2014/08~2022/12	70	9	20.37	2.88*	-0.17	-0.41	0.40	-0.17	0.13	-0.15	24.31	17.63	1.30	-15.78	42
998	田瑀	中泰证券资管	2019/04~2022/12	45	4	8.84	1.11	3.68	2.47*	1.01	-0.20	0.21	-0.34	18.80	20.67	0.84	-23.29	71
999	韩海平	中信保诚	2007/11~2022/12	46	2	0.40	0.12	2.16	4.62*	0.25	-0.09	0.01	-0.05	9.87	8.03	1.06	-4.81	69
1000	同志刚	中信保诚	2010/02~2022/12	155	4	-2.69	-0.74	0.17	0.57	0.78	0.08	-0.34	0.18	5.77	21.97	0.17	-42.38	74
1001	孙浩中	中信保诚	2019/12~2022/12	37	5	41.58	1.80*	-3.76	-0.95	1.10	-0.05	-0.14	0.41	36.06	36.24	0.95	-40.15	42
1002	提云涛	中信保诚	2016/09~2022/12	76	10	5.37	3.13*	-0.19	-0.66	0.28	-0.07	-0.01	0.05	6.73	5.98	0.87	-9.71	66
1003	王睿	中信保诚	2015/04~2022/12	93	8	10.03	2.16*	0.05	0.14	0.88	0.09	-0.11	0.31	12.26	25.03	0.43	-34.06	80

附录八　在职股票型基金经理选股与择时能力（按当前任职公司排序）：1998~2022 年

续表

编号	基金经理	当前任职公司	任职区间	任职时间（月）	管理基金数量（只）	选股能力		择时能力		β_{mkt}	β_{smb}	β_{hml}	β_{mom}	年化收益率（%）	年化波动率（%）	年化夏普比率	最大回撤率（%）	调整后 R^2（%）
						年化 α（%）	$t(\alpha)$	γ	$t(\gamma)$									
1004	王颖	中信保诚	2017/02~2022/12	71	7	7.27	3.18*	-0.40	-1.08	0.29	-0.05	-0.06	-0.03	7.77	6.81	0.92	-12.54	57
1005	吴昊	中信保诚	2015/11~2022/12	86	8	-0.43	-0.09	-0.16	-0.50	0.76	0.09	-0.37	-0.06	12.78	25.91	0.42	-44.32	78
1006	夏明月	中信保诚	2019/03~2022/12	46	2	5.32	0.90	-0.34	-0.30	0.92	-0.16	-0.31	0.02	7.81	19.68	0.32	-28.27	82
1007	杨立春	中信保诚	2015/06~2022/12	91	7	8.32	1.52	0.41	0.91	0.04	-0.41	-0.25	-0.48	10.22	14.75	0.59	-5.34	21
1008	张弘	中信建投	2013/07~2022/12	53	4	9.60	0.89	-0.03	-0.02	0.61	0.01	-0.20	0.18	21.24	21.76	0.90	-26.10	35
1009	栾江伟	中信建投	2015/07~2022/12	83	10	12.31	2.34*	-0.71	-1.71	0.82	0.08	-0.45	0.05	16.60	23.95	0.64	-31.18	76
1010	谢玮	中信建投	2019/04~2022/12	45	3	24.47	1.49	-3.45	-1.12	0.93	0.04	-0.56	0.11	23.41	30.69	0.71	-48.88	45
1011	周户	中信建投	2017/01~2022/12	72	2	-0.07	-0.01	-0.87	-1.13	0.68	-0.16	-0.28	-0.14	-0.57	15.44	-0.13	-29.20	63
1012	周紫光	中信建投	2017/05~2022/12	68	5	18.37	1.50	-0.92	-0.48	1.03	0.05	-0.36	0.20	22.03	30.78	0.67	-35.23	43
1013	刘琦	中信证券	2019/10~2022/12	39	1	3.05	0.36	0.21	0.14	0.77	-0.26	-0.46	0.06	6.15	21.01	0.22	-36.48	75
1014	魏李	中信证券	2017/03~2022/12	68	8	5.76	1.57	-1.30	-2.19	0.81	-0.11	-0.19	-0.06	5.11	15.63	0.24	-27.73	81
1015	黄珺	中银国际证券	2019/03~2022/12	46	4	22.82	2.63*	-0.98	-0.60	0.82	-0.21	-0.42	0.06	23.06	21.15	1.02	-23.82	66
1016	李建	中银国际证券	2012/09~2022/12	124	5	4.71	2.93*	0.17	1.42	0.11	-0.06	-0.14	0.02	7.75	5.38	1.09	-7.63	31
1017	刘腾	中银国际证券	2017/09~2022/12	64	3	9.44	1.82*	-1.21	-1.55	0.59	-0.13	0.12	0.15	6.37	13.87	0.35	-24.06	56
1018	苗婷	中银国际证券	2016/08~2022/12	77	7	5.80	5.24*	-0.32	-1.73	0.17	-0.06	-0.02	0.01	6.41	3.69	1.33	-3.18	62
1019	宋殿宇	中银国际证券	2018/02~2022/12	59	4	6.26	3.23*	-0.55	-2.00	0.24	-0.09	0.02	0.00	4.94	5.35	0.64	-6.75	64
1020	涂海强	中银国际证券	2016/01~2022/12	84	6	5.98	3.17*	-0.94	-3.16	0.23	-0.07	-0.12	0.00	5.24	5.84	0.64	-9.06	50
1021	王睿	中银国际证券	2018/11~2022/12	50	4	10.03	2.16*	0.05	0.14	0.88	0.09	-0.11	0.31	12.26	25.03	0.43	-34.06	80
1022	王帅	中银	2015/07~2022/12	90	6	6.22	1.35	-0.21	-0.54	0.96	-0.23	-0.44	-0.11	6.97	24.14	0.23	-41.44	79
1023	王伟	中银	2015/02~2022/12	95	7	12.59	2.03*	-0.34	-0.78	0.86	-0.08	-0.45	0.24	14.85	27.32	0.49	-56.64	70

续表

编号	基金经理	当前任职公司	任职区间	任职时间(月)	管理基金数量(只)	选股能力 年化α(%)	选股能力 t(α)	择时能力 γ	择时能力 t(γ)	β_{mkt}	β_{smb}	β_{hml}	β_{mom}	年化收益率(%)	年化波动率(%)	年化夏普比率	最大回撤率(%)	调整后R^2(%)
1024	吴印	中银	2010/07~2022/12	141	13	1.50	0.36	-0.22	-0.70	0.71	-0.03	-0.17	0.20	4.71	20.72	0.13	-49.29	69
1025	严菲	中银	2007/03~2022/12	184	7	3.55	1.11	0.16	0.78	0.70	-0.10	-0.21	0.28	12.53	21.59	0.48	-56.93	76
1026	杨成	中银	2015/09~2022/12	88	4	2.98	1.32	0.42	2.23*	0.20	-0.09	-0.01	0.09	6.29	6.85	0.70	-13.84	40
1027	赵志华	中银	2015/07~2022/12	90	5	3.37	1.18	0.02	0.08	0.85	-0.04	-0.12	0.04	5.87	20.17	0.22	-32.23	89
1028	白冰洋	中银	2016/04~2022/12	62	5	-0.12	-0.01	0.52	0.38	0.66	0.32	0.82	0.69	6.84	19.00	0.29	-25.57	41
1029	计伟	中银	2017/09~2022/12	45	4	19.50	2.36*	-1.58	-1.40	0.91	-0.17	-0.50	-0.12	8.13	21.83	0.31	-29.45	74
1030	林博程	中银	2018/03~2022/12	54	5	16.97	2.05*	-1.67	-1.47	1.13	-0.06	-0.26	0.13	14.70	26.34	0.51	-26.18	77
1031	刘先政	中银	2018/06~2022/12	49	4	9.77	0.97	-2.45	-1.79	1.12	-0.10	-0.40	-0.02	4.56	27.51	0.11	-44.91	71
1032	蒲延杰	中银	2017/07~2022/12	57	6	4.23	0.50	1.36	0.66	0.70	-0.16	-0.67	0.36	5.71	19.34	0.23	-32.68	58
1033	张少华	中银	2011/06~2022/12	71	6	3.49	0.56	-0.38	-0.43	1.03	0.03	-0.44	0.05	-1.09	23.26	-0.14	-34.16	78
1034	张燕	中银	2015/05~2022/12	79	9	8.97	1.14	-0.87	-0.69	0.86	0.05	-0.47	0.17	11.42	23.38	0.42	-31.82	57
1035	曹思	中邮创业	2014/05~2022/12	104	4	4.20	0.69	0.13	0.29	0.82	0.31	-0.53	0.35	17.25	29.17	0.53	-45.47	72
1036	陈鸿平	中邮创业	2019/03~2022/12	46	1	-0.66	-0.05	1.38	0.58	0.99	-0.35	-0.04	-0.56	-0.54	24.53	-0.08	-48.76	47
1037	陈梁	中邮创业	2014/07~2022/12	102	8	-1.37	-0.24	1.20	2.86*	0.69	0.10	-0.18	0.38	13.66	24.39	0.49	-39.09	64
1038	国晓雯	中邮创业	2017/01~2022/12	72	11	8.71	1.68*	-0.70	-0.83	0.92	-0.08	-0.28	0.02	10.29	19.75	0.45	-32.14	73
1039	任慧峰	中邮创业	2018/08~2022/12	53	4	10.43	2.50*	-1.47	-2.50	0.63	-0.17	-0.10	-0.03	8.58	13.53	0.52	-26.23	76
1040	吴尚	中邮创业	2018/03~2022/12	58	3	11.87	1.51	-1.55	-1.39	0.92	-0.22	-0.36	-0.18	7.80	22.17	0.28	-37.99	66
1041	武志晓	中邮创业	2019/05~2022/12	42	2	3.97	0.28	0.34	0.13	1.17	-0.46	-0.04	-0.79	-0.77	25.84	-0.09	-48.76	52
1042	张腾	中邮创业	2015/03~2022/12	94	2	3.27	0.43	0.47	0.85	0.89	0.17	0.08	0.32	10.90	29.89	0.31	-56.55	63
1043	周楠	中邮创业	2015/05~2022/12	92	4	1.19	0.19	-0.21	-0.41	0.91	-0.10	-0.74	-0.36	1.40	26.95	0.00	-52.15	69

附录九 离职股票型基金经理选股与择时能力（按离职前任职公司排序）：1998~2022 年

本表展示的是基于 Carhart 四因子模型改进得到的 Treynor-Mazuy 四因子模型对任职三年以上的离职股票型基金经理管理的所有基金产品的收益进行回归拟合所得结果，所用模型为：

$$R_{i,t}-R_{f,t}=\alpha_i+\beta_{i,mkt}\times(R_{mkt,t}-R_{f,t})+\gamma_i\times(R_{mkt,t}-R_{f,t})^2+\beta_{i,smb}\times SMB_t+\beta_{i,hml}\times HML_t+\beta_{i,mom}\times MOM_t+\varepsilon_{i,t}$$

其中，i 指的是第 i 位基金经理。$R_{i,t}-R_{f,t}$ 为 t 月基金经理 i 的超额收益率，$R_{mkt,t}-R_{f,t}$ 为 t 月大盘指数（万得全 A 指数）的超额收益率，$R_{f,t}$ 为 t 月无风险收益率。SMB_t 为规模因子，代表小盘股与大盘股之间的溢价，是第 t 月小公司的收益率与大公司的收益率之差；HML_t 为价值因子，代表价值股与成长股之间的溢价（高账面市值比公司）收益率与大公司的收益率之差；MOM_t 为动量因子，代表过去一年收益率最高的股票与收益率最低的股票之间的溢价，是第 t 月价值股（高账面市值比股）成长股与收益率最低的股票之间的溢价，是过去一年（$t-1$ 个月到 $t-11$ 个月）股票与收益率最高的（前 30%）股票与收益率最低的（后 30%）股票第 t 月收益率之差。基金经理在 t 月管理的所有产品的收益是以每只基金 $t-1$ 期规模为权重计算出每月份的数据。回归中我们将忽略这些月份的数据，本月指数的收益默认为零，本月基金经理所管理的产品收益默认为零。α_i 代表基金经理的选股能力给投资者带来的超额收益，γ_i 代表基金经理的择时能力，动量因子、价值因子、规模因子、万得全 A 指数对于计算基金经理的选股能力和动量因子的风险暴露（$\beta_{i,mkt}$、$\beta_{i,smb}$、$\beta_{i,hml}$、$\beta_{i,mom}$）。本表中也给出了每位基金经理管理基金的收益和风险指标。其中，收益指标包括年化收益率、夏普比率，风险指标包括年化波动率、最大回撤。表中 * 代表选股能力或择时能力在 5% 的显著性水平下显著。表中"离职前任职公司"指的是截至 2022 年 12 月 31 日时已离职基金经理离职前任职的公司。

编号	基金经理	离职前任职公司	任职区间	任职时间（月）	管理基金数量（只）	选股能力		择时能力		β_{mkt}	β_{smb}	β_{hml}	β_{mom}	年化收益率（%）	年化波动率（%）	年化夏普比率	最大回撤率（%）	调整后 R^2（%）
						年化 α(%)	$t(\alpha)$	γ	$t(\gamma)$									
1	蓝雁书	安信	2013/12~2019/05	67	6	2.43	0.76	-0.19	-0.97	0.25	-0.05	-0.12	0.01	4.82	9.22	0.32	-21.70	54
2	杨凯珲	安信	2014/09~2020/03	58	3	7.02	1.54	1.26	3.02*	0.20	0.20	0.41	0.08	17.01	12.98	1.20	-7.00	64
3	钟光正	安信	2012/08~2022/05	102	6	1.40	0.64	0.50	3.31*	0.13	0.04	0.02	0.08	9.23	6.69	1.09	-6.02	38
4	庄园	安信	2014/05~2022/05	98	8	6.62	3.97*	0.13	1.11	0.15	-0.15	-0.02	-0.18	10.18	6.24	1.36	-2.42	56

续表

编号	基金经理	离职前任职公司	任职区间	任职时间(月)	管理基金数量(只)	选股能力 年化α(%)	t(α)	择时能力 γ	t(γ)	β_mkt	β_smb	β_hml	β_mom	年化收益率(%)	年化波动率(%)	年化夏普比率	最大回撤率(%)	调整后 R²(%)
5	陈茂仁	宝盈	2003/01~2010/07	78	2	6.14	1.19	-0.35	-1.23	0.65	-0.08	0.17	0.20	2.84	23.18	0.02	-54.54	83
6	段鹏程	宝盈	2007/06~2018/10	44	6	1.43	0.25	-0.30	-0.87	0.81	-0.06	-0.20	-0.04	1.43	23.91	-0.02	-32.23	87
7	李健伟	宝盈	2017/01~2021/11	60	5	9.93	1.16	0.14	0.09	1.08	0.07	-0.31	-0.02	20.28	24.32	0.77	-27.28	59
8	牛春晖	宝盈	2004/10~2008/02	39	2	2.00	0.17	0.73	0.81	0.56	-0.23	-0.09	0.17	26.97	23.76	1.05	-14.21	64
9	肖肖	宝盈	2017/01~2022/01	62	9	10.99	1.67*	-0.59	-0.53	0.92	0.08	-0.22	0.21	16.83	20.37	0.75	-32.58	64
10	杨凯	宝盈	2013/02~2016/07	43	4	6.28	0.95	-0.07	-0.21	0.92	0.02	-0.75	0.51	17.95	32.89	0.47	-43.35	93
11	余述胜	宝盈	2009/07~2014/01	56	1	-8.32	-1.72	0.56	1.27	0.84	0.07	0.35	0.25	-3.72	21.62	-0.31	-38.92	88
12	张小仁	宝盈	2014/01~2017/02	39	4	-5.38	-0.51	-0.14	-0.30	0.96	0.08	-0.41	-0.08	20.98	34.16	0.55	-46.44	87
13	王婷婷	北京京管泰富	2018/05~2021/05	38	1	2.65	1.81*	0.02	0.11	0.09	0.01	-0.01	0.00	5.21	2.62	1.41	-0.94	44
14	高峰	北信瑞丰	2010/02~2017/11	89	7	2.20	0.54	-0.80	-2.88	0.84	0.12	-0.36	-0.21	2.96	24.73	0.02	-35.41	86
15	王忠波	北信瑞丰	2008/04~2021/01	120	10	6.91	1.36	0.23	0.84	0.80	0.11	-0.12	0.33	20.18	27.36	0.67	-39.44	80
16	于军华	北信瑞丰	2014/12~2020/05	67	5	6.59	1.45	-0.69	-2.45	0.70	0.04	-0.43	0.04	8.81	21.90	0.33	-33.17	84
17	陈丰	博时	2003/08~2008/11	66	2	11.82	2.72*	0.31	1.61	0.76	-0.37	-0.29	0.12	24.30	28.39	0.76	-58.67	92
18	陈亮	博时	2007/01~2010/03	40	2	16.49	1.31	0.31	0.83	0.67	-0.50	-0.43	-0.15	25.04	31.44	0.70	-48.11	83
19	邓晓峰	博时	2007/03~2014/11	94	1	10.11	2.40*	0.14	0.72	0.73	-0.27	-0.18	-0.14	14.47	25.23	0.45	-52.66	87
20	高阳	博时	2002/10~2008/01	65	3	21.32	3.41*	0.19	0.43	0.61	-0.43	-0.08	0.01	40.26	22.33	1.72	-17.70	75
21	葛晨	博时	2018/04~2022/01	47	4	10.62	0.74	-0.05	-0.03	0.93	0.18	-0.32	0.30	22.65	29.21	0.72	-30.95	45
22	韩茂华	博时	2013/01~2021/01	97	6	1.85	0.41	-0.55	-1.75	0.70	0.00	-0.27	-0.03	8.93	20.75	0.34	-35.77	72
23	黄健斌	博时	2003/12~2009/11	60	2	10.49	1.97*	0.43	2.13*	0.51	-0.17	-0.11	0.13	27.52	21.67	1.16	-33.94	86

续表

编号	基金经理	离职前任职公司	任职区间	任职时间（月）	管理基金数量（只）	选股能力 年化 α(%)	选股能力 t(α)	择时能力 γ	择时能力 t(γ)	β_{mkt}	β_{smb}	β_{hml}	β_{mom}	年化收益率(%)	年化波动率(%)	年化夏普比率	最大回撤率(%)	调整后 R^2(%)
24	蒋娜	博时	2016/09～2022/03	68	6	5.85	1.68*	0.07	0.11	0.64	-0.32	-0.23	-0.13	8.51	13.47	0.52	-23.58	74
25	兰乔	博时	2015/11～2022/05	80	7	7.88	1.35	-0.51	-1.03	0.81	0.17	-0.43	0.07	9.63	23.36	0.35	-32.44	68
26	李佳	博时	2018/07～2022/01	44	1	0.49	0.06	-0.42	-0.35	0.92	-0.11	-0.12	-0.11	8.19	20.49	0.33	-22.69	66
27	李培刚	博时	2008/07～2012/12	55	1	-10.65	-2.36	0.27	1.10	0.81	0.08	-0.20	0.10	-1.30	25.32	-0.16	-45.68	92
28	李权胜	博时	2012/08～2020/07	97	3	8.24	2.23*	-0.45	-1.77	0.78	-0.02	-0.03	0.01	17.36	22.01	0.70	-33.35	84
29	刘建伟	博时	2010/12～2015/08	50	4	-17.37	-2.51	2.85	3.65*	0.53	0.04	0.52	0.16	-5.82	15.89	-0.57	-34.98	62
30	刘思甸	博时	2016/04～2020/10	56	1	6.59	1.83*	-0.89	-1.46	0.72	-0.02	-0.02	0.14	10.24	13.26	0.66	-21.97	77
31	刘小山	博时	1999/10～2002/12	55	3	20.92	0.73	-1.40	-0.39	0.62	0.01	-1.38	-0.09	10.27	30.82	0.27	-26.76	21
32	牟星海	博时	2019/06～2022/06	38	4	2.74	0.28	0.25	0.14	0.72	-0.37	-0.53	-0.29	7.59	20.14	0.30	-40.92	60
33	聂挺进	博时	2010/03～2014/11	58	3	-0.41	-0.09	0.20	0.33	0.63	0.00	0.22	0.13	5.45	15.32	0.16	-20.77	80
34	皮敏	博时	2009/12～2015/06	68	2	1.14	0.22	-0.64	-1.21	0.49	-0.14	-0.27	0.06	2.68	14.07	-0.02	-35.83	56
35	苏永超	博时	2013/10～2018/03	55	2	1.18	0.23	0.02	0.08	0.92	0.12	-1.04	0.51	10.99	29.84	0.30	-51.51	91
36	孙占军	博时	2008/02～2014/01	73	4	-8.15	-1.72	0.59	2.24*	0.70	0.16	0.14	0.05	0.18	22.53	-0.12	-43.36	86
37	王俊	博时	2015/01～2020/12	73	12	10.08	3.20*	-0.17	-0.84	0.75	-0.20	-0.02	-0.04	15.09	20.13	0.67	-28.26	89
38	王曦	博时	2015/09～2021/11	76	14	5.85	2.37*	0.38	1.96*	0.20	-0.13	-0.08	0.03	10.05	6.91	1.24	-5.85	41
39	王燕	博时	2011/02～2016/07	67	3	-1.32	-0.34	-0.47	-2.03	0.75	0.04	-0.52	0.03	4.17	22.71	0.06	-38.29	90
40	温宇峰	博时	2010/10～2014/06	46	3	2.12	0.49	0.12	0.20	0.81	-0.27	-0.43	0.02	-4.26	15.36	-0.48	-21.18	85
41	吴丰树	博时	2008/09～2021/08	132	10	-1.18	-0.43	0.19	1.13	0.75	-0.03	0.05	-0.13	11.58	22.08	0.43	-33.56	89
42	夏春	博时	2008/12～2012/07	44	2	3.33	0.82	-0.31	-1.03	0.62	-0.18	-0.22	-0.03	8.87	18.14	0.34	-18.83	91

续表

编号	基金经理	离职前任职公司	任职区间	任职时间（月）	管理基金数量（只）	选股能力 年化 α(%)	t(α)	择时能力 γ	t(γ)	β_{mkt}	β_{smb}	β_{hml}	β_{mom}	年化收益率(%)	年化波动率(%)	年化夏普比率	最大回撤率(%)	调整后 R^2(%)
43	肖华	博时	2000/08~2006/11	73	3	20.70	2.78*	-1.20	-1.39	0.63	-0.59	-0.41	-0.13	14.61	19.12	0.66	-27.29	51
44	杨鹏	博时	2010/08~2021/04	115	7	5.57	1.18	-0.52	-1.45	0.74	0.05	0.00	0.27	12.39	22.33	0.46	-40.05	69
45	杨锐	博时	2006/05~2012/07	76	4	-0.14	-0.03	0.13	0.73	0.62	-0.14	-0.22	0.05	10.79	23.27	0.34	-52.88	89
46	尹哲	博时	2014/10~2019/05	41	4	0.96	0.08	0.22	0.24	1.09	0.07	-0.32	0.25	10.09	34.58	0.25	-60.09	80
47	余洋	博时	2007/02~2011/04	52	2	4.51	0.64	0.03	0.13	0.72	-0.17	-0.28	0.18	11.63	29.67	0.30	-54.78	90
48	招扬	博时	2014/12~2018/02	40	4	7.45	1.00	-0.89	-2.25	1.01	-0.21	-0.62	-0.36	9.46	31.48	0.25	-45.63	89
49	周枫	博时	2001/04~2005/01	47	2	3.40	0.73	0.55	0.82	0.53	-0.11	0.43	0.01	1.48	12.97	-0.04	-17.48	79
50	周力	博时	2005/02~2011/06	78	2	14.31	2.50*	-0.20	-0.84	0.65	-0.26	-0.07	-0.02	25.35	26.22	0.86	-52.33	83
51	周心鹏	博时	2010/10~2021/10	129	7	5.93	1.43	0.29	0.91	0.61	-0.05	-0.27	-0.18	13.80	18.46	0.63	-33.51	61
52	邹志新	博时	2002/01~2010/10	107	4	17.16	4.25*	-0.72	-3.53	0.66	-0.21	-0.49	0.18	17.47	23.32	0.64	-56.05	83
53	谈洁颖	财通	2012/07~2021/04	99	8	3.28	0.76	0.34	1.16	0.76	0.04	-0.27	0.19	17.59	22.44	0.70	-32.53	79
54	姚思劼	财通	2016/03~2019/06	41	7	-5.21	-1.95	0.23	0.53	0.75	0.05	-0.09	0.05	-3.67	13.41	-0.39	-29.55	91
55	陈玉辉	创金合信	2012/11~2019/08	80	5	6.25	1.78*	-0.12	-0.49	0.60	-0.09	0.71	-0.10	16.75	18.27	0.82	-20.36	83
56	程志田	创金合信	2016/01~2019/06	43	3	-0.45	-0.13	-0.04	-0.08	0.80	0.18	0.17	-0.02	3.27	16.69	0.11	-30.22	90
57	刘晨	达诚	2012/08~2021/12	66	4	5.98	0.81	1.01	1.09	0.78	-0.22	-0.23	-0.37	9.61	19.92	0.40	-24.43	58
58	王超伟	达诚	2016/02~2022/04	62	9	3.48	0.82	-1.28	-2.02	0.49	-0.25	-0.41	-0.04	-0.63	12.38	-0.17	-29.43	60
59	曹雄飞	大成	2006/01~2014/05	66	5	9.77	1.39	0.21	0.75	0.89	-0.34	-0.22	0.35	16.13	34.81	0.40	-61.35	91
60	冯文光	大成	2011/03~2016/10	63	4	-10.18	-1.98	0.77	2.17*	0.67	0.32	1.12	0.13	4.74	22.63	0.09	-46.38	85
61	何光明	大成	2004/12~2013/02	77	2	-0.70	-0.19	0.17	0.78	0.78	-0.02	-0.17	0.34	-1.33	23.53	-0.18	-51.58	91

续表

编号	基金经理	离职前任职公司	任职区间	任职时间(月)	管理基金数量(只)	选股能力 年化α(%)	选股能力 t(α)	择时能力 γ	择时能力 t(γ)	β_mkt	β_smb	β_hml	β_mom	年化收益率(%)	年化波动率(%)	年化夏普比率	最大回撤率(%)	调整后R²(%)
62	黄万青	大成	2010/04~2022/11	129	14	-1.03	-0.26	0.71	2.11*	0.37	-0.08	0.00	0.01	3.05	13.46	0.08	-36.68	36
63	黎新平	大成	2016/09~2020/09	49	1	3.54	0.65	-0.23	-0.27	0.90	-0.10	0.03	0.21	9.76	18.08	0.46	-31.14	77
64	李本刚	大成	2012/09~2019/12	89	9	5.40	1.04	0.11	0.32	0.83	0.15	0.07	0.38	18.12	26.39	0.61	-40.50	80
65	刘安田	大成	2010/04~2015/03	61	4	-6.93	-1.59	0.73	1.46	0.92	0.04	-0.59	0.16	10.45	20.50	0.36	-37.66	87
66	刘泽兵	大成	2007/09~2015/02	86	2	-2.91	-0.52	-0.06	-0.19	0.66	0.12	-0.48	0.12	2.63	22.66	-0.01	-55.72	77
67	施永辉	大成	2006/01~2013/10	95	1	0.19	0.04	0.24	1.13	0.88	-0.20	-0.68	0.13	16.88	30.29	0.46	-63.29	90
68	石国武	大成	2013/04~2017/08	54	5	6.05	1.93*	-0.26	-1.53	0.64	-0.01	-0.04	-0.14	19.20	19.93	0.85	-23.44	94
69	汤义峰	大成	2010/03~2015/03	58	3	1.62	0.43	0.17	0.42	0.79	-0.07	-0.21	0.02	15.37	18.48	0.69	-19.23	90
70	王文祥	大成	2011/10~2015/12	44	3	2.11	0.21	0.61	0.92	0.91	0.05	-0.82	0.38	22.26	29.71	0.67	-43.15	82
71	徐彬	大成	2002/01~2006/05	53	3	9.89	1.82*	-0.40	-0.64	0.63	-0.12	0.00	0.33	13.36	16.20	0.70	-14.80	73
72	杨建华	大成	2005/02~2012/06	90	4	8.00	1.51	-0.03	-0.11	0.81	-0.07	-0.49	0.45	21.41	29.10	0.64	-61.47	86
73	杨建勋	大成	2004/08~2015/07	125	7	3.76	0.90	-0.14	-0.68	0.77	-0.17	-0.16	0.06	11.28	26.21	0.33	-54.67	84
74	周德昕	大成	2009/12~2017/11	61	3	-2.93	-0.64	0.41	1.13	0.85	0.22	0.01	0.15	-6.23	24.32	-0.35	-56.36	88
75	周建春	大成	2002/01~2012/12	77	3	3.31	0.75	-0.43	-1.05	0.82	0.13	-0.15	0.24	11.24	20.86	0.43	-36.46	83
76	周志超	大成	2014/03~2019/12	64	11	-3.22	-0.39	0.00	-0.01	0.88	0.42	-0.21	0.39	15.04	29.99	0.46	-45.77	76
77	朱哲	大成	2016/08~2019/08	38	2	0.12	0.06	0.17	0.54	0.00	0.05	-0.09	0.12	2.09	2.89	0.21	-3.06	10
78	王木昌	德邦	2012/03~2021/10	95	5	0.79	0.26	0.25	0.61	0.84	-0.03	-0.16	0.11	15.11	17.50	0.75	-29.16	84
79	呼振翼	东方	2011/12~2015/07	45	5	-8.15	-1.05	0.43	0.69	1.01	0.34	-1.02	0.18	22.36	30.39	0.64	-33.34	87
80	庞飒	东方	2005/08~2013/02	86	3	12.84	2.23*	0.04	0.15	0.76	-0.30	-0.43	0.23	26.32	28.54	0.83	-54.37	84

续表

编号	基金经理	离职前任职公司	任职区间	任职时间(月)	管理基金数量(只)	选股能力 年化α(%)	选股能力 t(α)	择时能力 γ	择时能力 t(γ)	β_{mkt}	β_{smb}	β_{hml}	β_{mom}	年化收益率(%)	年化波动率(%)	年化夏普比率	最大回撤率(%)	调整后R^2(%)
81	徐昀君	东方	2013/12~2017/04	42	3	5.53	2.84*	0.05	0.50	0.05	0.01	-0.06	0.03	8.61	3.23	2.01	-0.48	33
82	于鑫	东方	2007/07~2014/12	91	5	3.16	0.89	-0.55	-2.66	0.66	-0.03	0.27	0.02	2.47	22.65	-0.02	-62.06	90
83	张岗	东方	2006/03~2015/04	70	4	-0.74	-0.18	-0.37	-0.91	0.80	-0.09	-0.35	0.26	22.10	19.33	1.01	-29.98	85
84	张玉坤	东方	2016/08~2022/06	72	6	15.04	2.16*	-3.16	-2.75	0.74	-0.06	0.01	0.10	10.09	18.58	0.46	-24.52	44
85	周薇	东方	2015/04~2020/04	62	5	3.21	1.89*	-0.07	-0.58	0.06	-0.01	0.07	-0.09	4.09	3.66	0.70	-7.54	20
86	朱晓栋	东方	2013/01~2019/02	75	11	-0.48	-0.15	-0.12	-0.59	0.36	0.07	-0.10	-0.14	6.03	12.52	0.32	-25.86	72
87	胡德军	东海	2015/10~2021/09	72	3	1.50	0.26	-1.34	-2.83	0.64	-0.02	-0.34	0.22	2.49	20.33	0.05	-42.94	64
88	杨红	东海	2019/06~2022/09	41	2	15.04	1.30	-1.42	-0.68	0.77	-0.06	-0.64	0.00	17.87	24.02	0.68	-29.85	60
89	戴斌	东吴	2014/12~2020/03	77	6	-2.37	-0.32	1.15	2.54*	0.79	0.05	-0.40	0.20	12.13	26.84	0.39	-54.62	72
90	付琦	东吴	2013/08~2019/12	63	3	-6.88	-1.03	0.66	1.72*	0.46	-0.03	1.07	0.33	5.35	20.55	0.17	-48.95	66
91	彭敢	东吴	2010/11~2021/02	120	9	1.34	0.32	0.11	0.34	1.03	0.22	-0.42	0.28	14.76	28.79	0.44	-57.43	85
92	秦斌	东吴	2016/07~2020/06	49	4	-2.13	-0.64	0.55	0.99	0.70	0.10	-0.22	0.25	4.69	13.26	0.24	-25.58	84
93	任壮	东吴	2009/01~2013/12	61	3	-14.48	-1.65	-0.11	-0.16	0.97	0.07	-0.08	0.17	-2.71	28.44	-0.19	-57.13	75
94	王炯	东吴	2006/12~2011/04	54	2	-4.75	-0.51	0.73	2.27*	0.65	0.12	0.03	0.84	17.90	31.45	0.48	-53.01	83
95	王立立	东吴	2013/12~2020/07	81	6	-1.52	-0.23	0.06	0.13	0.87	0.19	-1.06	0.26	15.55	29.72	0.46	-49.42	76
96	吴广利	东吴	2009/05~2014/11	43	3	-2.74	-0.45	-0.44	-1.03	0.73	-0.21	0.04	0.48	1.78	19.88	-0.04	-31.95	88
97	张能进	东吴	2016/05~2019/12	45	2	5.74	0.97	-0.58	-0.57	0.78	-0.22	-0.25	0.12	9.22	14.93	0.52	-23.77	60
98	程远	东兴	2015/12~2019/08	46	5	-6.95	-1.47	-0.80	-2.13	0.54	-0.18	-0.96	-0.26	-10.39	16.38	-0.73	-37.63	76
99	沈毅	方正富邦	2014/01~2018/11	60	2	4.13	0.62	0.29	0.71	0.99	-0.06	-0.53	0.33	12.99	30.00	0.37	-41.37	83

续表

编号	基金经理	离职前任职公司	任职区间	任职时间（月）	管理基金数量（只）	选股能力		择时能力		β_{mkt}	β_{smb}	β_{hml}	β_{mom}	年化收益率（%）	年化波动率（%）	年化夏普比率	最大回撤率（%）	调整后 R^2（%）
						年化 α（%）	$t(\alpha)$	γ	$t(\gamma)$									
100	王健	方正富邦	2015/06～2018/07	39	1	5.61	0.88	-0.84	-1.87	0.73	-0.37	0.09	-0.46	-2.72	20.30	-0.21	-28.94	78
101	李道滢	方正证券	2015/06～2021/10	66	6	8.19	1.60	0.11	0.29	0.60	-0.22	-0.18	-0.15	8.36	16.36	0.44	-17.57	66
102	黄强	富安达	2012/04～2015/07	41	1	-9.72	-0.79	1.39	1.46	1.25	0.00	-1.14	0.66	25.13	37.48	0.59	-41.46	81
103	毛矛	富安达	2015/05～2020/07	64	5	3.85	0.56	0.24	0.49	0.70	-0.18	-0.06	0.16	4.76	21.91	0.15	-47.17	62
104	朱义	富安达	2018/04～2022/06	52	4	7.90	1.46	-0.75	-0.99	0.70	-0.28	-0.13	-0.15	7.96	15.90	0.41	-25.80	71
105	蔡耀华	富国	2016/12～2021/07	57	5	5.45	1.72*	-1.99	-2.53	0.47	-0.02	-0.03	-0.02	3.72	8.47	0.28	-15.63	63
106	陈戈	富国	2005/04～2014/03	109	1	11.12	2.43*	-0.07	-0.30	0.72	-0.25	-0.31	0.26	19.62	25.39	0.66	-49.61	82
107	戴益强	富国	2012/10～2018/01	65	5	-8.01	-1.07	1.16	2.57*	0.88	0.08	-0.55	0.78	13.39	30.39	0.37	-51.29	79
108	贺轶	富国	2006/08～2016/01	87	3	4.43	1.27	-0.15	-0.84	0.82	-0.05	-0.62	0.19	21.23	24.37	0.77	-38.83	91
109	金涛	富国	1999/05～2002/10	42	1	17.20	0.77	-0.36	-0.27	0.57	-0.49	-1.41	-0.37	12.48	33.20	0.31	-27.02	38
110	李文忠	富国	2000/07～2008/10	82	3	24.69	1.63	-0.28	-0.41	0.65	-0.29	-0.82	-0.21	20.56	35.82	0.51	-50.65	37
111	李晓铭	富国	2009/10～2019/07	119	8	3.31	1.24	-0.08	-0.42	0.85	0.10	-0.44	0.15	10.57	22.46	0.37	-49.47	90
112	刘博	富国	2018/07～2021/12	43	3	21.06	3.02*	-0.13	-0.12	0.69	-0.15	-0.23	0.07	30.81	16.69	1.76	-6.46	63
113	尚鹏岳	富国	2008/01～2015/05	86	4	-3.71	-0.65	0.64	2.07*	0.77	0.15	-0.12	0.16	14.27	25.88	0.44	-49.00	80
114	汪鸣	富国	2014/01～2018/03	52	3	3.36	0.60	0.03	0.10	0.90	0.30	-0.56	0.17	21.02	31.32	0.61	-35.68	91
115	魏伟	富国	2011/12～2021/01	108	5	12.01	1.65*	-0.65	-1.25	0.71	0.31	-0.07	0.46	20.99	27.98	0.68	-41.59	57
116	徐大成	富国	2002/11～2007/05	57	3	14.66	3.39*	-0.23	-0.59	0.68	-0.39	0.10	-0.06	35.59	20.09	1.70	-15.03	86
117	许达	富国	2005/03～2010/12	71	2	10.94	1.58	-0.09	-0.32	0.55	-0.22	-0.46	0.01	21.20	23.14	0.81	-49.00	73
118	于江勇	富国	2008/05～2018/03	120	1	3.55	1.34	0.15	1.03	0.70	0.11	-0.42	0.21	13.23	21.93	0.49	-33.84	90

续表

编号	基金经理	离职前任职公司	任职区间	任职时间（月）	管理基金数量（只）	选股能力 年化α(%)	t(α)	择时能力 γ	t(γ)	β_{mkt}	β_{smb}	β_{hml}	β_{mom}	年化收益率(%)	年化波动率(%)	年化夏普比率	最大回撤率(%)	调整后 R^2 (%)
119	钟智伦	富国	2015/05~2019/02	47	7	2.85	2.07*	-0.10	-1.05	0.04	0.01	0.02	-0.01	3.31	2.68	0.66	-3.56	27
120	曹冠业	工银瑞信	2007/11~2014/05	80	4	-1.42	-0.27	0.11	0.37	0.78	0.21	0.10	0.29	3.40	25.44	0.02	-47.50	85
121	陈守红	工银瑞信	2005/03~2011/03	66	3	-2.53	-0.35	0.66	2.05*	0.68	-0.13	0.19	0.22	36.24	27.21	1.26	-23.08	80
122	郝康	工银瑞信	2016/12~2020/03	41	3	16.46	3.32*	-3.55	-4.58	0.77	-0.22	0.54	-0.11	5.34	13.87	0.28	-22.41	74
123	何江旭	工银瑞信	2002/11~2014/06	138	7	8.54	2.94*	-0.10	-0.63	0.83	-0.07	-0.14	0.24	18.06	25.87	0.60	-61.22	91
124	胡文彪	工银瑞信	2010/02~2018/03	99	8	-3.97	-1.23	0.03	0.14	0.90	0.12	-0.33	0.23	6.09	24.75	0.15	-41.19	90
125	黄安乐	工银瑞信	2011/11~2022/07	130	9	3.81	0.70	0.00	0.01	1.03	0.16	-0.50	0.42	16.68	31.09	0.47	-64.37	76
126	江晖	工银瑞信	2002/01~2007/04	52	3	17.06	3.05*	0.13	0.26	0.70	-0.35	-0.62	0.33	39.52	20.39	1.92	-9.53	80
127	刘珂	工银瑞信	2014/11~2018/06	45	4	-6.17	-0.66	0.95	1.82*	1.05	0.19	-0.60	0.66	6.11	38.57	0.11	-53.82	86
128	刘天任	工银瑞信	2013/11~2017/07	46	4	-5.02	-0.58	0.35	0.77	1.11	0.14	-0.76	0.57	12.24	38.97	0.26	-61.21	89
129	农冰立	工银瑞信	2018/06~2022/09	53	2	19.56	2.15*	-1.35	-1.06	1.14	-0.12	-0.34	-0.24	20.37	26.46	0.71	-32.02	71
130	曲丽	工银瑞信	2007/11~2012/12	63	1	-5.56	-1.38	0.06	0.28	0.70	0.05	-0.16	0.05	-4.58	23.69	-0.32	-52.95	92
131	王君正	工银瑞信	2013/08~2022/08	110	8	12.64	3.54*	0.10	0.38	0.71	-0.26	0.18	-0.11	19.14	19.27	0.90	-23.96	76
132	王鹏	工银瑞信	2019/09~2022/10	39	3	22.86	1.91*	0.07	0.03	1.19	-0.48	-0.15	-0.46	18.42	25.80	0.66	-31.73	67
133	王烁杰	工银瑞信	2014/04~2017/04	38	3	-4.08	-0.37	0.43	0.86	1.18	0.07	-0.83	0.50	20.75	43.38	0.43	-59.52	91
134	王勇	工银瑞信	2011/11~2014/12	39	2	-9.29	-1.86	0.61	1.02	0.62	0.17	0.40	0.11	9.36	15.58	0.40	-12.40	85
135	魏欣	工银瑞信	2015/05~2021/06	75	2	7.94	2.06*	0.60	2.02*	0.26	-0.07	-0.13	0.18	12.76	10.72	1.05	-11.43	40
136	温震宇	工银瑞信	2005/02~2009/08	50	3	16.93	2.08*	-0.38	-1.30	0.74	-0.20	-0.26	0.48	24.60	31.76	0.70	-51.97	87
137	吴刚	工银瑞信	2002/09~2008/01	59	5	10.97	2.18*	0.10	0.29	0.57	-0.38	0.17	0.07	27.27	20.01	1.29	-13.10	84

续表

编号	基金经理	离职前任职公司	任职区间	任职时间（月）	管理基金数量（只）	选股能力		择时能力		β_{mkt}	β_{smb}	β_{hml}	β_{mom}	年化收益率（%）	年化波动率（%）	年化夏普比率	最大回撤率（%）	调整后 R^2（%）
						年化 α（%）	$t(\alpha)$	γ	$t(\gamma)$									
138	杨军	工银瑞信	2003/10~2013/12	109	4	7.61	1.55	-0.15	-0.65	0.74	-0.20	-0.68	-0.05	14.73	25.87	0.47	-57.42	82
139	游凛峰	工银瑞信	2012/04~2022/03	121	5	1.88	0.48	1.02	3.45*	0.73	0.05	-0.20	0.12	16.87	21.14	0.71	-37.68	74
140	袁芳	工银瑞信	2015/12~2022/10	84	6	12.13	2.54*	0.91	2.21*	0.70	-0.30	-0.55	-0.28	15.91	18.82	0.77	-34.72	66
141	张翎	工银瑞信	2005/05~2010/03	57	4	18.65	2.68*	-0.33	-1.30	0.65	-0.15	-0.12	0.18	32.45	27.73	1.09	-49.25	87
142	常昊	光大保德信	2002/11~2007/05	53	3	10.89	2.34*	-0.29	-0.71	0.75	-0.33	-0.03	0.10	34.69	21.39	1.55	-23.88	87
143	戴奇雷	光大保德信	2008/05~2021/06	123	7	-3.34	-0.94	0.11	0.53	0.77	0.08	-0.25	0.09	9.49	24.38	0.31	-45.18	86
144	董伟炜	光大保德信	2015/05~2020/10	67	4	14.36	3.71*	-0.02	-0.06	0.95	0.01	0.08	0.40	12.17	26.13	0.41	-41.61	91
145	高宏华	光大保德信	2007/08~2013/06	71	2	-1.14	-0.34	0.14	0.73	0.86	-0.03	-0.08	0.10	-4.56	27.95	-0.27	-60.41	95
146	黄素丽	光大保德信	2010/04~2013/04	38	1	-5.06	-1.07	1.01	1.43	0.89	-0.03	0.30	0.08	-4.79	20.27	-0.39	-34.86	93
147	金昉毅	光大保德信	2015/05~2021/10	66	13	9.49	2.51*	0.21	0.72	0.82	0.09	-0.15	0.03	14.26	20.69	0.63	-24.22	87
148	李阳	光大保德信	2010/07~2014/06	49	2	-20.31	-2.24	1.67	1.33	1.00	0.45	0.32	0.51	-4.79	24.36	-0.33	-43.86	72
149	钱钧	光大保德信	2007/09~2013/12	77	3	1.75	0.73	0.20	1.51	0.93	-0.01	0.08	0.03	0.56	29.36	-0.08	-62.17	98
150	盛松	光大保德信	2017/01~2020/01	38	1	1.57	0.34	-0.94	-1.28	0.87	0.14	0.18	0.29	-0.49	15.46	-0.13	-33.60	83
151	田大伟	光大保德信	2014/02~2018/02	50	2	-2.13	-0.56	-0.03	-0.13	0.84	0.11	-0.12	0.03	14.85	26.59	0.49	-33.01	95
152	王维诚	光大保德信	2016/04~2019/11	45	4	5.06	0.68	-1.38	-1.07	0.79	0.06	0.49	0.27	2.71	16.81	0.07	-37.02	49
153	魏晓雪	光大保德信	2012/11~2022/08	119	9	8.34	2.20*	-0.27	-0.97	0.89	0.02	-0.40	0.12	18.46	24.71	0.67	-42.05	83
154	许春茂	光大保德信	2006/06~2010/03	47	2	9.61	1.48	-0.17	-0.83	0.88	-0.11	-0.23	-0.09	35.40	37.71	0.86	-63.83	96
155	于进杰	光大保德信	2009/10~2016/03	78	5	5.73	1.54	0.22	0.93	0.81	-0.16	-0.32	0.09	12.81	23.12	0.44	-30.76	89
156	袁宏隆	光大保德信	2007/06~2011/03	47	2	7.43	1.17	-0.14	-0.56	0.96	-0.28	-0.32	-0.04	6.70	38.96	0.10	-68.93	96

续表

编号	基金经理	离职前任职公司	任职区间	任职时间(月)	管理基金数量(只)	选股能力 年化α(%)	选股能力 t(α)	择时能力 γ	择时能力 t(γ)	β_{mkt}	β_{smb}	β_{hml}	β_{mom}	年化收益率(%)	年化波动率(%)	年化夏普比率	最大回撤率(%)	调整后R^2(%)
157	周炜炜	光大保德信	2005/08~2014/07	102	4	9.82	2.25*	0.12	0.59	0.80	-0.25	-0.18	0.19	22.02	28.01	0.70	-51.30	89
158	陈仕德	广发	2005/02~2015/05	125	2	2.36	0.52	-0.06	-0.25	0.92	0.04	-0.06	0.24	25.63	31.53	0.72	-66.12	87
159	冯永欢	广发	2007/03~2014/11	94	4	1.97	0.43	0.22	1.00	0.78	-0.05	-0.44	0.29	11.22	25.88	0.32	-60.06	86
160	何震	广发	2004/07~2008/01	44	2	18.73	2.56*	0.65	1.42	0.69	-0.37	-0.19	0.36	57.56	27.61	1.99	-15.40	86
161	季峰	广发	2015/09~2022/01	78	4	2.09	0.35	0.16	0.33	0.61	-0.16	-0.35	0.07	8.03	18.91	0.35	-23.61	51
162	江勇	广发	2005/03~2009/08	56	2	20.18	2.53*	-0.27	-0.93	0.67	-0.19	-0.20	0.26	29.71	29.37	0.93	-54.11	84
163	刘晓龙	广发	2010/11~2017/02	77	3	-0.51	-0.12	0.69	2.49*	0.93	0.03	0.13	0.17	15.09	27.51	0.45	-36.58	90
164	马文文	广发	2016/11~2022/02	51	4	-4.42	-0.92	-0.29	-0.38	0.69	-0.04	0.13	-0.09	-1.82	13.74	-0.24	-40.15	66
165	苗宇	广发	2015/02~2022/10	94	10	8.96	1.34	-0.17	-0.36	0.93	-0.07	-0.36	0.08	12.53	28.76	0.38	-44.58	69
166	王小松	广发	2014/12~2019/05	55	6	5.63	1.08	-0.39	-1.30	0.81	0.01	-0.71	0.15	6.85	26.43	0.20	-44.64	88
167	谢军	广发	2016/02~2021/03	63	11	5.95	7.02*	-0.49	-3.56*	0.10	-0.02	-0.04	0.05	7.11	2.38	2.36	-0.93	53
168	许雪梅	广发	2008/02~2013/01	61	3	-13.73	-2.42	0.83	2.76*	0.88	0.07	0.01	0.15	-6.73	28.43	-0.34	-50.86	89
169	易阳方	广发	2003/12~2020/01	195	10	3.07	0.91	0.40	2.10*	0.83	-0.04	-0.47	0.34	16.85	26.52	0.54	-60.91	82
170	余昊	广发	2016/06~2021/04	60	4	11.41	2.25*	-2.85	-3.20	0.83	-0.20	0.07	0.28	11.84	16.27	0.64	-26.07	66
171	朱纪刚	广发	2009/09~2015/01	66	4	-7.49	-0.99	1.10	1.09	0.78	0.27	-0.50	0.43	11.68	20.82	0.42	-33.45	64
172	祝俭	广发	2010/12~2015/01	51	2	-6.32	-1.13	-0.30	-0.38	0.54	0.09	-0.38	0.17	-0.83	12.98	-0.30	-23.69	58
173	程广飞	国都证券	2015/12~2019/06	44	4	-2.33	-0.70	0.69	2.68*	0.27	-0.04	-0.03	-0.12	2.17	8.24	0.08	-19.66	57
174	尹德才	国都证券	2017/07~2022/08	63	3	-3.94	-0.60	-0.46	-0.46	0.69	-0.15	-0.23	-0.13	-2.61	17.47	-0.24	-43.34	54
175	游典宗	国都证券	2015/12~2020/03	53	2	-1.53	-0.34	1.11	3.06*	0.42	0.01	-0.11	-0.08	3.88	12.25	0.19	-29.85	57

附录九　离职股票型基金经理选股与择时能力（按离职前任职公司排序）：1998~2022年

续表

编号	基金经理	离职前任职公司	任职区间	任职时间（月）	管理基金数量（只）	选股能力 年化α(%)	选股能力 t(α)	择时能力 γ	择时能力 t(γ)	β_{mkt}	β_{smb}	β_{hml}	β_{mom}	年化收益率(%)	年化波动率(%)	年化夏普比率	最大回撤率(%)	调整后R^2(%)
176	张崴	国都证券	2017/09~2021/02	43	3	1.31	0.15	-0.39	-0.32	0.75	0.00	-0.40	-0.01	9.06	18.58	0.41	-38.36	58
177	张晓磊	国都证券	2018/12~2022/11	48	2	2.80	0.41	-1.11	-1.16	0.73	-0.12	-0.52	-0.25	6.73	18.73	0.28	-37.58	71
178	邓钟锋	国海富兰克林	2016/06~2019/09	41	7	7.13	4.27*	-0.75	-2.73	0.20	0.03	-0.06	0.12	6.59	3.85	1.32	-3.23	58
179	张晓东	国海富兰克林	2006/06~2014/11	103	2	2.78	0.67	0.43	2.17*	0.71	-0.08	-0.13	0.25	18.88	24.56	0.65	-47.49	86
180	秦海燕	国海证券	2010/05~2022/09	77	3	-0.48	-0.10	0.29	0.58	0.82	0.04	-0.12	0.18	14.69	21.29	0.57	-27.60	83
181	李安心	国金	2009/10~2018/08	61	3	-4.58	-1.12	1.42	1.71*	0.73	0.16	0.09	0.30	-3.01	14.22	-0.38	-36.61	79
182	杨雨龙	国金	2015/06~2020/05	49	6	-4.32	-1.33	-0.12	-0.53	0.77	0.26	-0.07	-0.15	-1.87	23.91	-0.14	-28.24	95
183	张航	国金	2019/04~2022/08	42	7	15.46	2.92*	-2.33	-2.36	0.72	-0.32	-0.49	-0.23	10.29	16.73	0.53	-25.37	82
184	陈苏桥	国联安	2003/09~2011/03	66	3	6.86	1.26	-0.32	-1.08	0.72	-0.16	-0.16	0.04	-3.02	26.13	-0.22	-61.71	88
185	冯天戈	国联安	2004/03~2010/04	65	5	5.82	0.99	0.44	1.76*	0.62	-0.36	-0.13	0.25	20.41	24.68	0.74	-31.99	83
186	李洪波	国联安	2005/12~2009/09	47	2	6.05	0.62	0.03	0.10	0.88	-0.18	-0.16	0.27	38.03	39.88	0.88	-61.31	91
187	林渌	国联安	2019/07~2022/12	43	2	3.04	1.41	0.73	1.86*	0.32	-0.09	0.00	0.00	6.73	6.57	0.80	-6.05	81
188	吕中凡	国联安	2015/05~2019/12	57	3	-0.24	-0.09	0.01	0.06	0.13	-0.04	0.00	-0.19	1.78	6.17	0.04	-19.95	29
189	张汉毅	国联安	2016/12~2021/07	57	3	16.79	3.52*	-1.77	-2.18	0.96	0.02	-0.23	0.26	21.86	17.94	1.14	-26.35	78
190	郑青	国联安	2015/12~2020/04	54	1	-8.43	-1.27	0.46	0.87	1.10	-0.09	-0.34	0.03	-6.47	26.28	-0.30	-44.32	79
191	黎晓晖	国寿安保	2017/09~2022/07	48	2	-7.58	-1.22	0.77	0.84	0.71	-0.21	0.02	-0.16	-6.27	16.05	-0.49	-33.90	65
192	陈列敏	国泰	2004/03~2007/04	38	1	1.58	0.23	-0.52	-0.85	0.76	0.10	-0.38	0.58	24.98	22.57	1.01	-26.13	82
193	范迪钊	国泰	2009/12~2014/12	62	2	-3.54	-0.69	0.74	1.11	0.80	0.14	0.42	0.36	8.87	19.32	0.31	-21.71	83
194	黄刚	国泰	2002/05~2008/04	47	3	12.78	1.97*	-0.18	-0.38	0.71	-0.36	-0.16	0.06	10.02	22.02	0.35	-28.28	86

续表

编号	基金经理	离职前任职公司	任职区间	任职时间(月)	管理基金数量(只)	选股能力 年化α(%)	选股能力 t(α)	择时能力 γ	择时能力 t(γ)	β_{mkt}	β_{smb}	β_{hml}	β_{mom}	年化收益率(%)	年化波动率(%)	年化夏普比率	最大回撤率(%)	调整后R^2(%)
195	黄焱	国泰	2005/01~2016/06	139	8	5.06	1.09	0.18	0.85	0.60	-0.23	-0.30	-0.06	16.76	22.86	0.62	-57.12	72
196	王航	国泰	2008/05~2016/05	98	7	5.74	1.35	-0.16	-0.76	0.69	-0.03	-0.19	0.22	9.86	23.98	0.30	-42.74	85
197	吴晨	国泰	2016/01~2019/05	41	4	1.44	1.36	-0.41	-2.64	0.08	-0.03	-0.03	-0.01	1.82	1.94	0.16	-2.30	32
198	徐学标	国泰	2002/05~2007/02	46	2	1.75	0.26	-0.13	-0.21	0.75	0.24	-0.27	0.66	17.85	19.67	0.82	-28.57	81
199	徐智麟	国泰	1998/03~2001/05	40	1	30.95	0.87	0.15	0.08	0.36	-0.27	-0.99	-0.12	33.25	41.18	0.73	-29.01	18
200	余荣权	国泰	2003/07~2011/02	59	4	5.52	0.85	-0.12	-0.42	0.83	-0.06	-0.44	0.15	21.40	29.19	0.68	-53.88	91
201	张菲	国泰	2005/12~2015/04	99	5	-1.85	-0.41	0.40	1.64*	0.78	0.17	-0.20	0.29	23.86	24.67	0.86	-41.17	85
202	周伟锋	国泰	2013/06~2020/07	87	10	10.58	1.99*	-0.11	-0.32	0.87	0.11	-0.10	0.15	25.44	26.28	0.90	-37.00	79
203	陈小玲	国投瑞银	2014/01~2017/12	49	3	9.40	1.58	-0.16	-0.48	0.52	0.04	-0.38	0.15	17.15	18.78	0.81	-21.19	75
204	狄晓娇	国投瑞银	2016/06~2019/10	42	7	1.34	0.45	0.65	1.30	0.45	0.01	-0.06	0.01	4.25	9.11	0.30	-11.09	75
205	康晓云	国投瑞银	2006/04~2011/01	59	2	10.21	1.37	-0.16	-0.59	0.79	-0.22	-0.32	0.31	24.85	33.23	0.66	-59.23	89
206	马少章	国投瑞银	2009/04~2014/11	69	4	-1.91	-0.47	0.73	2.03*	0.65	0.07	-0.19	0.11	12.03	16.45	0.56	-19.29	82
207	孙文龙	国投瑞银	2015/01~2021/12	84	8	8.05	1.89*	-0.02	-0.07	0.61	0.11	-0.38	0.16	17.11	19.68	0.79	-23.74	76
208	汤海波	国投瑞银	2018/01~2021/11	48	4	4.14	0.64	-0.72	-0.74	0.71	-0.20	-0.04	-0.23	5.02	15.36	0.23	-26.24	60
209	徐炜哲	国投瑞银	2008/11~2014/11	63	3	0.51	0.08	-0.44	-0.90	0.89	0.02	-0.41	0.06	17.35	23.89	0.62	-30.93	83
210	杨冬冬	国投瑞银	2015/02~2020/10	69	6	-0.16	-0.03	0.21	0.68	0.67	0.12	-0.86	0.35	11.85	23.39	0.44	-46.64	81
211	于雷	国投瑞银	2013/03~2020/06	85	6	6.04	0.93	-0.60	-1.32	0.83	-0.27	-0.58	-0.10	14.18	23.54	0.53	-42.30	62
212	张佳荣	国投瑞银	2015/12~2020/12	62	2	8.86	1.64*	0.03	0.07	0.77	0.44	-0.77	0.19	15.74	22.82	0.62	-28.25	78
213	陈洪	海富通	2003/08~2014/05	131	5	7.77	2.79*	-0.11	-0.74	0.69	-0.10	-0.20	0.16	15.32	21.97	0.58	-54.29	89

编号	基金经理	离职前任职公司	任职区间	任职时间(月)	管理基金数量(只)	选股能力 年化α(%)	选股能力 t(α)	择时能力 γ	择时能力 t(γ)	β_{mkt}	β_{smb}	β_{hml}	β_{mom}	年化收益率(%)	年化波动率(%)	年化夏普比率	最大回撤率(%)	调整后 R^2(%)
214	陈绍胜	海富通	2004/03~2012/03	98	3	2.50	0.69	0.06	0.32	0.71	-0.03	-0.27	0.30	11.85	24.82	0.37	-58.17	90
215	程崇	海富通	2010/04~2013/11	44	2	-9.57	-1.09	2.10	1.95*	0.84	0.17	-0.01	0.17	4.82	22.29	0.08	-38.74	72
216	丁俊	海富通	2007/08~2016/07	86	6	-0.87	-0.22	0.14	0.78	0.67	0.06	-0.08	0.24	3.91	24.95	0.05	-53.01	91
217	蒋征	海富通	2003/01~2013/12	127	8	5.87	2.11*	-0.25	-1.66	0.72	-0.06	-0.14	0.28	13.01	22.91	0.46	-62.94	90
218	康赛波	海富通	2003/04~2011/03	82	3	15.20	3.03*	-0.71	-3.11	0.73	-0.08	-0.30	0.16	11.86	26.87	0.36	-62.40	87
219	牟永宁	海富通	2009/01~2013/09	58	4	-2.72	-0.66	0.03	0.11	0.75	0.09	0.08	0.28	9.49	20.21	0.34	-32.70	90
220	邵佳民	海富通	2006/05~2017/01	130	1	-2.86	-0.89	0.06	0.38	0.72	-0.03	-0.21	0.08	10.74	24.97	0.32	-59.43	89
221	王智慧	海富通	2012/01~2021/06	111	6	2.42	0.65	0.00	0.00	0.83	0.12	-0.16	0.22	16.40	21.38	0.68	-38.37	81
222	张炳炜	海富通	2015/06~2018/07	39	3	-1.59	-0.38	0.18	0.61	0.69	-0.12	0.16	0.22	-7.66	18.97	-0.48	-32.22	89
223	陈嘉平	合煦智远	2011/12~2019/08	54	5	10.89	1.62	-0.24	-0.33	0.66	0.02	-0.41	0.26	24.47	16.76	1.33	-11.53	59
224	张鸿羽	弘毅远方	2012/04~2020/08	52	2	11.93	1.28	-1.00	-1.05	0.71	-0.24	-0.13	0.41	21.88	18.64	1.07	-19.13	56
225	周鹏	弘毅远方	2018/10~2022/06	46	3	16.72	2.45*	-2.86	-2.93	0.87	-0.18	-0.31	-0.07	17.75	19.39	0.84	-26.75	73
226	季雷	红塔红土	2007/03~2015/04	65	4	-9.66	-1.25	-0.33	-1.02	0.75	-0.13	0.08	0.40	0.06	30.24	-0.10	-60.82	85
227	侯世霞	红土创新	2015/09~2020/12	65	2	9.35	1.36	-0.86	-1.68	0.72	-0.39	0.11	-0.16	9.62	20.91	0.39	-33.17	57
228	陈俏宇	华安	2007/03~2015/05	100	6	-3.67	-0.81	0.47	2.19*	0.64	0.14	-0.36	0.13	16.55	23.14	0.59	-45.45	81
229	陈迅	华安	2012/05~2015/05	38	6	-0.54	-0.10	0.35	0.70	0.86	0.03	-0.06	0.00	34.58	23.61	1.34	-15.79	91
230	崔莹	华安	2015/06~2021/12	80	7	17.67	3.57*	-0.25	-0.64	0.93	0.05	-0.50	0.02	22.26	25.19	0.82	-28.11	81
231	李坳	华安	1999/06~2003/08	52	2	20.01	1.30	-1.07	-0.54	0.57	-0.12	-0.68	0.21	10.56	23.02	0.37	-20.52	27
232	廖发达	华安	2015/08~2019/03	45	4	3.07	0.77	-0.26	-0.97	0.62	-0.04	-0.08	0.00	4.93	17.10	0.20	-26.51	85

续表

编号	基金经理	离职前任职公司	任职区间	任职时间(月)	管理基金数量(只)	选股能力 年化α(%)	选股能力 t(α)	择时能力 γ	择时能力 t(γ)	β_{mkt}	β_{smb}	β_{hml}	β_{mom}	年化收益率(%)	年化波动率(%)	年化夏普比率	最大回撤率(%)	调整后R^2(%)
233	刘伟亭	华安	2011/07~2018/05	81	5	1.36	0.29	0.08	0.25	0.99	-0.10	-0.25	-0.14	16.32	25.73	0.55	-28.79	85
234	刘蔚勇	华安	2003/09~2009/02	67	2	11.26	1.99*	0.24	0.96	0.62	-0.25	-0.12	0.12	24.26	24.73	0.87	-50.40	82
235	尚志民	华安	1999/06~2015/01	189	6	11.45	2.89*	-0.03	-0.11	0.69	-0.10	-0.36	0.20	17.49	22.84	0.66	-51.63	68
236	苏玉平	华安	2014/04~2018/01	46	3	2.86	1.43	0.07	0.61	0.07	-0.06	0.00	-0.09	7.36	4.05	1.35	-3.47	41
237	汪光成	华安	2008/02~2013/09	69	5	-3.29	-1.00	0.06	0.34	0.72	0.09	0.00	0.26	-3.52	22.39	-0.29	-49.76	94
238	王国卫	华安	1998/06~2005/04	84	2	20.73	1.34	0.58	0.58	0.61	-0.16	-0.86	0.05	20.23	36.29	0.49	-29.17	29
239	王嘉	华安	2015/07~2018/10	41	4	10.41	1.87*	-1.20	-2.98	0.52	0.40	-0.09	0.43	-2.21	22.01	-0.17	-30.84	85
240	谢振东	华安	2015/03~2019/10	57	6	10.97	3.84*	-0.46	-2.59	0.76	0.10	-0.23	0.18	8.86	23.33	0.31	-39.73	95
241	张亮	华安	2018/10~2022/07	47	4	20.20	2.86*	1.41	1.41	0.84	-0.10	0.14	0.15	34.86	20.26	1.65	-12.68	74
242	张霄	华安	2009/12~2013/02	40	1	-5.24	-1.14	0.41	0.63	0.69	0.39	0.62	0.25	-1.49	17.03	-0.26	-31.84	90
243	范红兵	华宝	2009/02~2016/08	92	4	-3.82	-1.10	0.11	0.51	0.84	0.01	-0.26	0.27	10.38	25.56	0.30	-39.49	91
244	郭鹏飞	华宝	2010/06~2015/03	59	2	-4.45	-0.63	1.29	1.58	0.82	0.37	-0.18	0.25	22.65	23.06	0.85	-29.84	73
245	胡戈游	华宝	2009/05~2021/12	152	8	0.73	0.22	-0.08	-0.34	0.74	0.08	-0.28	0.21	10.45	21.03	0.39	-39.38	78
246	蒋宁	华宝	2010/07~2013/07	38	1	-3.11	-0.48	1.56	1.95*	0.76	0.22	0.00	0.06	5.94	18.72	0.15	-25.35	81
247	楼鸿强	华宝	2014/10~2020/01	65	2	7.43	0.96	0.81	1.69*	1.11	0.17	-0.78	0.52	22.11	36.40	0.56	-52.99	83
248	牟旭东	华宝	2007/10~2013/01	65	2	-10.87	-1.98	0.56	1.96*	0.77	0.20	0.05	0.18	-4.21	25.99	-0.28	-46.81	88
249	区伟良	华宝	2015/04~2018/06	40	3	2.89	0.38	0.97	1.92*	0.97	0.07	-0.63	0.40	2.84	30.89	0.04	-42.25	86
250	任志强	华宝	2007/09~2013/01	66	1	-0.51	-0.14	-0.03	-0.15	0.81	-0.01	-0.25	0.09	-3.86	26.88	-0.26	-59.67	95
251	邵喆阳	华宝	2010/06~2015/01	57	3	-3.53	-0.43	0.97	0.86	0.79	0.10	-0.20	0.64	14.32	20.77	0.54	-25.52	61

续表

编号	基金经理	离职前任职公司	任职区间	任职时间（月）	管理基金数量（只）	选股能力 年化α(%)	选股能力 t(α)	择时能力 γ	择时能力 t(γ)	β_{mkt}	β_{smb}	β_{hml}	β_{mom}	年化收益率(%)	年化波动率(%)	年化夏普比率	最大回撤率(%)	调整后R^2(%)
252	周欣	华宝	2018/06~2021/09	40	1	7.39	0.93	-2.05	-1.69	0.58	-0.31	0.02	-0.25	4.78	14.48	0.23	-13.87	40
253	独孤南薰	华宸未来	2016/04~2020/12	43	2	0.11	0.01	2.26	1.20	0.83	-0.02	-0.07	0.19	11.18	17.16	0.58	-17.53	64
254	陈德义	华富	2009/09~2012/12	41	2	-8.31	-1.44	-0.41	-0.52	0.86	0.27	0.54	0.59	-5.23	20.88	-0.39	-44.85	90
255	龚炜	华富	2010/01~2022/07	149	14	0.96	0.25	0.13	0.43	0.94	0.20	-0.13	0.38	11.92	26.21	0.38	-52.87	81
256	刘文正	华富	2013/06~2017/02	46	3	-4.42	-0.65	0.62	1.86*	0.92	0.11	-0.44	0.58	18.21	32.27	0.49	-45.23	92
257	王翔	华富	2014/11~2017/12	39	5	-3.85	-0.53	0.89	2.37*	1.02	0.10	-0.56	0.50	14.32	36.75	0.34	-43.00	92
258	翁海波	华富	2015/12~2018/12	38	5	-4.93	-1.11	-0.33	-0.89	0.56	0.24	-0.33	0.38	-14.19	16.69	-0.96	-37.70	85
259	张亮	华富	2015/02~2021/02	74	2	-4.66	-0.68	0.85	1.99*	0.68	0.13	0.03	0.43	34.86	20.26	1.65	-12.68	68
260	李仆	华润元大	2018/08~2021/10	40	1	4.00	0.22	0.53	0.19	0.98	-0.02	-0.86	-0.04	26.87	32.96	0.77	-20.52	42
261	袁华涛	华润元大	2015/09~2019/09	50	3	-5.86	-1.02	0.51	1.23	0.50	-0.30	-0.43	-0.34	0.82	14.99	-0.05	-34.67	55
262	蔡建军	华商	2013/12~2017/11	49	4	2.81	0.51	-0.38	-1.24	0.91	0.00	-0.67	0.31	12.30	29.12	0.35	-52.38	91
263	梁皓	华商	2017/07~2022/05	60	8	3.40	0.42	1.03	0.83	0.89	0.20	-0.65	0.04	13.69	24.74	0.49	-36.68	66
264	刘宏	华商	2011/05~2017/01	69	4	-2.11	-0.32	0.45	1.09	0.95	0.20	-0.66	0.40	14.78	31.05	0.39	-47.72	83
265	马国江	华商	2015/04~2019/02	48	4	1.29	0.18	0.65	1.42	0.94	0.44	-0.60	0.60	1.14	35.46	-0.01	-49.88	88
266	申艳丽	华商	2010/08~2015/03	57	2	2.23	0.31	-0.17	-0.20	0.82	0.08	0.53	0.55	16.34	21.74	0.61	-34.69	70
267	孙建波	华商	2008/05~2013/01	52	3	-6.23	-0.95	0.28	0.76	0.63	0.51	0.21	0.32	0.26	22.83	-0.12	-37.74	82
268	田明圣	华商	2010/07~2015/10	64	4	1.69	0.30	0.05	0.10	0.92	0.11	-0.63	0.26	17.21	26.24	0.54	-40.86	85
269	赵媛媛	华商	2013/03~2017/11	44	4	-1.04	-0.09	-0.13	-0.18	0.78	0.08	0.03	0.45	0.97	27.54	-0.04	-38.83	66
270	方伦煜	华泰柏瑞	2012/04~2020/07	101	3	2.97	0.77	0.16	0.61	0.83	-0.19	0.09	-0.02	12.92	23.03	0.47	-48.65	83

续表

编号	基金经理	离职前任职公司	任职区间	任职时间（月）	管理基金数量（只）	选股能力 年化α(%)	t(α)	择时能力 γ	t(γ)	β_mkt	β_smb	β_hml	β_mom	年化收益率(%)	年化波动率(%)	年化夏普比率	最大回撤率(%)	调整后R²(%)
271	黄明仁	华泰柏瑞	2016/11~2019/12	39	1	17.49	2.29*	-0.90	-0.75	0.88	-0.14	-0.10	-0.03	16.38	17.58	0.85	-24.84	63
272	李灿	华泰柏瑞	2015/06~2018/12	44	3	6.76	1.34	-0.57	-1.58	0.88	-0.21	-0.28	0.04	-7.39	24.16	-0.37	-35.47	89
273	梁丰	华泰柏瑞	2004/03~2010/04	73	4	18.38	2.92*	-0.51	-1.68	0.74	-0.20	-0.17	0.19	18.55	28.77	0.56	-59.41	86
274	秦岭松	华泰柏瑞	2007/05~2012/01	58	2	-4.79	-0.72	0.29	0.97	0.69	0.00	-0.24	0.36	-2.14	26.23	-0.20	-49.16	85
275	蔡向阳	华夏	2014/05~2021/10	91	11	6.10	1.31	-0.10	-0.30	0.50	-0.06	-0.24	0.07	13.72	16.66	0.72	-22.30	56
276	陈斌	华夏	2015/02~2021/04	76	3	10.34	1.61	0.05	0.12	0.84	0.10	-0.40	0.17	19.92	27.23	0.67	-38.16	75
277	陈虎	华夏	2014/11~2020/05	67	5	1.50	0.50	-0.17	-0.88	0.83	0.08	-0.24	0.10	8.50	24.19	0.28	-46.35	94
278	程海冰	华夏	2004/09~2013/08	56	3	-4.51	-0.76	1.15	1.57	0.82	0.18	0.34	0.59	1.71	20.48	-0.05	-41.80	82
279	丁镭	华夏	1999/04~2006/10	86	4	11.53	1.04	0.76	1.02	0.46	-0.10	-0.38	0.00	19.93	27.63	0.65	-24.79	32
280	董阳阳	华夏	2013/03~2022/11	118	7	3.27	1.34	-0.06	-0.33	0.66	-0.06	0.08	0.08	9.88	17.25	0.47	-39.97	85
281	巩怀志	华夏	2005/10~2013/05	93	4	4.58	0.98	0.29	1.35	0.80	0.00	-0.29	0.32	26.57	28.19	0.85	-49.46	88
282	胡建平	华夏	2006/03~2013/12	93	4	8.95	1.93*	0.45	1.87*	0.58	-0.10	0.01	0.40	19.98	20.81	0.83	-33.11	81
283	林峰	华夏	2014/05~2018/11	56	2	-5.43	-1.03	-0.52	-1.63	0.88	0.20	-0.49	-0.13	3.50	29.38	0.06	-55.44	90
284	刘金玉	华夏	2010/03~2016/12	78	4	-0.80	-0.19	0.01	0.02	0.75	0.16	-0.17	0.28	8.03	24.12	0.23	-36.59	88
285	刘文动	华夏	2006/05~2012/02	70	5	5.16	0.73	0.19	0.67	0.78	-0.07	-0.50	0.20	21.61	29.99	0.62	-47.98	84
286	罗泽萍	华夏	2005/04~2014/02	108	4	10.09	2.05*	-0.17	-0.72	0.72	-0.13	-0.23	0.17	19.32	25.55	0.66	-51.90	81
287	任竞辉	华夏	2010/10~2015/09	49	3	6.34	0.91	0.06	0.10	0.84	-0.13	-0.81	0.26	10.70	22.81	0.35	-38.09	81
288	石波	华夏	2001/01~2007/07	80	4	10.44	2.23*	0.53	1.45	0.63	-0.40	-0.14	0.21	25.96	20.76	1.14	-22.57	78
289	孙彬	华夏	2012/01~2019/07	92	3	0.62	0.22	0.09	0.45	0.86	0.08	-0.26	0.25	11.20	23.96	0.38	-47.46	92

续表

编号	基金经理	离职前任职公司	任职区间	任职时间（月）	管理基金数量（只）	选股能力		择时能力		β_{mkt}	β_{smb}	β_{hml}	β_{mom}	年化收益率（%）	年化波动率（%）	年化夏普比率	最大回撤率（%）	调整后 R^2（%）
						年化 α（%）	$t(\alpha)$	γ	$t(\gamma)$									
290	孙建冬	华夏	2005/06~2010/01	57	2	13.69	2.23*	0.34	1.55	0.76	-0.16	-0.08	0.16	45.55	31.75	1.35	-46.82	92
291	孙萌	华夏	2015/11~2019/02	41	3	-4.71	-1.37	-0.38	-1.50	0.72	-0.06	-0.23	-0.01	-8.71	18.42	-0.57	-41.98	92
292	谭琦	华夏	2007/09~2014/04	81	3	-2.63	-0.86	0.59	3.35*	0.80	0.10	-0.13	0.20	0.84	23.71	-0.09	-48.92	94
293	佟巍	华夏	2015/02~2022/06	90	10	10.08	2.16*	-0.36	-1.12	0.78	-0.03	0.03	0.27	13.06	23.52	0.49	-40.07	78
294	童汀	华夏	2007/09~2014/05	82	3	-0.37	-0.11	0.38	1.93*	0.73	0.07	-0.19	0.15	2.50	21.82	-0.02	-47.91	91
295	王海雄	华夏	2011/03~2015/01	48	4	1.25	0.20	-0.05	-0.06	0.80	0.10	-0.20	0.31	9.58	17.49	0.37	-23.74	74
296	王亚伟	华夏	1998/04~2012/04	163	4	13.84	1.90*	0.74	2.13*	0.71	0.07	0.11	0.17	30.71	32.07	0.88	-44.71	53
297	王怡欢	华夏	2011/02~2020/11	119	5	3.87	1.41	0.16	0.78	0.67	-0.14	-0.08	0.07	10.44	17.70	0.47	-32.22	82
298	魏镇江	华夏	2016/04~2020/05	51	4	1.57	0.68	0.24	0.59	0.43	-0.02	-0.32	0.02	5.51	8.20	0.49	-14.02	78
299	严鸿欢	华夏	2010/02~2014/09	57	2	-8.19	-1.89	0.03	0.06	0.79	0.17	0.15	0.22	0.97	17.80	-0.11	-37.76	87
300	杨明镝	华夏	2012/01~2015/05	42	3	4.53	0.70	0.21	0.35	0.87	0.01	-0.98	0.35	31.59	20.11	1.42	-9.75	80
301	杨泽辉	华夏	2009/01~2012/02	38	1	1.15	0.21	-0.97	-2.61	0.96	-0.02	-0.42	0.20	10.02	26.88	0.27	-31.84	94
302	张剑	华夏	2011/02~2014/04	40	2	-0.05	-0.01	0.45	0.77	0.49	0.11	0.18	0.19	3.42	11.98	0.02	-14.61	76
303	张龙	华夏	2004/09~2010/01	66	2	4.71	0.80	0.23	0.99	0.73	-0.07	-0.08	0.47	26.03	30.03	0.78	-56.52	89
304	张益驰	华夏	2004/09~2009/06	59	5	15.97	2.47*	0.12	0.45	0.71	-0.04	-0.19	0.47	35.38	28.64	1.16	-51.65	87
305	赵航	华夏	2003/04~2021/09	185	6	3.27	1.21	0.06	0.33	0.75	0.10	-0.13	0.16	8.87	21.44	0.32	-50.79	83
306	沈宏伟	汇安	2017/12~2021/07	44	1	-4.87	-0.57	-0.23	-0.18	0.26	-0.04	-0.46	0.07	1.77	14.45	0.02	-23.20	25
307	周加文	汇安	2016/10~2022/05	65	3	2.86	0.38	-2.83	-1.57	0.64	-0.04	-0.56	0.03	-1.14	18.98	-0.14	-34.66	48
308	方超	汇丰晋信	2015/09~2019/08	49	1	-13.21	-1.92	0.04	0.09	1.12	-0.09	-0.63	-0.12	-7.01	29.85	-0.28	-56.14	84

续表

编号	基金经理	离职前任职公司	任职区间	任职时间(月)	管理基金数量(只)	选股能力 年化α(%)	t(α)	择时能力 γ	t(γ)	β_{mkt}	β_{smb}	β_{hml}	β_{mom}	年化收益率(%)	年化波动率(%)	年化夏普比率	最大回撤率(%)	调整后 R^2(%)
309	郭敏	汇丰晋信	2015/05~2020/05	61	2	9.24	2.82*	0.02	0.07	0.84	-0.17	-0.04	-0.11	5.47	20.68	0.19	-26.14	91
310	廖志峰	汇丰晋信	2010/03~2013/05	40	2	-9.19	-1.82	0.95	1.31	0.69	0.26	0.40	0.31	-1.89	17.40	-0.28	-35.03	89
311	林彤彤	汇丰晋信	1998/06~2013/12	183	7	8.55	1.26	0.36	1.05	0.73	-0.02	-0.35	0.31	17.52	30.88	0.49	-59.49	50
312	邵骥咏	汇丰晋信	2009/05~2012/07	40	3	-6.72	-1.32	0.31	0.75	0.70	0.36	0.03	0.22	2.45	19.40	-0.02	-29.68	89
313	严瑾	汇丰晋信	2018/09~2022/04	44	2	8.08	1.32	-0.06	-0.07	0.71	-0.28	-0.32	0.05	11.30	18.34	0.53	-26.13	76
314	陈晓翔	汇添富	2009/01~2015/12	85	2	7.06	1.35	-0.07	-0.18	0.85	-0.01	-0.33	0.13	23.19	25.23	0.81	-28.48	83
315	韩贤旺	汇添富	2012/03~2018/12	83	2	-3.07	-0.52	0.57	1.43	1.10	0.07	-1.01	0.45	7.48	31.51	0.17	-59.88	83
316	蒋文玲	汇添富	2015/12~2019/08	46	2	-0.84	-0.17	0.72	1.85*	0.26	0.01	0.15	0.10	3.01	10.08	0.15	-22.98	33
317	雷鸣	汇添富	2014/03~2022/01	96	5	6.93	1.30	0.68	1.81*	0.82	0.08	-0.07	0.35	22.05	25.25	0.81	-37.12	74
318	欧阳沁春	汇添富	2007/06~2018/12	140	3	-6.81	-1.20	0.68	2.11*	0.96	0.20	-0.68	0.45	5.90	33.67	0.10	-72.38	78
319	齐东超	汇添富	2009/07~2014/03	58	2	2.79	0.62	-0.79	-1.89	0.77	0.13	-0.39	0.29	3.23	19.54	0.02	-25.17	87
320	佘中强	汇添富	2013/07~2019/07	68	4	0.45	0.09	0.62	1.30	0.90	0.04	-0.49	0.45	15.88	24.94	0.57	-38.80	85
321	苏竞	汇添富	2007/10~2013/10	74	3	-7.15	-1.35	0.39	1.34	0.74	0.13	-0.31	0.39	-2.68	24.64	-0.23	-54.62	85
322	谭志强	汇添富	2015/08~2022/02	80	2	4.86	1.13	-0.11	-0.30	0.77	-0.07	-0.39	0.17	10.77	20.10	0.46	-37.28	77
323	叶从飞	汇添富	2012/03~2018/12	83	3	-3.84	-0.89	0.40	1.36	0.96	0.14	-0.68	0.33	6.81	27.72	0.17	-57.10	88
324	张晖	汇添富	2002/11~2007/11	48	3	16.16	2.27*	0.40	0.88	0.61	-0.70	-0.12	-0.04	40.60	23.49	1.71	-13.92	82
325	周睿	汇添富	2012/03~2019/03	86	1	6.58	1.28	-0.19	-0.55	0.85	0.22	-0.92	0.37	15.47	27.11	0.49	-48.64	82
326	骆海涛	嘉合	2018/03~2021/04	39	4	27.29	2.93*	-2.21	-1.68	0.50	-0.17	0.11	0.23	24.52	15.87	1.45	-11.21	36
327	陈勤	嘉实	2006/10~2015/05	102	4	6.64	1.73*	-0.19	-1.00	0.75	-0.06	-0.32	0.14	22.52	24.54	0.82	-48.42	88

续表

编号	基金经理	离职前任职公司	任职区间	任职时间(月)	管理基金数量(只)	选股能力 年化α(%)	选股能力 t(α)	择时能力 γ	择时能力 t(γ)	β_{mkt}	β_{smb}	β_{hml}	β_{mom}	年化收益率(%)	年化波动率(%)	年化夏普比率	最大回撤率(%)	调整后R^2(%)
328	党开宇	嘉实	2005/01~2010/05	63	6	12.22	1.75*	0.40	1.53	0.52	-0.12	-0.21	0.26	29.82	22.19	1.27	-21.94	77
329	翟琳琳	嘉实	2014/02~2017/10	46	5	4.73	1.17	0.25	1.19	0.71	-0.07	-0.47	0.22	17.81	21.97	0.72	-31.71	93
330	丁杰人	嘉实	2011/10~2017/11	72	3	5.63	0.88	0.60	1.45	1.01	-0.04	-0.92	0.62	19.45	29.98	0.58	-49.73	82
331	顾义河	嘉实	2009/06~2014/10	66	2	-6.20	-1.36	0.51	1.27	0.71	0.13	-0.21	0.38	7.03	18.17	0.23	-32.34	82
332	郭东谋	嘉实	2014/04~2018/06	52	6	3.57	1.19	0.12	0.68	0.46	-0.04	-0.09	0.09	12.02	14.03	0.72	-22.85	87
333	焦云	嘉实	2009/12~2017/10	83	4	0.38	0.09	-0.17	-0.57	0.83	0.18	-0.61	0.26	3.56	24.85	0.05	-38.26	86
334	刘天君	嘉实	2006/08~2013/05	83	4	18.48	3.15*	-0.37	-1.42	0.68	-0.12	-0.37	0.34	23.61	26.01	0.79	-50.20	81
335	刘欣	嘉实	2003/07~2006/09	40	3	20.16	3.49*	-0.74	-1.19	0.60	-0.20	-0.28	0.12	21.62	14.95	1.34	-10.10	75
336	齐海滔	嘉实	2009/03~2020/06	119	4	-0.23	-0.05	0.47	1.45	0.81	0.19	-0.51	0.32	17.81	24.94	0.64	-41.89	77
337	曲扬	嘉实	2016/04~2020/11	58	11	5.65	4.13*	-0.38	-1.64	0.15	-0.06	-0.02	0.01	7.20	3.36	1.70	-2.03	46
338	邵健	嘉实	2004/04~2015/06	136	3	7.45	1.72*	-0.11	-0.47	0.74	0.05	-0.50	0.42	21.50	25.31	0.74	-56.20	79
339	邵秋涛	嘉实	2010/11~2020/05	116	4	-1.83	-0.47	0.79	2.68*	0.90	0.07	-0.52	0.24	10.48	24.35	0.34	-37.34	82
340	孙林	嘉实	2003/01~2007/03	52	2	17.48	2.81*	0.04	0.06	0.66	-0.39	-0.40	0.10	31.40	19.71	1.48	-15.44	77
341	陶羽	嘉实	2009/03~2017/06	101	2	-8.23	-2.40	0.37	1.63	0.99	0.17	-0.16	0.19	10.24	29.08	0.27	-42.79	92
342	王汉博	嘉实	2014/09~2022/05	42	5	1.15	0.10	1.12	2.03*	0.64	0.06	-0.24	0.37	11.03	27.44	0.35	-40.01	69
343	王茜	嘉实	2015/07~2020/09	64	3	5.15	1.86*	-0.52	-2.61	0.35	0.13	-0.08	0.13	5.85	11.45	0.38	-16.46	78
344	吴云峰	嘉实	2014/11~2020/05	68	4	3.02	0.55	0.06	0.16	0.81	0.00	-0.35	0.24	10.37	24.95	0.35	-43.08	80
345	忻怡	嘉实	2006/12~2010/09	47	2	15.89	1.88*	-0.03	-0.13	0.67	-0.26	-0.22	0.09	20.53	29.49	0.61	-56.55	88
346	徐铁	嘉实	2000/06~2006/11	79	3	18.51	2.15*	-1.01	-0.97	0.67	-0.58	-0.80	0.02	14.22	20.51	0.61	-20.95	40

续表

编号	基金经理	离职前任职公司	任职区间	任职时间(月)	管理基金数量(只)	选股能力		择时能力		β_{mkt}	β_{smb}	β_{hml}	β_{mom}	年化收益率(%)	年化波动率(%)	年化夏普比率	最大回撤率(%)	调整后 R^2(%)
						年化 α(%)	$t(\alpha)$	γ	$t(\gamma)$									
347	颜媛	嘉实	2015/03~2021/07	71	4	14.15	2.04*	-0.26	-0.60	0.74	0.08	-0.44	0.14	20.50	25.20	0.76	-36.56	71
348	詹凌蔚	嘉实	2002/09~2014/03	106	4	10.41	3.08*	-0.14	-0.72	0.71	-0.09	0.21	0.06	16.40	23.23	0.61	-54.86	90
349	张琦	嘉实	2013/05~2019/08	54	3	6.76	0.95	-0.23	-0.63	0.65	-0.05	0.06	0.01	16.00	23.40	0.60	-35.89	78
350	张弢	嘉实	2009/01~2015/03	76	5	5.91	1.23	0.32	0.84	0.69	0.06	-0.09	0.19	24.44	19.05	1.15	-22.23	77
351	赵勇	嘉实	2009/08~2014/06	60	2	-9.28	-2.24	0.28	0.52	0.60	0.11	-0.11	0.23	-0.86	13.73	-0.28	-30.31	79
352	陈鹏	建信	2004/12~2009/08	52	3	14.92	2.11*	-0.34	-1.32	0.80	-0.17	-0.08	0.24	19.17	34.31	0.49	-59.51	91
353	顾中汉	建信	2011/10~2017/02	66	4	-6.28	-1.32	-0.05	-0.17	0.73	0.29	-0.32	0.12	10.20	25.20	0.30	-36.24	88
354	李华	建信	2001/09~2007/09	48	2	10.02	1.69*	1.25	2.98*	0.49	-0.40	-0.06	0.02	39.90	20.87	1.85	-12.91	85
355	李涛	建信	2005/06~2012/04	81	5	2.68	0.67	-0.23	-1.18	0.77	-0.08	-0.34	0.24	20.22	25.01	0.72	-38.52	91
356	马志强	建信	2008/12~2015/04	74	3	-0.79	-0.09	-0.67	-1.02	0.99	0.08	0.55	0.44	23.31	31.04	0.67	-38.54	72
357	田擎	建信	2004/02~2010/03	52	3	8.00	1.62	-0.22	-0.92	0.76	-0.12	-0.19	0.26	-8.38	28.01	-0.40	-67.34	94
358	万志勇	建信	2008/10~2015/08	80	6	2.26	0.49	-0.09	-0.29	0.66	-0.09	-0.01	-0.13	14.68	20.62	0.58	-29.37	82
359	汪沛	建信	2007/03~2011/04	51	1	8.00	1.27	-0.27	-1.26	0.82	-0.16	-0.15	-0.08	12.98	33.97	0.30	-59.26	94
360	王新艳	建信	2002/11~2013/11	117	6	11.11	3.14*	-0.04	-0.22	0.76	-0.19	-0.36	0.29	17.40	23.79	0.63	-57.63	86
361	徐杰	建信	2008/03~2011/06	41	1	-5.77	-0.94	0.02	0.08	0.76	0.15	0.02	0.22	0.58	27.66	-0.08	-49.11	93
362	许杰	建信	2010/02~2020/06	121	7	3.78	1.15	-0.30	-1.22	0.78	-0.12	-0.28	0.11	8.05	20.35	0.29	-36.07	81
363	钟敬棣	建信	2013/09~2018/04	57	1	5.15	2.50*	0.07	0.55	0.12	0.02	0.06	-0.03	10.25	5.29	1.56	-4.03	51
364	朱虹	建信	2015/10~2021/04	56	3	-6.15	-1.89	0.87	3.28*	0.26	0.02	0.02	0.28	1.09	8.39	-0.05	-13.80	50
365	朱建华	建信	2016/03~2019/07	42	2	-0.14	-0.12	-0.27	-1.34	0.15	-0.03	-0.04	-0.04	0.66	2.95	-0.28	-4.72	60

续表

编号	基金经理	离职前任职公司	任职区间	任职时间（月）	管理基金数量（只）	选股能力 年化 α(%)	t(α)	择时能力 γ	t(γ)	β_{mkt}	β_{smb}	β_{hml}	β_{mom}	年化收益率(%)	年化波动率(%)	年化夏普比率	最大回撤率(%)	调整后 R^2(%)
366	崔海峰	交银施罗德	2003/01~2010/05	86	7	16.71	3.43*	-0.19	-0.77	0.72	-0.35	-0.44	0.22	27.70	25.78	1.01	-38.94	85
367	盖婷婷	交银施罗德	2015/07~2018/08	39	3	19.07	3.52*	-0.99	-2.60	0.51	-0.11	-0.52	-0.26	13.26	16.99	0.69	-21.16	77
368	管华雨	交银施罗德	2007/05~2015/04	93	7	1.26	0.31	0.35	1.62	0.75	0.07	-0.37	0.33	13.76	24.24	0.45	-51.26	88
369	李立	交银施罗德	2007/04~2012/04	62	2	2.08	0.29	0.13	0.39	0.77	-0.16	-0.38	0.12	3.82	28.80	0.03	-55.25	84
370	李娜	交银施罗德	2015/08~2020/11	65	14	4.73	4.32*	0.08	0.98	0.07	-0.03	-0.10	0.05	7.47	2.89	2.07	-0.66	43
371	李旭利	交银施罗德	2000/03~2009/05	104	4	12.99	1.84*	0.06	0.16	0.67	-0.24	-0.25	0.30	10.66	25.52	0.33	-55.77	57
372	龙向东	交银施罗德	2012/08~2015/08	38	1	0.60	0.10	-0.03	-0.06	0.94	-0.23	0.18	0.01	21.88	29.53	0.64	-36.99	93
373	唐倩	交银施罗德	2011/04~2018/06	84	2	9.50	1.53	0.48	1.13	0.90	-0.09	-0.73	0.55	15.88	26.38	0.52	-48.99	74
374	张娟钗	交银施罗德	2010/06~2014/09	53	1	-9.97	-2.26	0.65	1.14	0.72	0.03	-0.07	0.27	2.21	15.83	-0.05	-27.76	83
375	郑拓	交银施罗德	2005/04~2009/07	50	5	20.91	2.58*	-0.21	-0.61	0.69	-0.30	-0.30	0.03	35.41	29.33	1.14	-51.61	87
376	周鉴	金信	2018/03~2022/07	54	7	6.63	0.83	-0.17	-0.15	0.78	-0.05	-0.35	0.11	12.17	21.18	0.50	-31.47	64
377	陈立	金鹰	2013/08~2022/04	106	8	3.36	0.54	0.51	1.11	0.98	0.14	-0.20	0.26	17.67	29.94	0.53	-46.94	71
378	方超	金鹰	2014/09~2017/09	38	2	4.02	0.44	-0.16	-0.37	1.06	-0.05	-0.82	0.19	-7.01	29.85	-0.28	-56.14	90
379	李海	金鹰	2013/01~2020/10	60	3	-3.48	-0.33	0.64	1.11	0.96	-0.11	-0.46	0.40	20.04	33.33	0.55	-47.12	72
380	林华显	金鹰	2011/03~2015/02	49	1	-6.40	-1.39	-0.12	-0.19	0.75	0.01	-0.45	0.13	1.04	15.12	-0.14	-32.48	81
381	彭培祥	金鹰	2009/07~2013/03	46	2	-16.83	-2.78	0.50	0.89	1.01	0.44	0.01	0.30	-8.93	25.81	-0.46	-50.50	89
382	吴德喧	金鹰	2016/12~2020/12	49	2	-15.32	-1.63	2.14	1.43	0.58	-0.12	0.46	0.34	-3.60	20.27	-0.25	-40.02	43
383	冼鸿鹏	金鹰	2010/12~2017/10	84	2	-19.42	-2.84	0.72	1.54	1.22	0.33	-0.93	0.15	1.52	37.15	-0.03	-63.06	83
384	杨绍基	金鹰	2008/12~2015/01	74	4	-6.30	-1.52	0.05	0.13	0.78	0.24	-0.07	0.29	12.86	20.37	0.49	-39.07	85

续表

编号	基金经理	离职前任职公司	任职区间	任职时间(月)	管理基金数量(只)	选股能力 年化α(%)	t(α)	择时能力 γ	t(γ)	β_{mkt}	β_{smb}	β_{hml}	β_{mom}	年化收益率(%)	年化波动率(%)	年化夏普比率	最大回撤率(%)	调整后R^2(%)
385	于利强	金鹰	2015/01~2019/12	61	7	2.50	0.53	0.11	0.37	0.56	0.18	0.10	0.14	9.23	20.38	0.37	-38.76	81
386	朱丹	金鹰	2010/07~2022/09	140	4	1.75	0.59	0.02	0.06	0.86	0.21	-0.14	0.25	8.91	21.37	0.32	-38.43	84
387	侯斌	金元顺安	2010/12~2018/08	93	5	-3.03	-0.92	-0.16	-0.67	0.68	-0.04	-0.08	0.13	0.40	18.83	-0.11	-39.67	82
388	黄奕	金元顺安	2009/05~2013/03	48	3	-13.04	-1.75	0.67	1.10	0.48	0.35	0.14	0.18	0.39	16.28	-0.15	-28.02	59
389	潘江	金元顺安	2009/03~2014/02	57	3	-4.64	-0.93	-0.39	-1.00	0.77	0.14	-0.29	0.12	6.72	19.41	0.21	-19.58	86
390	陈晖	景顺长城	2006/12~2013/11	85	2	3.34	0.92	-0.15	-0.90	0.83	-0.16	-0.45	0.14	8.74	28.32	0.20	-62.09	94
391	邓春鸣	景顺长城	2007/09~2014/09	86	4	-2.12	-0.38	-0.07	-0.20	0.75	-0.08	-0.01	0.21	-4.05	25.02	-0.28	-56.97	81
392	贾殿村	景顺长城	2012/11~2016/04	43	3	-0.98	-0.10	-0.31	-0.73	1.04	-0.05	-1.04	0.21	14.88	36.27	0.34	-54.08	89
393	江科宏	景顺长城	2014/08~2022/06	96	5	6.30	1.08	-0.22	-0.52	0.88	0.04	-0.21	0.14	15.90	27.05	0.53	-49.28	73
394	李孟海	景顺长城	2015/03~2022/10	93	4	3.17	0.54	-0.22	-0.52	1.02	0.41	-0.27	0.15	10.28	32.51	0.27	-50.53	81
395	李学文	景顺长城	2003/08~2007/08	48	4	24.14	3.42*	-0.04	-0.08	0.76	-0.58	-0.37	-0.12	52.81	25.42	2.03	-16.26	83
396	李志嘉	景顺长城	2006/06~2010/04	48	2	24.42	2.96*	-0.52	-1.94	0.75	-0.40	-0.12	0.34	25.45	34.98	0.64	-55.79	92
397	刘晓明	景顺长城	2014/11~2020/04	67	4	15.14	2.28*	-1.17	-2.81	0.51	-0.03	-0.31	0.04	11.75	19.93	0.51	-32.13	57
398	唐咸德	景顺长城	2008/09~2014/09	68	2	-0.83	-0.19	0.12	0.45	0.80	0.16	0.00	0.25	13.99	23.11	0.49	-34.15	90
399	万梦	景顺长城	2015/07~2021/07	74	8	4.62	4.59*	0.07	0.88	0.07	-0.02	-0.01	0.04	6.69	2.77	1.87	-1.11	39
400	王鹏辉	景顺长城	2007/09~2014/12	89	5	3.75	0.58	0.20	0.50	0.86	0.05	-0.25	0.42	7.84	28.32	0.17	-61.44	78
401	张继荣	景顺长城	2004/07~2015/06	104	7	-5.43	-1.15	0.59	1.91*	0.70	-0.02	-0.20	0.26	2.60	21.59	-0.01	-54.35	76
402	黄敬东	九泰	2006/09~2015/11	45	5	25.55	2.45*	-0.19	-0.48	0.72	-0.16	-0.27	0.41	27.41	32.22	0.80	-54.13	85
403	林柏川	九泰	2017/01~2022/06	67	4	3.99	0.93	-0.45	-0.65	0.74	-0.04	-0.01	-0.06	6.77	15.15	0.35	-25.42	71

续表

编号	基金经理	离职前任职公司	任职区间	任职时间（月）	管理基金数量（只）	选股能力 年化α(%)	t(α)	择时能力 γ	t(γ)	β_mkt	β_smb	β_hml	β_mom	年化收益率(%)	年化波动率(%)	年化夏普比率	最大回撤率(%)	调整后 R²(%)
404	刘心任	九泰	2016/11~2022/07	70	2	6.40	1.02	1.37	1.35	0.67	-0.11	0.27	0.12	12.74	17.31	0.65	-23.34	50
405	王玥晰	九泰	2015/08~2018/11	41	6	2.46	0.51	-1.16	-3.33	0.49	-0.05	0.12	-0.07	-4.17	16.11	-0.35	-22.85	78
406	吴祖尧	九泰	2015/12~2021/10	52	7	-3.94	-0.85	-0.47	-1.31	0.64	-0.14	-0.03	-0.01	-0.91	15.71	-0.15	-34.61	74
407	徐占杰	九泰	2016/09~2021/12	65	1	12.79	2.77*	-0.84	-1.01	0.80	-0.07	-0.26	-0.10	17.41	15.38	1.03	-24.44	66
408	付柏瑞	凯石	2009/04~2022/11	83	3	-5.94	-0.92	0.20	0.33	0.72	0.07	-0.08	0.42	0.94	20.57	-0.08	-41.41	66
409	蔡锋亮	民生加银	2011/04~2016/06	64	5	-2.09	-0.36	0.47	1.36	0.94	0.15	-0.28	0.31	15.22	31.02	0.40	-40.57	88
410	黄钦来	民生加银	2003/11~2010/10	50	4	12.39	1.81*	-0.57	-1.00	0.61	-0.08	-0.01	0.13	13.34	18.72	0.61	-16.68	76
411	黄一明	民生加银	2013/08~2020/05	66	6	-13.70	-1.86	0.72	1.65*	0.76	0.24	0.10	0.27	10.06	27.52	0.30	-37.19	75
412	江国华	民生加银	2011/12~2015/02	40	2	-19.11	-3.01	1.26	1.57	0.98	0.11	0.23	0.45	9.69	21.12	0.31	-16.79	85
413	刘旭明	民生加银	2014/09~2019/02	52	6	1.79	0.42	-0.21	-0.95	0.70	-0.24	-0.30	-0.14	11.01	21.16	0.45	-30.47	90
414	宋磊	民生加银	2009/12~2018/02	75	8	3.31	0.77	0.23	0.80	0.68	0.24	0.16	0.11	10.14	22.57	0.36	-25.09	85
415	吴剑飞	民生加银	2005/04~2018/10	136	4	3.50	0.94	0.04	0.22	0.79	-0.06	-0.47	0.07	18.40	26.91	0.60	-57.49	86
416	吴鹏飞	民生加银	2013/12~2021/08	67	7	1.89	0.36	0.86	2.65*	0.36	0.09	0.08	0.03	14.80	14.83	0.90	-14.50	55
417	陈健夫	摩根士丹利华鑫	2018/08~2022/10	52	2	3.41	0.79	-0.97	-1.62	0.92	-0.23	-0.22	-0.02	4.00	19.43	0.13	-35.62	88
418	何滨	摩根士丹利华鑫	2008/04~2013/07	65	2	1.25	0.24	0.29	1.03	0.64	0.06	-0.10	0.15	6.11	21.05	0.15	-32.76	83
419	钱斌	摩根士丹利华鑫	2010/07~2014/08	47	4	-14.84	-1.77	3.11	2.39*	0.65	0.30	0.47	0.36	6.56	17.83	0.20	-22.36	61

续表

编号	基金经理	离职前任职公司	任职区间	任职时间（月）	管理基金数量（只）	选股能力 年化 α(%)	$t(\alpha)$	择时能力 γ	$t(\gamma)$	β_{mkt}	β_{smb}	β_{hml}	β_{mom}	年化收益率（%）	年化波动率（%）	年化夏普比率	最大回撤率（%）	调整后 R^2（%）
420	盛军锋	摩根士丹利华鑫	2009/07~2014/02	49	4	-2.43	-0.32	0.76	1.29	0.77	-0.11	0.30	0.36	6.11	21.05	0.16	-28.79	80
421	司魏	摩根士丹利华鑫	2015/01~2018/11	48	3	-19.46	-1.82	1.47	2.41*	0.80	0.07	-0.15	0.46	-6.81	31.38	-0.27	-70.16	69
422	项志群	摩根士丹利华鑫	2005/03~2010/08	49	3	17.75	1.46	0.04	0.06	0.66	-0.30	-0.52	0.25	44.38	27.32	1.57	-17.88	61
423	毕凯	南方	2018/06~2022/02	46	2	-1.94	-0.22	-0.75	-0.58	0.64	-0.31	-0.03	-0.24	-0.36	17.13	-0.11	-29.32	42
424	蔡望鹏	南方	2015/01~2020/01	62	2	2.88	0.62	-0.01	-0.04	0.81	0.02	-0.28	0.07	9.01	24.67	0.30	-36.55	87
425	陈健	南方	2005/04~2015/12	130	6	8.03	2.28*	0.24	1.40	0.70	-0.35	-0.07	-0.03	21.36	25.28	0.74	-48.20	88
426	杜冬松	南方	2012/03~2016/02	49	5	-4.78	-0.48	0.28	0.53	0.84	-0.01	-0.84	-0.04	10.38	28.82	0.27	-29.42	73
427	蒋峰	南方	2003/11~2012/11	91	3	9.07	1.63	-1.28	-2.05	0.89	-0.09	0.21	0.30	11.89	21.74	0.44	-34.18	80
428	蒋朋宸	南方	2008/04~2015/05	87	4	-6.29	-1.64	0.29	1.37	0.78	0.07	0.21	0.00	9.94	25.38	0.28	-45.88	91
429	李源海	南方	2008/07~2015/01	76	4	-9.06	-2.09	1.72	5.88*	0.53	0.10	0.13	0.15	12.62	16.40	0.60	-29.00	75
430	李振兴	南方	2014/04~2022/11	96	8	8.02	1.76*	0.00	0.00	0.47	-0.07	-0.51	-0.03	13.30	15.63	0.75	-33.11	55
431	马北雁	南方	2008/04~2014/03	73	2	-7.35	-2.13	0.01	0.04	0.66	0.00	-0.08	0.18	-5.75	20.19	-0.43	-43.82	91
432	彭砚	南方	2010/06~2015/06	55	4	-9.11	-1.38	0.53	0.66	1.07	0.06	-0.67	0.45	17.87	26.72	0.57	-29.70	86
433	苏彦祝	南方	2006/11~2010/01	40	1	19.78	1.47	-0.08	-0.20	0.80	-0.30	-0.29	0.24	33.07	39.35	0.76	-58.78	88
434	谈建强	南方	2006/12~2015/06	104	4	3.71	0.86	0.13	0.64	0.79	-0.07	-0.41	0.22	19.11	27.07	0.60	-60.76	87
435	汪澂	南方	2002/05~2013/10	139	4	3.65	0.77	0.21	0.79	0.77	-0.20	0.01	0.07	12.85	27.10	0.38	-57.44	77

续表

编号	基金经理	离职前任职公司	任职区间	任职时间（月）	管理基金数量（只）	选股能力		择时能力		β_{mkt}	β_{smb}	β_{hml}	β_{mom}	年化收益率（%）	年化波动率（%）	年化夏普比率	最大回撤率（%）	调整后 R^2（%）
						年化 α(%)	$t(\alpha)$	γ	$t(\gamma)$									
436	王宏远	南方	1999/08~2008/03	64	4	22.90	1.02	0.32	0.24	0.75	-0.04	-0.99	-0.31	42.51	44.59	0.93	-34.24	24
437	肖勇	南方	2015/07~2020/11	43	6	23.08	3.17*	0.32	0.76	1.26	0.20	-0.11	0.35	41.52	38.87	1.06	-36.00	94
438	张旭	南方	2012/03~2019/02	85	5	-8.85	-1.62	0.31	0.85	0.99	0.30	-0.29	0.30	7.08	31.53	0.16	-52.99	85
439	张原	南方	2010/02~2021/08	139	8	1.68	0.55	0.21	0.84	0.87	0.06	-0.35	0.27	12.97	22.87	0.47	-40.97	84
440	刘斐	南华	2017/08~2022/06	60	3	6.46	0.72	-0.57	-0.42	0.97	-0.04	-0.23	0.25	11.28	24.88	0.39	-41.18	60
441	徐超	南华	2015/11~2021/11	68	5	9.04	1.26	-0.19	-0.33	0.87	-0.12	-0.33	0.31	14.78	24.61	0.55	-28.94	65
442	顾旭俊	农银汇理	2016/03~2019/07	42	3	-0.34	-0.08	-0.54	-0.72	0.69	0.03	-0.03	0.23	-0.46	12.68	-0.15	-27.09	70
443	郭世凯	农银汇理	2014/01~2019/12	73	4	-2.40	-0.50	0.13	0.42	0.90	0.10	-0.57	0.38	8.48	27.33	0.24	-51.84	86
444	李洪雨	农银汇理	2008/09~2014/09	70	3	-4.93	-0.99	0.26	0.89	0.74	-0.07	0.01	0.32	3.36	20.94	0.02	-38.12	83
445	栾杰	农银汇理	2003/07~2011/03	84	5	14.85	2.80*	0.33	1.21	0.59	-0.16	-0.45	0.36	35.24	21.52	1.55	-22.57	74
446	李嘉	诺安	2014/06~2018/05	49	3	-6.64	-0.97	0.25	0.65	1.00	-0.05	-0.45	0.29	9.67	31.39	0.25	-52.19	88
447	林健标	诺安	2008/01~2011/04	41	3	3.48	0.60	0.05	0.21	0.64	-0.12	0.00	0.20	0.66	24.24	-0.09	-41.51	93
448	刘红辉	诺安	2008/05~2018/12	125	3	-3.71	-1.09	0.63	3.20*	0.67	0.05	-0.16	0.03	6.64	21.07	0.20	-46.10	82
449	刘魁	诺安	2012/05~2015/10	39	6	6.75	1.00	-0.17	-0.38	0.78	-0.05	-0.12	0.01	24.07	25.13	0.88	-31.44	90
450	曲泉儒	诺安	2019/04~2022/09	43	4	17.04	2.27*	0.28	0.20	0.87	-0.38	-0.01	-0.06	16.03	18.79	0.77	-20.83	72
451	盛震山	诺安	2015/09~2018/12	41	6	18.52	3.86*	-0.93	-2.68*	0.73	-0.22	-0.34	0.08	11.65	19.83	0.51	-26.10	86
452	史高飞	诺安	2015/01~2020/12	72	2	-6.05	-0.86	-0.20	-0.45	0.99	0.32	-0.30	0.11	6.96	33.51	0.16	-66.79	81
453	王鹏	诺安	2007/07~2011/02	42	2	1.91	0.18	-0.10	-0.21	0.53	0.02	-0.03	-0.17	18.42	25.80	0.66	-31.73	72
454	王永宏	诺安	2009/03~2013/03	40	2	-8.07	-1.54	-0.26	-0.67	1.00	0.28	-0.03	0.16	2.15	27.54	-0.02	-41.21	95

续表

编号	基金经理	离职前任职公司	任职区间	任职时间（月）	管理基金数量（只）	选股能力 年化α(%)	选股能力 $t(\alpha)$	择时能力 γ	择时能力 $t(\gamma)$	β_{mkt}	β_{smb}	β_{hml}	β_{mom}	年化收益率(%)	年化波动率(%)	年化夏普比率	最大回撤率(%)	调整后 R^2(%)
455	夏俊杰	诺安	2010/03~2017/02	85	3	1.92	0.59	0.24	1.10	0.67	0.01	-0.01	0.17	11.06	19.62	0.43	-33.62	87
456	邹翔	诺安	2000/09~2015/01	84	3	-1.42	-0.39	0.04	0.13	0.85	0.13	-0.24	0.19	4.03	21.39	0.05	-52.98	89
457	胡志伟	诺德	2009/09~2021/09	81	5	-4.46	-1.44	-0.02	-0.04	0.82	0.08	-0.05	-0.06	4.88	17.23	0.13	-31.97	89
458	王赟	诺德	2015/08~2020/02	56	1	5.96	1.04	-0.28	-0.66	0.89	0.18	-0.53	0.65	9.32	25.01	0.31	-37.90	82
459	向朝勇	诺德	2005/02~2012/05	78	5	-3.56	-0.62	0.17	0.57	0.80	0.04	-0.46	0.38	3.07	27.97	0.01	-65.97	86
460	应颖	诺德	2018/01~2021/07	44	2	3.32	0.38	-0.46	-0.36	0.93	0.07	-0.33	0.12	12.58	21.90	0.51	-28.36	67
461	周勇	诺德	2012/06~2015/06	38	2	-1.48	-0.17	0.09	0.11	1.02	0.22	-0.96	0.22	34.32	27.73	1.13	-15.36	83
462	程世杰	诺德	2005/05~2015/06	123	5	11.71	3.27*	-0.35	-1.80	0.74	-0.31	-0.11	-0.09	21.13	25.41	0.73	-56.96	88
463	胡东俊	鹏华	2015/06~2019/06	50	4	2.68	0.53	0.31	0.90	0.76	0.13	-0.14	0.31	-0.44	23.01	-0.09	-31.49	86
464	黄鑫	鹏华	2007/08~2015/08	98	4	-5.72	-1.21	0.06	0.22	0.75	0.14	-0.32	0.20	1.51	25.93	-0.06	-55.65	85
465	黄中	鹏华	2001/09~2006/10	63	1	12.76	2.73*	-1.27	-2.32	0.65	-0.15	-0.39	0.26	8.10	15.19	0.39	-26.28	73
466	龚洪涛	鹏华	2005/09~2011/11	71	2	5.04	0.78	0.32	1.03	0.76	-0.01	-0.13	0.47	37.46	28.18	1.25	-30.70	85
467	林宇坤	鹏华	2007/08~2010/08	38	2	4.50	0.53	0.17	0.49	0.80	-0.07	-0.18	0.18	-4.44	32.01	-0.24	-58.12	93
468	罗捷	鹏华	2018/03~2021/07	42	2	8.15	1.69*	-1.47	-2.13	0.85	0.09	-0.03	0.20	12.87	16.58	0.69	-23.60	83
469	夏毅翔	鹏华	2017/08~2022/07	61	5	12.25	1.98*	-1.54	-1.65	0.96	0.02	-0.25	0.20	13.79	21.50	0.57	-32.49	74
470	谢可	鹏华	2009/10~2014/06	58	1	-8.28	-1.54	0.20	0.29	0.75	0.07	0.09	0.11	-4.84	17.50	-0.44	-32.62	78
471	尤柏年	鹏华	2016/12~2022/02	64	2	2.02	0.32	0.89	0.83	0.62	-0.06	-0.20	0.30	10.75	17.52	0.53	-23.20	53
472	张栓伟	鹏华	2016/08~2022/09	75	10	6.08	3.96*	-0.15	-0.59	0.20	0.01	0.02	0.07	7.73	4.61	1.35	-3.77	55
473	张卓	鹏华	2007/08~2017/06	120	4	0.46	0.17	-0.15	-0.96	0.74	0.10	-0.03	0.15	4.50	24.64	0.07	-59.57	92

附录九 离职股票型基金经理选股与择时能力（按离职前任职公司排序）：1998~2022 年

编号	基金经理	离职前任职公司	任职区间	任职时间（月）	管理基金数量（只）	选股能力 年化α(%)	选股能力 t(α)	择时能力 γ	择时能力 t(γ)	β_{mkt}	β_{smb}	β_{hml}	β_{mom}	年化收益率（%）	年化波动率（%）	年化夏普比率	最大回撤率（%）	调整后 R^2（%）
474	郑川江	鹏华	2015/06~2019/06	50	6	0.29	0.07	-0.35	-1.28	0.68	0.11	-0.18	0.08	-5.14	20.94	-0.32	-31.83	89
475	刘俊廷	平安	2015/07~2020/08	63	10	-1.00	-0.14	-0.99	-2.01	0.76	0.12	-0.36	0.33	0.49	24.98	-0.04	-50.89	71
476	孙健	平安	2012/09~2018/02	67	9	2.28	0.52	-0.41	-1.53	0.40	0.11	-0.18	0.19	7.26	15.38	0.33	-25.15	70
477	汪澳	平安	2016/09~2020/07	48	3	-4.21	-0.98	1.62	2.39*	0.46	0.07	-0.24	0.23	7.92	12.70	0.51	-19.74	72
478	颜正华	平安	2007/07~2013/04	42	4	-3.65	-0.69	0.51	1.82*	0.50	0.05	-0.10	0.08	-3.66	17.20	-0.42	-38.40	84
479	张俊生	平安	2011/06~2022/07	82	8	14.15	1.60	-0.02	-0.02	0.96	-0.24	-0.31	-0.08	22.11	27.01	0.76	-39.21	59
480	陈士俊	浦银安盛	2018/09~2022/10	51	1	3.69	1.11	0.76	1.68*	0.32	-0.06	0.03	0.04	8.97	8.55	0.87	-4.63	66
481	蒋建伟	浦银安盛	2010/07~2020/06	121	4	-0.62	-0.14	-0.23	-0.67	1.11	0.30	-0.51	0.25	12.28	31.27	0.32	-68.05	84
482	丁骏	前海开源	2006/12~2020/04	140	7	-0.53	-0.18	0.23	1.66*	0.68	-0.08	-0.05	0.25	8.61	22.91	0.28	-56.84	88
483	史程	前海开源	2016/04~2021/03	61	12	12.03	1.91*	1.10	0.99	0.70	-0.21	0.04	0.09	21.29	17.42	1.14	-16.28	54
484	唐文杰	前海开源	2009/07~2014/12	44	2	-18.70	-2.69	-0.11	-0.18	0.86	0.27	-0.01	0.22	-6.99	22.04	-0.45	-32.44	84
485	徐立平	前海开源	2014/09~2018/02	43	3	-14.27	-1.71	2.02	4.50*	0.43	0.01	0.72	0.28	13.28	21.87	0.53	-25.80	68
486	赵雪芹	前海开源	2016/01~2020/06	55	5	6.83	2.08*	-1.69	-3.27	0.58	-0.22	-0.38	-0.15	7.17	10.52	0.54	-19.10	70
487	陈鹤明	融通	2006/11~2011/02	53	3	3.50	0.46	0.08	0.30	0.78	-0.13	-0.33	0.45	18.70	33.35	0.47	-60.47	90
488	付伟琦	融通	2015/06~2020/01	57	5	15.57	2.76*	-0.86	-2.07	0.71	-0.05	-0.27	-0.25	11.20	21.57	0.45	-24.65	76
489	管文浩	融通	2004/06~2013/01	89	4	2.00	0.37	-0.04	-0.15	0.83	0.02	-0.17	0.40	11.01	28.97	0.29	-74.30	85
490	郭恒	融通	2011/03~2014/08	43	1	-8.31	-1.09	1.10	1.11	0.89	0.19	0.29	0.43	2.05	21.07	-0.05	-33.14	77
491	郝继伦	融通	2001/09~2010/01	71	2	14.26	2.34*	-0.23	-0.88	0.65	-0.17	-0.18	0.10	13.73	25.61	0.44	-55.72	82
492	刘模林	融通	2004/03~2011/03	86	3	7.93	1.73*	0.16	0.76	0.71	-0.19	-0.22	0.35	20.96	26.65	0.69	-53.38	88

续表

编号	基金经理	离职前任职公司	任职区间	任职时间(月)	管理基金数量(只)	选股能力 年化α(%)	选股能力 t(α)	择时能力 γ	择时能力 t(γ)	β_{mkt}	β_{smb}	β_{hml}	β_{mom}	年化收益率(%)	年化波动率(%)	年化夏普比率	最大回撤率(%)	调整后R^2(%)
493	鲁万峰	融通	2007/09~2011/12	53	2	-12.77	-1.88	0.18	0.55	0.84	0.01	-0.43	0.39	-18.41	30.44	-0.70	-65.08	90
494	彭炜	融通	2017/08~2022/11	65	7	15.00	2.07*	-1.22	-1.12	0.92	0.08	-0.59	0.08	17.48	23.73	0.67	-31.91	70
495	汪忠远	融通	2010/04~2014/10	56	2	-11.10	-2.41	0.50	0.83	0.64	0.10	-0.10	0.33	-0.53	14.91	-0.24	-29.92	79
496	吴巍	融通	2011/04~2014/10	44	3	-8.06	-1.60	0.23	0.36	0.62	0.12	0.04	0.22	0.23	14.43	-0.20	-19.84	78
497	姚昆	融通	2012/07~2015/07	38	1	-4.28	-0.81	1.09	2.82*	0.71	-0.20	-0.08	0.30	21.42	21.65	0.86	-17.21	91
498	易万军	融通	2003/09~2007/02	43	1	16.48	3.05*	-1.34	-2.61	0.68	-0.29	-0.34	0.19	25.83	18.13	1.30	-23.45	84
499	周珺	融通	2012/01~2015/03	40	3	-0.07	-0.01	1.03	1.45	0.62	-0.23	0.51	0.26	20.61	19.11	0.92	-16.71	76
500	蔡文	山西证券	2016/12~2020/03	41	2	2.43	0.51	-0.76	-1.02	0.44	0.04	0.07	0.14	0.95	9.62	-0.06	-17.26	50
501	刘俊清	山西证券	2018/05~2022/05	50	1	10.38	1.09	-1.61	-1.21	0.58	-0.25	-0.25	-0.11	6.18	18.86	0.25	-31.25	38
502	刚登峰	东方证券资管	2015/05~2022/06	87	8	13.11	3.00*	-0.21	-0.58	0.70	-0.35	-0.24	-0.26	11.35	18.49	0.53	-28.74	70
503	韩冬	东方证券资管	2016/01~2022/08	81	4	18.65	3.71*	-1.68	-2.12	0.86	-0.54	-0.29	-0.44	15.26	18.41	0.75	-31.24	66
504	林鹏	东方证券资管	2014/09~2020/04	69	8	17.55	3.38*	-0.07	-0.23	0.61	-0.13	-0.32	0.03	23.54	18.99	1.15	-23.71	70
505	钱思佳	东方证券资管	2019/09~2022/09	38	2	9.27	1.51	0.51	0.48	0.92	-0.43	-0.17	-0.30	8.13	18.99	0.35	-29.56	84
506	季鹏	国泰君安证券资管	2013/08~2022/09	105	5	1.09	0.38	-0.31	-1.47	0.81	-0.06	-0.41	0.11	7.00	21.75	0.24	-45.36	89
507	朱蓓	海通证券资管	2011/04~2021/10	88	2	-8.49	-1.64	0.04	0.12	1.00	0.19	-0.24	0.21	4.79	29.51	0.08	-51.40	85
508	董红波	上投摩根	2007/02~2015/01	91	4	-1.84	-0.34	0.20	0.63	0.91	-0.04	-0.15	0.23	16.92	28.64	0.49	-34.61	84
509	冯刚	上投摩根	2006/06~2014/11	87	4	9.78	2.47*	0.01	0.05	0.88	-0.02	-0.39	0.32	26.79	30.27	0.80	-60.81	94
510	刘辉	上投摩根	2012/07~2022/05	110	4	6.98	1.01	0.38	0.45	0.90	0.01	-0.50	0.35	24.06	25.99	0.87	-45.68	56

续表

编号	基金经理	离职前任职公司	任职区间	任职时间(月)	管理基金数量(只)	选股能力 年化α(%)	选股能力 t(α)	择时能力 γ	择时能力 t(γ)	β_{mkt}	β_{smb}	β_{hml}	β_{mom}	年化收益率(%)	年化波动率(%)	年化夏普比率	最大回撤率(%)	调整后R^2(%)
511	罗建辉	上投摩根	2009/10~2015/01	64	4	-8.11	-1.49	0.66	0.91	0.68	0.13	-0.32	0.26	4.43	16.14	0.09	-26.83	69
512	吕俊	上投摩根	2002/05~2007/07	60	4	14.73	2.58*	0.66	1.44	0.76	-0.15	-0.26	0.39	44.96	24.75	1.76	-10.99	84
513	孟亮	上投摩根	2012/03~2019/02	80	8	4.11	0.67	-0.08	-0.18	0.91	-0.10	-0.46	0.36	12.50	23.79	0.44	-43.21	69
514	芮崑	上投摩根	2006/04~2009/09	43	2	14.68	1.59	-0.11	-0.41	0.55	-0.12	-0.04	0.27	29.08	27.14	0.96	-42.57	86
515	帅虎	上投摩根	2014/12~2019/03	53	3	0.32	0.04	0.37	0.90	0.99	0.15	-0.93	0.25	11.84	34.42	0.30	-53.40	87
516	孙芳	上投摩根	2011/12~2022/07	129	5	3.27	0.82	0.05	0.17	0.87	0.12	-0.19	0.39	14.97	24.95	0.52	-51.39	80
517	孙延群	上投摩根	2004/06~2009/06	58	3	26.15	3.87*	-0.29	-1.08	0.75	-0.15	-0.35	0.28	39.81	30.33	1.24	-55.19	88
518	王孝德	上投摩根	2007/04~2014/11	89	3	-1.12	-0.20	0.13	0.41	0.74	0.12	-0.45	0.14	13.74	23.75	0.46	-34.07	79
519	王振州	上投摩根	2007/11~2011/11	50	4	-2.84	-0.46	0.23	0.82	0.81	-0.03	-0.03	0.05	-3.17	29.02	-0.21	-57.70	92
520	吴鹏	上投摩根	2006/09~2012/08	68	5	-12.14	-2.73	0.45	2.09*	0.77	0.05	-0.03	0.27	0.22	26.06	-0.11	-55.86	93
521	许俊哲	上投摩根	2015/04~2018/05	39	1	-3.25	-0.59	0.14	0.39	1.05	-0.08	-0.56	0.23	-8.86	30.81	-0.34	-49.39	93
522	杨安乐	上投摩根	2007/08~2013/05	71	1	2.56	0.48	-0.30	-1.03	0.87	-0.10	0.22	-0.16	-4.03	30.71	-0.23	-63.47	90
523	张飞	上投摩根	2015/01~2018/01	38	2	3.49	0.36	0.18	0.36	0.97	0.07	-0.68	0.38	13.48	36.06	0.33	-48.13	86
524	张淑婉	上投摩根	2018/06~2021/06	38	1	12.46	1.89*	-3.08	-3.17	0.89	-0.15	0.15	0.15	13.50	16.98	0.71	-11.81	73
525	赵艰申	上投摩根	2013/08~2017/07	46	3	4.03	0.51	-0.17	-0.41	1.00	0.20	-0.15	0.45	29.20	31.15	0.89	-40.13	87
526	征茂平	上投摩根	2013/07~2021/12	103	3	-1.95	-0.45	-0.22	-0.70	0.89	-0.02	-0.31	0.28	9.61	24.42	0.32	-51.45	80
527	常永涛	申万菱信	2005/11~2009/08	47	2	3.60	0.57	-0.01	-0.03	0.83	-0.11	-0.22	0.24	33.76	36.20	0.85	-61.53	95
528	刘忠勋	申万菱信	2011/08~2015/04	46	1	-3.97	-0.77	0.04	0.08	0.99	0.45	-0.40	-0.03	23.74	25.96	0.80	-29.11	91
529	欧庆铃	申万菱信	2005/10~2015/08	106	6	-0.83	-0.17	0.38	1.50	0.68	-0.08	0.38	0.12	11.18	24.45	0.35	-42.35	82

续表

编号	基金经理	离职前任职公司	任职区间	任职时间(月)	管理基金数量(只)	选股能力 年化α(%)	选股能力 t(α)	择时能力 γ	择时能力 t(γ)	β_{mkt}	β_{smb}	β_{hml}	β_{mom}	年化收益率(%)	年化波动率(%)	年化夏普比率	最大回撤率(%)	调整后 R^2(%)
530	孙琳	申万菱信	2014/01~2022/01	98	8	7.25	1.53	-0.73	-2.16	0.96	-0.14	-0.30	0.03	14.57	25.98	0.49	-50.20	80
531	谭涛	申万菱信	2011/06~2015/06	50	1	-7.36	-1.11	0.55	0.86	0.83	0.18	-0.12	0.18	18.51	24.17	0.64	-22.69	82
532	魏立	申万菱信	2009/06~2012/07	39	2	-10.53	-1.80	0.13	0.28	0.93	0.40	0.18	0.46	-4.70	25.56	-0.29	-37.51	92
533	徐爽	申万菱信	2008/01~2015/05	90	3	-7.82	-1.87	0.51	2.25*	0.76	0.25	-0.30	0.30	12.74	24.85	0.39	-47.12	88
534	张鹏	申万菱信	2008/12~2014/01	63	2	-7.46	-1.18	0.33	0.68	0.96	0.12	0.36	0.46	10.21	26.80	0.28	-44.45	85
535	赵梓峰	太平	2007/03~2016/02	65	2	-7.84	-0.85	0.43	1.45	0.73	-0.05	-0.36	0.34	3.31	33.51	0.02	-58.75	83
536	陈晓宁	泰达宏利	2011/03~2014/10	45	3	-4.46	-0.80	0.38	0.53	0.86	-0.15	-0.05	0.21	-1.40	18.14	-0.25	-30.65	83
537	邓艺颖	泰达宏利	2011/06~2018/12	92	6	0.26	0.05	0.25	0.61	0.87	0.16	-0.41	0.58	6.49	27.59	0.15	-55.12	76
538	傅浩	泰达宏利	2017/03~2021/08	55	5	4.65	1.62	0.59	1.23	0.36	0.00	0.15	0.09	9.82	8.38	0.99	-10.66	65
539	赖庆鑫	泰达宏利	2017/02~2022/11	70	2	7.61	1.08	-0.94	-0.85	1.12	-0.03	0.04	0.26	7.16	23.77	0.24	-36.05	68
540	李泽刚	泰达宏利	2005/09~2009/05	46	3	9.34	1.19	-0.29	-1.08	0.72	-0.21	-0.16	0.13	28.88	31.17	0.83	-62.25	89
541	梁辉	泰达宏利	2005/04~2015/03	121	10	8.76	2.08*	-0.24	-1.10	0.70	-0.08	-0.25	0.27	21.50	23.88	0.78	-52.19	81
542	刘青山	泰达宏利	2003/04~2013/01	119	2	12.41	2.80*	-0.02	-0.10	0.81	-0.19	-0.25	0.40	21.24	27.76	0.67	-57.54	84
543	庞宝臣	泰达宏利	2016/08~2019/12	42	7	3.91	0.93	-0.16	-0.23	0.65	-0.01	0.23	0.11	4.88	12.27	0.28	-23.93	73
544	魏延军	泰达宏利	2004/06~2008/07	40	3	1.40	0.21	0.28	0.90	0.67	-0.48	-0.02	0.05	6.90	25.68	0.16	-43.78	88
545	吴俊峰	泰达宏利	2009/03~2014/08	67	3	-3.91	-0.63	0.39	0.72	0.88	0.03	-0.47	0.38	8.27	22.21	0.24	-26.64	78
546	周琦凯	泰达宏利	2015/05~2021/02	70	2	-1.27	-0.20	-0.59	-1.22	1.07	-0.19	-0.62	-0.40	-0.92	28.77	-0.08	-58.93	79
547	彭一博	泰康	2014/05~2017/11	40	5	12.66	1.67*	1.23	3.13*	0.37	0.12	-0.19	0.26	34.47	16.40	2.04	-2.76	62
548	崔海鸿	泰信	2005/10~2009/12	47	3	-12.50	-0.89	1.16	1.99*	0.74	0.08	0.29	0.59	23.68	30.86	0.71	-38.37	72

续表

编号	基金经理	离职前任职公司	任职区间	任职时间（月）	管理基金数量（只）	选股能力 年化 α(%)	选股能力 t(α)	择时能力 γ	择时能力 t(γ)	β_{mkt}	β_{smb}	β_{hml}	β_{mom}	年化收益率（%）	年化波动率（%）	年化夏普比率	最大回撤率（%）	调整后 R^2（%）
549	戴宇虹	泰信	2012/03~2016/11	58	3	-3.97	-0.57	0.40	1.06	1.00	-0.03	-0.41	0.38	14.67	31.55	0.39	-50.77	87
550	刘杰	泰信	2015/03~2021/09	80	2	0.88	0.16	-0.12	-0.32	0.88	0.30	-0.15	0.27	9.10	28.27	0.27	-62.16	80
551	刘强	泰信	2007/02~2012/11	71	1	-17.73	-2.94	0.83	3.23*	0.92	0.25	-0.32	0.35	2.35	34.57	-0.02	-64.42	90
552	刘毅	泰信	2010/12~2014/05	43	2	-11.72	-1.79	1.62	1.85*	0.75	0.30	0.23	0.23	-1.37	18.70	-0.24	-25.73	78
553	柳菁	泰信	2009/04~2015/08	78	2	-1.35	-0.29	-0.04	-0.12	0.95	0.18	-0.08	0.32	14.74	28.33	0.42	-40.43	90
554	钱鑫	泰信	2014/05~2021/08	88	3	6.72	1.18	-0.46	-1.19	0.86	0.21	-0.38	0.25	19.36	27.50	0.64	-58.17	77
555	袁园	泰信	2012/03~2017/07	66	1	-2.82	-0.46	0.22	0.60	0.92	0.06	-0.69	0.59	10.04	29.17	0.26	-55.30	85
556	张彦	泰信	2017/11~2021/07	46	1	1.68	0.22	-1.48	-1.28	0.88	0.26	-0.36	0.29	9.53	20.36	0.39	-36.71	68
557	姜文涛	天弘	2005/04~2016/10	82	6	4.57	0.91	0.40	1.66*	0.72	-0.31	-0.51	0.37	27.15	24.23	1.06	-23.65	84
558	王林	天弘	2015/12~2018/12	38	4	-3.09	-1.06	0.30	1.21	0.14	-0.05	-0.17	-0.07	-1.57	5.18	-0.59	-14.65	27
559	肖志刚	天弘	2013/09~2019/07	72	6	-1.03	-0.23	0.05	0.18	0.83	0.05	-0.48	0.23	7.71	24.59	0.24	-49.30	86
560	TIANHUAN	天治	2018/08~2022/03	45	3	10.33	1.45	-0.59	-0.59	0.90	-0.24	-0.20	0.00	15.71	20.31	0.70	-27.59	73
561	曾海	天治	2015/06~2019/02	46	1	-6.62	-1.00	-0.40	-0.91	0.77	0.03	-0.47	0.36	-16.55	25.49	-0.71	-55.05	82
562	刘红兵	天治	2004/06~2008/06	49	2	-0.73	-0.14	0.38	1.52	0.58	-0.16	0.10	0.25	22.58	23.65	0.84	-33.54	88
563	王洋	天治	2015/02~2018/07	43	2	1.92	0.46	-0.04	-0.19	0.10	-0.06	0.00	0.03	2.55	6.94	0.14	-13.12	18
564	吴涛	天治	2008/04~2011/08	42	2	-4.71	-0.72	-0.09	-0.30	0.72	0.09	-0.02	0.24	-2.47	26.16	-0.20	-47.33	92
565	谢京	天治	2005/08~2012/05	83	2	3.74	0.70	0.20	0.87	0.59	-0.03	0.20	0.50	18.68	24.45	0.65	-47.41	82
566	尹维国	天治	2015/02~2022/01	85	4	3.91	0.80	0.26	0.79	0.35	-0.17	-0.37	0.04	7.99	14.42	0.45	-29.02	40
567	高翰昆	万家	2015/05~2018/07	40	14	4.93	2.20*	-0.17	-1.05	0.15	-0.04	0.15	-0.14	3.97	5.28	0.46	-5.20	59

续表

编号	基金经理	离职前任职公司	任职区间	任职时间(月)	管理基金数量(只)	选股能力 年化α(%)	选股能力 t(α)	择时能力 γ	择时能力 t(γ)	β_{mkt}	β_{smb}	β_{hml}	β_{mom}	年化收益率(%)	年化波动率(%)	年化夏普比率	最大回撤率(%)	调整后R^2(%)
568	侯慧娣	万家	2015/12~2021/04	61	4	0.46	0.25	-0.10	-0.74	0.04	0.01	-0.06	-0.01	1.93	3.63	0.13	-5.87	9
569	刘芳洁	万家	2007/07~2014/10	83	4	-2.53	-0.44	0.09	0.27	0.70	0.15	0.05	0.14	4.11	23.65	0.05	-47.97	79
570	吕宜振	万家	2006/11~2012/12	63	5	-0.62	-0.08	-0.10	-0.26	0.83	0.10	-0.38	0.44	20.59	29.33	0.63	-30.73	83
571	孙远慧	万家	2016/03~2020/10	57	7	3.66	0.72	0.98	1.15	0.86	0.01	0.32	-0.06	9.90	17.63	0.49	-21.43	75
572	朱颖	万家	2011/11~2015/01	40	2	-11.59	-2.22	-0.34	-0.51	0.84	0.01	-0.37	0.22	0.77	16.72	-0.14	-21.05	84
573	傅明笑	西部利得	2008/08~2014/11	70	3	-12.21	-2.67	0.43	1.47	0.60	0.19	0.08	0.21	1.88	17.71	-0.05	-36.82	79
574	刘荟	西部利得	2016/01~2021/06	67	10	5.10	1.53	0.22	0.41	0.54	-0.09	0.02	0.04	11.86	11.51	0.90	-15.37	67
575	张维文	西部利得	2015/06~2018/09	41	5	1.52	0.62	-0.07	-0.43	0.08	-0.02	-0.15	0.02	1.67	4.29	0.04	-5.31	28
576	张翔	西部利得	2015/07~2022/11	83	3	5.88	1.22	0.70	1.87*	0.43	-0.20	-0.20	-0.10	9.26	14.21	0.55	-24.84	47
577	王颢	先锋	2017/06~2020/06	38	4	-4.97	-1.05	1.41	2.07*	0.68	0.20	-0.16	0.08	3.56	15.36	0.13	-26.71	84
578	杨帅	先锋	2018/04~2021/08	42	3	0.18	0.03	-1.78	-2.14	0.91	0.01	-0.41	-0.15	5.83	18.09	0.24	-24.94	80
579	付伟	新华	2015/08~2021/08	74	8	14.54	2.86*	-1.14	-2.89	0.87	-0.04	-0.53	-0.28	18.65	23.03	0.74	-32.60	78
580	蒋畅	新华	2001/02~2006/06	47	2	-8.28	-1.38	2.05	3.21*	0.50	-0.06	0.49	0.35	8.98	17.10	0.41	-22.56	77
581	刘彬	新华	2019/02~2022/09	45	5	21.22	1.54	-1.14	-0.45	0.92	-0.10	-0.82	-0.28	23.95	28.06	0.80	-32.45	55
582	王卫东	新华	2008/07~2013/12	67	3	-4.89	-0.73	1.86	4.76*	0.76	0.10	0.33	0.18	17.38	24.54	0.59	-28.46	78
583	陈令朝	鑫元	2018/01~2021/10	47	3	6.44	0.97	-0.64	-0.64	0.45	-0.11	-0.01	0.13	8.82	12.99	0.56	-11.42	41
584	丁玥	鑫元	2017/09~2022/05	58	5	9.80	2.77*	-1.20	-2.26	0.66	-0.15	-0.15	0.04	8.23	13.68	0.49	-20.30	80
585	王美芹	鑫元	2017/12~2021/02	40	1	14.60	1.94*	-1.59	-1.54	0.61	0.02	0.17	0.31	14.99	14.76	0.91	-11.04	54
586	郑文旭	鑫元	2018/02~2021/11	47	1	8.98	1.13	-0.73	-0.61	0.45	-0.12	0.02	0.16	10.92	14.46	0.65	-12.50	33

续表

编号	基金经理	离职前任职公司	任职区间	任职时间（月）	管理基金数量（只）	选股能力		择时能力		β_{mkt}	β_{smb}	β_{hml}	β_{mom}	年化收益率（%）	年化波动率（%）	年化夏普比率	最大回撤率（%）	调整后 R^2（%）
						年化 α（%）	$t(\alpha)$	γ	$t(\gamma)$									
587	曾昭雄	信达澳亚	2003/04~2008/12	55	7	19.59	2.70*	-0.31	-1.03	0.78	-0.09	-0.38	0.23	5.70	29.58	0.11	-62.78	87
588	杜蜀鹏	信达澳亚	2012/04~2015/12	46	4	3.01	0.34	-0.62	-0.97	1.07	-0.17	-0.19	0.14	17.83	31.75	0.47	-49.07	85
589	冯士祯	信达澳亚	2015/05~2019/04	49	6	7.99	1.88*	-1.29	-4.47	0.88	-0.19	-0.48	-0.12	-6.24	26.15	-0.30	-47.39	92
590	孔学峰	信达澳亚	2016/10~2020/09	48	1	14.95	3.33*	-1.24	-1.78	0.86	-0.14	-0.30	-0.07	17.29	16.21	0.97	-21.87	81
591	李朝伟	信达澳亚	2016/01~2020/01	50	4	3.49	0.68	0.18	0.22	0.80	0.01	-0.33	0.15	9.64	16.48	0.49	-24.22	72
592	王辉良	信达澳亚	2016/01~2021/11	67	3	1.63	0.32	0.77	0.89	0.95	0.17	-0.04	0.05	12.19	19.51	0.56	-41.86	75
593	王战强	信达澳亚	2008/07~2015/07	86	3	-4.80	-0.76	1.06	2.91*	0.69	-0.01	0.07	0.21	15.42	24.12	0.52	-32.75	72
594	冯炬	兴业	2017/05~2022/02	59	5	3.40	0.87	1.44	2.26*	0.73	-0.10	-0.01	-0.01	12.83	15.25	0.74	-18.10	79
595	吴卫东	兴业	2015/01~2020/10	70	3	-0.09	-0.02	-0.06	-0.26	0.71	-0.01	-0.13	-0.09	7.17	20.36	0.27	-37.41	87
596	王磊	兴银	2017/07~2020/12	43	3	9.12	2.21*	-0.08	-0.13	0.60	0.05	0.09	0.24	14.47	12.81	1.01	-15.74	79
597	陈锦泉	兴证全球	2011/05~2015/01	46	1	5.08	0.83	0.98	1.19	0.71	0.04	0.61	0.30	20.11	18.40	0.92	-20.63	78
598	陈扬帆	兴证全球	2009/03~2014/12	71	2	-6.10	-0.74	0.52	0.70	0.66	0.40	0.86	0.74	13.26	24.38	0.43	-28.84	63
599	董承非	兴证全球	2007/02~2021/09	177	5	6.07	2.61*	0.35	2.77*	0.69	-0.09	-0.18	0.07	16.58	21.17	0.67	-49.68	87
600	季侃乐	兴证全球	2014/11~2021/06	81	2	7.56	1.68*	0.67	2.27*	0.74	-0.06	-0.36	0.04	22.28	21.72	0.95	-31.05	79
601	王晓明	兴证全球	2005/11~2013/09	96	2	5.08	1.41	0.58	3.53*	0.73	-0.13	-0.21	0.09	26.52	25.72	0.92	-43.85	91
602	吴圣涛	兴证全球	2008/03~2018/06	116	6	5.12	1.41	-0.30	-1.46	0.78	0.00	-0.38	0.06	7.06	24.88	0.19	-52.56	87
603	杨大力	兴证全球	2008/12~2014/11	44	2	3.67	0.52	-0.49	-1.27	0.60	-0.07	0.06	0.42	18.72	17.70	0.93	-17.20	83
604	张惠萍	兴证全球	2008/01~2013/01	62	3	-2.67	-0.47	0.48	1.61	0.68	-0.01	-0.20	0.14	1.60	22.49	-0.06	-39.00	83
605	蔡海洪	易方达	2011/09~2015/06	47	3	-0.33	-0.08	0.53	1.29	0.49	-0.04	0.13	0.04	17.75	14.96	0.99	-10.75	82

续表

编号	基金经理	离职前任职公司	任职区间	任职时间(月)	管理基金数量(只)	选股能力 年化α(%)	选股能力 t(α)	择时能力 γ	择时能力 t(γ)	β_{mkt}	β_{smb}	β_{hml}	β_{mom}	年化收益率(%)	年化波动率(%)	年化夏普比率	最大回撤率(%)	调整后 R^2(%)
606	陈志民	易方达	2001/06~2011/03	120	4	14.06	3.40*	0.15	0.72	0.72	-0.19	-0.24	0.50	22.22	25.27	0.80	-53.21	84
607	付浩	易方达	2004/02~2022/08	175	5	5.11	1.32	0.02	0.09	0.62	-0.11	-0.04	0.27	11.31	21.34	0.42	-54.16	69
608	葛秋石	易方达	2018/03~2022/08	55	2	19.85	3.23*	-2.16	-2.51	1.03	-0.25	-0.09	0.00	14.44	21.40	0.60	-29.02	79
609	韩阅川	易方达	2019/06~2022/07	39	17	7.01	4.05*	0.14	0.45	0.12	-0.05	-0.04	0.00	9.24	3.43	2.26	-2.07	58
610	何云峰	易方达	2008/01~2014/11	84	2	-9.28	-2.13	0.30	1.17	0.72	0.16	-0.15	0.28	0.39	21.95	-0.12	-48.41	85
611	侯清濯	易方达	2006/01~2012/08	81	3	4.26	0.71	0.14	0.56	0.66	-0.16	-0.31	0.23	17.44	25.80	0.56	-44.25	81
612	江作良	易方达	2001/06~2007/06	72	2	12.71	3.18*	0.25	0.84	0.48	-0.30	0.14	0.08	23.88	16.36	1.35	-8.89	79
613	兰传杰	易方达	2018/12~2022/08	46	2	11.37	0.67	-1.86	-0.78	1.10	-0.04	0.11	0.38	20.63	31.74	0.60	-35.53	41
614	李文健	易方达	2011/01~2015/02	51	1	2.73	0.29	-0.68	-0.53	0.58	0.30	-0.37	0.17	11.08	18.51	0.43	-21.06	45
615	梁裕宁	易方达	2016/01~2020/05	54	3	8.39	1.82*	-2.23	-3.08	1.10	-0.06	-0.44	0.17	9.72	18.73	0.44	-34.43	82
616	林森	易方达	2016/03~2022/04	75	6	11.87	4.04*	-1.30	-2.58	0.46	-0.08	-0.32	0.00	10.59	10.51	0.87	-23.28	66
617	马骏	易方达	2001/06~2005/12	56	1	5.62	1.07	0.64	0.88	0.57	-0.43	0.22	0.09	4.29	14.54	0.15	-14.11	73
618	潘峰	易方达	2007/04~2014/11	93	1	-3.80	-0.97	0.52	2.42*	0.88	-0.03	-0.25	0.16	6.82	27.30	0.14	-58.45	91
619	冉华	易方达	2004/02~2007/12	48	1	21.97	2.62*	0.22	0.41	0.69	-0.25	-0.27	0.19	50.90	26.05	1.86	-13.60	76
620	宋昆	易方达	2010/09~2018/12	101	5	0.38	0.07	0.43	1.10	1.10	0.06	-0.87	0.51	7.31	30.70	0.16	-65.28	82
621	王超	易方达	2013/05~2021/04	98	7	0.64	0.13	0.66	1.95*	0.59	-0.14	-0.14	0.01	12.04	18.61	0.55	-30.13	60
622	王义克	易方达	2014/12~2018/02	40	1	15.36	1.90*	-0.08	-0.19	0.99	-0.02	-0.85	0.44	21.16	34.75	0.56	-46.55	89
623	吴欣荣	易方达	2004/02~2014/03	123	3	5.04	1.46	0.23	1.29	0.77	-0.13	-0.04	0.31	16.03	25.81	0.51	-53.94	89
624	伍卫	易方达	2006/09~2011/09	61	6	7.78	1.09	0.04	0.15	0.77	-0.18	-0.32	0.43	21.83	30.78	0.63	-46.10	87

续表

编号	基金经理	离职前任职公司	任职区间	任职时间（月）	管理基金数量（只）	选股能力 年化α(%)	选股能力 t(α)	择时能力 γ	择时能力 t(γ)	β_{mkt}	β_{smb}	β_{hml}	β_{mom}	年化收益率(%)	年化波动率(%)	年化夏普比率	最大回撤率(%)	调整后R^2(%)
625	肖坚	易方达	2002/03~2007/12	71	3	15.23	2.94*	0.55	1.45	0.75	-0.45	-0.11	0.22	41.06	25.74	1.50	-14.99	85
626	肖林	易方达	2016/05~2019/08	41	2	9.16	2.54*	-1.23	-2.07	0.24	-0.03	0.09	-0.07	7.51	6.61	0.91	-7.06	32
627	韩宁	益民	2012/03~2016/06	53	3	-4.74	-0.89	0.14	0.51	0.86	-0.06	-0.50	0.17	10.03	27.02	0.27	-49.09	90
628	侯燕琳	益民	2010/12~2014/08	42	3	-9.41	-1.08	0.81	0.54	0.71	0.26	0.22	0.20	-2.17	17.95	-0.30	-23.71	63
629	蒋俊国	益民	2011/08~2015/05	47	1	-16.92	-3.47	-0.15	-0.33	0.72	0.26	0.21	0.09	8.68	21.61	0.26	-34.80	89
630	李勇钢	益民	2011/09~2014/11	40	1	-15.98	-2.86	1.70	2.47*	0.55	0.26	0.29	-0.02	5.15	15.49	0.13	-23.97	80
631	熊伟	益民	2007/10~2011/09	49	1	-2.63	-0.37	-0.32	-1.02	0.74	0.09	0.41	0.23	-11.46	29.31	-0.49	-55.19	90
632	赵若琼	益民	2017/02~2022/08	68	6	12.54	2.75*	-1.13	-1.55	0.84	-0.16	-0.20	0.20	13.52	17.94	0.67	-28.39	76
633	成胜	银河	2010/09~2015/05	58	3	8.84	1.03	-0.06	-0.06	1.05	0.40	-0.73	0.55	37.11	30.53	1.12	-27.49	77
634	李昇	银河	2002/09~2009/07	85	4	11.85	2.77*	0.07	0.37	0.65	-0.36	0.04	-0.11	24.58	24.28	0.92	-48.34	87
635	刘凤华	银河	2007/01~2013/01	74	2	2.06	0.40	0.24	1.08	0.66	0.09	-0.10	0.44	12.61	25.35	0.38	-51.42	86
636	神玉飞	银河	2012/12~2022/02	112	5	4.01	1.08	0.27	0.99	0.81	0.09	-0.35	0.26	16.93	22.79	0.66	-42.94	82
637	王海华	银河	2013/12~2022/02	100	6	8.26	1.19	-0.22	-0.44	0.93	0.16	-0.56	0.54	19.32	31.56	0.56	-53.26	70
638	余科苗	银河	2017/12~2021/04	42	4	12.95	5.22*	-0.61	-1.70	0.42	0.20	0.05	0.34	16.54	9.09	1.66	-7.53	85
639	葛鹤军	银华	2014/10~2018/06	46	4	3.63	1.69*	0.37	3.10*	0.07	0.00	0.08	0.06	8.95	4.56	1.59	-1.49	44
640	郭建兴	银华	2009/12~2016/06	76	2	3.30	0.70	-0.09	-0.31	0.75	0.05	-0.37	0.30	12.87	23.37	0.44	-39.81	85
641	金斌	银华	2009/02~2013/06	54	2	3.92	1.14	-0.47	-1.84	0.66	0.06	-0.17	0.16	8.72	17.90	0.33	-17.58	91
642	沈祥峰	银华	2006/09~2011/08	61	3	16.73	2.46*	0.03	0.13	0.78	-0.26	-0.29	0.49	26.58	32.39	0.73	-58.19	90
643	刘春雨	银华	2012/04~2015/04	38	1	10.00	1.66*	-0.37	-0.66	1.06	-0.26	-0.87	0.46	32.07	21.66	1.34	-16.72	87

续表

编号	基金经理	离职前任职公司	任职区间	任职时间(月)	管理基金数量(只)	选股能力 年化α(%)	选股能力 t(α)	择时能力 γ	择时能力 t(γ)	β_{mkt}	β_{smb}	β_{hml}	β_{mom}	年化收益率(%)	年化波动率(%)	年化夏普比率	最大回撤率(%)	调整后R^2(%)
644	陆文俊	银华	2006/07~2013/08	83	4	-0.94	-0.23	0.32	1.52	0.86	-0.01	-0.12	0.17	26.57	28.34	0.85	-36.56	93
645	王华	银华	2006/11~2017/07	130	5	6.90	1.90*	0.05	0.31	0.79	0.02	-0.43	0.38	18.70	27.77	0.58	-59.00	88
646	王翔	银华	2017/03~2021/05	52	3	11.38	1.48	0.58	0.46	0.78	0.42	-0.28	0.33	14.32	36.75	0.34	-43.00	60
647	王鑫钢	银华	2013/02~2019/11	83	5	-3.35	-0.79	-0.01	-0.02	0.78	0.03	-0.20	0.08	5.86	22.85	0.17	-52.17	83
648	许翔	银华	2003/05~2009/06	66	3	10.60	1.47	0.18	0.61	0.59	-0.30	-0.38	0.26	22.72	25.21	0.82	-49.68	76
649	周可彦	银华	2008/02~2018/11	96	7	8.57	1.59	-0.67	-2.17	0.64	0.04	-0.09	0.02	2.02	24.03	-0.01	-58.44	74
650	邹积建	银华	2008/07~2016/06	71	2	-0.78	-0.14	0.16	0.63	0.87	0.08	-0.09	-0.01	21.97	31.19	0.63	-36.15	91
651	李明阳	圆信永丰	2017/12~2021/10	48	4	12.13	1.83*	-1.53	-1.51	0.95	-0.08	-0.45	0.16	18.44	20.30	0.83	-25.65	75
652	顾晓飞	长安	2014/08~2020/06	63	7	-0.13	-0.02	0.13	0.32	0.57	-0.39	0.58	-0.53	7.64	22.92	0.27	-39.68	75
653	栾绍菲	长安	2015/05~2018/11	44	2	-0.52	-0.09	-0.29	-0.67	0.53	-0.23	-0.37	-0.35	-5.80	15.86	-0.46	-26.71	65
654	王海军	长安	2012/06~2021/08	90	5	1.28	0.20	-0.24	-0.55	0.85	-0.23	-0.36	-0.13	6.43	25.81	0.17	-56.03	68
655	陈蔚丰	长城	2015/05~2022/09	87	6	10.32	1.70*	-0.34	-0.69	0.82	0.09	-0.69	0.07	9.70	26.78	0.31	-35.27	73
656	韩浩	长城	2002/07~2006/02	44	2	8.62	1.38	-0.36	-0.34	0.57	-0.34	-0.22	0.20	6.02	13.48	0.29	-15.52	69
657	蒋劲刚	长城	2010/01~2019/05	114	9	-0.72	-0.24	-0.21	-0.94	0.51	0.07	-0.01	0.13	3.40	15.60	0.07	-30.13	73
658	刘颖芳	长城	2010/01~2015/02	63	2	-8.08	-1.59	0.12	0.17	0.52	0.11	-0.38	0.05	0.69	12.94	-0.18	-24.27	59
659	秦玲萍	长城	2006/03~2009/04	40	1	22.06	1.77*	-0.10	-0.26	0.69	-0.29	-0.27	0.26	39.70	33.85	1.08	-52.95	84
660	史彦刚	长城	2013/04~2016/11	45	8	12.02	2.01*	-0.02	-0.08	0.11	-0.01	-0.07	0.16	14.01	9.04	1.29	-4.43	24
661	吴文庆	长城	2013/12~2017/02	40	8	8.52	1.51	-0.19	-0.73	0.44	-0.01	-0.75	0.10	13.90	16.27	0.72	-16.81	81
662	徐九龙	长城	2008/02~2016/02	98	5	-2.88	-0.62	0.23	0.98	0.52	0.11	-0.47	0.09	6.39	19.70	0.18	-46.83	74

续表

编号	基金经理	离职前任职公司	任职区间	任职时间（月）	管理基金数量（只）	选股能力		择时能力		β_{mkt}	β_{smb}	β_{hml}	β_{mom}	年化收益率（%）	年化波动率（%）	年化夏普比率	最大回撤率（%）	调整后 R^2（%）
						年化 α（%）	$t(\alpha)$	γ	$t(\gamma)$									
663	杨毅平	长城	2002/03~2013/05	123	5	11.07	2.76*	-0.43	-2.26	0.82	-0.41	-0.34	-0.22	14.79	29.21	0.41	-60.78	91
664	郑莆强	长城	2015/07~2018/07	38	3	10.46	1.12	-0.33	-0.50	1.01	0.11	-0.90	0.12	7.69	31.56	0.20	-31.12	81
665	曹紫建	长江证券资管	2018/04~2022/06	52	4	-0.63	-0.12	0.27	0.36	0.79	-0.21	-0.24	-0.28	4.63	18.06	0.17	-30.44	78
666	邓永明	长盛	2006/05~2014/09	101	6	3.36	0.72	0.23	0.98	0.73	-0.08	-0.33	0.14	21.04	23.89	0.77	-36.01	82
667	付海宁	长盛	2017/07~2021/07	43	8	5.58	0.89	-1.09	-1.08	0.71	-0.12	0.03	0.02	3.41	14.06	0.14	-25.37	58
668	侯继雄	长盛	2007/10~2014/03	79	2	-0.25	-0.06	0.14	0.68	0.70	0.01	-0.01	0.17	-0.47	22.47	-0.16	-55.19	90
669	闵昱	长盛	2002/06~2006/04	47	5	7.57	1.19	0.32	0.30	0.69	-0.40	-0.59	0.22	7.92	15.32	0.40	-18.94	75
670	宋炳山	长盛	2001/04~2008/06	62	5	4.42	0.89	-0.31	-0.70	0.63	-0.31	-0.07	0.22	10.57	18.55	-0.74	-45.67	82
671	田间	长盛	2013/07~2018/02	57	1	-6.35	-1.23	-0.71	-2.29	0.70	0.02	0.25	0.16	2.45	23.13	0.02	-50.15	85
672	吴博文	长盛	2014/06~2019/05	57	5	-4.30	-0.64	-0.36	-0.55	0.76	0.24	0.27	0.29	9.35	23.83	0.33	-45.72	77
673	肖强	长盛	2002/11~2010/02	78	5	8.00	1.67*	0.15	0.68	0.69	-0.15	-0.04	0.26	16.58	26.02	0.55	-56.89	88
674	许良胜	长盛	2002/04~2008/08	50	2	1.71	0.28	-0.34	-0.68	0.69	-0.50	0.13	-0.02	-18.92	22.22	-0.98	-58.16	86
675	许彤	长盛	2004/10~2009/04	56	1	13.06	1.82*	-0.04	-0.13	0.68	-0.16	-0.19	0.26	28.73	28.21	0.92	-55.66	84
676	赵宏宇	长盛	2013/05~2019/07	76	6	-2.74	-0.45	0.29	0.76	0.56	0.08	-0.37	-0.06	7.78	20.37	0.29	-41.30	61
677	赵楠	长盛	2015/05~2022/07	88	4	1.74	0.30	0.48	1.02	0.72	0.07	-0.42	0.12	6.49	22.82	0.22	-37.09	65
678	安昀	长信	2011/10~2022/01	95	9	2.02	0.31	0.17	0.22	0.76	0.11	-0.40	0.26	16.87	22.03	0.67	-27.31	55
679	曾芒	长信	2006/11~2010/07	46	2	9.36	1.31	-0.06	-0.28	0.79	-0.28	-0.13	0.10	21.60	35.45	0.53	-60.99	94
680	付勇	长信	2006/01~2012/10	80	3	8.22	1.84*	-0.16	-0.87	0.86	-0.03	0.08	-0.04	28.07	31.96	0.80	-63.46	93
681	胡志宝	长信	2006/12~2015/02	100	4	-2.46	-0.65	-0.03	-0.16	0.83	-0.01	-0.20	0.21	10.45	27.51	0.27	-61.19	91

续表

编号	基金经理	离职前任职公司	任职区间	任职时间（月）	管理基金数量（只）	选股能力		择时能力		β_{mkt}	β_{smb}	β_{hml}	β_{mom}	年化收益率（%）	年化波动率（%）	年化夏普比率	最大回撤率（%）	调整后 R^2（%）
						年化 α（%）	$t(\alpha)$	γ	$t(\gamma)$									
682	李小羽	长信	2016/01~2019/01	37	2	-1.52	-0.24	-2.44	-2.21	0.41	-0.11	-0.17	-0.09	-6.50	10.81	-0.74	-25.09	31
683	宋小龙	长信	2006/12~2016/06	112	6	5.24	0.99	-0.50	-2.25	0.79	-0.06	-0.28	-0.36	13.56	30.45	0.36	-53.52	85
684	吴廷华	长信	2018/03~2022/11	57	3	3.87	0.72	-0.18	-0.23	0.27	-0.11	0.30	-0.05	2.99	10.13	0.15	-11.58	27
685	何文镝	招商	2014/04~2019/05	63	7	0.41	0.16	-0.12	-0.75	0.18	0.02	-0.23	-0.08	4.10	7.28	0.32	-11.49	55
686	贺庆	招商	2003/04~2006/12	46	2	5.78	1.04	1.21	2.01*	0.65	-0.34	-0.49	0.19	23.95	19.46	1.12	-16.96	83
687	胡军华	招商	2005/08~2008/12	41	2	12.16	1.95*	0.06	0.26	0.64	-0.20	-0.16	0.24	29.17	28.41	0.92	-49.17	92
688	李亚	招商	2014/12~2021/01	75	5	9.54	1.40	0.08	0.20	0.51	-0.24	-0.45	-0.21	16.51	18.58	0.80	-31.15	42
689	吕一凡	招商	2003/12~2014/12	72	7	8.24	1.72*	0.50	1.66*	0.70	-0.27	-0.38	0.32	31.20	23.97	1.23	-24.68	86
690	潘明曦	招商	2015/10~2021/08	72	4	6.08	1.45	0.04	0.10	0.74	0.06	-0.21	0.22	13.19	18.34	0.64	-26.91	77
691	孙振峰	招商	2009/07~2017/05	88	7	-3.87	-0.93	0.46	1.30	0.75	0.03	-0.22	0.25	10.94	20.20	0.44	-27.23	82
692	唐祝益	招商	2009/12~2014/12	57	4	-1.28	-0.23	0.16	0.23	0.82	0.07	-0.04	0.33	7.00	18.86	0.22	-33.64	81
693	涂冰云	招商	2008/03~2011/11	46	2	-2.93	-0.46	0.17	0.56	0.74	-0.03	0.02	0.48	-4.13	25.58	-0.27	-38.50	90
694	姚爽	招商	2016/12~2021/06	50	2	7.73	3.04*	0.66	1.06	0.33	-0.06	0.03	0.10	12.27	6.71	1.64	-5.84	64
695	游海	招商	2007/01~2010/06	43	3	17.98	2.15*	-0.18	-0.71	0.63	-0.23	-0.14	0.13	16.49	28.40	0.47	-44.55	89
696	袁野	招商	2007/03~2015/04	96	5	2.55	0.87	0.16	1.20	0.60	-0.11	-0.19	0.14	14.06	20.34	0.55	-45.57	91
697	张冰	招商	2004/06~2011/06	86	3	9.21	2.06*	-0.25	-1.24	0.77	-0.16	-0.27	0.42	20.30	28.36	0.62	-57.97	90
698	张慎平	招商	2008/01~2014/05	74	6	-6.35	-1.74	0.22	1.06	0.78	-0.08	-0.09	0.15	-6.80	23.88	-0.41	-51.52	93
699	赵龙	招商	2006/08~2013/12	62	4	7.15	1.12	-0.22	-0.86	0.80	-0.23	-0.27	0.07	16.90	30.67	0.46	-58.89	88
700	倪文昊	招商证券资管	2013/05~2021/09	45	3	-16.33	-2.68	0.57	1.29	0.78	-0.04	0.18	0.01	10.11	23.83	0.34	-35.30	87

续表

编号	基金经理	离职前任职公司	任职区间	任职时间（月）	管理基金数量（只）	选股能力 年化 α（%）	选股能力 t（α）	择时能力 γ	择时能力 t（γ）	β_{mkt}	β_{smb}	β_{hml}	β_{mom}	年化收益率（%）	年化波动率（%）	年化夏普比率	最大回撤率（%）	调整后 R^2（%）
701	唐光英	浙商证券资管	2015/08~2018/12	42	1	-3.60	-0.64	-1.07	-2.66	0.57	-0.06	-0.40	0.05	-10.73	18.32	-0.67	-40.22	76
702	赵语涛	浙商证券资管	2016/03~2019/03	39	3	-1.95	-0.48	0.13	0.19	0.39	0.25	-0.04	0.21	-1.41	9.61	-0.30	-17.41	63
703	查晓磊	浙商	2016/03~2021/12	71	8	13.92	3.69*	-1.04	-1.46	0.89	-0.03	-0.21	0.04	19.29	15.53	1.15	-19.02	75
704	陈志龙	浙商	2007/08~2014/09	66	3	9.00	1.88*	-0.24	-1.01	0.70	0.01	0.10	0.28	7.91	24.40	0.21	-49.15	91
705	姜培正	浙商	2011/05~2015/05	50	1	-7.28	-1.51	0.73	1.52	0.63	-0.15	0.20	0.07	12.15	18.80	0.48	-23.67	84
706	唐桦	浙商	2013/11~2019/01	60	2	-5.64	-1.45	0.03	0.10	0.65	-0.02	0.12	-0.20	-0.62	17.23	-0.15	-31.49	82
707	曹庆	中庚	2012/08~2022/08	87	8	9.96	1.64*	-0.08	-0.20	0.89	0.05	-0.57	0.29	15.84	28.01	0.51	-42.58	78
708	彬彬	中国人保资管	2019/01~2022/06	43	2	4.10	0.56	-1.65	-1.61	0.54	-0.17	-0.26	0.13	6.25	15.94	0.30	-31.71	58
709	郁琦	中国人保资管	2018/11~2022/08	47	2	13.61	3.04*	-1.42	-2.23	0.90	-0.12	-0.30	0.05	19.18	19.13	0.92	-23.96	88
710	陈明星	中海	2012/03~2015/05	40	1	-3.76	-1.05	-0.72	-2.16	0.98	0.12	-0.08	0.03	29.76	23.59	1.14	-23.35	96
711	笪菲	中海	2011/02~2014/10	46	2	-12.71	-2.29	1.29	1.78*	0.80	0.15	0.13	0.28	-0.20	18.30	-0.18	-27.05	83
712	李延刚	中海	2008/01~2012/01	50	3	-1.29	-0.21	-0.17	-0.58	0.71	0.08	0.16	0.32	-8.32	25.77	-0.44	-50.10	89
713	刘俊	中海	2014/05~2021/07	87	6	8.24	1.74*	0.11	0.35	0.17	-0.05	-0.36	0.08	13.19	12.10	0.95	-12.18	19
714	骆泽斌	中海	2011/11~2015/03	42	3	0.61	0.07	0.87	0.91	0.75	0.14	0.30	0.44	26.98	21.71	1.10	-13.66	66
715	彭海平	中海	2016/04~2021/08	66	3	1.90	0.31	1.86	1.65*	0.89	0.08	-0.13	-0.05	14.18	20.16	0.63	-28.89	64
716	王雄辉	中海	2001/06~2008/03	67	3	13.78	2.52*	-0.61	-1.51	0.72	-0.10	-0.21	0.32	11.49	22.60	0.42	-37.40	84
717	夏春晖	中海	2010/12~2018/05	81	3	-8.90	-1.28	0.67	1.25	1.05	0.04	-0.40	0.51	-7.93	29.71	-0.36	-56.84	75
718	周其源	中海	2013/10~2016/11	39	1	0.92	0.10	-0.58	-1.48	0.71	0.09	-0.69	-0.28	19.79	26.11	0.67	-27.18	83
719	左剑	中海	2015/05~2022/08	89	4	12.31	1.58	1.28	2.00*	0.61	-0.22	-0.70	0.04	19.41	24.36	0.73	-34.15	44

续表

编号	基金经理	离职前任职公司	任职区间	任职时间(月)	管理基金数量(只)	选股能力		择时能力		β_{mkt}	β_{smb}	β_{hml}	β_{mom}	年化收益率(%)	年化波动率(%)	年化夏普比率	最大回撤率(%)	调整后 R^2(%)
						年化 α(%)	$t(\alpha)$	γ	$t(\gamma)$									
720	杜晓安	中航	2017/12~2021/02	40	2	10.13	2.09*	-1.05	-1.58	0.48	-0.22	0.00	0.00	11.02	10.67	0.89	-9.61	63
721	许飞虎	中加	2018/05~2022/04	49	1	2.65	0.63	0.75	1.29	0.66	-0.01	0.06	0.04	8.53	14.65	0.48	-18.99	80
722	郭党钰	中金	2015/06~2019/10	54	8	7.88	2.00*	-0.90	-3.16*	0.73	-0.13	-0.34	-0.14	1.15	20.56	-0.02	-30.36	88
723	乐瑞祺	中科沃土	2011/11~2019/12	45	5	-2.18	-0.35	1.18	1.41	0.78	0.01	-0.26	0.09	6.91	16.09	0.28	-20.22	74
724	李昱	中科沃土	2011/01~2019/04	89	5	-4.51	-0.88	0.47	0.96	0.80	0.23	-0.07	0.43	5.97	23.77	0.15	-55.47	78
725	曹剑飞	中欧	2008/08~2016/03	90	6	2.87	0.43	0.57	1.72*	0.76	0.02	-0.20	0.43	17.89	27.69	0.56	-43.51	76
726	苟开红	中欧	2009/10~2015/05	68	4	-0.36	-0.08	0.18	0.40	0.81	0.18	-0.39	0.19	20.48	20.68	0.85	-18.01	85
727	蒋雯文	中欧	2018/07~2022/06	49	3	5.96	2.19*	-0.42	-1.12	0.25	-0.02	0.01	-0.07	7.61	6.02	1.02	-6.31	52
728	李欣	中欧	2016/01~2019/07	44	3	12.58	2.80*	-0.52	-0.77	0.88	-0.06	-0.31	0.05	15.44	16.83	0.83	-24.92	83
729	刘明月	中欧	2009/06~2016/11	87	6	-5.21	-0.63	0.46	0.83	1.03	0.19	-0.92	0.70	4.34	33.54	0.05	-56.16	75
730	卢博森	中欧	2016/12~2020/07	44	3	7.31	1.46	-1.87	-2.45	1.00	-0.26	-0.18	-0.15	9.57	17.71	0.46	-23.08	82
731	王海	中欧	2010/09~2013/12	41	2	-13.54	-1.24	1.01	0.77	0.81	-0.11	0.12	0.22	-9.87	21.48	-0.62	-34.01	63
732	魏博	中欧	2012/08~2022/11	125	5	1.48	0.32	0.63	1.76*	0.86	-0.02	-0.41	0.25	12.86	24.57	0.45	-42.89	74
733	周应波	中欧	2015/11~2022/02	77	8	17.13	4.01*	0.22	0.60	0.87	-0.32	-0.47	-0.08	21.38	20.15	0.99	-17.75	78
734	庄波	中欧	2015/03~2019/08	55	2	8.51	1.53	-0.62	-1.83	0.55	-0.18	-0.11	-0.36	5.63	17.24	0.24	-29.37	67
735	姜涛	中融	2015/06~2020/04	60	10	-0.04	-0.01	0.26	0.90	0.26	-0.11	-0.21	-0.15	3.13	9.38	0.17	-22.31	37
736	解静	中融	2014/12~2020/04	66	5	-4.15	-0.76	0.39	1.14	0.54	0.12	-0.14	0.44	3.21	20.02	0.08	-45.75	72
737	刘李杰	中融	2017/09~2022/11	50	3	2.28	0.30	-0.99	-0.92	0.87	0.17	-0.37	0.49	-3.10	21.59	-0.22	-38.15	74
738	秦娟	中融	2011/12~2017/07	60	3	0.98	0.36	0.14	0.68	0.11	0.03	0.15	0.12	6.08	5.58	0.66	-4.55	27

续表

编号	基金经理	离职前任职公司	任职区间	任职时间（月）	管理基金数量（只）	选股能力 年化α(%)	选股能力 t(α)	择时能力 γ	择时能力 t(γ)	β_{mkt}	β_{smb}	β_{hml}	β_{mom}	年化收益率(%)	年化波动率(%)	年化夏普比率	最大回撤率(%)	调整后R^2(%)
739	易海波	中融	2017/01~2020/02	39	4	9.87	2.56*	-1.01	-1.65	0.89	0.11	0.40	0.14	6.53	15.27	0.33	-22.46	87
740	黄小坚	中信保诚	2004/12~2014/02	87	4	2.21	0.37	0.19	0.41	0.83	-0.08	-0.39	0.49	25.91	24.32	0.99	-39.42	75
741	刘浩	中信保诚	2008/06~2012/08	52	2	-4.97	-0.88	0.30	0.96	0.78	0.17	0.03	0.24	3.99	24.74	0.05	-31.86	89
742	谭鹏万	中信保诚	2011/09~2015/05	45	3	-1.77	-0.23	2.03	2.71*	0.68	-0.39	0.59	0.08	28.79	26.59	0.97	-13.31	82
743	杨建标	中信保诚	2011/03~2015/04	51	3	5.62	0.77	-0.77	-1.03	0.86	0.07	-0.11	0.16	18.50	21.99	0.70	-29.64	72
744	殷孝东	中信保诚	2016/12~2020/04	42	3	2.15	0.41	-0.98	-1.21	0.59	0.17	0.19	0.20	-0.22	12.10	-0.14	-25.28	62
745	岳爱民	中信保诚	2006/04~2009/06	40	2	13.25	1.37	-0.23	-0.80	0.61	-0.11	-0.21	0.09	31.43	28.31	1.00	-49.93	87
746	张光成	中信保诚	2009/03~2019/10	126	6	-2.71	-0.77	0.27	1.09	0.81	0.22	-0.08	0.24	11.72	23.98	0.40	-43.69	85
747	王琦	中信建投	2015/02~2019/03	51	3	5.48	1.36	-0.16	-0.71	0.49	-0.02	-0.26	0.17	6.07	16.57	0.27	-24.09	83
748	甘霖	中银	2007/08~2015/07	97	5	3.07	0.78	0.00	0.01	0.66	0.01	-0.05	0.19	8.44	22.26	0.25	-48.86	86
749	辜岚	中银	2013/09~2020/02	79	4	1.08	0.18	-0.29	-0.73	0.85	-0.10	0.18	0.23	7.74	25.60	0.23	-48.69	75
750	李志磊	中银	2008/04~2011/09	43	2	1.54	0.26	0.43	1.64	0.62	0.01	0.02	0.16	6.57	21.59	0.18	-26.46	90
751	欧阳力君	中银	2018/03~2021/05	40	3	4.64	0.57	-1.30	-1.12	0.91	0.13	0.07	0.12	9.75	19.90	0.41	-23.26	68
752	史彬	中银	2012/07~2018/05	72	4	-9.00	-1.22	0.29	0.60	1.06	0.16	-0.72	0.46	8.19	33.54	0.18	-63.26	80
753	孙庆磊	中银	2006/10~2013/07	83	4	3.89	0.95	0.08	0.45	0.65	0.07	-0.14	0.18	17.00	24.21	0.58	-45.08	89
754	吴域	中银	2007/08~2010/09	39	1	19.20	2.68*	-0.08	-0.28	0.68	-0.06	-0.11	0.35	9.72	28.00	0.24	-46.62	93
755	俞岱曦	中银	2008/04~2011/08	42	2	4.28	0.88	-0.27	-1.29	0.76	0.00	0.07	0.27	1.07	27.67	-0.06	-44.53	96
756	张发余	中银	2010/08~2015/03	57	3	-3.25	-0.75	0.14	0.29	0.73	0.07	0.23	0.18	10.55	17.55	0.43	-33.65	83
757	罗众球	中银国际证券	2016/09~2019/09	38	5	0.88	0.77	-0.29	-1.62	0.12	0.03	-0.08	0.05	1.37	2.50	-0.05	-2.98	58

续表

编号	基金经理	离职前任职公司	任职区间	任职时间（月）	管理基金数量（只）	选股能力 年化α(%)	t(α)	择时能力 γ	t(γ)	β_{mkt}	β_{smb}	β_{hml}	β_{mom}	年化收益率(%)	年化波动率(%)	年化夏普比率	最大回撤率(%)	调整后R^2(%)
758	邓立新	中邮创业	2011/05~2017/08	77	5	-10.20	-2.49	0.26	0.97	1.04	0.16	-0.52	0.19	5.23	30.12	0.09	-50.83	92
759	纪云飞	中邮创业	2017/01~2020/09	46	2	1.18	0.23	-0.35	-0.47	0.84	-0.03	-0.17	0.17	7.81	17.15	0.37	-27.44	81
760	任泽松	中邮创业	2012/12~2018/05	67	5	5.24	0.52	0.97	1.52	1.00	0.36	-1.22	0.47	28.30	37.10	0.70	-49.19	72
761	盛军	中邮创业	2008/01~2011/02	39	1	-1.85	-0.29	0.22	0.83	0.98	-0.18	-0.06	0.20	-3.92	36.84	-0.18	-59.64	97
762	王曼	中邮创业	2016/01~2022/07	80	4	6.89	1.10	0.03	0.03	0.66	-0.02	-0.56	0.08	13.85	19.77	0.62	-28.08	55
763	王喆	中邮创业	2019/03~2022/03	38	3	7.53	1.62	-1.74	-1.77	0.62	-0.02	0.00	0.00	8.23	11.37	0.59	-11.83	71
764	许进财	中邮创业	2012/12~2018/09	71	4	1.22	0.23	0.31	0.92	0.98	0.13	-0.56	0.30	14.56	29.32	0.42	-48.96	87
765	张萌	中邮创业	2015/05~2019/03	48	1	2.22	1.69*	0.04	0.46	0.03	-0.01	0.01	-0.05	4.28	2.33	1.18	-1.44	12

参考文献

［1］李鑫，姚爽．中国开放式基金选时和选股能力的实证分析［J］．技术经济与管理研究，2011（10）：89-91．

［2］李悦，黄温柔．中国股票型基金业绩持续性实证研究［J］．经济理论与经济管理，2011（12）：47-54．

［3］罗荣华，兰伟，杨云红．基金的主动性管理提升了业绩吗？［J］．金融研究，2011（1）：127-139．

［4］王向阳，袁定．开放式基金业绩持续性的实证研究［J］．统计与决策，2006（11）：137-138．

［5］肖奎喜，杨义群．我国开放式基金业绩持续性的实证检验［J］．财贸研究，2005（2）：60-64．

［6］张永冀，李天雄，苏治，黄琼．基金规模、投资者关注与基金业绩持续性［J/OL］．中国管理科学，2003．https://doi.org/10.16381/j.cnki.issn1003-207x.2021．

［7］Bollen N, Busse J. On the Timing Ability of Mutual Fund Managers［J］．Journal of Finance, 2001, 56（3）：1075-1094．

［8］Brown S, Goetzmann W. Performance Persistence［J］．Journal of Finance, 1995, 50（2）：679-698．

［9］Cao C, Simin T, Wang Y. Do Mutual Fund Managers Time Market Liquidity?［J］．Journal of Financial Markets, 2013, 16（2）：279-307．

［10］Cao C, Chen Y, Liang B, Lo A. Can Hedge Funds Time Market Liquidity?［J］．Journal of Financial Economics, 2013, 109（2）：493-516．

［11］Carhart M. On Persistence in Mutual Fund Performance［J］．Journal of Finance, 1997, 52（1）：57-82．

［12］Fama E F, French K. The Cross-Section of Expected Stock Returns［J］．Journal of Finance, 1992, 47（2）：427-465．

［13］Fama E, French K. Common Risk Factors in the Returns on Stocks and Bonds［J］．Journal of Financial Economics, 1993, 33（1）：3-56．

［14］Fama E, French K. Luck versus Skill in the Cross Section of Mutual Fund Returns［J］. Journal of Finance, 2010, 65（5）: 1915-1947.

［15］Henriksson R. Market Timing and Mutual Fund Performance: An Empirical Investigation［J］. Journal of Business, 1984, 57（1）: 73-96.

［16］Jensen M. The Performance of Mutual Funds in the Period 1945-1964［J］. Journal of Finance, 1968, 23（2）: 389-416.

［17］Kosowski R, Timmermann A, White H, Wermers R. Can Mutual Fund "Stars" Really Pick Stocks? New Evidence from a Bootstrap Analysis［J］. Journal of Finance, 2006, 61（6）: 2551-2595.

［18］Malkiel B. Returns from Investing in Equity Mutual Funds 1971 to 1991［J］. Journal of Finance, 1995, 50（2）: 549-572.

［19］Treynor J, Mazuy K. Can Mutual Funds Outguess the Market?［J］. Harvard Business Review, 1966（44）: 131-136.

后 记

本书是清华大学五道口金融学院和香港中文大学（深圳）高等金融研究院经过多年积累的研究成果，是 2016~2022 年历年出版的《中国公募基金研究报告》和《中国私募基金研究报告》的后续报告。2023 年，我们进一步完善了研究方法、样本和结果，并加入了对 ESG 基金的分析，出版《2023 年中国公募基金研究报告》和《2023 年中国私募基金研究报告》，以飨读者。

本书凝聚着所有参与研究和撰写的工作人员的心血和智慧。在整个书稿的撰写及审阅的过程中，清华大学五道口金融学院、香港中文大学（深圳）高等金融研究院和香港中文大学（深圳）经济管理学院的领导给予了大力支持，报告由曹泉伟教授、陈卓副教授和舒涛教授共同主持指导，由研究人员门垚、石界、刘津宇、张凯、周嘉慧、姜白杨和詹欣琪共同撰写完成。

我们衷心感谢清华大学五道口金融学院、香港中文大学（深圳）高等金融研究院和香港中文大学（深圳）经济管理学院的大力支持，感谢来自学术界、业界、监管机构的各方人士在书稿写作过程中提供的帮助。此外，我们感谢富国基金管理有限公司和汇添富基金管理股份有限公司的领导在我们实地调研时提供的大力支持，感谢于江勇、王立新、史炎、朱民、李剑桥、张晓燕、张博辉、杨文斌、余剑峰、钟蓉萨、赵康、俞文宏和廖理等为本书提供许多有价值的建议。最后，我们由衷感谢来自各方的支持与帮助，在此一并致谢！

作者

2023 年 4 月

图书在版编目（CIP）数据

2023 年中国公募基金研究报告 / 曹泉伟等著. --北京：经济科学出版社，2023.5

ISBN 978-7-5218-4748-2

Ⅰ.①2… Ⅱ.①曹… Ⅲ.①投资基金-研究报告-中国-2023 Ⅳ.①F832.51

中国国家版本馆 CIP 数据核字（2023）第 079349 号

责任编辑：初少磊
责任校对：李　建
责任印制：范　艳

2023 年中国公募基金研究报告

曹泉伟　陈卓　舒涛　等/著

经济科学出版社出版、发行　新华书店经销

社址：北京市海淀区阜成路甲 28 号　邮编：100142

总编部电话：010-88191217　发行部电话：010-88191522

网址：www.esp.com.cn

电子邮箱：esp@esp.com.cn

天猫网店：经济科学出版社旗舰店

网址：http://jjkxcbs.tmall.com

北京季蜂印刷有限公司印装

787×1092　16 开　31 印张　608000 字

2023 年 6 月第 1 版　2023 年 6 月第 1 次印刷

ISBN 978-7-5218-4748-2　定价：99.00 元

（图书出现印装问题，本社负责调换。电话：010-88191545）

（版权所有　侵权必究　打击盗版　举报热线：010-88191661

QQ：2242791300　营销中心电话：010-88191537

电子邮箱：dbts@esp.com.cn）